全国高等学校应用型法学人才培养系列规划精品教材
编委会

总主编 谈 萧

编 委（以姓氏拼音为序）

蔡国芹	蔡镇江	曹 智	陈 默	陈 群	陈文华	丁永清
杜启顺	方 元	傅懋兰	高留志	高 涛	管 伟	郭双焦
韩自强	洪亦卿	姜福东	李华武	李锦辉	李 亮	李 鑫
宁教铭	钱锦宇	强晓如	秦 勇	邱志乔	申慧文	谈 萧
王国柱	王金堂	王丽娜	谢登科	谢惠加	谢雄伟	杨春然
杨 柳	余丽萍	余耀军	张 斌	张丽珍	张玫瑰	张素伦
赵海怡	周汉德

支持机构

指南针司法考试培训学校
众合司法考试培训学校

- 广东省高等学校教学质量与教学改革工程本科类项目"法学专业综合改革试点"（粤教高函〔2012〕204号）建设成果
- 广东省本科高校教学质量与教学改革工程建设项目"法学专业系列特色教材"（粤教高函〔2014〕97号）建设成果
- 广东教育教学成果奖（高等教育）培育项目"应用型法学人才培养系列精品教材"（粤教高函〔2015〕72号）成果

全国高等学校应用型法学人才培养系列规划精品教材

总主编／谈萧

刑事诉讼法学
Criminal Procedure Law

主编 ◎ 蔡国芹

副主编 ◎ 肖扬宇

编者 ◎ 蔡国芹　肖扬宇
　　　简　涛　肖扬宇　牟爱华
　　　马婷婷　谢满根
　　　戴　鹏

华中科技大学出版社
http://www.hustp.com
中国·武汉

内容提要

本书共二十六章。其中,绪论部分主要为刑事诉讼的基础理论,内容包括刑事诉讼制度的基本概述、刑事诉讼法的历史发展和刑事诉讼基本理论范畴。总论部分则包括刑事诉讼的基本原则、参与者刑事诉讼的专门机关、诉讼参与人、管辖、回避、辩护与代理、证据制度、强制措施、附带民事诉讼以及期间与送达等大多数刑事诉讼程序可能涉及的基本制度。分论部分则基本参照立法体例的顺序就各种诉讼程序的内容进行分述。基于程序特别规定的不同特点,未成年人刑事案件、当事人和解的公诉案件、违法所得刑事没收程序和精神病人强制医疗程序四个特别程序、涉外刑事诉讼程序与司法协助制度则另行成编。全书内容的总体编排,与传统教材大致相仿,既参照了我国现行刑事诉讼立法的内容顺序,更是顾及了大多数人的学习思维习惯。基于应用型法律专业人才的培养要求,本书并不过多地就不同的学术观点展开争鸣,而是在基本理论的指导下对司法实践进行必要的分析与概括。在每章之前设置案例导引,目的在于促使学习者将刑事诉讼基本理论联系刑事司法实践。而在每章内容之后配以适量的练习题、思考题和案例分析,则旨在帮助学习者进一步理解与深化所学过的内容。

图书在版编目(CIP)数据

刑事诉讼法学/蔡国芹主编. 一武汉:华中科技大学出版社,2015.4(2023.8重印)
全国高等学校应用型法学人才培养系列精品规划教材
ISBN 978-7-5680-0839-6

Ⅰ.①刑… Ⅱ.①蔡… Ⅲ.①刑事诉讼法-法的理论-中国-高等学校-教材 Ⅳ.①D925.201

中国版本图书馆 CIP 数据核字(2015)第 090865 号

刑事诉讼法学 蔡国芹 主编

策划编辑:周小方
责任编辑:封力煊
封面设计:刘 卉
责任校对:张 琳
责任监印:周治超

出版发行:华中科技大学出版社(中国·武汉)　　电话:(027)81321913
　　　　　武汉市东湖新技术开发区华工科技园　　邮编:430223
录　　排:华中科技大学惠友文印中心
印　　刷:武汉邮科印务有限公司
开　　本:787mm×1092mm　1/16
印　　张:35.25　插页:2
字　　数:858千字
版　　次:2023年8月第1版第5次印刷
定　　价:65.00元

本书若有印装质量问题,请向出版社营销中心调换
全国免费服务热线:400-6679-118　竭诚为您服务
版权所有　侵权必究

总序
Introduction

近年来,随着法治事业的不断推进,我国各个层次的法学教育蓬勃发展。法学教材建设是法学教育的一个重要环节,当前我国法律实践日益丰富多彩,法学教育的内容更新、方法变化,以及交叉学科的涌现,都对法学教材的建设提出了新要求。

我国法制建设历经30余年,各个法律领域的大规模立法活动已基本完成,法制建设已开始向司法角度转型。在此背景下,法学教育也应实现面向司法实践的转型。自2002年开始实施国家统一司法考试,我国已建立起严格的司法职业准入制度。面向法律职业培养应用型法学专业人才,是我国绝大部分高校法学院系的核心任务;进入司法实践领域工作,也是绝大部分法学专业毕业生的首要选择。

针对法制建设和法学教育的转型,法学教材必须在理论与实践相结合方面做出更大的努力,以适应司法职业准入和司法实践的需要。为此,我利用我本人所承担的省级法学专业综合改革项目和省级系列法学精品教材建设项目的支持,组织了全国近50所高校100余名法学教师以及部分律师、法官、检察官,编写了这套"全国高等学校应用型法学人才培养系列规划精品教材"。全套教材约40部,包括法学专业主干课程和部分模块课程,统一编写体例,分批推进出版。

本套教材定位于法律职业教育,以法律思维训练和法律事务处理能力培养为导向,通过案例引导、法庭模拟、司考真题、技能训练、纠纷解决等模块和环节设计,配合系统法理和法律知识讲授,致力于打造最有影响力的法律职业教育教材品牌。总结来看,本套教材具有如下六个特点:

1. 注重应用性和时代性

本套教材从编写体例上要求有较强的解决实务问题的针对性,以法律技能培养为主旨。在编写过程中,各教材力争对当今社会生活中的主要法律现象有所反映,并引导学生用成熟、具有通说性的法学理论加以理解和解释,使教材更贴近现实法律生活,体现时代性,也便于学生理解与掌握。

2．教学形式的多样化

当前,法学教学方式方法已呈现多样化的趋势,有案例教学法、模拟现场教学法、情景教学法、讲座式教学法等。本套教材在编写过程中充分融入这些教学方法,摈弃了传统教材较死板的叙述讲授式的教学方法。为了配合教师教学和学生自主学习的需要,本套教材还制作了电子课件(PPT)供教学者利用。

3．教材体例的新颖性

本套教材内容以基本法律概念、法律程序和法律方法等体现实操性的知识、技能为主。教材中穿插体例新颖的多个栏目,如知识目标、能力目标、案例引导、典型判例、情景模拟、背景材料、文化长廊、技能训练、实践活动、练习思考等内容。

4．教学内容的科学性

本套教材在知识内容编写方面特别注意科学性,概念表述严谨,选取无争议的法律概念和定义阐述相关知识点。每章节教学内容以目标任务为导向,目标任务以项目组或角色扮演的方式加以设计,引导学生完成。

5．学理上的适当拓展

本套教材的教学内容除了严谨性要求外,在学理上也希冀能有所拓展。按法学理论和法律制度的逻辑顺序展开教材知识内容,同时也利用到其他学科知识、理论与方法作为分析工具,如社会学的田野调查方法,经济学的成本收益分析方法,心理学的需求、动机与行为分析方法等,但它们从属于教材整体法律科学逻辑的需要,避免大量分析性、研究性内容。

6．适应法律职业资格考试和法律实务技能培养的需要

全套教材充分考虑国家统一司法考试及其他重要法律职业资格考试(如企业法律顾问资格考试)的要求,强调法律实务处理过程,强化技能培养与训练,侧重实操知识介绍,并强调技能与方法介绍的系统性、完整性与模块化。

高校教材及学术著作由于其专业性和学术性,一般很难通过销售来实现收支平衡。除了少量的政府资助项目,高校教材及学术著作在现行体制下缺乏充分的出版服务平台支持。而高校教材及学术著作的作者、读者和使用群体又具备较高的个人素质和良好的发展潜力,为此,我本人一直希望搭建一个高校教材及学术著作写作与民间出版资助的合作平台。希望在此平台上,将民间力量与高校及科研机构的智力资源有效地嫁接在一起,建立一个高校教材及学术著作的自助出版维持机制,改变目前学者及科研人员尤其是人文社会科学学者出版著作完全依赖政府资助的局面,同时利用优秀人文社会科学成果在"全民阅读计划"中的传媒价值,充分回馈民间支持者。

在上述愿景之下,利用我本人主持的有关教学改革项目经费的前期支持,近两年我花

费了很多精力来搭建上述平台。本套教材的出版就是上述平台搭建的一个初步成果。

在我的出版平台思想的鼓舞下,全国近50所高校100余名法学教授、博士、讲师以及部分律师、法官、检察官,以自己宝贵的智力资源和对法学教育事业的热爱,加入了本套教材的编写团队;华中科技大学出版社和武汉大学出版社,不计一时的市场得失,为本套教材的出版提供了优质的出版服务;指南针、众合、万国等司法考试培训机构及部分教育服务机构,热心教育事业,为本套教材的出版提供了支援。

组织编写和搭建平台工作,其中辛苦与顿挫,自不待言。然而,正是有了前面同仁及机构的鼎力支持,让我感到这个事业是值得坚持下去的。在这里,我要深深感谢他们的付出,并向他们的热忱表达敬意!

2014年12月15日于广州工作室

前言

"刑事诉讼法学"是法学本科专业中应用性很强的核心课程之一,是对刑事诉讼现象及其发展规律进行理论概括的法律科学。对于学生来说,适合自己学习特点的教材,是提高学习效率的关键之一。对于从事课程教学的教师而言,选择一本既方便教学,又有利于学生自主学习的教材,则是确保良好教学效果的重要基础。培养对象的不同,产生了教材的差异化要求。教材的权威性和普适性,并不总是当然的统一。多年的亲身教学经历提示我们,本科学习阶段主要是掌握法学基础知识和培养基本法律素质的过程,相比于理论研究前沿的观点推介,基本原理和知识体系的完整性显得更为重要。基于因材施教的务实考虑,结合应用型法律人才的培养目标和法律职业资格考试的知识要求,我们在尊重学生学习规律和借鉴前人研究成果的基础上,尝试着编写了这本《刑事诉讼法学》本科教材,以契合应用型本科院校师生的实际教学需要。

本教材的主要特点是以我国 2012 年新修订的《刑事诉讼法》及最新的相关法律、法规、司法解释或其他规范性文件为依据,紧密结合我国刑事诉讼的司法实践,参照刑事诉讼的运作程序,以通俗易懂的朴实语言,重点阐明我国刑事诉讼法的基本理论、基本内容和基本操作方法,力求达到内容体系完备、信息资料实用、知识更新及时的编写目标。通过案例导入问题的思考,激发学生对知识原理的深入学习,并辅之于相应的思考题和练习题的巩固、消化,着重于刑事诉讼法学基础知识的培养和专业技能的训练,为学生更快地适应未来的法律实务工作或者进一步研习深造做好学科知识储备。不过,囿于专业水平的局限性,虽然我们竭尽全力,但书中的谬误依然在所难免,敬请广大有识之士不吝赐教。

本书既可以作为应用型法学本科生教材使用,也适合于法律实务工作人员、业余法律爱好者或者自学人士学习参考。

本书参与编写人员分工如下(按撰写的章节先后为序):

蔡国芹:第一、三、五、九、十七、十八、二十、二十三、二十五章。

肖扬宇:第二、四、六、八、二十六章。

牟爱华:第七章。

简 涛:第十、十一、十二章。

马婷婷:第十三、十四章。

谢满根:第十五、十六章。

戴 鹏:第十九、二十一、二十二、二十四章。

全书由蔡国芹审改定稿。

目录

第一章　刑事诉讼制度概述　/ 1
第一节　刑事诉讼　/ 2
第二节　刑事诉讼法　/ 4
第三节　刑事诉讼法的制定目的、根据和任务　/ 12
第四节　刑事诉讼法的基本理念　/ 15
第五节　刑事诉讼法学　/ 20
本章练习　/ 22

第二章　刑事诉讼法的历史发展　/ 24
第一节　外国刑事诉讼法的历史发展　/ 25
第二节　中国刑事诉讼法的历史发展　/ 28
本章练习　/ 38

第三章　刑事诉讼基本理论范畴　/ 39
第一节　刑事诉讼目的　/ 40
第二节　刑事诉讼价值　/ 43
第三节　刑事诉讼职能　/ 46
第四节　刑事诉讼模式　/ 51
第五节　刑事诉讼法律关系　/ 60
第六节　刑事诉讼阶段　/ 63

本章练习 / 65

第四章 刑事诉讼的基本原则 / 67
第一节 刑事诉讼基本原则概述 / 68
第二节 国际刑事司法准则 / 70
第三节 我国刑事诉讼法的基本原则 / 73
本章练习 / 85

第五章 刑事诉讼中的专门机关与诉讼参与人 / 88
第一节 刑事诉讼中的专门机关 / 89
第二节 刑事诉讼参与人 / 105
本章练习 / 114

第六章 刑事诉讼管辖 / 116
第一节 刑事诉讼管辖概述 / 117
第二节 立案管辖 / 118
第三节 审判管辖 / 125
本章练习 / 130

第七章 回避 / 132
第一节 回避制度概述 / 133
第二节 回避的种类、理由和适用人员范围 / 135
第三节 回避的程序 / 139
本章练习 / 141

第八章 刑事辩护与代理 / 143
第一节 刑事辩护 / 144
第二节 刑事诉讼代理 / 151
第三节 刑事法律援助制度 / 154
本章练习 / 158

第九章 刑事诉讼证据制度 / 160
第一节 刑事诉讼证据概述 / 161

第二节 刑事诉讼证据的立法种类 / 167
第三节 刑事诉讼证据的理论分类 / 183
第四节 刑事诉讼证据规则 / 187
第五节 刑事诉讼证明 / 196
第六节 刑事诉讼证据的审查判断 / 210
本章练习 / 220

第十章 刑事诉讼强制措施 / 224
第一节 刑事强制措施概述 / 225
第二节 拘传 / 228
第三节 取保候审 / 229
第四节 监视居住 / 234
第五节 拘留 / 237
第六节 逮捕 / 240
第七节 扭送 / 246
本章练习 / 246

第十一章 刑事附带民事诉讼 / 249
第一节 附带民事诉讼的概念和意义 / 250
第二节 附带民事诉讼的程序 / 251
本章练习 / 255

第十二章 期间与送达 / 258
第一节 期间 / 259
第二节 送达 / 264
本章练习 / 265

第十三章 立案 / 268
第一节 立案概述 / 269
第二节 立案的材料来源和条件 / 270
第三节 立案程序 / 274
第四节 立案监督 / 279
本章练习 / 281

第十四章 侦查 / 283
- 第一节 侦查概述 / 284
- 第二节 讯问犯罪嫌疑人 / 288
- 第三节 询问证人、被害人 / 291
- 第四节 勘验、检查 / 293
- 第五节 搜查 / 296
- 第六节 查封、扣押物证、书证 / 297
- 第七节 鉴定 / 299
- 第八节 辨认 / 301
- 第九节 通缉 / 303
- 第十节 技术侦查措施 / 304
- 第十一节 侦查终结 / 308
- 第十二节 补充侦查 / 313
- 第十三节 侦查监督 / 316
- 本章练习 / 319

第十五章 起诉 / 323
- 第一节 起诉概述 / 324
- 第二节 审查起诉 / 326
- 第三节 提起公诉 / 331
- 第四节 不起诉 / 334
- 第五节 刑事自诉 / 339
- 本章练习 / 341

第十六章 第一审程序 / 344
- 第一节 审判基本制度 / 345
- 第二节 第一审程序概述 / 351
- 第三节 公诉案件的第一审程序 / 352
- 第四节 自诉案件的第一审程序 / 365
- 第五节 简易程序 / 367
- 第六节 审判过程中特殊情况的处理 / 371
- 第七节 判决、裁定和决定 / 374
- 本章练习 / 377

第十七章　第二审程序　/ 383
第一节　第二审程序概述　/ 384
第二节　第二审程序的提起　/ 385
第三节　第二审程序的审判　/ 391
第四节　上诉不加刑原则　/ 398
本章练习　/ 400

第十八章　死刑复核程序　/ 405
第一节　死刑复核程序概述　/ 406
第二节　判处死刑立即执行案件的复核程序　/ 408
第三节　判处死缓案件的复核程序　/ 415
本章练习　/ 417

第十九章　审判监督程序　/ 420
第一节　审判监督程序的概念、特点和意义　/ 421
第二节　提起审判监督程序的材料来源及其审查处理　/ 423
第三节　审判监督程序的提起　/ 427
第四节　按照审判监督程序对案件进行重新审判　/ 429
本章练习　/ 431

第二十章　刑事执行程序　/ 433
第一节　刑事执行概述　/ 434
第二节　各种判决、裁定和决定的执行程序　/ 436
第三节　执行的变更与其他处理　/ 445
第四节　刑事执行的法律监督　/ 456
本章练习　/ 460

第二十一章　未成年人刑事案件诉讼程序　/ 462
第一节　未成年人刑事案件诉讼程序概述　/ 463
第二节　未成年人刑事案件诉讼程序的特有原则　/ 464
第三节　未成年人刑事案件诉讼程序的特别制度　/ 468
第四节　未成年人刑事案件特有的诉讼程序　/ 472
本章练习　/ 477

第二十二章　当事人和解的公诉案件诉讼程序 / 479
第一节　当事人和解的公诉案件诉讼程序概述 / 480
第二节　当事人和解的公诉案件的适用范围和基本条件 / 481
第三节　当事人和解的公诉案件的法律程序与法律效力 / 482
本章练习 / 485

第二十三章　犯罪嫌疑人、被告人逃匿、死亡案件违法所得刑事没收程序 / 487
第一节　犯罪嫌疑人、被告人逃匿、死亡案件违法所得刑事没收程序概述 / 488
第二节　犯罪嫌疑人、被告人逃匿、死亡案件违法所得刑事没收程序的适用范围 / 491
第三节　犯罪嫌疑人、被告人逃匿、死亡案件违法所得刑事没收程序 / 491
本章练习 / 496

第二十四章　依法不负刑事责任的精神病人强制医疗程序 / 497
第一节　依法不负刑事责任的精神病人强制医疗程序概述 / 498
第二节　强制医疗程序的具体运行 / 499
第三节　强制医疗的解除和法律监督 / 503
本章练习 / 504

第二十五章　涉外刑事诉讼程序与司法协助制度 / 506
第一节　涉外刑事诉讼程序概述 / 507
第二节　涉外刑事诉讼程序的特别原则 / 510
第三节　涉外刑事诉讼程序的特别规定 / 513
第四节　刑事司法协助制度 / 518
本章练习 / 522

第二十六章　刑事司法赔偿制度 / 525
第一节　刑事司法赔偿制度概述 / 526
第二节　刑事司法赔偿的条件和范围 / 528

第三节 刑事司法赔偿的程序 / 529
本章练习 / 533

各章习题部分参考答案 / 536

参考文献 / 547

第一章 刑事诉讼制度概述

【学习目标】

■ 知识目标：
了解刑事诉讼的概念和特点。
了解刑事诉讼法的主要渊源。
了解刑事诉讼法的制定目的、立法根据和任务。
了解刑事诉讼法的效力范围。
了解刑事诉讼法学的概念及其研究范围。

■ 能力目标：
理解并掌握"惩罚犯罪与保障人权相统一"诉讼理念的内涵和要求。
理解并掌握"实体公正与程序公正并重"诉讼理念的内涵和要求。

【案例引导1】

　　2012年，魏某到福建省惠安县某公司上班不到两个月就赶上春节放假。收拾东西准备回老家过年前，他拿工资卡去取钱，发现工资发少了，几次找老板讨要却没有结果。临乘车回家前，他又一次到办公室找老板，但对方不在。他一时气愤，就走进车间，从桌上拿了一把平时工作用的刀片，随意在生产设备流延机硅胶辊的表面划了几下后离开。本以为这不是什么大不了的事，谁知流延机硅胶辊的表面被划伤后是无法修补的。老板随即向公安机关报案。经公安机关依法委托价格认证中心对损失价值进行鉴定，被毁坏的物品价值4.5万多元，数额较大。2013年2月，由于魏某的行为已经涉嫌故意毁坏财产罪，惠安县公安机关决定对其立案侦查，并依法予以刑事拘留。这原本是一起民事纠纷性质的劳资纠纷，却变成了刑事案件。

问题：刑事案件与民事纠纷的处理方式有何不同？

【案例引导2】

2007年1月28日，河北省张家口市某区某村玉米地里发现一具半裸女尸，当地公安机关迅速以"1·28"故意杀人案立案侦查。曾与被害人最后一个通话、最后一个以出租车拉她且有犯罪前科的赵某被列为重大嫌疑人，而且赵某到案接受调查后又外逃。2007年3月3日晚11时40分许，侦查人员蹲坑守候，将欲"潜入"回家的赵某抓获。2007年11月5日，市人民检察院以赵某涉嫌故意杀人罪向市中级人民法院提起公诉。2008年3月4日，市中级人民法院以故意杀人罪判处被告人赵某死刑，缓期二年执行，剥夺政治权利终身。一审宣判后，被告人赵某不服，提起上诉。省高级人民法院于2008年11月6日以"事实不清，证据不足"为由，裁定撤销原判，发回重审。2009年11月3日，市中级人民法院再次作出与第一次完全相同的判决。被告人赵某再次提出上诉，2010年12月13日，省高级人民法院再次以"事实不清，证据不足"为由，裁定撤销原审判决，发回重审。2012年12月23日，市中级人民法院第三次作出内容相同的判决。2013年8月28日，省高级人民法院二审认为证据不足，所指控的犯罪事实不能成立，宣判被告人赵某无罪。直到赵某走出看守所，已经被羁押长达6年多。

问题：刑事诉讼的目的和任务是什么？

第一节 刑事诉讼

一、诉讼

（一）诉讼的概念

诉讼是指国家司法机关依照法定程序，解决纠纷、处理案件的专门活动。在词义上，"诉讼"由"诉"和"讼"二字组成。在字形上，"诉"谓从言从斥，是指以言词斥责，其字与"告"相通,即告发、控告、告诉的意思。但在我国古代典籍中,一般不用"诉"字表达法律含义,而多使用"告"的术语。如"汉律"中有"告劾"的记载;南北朝、北周的律典中也有"告劾"、"告言"的记载。"讼"则谓从言从公,言之于公为讼。如《周易·讼卦》:"讼,争也,言之于公也。"《六书》:"讼,争曲直于官吏也。"因此,"讼"的基本字义是"争"、"争辩",指将争议或纠纷提交官府,在官吏面前争辩是非曲直。在我国古代法律典籍中,"讼"的内容一般指民事争议,而刑事审理则多以"狱"字表达,审理刑事案件称"断狱"。如《周礼·秋官·大司寇》:"以两造禁民讼……以两剂禁民狱"。郑玄注曰:"争罪曰狱,争财曰讼。"也就是以财货相告者曰讼,告诉冤枉者曰狱,即"听讼折狱"或"听讼断狱"。

在西汉及其以前,"诉"与"讼"两字并未连用。自东汉起,才开始出现"诉讼"一词。如《后汉书·陈宠传》中的"西州豪右并兼,吏多奸贪,诉讼日百数。"《唐六典》卷三十:"审查冤屈,躬亲狱讼,务知百姓之疾苦……诉讼之曲直,必尽其情理。"至于"诉讼"一词作为法律术语,则始于元朝。《大元通制》第13篇开始以"诉讼"作为篇名,规定有关刑事、民事案件的告诉和审判事宜。其后,明清刑律中也有"诉讼"的规定。

在西方的英文中,"诉讼"一词通常用procedure表示,意思是程序、手续、步骤。我国的法律界将之译为"诉讼"或"程序"。作为法律术语,"诉讼"的含义有二:一是指由原告、被告和裁判者所构成的争议解决过程;二是包含的一系列不断推进的程序化活动。

(二)诉讼的类型

根据诉讼所解决的争议性质不同,现代诉讼分为刑事诉讼、民事诉讼和行政诉讼三种。其中,刑事诉讼处理的是刑事案件,是国家对犯罪行为人的追诉,它依法解决犯罪嫌疑人、被告人的刑事责任问题;民事诉讼解决的是民事争议,其任务是确认平等主体之间的民事权利义务关系,制裁民事违法行为;行政诉讼解决的是行政争议,是行政机关在行政管理过程中与行政相对人之间发生的争议,它主要解决争议行政行为的合法性问题。

二、刑事诉讼

刑事诉讼有广义和狭义之分。狭义的刑事诉讼仅指刑事审判的活动与过程。这种定义,以审判中心主义理论为基石,刑事诉讼法律关系只涉及控、辩、审三方的权利义务关系,其中,审判居于核心地位,刑事侦查是起诉的前期准备,执行则是审判的必然延伸,都不具有独立的程序意义。广义的刑事诉讼,则是指从正式追诉至裁判交付执行的整个司法过程,包括立案、侦查、起诉、审判和执行等全部诉讼阶段。我国的刑事诉讼通常采用广义上的定义。

在我国,刑事诉讼是指审判机关、检察机关和侦查机关等国家专门机关,在当事人以及诉讼参与人的参加下,依照法定程序解决被追诉者刑事责任问题的诉讼活动及其相互关系的总和。刑事诉讼的中心问题是犯罪嫌疑人、被告人的刑事责任问题,即解决犯罪嫌疑人、被告人的行为是否构成犯罪,犯何种罪,应否处以刑罚,以及处以何种刑罚的问题。在内容上,刑事诉讼表现为依照法定程序,揭露和证实犯罪,追究犯罪人刑事责任的具有法律意义的活动总和。其含义包括以下几个方面:

1. 刑事诉讼是由专门机关代表国家进行的一种法律活动,属于国家司法范畴

刑事诉讼的任务是解决犯罪嫌疑人、被告人的刑事责任问题,这既是法律赋予专门机关的权力,也是专门机关应当履行的职责。在我国,专门机关包括人民法院、人民检察院、公安

机关、国家安全机关和监狱等法定机关,其他国家机关、社会团体、组织或个人均无权代表国家进行刑事诉讼活动。专门机关根据法律赋予的职权,对刑事案件进行侦查、起诉、审判和执行等活动,构成了刑事诉讼的主要内容。专门机关的诉讼行为不但具有相应的法律效力,而且具有国家权力的性质。

2. 刑事诉讼是实现国家刑罚权的系列活动

刑事诉讼是国家对犯罪行为人进行事后追诉、使其承担刑事责任的程序性活动。我国《刑法》规定了什么行为属于犯罪及其责任形式,刑事诉讼则是按照法定程序将刑事责任落实到具体的事和具体的人。也即是通过诉讼程序解决犯罪嫌疑人、被告人的行为是否构成犯罪,犯何种罪,应否处以刑罚以及处以何种刑罚的问题。通过刑事责任的承担,国家对犯罪人设定的刑罚最终得以实现。

3. 刑事诉讼是国家专门机关的活动与当事人及其他诉讼参与人的活动的有机结合

从刑事诉讼的开始到完成,虽然专门机关始终居于主导地位,但并不意味着刑事诉讼只是专门机关的单方面活动。没有诉讼参与人,尤其是当事人,也就没有刑事诉讼。一方面,承担刑事责任需要有被追诉人。如果被追诉人死亡,除没收其违法所得外,其他刑事责任的承担就没有意义。对于自诉案件,如果自诉人不起诉或者撤诉,刑事诉讼就无法进行下去。此外,司法机关要查明案件事实,也需要被害人、证人、鉴定人、辩护人等主体的参与。另一方面,为了保证犯罪追究程序的公正,刑事诉讼必须按照诉讼的规律、原则和制度进行。当事人的参与,使得刑事诉讼可以形成"三方组合"的结构。可见,当事人和其他诉讼参与人的活动,同样是刑事诉讼的重要组成部分。

4. 刑事诉讼活动必须严格依照法定程序进行

刑事诉讼以惩罚犯罪分子和保障无罪的人不受刑事追究为目的,不仅涉及国家的稳定和社会的秩序,而且关系到公民人身、财产等重大权益。按照法律规定的程序制度实施诉讼行为,既是保证案件得到及时、正确的处理的需要,也是防止国家权力滥用,保障公民人身权利和自由,使裁判结果获得公正性和权威性的需要。因此,在刑事诉讼过程中,专门机关和诉讼参与人,都必须根据法律事先确立的刑事诉讼程序规则进行。刑事诉讼严格的程序化,体现了诉讼公正的要求和正当程序的价值,是现代诉讼民主的基本要求。

第二节 刑事诉讼法

一、刑事诉讼法的概念和性质

(一)刑事诉讼法的概念

刑事诉讼法是国家制定的,人民法院、人民检察院和公安机关等专门机关以及当事人和其他诉讼参与人进行刑事诉讼活动必须遵守的法律规范总称。它调整的对象是公、检、法等专门机关在当事人和其他诉讼参与人的参加下,揭露、证实、惩罚犯罪的活动。它的内容主要包括刑事诉讼的任务、基本原则与制度,公、检、法等专门机关在刑事诉讼中的职权和相互关系,当事人及其他诉讼参与人的诉讼权利和诉讼义务,以及如何进行刑事诉讼的具体程序等。

我国的刑事诉讼法有广义和狭义之分。狭义的刑事诉讼法是单指一的刑事诉讼法典，即 1979 年 7 月 1 日第五届全国人民代表大会第二次会议通过，根据 1996 年 3 月 17 日第八届全国人民代表大会第四次会议《关于修改〈中华人民共和国刑事诉讼法〉的决定》第一次修正和 2012 年 3 月 14 日第十一届全国人民代表大会第五次会议《关于修改〈中华人民共和国刑事诉讼法〉的决定》第二次修正的《刑事诉讼法》。广义的刑事诉讼法，是指所有关于刑事诉讼程序的全部法律规范。它既包括刑事诉讼法典，也包括国家有关机关制定的一切法律、法令、条例、规定中有关刑事诉讼程序的规范。如我国宪法中有关刑事诉讼的规定，《刑事诉讼法》、《人民法院组织法》、《人民检察院组织法》、《律师法》、《监狱法》和《中华人民共和国未成年人保护法》等专门性法律中有关刑事诉讼的程序规定，最高人民法院、最高人民检察院各自发布或者联合公安部、国家安全部、司法部、全国人大常委会法工委发布的关于《刑事诉讼法》的相关司法解释，公安部、司法部等部门发布的关于刑事诉讼的规范性文件等，都属于广义上的刑事诉讼法。

(二)刑事诉讼法的性质

刑事诉讼法是调整和规范刑事诉讼活动及参与者相互关系的法律。刑事诉讼法的性质可以从以下四个方面把握：

1. 刑事诉讼法是程序法

按照法律所规定的内容和所发挥的作用，可以分为实体法和程序法。实体法规定实质的法律权利和义务，程序法则规定实质的法律权利和义务如何实现的方式和程序。刑事诉讼法是规定国家专门机关如何行使职权，当事人及诉讼参与人如何行使诉讼权利、承担诉讼义务，以查明犯罪事实，正确适用法律，追究犯罪人的刑事责任，进而实现国家刑罚权的程序性法律，因此是典型的程序法。

2. 刑事诉讼法是公法

按照法律调整对象是否涉及国家公权力和个人权利的关系，可分为公法和私法。其中，公法是指调配公权力之间，以及调整公权力与私权利之间关系的法律规范；私法则是调整私人利益关系，也就是规范和调整平等主体之间权利义务关系的法律规范。刑事诉讼法是专门机关以国家名义解决被追诉人刑事责任问题的法律，它既涉及公、检、法等专门机关法定职权的配置与规范，也涉及专门机关的权力与当事人及其他诉讼参与人等个人权利的法律关系，所以属于公法。

3. 刑事诉讼法是基本法律

按照层次和效力等级划分，我国现行法律可以分为根本法、基本法律和一般法律。根本法是国家的根本大法，即宪法，它是由全国人民代表大会通过的最重要法律，是其他法律法规的母法；基本法律，是由全国人民代表大会制定和修改的刑事、民事、国家机构和其他方面的规范性文件。其效力次于国家的根本大法。我国《立法法》第 7 条规定，全国人民代表大会制定和修改刑事、民事、国家机构的和其他的基本法律。一般法律是指宪法和基本法律以外，由全国人大常委会制定和修改的规范性文件。我国《刑事诉讼法》的实施，其结果很可能导致被追诉人基本权利和基本自由的限制和剥夺，定罪和量刑的诉讼结局可谓影响深远，因而,刑事诉讼法的制定和修改应当由全国人民代表大会进行,故属于基本法。

在理论界,有人对刑事诉讼法与宪法之间的关系进行深入研究。宪法规定的公民基本权利和义务的内容与刑事诉讼法的关系极为密切。其中,宪法是赋予公民基本权利和自由的国家根本大法,而刑事诉讼法则是限制甚至剥夺公民基本权利和自由乃至财产和生命的基本法律。刑事诉讼法的实施直接关系到宪法中关于公民基本权利和自由规定的实际效果,因此,有学者将刑事诉讼法定性为"小宪法"或者是"行动中的宪法"。

二、我国刑事诉讼法的渊源

刑事诉讼法的渊源,是指刑事诉讼法的表现形式或者刑事诉讼法的来源。其含义指刑事诉讼法是何种国家政权机关创制和表现为何种类型的规范性文件,如法律、法规、条例、司法解释等。在我国,刑事诉讼法主要包括以下几个方面的渊源:

1. 宪法

在我国,《刑事诉讼法》的制定必须以《宪法》为根据。《宪法》不仅规定了公民基本权利和义务的内容,而且还规定了包括人大机关、行政机关、人民法院、人民检察院等国家机关的职权,同时,《宪法》还规定了一些与刑事诉讼法直接相关的原则和制度,如《宪法》第125条规定:"人民法院审理案件,除法律规定的特别情况外,一律公开进行。被告人有权获得辩护。"第126条规定:"人民法院依照法律规定独立行使审判权,不受行政机关、社会团体和个人的干涉。"第131条规定:"人民检察院依照法律规定独立行使检察权,不受行政机关、社会团体和个人的干涉。"第135条规定:"人民法院、人民检察院和公安机关办理刑事案件,应当分工负责,互相配合,互相制约,以保证准确有效地执行法律。"这些原则性规定,是制定和实施《刑事诉讼法》的根本依据。

2. 刑事诉讼法典

我国现行的刑事诉讼法典就是1979年7月1日第五届全国人民代表大会第二次会议通过,根据1996年3月17日第八届全国人民代表大会第四次会议《关于修改〈中华人民共和国刑事诉讼法〉的决定》第一次修正和2012年3月14日第十一届全国人民代表大会第五次会议《关于修改〈中华人民共和国刑事诉讼法〉的决定》第二次修正的《刑事诉讼法》。它是我国刑事诉讼法的最主要、最直接的法律渊源。

3. 全国人大及其常委会制定的其他有关法律

除《刑事诉讼法》外,全国人大及其常委会制定的其他法律中有关刑事诉讼的相关规定,也是刑事诉讼法的渊源。它分为两种类型:一是各个法律中涉及刑事诉讼的规定,如《刑法》、《人民法院组织法》、《人民检察院组织法》、《国家安全法》、《监狱法》、《法官法》、《检察官法》、《律师法》、《未成年人保护法》、《未成年人犯罪预防法》等法律中有关刑事诉讼的规定;二是全国人大及其常委会通过的关于刑事诉讼的专门规定,如1983年9月2日第六届全国人大常委会第二次会议通过的《关于国家安全机关行使公安机关的侦查、拘留、预审和执行逮捕的职权的决定》,1993年12月29日第八届全国人大常委会第五次会议通过的《关于中国人民解放军保卫部门对军队内部发生的刑事案件行使公安机关的侦查、拘留、预审和执行逮捕的职权的决定》,等等。

4. 司法解释

司法解释是指最高司法机关对法律、法规的具体应用问题所作的说明。它是法律解释的一种，属于正式解释。最高人民法院和最高人民检察院各自发布，最高人民法院和最高人民检察院联合发布或者最高人民法院、最高人民检察院与其他国家机关联合发布的关于《刑事诉讼法》具体适用的规范性文件，以及有关刑事案件问题的批复或解答，即为司法解释，是刑事诉讼法的渊源之一。如，最高人民法院《关于适用〈中华人民共和国刑事诉讼法〉的解释》（2012年11月5日），《关于铁路运输法院案件管辖范围的若干规定》（2012年7月2日），《关于减刑、假释案件审理程序的规定》（2014年4月10日），《关于办理减刑、假释案件具体应用法律若干问题的规定》（2011年11月21日），《关于审理人民检察院按照审判监督程序提出的刑事抗诉案件若干问题的规定》（2011年4月18日）等；最高人民检察院《人民检察院刑事诉讼规则（试行）》（2012年10月16日），《人民检察院办理未成年人刑事案件的规定》（2007年1月9日，2013年12月27日修订发布），《人民检察院扣押、冻结涉案款物工作规定》（2010年4月7日）；最高人民法院、最高人民检察院、公安部、国家安全部、司法部、全国人大常委会法制工作委员会《关于实施刑事诉讼法若干问题的规定》（2012年12月26日），最高人民法院、最高人民检察院、公安部、国家安全部、司法部《关于外国人犯罪案件管辖问题的通知》（2013年1月17日），最高人民法院、最高人民检察院、公安部、司法部《关于刑事诉讼法律援助工作的规定》（2013年3月1日），最高人民法院、最高人民检察院、公安部、司法部《关于对判处管制、宣告缓刑的犯罪分子适用禁止令有关问题的规定（试行）》（2011年4月28日），等等。

5. 行政法规和部门规章

国务院及其行政主管部门根据宪法和法律，依照职权制定的有关刑事诉讼的规范性文件，也是刑事诉讼的法律渊源。如国务院《法律援助条例》（2003年9月1日）、《看守所条例》（2009年6月2日）；公安部《公安机关办理刑事案件程序规定》（2012年12月3日）、《看守所留所执行刑罚罪犯管理办法》（2013年8月20日）；司法部《律师会见监狱在押罪犯暂行规定》（2004年3月19日）、《监狱提请减刑假释工作程序规定》（2003年1月7日）等等。

6. 国际条约

我国缔结或者参加的有关刑事诉讼程序的国际条约，应当予以信守，但是我国声明保留的条款除外。因此，国际条约也是刑事诉讼的法律渊源之一。如，最高人民法院《关于适用〈中华人民共和国刑事诉讼法〉的解释》第397条规定："需要向有关国家驻华使、领馆通知有关事项的，应当层报高级人民法院，由高级人民法院按照下列规定通知：（一）外国籍当事人国籍国与我国签订有双边领事条约的，根据条约规定办理；未与我国签订双边领事条约，但参加《维也纳领事关系公约》的，根据公约规定办理；未与我国签订领事条约，也未参加《维也纳领事关系公约》，但与我国有外交关系的，可以根据外事主管部门的意见，按照互惠原则，根据有关规定和国际惯例办理。"第399条规定："涉外刑事案件审判期间，外国籍被告人在押，其国籍国驻华使、领馆官员要求探视的，可以向受理案件的人民法院所在地的高级人民法院提出。人民法院应当根据我国与被告人国籍国签订的双边领事条约规定的时限予以安排；没有条约规定的，应当尽快安排。必要时，可以请人民政府外事主管部门协助。"最高人民检察院《人民检察院刑事诉讼规则》（试行）第676条规定："人民检察院进行司法协助，有我国参加或者缔结的国际条约规定的,适用该条约规定,但是我国声明保留的条款除外;无相应条约规定的,按照互惠原则通过外交途径办理。"虽然我国承认的国际条约规定,在刑事诉讼中应当予以遵守,但人民法院在判决、裁定中并不能直接引用国际条约的条文内容作为裁判的法律适用依据。

需要指出的是,有的教材认为,地方人大及其常委会颁布的地方性法规中关于刑事诉讼程序的规定,也是刑事诉讼的法律渊源之一。但我们并不认同此观点。根据我国《立法法》第8条规定,对公民政治权利的剥夺、限制人身自由的强制措施和处罚,诉讼和仲裁制度等事项,属于国家立法领域,只能制定法律。因此,地方性法规无权就刑事诉讼问题作出规定或进行适用性的立法解释。

三、刑事诉讼法的效力

刑事诉讼法的效力,指刑事诉讼法的适用范围,即刑事诉讼法在什么地方、对什么人、对什么事和在什么时间内具有约束力。我国《刑事诉讼法》的效力主要表现为以下几个方面:

1. 刑事诉讼法的空间效力

刑事诉讼法的空间效力指刑事诉讼法在什么空间范围内适用。中华人民共和国是一个独立的主权国家,凡在中华人民共和国领域内(包括领土、领海、领空及其延伸部分)进行的刑事诉讼,除港澳台地区外,均适用我国《刑事诉讼法》的相关规定。《中华人民共和国香港特别行政区基本法》第19条规定:"香港特别行政区享有独立的司法权和终审权。香港特别行政区法院除继续保持香港原有法律制度和原则对法院审判权所作的限制外,对香港特别行政区所有的案件均有审判权。"《中华人民共和国澳门特别行政区基本法》第19条规定:"澳门享有独立的司法权和终审权。澳门法院除继续保持澳门原有法律制度和原则对法院审判权所作的限制外,对澳门所有的案件均有审判权。"另外,按照"程序法适用法院所在地法"的国际法原则,在我国大陆地区进行的刑事诉讼活动,也只能适用我国的《刑事诉讼法》。

2. 刑事诉讼法的对人效力

刑事诉讼法对人效力,是指刑事诉讼法对何人的犯罪行为可以适用。我国《刑事诉讼法》第16条规定:"对于外国人犯罪应当追究刑事责任的,适用本法的规定。对于享有外交特权和豁免权的外国人犯罪应当追究刑事责任的,通过外交途径解决。"根据此规定,只要是被我国依法追究刑事责任的,不论是中国公民、法人或者其他组织,还是外国人、无国籍人、外国企业或组织,均适用我国的《刑事诉讼法》。除中国公民、法人或者其他组织外,外国人、无国籍人、外国企业或组织参加我国的刑事诉讼活动时,也要遵守我国《刑事诉讼法》的有关规定,并依法享有相应的诉讼权利、承担相应的诉讼义务。

3. 刑事诉讼法的对事效力

刑事诉讼法的对事效力,是指刑事诉讼法调整的事项范围。也即是什么样的案件处理,须适用刑事诉讼法。由于刑事诉讼是解决被追诉人的刑事责任问题,从大体上而言,只有刑事案件的处理,才适用刑事诉讼法。因此,只要是我国具有管辖权的刑事案件,均适用我国的《刑事诉讼法》。根据我国《刑法》和《外交特权与豁免条例》的有关规定,我国依法享有管辖权的刑事案件包括:①在我国领域内(包括我国船舶或者航空器内)发生犯罪,需要依法追究刑事责任的;②我国公民在中华人民共和国领域外犯《刑法》规定的罪,最低刑为三年以上有期徒刑的;③我国国家工作人员和军人在中华人民共和国领域外犯《刑法》规定之罪的;④外国人在中华人民共和国领域外对中华人民共和国国家或者公民犯罪,而按《刑法》规定的最低刑为三年以上有期徒刑的,但按照犯罪地的法律不受处罚的除外;⑤对于中华人民共和国缔结或者参加的国际条约所规定的罪行,中华人民共和国在所承担条约义务的范围内行使刑事管辖权的。

4. 刑事诉讼法的时间效力

刑事诉讼法的时间效力,指刑事诉讼法生效时间和失效时间以及刑事诉讼法对生效以前的刑事案件是否具有溯及力。刑事诉讼法的生效时间,通常有两种情况:一是从刑事诉讼法律规范公布之日起正式生效施行;二是在刑事诉讼法律规范公布后不立即生效,而是经过一定期限后才正式实施。如,第五届全国人民代表大会第二次会议通过的《刑事诉讼法》,于1979年7月7日公布,1980年1月1日起施行;第八届全国人民代表大会第四次会议通过的《关于修改〈中华人民共和国刑事诉讼法〉的决定》,于1996年3月17日公布,自1997年1月1日起施行;第十一届全国人民代表大会第五次会议通过《关于修改〈中华人民共和国刑事诉讼法〉的决定》于2012年3月14日公布,自2013年1月1日起施行。法典的生效时间,采用第二种方法已成为各国成文法的通例,目的在于施行前做好充分的法律宣传和执法准备,以保证正确实施。

刑事诉讼法的失效时间,是指刑事诉讼法的效力何时终止。我国《刑事诉讼法》的失效主要有以下两种情况:

第一种情况是被国家立法机关明确宣布废止。如1996年3月17日通过的《全国人民代表大会关于修改〈中华人民共和国刑事诉讼法〉的决定》最后规定:"本决定自1997年1月1日起施行。《中华人民共和国逮捕拘留条例》、《全国人民代表大会常务委员会关于迅速审判严重危害社会治安的犯罪分子的程序的决定》、《全国人民代表大会常务委员会关于刑事案件办案期限的补充规定》同时废止。"又如,最高人民法院《关于适用〈中华人民共和国刑事诉讼法〉的解释》第548条规定:"本解释自2013年1月1日起施行,最高人民法院1998年9月2日公布的《关于执行〈中华人民共和国刑事诉讼法〉若干问题的解释》同时废止;最高人民法院以前发布的司法解释和规范性文件,与本解释不一致的,以本解释为准。"

第二种情况是旧法的规定因新法的实施而失效。主要表现为旧法规被新法规所取代,被取代的旧法即自然失效。如2012年3月14日第十一届全国人民代表大会第五次会议通过的《关于修改〈中华人民共和国刑事诉讼法〉的决定》,并没有明确宣布之前的《刑事诉讼法》的规定何时失效,但是,随着《关于修改〈中华人民共和国刑事诉讼法〉的决定》于2013年1月1日起施行,被决定修改的条文规范则自然失效。

在法律的溯及力问题上,程序法通常具有溯及既往的效力。也就是说,新的刑事诉讼法生效实施后,不仅生效之日起发生的刑事案件应当按照新法的规定进行处理,而且新法生效前发生、未曾处理或者正在处理的刑事案件,在程序上也要适用新法的规定。但是,依照旧法处理并已经生效的案件结果继续有效,并不因为新法规定的实施而重新处理或再审改判。

四、刑事诉讼法和其他法律的关系

(一)刑事诉讼法与宪法的关系

宪法是规定国家社会制度、政权组织形式、国家机关职责和公民基本权利义务等内容的根本大法,是国家一切其他法律的制定依据。刑事诉讼法则是规定刑事诉讼的原则和制度、国家专门机关的职责、当事人及其他诉讼参与人诉讼权利义务等内容的程序法。二者虽然在性质和效力等级等方面有明显差异,但彼此关系却非常密切。

第一,宪法是刑事诉讼法的立法根据。刑事诉讼法的制定必须以宪法为依据。包括刑事诉讼法在内的一切法律,均不得与宪法的规定相抵触。宪法中关于刑事诉讼制度的原则规定,是刑事诉讼立法的合法根据。

第二,宪法是赋予公民基本权利和自由的法律,刑事诉讼法则是授权专门机关依法限制甚至剥夺被追诉人自由、财产乃至生命的法律,刑事诉讼法的实施情况直接关系到宪法相关规定的实际效果。

第三,刑事诉讼法作为国家解决当事人刑事责任问题的程序法,其调整的是国家和个人之间的关系。刑事诉讼过程中存在国家公权力与个人私权利的冲突。宪法明文规定"尊重和保障人权",因此,国家专门机关在惩罚犯罪的同时应当保障基本人权。刑事诉讼法规定的严格程序,是对权力滥用的法律防范,从而在国家公权力和公民基本自由和权利之间保持了基本平衡和协调。在此方面,与其他许多部门法律相比,刑事诉讼法与宪法的关系更为密切。

(二)刑事诉讼法与刑法的关系

在性质上,刑事诉讼法是规定诉讼程序规则的程序法,刑法则是规定犯罪行为类型及其刑事责任的实体法。二者同属于刑事法律范畴,相互关系极为密切。刑法规定的刑事责任和刑罚内容,只有通过刑事诉讼程序的具体开展,才能落到实处。反之,如果没有犯罪行为发生或者事实行为不需要承担刑事责任,刑事诉讼程序的进行就没有必要。

传统的观点认为,刑事诉讼法与刑法的关系是刑事程序法与刑事实体法的关系,是形式与内容、手段与目的、方法与任务的关系。但我们认为,刑事诉讼法并不仅仅是刑法是形式和手段,二者是相互依存、相辅相成、缺一不可的关系。虽然刑法规定的犯罪和刑事责任需要通过刑事诉讼程序来落实,但是,刑事诉讼法还具有相对独立的程序价值。一方面,刑事诉讼法规定的程序保障强调了当事人的人格尊严和法律关系主体地位,体现了公正、民主和法制的正当程序观念,从而使刑事诉讼活动更具理性;另一方面,公正的刑事诉讼程序是司法结果正当性和权威性的法律来源,它使得司法结果易于获得社会公众的认可和尊重,也容易为当事人从心理和行为上接受。

(三)刑事诉讼法与民事诉讼法、行政诉讼法的关系

刑事诉讼法与民事诉讼法、行政诉讼法均为程序法,三者之间既有共性也有差异。

首先,刑事诉讼法与民事诉讼法、行政诉讼法都是程序法,都是为了正确实施实体法而制定的,因此三者有着一些共同的原则、制度和程序规范。如,人民法院依法独立行使审判权;审判公开;保障当事人诉讼权利原则;以事实为根据,以法律为准绳的诉讼原则;我国公

民有权用本民族语言文字进行诉讼原则;以及两审终审、合议、回避制度,等等。其中,刑事诉讼中附带民事诉讼部分,在审理时,如果刑事诉讼法没有规定的,则适用民事诉讼法的相关规定。

其次,刑事诉讼与民事诉讼、行政诉讼属于性质不同的诉讼制度。三种诉讼法所要解决的案件属于不同性质的法律问题。因此,各自的诉讼主体范围、诉讼权利义务关系、特有原则、具体制度、举证(证明)责任、证明标准和具体程序等规定均有所不同。如,刑事诉讼中的国家专门机关有人民法院、人民检察院、公安机关和监狱等,而民事诉讼、行政诉讼中仅由人民法院代表国家机关;刑事诉讼法中的当事人称为犯罪嫌疑人、被告人和被害人等,民事诉讼、行政诉讼的当事人则称为原告、被告和第三人;刑事诉讼法的"未经人民法院依法判决,对任何人不得确定有罪"、"犯罪嫌疑人、被告人有权获得辩护"等原则,与民事诉讼法的"当事人地位平等、辩论、处分"等原则、行政诉讼法的"对具体行政行为进行合法性审查"等原则有明显的不同;刑事诉讼法规定的"谁控诉,谁举证",与民事诉讼法规定的"谁主张,谁举证"、行政诉讼法中的"由被告证明被诉的具体行政行为合法性"的举证原则也完全不同;刑事诉讼法中的强制措施种类与民事诉讼法、行政诉讼法规定的强制措施及执行程序也存在明显区别,等等。

(四)刑事诉讼法与人民法院组织法、人民检察院组织法的关系

人民法院组织法是规定人民法院组织体系、审判原则、审判制度、审判权运行机制和审判人员任职条件和任免程序等内容的单行法。刑事诉讼法中关于刑事案件审级制度、审判原则、审判组织形式与人民法院组织法的规定是相通的。同样,人民检察院组织法是规定人民检察院组织体系、检察职能、检察制度、检察权运行机制和检察员任职条件和任免程序等内容的单行法。刑事诉讼法中关于检察机关的法律监督职权及其行使与人民检察院组织法的相关规定是协调、一致的。

(五)刑事诉讼法与律师法、监狱法的关系

律师法是规定律师的性质和地位、律师的业务、权利和义务的单行法。参与刑事诉讼,担任辩护人或者诉讼代理人,是律师的法律业务之一。刑事诉讼法中关于辩护律师、代理律师的诉讼权利义务规定,与律师法中关于律师权利义务规定关系密切。律师参与刑事诉讼活动时依法享有诉讼权利,并承担诉讼义务,其合法的执业行为,理应受到刑事诉讼法与律师法的双重保护。

监狱法是由国家制定的并以国家强制力保证实施的调整监狱行刑活动中所发生的一定社会关系的法律规范的总和。它是国家刑事法律的组成部分。其中,监狱法中关于刑罚执行的规定,必然直接关系到刑事诉讼生效裁判的执行。监狱的管理制度对罪犯的个人权利和人权保障也有重大影响。刑事诉讼法对罪犯的减刑、假释、暂予监外执行、申诉等程序规定,与监狱法的相关规定密切相连。

第三节 刑事诉讼法的制定目的、根据和任务

一、刑事诉讼法的制定目的

刑事诉讼法的目的是指国家制定和实施刑事诉讼法的出发点和追求的结果,又称"刑事诉讼法的宗旨"。我国《刑事诉讼法》第1条规定:"为了保证刑法的正确实施,惩罚犯罪,保护人民,保障国家安全和社会公共安全,维护社会主义社会秩序,根据宪法,制定本法。"根据此规定,我国刑事诉讼法的目的包含以下几个方面:

1. 保证刑法的正确实施

刑法是规定犯罪与刑罚问题的刑事实体法,刑事诉讼法则是规定追诉犯罪的程序、追诉机关、审判机关的权力范围、当事人以及诉讼参与人的诉讼权利及其相互法律关系的刑事程序法。程序法是为实体法的实现而存在的,但程序法本身也具有相对独立的品格和价值。从根本上而言,刑法与刑事诉讼法都以惩罚犯罪、保护人权、维护社会秩序、限制国家公权为目的,刑法是在静态上对国家刑罚权的限制,而刑事诉讼法则是从动态的角度为国家实现刑罚权施加了一系列程序方面的限制,二者相辅相成、相得益彰,构成了刑事法的整体内容。如果没有刑法规定的犯罪和刑罚,定罪和量刑就没有依据和标准,刑事诉讼活动就失去目的和意义;如果没有刑事诉讼法规定的侦查、起诉、审判和执行程序,惩罚犯罪的活动则无法展开,刑法规定的内容将无法具体落实。因此,刑事诉讼法的直接功能就是保证刑法的正确实施。刑事诉讼法的正确实施,保障了犯罪追究过程及其结果的正当性和权威性。

2. 惩罚犯罪,保护人民

惩罚犯罪和保护人民,是刑事诉讼法任务中不可分割的两个方面。惩罚犯罪与保障人权的关系既是统一的,又是对立的。只有惩罚犯罪,才能更好地保护人民;只有保护人民,才能更有效地惩罚犯罪。在本质上,刑事诉讼是国家追究犯罪、惩罚犯罪的系列法律活动,其根本目的是实现国家的刑罚权。刑事诉讼法规定的制度和程序,旨在规范国家专门机关的权力运行,以保证全面、客观地查明案件事实,正确适用法律,依法惩罚犯罪分子,以保护人民群众的人身权利、财产权利、民主权利和其他合法权利。与此同时,正是由于及时、准确地惩罚犯罪,才有效地保障了无罪的人免受错误的刑事追究。

3. 保障国家安全和社会公共安全,维护社会主义社会秩序

任何犯罪行为都是对国家利益、社会秩序和社会公共安全的严重危害。如果是有具体被害人的犯罪行为,被害人的人身权利、财产权利、民主权利或其他合法权利则是直接受到侵害。犯罪行为是一种剧烈的社会冲突,不仅破坏正常、安定的社会秩序,损害社会公共安全,情节严重者,还可能危及国家政权的基础,因此,只有将犯罪行为人绳之以法,并施于相应的刑罚制裁,才能有效阻止其继续实施犯罪,消除社会危害和安全威胁,恢复社会公共安全和社会秩序。刑事诉讼法就是要通过准确、及时地查明犯罪事实,正确适用法律,严惩危害国家和社会公共利益的犯罪,以保障国家安全和社会公共安全,维护社会主义社会秩序。

二、刑事诉讼法的立法根据

我国《刑事诉讼法》第1条首先明确"根据宪法,制定本法"。可见,我国《刑事诉讼法》的立法根据是我国《宪法》。宪法是规定国家的社会制度、经济制度、政权组织形式和原则、公民的基本权利和义务、国家机构的性质、设置和职权等内容的根本大法,具有最高的法律效力,是其他一切法律、法规的母法。因此,包括刑事诉讼法在内的一切法律、法规,都必须以宪法为根据,且不得与宪法的规定相抵触。

刑事诉讼法以宪法为立法根据,意味着刑事诉讼法中规定的原则、制度和程序不得与宪法规定的原则、制度和精神相违背。宪法对刑事诉讼制度有原则规定的,刑事诉讼法则结合刑事诉讼规律和司法实践经验予以具体化、程序化。在我国,刑事诉讼法以宪法为立法根据,主要体现在以下几个方面:

(1)我国《宪法》对各专门机关在刑事诉讼中的相互关系作了原则性规定。如,我国《宪法》第135条规定:"人民法院、人民检察院和公安机关办理刑事案件,应当分工负责,互相配合,互相制约,以保证准确有效地执行法律。"

(2)我国《宪法》关于人民法院的审判职能、审判权的行使、审判原则和审判监督关系等原则性规定,为刑事诉讼中人民法院的职权运行提供立法依据。如,我国《宪法》第123条规定"人民法院是国家的审判机关";第125条规定"人民法院审理案件,除法律规定的特别情况外,一律公开进行";第126规定"人民法院依照法律规定独立行使审判权,不受行政机关、社会团体和个人的干涉";第127条规定"最高人民法院监督地方各级人民法院和专门人民法院的审判工作,上级人民法院监督下级人民法院的审判工作",等等。

(3)我国《宪法》关于人民检察院的地位和职权的规定,为人民检察院在刑事诉讼中行使职权提供了立法依据。如,我国《宪法》129条规定"人民检察院是国家的法律监督机关";第131条规定"人民检察院依照法律规定独立行使检察权,不受行政机关、社会团体和个人的干涉";第132条规定"最高人民检察院领导地方各级人民检察院和专门人民检察院的工作,上级人民检察院领导下级人民检察院的工作",等等。

(4)我国《宪法》关于公民基本权利的原则规定,为刑事诉讼法保障基本人权和当事人在刑事诉讼中依法享有诉讼权利提供了立法根据。如,我国《宪法》第33条规定"国家尊重和保障人权";第37条规定"中华人民共和国公民的人身自由不受侵犯。任何公民,非经人民检察院批准或者决定或者人民法院决定,并由公安机关执行,不受逮捕。禁止非法拘禁和以其他方法非法剥夺或者限制公民的人身自由,禁止非法搜查公民的身体";第38条规定"中华人民共和国公民的人格尊严不受侵犯。禁止用任何方法对公民进行侮辱、诽谤和诬告陷害";第39条规定"中华人民共和国公民的住宅不受侵犯。禁止非法搜查或者非法侵入公民的住宅";第40条规定"中华人民共和国公民的通信自由和通信秘密受法律的保护。除因国家安全或者追查刑事犯罪的需要,由公安机关或者检察机关依照法律规定的程序对通信进行检查外,任何组织或者个人不得以任何理由侵犯公民的通信自由和通信秘密";第125条规定"被告人有权获得辩护";第4条规定"各民族都有使用和发展自己的语言文字的自由",等等。

三、刑事诉讼法的任务

日常生活中,任务是通常指交派的工作、担负的责任。一部法律的任务,则是该法所要担负并要完成的法律使命。我国《刑事诉讼法》第 2 条规定:"中华人民共和国刑事诉讼法的任务,是保证准确、及时地查明犯罪事实,正确应用法律,惩罚犯罪分子,保障无罪的人不受刑事追究,教育公民自觉遵守法律,积极同犯罪行为作斗争,维护社会主义法制,尊重和保障人权,保护公民的人身权利、财产权利、民主权利和其他权利,保障社会主义建设事业的顺利进行。"从此规定中可以看出,我国《刑事诉讼法》的任务是由一个总任务和三个具体任务构成。其总任务是:维护社会主义法制,保护公民的人身权利、财产权利、民主权利和其他权利,保障社会主义建设事业的顺利进行。具体任务则包括以下几个方面:

1. 保证准确、及时地查明犯罪事实,正确应用法律,惩罚犯罪分子

查明犯罪事实,正确应用法律,惩罚犯罪分子,是《刑事诉讼法》的直接任务。司法机关作为人民民主专政的重要工具,负有惩罚犯罪、保障无辜、保障国家安全和社会公共安全、维护社会主义社会秩序的法定职责。在我国,依法同犯罪分子作斗争,就是通过刑事诉讼程序来实现的。由于刑事诉讼法从制度和程序上赋予了国家专门机关法定职权,使得国家机关有必要的法律手段来应对犯罪行为的发生,从而实现本法惩罚犯罪、保护人民的目的。

准确、及时地查明犯罪事实,是惩罚犯罪分子的前提。所谓准确,是指认定案件事实和性质,符合客观实际,没有夸大或缩小,更没有捏造。所谓及时,是指在法定的时间内,加快办案速度,提高办案效率。所谓犯罪事实,是指作为犯罪构成要件以及有关从重、从轻、减轻、免除处罚情节的事实。具体说来,也就是指谁犯罪、犯什么罪和犯罪的时间、地点、情节、手段、后果、动机和目的等事实。查明犯罪事实是司法机关正确处理刑事案件的前提条件。刑事诉讼法是实现国家刑罚权的程序性法律,其基本功能是从诉讼程序方面保证刑法的正确实施。因此,保证准确、及时地查明犯罪事实,是刑事诉讼法的首要任务。

正确应用法律,是准确惩罚犯罪的法律保障。正确应用法律包括正确应用刑法,也包括正确应用刑事诉讼法、其他有关法律和司法解释。正确应用法律就是要求公安、司法人员在办案过程中依法正确认定案件事实和案件性质,准确地定罪、量刑,确保司法结果公正,使犯罪分子得到应有的惩罚。在程序上,办案机关则应当严格依法办案,切实保障当事人和其他诉讼参与人的诉讼权利。

准确、及时地查明案件事实与正确应用法律是正确处理案件不可缺少的两个条件。前者是后者正确适用的基础,后者则是前者实现自己目的的必要条件。两者相辅相成,互为补充,最后达到准确惩罚犯罪的共同目的。

2. 尊重和保障人权,保障无罪的人不受刑事追究

2004 年,第十届全国人大第二次会议通过的《宪法修正案》明确提出"国家尊重和保障人权",作为与我国《宪法》、与公民权利密切相关的部门法,《刑事诉讼法》将"尊重和保障人权"确定为法律任务,表明我国《刑事诉讼法》在人权保障上应有的价值理念,契合了当今国际社会的主流价值取向。所谓"尊重和保障人权",就是应当通过正当程序理性地惩罚犯罪,尊重当事人特别是犯罪嫌疑、被告人的主体地位和人格尊严,限制国家权力滥用,保障被追诉者的诉讼权利,公正地追究犯罪而实现刑事法治。

在保证刑法实施、惩罚犯罪分子的同时，还要注意保障无罪的人不受刑事追究，避免冤枉无辜。这是现代民主法治国家的基本要求，也是社会主义法律本质的重要体现。如果错误地追究一个无辜公民的刑事责任，则在放纵真正犯罪分子的同时，却制造了一个新的冤假错案。其实，准确惩罚犯罪分子与保障无罪的人不受刑事追究，是一个问题的两个方面。只要真正做到准确惩罚犯罪，就不会伤害无辜；如果在刑事诉讼中始终注意保护无辜，就能确保案件质量，更准确地惩罚犯罪。

保障无罪的人不受刑事追究，要求办案机关在刑事诉讼中应当重事实、重证据，严格按照法定的程序与制度办案，依法充分保障当事人和其他诉讼参与人充分行使诉讼权利，特别是尊重犯罪嫌疑人、被告人的辩护权，尊重和保障人民法院依法独立行使审判权，保障人民检察院依法行使检察权和法律监督权，以防止发生错误，确保刑事案件质量经得起时间的检验。

3.教育公民自觉遵守法律，积极同犯罪行为作斗争

我国刑事诉讼活动的过程，既是惩罚犯罪分子、保障无罪的人不受刑事追究的过程，同时又是对公民进行法制宣传教育的过程。虽然法制宣传教育不是专门机关在进行刑事诉讼活动时的中心工作，但是，对案件的公正处理过程却具有警示教育作用。

首先，公安、司法机关在揭露犯罪，惩罚犯罪的侦查、起诉、审判和执行等活动过程中，通过公开审判、公开宣判、张贴布告、印发典型案例、举办罪证展览等行为，使人民群众懂得什么是犯罪以及犯罪后将会承担什么法律后果，从而增强社会主义法律意识，做到自觉守法。同时，也使那些企图以身试法或者不稳定分子受到威慑，悬崖勒马，不至于走上犯罪道路，预防和减少犯罪。

其次，通过刑事案例的揭示，可以使人们懂得如何应用法律来保护国家集体和自己的合法权益，并让人民群众了解大胆地制止和揭露犯罪，坚决地同犯罪行为作斗争的重要意义，鼓励和保护广大群众同犯罪分子作斗争的积极性。

最后，通过对犯罪事实的深刻揭露，可以使人民群众了解犯罪分子活动的规律和特点，教育和组织群众采取有效防范措施，堵塞犯罪漏洞，减少和预防犯罪的发生。

第四节　刑事诉讼法的基本理念

在文学语境中，"理念"一词的意为"看法、思想或观念，是指思维活动的结果"。作为一个哲学概念，"理念"是指理性、成熟且相对稳定的价值观念。而法律理念，则是人类对法律现象或法律问题的理性、成熟且相对稳定的价值观念。它是指导人类法律思维和法律行为的重要思想观念，来源于对法律现象客观规律的理性把握。其中，刑事诉讼法的基本理念是对刑事诉讼活动规律深刻认识后所形成的一种价值观念。其对于刑事诉讼的立法和司法具有普遍、现实的指导意义，也反映出一国刑事诉讼制度的基本价值追求。

一、惩罚犯罪与尊重和保障人权相统一

所谓惩罚犯罪，是指通过刑事诉讼活动，在准确及时地查明案件事实真相的基础上，对

构成犯罪的被告人公正地适用刑法,科以适当的刑罚,惩罚犯罪行为人,并通过刑事诉讼程序本身的作用来震慑潜在的犯罪分子,以达到控制犯罪的目的。惩罚犯罪是刑事诉讼法的首要任务。刑事诉讼程序的展开,其动因就是因为犯罪行为已经发生,且需要依法追究刑事责任。不能达到惩罚犯罪目的的刑事诉讼制度,不具有实际意义。我国《刑事诉讼法》第1条规定:"为了保证刑法的正确实施,惩罚犯罪,保护人民,保障国家安全和社会公共安全,维护社会主义社会秩序,根据宪法,制定本法。"

尽管惩罚犯罪是保护人民,保障国家安全和社会公共安全,维护社会主义社会秩序的现实需要,但是,国家在惩罚犯罪时,也不能"不择手段、不问是非、不计代价"地进行。相反,现代法治精神要求国家应当以理性的手段来应对非理性的犯罪,即在惩罚犯罪时,应当尊重和保障人权。尊重和保障人权是民主政治的基本价值观及其制度安排,也是运行刑事诉讼司法手段的伦理底限。尊重和保障人权,是指在通过刑事诉讼惩罚犯罪的过程中,要尊重当事人特别是犯罪嫌疑人、被告人的主体地位和人格尊严,依法保障其诉讼权利和其他合法权益,无辜的人不受到刑事追究。在我国,人们常常将"保障人权"广义地理解为:第一,保护一般公民的合法权益,即通过惩罚犯罪来防止一般公民的利益受到犯罪的侵犯;第二,保障无罪的人不受刑事追究;第三,保障所有诉讼参与人,特别是被告人和被害人的诉讼权利得到充分行使;第四,使有罪的人受到公正的惩罚。其实,即使有证据证明其已经实施犯罪行为、正在受到追诉的犯罪嫌疑人、被告人,同样享有基本人权。给予刑罚处罚,是其依法应当承担的法律责任。受到公正的程序对待,享有基本的人道主义待遇,则是人权保障的内在要求。由于犯罪嫌疑人、被告人处于被追诉的诉讼地位,面对强大的国家机关公权力,其权利极易受到侵害。如果犯罪嫌疑人、被告人的诉讼权利或其他合法权益不保,则有可能影响到案件事实的查明和法律的正当适用,进而动摇刑事诉讼结果的公正性和权威性。因此,刑事诉讼程序的重点应当在于防范国家刑事追诉权、惩罚权被滥用,防止公民的诉讼权利和其他合法权益被侵害。也唯有如此,才能使有罪的人受到公正处罚,无罪的人免受错误追究。

惩罚犯罪与尊重和保障人权是既统一又对立的辩证关系。一方面,不能因为出于惩罚犯罪的需要,就无视犯罪嫌疑人、被告人的主体地位和人格尊严,严重侵害其依法应当享有的诉讼权利和其他合法权益,甚至制造冤假错案;另一方面,也不能以尊重和保障人权为借口,为犯罪嫌疑人、被告人的罪责进行开脱,使其逃避应得的刑罚处罚。

二、实体公正与程序公正并重

实体公正和程序公正是司法公正的重要组成部分,二者相辅相成、不可或缺。实体公正是程序公正的根本目的,程序公正是实体公正的重要保证。实体公正和程序公正各自都有独立的内涵和标准,不能互相代替,二者应当并重,不可偏废。

实体公正,即结果公正,指案件的结局处理所体现的公正。实体公正的实现具有相对性和不确定性,体现个别正义。在刑事诉讼中,实体公正的具体要求至少包括:①据以定罪量刑的犯罪事实的认定,应当做到证据确实、充分;②正确适用刑法,准确认定犯罪嫌疑人、被告人是否有罪及罪名;③按照罪刑相适应原则,依法适度判处刑罚;④对于错误处理的案件,能采取救济方法及时纠正、及时补偿。按照罪刑法定、罪责刑相适应的原则,使犯罪的人受到应有法律的惩罚,保障无罪的人不受刑事追诉,从而达到维护社会秩序和稳定社会的目的。

相对于实体公正而言,程序公正强调的是过程正义,即对诉讼程序规则的恪守以及诉讼规则体现出的形式上的合理性。刑事诉讼程序公正的基本要求是:①专门机关严格遵守刑事诉讼法的程序和制度规定;②保障当事人的诉讼主体地位和人格尊严;③保障当事人和其他诉讼参与人,特别是犯罪嫌疑人、被告人和被害人能依法充分行使各项诉讼权利;④严禁刑讯逼供和其他非法手段取证;⑤审判机关和检察机关能依法独立行使职权;⑥保障诉讼程序的公开性和透明度;⑦按照法定期限办案、结案。

受传统法律文化之影响,加上司法实践中很多视程序违法不为错案的错误做法,以及立法上缺乏严密的程序制裁制度,致使"重实体、轻程序"的现象在我国刑事诉讼实践中比较普遍,进而影响到诉讼结果的公正性和权威性。随着人们对司法程序独立品格和自身价值的深刻认识,程序法不再被视为是实体法的附庸或者纯粹的工具,程序公正的价值越来越受到重视。其实,坚持实体公正与程序公正并重,既是诉讼规律的客观要求,也符合我国当前的国情。虽然程序公正并不必然导致公正的实体结果,但却为结果公正提供了基础保障和最大的可能性。如果公正的程序都不能确保公正结果的发生,又何况非公正的程序?因此,作为理性的刑事诉讼制度,在惩罚犯罪与尊重和保障人权的价值目标指引下,应当努力兼顾实体公正和程序公正二者的价值平衡。在追求实体公正时,不能以违背和破坏程序为代价,切实防止那种只求结果、不要过程、省略程序、违反程序等问题的发生。同样,强调程序公正,绝不意味着放弃对实体公正的追求,绝不能脱离实体公正搞纯粹的"程序至上"或者"程序优先",避免只求过程不重结果,致使国家的刑罚权落空。

三、公正优先,兼顾效率

司法效率是指司法机关以最快的速度、最低的诉讼成本作出公正的裁判。其基本要求是充分、合理地运用司法资源,缩短诉讼周期,简化诉讼程序,及时、有效地维护当事人的合法权益。可以看出,司法效率是解决司法资源如何配置的问题,或者说,司法效率的核心是司法资源的节约或对司法资源有效利用的程度。司法效率是现代司法公正的基本构成要素,司法资源的稀缺使得司法必须追求效率,否则不足以完成其实现法律公正之价值使命。正所谓"迟来的正义即非正义"。

公正是司法制度和司法程序的灵魂、真正永恒的生命基础,也是司法的最终和最高目标。相对于司法效率而言,司法公正始终处于主导地位,而司法效率则是国家对诉讼活动的外部要求,是司法实现公正的最佳状态。不能达到公正目标的司法效率,则是一种负效率。所以,有意义的司法效率,是在确保司法公正的前提下实现效率。

在刑事诉讼中,公正与效率的关系是,司法公正第一,司法效率第二。但是,司法公正与司法效率二者并不矛盾,而是相互联系、相互作用,共同促进刑事司法正义的实现。其具体表现为:

第一,效率可以促进公正目标的实现。首先,有效率的诉讼行为,可以及时地收集犯罪证据,全面查明犯罪事实,保障公正诉讼结果的实现;其次,有效率的诉讼程序,意味着能够及时终结诉讼。这样一来,对于真正的犯罪人而言,及时的刑罚惩罚可以起到较好的震慑效果,及时伸张正义;对于无罪的人而言,则可以避免冤枉无辜并及时证明其清白,使原来的犯罪嫌疑人重新回归至正常的社会生活。

第二,公正的程序可以促进司法效率的提高。在内涵上,司法公正包括实体公正和程序公正两个方面的内容。其中,程序公正就是要严格执行法定的审判原则、审判程序,充分保障当事人及其他诉讼参与人的诉讼权利。程序公正在一定的条件下可以促进司法效率的提高,避免司法资源的浪费。首先,公正的程序有助于实现实体公正的诉讼结果,减少冤假错案的发生概率。公正的诉讼结果,可以减少因上诉、申诉引起的二审或者再审程序而导致的司法资源耗费。其次,公正的程序能使当事人有理由相信刑事诉讼结局的正当性和公正性,从而促使当事人服判息诉,及时稳定社会关系。

四、控审分离,权力制约

控诉和审判是刑事诉讼结构中的两大基本诉讼职能。控审分离,是指控诉职能和审判职能必须分别由专门的诉讼主体来承担,而不能把两种职能集中由一个诉讼主体来承担。控审分离原则是现代刑事诉讼普遍遵循的原则,也是现代刑事诉讼文明、民主、科学的重要标志。控审分离在程序操作上的体现是:检察院或者检察官负责对被告人进行起诉;法院或者法官则负责对案件进行审理和裁判。其中,起诉者确定控诉对象和控诉范围,并负责举证证明所指控的犯罪事实,但无权在法律上对被指控对象进行定罪、量刑;法院或者法官则负责在起诉的范围内进行事实审查和核实,并在适用法律的基础上作出有罪或无罪的裁判。实行控审职能分离的目的是,形成权力制约,使被告人能获得中立的审判,以实现司法公正。因为控审职能不分,将严重破坏程序本身的中立性。由法官代行控诉职能,必将使法官形成强烈的追诉心理,造成法官对案件的偏见或主观预断,从而丧失裁判者应有的客观中立性。

控审分离原则具有结构和程序两个方面的内涵:第一个方面,起诉和审判的组织机构和职能承担实行分立。所谓组织机构分立,是指专司刑事起诉和审判职能的国家机关应当分别设立,控诉和审判的诉讼职能分属于不同组织机构。也即是作为专门国家控诉机关的检察院或检察官独立于作为审判机关的法院或法官,检察官也不得同时在法院兼任审判法官。需要指出的是,审检分离并不意味着一定要实现审检分署,而是要求检察院在组织体制和工作业务上与法院相分离。如,在大陆法系的法国和我国的台湾地区,实行的是审检合署制,即将检察机关设在各级法院内,但由于两者在组织和业务上完全相分离,故并不违反控审分离原则。第二个方面,刑事审判程序的启动实行"不告不理"以及程序运作应当"诉审同一"。所谓不告不理,是指刑事审判程序在启动上必须以承担控诉职能的检察院提起控诉为前提,法官"无权自行受理刑事案件,必须等待检察院提起公诉",检察院不提起控诉或者撤诉,法院就不能展开审判。法院主动追究被告人的刑事责任、自诉自审或者不诉而审,都是与不告不理原则相背离的,是控审职能不分的表现。而所谓诉审同一,则是指在刑事审判过程中,法院审判的对象必须与检察院起诉指控的对象保持同一,法院只能在检察院起诉指控的对象范围内进行审判,对于检察院未指控的被告人及其罪行,法院无权进行审理和判决,即使法院在审判过程中发现检察院起诉指控的对象有错漏,也不能脱离检察院起诉指控的被告人或其罪行而另行审理和判决。

控审分离不仅已被各国刑事诉讼立法所确立和实施,而且已经为联合国文件或者其他有关国际性法律文件所确认。如《欧洲人权公约》规定:任何人都享有其诉讼案件由独立的、公正的法院公平审理权利。刑事案件中提出的任何控告是否有依据均应由法院决定之。联合国《公民权利和政治权利公约》第14条第1项规定：所有的人在法庭和裁判面前一律平等。在判定时，对任何人提出的任何刑事指控或确定他在一件诉讼案中权利、义务时，人人有资格由一个依法设立的、合格的、独立的和无偏无倚的法庭进行公正的和公开的审讯。这里的"无偏无倚的法庭"被认为只能是实现了控审职能分离的公正法庭。而《关于检察官作用的准则》第10条也明确规定，检察官的职责应与司法职能严格分开。世界刑法学协会第十五届代表大会《关于刑事诉讼法中的人权问题的决议》第4条指出：在审理和判决时，无罪推定原则要求法官对诉讼双方公正不倚。为了使这种公正确实存在，必须严格区分起诉职能与审判职能。因此，负责判决的法官必须是未参与预审的法官。最可取的办法是：负责判决的法官不应与接受对嫌疑人的起诉的法官为同一人。这是对结构意义上的控审分离原则的规定。该决议第7条还规定：在确定刑罚时，法庭不得将被告人未经审判正式和认定的其他罪行考虑在内。此规定的要求是应当遵守程序意义上的诉审同一。

我国《刑事诉讼法》第3条规定，检察、批准逮捕、检察机关直接受理的案件的侦查、提起公诉，由人民检察院负责。审判由人民法院负责。这是对控审分离的原则性规定。目前，我国的人民法院和人民法院不仅诉讼职能分离，而且在组织机构上也是完全分署设立。

五、平等对抗，审判中立

平等对抗，是指控辩双方在刑事诉讼中享有平等的法律地位，双方的诉讼权利义务对应，形成平等对抗的情势。其中，控诉方是代表国家对被告人进行追诉，处于进攻地位，辩护方则是针对控诉进行防御，处于被动地位。一个完整的刑事诉讼结构，控辩双方是不可或缺的两个角色。控辩双方的法律地位，直接决定着诉讼的价值取向。控辩平等对抗充分体现了程序正义和对犯罪嫌疑人、被告人主体地位的尊重。在封建制的纠问式诉讼制度下，犯罪嫌疑人、被告人不具有诉讼主体地位，自然谈不上与控诉方的平等对抗。只有到了资本主义社会时期实行辩论式刑事诉讼模式后，被告人才成为诉讼的主体，并享有以辩护权为核心的广泛诉讼权利。正是有了平等对抗的诉讼程序，审判法官就可以充分听取控辩双方的意见，做到"兼听则明"，查明案件事实真相，从而客观、全面地认定案件，惩罚犯罪，保护无辜，实现司法公正目标。

需要指出的是，平等对抗只是控辩双方法律地位的平等、机会和手段的对等、诉讼规则的公平，并不意味着双方可资利用的资源完全相同。由于刑事诉讼是在犯罪人实施犯罪后的追诉程序，为了查明案件事实，控诉方不仅有专门的侦查机关为其调查、收集证据，有时控诉方自己也可以进行补充侦查，而且还可以依法对犯罪嫌疑人、被告人使用诸如搜查、扣押、拘传、拘留、逮捕、取保候审、监视居住等强制性措施。而作为犯罪嫌疑人、被告人的辩护方，除享有律师帮助权、沉默权（我国尚未明文规定）以及自行收集部分证据外，并不能使用强制性措施与侦查机关或者控诉机关进行"武力对抗"。在一定意义上，控辩平等只是一种"均衡感"，即在惩罚犯罪与保护人权、在国家利益与被追诉人个体利益之间的一种取决于社会理性的"均衡性感觉"。另外，这种平等对抗更多的是体现在法庭审理阶段的程序辩论。在侦查阶段，实行辩论式诉讼结构的国家，涉及犯罪嫌疑人的强制措施，如搜查、羁押、财产限制等，须由法官决定，多少还有点对抗色彩。但在职权主义为主的国家，如我国，侦查阶段的多数强制措施完全由侦查机关自行决定,犯罪嫌疑人基本上以被动接受为主。

审判中立,又称为"法官中立",是指承担审判职能的法院及其审判人员不能由控辩双方或者与案件有利害关系的机关或者人员担任,而且审判者应当对控辩双方不偏不倚,平等对待。审判中立是基于审判权的本质要求,它主要是对法官品行的要求,但同时也是对法官能力的要求。如果说,前述的平等对抗是诉讼民主的体现,那么,审判中立则是对平等对抗的进一步保障。假如审判不能保持中立,法庭审理的平等对抗则难以延续。

审判中立最早源于古罗马"自然正义"的精神要求:一是法官不能做自己的法官;二是必须听取双方当事人的意见。现在,审判中立已经发展成为各国的司法公正理念和法治原则,其基本内涵是:①审判者与争议事实之间无利害关系;②审判者应当平等地对待争议双方,不得对任何一方当事人存有歧视或偏见,做到不偏不倚;③实行"不告不理"原则,审理范围应局限于起诉范围。

审判中立不同于司法独立,前者是对法官的内在要求,后者则是对司法环境的外部要求。审判者能否保持中立,法律的直接约束是审判者与争议事实之间无利害关系。心理上的中立,更多的是依靠职业道德和法律信仰来支撑。其外化表现是:庭审中平等对待双方当事人,给予双方当事人充分对等的机会陈述事实和理由,保障双方当事人平等行使诉讼权利,不因当事人的地位不同有不同的对待,保证双方平等参与的诉讼机会;平等对待控辩双方的意见和证据材料,避免主观偏好或预先倾向。

第五节 刑事诉讼法学

一、刑事诉讼法学的概念

刑事诉讼法学是对刑事诉讼立法、司法实践及其发展规律进行理论概括的法律科学。它是研究与刑事诉讼法相关问题的专门学问,是关于刑事诉讼法律问题的知识和理论体系。虽然刑事诉讼法学的知识体系与刑事诉讼法律规范密切相关,但它不等同于刑事诉讼法律规范或者刑事诉讼法典,前者的内容远比后者丰富。

刑事诉讼法学是诉讼法学的重要组成部分,也是法学体系中的一个分支学科。由于刑事诉讼法本身是实践性和操作性很强的部门法,因此,刑事诉讼法学属于应用法学学科的范畴。

二、刑事诉讼法学的研究对象

同其他法学学科一样,刑事诉讼法学具有自己特有的理论体系和特定的研究对象。概括而言,刑事诉讼法学的研究对象主要包括刑事诉讼基本理论、刑事诉讼发展历史、刑事诉讼法律规范和刑事诉讼司法实践等内容。

(1)刑事诉讼基本理论。刑事诉讼法学是对刑事诉讼本质和规律的揭示,对刑事诉讼专门术语的准确含义的认识,对刑事诉讼结构模式、基本原则、证据制度和诉讼程序等重要问题的理论提炼和概括,是刑事诉讼由感性认识上升到理性认识的必然结果。刑事诉讼基本理论既来源于对刑事诉讼的实践经验总结,反过来又对刑事诉讼具有很强的指导意义,因而是刑事诉讼法学的研究对象之一。

(2)刑事诉讼发展历史。对刑事诉讼发展历史的研究主要包括刑事诉讼制度的起源、变化及其发展,包括中外刑事诉讼制度的历史发展过程及其影响,制约刑事诉讼制度变革与发展的社会、经济、政治、文化等深层原因,等等。

(3)刑事诉讼法律规范。对刑事诉讼法律规范的研究主要包括刑事诉讼制度和程序设计的技术性和科学性,法律条文的立法意图、条文规定的精神实质及其法学原理等。特别是刑事诉讼法律规范中不足及其完善,应当是刑事诉讼法学的重点内容之一。

(4)刑事诉讼司法实践。对刑事诉讼司法实践的研究主要是结合社会实际,对刑事诉讼司法实践中的新情况、新问题和新经验进行分析论证和科学总结,既为解决实践问题提供理论指导,又为今后的立法完善提供理论依据。

(5)国际刑事司法准则。国际刑事司法准则是指在联合国的主导下,国际社会形成的有关刑事法律的制定、实施和遵行的标准、规范和政策。它是国际公认的关于刑事诉讼的最低标准,不仅反映着刑事诉讼的规律,更是表达了各国在刑事诉讼上共同的价值诉求。随着国际交往的日益加强,国际刑事司法准则的大多数内容已经为我国接受,国际刑事司法准则对我国刑事诉讼的影响已不可回避,因此,研究其内容必将有益于我国刑事诉讼制度的发展与完善。

三、刑事诉讼法学的研究方法

根据其学科特点,我们认为,学习刑事诉讼法学,应当以马克思列宁主义、毛泽东思想、邓小平理论中的唯物辩证法思想作为指导,采取以下具体方法:

1.理论联系实际的方法

理论联系实际的方法是学习和研究社会科学必须运用的共同方法之一。法学是产生于司法实践的社会科学,并随着司法实践的变化而不断发展。不仅要接受司法实践的检验,更要指导并服务司法实践。刑事诉讼法学是一门实践性和应用性很强的学科,离开了司法实践,刑事诉讼法学理论就会没有价值和生命力。因此,在学习刑事诉讼法学时,既要理解和掌握刑事诉讼的基本概念和基本原理,更要紧密联系司法实际,了解司法实践的运作过程,深入思考和分析司法实践中出现的新问题和新情况,参加和观摩具体司法实践活动,培养实践技能,做到学有所用。一般而言,案例分析、案例讨论、诊所式教学、模拟法庭、课程见习等教学方法是刑事诉讼法学教学的常规手段。

2.程序法与实体法相联系的方法

作为程序法的刑事诉讼法与作为实体法的刑法,共同致力于实现国家刑罚权的目标,二者是互相依存、相辅相成、缺一不可的关系。当我们分析判断一个刑事案件的公正性时,既要考虑案件的事实、定性、法律适用和量刑问题,也要考虑诉讼过程的程序问题。因此,在学习刑事诉讼法学时,将刑事程序法和刑事实体法有机地联系起来,才能收到良好的学习效果。

3.比较分析的方法

任何事物都是相比较而存在的,只有通过比较,才能发现事物之间的联系和差异,把握事物的特点和规律,从而推动事物的发展。在学习刑事诉讼法学时,关于比较分析的方法,既要将现行的刑事诉讼制度与历史上的刑事诉讼制度进行纵向比较,也要将我国的刑事诉讼制度和外国或其他地区的刑事诉讼制度进行横向比较。同时,还要把我国刑事诉讼制度的有关规定与国际刑事司法准则的相关内容进行比较。在比较中进行鉴别和分析,从中找到规律性的东西,以得出科学的结论。

4. 辩证思维的方法

法学是一门理性思维的学科。在学习刑事诉讼法学时,还应当运用唯物辩证法方法,以辩证的思维去学习认识、研究和掌握刑事诉讼问题或现象。辩证思维方法,还意味着应当把归纳和演绎、分析和综合、抽象和具体、现象和本质等观察问题和思考问题的方法运用于学习过程中,从而深化自己对于刑事诉讼基本理论的认识,全面而准确地掌握刑事诉讼法学的科学内容。

5. 学科交融的方法

刑事诉讼法学并不是一门自我封闭的知识体系,而是与其他学科之间有着相互联系的学科。为了从多角度理解刑事诉讼的相关问题,丰富刑事诉讼法学学科的内容,在学习刑事诉讼法学,还应当结合学习和研究有关的部门法学和边缘学科,如宪法学、民事诉讼法学、司法组织法学、律师学、证据学、刑事侦查学、法医学、检察学、审判学、监狱法学等。这些部门法学和边缘学科与刑事诉讼法学在内容上有不少联系和交错之处。通过学科知识的交融,不仅有助于理解刑事诉讼法学的重点问题和难点问题,而且可以加深对刑事诉讼法学的整体理解,提高刑事诉讼法学的理论研究水平。

【本章练习】

一、单项选择题

1. 根据我国刑事诉讼的基本理论,我国刑事诉讼活动的核心内容是(　　)。
   A. 明确双方当事人的权利与义务
   B. 对被告人判处刑罚
   C. 解决犯罪嫌疑人、被告人的刑事责任问题
   D. 对人民群众进行法制教育

2. 我国《刑事诉讼法》制定的根本依据是(　　)。
   A. 刑法　　　　　　　　　　　　B. 宪法
   C. 刑事司法实践经验　　　　　　D. 国际刑事司法准则

3. 下列关于刑事诉讼中程序公正含义的表述哪一项不正确?(　　)
   A. 诉讼参与人对诉讼能充分有效地参与　　B. 程序违法能得到救济
   C. 刑事诉讼程序能得到遵守　　D. 刑事诉讼判决结果符合事实真相

二、简答题

1. 如何理解刑事诉讼法学的研究对象?
2. 我国现行刑事诉讼法的效力范围是什么?

3.我国刑事诉讼法的渊源有哪些？
4.刑事诉讼法与刑法是什么关系？

三、案例思考题

被告人罗某系湖南人，因在江西省抚州市务工，与被害人邹某相识。此后，罗某将邹某视为情人，并经常给邹某钱用。2011年1月24日中午，罗某以回湖南老家为由，到邹某所工作的美容店，找到邹某并向其要200元路费，邹某不同意，邹某的朋友刘某见状给了罗某100元。罗某虽然接过100元钱，但内心对邹某很不满，认为他平时对邹某那么好却没有得到回报，遂起报复邹之念。同日下午5时许，罗某携一把单刃水果刀闯到美容店，与邹某在该店楼梯相遇后，罗某掏出水果刀疯狂刺向邹某胸、腰背部等处，并将前来劝阻的陈某及朱某刺伤致轻微伤。罗某看见邹某倒在楼梯上，便将刀丢掉，走出店门并滞留在店外，被接警起来的公安人员抓获。邹某因刺破肺脏、纵隔及肝脏后引起大失血休克死亡。

公安机关对罗某立案侦查后，移送检察机关审查并提起公诉。2011年8月，江西省抚州市中级人民法院经审理认为，被告人罗某因借钱一事未成，故意持刀刺杀被害人邹某43刀，当被害人陈某、朱某上前劝阻时，又持刀刺杀陈朱二人，造成邹某伤重死亡、陈朱二人轻微伤的后果，其行为已构成故意杀人罪，故依法判处被告人罗某死刑，剥夺政治权利终身。

问题：结合本案，分析刑事诉讼的特点。

第二章 刑事诉讼法的历史发展

【学习目标】

- 知识目标：

了解外国刑事诉讼法的发展历程。

了解我国刑事诉讼法的历史发展及特点。

熟悉外国刑事诉讼模式的特点。

- 能力目标：

通过了解外国刑事诉讼法的发展历史来检视我国刑事诉讼发展的现状。

比较国内外刑事诉讼模式，分析我国刑事诉讼制度的发展趋势。

【案例引导1】

2008年6月，凯西之女凯莉在佛州失踪，她的母亲凯西没有立即报警，而是她的外婆一个月后向警方报称外孙女失踪。警方发现凯西的陈述有很多细节与事实不符，认为凯西涉嫌谋杀自己的女儿，凯西于2008年10月被捕入狱，面临一级谋杀指控。检方提出的主要证据是：一是孩子"失踪"一个月后由外婆向警方报案。之前孩子外婆几次问凯西外孙女的去向，凯西都找各种理由推诿。二是在孩子失踪后一个月里，这个做母亲的不仅竟无悲伤之情，还去参加聚会、跳舞喝酒，并在胳膊上刺上"美丽人生"的意大利文字。三是在凯西的车里发现人肉腐烂的味道，而不是凯西说的垃圾。四是在凯西的车里查到致人昏迷的三氯甲烷的味道，专家查出凯西的电脑曾经搜寻过三氯甲烷。五是在孩子遗骸的嘴上、鼻子上有胶条（封嘴），而在凯西家查出有那种胶条。六是凯西在案发后多次撒谎。由于凯西的律师团担心媒体的过度报道导致本地人对凯西存有偏见，迫使法庭选择了一个由外地人组成的陪审团，并不许他们看报纸、电视，不许上网，他们只能根据法庭上的证据来独立判断被告人是否有罪。在本案中,作为检方证人的加拿大专家说,凯西电脑显示有 84 次在谷歌查看三氯甲烷(事实上,美国专家查出只有 1 次)。

问题:法庭对凯西的行为应如何认定?

【案例引导 2】

44 岁的黄某吸毒多年,曾数次入狱。2013 年 1 月 3 日,黄某与张某电话联系,欲向其贩卖毒品,在黄某携带毒品从重庆坐长途汽车到达丰台区新发地长途汽车站时,被民警刘某抓获,当场查获甲基苯丙胺 241.68 克。

问题:在庭审过程中,民警刘某是否应当出庭作证?为什么?

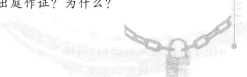

第一节 外国刑事诉讼法的历史发展

一、外国刑事诉讼法的历史演变

(一)古代刑事诉讼立法演变

据史料记载,公元前 2100 年,古巴比伦的审判制度已经确立,专门的司法官员以及诉讼程序已经存在。公元前 18 世纪,古巴比伦王国第六世国王汉穆拉比制定的《汉穆拉比法典》就有关于刑事诉讼程序的规定,只不过《汉穆拉比法典》是诸法合体,没有明确划分刑事诉讼和民事诉讼,但对控告、传唤证人、举证责任、法官责任、神明裁判等则作出了规定。

古罗马人为人类社会的法律制度发展作出了杰出贡献,古罗马丰富的法律思想、理论成果已经成为现代法学的重要渊源,其立法制度是现代大陆法系的主要历史传统之一。早在公元前 449 年,古罗马共和国制定的《十二铜表法》就有关于刑事诉讼的规定。《十二铜表法》共 105 条,其第一表共 9 条,是关于法庭对诉讼当事人进行传唤的规定;第二表共 4 条,是关于诉讼中审问的规定。

公元 4 世纪末到 15 世纪中期,欧洲步入封建时代,被称为"中世纪"。在中世纪时代,罗马天主教的教会法是欧洲的重要法律。教会法以《圣经》、宗教会议的决议、法令与法律集、教皇教令集等为法律渊源。教会法采取书面审理程序和代理制度,证据必须经过宣誓提出,法官依据"理性和良心原则"进行审判活动,必须发自内心地确信他所作出的判决。

继古罗法之后,公元5世纪至9世纪的欧洲又形成了日耳曼法。日耳曼法是对日耳曼国家中适用于日耳曼人的一系列法典的总称,在西欧法律发展史上占有重要地位。日耳曼法确立了神明裁判制度和公开审判原则,其中,审判公开原则更是成为现代诉讼的基本原则。日耳曼法与教会法、罗马法并称为欧洲三大法律传统。

在日耳曼习惯法和罗马法的影响下,1220年德意志帝国的《萨克森法典》对刑事诉讼规则作出了规定。1532年德意志帝国颁布了《加洛林纳法典》,确立了纠问式诉讼程序。该法典共179条,包含刑法和刑事诉讼法两方面的内容。刑事诉讼分为侦查和审判两个阶段,实行"有罪推定"和刑讯制度、审理不公开制度等。

公元11—12世纪,俄国根据早期的部落习惯法制定了早期封建制法《罗斯法典》,1497年和1550年颁布的两部《律书》(前者称《大公律书》,后者称《沙皇律书》或《第二律书》)、1649年制定的《会典》都对相关的刑事诉讼制度作出了一些规定。1833年编纂的《俄罗斯帝国法律全书》原为15卷,42000余条,后来增补了《1644年审判条例》作为第16卷,对法定证据制度作出了详细的规定。

与欧洲大陆的法律传统不同,英国根据自己的历史文化建立了判例法律体系。英国国王通过向各地派出巡回法官并以巡回法官的判决为判例,使各地存在的习惯法逐渐统一,形成适用于全国的普通法,其后也制定了一些成文法,但大多是根据习惯法或者判例汇集而成。在12至13世纪,诸侯为摆脱王权的控制开始反对国王的战争,迫使国王约翰在1215年6月15日签署了旨在限制国王权力的《自由大宪章》,确立了"正当程序"原则,建立了对抗制诉讼程序和陪审团制度。这种法律制度延续至今,给英美法系各国带来了深远的影响。

(二)近现代刑事诉讼法的历史演变

在17、18世纪,卢梭、孟德斯鸠等启蒙思想家提出的"天赋人权"、"三权分立"等政治法律理论开启了人类文明发展的新时代。意大利的法学家贝卡利亚在1764年出版了《论犯罪与刑罚》一书,提出了现代刑事法律的基本原则。法国《人权宣言》则确立了一些现代刑事诉讼原则,如无罪推定、不得任意捕人等。法国于1808年颁布的《刑事诉讼法典》,是近现代刑事诉讼的代表性法典,建立了职权主义的诉讼程序,确立了起诉、预审、审判职权分立原则等诉讼制度和规则。1865年,意大利效仿法国《刑事诉讼法典》制定了意大利《刑事诉讼法典》,确立了无罪推定、自由心证和陪审制度等。1879年德国制定了《刑事诉讼法》,实行公诉与审判分立制度。

以判例法为主的英国,在20世纪80年代也制定了一系列规范刑事诉讼活动的单行法律,如1984年的《警察与刑事证据法》、1985年的《犯罪起诉法》、1997年的《治安法官法》等,其中《犯罪起诉法》对英国的起诉制度影响重大。

1948年12月10日,联合国大会通过了人权委员会起草的《世界人权宣言》,1966年12月16日第21届联大通过了《公民权利和政治权利国际公约》以及《经济、社会及文化权利国际公约》等国际人权公约,确定了一些刑事诉讼的基本国际准则,为世界各国刑事诉讼法的制定建立了共同的参考依据。2001年"9·11"恐怖袭击事件发生之后,为了加强打击恐怖犯罪,一些西方国家纷纷修订了相关法律,对有关司法程序进行修订,放宽了羁押、监听、扣押、秘密侦查等方面的适用条件。

二、外国刑事诉讼制度的演变

根据刑事诉讼的历史发展情况,外国刑事诉讼模式经历了从弹劾式诉讼模式到纠问式诉讼模式再到近现代的职权主义诉讼模式、对抗制诉讼模式的发展过程。

(一)早期弹劾式诉讼模式

古巴比伦、古希腊、古罗马共和时期以及日耳曼法前期时代和英国封建时代大体上都实行弹劾式诉讼模式,这种诉讼模式的特点包括:

首先,控告由公民个人提起,实行"不告不理"的原则。当时虽然没有专门的追诉犯罪的机关,但是控诉与审判职能却相分离,由被害人或其代理人直接向法院提起控诉,举证责任由当事人自己承担。

其次,法官处于消极仲裁者的地位。法官在审理案件过程中,不进行专门的调查,不主动收集证据,只负责听取原被告双方的陈述和审查双方提供的证据,认定案件事实和作出裁决。

最后,原告和被告的诉讼地位平等,可以相互对质和辩论。在案件审理中,通常由原告提出控诉的理由和证据,再由被告提出反对的理由和证据,双方当事人可以进行辩护,也可以委托其他人为自己辩护,最后由法官作出判决。

弹劾式诉讼虽然充分发挥了当事人的主动性和积极性,但是法官过于被动的地位不利于查明案情,正确裁判。当双方各执一词,法官难以判断是非曲直时,就期冀神灵进行判断,定纷止争。因此,当时实行的是神示证据制度,其形式多种多样,如诅誓、水审、火审等。

(二)纠问式诉讼模式

中世纪后期,为了巩固中央集权君主专制统治,加强对农民起义和异己力量的镇压,教会法在诉讼中确立了纠问式诉讼程序。例如,英诺森三世的教会法规定,根据公众告发或私人控告,法院可以对案件进行调查,从调查证据到刑罚执行都由官方负责。纠问式诉讼模式的特点有:

首先,纠问式诉讼模式的本质特点就是由国家司法机关依职权主动对犯罪行为进行追究和审判,不论被害人是否进行控告。在纠问式诉讼模式中,侦查职能、控诉职能与审判职能合而为一,司法权力极度膨胀。

其次,被告人处于诉讼客体的地位,刑讯逼供制度化、合法化。在纠问式诉讼中,被告人是被追究刑事责任的对象,一旦确定某人为被怀疑对象,可以合法地对被告人进行拷打,逼迫其承认犯罪和供出共犯。

最后,纠问式诉讼一般秘密进行,不进行公开审判。在纠问式诉讼中,判决主要以审判被告人的记录和被告人的供词为依据,因此被称为书面审理主义。

(三)近现代刑事诉讼模式

资产阶级革命之后,人类进入了新的时代。在启蒙思想家的"天赋人权"、"三权分立"等理论思想的影响下,资产阶级对封建纠问式诉讼进行了扬弃和改造,建立起新的诉讼制度。

1. 职权主义诉讼模式

大陆法系国家在罗马法的影响下相继制定了专门的刑事诉讼法典,1808年法国制定的

《刑事诉讼法典》是第一部具有现代意义的刑事诉讼法典,确立了职权主义诉讼模式,职权主义模式继承了纠问式诉讼模式的一些特征。在第二次世界大战期间,职权主义诉讼模式被军国主义法西斯政权利用,严重践踏了资产阶级民主的刑事诉讼原则与程序。第二次世界大战结束后,世界人权运动蓬勃发展,大陆法系国家在总结法西斯专制的教训之际,纷纷修改或重新制定刑事诉讼法典,强化了诉讼民主、人权保障等内容。

职权主义诉讼模式中,警察、检察官或其他有侦查权的司法机关依职权主动追究犯罪。在大陆法系国家,对犯罪的侦查通常由检察机关进行,或者由检察机关指挥的司法警察或刑事警察进行。如,德国《刑事诉讼法》第160条规定,当检察官通过报告或其他方式知悉一种可疑的犯罪行为的时候,就要去探查确实情况,以便决定是否应当提起公诉。另外,法官主导审判程序。在大陆法系职权主义诉讼模式中,法官在庭审中起主导作用,可以依职权主动讯问被告人、证人,有权对可以证明事实真相的证据进行调查等等。

2. 对抗制诉讼模式

英美法系国家建立了与大陆法系国家不同的对抗制诉讼模式,英国和美国是英美法系的典型代表。在英美法系国家,法院的判例是法律的主要渊源,英国和美国都没有成文的刑事诉讼法典,刑事诉讼法的渊源主要是习惯、判例和单行法规。对抗制诉讼模式的本质在于,在审判程序中,法官不主动依职权调查证据,案件事实的发现依靠控辩双方的辩论和对抗,在法庭调查中实行交叉询问制度,实行陪审团制度。

对抗制诉讼模式和职权主义诉讼模式的主要区别在于控、辩、审三大诉讼主体发现案件事实的方式不同,两者各有千秋。职权主义诉讼模式的诉讼效率较高,有利于追诉犯罪,实现社会公平;对抗制诉讼模式注重程序正义,有利于保障被告人的诉讼权利。随着国际交往的深入,不同诉讼模式的国家之间也出现了相互吸收和借鉴的趋势。如日本和意大利等国在原有职权主义诉讼模式的基础上大力吸收对抗制诉讼模式中的抗辩式程序,既注重发现案件事实和诉讼效率,又强化对人权的保障。

第二节 中国刑事诉讼法的历史发展

我国中华法系历史悠久,影响深远,是世界五大法系之一。中华法系的一大特点就是刑事制度发达,习惯于用刑事方式来解决各种纠纷,且诸法合体,刑事法和程序法不分,实体法和程序法合二为一。从我国刑事诉讼法的历史发展来看,可以分为三个阶段:第一个阶段是古代刑事诉讼发展阶段,从奴隶制国家时起至1840年鸦片战争,在这个阶段我国经历了奴隶制国家、封建制国家两个时期,这两个时期的刑事诉讼法具有紧密的联系和传承性;第二个阶段是中国近代刑事诉讼法发展阶段,1840年鸦片战争至新中国成立前,这个阶段我国刑事诉讼法制度处于新旧更替阶段,传统的中华法系受到西方刑事诉讼法律制度的影响;第三个阶段是1949年新中国成立至今,我国当代刑事诉讼法的产生、发展、成熟发展过程。

一、中国古代刑事诉讼法的历史演变

我国古代刑事诉讼法制是随着奴隶制国家的建立而逐步形成和发展起来的,伴随着清王朝的崩溃而走向终结。在此过程中，我国古代刑事诉讼法的历史演变可以分为奴隶社会时期刑事诉讼法发展阶段和封建时期刑事诉讼法发展阶段。

(一)奴隶社会时期刑事诉讼法的历史发展

从史料来看，在我国舜时期已经有刑事诉讼制度的相关记载。《尚书·舜典》记载，"帝曰：'皋陶……汝作士'"，即舜命皋陶作为刑官。舜时期还确定了五种肉刑，并把五种肉刑的适用规定刻在器物上告示天下。另外，《尚书·舜典》还记载了舜时期的一些刑事司法制度，如："象以典刑，流宥五刑，鞭作官刑，扑作教刑，金作赎刑。眚灾肆赦，怙终贼刑。钦哉，钦哉，惟刑之恤哉！"意思是说：凡犯五刑之罪而有从宽情节者，可改判流放；凡官吏犯法不够处五刑者，以鞭刑惩处之；凡一般人犯法不够判处五刑者，以杖刑训之；允许出钱赎罪，折免刑罚；凡过失犯罪造成危害者，得从轻处罚，给以宽宥，故意犯罪及怙恶不悛者，则从重处罚直至死刑；在执法中应当严肃慎重，体现爱护百姓的精神。从这些记载可以推定，在我国舜时期已经颁布了一些刑事诉讼法律，建立了一定的刑事诉讼制度。

到了西周时代，我国法律法制已经较为发达，建立比较完备的刑事诉讼制度。公元前九七六年，周穆王即位后命令司寇吕候(亦称甫候)制作刑书，后称《吕刑》。《吕刑》共分三章二十二项，它对刑事诉讼制度作了详尽的阐述。根据《吕刑》的记载，西周规定了听讼制度、法官责任制度、赎刑制度、应用判例制度等。这要比西方刑事诉讼法的起源《十二铜表法》要早五百多年，如《尚书·吕刑》规定"两造具备，师听五辞"，另规定"五辞简孚，正于五刑"，即对于刑事诉讼证据的供词，获取后还需要进行核实，供词核实后，才能用五刑治罪。《周礼》、《礼记》等史籍也对西周的司法制度有许多记述，如《周礼·大司寇》言道："以两造禁民讼，入束矢于朝，然后听之；以两剂禁民狱，入钧金，三日乃致于朝，然后听之。"即民事案件要求双方当事人都要到庭，并要交纳一定数量的诉讼费用；刑事案件要求原告人要交诉状，被告人要交答辩状，同时也要交纳诉讼费用。在交纳"钧金"以后三日就要开庭。西周对上诉期限也有明确的规定，如《周礼·秋官·朝士》云："凡士之治有期日，国中一旬，郊二旬，野三旬，都三月，邦国期。"即国都附近地区的上诉期限为十天，外围地区的郊为二十天，更远地区的野为三十天，王子、公卿、大夫的采邑即都家为三个月，邦国的上诉期限是一年。西周刑事诉讼制度中，证据已经被广泛应用，证据种类有盟誓、物证、人证、供词等，西周统治者十分注重盟誓的作用，案件审理前当事人都要盟誓，如《周礼·秋官·司寇》"有狱者，则使之盟诅"。

战国时期魏文侯时的相国李悝"集诸国刑典，造法六篇"，编纂了我国第一部比较系统的刑事法典《法经》，篇名为盗、贼、囚、捕、杂、具，其中囚法、捕法两篇是关于审判、逮捕、囚禁罪犯的规定，属于刑事诉讼法范畴。

(二)封建社会时期刑事诉讼法的历史发展

在秦统一中国之前商鞅就以李悝的《法经》为蓝本，改法为律，制定了秦律。公元前221年秦始皇统一中国之后，中国进入了中央集权的封建制国家时代，将秦律修订之后统一颁行各地，开启了我国封建时期的刑事诉讼法制道路。秦律中规定了起诉、庭审、上诉、再审以及现场勘验、证据收集等诉讼制度，这些规定表明当时的刑事诉讼制度已经形成体系，十分严密。秦律把起诉的方式区分为"公室告"与"非公室告"，所谓"公室告"，按照《法律答问》的解释，凡"贼杀伤。盗他人为公室"，即原告是告发其被盗、被"贼杀伤"者，叫"公室告"。仅之，

"子盗父母,父母擅杀、刑、髡子及奴妾,不为公室告。"换言之,就是"子告父母,臣妾告主",都叫"非公室告"。秦律还有关于"家罪"的规定,它使家长、奴隶的主人及"葆子"等人犯罪身死者,享有免予起诉的特权,如《法律答问》云:"家人之论,父时家罪殴(也),父死而誧(甫)告之,勿听。可(何)谓家罪?家罪者,父杀伤人及奴妾,父死而告之,勿治。"又云:"葆子以上,未狱而死若已葬,而誧(甫)告之,亦不当听治,勿收,皆如家罪。"另外,秦律还对调查审讯制度作出了明确规定。如《封诊式·治狱》云:"能以书从迹其言,毋治(笞)谅(掠)而得人请(情)为上;治(笞)谅(掠)为下;有恐为败。"这就是说,审讯社会罪犯时,凡能根据其口供的线索去追查,而不使用拷打的办法便能获得犯人犯罪真情的,算上等;凡是采用拷打逼供方式的,算下等;凡是在审讯过程中采取的方式使犯人感到恐惧的,就算失败。

汉承秦制,在保留囚法、捕法等6篇的同时增加3篇,形成《九章律》,但是仍然只有囚法、捕法属于刑事诉讼法范畴。三国时期,《曹魏律》在秦汉已有的刑事诉讼基础上,规定了"告劾"、"系讯"、"断狱"、"囚律"、"捕律"诸篇专门规定刑事审判程序,比秦汉制度更为完善。《曹魏律》还根据《周礼》中"八辞"之说第一次规定了"八议"制度,让皇亲国戚、官僚、士大夫及其他为封建统治积极效劳的人在犯罪时享有宽免的特权。《晋律》沿袭《曹魏律》,并增加了2篇至20篇。南北朝的《北魏律》、《北齐律》在《晋律》的基础上略有增删。隋朝的《开皇律》在《北齐律》的基础上进行了一些修正,如删掉了一些酷刑,制定了笞、杖、徒、流、死五刑制度;在《北齐律》重罪十条的基础上置"十恶"之条;在"名例"、"斗讼"、"断狱"等篇中规定了刑事诉讼制度。

唐朝以隋代法律为蓝本先后制定了几部律例。唐初以《开皇律》为依据制定了《武德律》、《贞观律》,唐高宗永徽二年(公元651年),以《武德律》、《贞观律》为宗,颁布了《永徽律》。之后又组织太尉长孙无忌等人对律文进行注解,于永徽四年颁布《律疏》,与《永徽律》合在一起称为《永徽律疏》(元代以后称为《唐律疏议》),这是我国现今保存下来的最早最完整的封建法典,是我国封建法典的典范、中华法系的代表作影响深远。该律共分为12篇,共502条,其首篇"名例"规定五刑、十恶、八议及其他刑法、刑事诉讼法原则,在"捕亡"、"斗讼"、"断狱"等篇中规定了刑事诉讼制度,在前代的基础上建立了完整的程序。其中,斗讼律规定了如何控告犯罪、捕亡律规定追捕罪人之事,断狱律则集中规定审讯和决断案件。唐朝的法律除了"律"这种形式之外,还包括"令"、"格"、"式"三种。

五代、宋、金都基本沿袭了唐律的制度,《宋刑统》、金律等与唐律大同小异。元代纂写了《至元新格》,共20篇,其诉讼、捕亡、平反等篇规定了一些刑事诉讼制度,后又修订为《大元通制》。明朝的《大明律》也是由唐律发展而成,是封建社会后期的一部重要法典。清朝初期援引《大明律》制定了《大清律例》,明律、清律也都在"刑律"篇内专门规定了诉讼、捕亡、断狱等刑事诉讼程序和制度。

综上所述,我国古代刑事诉讼法制随着社会的发展而逐渐完善,在公元15世纪前一直处于世界领先地位。刑事诉讼制度早期主要存在于律法中的"囚法"、"捕法"之中,隋唐以降主要在"斗讼"、"捕亡"、"断狱"等篇中,在"名例"、"职制"、"职官"中也有相关内容。我国古代刑事诉讼制度是我国古代司法活动长期积累的经验,具有鲜明的特点,体现出了专制集权制度的本质和特征。第一,我国古代刑事诉讼制度以儒家思想为精神基础,主张德主刑辅。第二,皇帝掌握最高司法权,具有毫无限制的最终裁决权。第三,司法行政不分,行政官兼理司法。第四，中国古代法典，诸法合一，实体法与程序法不分，刑事诉讼法与民事诉讼法基本不分。第五，中国古代实行纠问式诉讼模式，审判机关可以依职权追究犯罪，审判机关集侦查、控诉、审判等诸职能于一身。第六，我国古代虽然具有慎刑狱的司法精神，但是刑讯仍然具有法定性。中国古代诉讼重视口供的作用，以口供作为定案的主要依据，没有认罪的口供就不能定案。为了获取口供，刑讯被视为必要的诉讼手段。

二、中国近代刑事诉讼法的历史演变

1840年起，中国进入了半殖民地半封建社会，外国侵略者们确立的领事裁判权直接打破了传统的中国古代法律制度。清朝政府在内忧外患的环境下，为了挽回颓势开始模仿西方国家的法制，开启了我国近代刑事诉讼制度的发展之路。1902年，清政府下诏宣布依据"参酌各国法例"、"务期中外通行"、"与各国无大悬绝"的原则开始修改法律，任命沈家本、伍廷芳为修律大臣。次年设立了修订法律馆，修订法律馆负责拟订奉旨交议的各项法律与各项专门法典，增订旧有的法例与各项章程。

为贯彻立法宗旨，沈家本主持的修订法律馆积极翻译西方国家的法典法规，邀请外国法学家参与法律草拟工作并担任法律学堂的主讲。沈家本十分重视诉讼法的编纂，认为刑法与刑事诉讼法是体与用的关系，"体不全，无以标立法之宗旨；用不备，无以收刑法之实功。二者相因，不容偏废。"1906年在沈家本的主持下编成了《大清刑事民事诉讼法草案》，该草案是中国历史上第一部近代意义上的诉讼法草案，分总则、刑事规则、民事规则、刑事民事通用规则、中外交涉事件处理规则共5章。该法律草案首次引进了近代的陪审制度和律师制度，但未及颁行即遭夭折。其后，修订法律馆、法部等机构相继又制定了《大理院审判编制法》、《法院编制法》等诉讼法规或草案，《法院编制法》确立了司法独立原则，强调各审判衙门"独立执行"司法权，并于各级审判厅内设立了检察厅。1909年清政府颁行了《各级审判厅试办章程》，分总纲、审判通则、诉讼、各级检察厅通则、附则等5章，共120条，概括规定了《法院编制法草案》和《大清刑事民事诉讼法草案》的主要内容，包括四级三审制、预审制度、回避制度，设立检察厅，并对起诉、上诉、管收、保释等作出了规定。1906年，清廷将刑部改为法部，大理寺改为大理院，专司审判。1909年，清政府对沈家本主持拟订的《法院编制法草案》进行了审核修改，后与宪政编查馆拟订的《初级暨地方审判厅管辖案件暂行章程》、《司法区域分划暂行章程》同时施行。

1911年，沈家本主持的修订法律馆终于完成了《大清刑事诉讼律草案》和《大清民事诉讼律草案》，但未及公布，清朝就灭亡了。这两部草案虽未实施，但它们把刑事立法与民事立法分开、实体法和程序法分开的做法，结束了历代沿袭的"诸法合体"的立法形式。同时，清政府已经颁布的新型法律在民国之初被暂行援用，如《刑事诉讼律》中关于事务管辖、土地管辖、管辖指定与移转等规定在民国各审判衙门被暂行适用。

1911年10月辛亥革命爆发，推翻了清政府的统治，成立了孙中山领导的南京临时政府。南京临时政府虽然仅仅存在三个月，却在司法领域进行了多项重大改革。1911年12月各省都督代表制定了《临时政府组织大纲》，确立了三权分立原则，规定临时中央审判所行使司法权。南京临时政府颁布大总统令废除刑讯制度，规定不论行政司法官署，及何种案件，一概不准刑讯，鞠狱当视证据之充实与否，不当偏废口供。此外，南京临时政府草拟了《中央裁判所官职令草案》《律师法草案》等法案,建立了律师制度、陪审制度和辩护制度等等,将近代的法律思想和人道主义精神融入刑事诉讼制度中。南京临时政府虽然没有制定专门的刑事诉讼法典,但是其历史贡献不可忽视。

北洋军阀政府时期,军阀割据、政局动荡。1912年袁世凯就任民国大总统之后,借口"民国法律未经议定颁布",下令暂时援用前清施行的法律。后来的北洋军阀政府根据统治需要,在清政府原有法律基础上修订实施了《各级审判厅试办章程》《法院编制法》《刑事诉讼条例》。此外,还颁布了一系列关于军事审判和"非常程序"的法规加强专制统治,如《戒严法》规定,在宣告戒严的地区,民、刑事案件均由"军事执法处审判",且"不得控诉及上告"等。1923年颁布了《中华民国宪法》("贿选宪法"),确立了形式上的审判公开原则和司法独立原则。在北洋军阀统治时期,虽然袁世凯在司法制度方面做出了一些倒退措施,如撤销了全国三分之二的地方审检厅和全部初级审检厅,恢复县知事兼理民事、刑事案件的制度等,但这一时期,近现代的司法体系逐步建立起来,如法院系统设大理院、高等审判厅、地方审判厅和初级审判厅;检察机构设置在各级审判衙门内,分为总检察厅、高等检察厅、初级检察厅等。

1927年,以蒋介石为首的国民党政府取代了北洋军阀政府。1928年国民党政府颁布了《中华民国刑事诉讼法》和《中华民国刑事诉讼法施行条例》,1934年对这两部法律进行修正并于次年颁布施行。1932年还颁布了《法院组织法》,该法分为15章91条。此外,还制定了一系列的单行法规,如《特种刑事法庭审判条例》等。国民党时期的《刑事诉讼法》及《刑事诉讼法施行法》是在继承北洋政府《刑事诉讼条例》的基础上,并进一步吸收了德、日大陆法系的刑事诉讼制度之后制定完成。《中华民国刑事诉讼法》分为9编,共516条,借鉴了西方国家的先进诉讼理念和诉讼制度,采用职权主义的诉讼模式,实行四级三审制,确立了一些诉讼原则,如弹劾原则、以公诉为主的原则、职权主义原则、起诉便宜原则、直接审理原则、言词审理原则、自由心证原则、审判公开原则等。

三、中华人民共和国刑事诉讼法的发展

中华人民共和国刑事诉讼法的产生和发展经历了一个漫长的过程。早在1931年以前,工农民主政权便在各根据地建立了革命法庭和裁判部,在中央实行审判权与司法行政权相分离的"分立制",在地方采取"合一制",审判机关的组织体系分为四级,实行两审终审制,检察机关附设在审判机关内,实行"审检合一制"。1931年12月,中华苏维埃共和国中央执行委员会发布了《处理反革命案件和建立司法机关的暂行程序的训令(第6号)》,又于1932年6月发布了《裁判部暂行组织及裁判条例》,随后又于1934年4月发布了《中华苏维埃共和国司法程序》,于1934年5月发布了《中华苏维埃共和国人民委员会训令》等。1939年4月,陕甘宁边区政府公布了《陕甘宁边区高等法院组织条例》,1943年1月又公布了《陕甘宁边区军民诉讼暂行条例》,1943年3月颁布了《陕甘宁边区高等法院分庭组织条例草案》和《陕甘宁边区司法处组织条例草案》。这些法令的颁布为革命根据地司法机关审判案件确立了主要诉讼程序和制度,如审判权统一由司法机关行使、禁止使用肉刑和乱打乱杀、便利群众等等。

1945年抗日战争结束后,解放区还制定了一些关于刑事诉讼制度的法规,如1949年初的《华东人民政府为处理已决犯及未决犯的训令》、1949年2月中共中央《关于废除国民党六法全书与确定解放区司法原则的指示》及1949年4月华北人民政府发布了《废除国民党的

六法全书及一切反动法律的训令》等。其中,《关于废除国民党六法全书与确定解放区司法原则的指示》宣布废除了国民党的六法全书及其一切法律,确定了解放区人民政府新的法律依据以及指导原则,为新中国成立后的刑事诉讼法制建设奠定了基础。

1949年10月1日,新中国成立之后,我国刑事诉讼法的发展进入了一个新的历史时期。但直到1979年期间,我国并没有专门的刑事诉讼法典,关于司法机关体系以及刑事诉讼原则和程序的规定散见于《宪法》和颁布的若干单行法律法规之中。1950年7月,我国公布了《人民法庭组织通则》,1951年9月中央人民政府委员会颁布了《人民法院暂行组织条例》、《最高人民检察署暂行组织条例》、《各级地方人民检察署组织通则》,这些法规规定了人民法院、人民检察署的组织原则和组织形式,审判公开、以民族语言文字进行诉讼等诉讼原则以及就地调查、就地审判、巡回审判、陪审等诉讼制度。1954年9月,第一届全国人民代表大会第一次会议颁布了《人民法院组织法》和《人民检察院组织法》。同年12月,全国人大常委会颁布了《逮捕拘留条例》。与此同时,我国于1954年拟订了《刑事诉讼条例(草案)》。1956年最高人民法院下发了《各级人民法院刑、民案件审判程序总结》,1957年最高人民法院支持起草的《刑事诉讼法草案(草稿)》完成,共七编325条。1963年4月中央政法小组在广泛征求意见、反复修改的基础上主持完成了《刑事诉讼法草案(初稿)》,共200条,但一直未能成为法律。

1979年2月,全国人大常委会法制委员会在1963年初稿的基础上经过修正一稿、修正二稿的修订,起草了新的《刑事诉讼法草案》,1979年7月1日第五届全国人民代表大会第二次会议通过了我国第一部刑事诉讼法典,即《中华人民共和国刑事诉讼法》,该法共四编17章164条。该法是对新中国成立以来刑事诉讼实践经验和刑事诉讼立法经验的总结,是我国刑事诉讼活动逐渐走向法制化的里程碑,对于保障准确及时地查明犯罪事实,正确适用法律,惩治犯罪行为,保障无罪的人不受刑事追究,维护社会治安,具有重要意义。

《刑事诉讼法》颁布之后,全国人大常委会陆续颁布了一系列单行法规和决定,对陪审制度、审判组织、审判程序、办案期限、死刑复核权等问题作了一些修改,如1983年9月2日颁布的《关于迅速审判严重危害社会治安的犯罪分子的程序的决定》和1984年7月7日颁布的《关于刑事案件办案期限的补充规定》、《关于修改〈中华人民共和国人民法院组织法〉的决定》和《关于修改〈中华人民共和国人民检察院组织法〉的决定》等等。

全国人大常委会法制工作委员会根据立法规划,从1993年起开始对《刑事诉讼法》的实施情况进行调研,并委托专家提出修改建议稿。1995年10月,全国人大法工委拟定了《刑事诉讼法(修改草案)》(征求意见稿)并印发全国征求意见。1995年12月全国人大常委会法制工作委员会拟订了《刑事诉讼法修正案(草案)》,并提交全国人大常委会第十七次会议进行了初步审议。1996年2月,第八届全国人大常委会第十七次会议对修改后的《刑事诉讼法修正案(草案)》进行第二次审议。1996年3月17日,第八届全国人民代表大会第四次会议通过了《刑事诉讼法修正案(草案)》,于1997年1月1日生效。修正后的《刑事诉讼法》条文达到225条,比修正前增加了61条。修正案的内容主要包括以下几方面:①确立了未经人民法院依法判决,对任何人都不得确定有罪的原则。②确立了人民检察院依法对刑事诉讼实行法律监督的原则,增加了立案监督程序和执行监督程序,加强了法律监督机制。③改善了辩护制度。④改革了庭审方式,增加了合议庭的职责。⑤废除了重罪从快的特别程序,增设了轻罪从快的简易程序。⑥取消了收容审查,完善了强制监督。⑦明确了诉讼主体的权利义务,加强了对诉讼参与人,尤其是被害人的法律保护。

1998年1月19日,最高人民法院、最高人民检察院、公安部等六部委联合制定、下发了《关于刑事诉讼法实施中若干问题的规定》,最高人民法院、最高人民检察院、公安部也分别制定、下发了关于执行《刑事诉讼法》的解释、规则、规定等。2004年8月28日第十届全国人民代表大会常务委员会第十一次会议通过《关于完善人民陪审员制度的决定》。

2012年3月14日第十一届全国人民代表大会第五次会议通过了《关于修改〈中华人民共和国刑事诉讼法〉的决定》的修正案。此次修订的幅度较大,是我国刑事诉讼法发展历程中的重要阶段,引入了许多现代诉讼理念和制度。为了很好地适用新《刑事诉讼法》,司法机关也作出了许多解释、规定。如,最高人民法院于2012年12月20日颁布了《关于适用〈中华人民共和国刑事诉讼法〉的解释》,最高人民检察院于2012年10月16日颁布了《人民检察院刑事诉讼规则(试行)》,公安部于2012年12月13日颁布了《公安机关办理刑事案件程序规定》,最高人民法院、最高人民检察院、公安部等六部委于2012年12月26日联合颁布了《关于实施刑事诉讼法若干问题的规定》,最高人民法院、公安部于2012年9月28日颁布了《关于在看守所建设远程视频讯问室的通知》,最高人民检察院、公安部于2012年10月8日颁布了《关于在看守所设置同步录音录像讯问室的通知》,全国人大常委会于2014年4月24日颁布了《关于〈中华人民共和国刑事诉讼法〉第二百五十四条第五款、第二百五十七条第二款的解释》、《关于〈中华人民共和国刑事诉讼法〉第二百七十一条第二款的解释》、《关于〈中华人民共和国刑事诉讼法〉第七十九条第三款的解释》。此次修改的主要内容包括以下方面:

(1)强调保障人权原则。首次将"尊重和保障人权"列入刑事诉讼法任务的内容。

(2)进一步完善了辩护制度,明确了辩护律师在侦查阶段的法律地位,更加注重保障犯罪嫌疑人、被告人的诉讼权利。如2012年《刑事诉讼法》第33条规定:"犯罪嫌疑人自被侦查机关第一次讯问或者采取强制措施之日起,有权委托辩护人;在侦查期间,只能委托律师作为辩护人。"

(3)扩大了法律援助适用范围。为进一步保障犯罪嫌疑人、被告人的辩护权,2012年《刑事诉讼法》扩大了法律援助的适用范围。如,第34条规定:"犯罪嫌疑人、被告人因经济困难或者其他原因没有委托辩护人的,本人及其近亲属可以向法律援助机构提出申请。对符合法律援助条件的,法律援助机构应当指派律师为其提供辩护。犯罪嫌疑人、被告人是盲、聋、哑人,或者是尚未完全丧失辨认或者控制自己行为能力的精神病人,没有委托辩护人的,人民法院、人民检察院和公安机关应当通知法律援助机构指派律师为其提供辩护。犯罪嫌疑人、被告人可能被判处无期徒刑、死刑,没有委托辩护人的,人民法院、人民检察院和公安机关应当通知法律援助机构指派律师为其提供辩护。"

(4)修改完善了律师会见阅卷权。新修订的《刑事诉讼法》充分吸收了《律师法》的相关规定,完善了辩护律师会见在押的犯罪嫌疑人、被告人的规定,加强了对律师依法履行职责的保障。《刑事诉讼法》第37条规定:"辩护律师可以同在押的犯罪嫌疑人、被告人会见和通信。其他辩护人经人民法院、人民检察院许可,也可以同在押的犯罪嫌疑人、被告人会见和通信。辩护律师持律师执业证书、律师事务所证明和委托书或者法律援助公函要求会见在押的犯罪嫌疑人、被告人的,看守所应当及时安排会见,至迟不得超过四十八小时。危害国家安全犯罪、恐怖活动犯罪、特别重大贿赂犯罪案件,在侦查期间辩护律师会见在押的犯罪嫌疑人,应当经侦查机关许可。上述案件,侦查机关应当事先通知看守所。辩护律师会见在押的犯罪嫌疑人、被告人,可以了解案件有关情况,提供法律咨询等;自案件移送审查起诉之日起,可以向犯罪嫌疑人、被告人核实有关证据。辩护律师会见犯罪嫌疑人、被告人时不被监听。辩护律师同被监视居住的犯罪嫌疑人、被告人会见、通信,适用第一款、第三款、第四款的规定。"第38条规定:"辩护律师自人民检察院对案件审查起诉之日起,可以查阅、摘抄、复制本案的案卷材料。其他辩护人经人民法院、人民检察院许可,也可以查阅、摘抄、复制上述材料。"

(5)补充完善了非法证据排除制度。证据制度是刑事诉讼的基本制度,对于保证案件质量、正确定罪量刑具有关键作用。2012年《刑事诉讼法》补充完善了非法证据排除制度,并明确规定了不得强迫自证其罪原则。如,《刑事诉讼法》第54条规定:"采用刑讯逼供等非法方法收集的犯罪嫌疑人、被告人供述和采用暴力、威胁等非法方法收集的证人证言、被害人陈述,应当予以排除。收集物证、书证不符合法定程序,可能严重影响司法公正的,应当予以补正或者作出合理解释;不能补正或者作出合理解释的,对该证据应当予以排除。在侦查、审查起诉、审判时发现有应当排除的证据的,应当依法予以排除,不得作为起诉意见、起诉决定和判决的依据。"第56条规定:"法庭审理过程中,审判人员认为可能存在本法第五十四条规定的以非法方法收集证据情形的,应当对证据收集的合法性进行法庭调查。当事人及其辩护人、诉讼代理人有权申请人民法院对以非法方法收集的证据依法予以排除。申请排除以非法方法收集的证据的,应当提供相关线索或者材料。"第57条规定:"在对证据收集的合法性进行法庭调查的过程中,人民检察院应当对证据收集的合法性加以证明。"第58条规定:"对于经过法庭审理,确认或者不能排除存在本法第五十四条规定的以非法方法收集证据情形的,对有关证据应当予以排除。"

(6)进一步完善了强制措施制度。2012年《刑事诉讼法》进一步明确和细化了取保候审、监视居住、拘留、逮捕等强制措施,将监视居住的适用条件与取保候审进行区分。如,2012年《刑事诉讼法》第65条增加了两种取保候审的情形"……(三)患有严重疾病、生活不能自理,怀孕或者正在哺乳自己婴儿的妇女,采取取保候审不致发生社会危险性的;(四)羁押期限届满,案件尚未办结,需要采取取保候审的。……"同时,第69条进一步明确了被取保候审的人需要遵守的规定:"人民法院、人民检察院和公安机关可以根据案件情况,责令被取保候审的犯罪嫌疑人、被告人遵守以下一项或者多项规定:(一)不得进入特定的场所;(二)不得与特定的人员会见或者通信;(三)不得从事特定的活动;(四)将护照等出入境证件、驾驶证件交执行机关保存。"第72条明确规定了可以监视居住的情形:"人民法院、人民检察院和公安机关对符合逮捕条件,有下列情形之一的犯罪嫌疑人、被告人,可以监视居住:(一)患有严重疾病、生活不能自理的;(二)怀孕或者正在哺乳自己婴儿的妇女;(三)系生活不能自理的人的唯一扶养人;(四)因为案件的特殊情况或者办理案件的需要,采取监视居住措施更为适宜的;(五)羁押期限届满,案件尚未办结,需要采取监视居住措施的。对符合取保候审条件,但犯罪嫌疑人、被告人不能提出保证人,也不交纳保证金的,可以监视居住。监视居住由公安机关执行。"

(7)强化了侦查手段。如适当延长传唤、拘传时限,案情特别重大、复杂,需要采取拘留逮捕措施的,传唤、拘传持续的时间可以达到24小时;建立讯问犯罪嫌疑人全程同步录音录像制度。一般刑事案件可以自行决定是否进行录音或者录像,可能判处无期徒刑、死刑的案件或者其他重大犯罪案件,必须对讯问过程进行录音或者录像。完善了查封、扣押、冻结措施。查封、扣押的对象由原来的"物品"扩展为"财物",冻结措施适用对象增加了"债券、股票、基金份额等财产"。为了确定被害人、犯罪嫌疑人的某些特征、伤害情况或者生理状态,可以提取指纹信息或采集血液、尿液等生物样本。部分侦查措施适用更加灵活,包括:对在现场发现的犯罪嫌疑人,经出示工作证,可以口头传唤;询问证人的地点,在证人所在的单位、住处之外,增加了现场和证人提出的地点。

(8)加强了对侦查措施的法律监督。《刑事诉讼法》第115条规定:"当事人和辩护人、诉讼代理人、利害关系人对于司法机关及其工作人员有下列行为之一的,有权向该机关申诉或者控告:(一)采取强制措施法定期限届满,不予以释放、解除或者变更强制措施的;(二)应当退还取保候审保证金不退还的;(三)对与案件无关的财物采取查封、扣押、冻结措施的;(四)应当解除查封、扣押、冻结不解除的;(五)贪污、挪用、私分、调换、违反规定使用查封、扣押、冻结的财物的。受理申诉或者控告的机关应及时处理。对处理不服的,可以向同级或者上一级人民检察院申诉。人民检察院直接受理的案件,可以向上一级人民检察院申诉。人民检察院对申诉应当及时进行审查,情况属实的,通知有关机关予以纠正。"

(9)新增了技术侦查的制度规定。2012年《刑事诉讼法》第148条至152条对技术侦查措施的实施对象、实施程序、用途、实施限制等制度作了明确规定。如,《刑事诉讼法》第148条规定:"公安机关在立案后,对于危害国家安全犯罪、恐怖活动犯罪、黑社会性质的组织犯罪、重大毒品犯罪或者其他严重危害社会的犯罪案件,根据侦查犯罪的需要,经过严格的批准手续,可以采取技术侦查措施。人民检察院在立案后,对于重大的贪污、贿赂犯罪案件以及利用职权实施的严重侵犯公民人身权利的重大犯罪案件,根据侦查犯罪的需要,经过严格的批准手续,可以采取技术侦查措施,按照规定交有关机关执行。追捕被通缉或者批准、决定逮捕的在逃的犯罪嫌疑人、被告人,经过批准,可以采取追捕所必需的技术侦查措施。"

(10)规范了证人出庭作证制度,强化了对证人的保护措施。在目前的司法实践中,证人、鉴定人应当出庭作证而不出庭的问题比较突出,影响审判的公正性,需要进一步予以具体的规范。2012年《刑事诉讼法》明确了证人出庭作证制度。如,第187条规定:"公诉人、当事人或者辩护人、诉讼代理人对证人证言有异议,且该证人证言对案件定罪量刑有重大影响,人民法院认为证人有必要出庭作证的,证人应当出庭作证。人民警察就其执行职务时目击的犯罪情况作为证人出庭作证,适用前款规定。公诉人、当事人或者辩护人、诉讼代理人对鉴定意见有异议,人民法院认为鉴定人有必要出庭的,鉴定人应当出庭作证。经人民法院通知,鉴定人拒不出庭作证的,鉴定意见不得作为定案的根据。"第188条规定:"经人民法院通知,证人没有正当理由不出庭作证的,人民法院可以强制其到庭,但是被告人的配偶、父母、子女除外。证人没有正当理由拒绝出庭或者出庭后拒绝作证的,予以训诫,情节严重的,经院长批准,处以十日以下的拘留。被处罚人对拘留决定不服的,可以向上一级人民法院申请复议。复议期间不停止执行。"此外,2012年《刑事诉讼法》还注重对证人权利的保护,如第62条规定,对于危害国家安全犯罪、恐怖活动犯罪、黑社会性质的组织犯罪、毒品犯罪等案件,证人、鉴定人、被害人因在诉讼中作证,本人或者其近亲属的人身安全面临危险的,人民法院、人民检察院和公安机关应当采取相应的保护措施。

(11)适当调整了简易程序适用范围。2012年《刑事诉讼法》对简易程序案件的适用范围进行了修改,扩大了简易程序的适用范围。第208条规定:"基层人民法院管辖的案件,符合下列条件的,可以适用简易程序审判:(一)案件事实清楚、证据充分的;(二)被告人承认自己所犯罪行,对指控的犯罪事实没有异议的;(三)被告人对适用简易程序没有异议的。人民检察院在提起公诉的时候,可以建议人民法院适用简易程序。"

(12)修改完善了二审程序。2012年《刑事诉讼法》明确规定了二审应当开庭审理的案件范围,同时,对发回重审作出限制性规定。第223条规定:"第二审人民法院对于下列案件,应当组成合议庭,开庭审理:(一)被告人、自诉人及其法定代理人对第一审认定的事实、证据提出异议,可能影响定罪量刑的上诉案件;(二)被告人被判处死刑的上诉案件;(三)人民检察院抗诉的案件;(四)其他应当开庭审理的案件。第二审人民法院决定不开庭审理的,应当讯问被告人,听取其他当事人、辩护人、诉讼代理人的意见。"为避免反复发回重审,新刑事诉讼法完善发回重审制度,增加了第225条第2款,规定:"原审人民法院对于依照前款第三项规定发回重新审判的案件作出判决后,被告人提出上诉或者人民检察院提出抗诉的,第二审人民法院应当依法作出判决或者裁定,不得再发回原审人民法院重新审判。"

(13)进一步细化了死刑复核程序。2012年《刑事诉讼法》对最高人民法院的死刑复核程序作出了进一步明确,第239条规定:"最高人民法院复核死刑案件,应当作出核准或者不核准死刑的裁定。对于不核准死刑的,最高人民法院可以发回重新审判或者予以改判。"强化了辩护律师对死刑复核的发表意见权,如第240条规定:"最高人民法院复核死刑案件,应当讯问被告人,辩护律师提出要求的,应当听取辩护律师的意见。在复核死刑案件过程中,最高人民检察院可以向最高人民法院提出意见。最高人民法院应当将死刑复核结果通报最高人民检察院。"

(14)完善了暂予监外执行程序。2012年《刑事诉讼法》进一步规范了暂予监外执行的范围、决定、批准和及时收监的程序,进一步明确了人民检察院的监督职责。如,第254条规定:"对被判处有期徒刑或者拘役的罪犯,有下列情形之一的,可以暂予监外执行:(一)有严重疾病需要保外就医的;(二)怀孕或者正在哺乳自己婴儿的妇女;(三)生活不能自理,适用暂予监外执行不致危害社会的。对被判处无期徒刑的罪犯,有前款第二项规定情形的,可以暂予监外执行。对适用保外就医可能有社会危险性的罪犯,或者自伤自残的罪犯,不得保外就医。"第257条规定:"不符合暂予监外执行条件的罪犯通过贿赂等非法手段被暂予监外执行的,在监外执行的期间不计入执行刑期。罪犯在暂予监外执行期间脱逃的,脱逃的期间不计入执行刑期。"

(15)增设了四类刑事案件的特别诉讼程序。这些特别诉讼程序包括未成年人刑事案件诉讼程序,当事人和解的公诉案件诉讼程序,犯罪嫌疑人、被告人逃匿、死亡案件违法所得的没收程序和依法不负刑事责任的精神病人的强制医疗程序。

【本章练习】

一、简答题

1. 我国 2012 年《刑事诉讼法》修改的主要内容有哪些？
2. 我国古代诉讼制度中，哪些制度具有批判继承的价值？
3. 弹劾式诉讼模式的主要特点是什么？
4. 纠问式诉讼模式的主要特征有哪些？

第三章 刑事诉讼基本理论范畴

【学习目标】

- 知识目标：
  了解刑事诉讼目的概念及其层次划分。
  了解刑事诉讼价值的内涵。
  了解刑事诉讼模式的概念及其类型。
  了解刑事诉讼职能的概念及其划分。
  了解刑事诉讼法律关系的内涵。
  了解我国刑事诉讼法律阶段的划分。
- 能力目标：
  理解和掌握刑事诉讼职能的具体内涵及其承担主体。
  理解和掌握我国刑事诉讼模式的基本内容。

【案例引导1】

1996年4月9日,内蒙古自治区呼和浩特一女子被掐死在公厕内。当年在呼和浩特市毛纺厂工作、年仅18周岁的职工呼格吉勒图被认定为该奸杀案凶手。案发仅仅61天后,也即是1996年05月23日,呼和浩特市中级人民法院认定呼格犯流氓罪、故意杀人罪,判处死刑立即执行。1996年6月5日,内蒙古自治区高级人民法院二审裁定"维持原判",核准死刑。同年6月10日,呼格吉勒图被执行枪决。2005年10月23日,系列强奸、抢劫、杀人案的犯罪嫌疑人赵志红落网,主动交代了其1996年在呼市一毛纺厂家属院公厕犯下的杀人案。2014年11月20日,呼格吉勒图案进入再审程序。2014年12月15日,内蒙古自治区高院对再审判决宣告原审被告人呼格吉勒图无罪。

问题：结合呼格吉勒图由死刑犯到被再审宣告无罪一案，说明刑事诉讼目的。

【案例引导2】

2011年11月6日，被告人朱某、王某、张某，事先预谋，分工配合，从他们工作的单位盗窃公司生产的装动臂版，在运输赃物的过程中被公司工作人员发现并报警，被盗物品经鉴定价值近3万元。张某于2011年11月9日被潍坊市坊子公安局刑事拘留，同年12月6日办理了取保候审，坊子区人民法院于2012年10月10日依法向潍坊市坊子区人民法院提起公诉，该案于2012年10月30日依法开庭审理。经授权委托，孙律师和连律师作为张某的委托辩护人依法参加了诉讼，并为张某辩护。经过审理，潍坊市坊子区人民法院最后判处张某有期徒刑三年，缓期三年执行，并处罚金人民币5万元。

问题：本案体现了哪些刑事诉讼基本职能？这些基本职能分别由哪些诉讼主体承担？

第一节 刑事诉讼目的

一、刑事诉讼目的的概念

在一般意义上，目的通常是指行为主体根据自身的需要，借助意识、观念的中介作用，预先设想的行为目标和结果。作为观念形态，目的反映了人对客观事物的实践关系。人的实践活动以目的为依据，目的贯穿实践过程的始终。由于诉讼主体的身份和诉讼地位的不同，因而各自希望达到的诉讼目标也不尽一致。因此，纯粹从各诉讼主体的主观目标角度来分析刑事诉讼目的，必然会有多种多样的诉讼目的。本章讨论的刑事诉讼目的是指国家创设并运行刑事诉讼制度所期望达到或实现的预期目标，是立法机关根据国家和社会的需要并基于对刑事诉讼固有属性的认识而预先设计的关于刑事诉讼结果的理想模式。刑事诉讼目的是一个国家主流的社会价值理念在刑事诉讼立法与司法活动中的具体体现，反映出国家对待刑事诉讼活动的基本态度，它对于一国的刑事诉讼立法和司法活动发挥着直接而现实的影响,并引领着该国刑事诉讼制度的发展方向。

二、关于刑事诉讼目的的学说

在理论界,关于刑事诉讼目的学说,主要有:

(1)"犯罪控制说"。该学说把控制与惩罚犯罪视为国家进行刑事诉讼活动的首要目的,刑事诉讼程序主要是作为国家实现这一目的的工具而存在。评价刑事诉讼制度的主要标准就是惩罚和预防犯罪的有效性。犯罪控制学说,是较早期关于刑事诉讼目的的认识。由于它把刑事诉讼完全看作是国家打击犯罪、惩罚犯罪的程序化活动,因而不太注重保障基本人权,甚至可以为了实现打击犯罪目标而不择手段、不计后果或不计成本。正是由于它已经不能适应现代程序法治的价值取向,因而认为刑事诉讼的目的纯粹是"打击、控制犯罪"的观点的人已经越来越少。

(2)"惩罚犯罪与保障人权并重说"。该学说认为,刑事诉讼的目的是既要惩罚犯罪,同时又要保障人权。它是一个问题的两个方面,不能有所偏颇,而是应该追求二者的有机统一。其中,惩罚犯罪是国家实现刑罚权的需要,保障人权则是对犯罪嫌疑人、被告人主体地位、人格尊严和诉讼权利的尊重。既不能因为打击犯罪的需要而忽视人权保障的基本要求,也不能过分强调所谓的人权保障而姑息、放纵犯罪。

(3)"刑事诉讼目的层次说"。该学说把刑事诉讼的目的分为直接目的和根本目的。其中,刑事诉讼的直接目的是惩罚犯罪和保障人权,根本目的就是维护宪法体制和法律所确立的社会秩序。还有一种分法是把刑事诉讼的目的分为浅层目的和深层目的。其中,浅层目的就是前述的直接目的和根本目的,深层目的就是通过刑事诉讼实现自由、平等、公正和安全。

(4)"自由与安全说"。该学说是在我国1996年《刑事诉讼法》修改以后提出的,它以追求自由和安全的统一作为刑事诉讼的目的。不过,自由和安全往往被视为刑事诉讼的价值目标或价值形态,如果用它们来表述刑事诉讼的目的,势必造成目的和价值的混同。

(5)"实体真实和正当程序统一说"。该学说认为,从根本上讲,国家设立刑事诉讼制度的原始动机,就是为了发现实体真实,即通过查明案件事实与惩罚犯罪并进而达到控制犯罪、维护社会的秩序与安全的目的,因而发现实体真实是一切刑事诉讼制度得以建立的基本目的之一。其中,发现实体真实,蕴含着正反两种含义:对于无辜的被告人而言,只有当裁判结果确认并宣告其无罪时,才能称得上是发现了实体真实;而对于真正的犯罪人而言,只有当裁判结果确认其犯罪事实并依照刑法施加处罚时,才能说是达到了实体真实。但是,这并不意味着刑事诉讼发现实体真实的目的即为一项绝对的、至上的目的,更不意味着刑事诉讼容许以不择手段、不问是非、不计代价的方法来发现实体真实。相反,任何刑事诉讼均须按照正当、合法的法律程序进行,不得违反法定程序而滥用权力,以保护涉讼公民的基本人权。根据正当程序理念,刑事诉讼不仅应当追求发现实体真实,而且应当注重程序本身的正当性和合法性。正当程序包括两个方面的要求,一是程序必须最大限度地理性化从而体现形式公正;二是程序必须人道。

三、域外关于刑事诉讼目的的理论

在英美法系的刑事程序理论中,关于刑事诉讼的目的有两种模式理论:一是犯罪控制模式,另一是正当程序模式。这种理论最早是由美国著名学者赫伯特·帕尔提出。其中,犯罪控制模式的诉讼目的强调追求高效率地揭露和惩罚犯罪而限制犯罪嫌疑人、被告人的诉讼权利,其程序运作以有效惩罚犯罪为目标,并通过刑罚的适用来达到控制犯罪规模的目的;而正当程序模式的诉讼目的不单是发现实体真实,更重要的是以公平与合乎正义的程序保护犯罪嫌疑人、被告人的人权。因此,从有效追究犯罪的角度而言,犯罪控制模式自然优先于正当程序模式。不过,犯罪控制的程序模式也并非完全不顾及犯罪嫌疑人、被告人的诉讼权利,只是在强调有效地惩罚犯罪的前提下,赋予犯罪嫌疑人、被告人相应的诉讼权利。国家惩罚犯罪权力的充分运用,必然要挤占当事人权利和自由的空间。同样,正当程序模式也不是为保障犯罪嫌疑人、被告人的诉讼权利就完全忽视了惩罚犯罪的安全需要。它只是要求国家权力的运行应当遵守正当法律程序,不得以牺牲当事人的基本人权作为实现国家刑罚目的的代价。如此一来,正当程序模式会使国家权力的运行受到更多的程序限制。国家权力滥用受到严格防范的同时,惩罚犯罪的效率也会受到相应的影响。

在德国的诉讼理论中,认为发现真实是刑事诉讼的目的之一。如,德国的克劳思·罗科信指出,刑事诉讼的目的有三:一为实体事实之正确性;二为诉讼程序之合法性;三为为维护法和平而对被告人为有罪之判决。刑事诉讼程序最终是为寻求实体真实服务的。

日本学者将德国的实体真实主义观念与美国的正当法律秩序观念相结合,创造地提出了实体真实主义和正当法律秩序的刑事诉讼目的理论。如,日本学者土本武司认为,"刑事诉讼将"查明真相"和"程序正义"作为两大理念,不论过去与现在,东方与西方,都是如此"。土本武司将实体真实,分为积极的实体真实和消极的实体真实两个方面,其中,准确地认定事实,包括准确地认定有罪和无罪以及精确的量刑,是整个刑事诉讼程序的基础和目标。学者田口守一也认为,实体真实主义和人权保护是刑事诉讼法的目的。日本《刑事诉讼法》第1条就明确规定:"本法以在刑事案件上,于维护公共福利和保障基本人权的同时,明确案件的事实真相,正当而迅速地适用刑罚法令为目的。"

在我国台湾地区,多数学者认为刑事诉讼的目的是"发现真实、保障人权"。如,著名学者黄东熊明确提出,刑事诉讼的目的是"发现真实、保障人权"。陈朴生认为,"刑事诉讼法之目的,在发现实体的真实,使刑法得以正确适用"。陈宏毅则认为,"刑事诉讼制度不外乎在发现真实(犯罪)与保障(被告人)人权之间必须存在的正当法律程序"。

四、我国的刑事诉讼目的

我们认为,除了"犯罪控制说"的观点显得过于绝对以外,其他的学说,均有一定的合理成分,只是侧重点各有不同。从刑事诉讼立法的初衷来看,它既是一种立法授权,也是一种程序限权。立法所规定的各种程序和制度,意味着国家专门机关可以行使公权力,用以惩罚、控制犯罪;这些程序和制度同时又是专门机关公权力行使的边界,不得任意超越和违反,以保障被追诉人的合法权益。结合刑事诉讼的立法内容来看,我国刑事诉讼的目的可以采用"刑事诉讼目的层次说",即可以分为根本目的和直接目的。

刑事诉讼的根本目的就是维护国家的宪法体制和社会主义社会秩序。我国《刑事诉讼法》第1条规定："为了保证刑法的正确实施，惩罚犯罪，保护人民，保障国家安全和社会公共安全，维护社会主义社会秩序，根据宪法，制定本法。"不难看出，刑事诉讼的根本目的与国家法律的一般目的是一致的。法律的实施最终就是为了"保障国家安全和社会公共安全，维护社会主义社会秩序"。

刑事诉讼的直接目的就是惩罚犯罪和保障人权。我国《刑事诉讼法》第2条规定："中华人民共和国刑事诉讼法的任务，是保证准确、及时地查明犯罪事实，正确应用法律，惩罚犯罪分子，保障无罪的人不受刑事追究，教育公民自觉遵守法律，积极同犯罪行为作斗争，维护社会主义法制，尊重和保障人权，保护公民的人身权利、财产权利、民主权利和其他权利，保障社会主义建设事业的顺利进行。"作为直接目的，我国的刑事诉讼既要惩罚犯罪，也要保障人权。也就是说，刑事诉讼是在保障基本人权的前提下达到有效惩罚犯罪的程序目标。它是一个问题的两个方面，彼此之间是对立统一关系。如果只片面地强调追究犯罪、忽视人权保障，就会导致权力滥用、违反法定程序，甚至蔑视法制、刑讯逼供，一旦出现冤假错案，不仅不能准确有效地惩罚犯罪，反而会冤枉无辜；同样，如果只一味地强调人权保障，忽视打击犯罪，就有可能会放纵犯罪，进而影响国家刑罚目的的实现。当社会治安恶化到一定程度时，社会稳定就无从谈起，其他社会成员的人权也必将受到威胁。因此，同时兼顾惩罚犯罪与保障人权，既可以有效地惩治犯罪，维护国家的长治久安，又能保障犯罪嫌疑人、被告人享有充分的诉讼权利，确保法律适用的准确性，从而使案件质量经得起历史的检验。

第二节 刑事诉讼价值

一、刑事诉讼价值的概念

"价值"最初是一个经济学范畴。它是指凝结在商品中的一般的、无差别的人类劳动。后来，"价值"这一概念延伸到社会科学的其他领域特别是哲学领域。苏联学者认为，价值是一些物质性的和精神性的现象，这些现象都具有积极意义，也就是能够满足人、阶级、社会的某种需要，成为他们的兴趣和目的。因此，在一般意义上，作为一个表征关系的范畴，价值指的是人们所利用的并表现了对人的需要的关系的物的属性，即客体的存在及其属性对主体（人）的需要的满足。价值一般至少含有两层意思：一是它对于实现某一外在目的而言是否有用和必要，当然这种外在目的本身的善有另外独立的判断标准；二是看该事物本身是否具有一些内在善的品质，这种品质的有无不是以该事物与外在事物关系上判断，而是该事物本身。这样一来，价值的含义包括了两个方面，即外在价值（工具价值）和内在价值（本体价值）。其中，外在价值又称工具价值，某事物是达到或实现某外在目的的必要手段，则称为某事物有价值，或是善的。工具价值，一是指有用性，不论及本身是否善；二是达到某一目的善，或作为一种手段的善。一般所说的外在价值是指的第二层含义，是超技术的伦理学上的善。内在价值又称目的价值或本体价值，即某一事物自身所拥有的一些独立的内在优秀品质，即本身的善，是一种值得向往和追求的善。

如果将价值理论运用于法律现象,法律价值便随之产生。一般认为,法律价值应该包括三个方面的内容:一是用法的价值来指称法律在发挥其社会作用的过程中能够保护和增加的价值;二是法律所包含的价值评价标准;三是法律自身所具有的价值因素。刑事诉讼本身是解决社会公益与个人利益冲突的过程。刑事诉讼的价值就是指在刑事诉讼活动的过程中所表现出的优秀品格以及这种品格所产生的外在作用,以及在这个过程中所表现出的自身优秀品格。其含义有三:一是刑事诉讼对特定主体所具有的效用,即刑事诉讼的工具性价值;二是在刑事诉讼这一过程中表现出来的自身的优秀品格,即刑事诉讼的独立价值;三是在刑事诉讼过程中对于不同价值之间的冲突所进行考量时选择所采用的评价标准。

二、关于刑事诉讼价值的学术理论

关于刑事诉讼的价值,学界存在着不同的观点,主要有以下几种不同的学说。

(1)绝对工具主义理论。程序价值的绝对工具主义,又称结果本位主义,是哲学上的功利主义的一个分支。作为一种学说,该理论认为:法律程序不是作为自治的独立实体而存在的,它没有任何可能从其自身的品质上找到合理性和正当性因素。它本身不是目的,而是用以实现某种外在目的的手段或工具,而上述目的实现时法律程序才具有存在的意义和价值。当此理论应用到刑事司法领域时,刑事诉讼则成为实现刑法目的的工具。刑事诉讼程序完全是因为刑法的存在而存在。除了服务于实现国家的刑罚权以外,刑事诉讼本身并没有独立的法律价值。这种理论把刑事诉讼当成了纯粹的法律工具,是典型的"重实体、轻程序"理念。在"结果正确,一切都正确"的法律思维影响下,其结果必然是程序虚无主义,从而导致滥用权力、刑讯逼供的程序违法现象屡禁不止。在日益强调人权保障的时代,这种理论的学术生存空间已经非常有限。

(2)相对工具主义理论。相对工具主义理论认为审判程序是实现实体法的工具和手段。但它允许人们在追求程序工具性价值的同时,兼顾一些程序独立的价值目标。如,无辜者不受错误刑事追究的权利,被告人享有主体地位和人格尊严、获得公正审判的权利等。这种相对工具主义理论实际已把诉讼程序的自身价值考虑进去了,对绝对工具主义程序理论有所改进,注意兼顾程序正当,这无疑是一种进步。但这种理论并没有真正平衡刑事诉讼的工具价值和独立价值。只是在强调刑事诉讼工具价值的同时,适当兼顾了司法程序的独立品质。当二者产生矛盾和冲突时,司法程序的独立价值便会让步。也就是说,对犯罪嫌疑人、被告人的人权保障以不影响刑罚目标的实现为限。总体而言,相对工具主义理论并没有完全摆脱工具主义的框框约束。

(3)程序本位主义理论。程序本位主义是指在诉讼中坚持以诉讼过程而不仅以诉讼结果为出发点和评价标准的理念。持有这种观点的人认为,评价刑事程序的唯一价值标准是程序本身是否具备一种内在的品质,而不是程序作为实现某种外在目的的手段之有用性。甚至提出了"程序是实体之母,或程序法是实体法之母"、"权利先于实体法,判决创制了权利"、"正义先于真实"等命题。其中,被告人在刑事审判中的参与及其所获得的公正听审,既不是用以实施实体法的有效手段,也不是对程序工具主义价值目标的独立限制,而是用以评价和构建刑事审判程序的内在价值标准。这种观点在相当程度上有其可取性,但也存在理论上的弱点。如强调程序正义高于一切,有损于事实真相也在所不惜;强调程序正义为中心,却忽视了刑事司法程序的展开是以犯罪事实的调查和刑事责任的落实为最初起因的基本事实;刑事实体法的适用错误为何可以成为上诉改判或撤销的理由该如何解释,等等。其实,完全没有实体法事实的刑事司法程序,在司法实践中并不存在。

(4)经济效益主义程序理论。该理论的核心思想是所有法律活动和全部活动制度都以有效利用社会资源,最大限度地增加社会财富为目的。它"是程序工具主义理论的一个分支,强调审判程序不过是最大限度地实现某一外在价值,把外在目标限定在增加公共福利或提高经济效益上"。经济效益主义程序理论,虽然对司法程序的价值作全新解释,但也遭到了许多批评。如,有人认为,人的生命、自由和人格尊严是不能用金钱加以衡量和计算的,经济效益主义理论将经济效益作为评价法律程序的唯一价值标准,这无异于贬低了人的生命、自由和人格尊严的意义。也有人认为,经济效益论者忽略了其他更加重要的程序价值目标如正义、自由等。

(5)目的价值和过程价值二元理论。其中,目的价值是指刑事诉讼所追求的社会理想和实体目的,如秩序、公正、效益、自由和安全等。过程价值则指刑事诉讼法作为一种程序法,除了目的性价值的追求之外,本身的结构和组织所具有某种独立的内在优秀品质。这种理论曾一度成为我国刑事诉讼价值理论的主流观点。应当说,目的价值观的理论将秩序、公正、效益、自由和安全等作为刑事诉讼的价值目标,揭示了刑事诉讼制度的实体目的和社会理想,从而也揭示了刑事诉讼制度存在的正当性和合法性根基。过程价值则是揭示了刑事诉讼法作为一种程序性法律在价值追求上与实体性法律的区别与独特性。也即是刑事诉讼程序在设计上对刑法的正确实施具有积极的效用和保障意义。不过,目的价值和过程价值二元理论是从认识论角度,以主体的需要和认识来评价作为客体的刑事诉讼的"善"与"不善",而不是从主客体关系的角度来认识刑事诉讼的价值。其中,目的性的需要和理想只能说是主体的主观愿望或奋斗目标,只有自身已经存在的"善"才是对主体的现实有用性。因此,这种理论也开始受到某些质疑。

三、我国刑事诉讼的价值

从上述关于刑事诉讼价值的理论学说来看,尽管认识不尽一致,但各有长短。我们认为,就其本质而言,刑事诉讼是解决国家与社会成员之间冲突的过程,是公力救济取代私力救济的产物。在研究刑事诉讼价值的过程中,要克服绝对工具主义的影响,充分认识到刑事诉讼是多种价值的集合。尤其要结合刑事诉讼的工具价值认识到刑事诉讼独立、内在的价值,也即是以刑事诉讼过程说明其自身的品格。美国学者富勒认为,法是使人类的行为服从规则治理的事业。作为一种"有目的的事业",法有其道德性。法的道德性有两个方面,即"外在的道德"和"内在的道德"。法的外在道德,即"实体自然法",是指法的实体目的或理想,如人类交往和合作应当遵循的基本原则、抽象的正义等。法的内在道德,即"程序自然法",是有关法律的制定、解释和适用等程序上的原则或法治原则,是使以规则治理人类行为的事业能为可能的道德,也即是法律之成为法所绝对必需的先决条件。因此,对于刑事诉讼程序的评价,可以有两项独立的价值标准:一是外在的价值或者工具价值,就是刑事诉讼程序对于实现某一外在目标而言是否有用或者有意义;二是内在价值或者固有价值,也就是该项程序本身是否具有独立的内在优秀品质。

(一) 刑事诉讼的工具价值 (外在价值)

刑事诉讼的工具价值是指刑事诉讼对于满足特定主体的需要、实现某种目的所具有的效用和意义。它是指刑事诉讼对于保障刑事实体法的顺利实施，对于惩罚犯罪、保护人权所产生的积极作用，也即是刑事诉讼的实施对于实现公正、秩序、自由、安全、效益等理想目标或诉讼结果所产生的作用。其中可以看出，刑事诉讼的工具价值是以诉讼结果或诉讼目的的有效性作为其评价标准。长期以来，在"重实体、轻程序"观念的影响，刑事诉讼的工具价值往往被过分地强调，致使刑事诉讼法沦为刑事实体法的附庸或纯粹的程序工具。

(二) 刑事诉讼的独立价值 (内在价值)

刑事诉讼的独立价值是指刑事诉讼独立于刑事实体法本身价值之外所具有的优秀品质，即刑事程序本身所具有的科学性、公正性、民主性、人道性、自治性和终结性等程序正义要求。它是一种过程价值。其中，刑事诉讼的科学性是指刑事诉讼的设置能尊重刑事诉讼的基本规律，符合人们发现事实真相的认识规律，能反映所处的社会发展时期的生产力发展水平；刑事诉讼的公正性则指刑事诉讼的程序安排能体现出司法过程的基本公正要求，如裁判者独立和中立、主体参与、程序法定、平等对抗、审判公开、无罪推定、被告人有权获得辩护、证据裁判等内容；刑事诉讼的民主性则要求诉讼过程中的国家权力应当受到程序规范，权力之间能相互制衡，当事人及其他诉讼参与人可以依法享有充分的诉讼权利并且在行使诉讼权利时能受到充分的尊重和保障；刑事诉讼的人道性是指刑事诉讼在实现国家刑罚目的的同时能够保障当事人特别是犯罪嫌疑人、被告人享有基本的人道主义待遇，如主体地位、人格尊严、隐私保护等；刑事诉讼的自治性是指诉讼的最终结果源于程序的事实调查和言词辩论而不受外来的任何干涉；刑事诉讼的终结性是指刑事司法的裁判结果具有结束争议的定性权威并且受到社会的普遍尊重，程序的逆转和裁判结果的变更受到严格限制。

(三) 刑事诉讼的工具价值和独立价值的关系

刑事诉讼的工具价值和独立价值是一个问题的两个方面，二者共同构成了刑事诉讼的"善"的具体内容。其中，刑事诉讼的工具价值满足了人们对刑事诉讼的功利性愿望，它为实现刑事诉讼的理想目标提供了程序机会；而其独立价值则满足了人们对程序合理性的主观诉求，并为诉讼结果的正当性和权威性提供了社会道德基础。

第三节 刑事诉讼职能

"职能"一词是一个功能主义用语，常被用来描述"一种体制和行为类型在社会中所起的作用（或功能）以及它与其他社会性能之间的关联方式"。就其一般意义而言，职能是指人和事物以及机构所能发挥的作用与功能。在刑事诉讼领域，人们也经常借用"职能"一词来描述刑事诉讼中不同主体或"角色"所起的作用和功能。刑事诉讼职能是指诉讼主体为了实现特定的目的，在刑事诉讼中所发挥的作用和功能。诉讼职能不同，各主体所进行的诉讼活动方式以及由此产生的结果也不一样。刑事诉讼中之所以存在诉讼职能的划分，主要是因为刑事诉讼作为一项实现国家刑罚权的系列程序活动，涉及国家刑事司法权力如侦查权、起诉权、审判权和执行权的分配与组合以及诉讼当事人诉讼权利与义务的配置,这些权力和权利的分配与组合形成了不同的诉讼角色,并且发挥着不同的作用和功能。

在现代刑事诉讼中,由于控诉与审判的分离,犯罪嫌疑人、被告人享有辩护的权利,控辩平等以及裁判中立的程序要求,形成了控、辩、审三方组合的"三角形"诉讼结构,这样一来,检察官、法官和犯罪嫌疑人、被告人及其辩护人等诉讼主体的角色定位自然有所不同,诉讼行为的方式、内容及结果也彼此差异。不过,也正是由于这些诉讼主体诉讼职能的相互作用,才使得刑事诉讼活动得以顺利进行。

一、关于刑事诉讼职能的理论学说

关于诉讼职能的划分,在我国刑事诉讼法学理论界颇有分歧。比较典型的观点包括:三职能说、四职能说、五职能说以及七职能说等。

(一)三职能说

主张三职能说的学者认为,刑事诉讼由三种基本职能,即控诉、辩护和审判构成。控诉职能是指在刑事诉讼中向法院起诉并出庭支持控诉,要求追究犯罪嫌疑人、被告人因其犯罪行为所应承担刑事责任的职能。该项职能由国家公诉机关和自诉人(即被害人)承担;辩护职能是指在刑事诉讼中提出对犯罪嫌疑人、被告人有利的事实和理由,依法维护犯罪嫌疑人、被告人合法权益的职能。该项职能由控诉职能的对应方,即犯罪嫌疑人、被告人行使,辩护人协助其承担;审判职能则是指在刑事诉讼中通过案件审理确定被告人是否犯有被指控的罪行、应否处以刑罚以及处以何种刑罚的职能。该项职能由法院行使。控诉、辩护、审判三种基本职能互相联系、彼此制约,构成了刑事诉讼活动的主要内容。

三职能说是传统诉讼理论的通说。根据这种观点,由于侦查是公诉的必要准备,是诉讼活动的组成部分,非经侦查,便无从确定应否起诉,因此,从广义上可以将侦查视为行使控诉职能。据此,侦查职能是从属于控诉职能的,本身并不具有独立性。三职能说是审判中心主义理念的体现,其对诉讼构造的考察、分析,主要是站在审判中心主义的立场上,从审判程序这一角度对诉讼结构进行横向考察的结果。

(二)四职能说

有学者在传统的三职能说的基础上,提出刑事诉讼职能应当区分为控诉、辩护、审判和监督共四项职能,被称为四职能说。持这种观点的学者认为,三职能说固然能够反映传统刑事诉讼程序的基本特征,但这种观点却不适合我国刑事诉讼的实际情况,因为我国的检察机关除负担审查起诉、提起公诉和支持公诉等控诉职能外,还有权对公安机关、法院以及监狱等刑罚执行机关的诉讼活动进行法律监督,而对于检察机关的后一项职能,三职能说是无法加以解说的,这是三职能说的理论缺陷。该观点认为,一种诉讼职能理论必须要能够反映我国刑事诉讼制度的特点,不将法律监督职能列为刑事诉讼职能的范围,就无法准确解释我国实际存在的刑事诉讼法律监督的现状。因此,应当根据我国刑事诉讼立法的规定在传统的三职能之外增加"法律监督"职能。该观点进一步认为,法律监督职能的提出是我国诉讼职能理论的特色及与国外诉讼职能理论区分的关键。四职能说实际上只是根据我国诉讼权力(利)配置的独特情况而对三职能说进行了局部修正,但其分类的基本理论依据仍然来自三职能说,仍然坚持对刑事诉讼结构进行横向考察的思路。

(三)五职能说

有学者在传统的三职能说的基础上,将法律监督和协助司法也作为刑事诉讼的职能之一,从而形成五职能说。该观点认为,一种科学的诉讼职能理论应当将所有参与诉讼的国家机关公职人员和个人的功能和角色都能概括进去,这样才能准确全面反映刑事诉讼制度的真实情况。据此,该观点主张,除了应将法律监督也列为诉讼职能之一外,还应将证人、鉴定人、翻译人员等角色在诉讼中的功能也列为一项诉讼职能,即协助司法职能。证人、鉴定人、翻译人员本身与案件事实和诉讼结果并无直接利害关系,他们在刑事诉讼中主要是站在客观公正的立场上,协助司法机关进行诉讼活动,发现事实真相,以便作出正确的裁判结论。他们实际上是在担负着一种为刑事诉讼所不可或缺的协助司法职能。五职能说主张的是一种泛化的诉讼职能观,它在检察院、法院和被告人等传统的诉讼主体的作用范围之外,将其他诉讼参与人在刑事诉讼中的作用和功能也列为独立的职能形式。

(四)七职能说

该观点认为,刑事诉讼职能应当包括侦查、控诉、辩护、审判、执行、协助司法、诉讼监督。该观点认为,传统的三职能说是以狭义刑事诉讼为基础的,有其理论缺陷,对刑事诉讼职能的确定与划分应当考虑以下几个方面的因素:其一,由于司法领域分工越来越细,分权学说的影响、人权思想的发达以及适应同犯罪作斗争的需要,诉讼职能在不断的分化、发展并不断的整合,传统的审判中心主义已为诉讼阶段论所取代,刑事诉讼的程序、阶段增多并向前延伸,因此,诉讼职能的划分应当反映和展现从立案到执行各个诉讼程序中所有主持或参加诉讼活动的主体的全部诉讼活动,而不能仅从刑事诉讼系统中的一个或几个阶段的诉讼活动来进行职能的划分。其二,某一机关或者诉讼参与人的活动能否归纳为一种独立的职能,应当从其担负的功能、作用、独立的权利义务及相应的程序保障综合进行考察,如果它们的功能是特定的,无法为其他职能所包容、替代,就应当认定一种独立的职能。其三,我国司法制度的重要特点之一就在于检察机关不仅仅是公诉机关,同时还要对刑事诉讼活动是否合法进行监督。因此,刑事诉讼职能应当包括诉讼监督、执行、协助司法等职能。

以上各种观点,各有各的理由。之所以观点不一,主要是观察问题的角度和划分的标准不同,但都反映了刑事诉讼的某些特征。

二、刑事诉讼职能的划分

我们认为,以刑事诉讼的基本架构和各诉讼主体的角色定位来看,可以将刑事诉讼职能划分为基本职能和非基本职能。

(一)刑事诉讼的基本职能

所谓基本职能,是指刑事诉讼中不可缺少的主体作用和功能。如果没有这些职能的存在,刑事诉讼就不可能正常进行。基于审判中心主义的基本理论,我们认为,刑事诉讼的基本职能包括控诉职能、辩护职能和审判职能。

1. 控诉职能

控诉职能是指向人民法院揭露、证实犯罪并要求人民法院对被告人确定刑罚的职能。

控诉职能的存在主要是基于国家惩罚犯罪的客观需要。在刑事诉讼中,控诉职能的实现途径包括起诉行为和证明行为。通过起诉行为,可以达到发动审判程序的目的;通过诉讼证明,则可以获得法院支持己方的控诉主张,从而达到追究被告人刑事责任的目的。我国刑事诉讼法既不实行单一的国家追诉主义,也不实行单一的当事人追诉主义,而采用所谓的"混合起诉制度"。这种制度以国家公诉机关的"公诉"为主,以自诉人的"自诉"为辅,因而控诉职能的起诉行为方式有公诉和自诉两种。其中,公诉案件的控诉职能由检察机关承担,被害人则协助检察机关实现控诉职能。自诉案件的控诉职能,则由自诉人及其法定代理人承担。

2. 辩护职能

辩护职能是指针对犯罪嫌疑人或指控进行反驳,以否定犯罪嫌疑人、被告人的犯罪嫌疑或犯罪指控,以使犯罪嫌疑人、被告人获得无罪、罪轻或者从轻、减轻、免除刑罚等处理结果的职能。在诉讼中,辩护职能与控诉职能相互对立。辩护职能的实现途径主要是反驳与证明行为(包含收集、提出证据,反驳控诉方证明等),并通过此行为达到影响审判机关并使其作出有利于己方裁判的目的。犯罪嫌疑人、被告人是被控告追诉的对象,也是辩护职能的直接承担者。辩护人则是辅助犯罪嫌疑人、被告人承担辩护职能。辩护职能是对控诉职能的制约,是实现诉讼公正的必要条件。从法制文明的角度说,也是诉讼民主、文明的主要标志。因此,保障辩护职能正确充分的行使,是体现社会进步和程序民主,贯彻社会主义民主和法制的重要内容。

3. 审判职能

审判职能指通过审理确定被告人是否犯有被指控的罪行和应否处以刑罚以及处以何种刑罚的职能。从刑事诉讼程序看,审判阶段是整个刑事诉讼活动的中心,审判前的诸项诉讼活动的意义和效果,都将在审判阶段得以最终体现。审判是解决控诉职能与辩护职能之间的对立和对抗并居中裁判的职能,它与控诉职能、辩护职能共同构成刑事诉讼的三角形结构。审判职能是国家审判机关以特定的行为方式来发挥特定的作用和功能,其特定的行为方式主要表现为明显的两个方面:一是审理行为,二是裁判行为。审理行为是裁判行为的基础,裁判行为则是审理行为的结果和归宿。就刑事诉讼的目的而言,只有通过裁判行为,才能实现对案件的公正处理,以确定被告人是否犯有被控告的罪行、应否处以刑罚以及处以何种刑罚,从而完成刑事诉讼所追求的"惩罚犯罪,保障无辜"的诉讼任务。

审判职能是建立在控诉职能和辩护职能的基础上,使控、辩两种职能在维护各自利益、完成各自诉讼目标的基础上获得统一,从而使社会利益冲突通过诉讼最终得以解决。在我国,审判职能只能由人民法院承担。人民法院行使审判职能时,不受任何行政机关、社会团体和个人的干涉。人民法院法院只有独立、中立、公正、依法行使审判职能,才能实现司法公正的基本目标。

(二)刑事诉讼的非基本职能

所谓非基本职能,是指刑事诉讼基本职能以外、在刑事诉讼中发挥着重要作用或影响的其他诉讼角色。其中,可以包括侦查职能、执行职能和法律监督职能。

1. 侦查职能

侦查职能是对犯罪嫌疑展开事实调查,以确定是否有必要进行起诉的职能。侦查职能主要包括制止犯罪、查明犯罪、保全证据、保全犯罪嫌疑人等权能。该项职能由公安机关、国家安全机关、军队保卫部门、监狱侦查部门、海关缉私部门和检察机关的自侦部门承担。在传统的三职能说理论中，侦查只是为提起控诉做准备，本身不具有独立性，只是控诉职能的从属或附庸。我们认为，如果是以审判为中心，侦查确实是控诉前的系列准备活动。尤其是在检、警一体化的国家，警察的侦查活动在检察官的领导下进行，侦查往往不具有独立的程序地位。侦查活动虽然会影响到当事人的权利和自由，但其最终的效果则取决于控诉成功与否。在中国，刑事诉讼按阶段依序进行。在案件被移送审查起诉之前，侦查活动基本上不受审查起诉的程序制约。侦查权与起诉权是两项并列的司法职权。侦查行为除了要为追究犯罪做好移送起诉的证据准备外，对于没有犯罪事实、不具备追究刑事责任或者已经死亡的犯罪嫌疑人则要撤销案件而终结诉讼程序。因此，相对于检察机关的控诉职能而言，侦查职能既有一定的辅助性，也有相对的独立性。由于侦查活动并不必然引起审判程序的展开，因而它不属于"三角形"诉讼结构的必备职能。与此同时，自诉案件无须经历侦查阶段，因而侦查职能在自诉案件中无法体现。

2. 执行职能

执行职能是实现生效刑事判决、裁定、决定或调解书中所确定的权利或义务内容的职能。狭义的刑事诉讼通常不包括执行部分。在不少国家，刑罚执行被认为是行政执行而不具有司法性质。但在我国的刑事诉讼中，有关刑事裁判文书的执行程序规定是刑事诉讼立法的组成部分，执行被认为是刑事诉讼的一个重要阶段，更是体现刑罚强制性的基本标志。在生效的刑事裁判文书中，除了关于附带民事诉讼的判决书、裁定书或调解书可以由义务当事人主动履行外，刑事部分的裁判文书则实行交付执行。根据《刑事诉讼法》的有关规定，刑罚的执行机关包括人民法院、公安机关（含看守所）、监狱和乡（镇、街道）司法所。其中，人民法院负责执行的刑事裁判内容包括死刑（立即执行）、罚金、没收、无罪判决和附带民事诉讼的裁判或调解；公安机关则负责余刑三个月以下的有期徒刑、拘役、管制、监外执行监督、缓刑考验监督、假释考验监督和剥夺政治权利的执行；监狱负责死缓、无期徒刑、有期徒刑的刑罚执行；乡（镇、街道）司法所则负责社区矫正的执行。由于执行是在裁判生效后对刑罚内容的一种强制实现，不具有争讼性质，尽管它是刑事诉讼的重要延伸，但相对于控诉、辩护和审判职能来说，执行仍属于非基本职能。因为确认性的生效裁判中，强制执行就没有必要。

3. 法律监督职能

法律监督职能，又称诉讼法律监督职能，是指享有法律监督权的检察机关对刑事诉讼中的侦查权、审判权和执行权的行使进行法律监督和权力制约的职能。监督职能是宪法赋予作为专门法律监督机关的检察机关的一项重要权能，其目的在于确保国家司法权力依法行使，防止公民的权利和自由因权力滥用而遭受不当侵害，进而实现"惩罚犯罪与保障人权并重"的刑事诉讼目的。根据《刑事诉讼法》的相关规定，法律监督职能只能由检察机关承担。检察机关的法律监督职能贯穿于刑事诉讼的全过程，从立案监督、侦查监督、审判监督到执行监督。法律监督的方式则包括发出纠正违法通知书并要求立案、撤销不当立案、批准或不批准逮捕、退回补充侦查或决定不起诉、提起二审抗诉或再审抗诉、监场监督死刑的执行或对其他刑罚执行的违法行为提出纠正意见等方式。

从监督的途径来看，刑事诉讼的各权力机关均有一定的内部监督机制。如，上级公安机关对下级公安机关的侦查行为可以在领导中实现监督；下级法院的审判权力也可以通过上诉或再审改判方式实现审判监督；监狱和司法所的执行行为也可以由其所属的司法行政机关进行行政监督。但这些监督均不是专门意义上的法律监督，只有检察机关的监督才是以一种国家权力来监督和制约另一种国家权力，因而是专门的法律监督。不过，检察机关除了对刑事诉讼中的其他国家机关的权力行使实施监督外，其自身也会行使部分案件的侦查权和公诉案件的审查起诉权。对其自我权力的行使如何实现法律监督，在理论上往往很难自圆其说。

诉讼法律监督职能的行使是以诉讼违法行为的发生为前提。如果各阶段的国家权力行为符合法定程序的规定，诉讼监督行为的启动只是一种潜在的可能。就此意义而言，诉讼法律监督职能不会成为刑事诉讼过程的必然要素。

第四节 刑事诉讼模式

"模式"一词有两个基本含义：其一，是指简单的事物与另一复杂的事物在结构和关系上具有相似性和同构性，因此，可以用简单的事物来解释复杂的事物。如，把政治看作游戏，把法及其运行比作系统，用生物进化解释社会进化等。其二，是指简化了的形式——要素或元素，或者说一个整体的组成部分。如法的模式，就是法这种社会现象的简化或抽象化的形式，是人们为了说明或解释法是什么或由什么元素构成而使用的概念。刑事诉讼模式，也人称之为"刑事诉讼结构"或者"刑事诉讼构造"，所采用的是"模式"的第二层含义。简要地说就是"刑事诉讼现象被抽象化的形式"。具体而言，刑事诉讼模式是指刑事诉讼各主体依照法律规定所享有的诉讼地位、权（力）利和义务分配以及他们之间的相互关系。它说明了构成刑事诉讼程序的标准元素（程序主体）及其结构、组合的相对固定样式。不同刑事诉讼模式所体现出来的形式特征也各不相同。刑事诉讼模式理论涉及的主要是刑事诉讼体制问题，即控诉、辩护、审判三项基本职能在刑事诉讼过程中的组合方式及其相互关系。刑事诉讼模式是进行刑事诉讼活动的基础，是刑事诉讼法律关系的基本框架，它不仅决定刑事诉讼主体的地位、作用和相互关系，还决定刑事诉讼的功能、特征和运行方式，而且反映着刑事诉讼过程中国家权力与个人权利的相互关系。刑事诉讼模式如何设立受制于刑事诉讼目的，这既反映了国家在刑事诉讼价值观上的态度和取向，也反映了国家对刑事诉讼活动规律的理性认识。

在国外，关于刑事诉讼模式的理论主要有美国学者赫伯特·帕卡的犯罪控制模式与正当程序模式、格里费斯的争斗模式与家庭模式、戈德斯坦的弹劾式模式与纠问式模式、达马斯卡的当事人对立模式与非当事人对立模式以及达马斯卡本人在晚期提出的阶层模式和同位模式等。也有学者特别是我国的刑事诉讼理论界普遍从刑事诉讼的发展历史的角度来概括刑事诉讼的模式，认为刑事诉讼模式先后经历了弹劾式诉讼模式阶段、纠问式诉讼模式阶段和近现代辩论式诉讼模式。而现代辩论式式诉讼模式又可以进一步划分职权主义诉讼模式、当事人主义诉讼模式和混合主义诉讼模式。

一、弹劾式诉讼模式

弹劾式诉讼模式,又称为控告式诉讼模式,它是刑事诉讼的早期形态,主要是西方奴隶制社会和封建制社会初期的刑事诉讼模式。弹劾式诉讼形式是第一次把人们之间争讼的解决程序规范化。在弹劾式诉讼模式中,国家不设立专门的起诉机关,一般由被害人、被害人的代理人或者法律允许的其他人作为原告向法院直接提起诉讼,只有原告起诉后,法院才能受理并进行审判。没有原告,法院不主动追究,完全实行"不告不理"原则,而且原告和被告诉讼地位平等,享有同等的诉讼权利,承担同等的诉讼义务。这种诉讼模式比较典型地体现了当时社会形态的特征,例如古罗马共和国时期、法兰克王国前期及英国的封建时期。具体而言,弹劾式诉讼具有以下基本特点:

(1)实现私人告诉制度。诉讼的发动,完全由被害人、被害人的代理人或法律允许的其他人作为原告向法院提出控诉,法院只有当原告起诉后,才受理进行审判。真所谓"没有原告,就没有法官"。

(2)控诉与审判职能分立,遵循"不告不理"的原则。法官不主动追究犯罪,处于消极、中立地位。诉讼的进程主要由双方当事人推进,证据的收集与提出、传唤证人等由原、被告双方负责。法官既没有收集、调查证据的义务,也不在开庭前审查案件事实和核对证据,只是在法庭上听取当事人的陈述和辩论,审查当事人提供的证据,并作出裁决。

(3)原、被告双方的诉讼地位在形式上完全平等。弹劾式诉讼中,原告与被告的诉讼地位平等,并享有同等的诉讼权利,承担同等的诉讼义务。

(4)诉讼实行言词辩论和公开原则。诉讼过程中,对原告提出的控诉,被告可以答辩和反驳。原、被告双方的主张,应当通过口头陈述的方式向法庭进行表达。而且,庭审的过程可以向社会公开。

(5)审判中采用的证据,除了证人证言和实物证据外,宣誓和具有浓厚宗教色彩的神明裁判制度占据重要地位。

(6)司法与行政合一,诉讼的专业化程度不高。法官一般未专业化,司法权与行政权不分,尤其在氏族制度过渡到奴隶国家的初期,行政职能与司法职能没有明确的区分。

以现代的眼光看,弹劾式诉讼模式具有以下优点可资借鉴:一是"没有原告,就没有法官"的做法,确保了裁判者的中立地位,同时也有助于避免裁判者集控诉权与审判权于一身而带来的角色冲突;二是原、被告享有同等诉讼权利并主导诉讼活动的发展;裁判者只负责听取证据和辩论,默察其间,以不过多的干预换取诉讼双方的充分辩论;三是诉讼以言词、公开的方式进行,有助于社会公众对判决的接受和承认。

不过,弹劾式诉讼模式的不足之处也十分明显。姑且不说其神明裁判制度的历史局限性,但就诉讼制度而言,其弊端有二:第一,不利于追诉犯罪;第二,不利于保护被害人的权益。

二、纠问式诉讼模式

纠问式诉讼模式,又称为控诉式诉讼模式或审问式诉讼模式。它是继弹劾式诉讼模式之后出现的一种诉讼形式,是封建社会时期的主要刑事诉讼形式。纠问式诉讼模式发端于罗马帝国时期,盛行于中世纪后期欧洲大陆国家的君主专制时期和中国古代的封建专制社会。

在纠问式诉讼模式中,国家官吏依职权主动追究犯罪,司法机关一旦发现犯罪,不论是否有原告提出控告,都应当主动追究犯罪并进行审判。主动追究、控审职能不分,是纠问式诉讼模式显著的特点。最典型的纠问式诉讼程序见于德国1532年的《加洛林纳法典》。归纳起来,纠问式诉讼模式的主要特点有:

(1)国家依职权主动追诉犯罪。相对于弹劾式诉讼的"不告不理"原则,纠问式诉讼更强调国家在追诉犯罪方面的责任,实行的是"不告也理",而无须以被害人或其他人的控告为前提。

(2)当事人客体化。在纠问式诉讼中,被害人与被告人并不是诉讼主体,也不享有主体尊严和充分的诉讼权利,唯有负责审判的国家官员才是诉讼主体。

(3)审判权缺乏约束。诉讼多以秘密方式进行,偶尔公开也是为了震慑作用,且书面审理方式盛行。

(4)采用法定证据制度,奉行口供主义。证据的证明力事先由法律规定。重口供,被告人的口供被视为"证据之王";在一定证据基础上,为获取被告人供述,可以采取刑讯逼供,甚至对证人也不例外。

与弹劾式诉讼相比,纠问式诉讼大大强化了惩罚犯罪的能力。在这种诉讼模式中,被追诉者几乎不可能逃脱法律的制裁。就此而言,纠问式诉讼取代弹劾式诉讼意味着一种制度上的进步。但是,纠问式诉讼却终因自身的致命缺陷而臭名昭著,并成为启蒙思想家激烈抨击的对象。其一,纠问式诉讼是一种漠视个人人格尊严的司法制度;其二,纠问式诉讼尽管有"诉讼"之名,却无诉讼之实,控辩地位明显失衡;其三,刑讯的野蛮残忍,再加上法定证据制度的机械僵硬,使得纠问式诉讼在制度设计上完全走向了人性的反面。违背人性的制度尽管可以在强权维持下得以存在,却最终无法长久。

三、近现代辩论式诉讼模式

随着近代欧洲启蒙运动的兴起和资产阶级革命的爆发,纠问式诉讼的不公正性和非人道性日益引起公众的不满,要求改革刑事诉讼制度的呼声日趋高涨。在"平等、自由、人权、博爱、人道、理性"等思想观念的影响下,犯罪嫌疑人、被告人的诉讼地位得以确立,由诉讼客体上升为诉讼主体,进而成为权利的行使者和维护者。犯罪嫌疑人、被告人在刑事程序中地位的提升和角色的转变,使刑讯逼供失去了合法的依据,从根本上否定了刑讯逼供存在的基础。作为一种权利义务的平衡,犯罪嫌疑人、被告人可以通过辩护权来对抗强大的控诉权,并且有权获得律师的帮助。无罪推定原则的确立,则把证实犯罪成立的举证责任明确给了控诉方。犯罪嫌疑人、被告人不仅无须承担证明自己无罪的责任,同时还享有证明自己无罪的权利。法官则负责审查核实证据,并对证据的证明力实行自由心证。与此同时,为防止追诉权力过分集中,实行控审的分离,由检察官承担追诉犯罪的职责,并实行"不告不理"、司法独立及审判公开原则。在法庭审理过程中,控辩双方以言词方式来陈述各自的主张和辩解。控诉、辩护、审判三足鼎立,使得刑事诉讼的结构变得更具理性和公正。

辩论式刑事诉讼模式是资本主义国家刑事诉讼的基本结构。不过,尽管欧洲大陆国家与英美等国的刑事诉讼基本结构具有辩论式的本质共性,但由于法律传统和法律文化的差异,在历史演变的进程中各自发展形成了具有形式差异的诉讼制度。在诉讼法理论上,大陆法系国家的刑事诉讼通常被称为职权主义诉讼模式;英美法系国家的刑事诉讼模式通常被称为当事人主义诉讼模式;日本和意大利的刑事诉讼则称为混合主义诉讼模式。

(一)职权主义诉讼模式

职权主义诉讼模式是指刑事诉讼的进行,注重发挥国家专门机关职权作用的诉讼基本形式。职权主义诉讼模式则与欧洲大陆国家独有的诉讼价值观和司法制度存在着某种内生关系。一般认为,大陆法系有着更为深厚的国家主义传统,在历史和现实中公共权力都比较强大,政府的作用广泛而积极,国民对国家权力也比较信任;刑事诉讼的重点在于发现事实真相,而在这方面作为国家公权力代表的司法机关显然比当事人更客观,更适合作为公正的调查人,因此,在职权主义诉讼模式中,国家专门机关的职权运用广泛而深刻。其中,在侦查阶段,侦查权被视为国家侦查机关专有的权力,私人对侦查权的分享遭到拒绝,侦查程序由公正、客观的侦查官员主导进行;而在审判阶段,庭审程序则由法官主导进行。大陆法系职权主义诉讼模式主要以法国、德国、奥地利等国家刑事诉讼结构为代表。其诉讼程序运行的特点主要有:

(1)警察、检察官和其他有侦查权的官员依职权主动追究犯罪。在大陆法系国家,对犯罪的侦查通常由检察机关进行,或者由检察机关指挥司法警察或刑事警察进行。法国《刑事诉讼法》第一编"负责公诉与预审的机关"明确规定,共和国检察官受理申诉和告发并作出相应的评价和处理,应采取或使他人采取一切追查违法犯罪的活动,为此有权指挥辖区内的司法警察的一切活动,有权决定采取拘留的措施;所有官员和公务人员在履行职责中知晓任何重罪、轻罪,都应毫不迟疑地通知共和国检察官,并向检察官移送有关情报、笔录和文件;司法警察在得知发生现行重罪时,应立即报告共和国检察官,并不迟延地到达犯罪发生地点,进行一切必要的查证工作。德国《刑事诉讼法》第160条规定:"当检察官通过报告或其他方式知悉一种可疑的犯罪行为的时候,就要去探查确实情况,以便决定是否应当提起公诉。"

(2)侦查和预审在刑事诉讼程序中居重要地位,侦查、预审不公开进行。在侦查程序中,注重发挥侦查机关的职权作用。虽然犯罪嫌疑人在侦查阶段可以获得律师协助,但侦查机关始终拥有较大的权力,当事人的权利受到较多的限制。与此同时,侦查、预审在诉讼程序中居于重要地位,且侦查、预审不公开进行。例如,法国《刑事诉讼法》第79条和第11条分别明确规定:"重罪案件必须进行预审","侦查和预审程序一律秘密进行"。法律授权一切负责公诉和预审的机关,包括司法警察、共和国检察官、预审法官以及其他辅助人员,为查明犯罪可以进行一切必要的调查、预审、搜查、扣押等措施,可以询问证人、犯罪嫌疑人、被告人。奥地利《刑事诉讼法》第199条第1项规定:"审讯前,预审法官应提醒被告,他须肯定、明确和如实地回答向其提出的问题。"

(3)在刑事案件的追诉上,一般实行公诉为主、自诉为辅的方式。德国、奥地利等国均实行公诉与自诉并存在的追诉机制。公诉由检察机关代表国家提起。对于某些轻微的刑事案件,被害人可以直接向法院提起自诉,要求追究加害人的刑事责任。为保障自诉权的顺利行使,保护被害人的合法权益,检察机关必要时可以对自诉案件提起公诉,或者在自诉过程中担当自诉。

(4)法官起主导、指挥作用的审判程序。在审判程序中,法官起主导、指挥作用,不强调当事人在诉讼中的积极性。在庭审中,法官不仅起主导作用,而且可以依职权主动讯问被告和询问证人;可以采取足以证明一切事实真相的证据,决定采取必要的一切证明方法;有权对当事人及其他诉讼参与人的申请作出决定。当事人则处于相对被动地接受指挥的地位。例如,法国《刑事诉讼法》规定:审判长有责任维持秩序,并指导审判。德国《刑事诉讼法》也规定:审判长指挥审判、讯问公诉被告人以及采集证据。

(5)确定的上诉和法律救济程序。为确保判决的公正性,大陆法系国家通常允许当事人对一审判决不服时提起上诉。作为一项诉讼权利,上诉权受到法律程序保障。不仅上诉程序的规定明确和完备,而且上诉制度与法院的审级制度密切相关,基本上可分为两种类型,即实行两审终审制的,以一次上诉为限;实行三审终审制的,第二审为事实审,第三审为法律审,如法国、德国和日本。当判决生效后,原则应当应当受到"一事不再理"原则的限制。但生效判决确有错误的,也有两种救济途径:一是发生新事实或者事实认定错误的重新审理程序,另一是审查适用法律错误的监督程序。

(二)当事人主义诉讼模式

当事人主义诉讼模式又称对抗式刑事诉讼模式,它是指控辩双方地位平等,注重发挥双方当事人在诉讼过程中的积极作用的诉讼基本形式。这种诉讼模式主要为英美法系的国家所采用。一般认为,英美法国家有着传统的个人主义精神。基于对个人自由和权利的关注,英美法系国家的国民对国家权力存在着一种根深蒂固的怀疑和不信任,"正像极大怀疑官员从事间谍活动和对全体居民进行监视一样,也极大关注国家侵入公民生活的潜在性。公民个人被视为社会最重要的单元,并被赋予最大限度的自由,只是在例外的情况和具有正当理由的情况下,自由的行使才得以被中断。当这种干预具有惩罚性质时,例如,对于刑事犯罪,尤其如此"[①]。为了保障个人自由,国家权力的行使受到较多限制,除了对权力加以分立、制衡外,更为注重通过"权利制约权力"和"程序制约权力"。因此,在当事人主义诉讼模式中,侦查权并非国家机关的专属权力,犯罪嫌疑人及其辩护人也可以行使调查取证的侦查权。在侦查过程中,侦、辩双方都有权各自独立收集证据,不仅国家侦查机关作为控诉方有权展开罪案调查,辩护律师也可以聘请某些专门人员展开辩护性调查,侦查机关的罪案调查与辩护方的辩护调查同时展开并相互制约;而在审判阶段,则由控辩双方当事人主导着程序的推进,法官仅仅保持一种消极中立的姿态。归结起来,当事人主义的诉讼模式的主要特点有:

(1)侦查主要由警察机关进行,犯罪嫌疑人享有较多的诉讼权利保障,以使其具有对抗侦查机关的手段。在侦查程序中,犯罪嫌疑人不仅有权保持沉默,而且还有权自被传讯或逮捕时获得律师帮助,允许其聘请律师辩护。如果犯罪嫌疑人因为经济原因无法委托辩护律师的,有权免费获得政府提供的法律援助。同时,凡采取限制或剥夺犯罪嫌疑人人身自由的强制措施,或者搜查、扣押犯罪嫌疑人的财产,必须取得法官签署的许可令状。执行逮捕后应当及时将犯罪嫌疑人带至签发逮捕证的法官面前接收聆讯,以决定是否有羁押的必要。除法律有明确规定的以外,应当允许犯罪嫌疑人获得保释。

---

① 迈克·麦康维尔:《英国刑事诉讼导言》,程味秋等译,载《英国刑事诉讼法(选编)》,中国政法大学刑事法律研究中心组织编译,中国政法大学出版社2001年版。

(2)在起诉方式上,检察官、警察、政府机关、商号及公民个人都享有起诉权。在英国,绝大部分案件由警察部门或者警察部门聘请的律师负责起诉。根据《1985年刑事起诉法》的规定,英格兰和威尔士设立了统一的刑事起诉机构,从事案件侦查的警察不再行使起诉权。在美国的联邦司法系统,刑事案件或者由检察官以起诉书向法院提出控诉,或者经陪审团审查后以大陪审团公诉书提起公诉。根据美国宪法修正案的规定,是否由陪审团提起公诉,取决于被告人是否行使这一宪法性权利。适用陪审团审理的,认定被告人有罪一般应由陪审团作出一致裁决。法官则根据陪审团的有罪裁决依法作出量刑判决。

(3)诉讼双方当事人的平等抗辩集中体现在审判程序中。在法庭审判中,强调控辩双方诉讼地位的平等性和对抗性,实行言词辩论,法官处于消极、中立地位。为避免法官对案件产生先入为主的判断意见,公诉律师或检察官在庭审前不移送案卷材料给法院。庭审中,举证、调查和核实证据的责任均由公诉律师或检察官、辩护律师承担,即由他们通过主询问和交叉询问的方式推动诉讼的进行。法官不主动调查和核实证据,但有权指示陪审团成员依照证据规则对证据作出正确判断。除了主持庭审活动外,法官在形式上只起居中公断的作用,以保证控辩双方享有充分的机会行使自己的诉讼权利。

此外,控辩双方还可以进行诉辩交易。所谓诉辩交易,是指在法院开庭审理刑事案件之前,检察官因为掌握被告人犯罪的证据较少,且收集证据比较困难或代价高昂,为避免所指控的罪名不能成立,或为节约诉讼成本,提高诉讼效率,以作出较轻的指控,许诺代为向法官求情为代价,换取被告人有罪的答辩供述,而与被告人的辩护律师在法庭外讨价还价达成妥协的一种制度。当控辩双方达成协议,且被告人的有罪答辩被法官确认为出于"自愿"和"理智",则在判决中体现协议内容,而无须再开庭审理。当然,控辩双方达成的协议,法院并没有义务必然接受,也可以驳回。如果驳回,则法院不受协议的约束,并给予被告人撤回其有罪答辩的机会。自从1974年美国修订的《联邦地区法院刑事诉讼规则》确定诉辩交易的一般原则及程序以来,诉辩交易在美国刑事案件的处理中一直扮演着重要的角色。

(4)上诉程序和再审程序限制较多。英美法系的上诉程序,在上诉理由和审查范围上有更多更严格的限制。英美法系国家对于一审案件中被告人自愿作出有罪答辩(认罪答辩)的,一般不能就事实问题提出上诉,而只能就法律问题提出上诉。上诉审法院一般由法官合议,实行书面审,而且是法律审。少数案件经过严格的批准手续,并且涉及有普遍意义的重大法律问题,才能上诉至最高审级。在再审方面,英美法系则没有设置专门程序,只能通过特别救济程序来纠正错误的生效裁判。如,在美国,当事人不服终审判决,经过特别申请,由联邦最高法院颁发调卷令,进行重新审查。但是,最后获准者却为数不多。

(三)混合主义诉讼模式

混合主义诉讼模式是在职权主义诉讼模式的基础上吸收、借鉴当事人主义诉讼模式的合理成分而形成的一种扬两种模式之长、避两种模式之短的诉讼基本形式。这种诉讼模式的代表国家主要为日本和意大利。

一般认为,职权主义诉讼模式强调国家机关在诉讼过程中职权作用的发挥,虽然有利于发现"真实"和提高诉讼效率,但对当事人特别是犯罪嫌疑人、被告人诉讼权利的限制较多;当事人主义诉讼模式则以"正当法律程序"来规范和限制国家权力的滥用,最大限度地保障了犯罪嫌疑人、被告人的基本人权,但却牺牲了诉讼的效率。为了最大限度地尊重和保障犯罪嫌疑人、被告人的基本人权并激发其诉讼积极性，同时又能保证国家专门机关职权作用的发挥，日本和意大利的刑事诉讼程序中充分吸收和借鉴了英美当事人主义诉讼模式的合理成分。如，在日本，日本刑事诉讼明确规定由检察官和司法警察进行侦查，以收集证据。犯罪嫌疑人虽然在侦查阶段有权聘请辩护律师，但辩护律师只可以同受到拘束的被告人或者被疑人会见，或者授予文书或物品，而不能调查、收集证据。为防止警察滥用强制权力，法律赋予犯罪嫌疑人有权保持沉默，"执行侦查职能的警察（或其他侦查人员）只有获得了法官签发的令状的许可，才有权力执行逮捕、搜查和扣押"。在证据制度方面，日本的刑事诉讼法既保留了大陆法系的一些证据制度，又引入了英美法系部分证据规则制度中的合理成分，建立了自由原则、证据补强原则和传闻证据原则等证据规则，配偶、近亲属及特定职业人士依法享有拒绝作证特权。起诉权由检察官垄断行使，禁止私人起诉。检察官起诉时实行"起诉状一本主义"，且应当尽可能地将犯罪事实特定化，起诉书中不得添加可能使法官对案件产生预断的文书和证据材料，也不得引用这些文书与证据材料的内容。法庭审理由法官主持，但案件事实调查却采用控辩双方交叉询问方式进行，法官通常只作补充性发问，但不实行陪审制度。

在意大利，该国议会于1987年2月作出决定引进普通法系当事人主义的对抗式诉讼制度，重新起草、制定了新的刑事诉讼法典，于1988年9月22日由议会通过，自1989年10月24日正式生效。根据新法典的规定，意大利刑事案件的侦查由公诉人（即检察官）负责进行；普通程序分为初期侦查、初步庭审（审查起诉）和审判三个阶段；检察官作为"代表公共利益的当事人"身份，与被告人处于当事人主义的对等关系；法庭审理实行对抗制，并允许控辩双方进行交叉询问。庭审法官只有在交叉询问过后方可向证人或其他控方当事人发问。通常情况下，举证的权利和义务属于控辩双方。在确有必要的情况下，调查取证结束后，法官也可以主动决定调取新的证据材料；在诉辩协商程序中，控辩双方可以进行诉辩交易。

四、我国的刑事诉讼模式

自1949年新中国成立以来，我国的刑事诉讼模式经历了渐进变迁的过程。在不同的历史时期，刑事诉讼模式具有不同的内容。

1949年新中国成立后，中央人民政府选择了全能主义政府的治理模式，以实现社会的整体目标。具有人民性质的司法制度则是在全面废除国民政府的"六法全书"之后，在革命根据地时期的司法制度的基础上建立起来的。虽然没有专门的刑事诉讼立法，但刑事诉讼制度却基本上仿效了苏联刑事诉讼的基本模式，据此设置的刑事诉讼模式自然是职权主义色彩浓厚。虽然相关法律规定了审判独立、检察独立、公开审判和被告人有权获得辩护等制度，但刑事审判却认为是阶级斗争的重要形式之一。尤其是当被告人被控"反革命"罪行时，其诉讼地位很难有真正的法律保障。同时，虽设有检察部门，却附属于审判机关内部，导致控审职能过于密切。

到了20世纪50年代后期，先后掀起各种政治运动，公开审判制度实际沦为毫无人权保障的群众性批斗大会，被告人的地位完全被客体化。公、检、法三机关联合办案，彻底模糊了刑事诉讼的基本职能划分。律师机构的取消，则实际否定了被告人的辩护权。在"文革"时期，法院、检察院的体制也被取消，审判权力和检察权力由公安机关统一行使，刑事诉讼制度被政治斗争形式所取代,革命委员会实际统领了原公、检、法机关的诉讼职权。法律意义上的刑事诉讼制度基本消亡。

1976年,"文革"结束。1978年,中国共产党十一届三中全会召开,民主法律制度随着拨乱反正而逐渐恢复。1979年7月第五届全国人大颁布了新中国成立以来的第一部《刑事诉讼法》。该法强调实体真实主义,主张刑事审判必须实事求是,人民法院并非仅在基于公诉人及被告人所提出证据的基础上作出裁判,而且要承担收集、调查证据的责任,通过积极地收集对被告人不利的证据而对其作出有罪判决。在侦查阶段,侦查机关的权力非常强大,犯罪嫌疑人不享有获得他人辩护或法律帮助的权利,同时也没有确立无罪推定原则,审判过程则以法官"纠问"为主,庭审辩论形式化,甚至于"先定后审"。因此,整个诉讼模式具有浓厚的职权主义色彩。

1996年3月17日,第八届全国人大第四次会议通过了《关于修改〈中华人民共和国刑事诉讼法〉的决定》,对1979年《刑事诉讼法》作了重大修改与完善,吸收了当事人主义诉讼模式的部分合理因素,进一步完善了当事人的诉讼权利,专门机关国家权力的程序制约有所加强。主要表现有:

(1)吸收了无罪推定原则的基本精神及要求,确立"未经人民法院依法判决,对任何人都不得确定有罪"的基本原则。与此相对应,对处于不同诉讼阶段的被追诉人分别称为犯罪嫌疑人或者被告人。取消了1979年《刑事诉讼法》中对被追诉人所谓"人犯"的带有先天有罪推定色彩的称谓。将有定罪性质的"免予起诉"制度改造为只具有程序终结意义的"不起诉"制度。

(2)侦查阶段的犯罪嫌疑人可以自侦查机关采取强制措施之日起或被讯问后聘请律师提供法律帮助,并且有权与在押的犯罪嫌疑人会见和通信;但律师不得向被害人或者被害人提供的证人调查收集证据。

(3)刑事被害人的权利保障有所加强,其法律地位由原来的诉讼参与人上升为诉讼当事人,并有权在不服地方人民法院的一审判决时请求人民检察院提起抗诉,同时还有权对不起诉案件进行申诉或径直提起自诉。

(4)取消了对犯罪嫌疑人的收容审查制度。对不讲真实姓名或者流窜作案的犯罪嫌疑人的刑事拘留期限,作了相应的延长。

(5)增加了取保候审和监视居住制度,并且规定了适用取保候审和监视居住的法律条件,明确了担保方式以及保证人的责任与条件。

(6)强化了检察机关对侦查行为和刑罚执行的法律监督。对公安机关不立案或者错误立案的,检察机关有权要求其说明相应的理由。

(7)改革了公诉制度,提起公诉时不实行全部案卷资料移送。只要求检察机关移送主要证据的复印件,以避免法官在开庭之前对案件产生主观预断。

(8)改革了庭审方式,法庭调查和法庭辩论以控辩双方为主,加强控辩双方对抗性活动,法官的庭审中立地位明显加强。可以说,通过这次修改活动,我国的刑事诉讼模式已经过渡至职权主义为主、当事人主义为辅的基本架构。

为适应我国社会、经济和政治不断发展的需要,第十一届全国人大第五次会议于2012年3月14日通过《关于修改〈中华人民共和国刑事诉讼法〉的决定》。修改后的《刑事诉讼法》条款从225条增加到290条,将"尊重和保障人权"明确写入了总则,成为中国法治进程中的里程碑。如果说1996年《刑事诉讼法》的修改重在制度的移植和引进,2012年的修改则更注重立足国情,着力解决司法实际中存在的突出问题,在吸收司法改革成果的基础上,修改内容主要涉及证据制度、刑事强制措施、辩护制度、侦查措施、审判程序、执行程序等,并增设了未成年人犯罪案件刑事诉讼程序,公诉案件刑事和解程序,犯罪嫌疑人、被告人逃匿、死亡案件违法所得的没收程序以及依法不负刑事责任的精神病人的强制医疗程序等特别程序。修改后的《刑事诉讼法》更加注重犯罪嫌疑人、被告人的基本人权保护,控辩双方对抗性明显强化,程序公正更具制度保障。其主要表现有:

第一,在刑事诉讼法的任务中增加了"尊重和保障人权"的规定,突出了犯罪嫌疑人、被告人人权保护的重要性。

第二,在侦查期间,犯罪嫌疑人有权委托律师作为其辩护人。犯罪嫌疑人因经济困难或者其他原因没有委托辩护人的,本人及其近亲属可以向法律援助机构提出申请。对符合法律援助条件的,法律援助机构应当指派律师为其提供辩护。同时,犯罪嫌疑人是盲、聋、哑人,或者是尚未完全丧失辨认或者控制自己行为能力的精神病人,没有委托辩护人的,侦查机关应当通知法律援助机构指派律师为其提供辩护。

第三,辩护人的诉讼权利更具程序保障。辩护律师查阅案卷的时间提前至审查起诉阶段,辩护律师自人民检察院对案件审查起诉之日起,可以查阅、摘抄、复制本案的案卷材料。在侦查终结、审查起诉以及死刑复核阶段,辩护人提出辩护意见的,办案机关应当听取并且附卷。

第四,增加了"不得强迫任何人证实自己有罪"的规定,并且确立了非法证据排除规则。即采用刑讯逼供等非法方法收集的犯罪嫌疑人、被告人供述和采用暴力、威胁等非法方法收集的证人证言、被害人陈述,应当予以排除。收集物证、书证不符合法定程序,可能严重影响司法公正的,应当予以补正或者作出合理解释;不能补正或者作出合理解释的,对该证据应当予以排除。在侦查、审查起诉、审判时发现有应当排除的证据的,应当依法予以排除,不得作为起诉意见、起诉决定和判决的依据。

第五,在法庭审理过程中,可以对证据的合法性进行调查。作为公诉机关的人民检察院,应当对证据收集的合法性加以证明。

第六,增加规定了羁押必要性审查制度。即犯罪嫌疑人、被告人被逮捕后,人民检察院仍应当对羁押的必要性进行审查。对不需要继续羁押的,应当建议予以释放或者变更强制措施。

第七,确立了庭前会议制度。即在开庭以前,审判人员可以召集公诉人、当事人和辩护人、诉讼代理人,对回避、出庭证人名单、非法证据排除等与审判相关的问题,了解情况,听取意见,以此来保障庭审程序的顺利进行。

第八,更加注重控辩双方的庭审辩论。如,不论普通程序还是简易程序,公诉人都应当出庭;必要时可以通知侦查案件的人民警察就其执行职务时目击的犯罪情况作为证人出庭作证;公诉人、当事人和辩护人、诉讼代理人可以申请法庭通知有专门知识的人出庭,就鉴定人作出的鉴定意见提出意见;增加了量刑调查、辩论环节,法庭审理过程中,对与定罪、量刑有关的事实、证据都应当进行调查、辩论。

第九，明确了二审开庭审理的案件范围。规定了被告人上诉的死刑案件，二审应当开庭审理。其他可以不开庭审理的案件，也应当讯问被告人，听取其他当事人、辩护人、诉讼代理人的意见。

第十，增加了对死刑复核的程序监督。在复核死刑案件过程中，最高人民检察院可以向最高人民法院提出意见。最高人民法院应当将死刑复核结果通报最高人民检察院。

第十一，更加注重对犯罪人的权利保护。如，允许部分公诉案件的当事人进行和解、人民检察院可以对可能判处一年有期徒刑以下刑罚的未成年人适用附条件不起诉，对犯罪时不满十八周岁、被判处五年有期徒刑以下刑罚的犯罪记录予以封存等，都是为了更好保护犯罪人的权益。

从以上诸多的修改及完善的内容可以看出，我国现行的刑事诉讼立法在保障国家专门机关有效惩罚犯罪的同时，也强调了对国家权力的程序制约和监督，并结合中国实际，最大限度地完善了当事人特别是犯罪嫌疑人、被告人的诉讼权利。总体而言，基本上形成了职权主义与当事人主义交融的刑事诉讼新格局。

第五节　刑事诉讼法律关系

一、刑事诉讼法律关系的概念

在法理学上，法律关系指的是法律在调整人们行为的过程中形成的权利义务关系。根据法律关系所体现的社会内容的性质，法律关系可以包括宪法法律关系、实体法律关系和诉讼法律关系。其中，诉讼法律关系则是指诉讼法所调整的、在诉讼参与人之间形成的权利义务关系。诉讼法律关系具有组织性、管理性、程序性的特点，是一种确定各诉讼参与主体法律地位的思想关系。

刑事诉讼法律关系是指刑事诉讼法在调整参与诉讼活动的各主体行为过程中所形成的以诉讼权利和诉讼义务为内容的法律关系。刑事诉讼法律关系的产生和形成是刑事诉讼法律规范调整的结果，本质上是一种程序性法律关系。具体而言，刑事诉讼法律关系的含义包括以下几个方面：

(1)刑事诉讼法律关系是一种思想关系。作为法律关系的一种，刑事诉讼法律关系是一种反映社会经济发展条件的抽象的法律关系。它既受一定社会历史时期的经济基础的制约，又对经济基础具有反作用力。

(2)刑事诉讼法律关系发生在刑事诉讼过程中。在侦、控、审、执合一的刑事诉讼立法体例下，刑事诉讼法律关系包括侦查程序中发生的法律关系、审查起诉阶段中发生的法律关系、审判过程中发生的法律关系和刑罚执行过程中发生的法律关系以及诉讼监督过程中发生的权力制约关系。在刑事自诉案件和刑事附带民事诉讼案件中，还可以包括当事人之间的调解关系或和解关系。

(3)刑事诉讼法律关系的法律依据是有关刑事诉讼的法律规范。国家制定的刑事诉讼法律规范是各主体参与诉讼活动的法律依据，同时也是各主体在诉讼过程中应当遵守的行为准则。

(4)刑事诉讼法律关系的内容表现为各参与主体所享有的诉讼权利和诉讼义务。刑事诉讼法律关系是一种程序性的法律关系,以各主体之间享有的诉讼权利和承担的诉讼义务为内容。其中,国家专门机关的诉讼权利义务是其依照刑事诉讼法所享有的职权和应当履行的职责,当事人及其他诉讼参与人的诉讼权利义务则是一种可以为的任意性和应当为的必要性。

(5)刑事诉讼法律关系具有一定的强制性。在刑事诉讼过程中,国家专门机关的许多诉讼行为都具有强制性,对于负有诉讼义务的当事人及其他诉讼参与人而言,不履行诉讼义务时很可能会受到法律强制。

二、刑事诉讼法律关系主体

刑事诉讼法律关系主体是指参与刑事诉讼过程并在其中享有诉讼权利、承担诉讼义务的单位或者个人。从刑事诉讼的程序运行来看,刑事诉讼法律关系主体可以分为三类:一是代表国家行使侦查权、起诉权、审判权和执行权的国家专门机关,包括公安机关、国家安全机关、军队保卫部门、海关缉私部门、人民检察院、人民法院和监狱;二是当事人,即与刑事诉讼进程或结果有直接利害关系的诉讼参与人,包括犯罪嫌疑人、被告人、被害人、自诉人以及附带民事诉讼的原告人和被告人;三是其他诉讼参与人,即在刑事诉讼中通过享有诉讼权利、承担诉讼义务而协助国家专门机关进行刑事诉讼活动的人,包括证人、翻译人员、鉴定人、勘验、检查人员、辩护人、诉讼代理人、专家辅助人及诉讼行为见证人,等等。

与刑事诉讼法律关系主体相联系但又有区别的就是刑事诉讼主体。刑事诉讼主体是指在刑事诉讼过程中享有诉讼权利、承担诉讼义务,并且可以实施使刑事诉讼法律关系发生、变更或消灭的诉讼行为,即承担刑事诉讼基本职能且能够直接影响刑事诉讼进程或结果的单位或个人。在其外延上,刑事诉讼法律关系主体的范围要大于刑事诉讼主体的范围。前者与后者是包含和被包含的关系。是刑事诉讼主体的,必然是刑事诉讼法律关系主体,反之则不然。根据实施诉讼行为的程序效果,刑事诉讼主体包括刑事诉讼中的国家专门机关、当事人以及当事人的法定代理人。其他诉讼参与人只能是刑事诉讼法律关系主体,而不是刑事诉讼主体。

三、刑事诉讼法律关系客体

刑事诉讼法律关系客体是指刑事诉讼法律关系主体实施刑事诉讼行为、进行刑事诉讼活动所指向的对象。也就是各诉讼参与主体的诉讼权利义务所指向的对象。由于刑事诉讼的主要任务是"保证准确、及时地查明犯罪事实,正确适用法律,惩罚犯罪分子","保障无罪的人不受刑事追究",可以看出,刑事诉讼法律关系的客体包括案件事实以及被追诉人的刑事责任。需要特别指出的是,犯罪嫌疑人、被告人虽然是刑事追究的对象,但他却是刑事诉讼主体之一,同时也是刑事诉讼法律关系的主体,绝对不能视其为刑事诉讼客体。否则,犯罪嫌疑人、被告人的诉讼权利不仅没有程序保障,甚至会导致国家权力的滥用,进而容易造成冤假错案。

由于各诉讼参与主体的法律地位及其诉讼权利和义务的不同,因而其诉讼法律关系的客体也不完全一样。其中,国家专门机关和诉讼当事人行使诉讼权利、履行诉讼义务的目的是查明案件事实真相,以确定犯罪嫌疑人、被告人是否应承担刑事责任、应当承担怎样的刑事责任。被认定为有罪并科以刑罚后,执行刑罚则成为诉讼权利义务的客体。在附带民事诉讼中,诉讼法律关系的客体则是案件事实和民事赔偿责任。在其他诉讼参与人中,辩护人享有相对独立的诉讼地位,其行使诉讼权利和履行诉讼义务是为了协助公安、司法机关查明案件事实和更准确地认定犯罪嫌疑人、被告人是否有实施犯罪行为、应承担刑事责任和应当承担怎样的刑事责任,而其他诉讼参与人参与刑事诉讼是为了查明案件事实。这样一来,不同的诉讼参与主体之间的诉讼法律关系的客体分别如下:

(1)刑事侦查机关、人民检察院与犯罪嫌疑人之间,人民法院与刑事被告人之间,人民法院与自诉人之间,自诉人与被告人之间,以及刑事侦查机关、人民检察院、人民法院与被害人之间的诉讼法律关系客体是案件事实和犯罪嫌疑人、被告人的刑事责任。

(2)刑事侦查机关、人民检察院、人民法院与辩护人之间,辩护人与犯罪嫌疑人、被告人之间的诉讼法律关系客体也是案件事实和犯罪嫌疑人、被告人的刑事责任。

(3)人民法院与刑事附带民事诉讼当事人及其法定代理人之间的诉讼法律关系客体是案件事实和民事赔偿责任。

(4)刑事侦查机关、人民检察院、人民法院与其他诉讼参与人(辩护人除外)之间,当事人、辩护人与其他诉讼参与人之间的诉讼法律关系客体是案件事实。

(5)人民检察院与刑事侦查机关、人民法院和刑罚执行机关之间的诉讼法律关系客体分别是刑事侦查行为、审判行为和执行行为及其合法性。

(6)刑罚执行机关与罪犯之间的诉讼法律关系客体是人民法院生效裁判所确定的刑罚。

四、刑事诉讼法律关系产生、变更和消灭的法律事实

刑事诉讼法律关系因诉讼的开始而发生,并随着诉讼的终结而结束,在诉讼过程中,还会随着程序法上的事实出现而发生变更。归结起来,引起刑事诉讼法律关系产生、变更和消灭的事实包括刑事诉讼行为和诉讼事件。

(一)刑事诉讼行为

刑事诉讼行为是指刑事诉讼法律关系主体在诉讼过程中为行使诉讼权利、承担诉讼义务所实施的,能够产生一定程序后果的作为和不作为。刑事诉讼行为是诉讼法律关系主体与诉讼法律关系客体发生关系的桥梁和纽带,也是刑事诉讼法律关系得以产生、发展和消灭的重要原因。刑事诉讼行为主要是指行为主体实施的合法行为,如立案、不起诉、上诉、抗诉、申诉等,可以引起刑事诉讼程序的启动、终止或变化。同时,刑事诉讼行为也可以包括违法行为,如被取保候审的犯罪嫌疑人违反有关纪律规定且情节严重的,可能会被逮捕;自诉人无正当理由拒不到庭或者未经法庭许可而中途退庭的,人民法院可以裁定按撤诉处理;被人民法院通知出庭质证的鉴定人无正当理由拒不到庭的,其鉴定意见可以不被采信,等等。对于国家专门机关而言,只有实施合法的诉讼行为,才能产生程序法上的效力。

对于刑事诉讼行为,依据不同的标准,可以划分为不同的类型。其中,依据行为的主体不同,可以分为国家专门机关的诉讼行为与诉讼参与人的诉讼行为。诉讼参与人的诉讼行为又可以进一步细分为当事人的诉讼行为和其他诉讼参与人的诉讼行为;依据行为的内容

不同,可以分为申请行为与决定行为;依据行为的方式不同,可以分为作为与不作为;依据行为的法律性质不同,可以分为合法行为和违法行为。

属于违法行为的诉讼行为,是一种事实行为。只要行为人具有行为责任能力,就可能要承担相应的法律后果。作为合法行为的诉讼行为实质是诉讼法律行为,它与其他法律行为一样,必须具备一定的要素所构成,才能产生的法律效力。具体要件包括:

(1)主体身份要件。即特定的诉讼行为只能由特定主体实施才能产生法律效力。如,只有侦查人员才能实施刑事侦查行为;只有法官才能实施审判行为;只有检察官才能提起公诉;犯罪嫌疑人、被告人的供述,被害人的陈述,证人提供证言不能由他人替代。

(2)意思能力要件。在刑事诉讼过程中,作为诉讼法律关系主体的自然人,在实施诉讼行为时应当是意思表示真实。如,讯问犯罪嫌疑人、被告人的笔录,必须是其如实供述的内容;证人作证,必须是客观地陈述案情,才具有证明效力。又如,被告人撤回上诉、自诉案件的调解或和解,必须是出于当事人的自愿。同时,有些诉讼行为还要求行为主体必须具备相应的诉讼行为能力,才能产生相应的法律后果。如被告人在审判期间因为心智丧失或其他原因导致其无法进行意思表示,就意味着丧失了"接受审判的能力",其诉讼行为不产生诉讼法上的效力。

(3)法律形式要件。有些诉讼行为必须具备法定的形式,才能产生法律效力。如,鉴定人进行鉴定后,应当写出鉴定意见,并且签名;公安机关侦查终结的案件,对于犯罪事实清楚,证据确实、充分,需要追究刑事责任的,应当写出起诉意见书。有的诉讼行为则必须在一定的期间内作出,才能产生法律效力。如,当事人不服地方法院一审判决而上诉的,应当在收到判决书的次日起10日内提起;人民法院应当在开庭的10日以前向被告人送达起诉书副本;公、检、法机关拘传讯问未被羁押的犯罪嫌疑人、被告人一般为12小时,必要时,可以延长至24小时。有的诉讼行为则须经过特别的法律程序才能产生法律效力。如,公安机关拘留担任县级以上的人大代表的犯罪嫌疑人时,应当经大会主席团或者其所属的人大常委会许可,方能实施;侦查机关拟采取技术侦查措施的,应当经过严格的批准手续。

(二)诉讼事件

诉讼事件是指在刑事诉讼过程中所发生、由人的主观意志以外的因素所导致并能引起一定程序法律后果的客观情况。与诉讼行为不同,诉讼事件的发生应当是客观因素所致,而不是行为人主观追求的结果。现实中的诉讼事件可以包括自然人死亡或重大病变、单位主体资格消灭、意外事故、自然灾害、战争事件等。如,刑事诉讼过程中犯罪嫌疑人、被告人死亡的,可能导致决定撤销案件、决定不起诉或裁定终止审理;在审判过程中,被告人患有严重疾病,且在较长的时间内无法出庭的,可以裁定中止审理;在自诉案件中,自诉人的诉讼代理人死亡或丧失诉讼行为能力的,双方之间的诉讼代理关系即时消灭;在执行过程中,对被判处有期徒刑或者拘役的罪犯,有严重疾病需要保外就医的,可以暂予监外执行。

第六节 刑事诉讼阶段

现代刑事诉讼程序是一种按照法定的顺序和步骤对被追诉人的刑事责任问题进行事实

调查、作出权威性裁判、实现国家刑罚权的过程,在这一过程中,从受理案件到案件最终得到处理,需要经过若干个相对独立而又相互联系的环节即刑事诉讼阶段。因此,刑事诉讼阶段是指刑事诉讼过程中,按照法定的程序、步骤进行的相对独立而又互相联系的各个部分。各个诉讼阶段有着不同诉讼任务和目的,反映了立法者对该诉讼阶段作用和功能的期待。

一、刑事诉讼阶段的划分

从案件的处理流程来看,现代刑事诉讼程序基本上可以划分为侦查、起诉、审判、执行等几个主要的诉讼阶段。其中,从侦查到审判的诉讼阶段构成了狭义上的刑事诉讼,而广义的刑事诉讼则包括了执行阶段。在国外,执行一般不属于刑事诉讼的范畴。在我国,公诉案件的刑事诉讼分为立案、侦查、起诉、审判和执行五大阶段。其中,审判又可以细分为一审、二审。死刑立即执行案件则还须经过死刑复核阶段。审判监督程序是一种错误生效裁判的救济程序,不具有独立的审级意义,不属于必经的诉讼阶段。至于自诉案件,则包括审判阶段和执行阶段。

二、刑事诉讼阶段与刑事诉讼目的关系

刑事诉讼阶段理论的提出,将整个刑事诉讼流程划分为了数个主要阶段,这些阶段各自形成了相对闭合的环节,围绕各自的阶段性目标,承担着不同倾向性的诉讼任务和目的,同时又从整体上串联起整个刑事诉讼流程,形成了具有递进性的阶梯状程序构造。诉讼阶段的划分,要求国家专门机关必须依次、有序地推进刑事诉讼程序。只有前一个诉讼阶段完成任务和达到目的后,才能为下一诉讼阶段的程序展开创造前提条件。如果国家专门机关不依次遵循各个诉讼阶段的任务而展开诉讼活动,而是"绕开"或者"规避"某一诉讼阶段,就必然构成程序违法,导致某些诉讼行为无效,进而影响到刑事诉讼目的的实现。

三、审判中心主义与诉讼阶段理论

在诉讼阶段论的通说之外,本世纪初,有学者提出了审判中心主义的论点。所谓审判中心主义是指整个刑事诉讼过程应该以审判为中心,为审判服务。它包括两层含义:一是在整个刑事诉讼过程中,审判程序是刑事诉讼的中心,只有在审判阶段才能最终解决被告人的刑事责任问题,侦查、起诉、预审等审判前程序都是为审判程序开启而进行的准备阶段。同时,也只有在审判阶段,诉讼参与人的合法权益才能得到最为充分的保障和维护。二是在全部审判程序中,第一审法庭审判是中心,其他审判程序都是以第一审程序为前提和基础,既不能代替第一审程序,也不能完全重复第一审的工作。审判中心主义体现了司法最终解决原则在刑事诉讼的贯彻。该理论的提出,旨在强调审判对诉讼证据的审查认定和对被告人定罪处罚的终极意义。也即是,在法官审核采信证据之前,所有证据材料都不具有预决效力;交付审判前的任何程序终结,都不具有法律意义上的定罪效力。否则,不仅犯罪嫌疑人、被告人的主体地位失去程序保障,辩护权徒具形式,开庭审判也将沦为一种程序表演。

有学者认为诉讼阶段论是对审判中心主义的超越,传统的诉讼阶段论应为审判中心主义所取代,这也是刑事诉讼制度今后的发展趋势。我们认为,诉讼阶段论与审判中心主义理论并不完全矛盾,诉讼阶段论是以刑事诉讼活动的时间先后顺序进行的纵向结构分析,而审

判中心主义则是强调审判对侦查、起诉行为的终局审查意义。在侦查、起诉阶段,犯罪嫌疑人与侦查、起诉机关之间因没有中立的第三方存在,对比"三角形"庭审结构而言,其人权保障功能确实较为脆弱,但也不能据此得出诉讼阶段的划分可以被完全取代的结论。在不同的诉讼阶段,诉讼任务的内容自然有所侧重。如果"一切都在法庭上见",也不利于案件在诉讼过程中的适度分流。

其实,强调审判中心主义的另一个起因是,侦查中心主义现象的普遍存在。所谓侦查中心主义,是指侦查阶段成为刑事诉讼最主要、最关键的阶段,侦查构成了审判活动的前提和基础,具有了预备裁判性质。侦查中取得的证据和侦查阶段形成的结论通常即成为审判的定案根据和审判结论。审判权被侦查权实际架空,致使庭审成为"走过场"。我们认为,造成侦查中心主义的根本原因,既不是诉讼阶段的划分所致,也不是侦查权天然优越于审判权,而是言词辩论原则和非法证据排除规则没有在法庭审理中得到有效贯彻和轻视被告人辩护意见的后果。其实,在划分诉讼阶段的情况下,并不妨碍强调审判中心主义。如果审判能够摒弃"卷宗主义",充分尊重和保障犯罪嫌疑人、被告人的辩护权,审判中心主义就会从法学理论走向司法现实。

【本章练习】

一、单项选择题

1.关于《刑事诉讼法》"尊重和保障人权,保护公民的人身权利、财产权利、民主权利和其他权利"的规定,下列哪一选项是正确的?(   )

A.体现了以人为本、保障和维护公民基本权利和自由的理念

B.体现了犯罪嫌疑人、被告人权利至上的理念

C.体现了实体公正与程序公正并重的理念

D.体现了公正优先、兼顾效率的理念

2.关于刑事诉讼模式,下列哪一选项是正确的?(   )

A.刑事诉讼价值观决定了刑事诉讼模式

B.混合式诉讼模式是当事人主义吸收职权主义的因素形成的

C.职权主义诉讼模式适用于实体真实的诉讼目的

D.当事人主义诉讼模式与控制犯罪是矛盾的

3.在刑事司法实践中坚持不偏不倚、不枉不纵、秉公执法原则,反映我国刑事诉讼"惩罚犯罪与保障人权并重"的理论观点。如果有观点认为"司法机关注重发现案件真相的立足点是防止无辜者被错误定罪",该观点属于下列哪一种学说?(   )

A.正当程序主义　　　　　　　B.形式真实发现主义

C.积极实体真实主义　　　　　D.消极实体真实主义

4.在刑事诉讼中,法官消极中立,通过当事人举证、辩论发现事实真相,并由当事人推动诉讼进程。这种诉讼模式属于下列哪一种类型?(   )

A.职权主义　　　B.当事人主义　　　C.纠问主义　　　D.混合主义

5.李某系富家子弟,王某系下岗职工子女,二人共同伤害(轻伤)被害人张某。在侦查过

程中,公安机关鉴于二人犯罪情节较轻且认罪态度较好,决定取保候审,对李某采取了保证金的保证方式,由于王某经济困难,对其采取了保证人的保证方式。公安机关的做法,体现了社会主义法治理念的下列哪一要求?(　　)

  A.实体公正　　　　B.追求效率　　　　C.执法为民　　　　D.公平正义

二、多项选择题

1.关于刑事诉讼的秩序价值的表述,下列哪些选项是正确的?(　　)

A.通过惩罚犯罪维护社会秩序

B.追究犯罪的活动必须是有序的

C.刑事司法权的行使,必须受到刑事程序的规范

D.效率越高,越有利于秩序的实现

2.下列人员中,不属于刑事诉讼主体的有(　　)。

  A.辩护人　　　　　　　　　　B.证人

  C.犯罪嫌疑人、被告人　　　　D.见证人

三、简答题

1.如何理解我国刑事诉讼的直接目的?

2.什么是刑事诉讼的工具价值和独立价值?

3.如何理解我国的刑事诉讼模式?

4.刑事诉讼法律关系的内容是什么?

5.将刑事诉讼程序划分成若干阶段有何意义?

第四章 刑事诉讼的基本原则

【学习目标】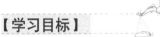

● 知识目标：
了解刑事诉讼法基本原则的概念、意义。
了解国际刑事司法准则。
了解程序法定原则。
了解侦查权、检察权、审判权由专门机关依法行使原则。
了解追究外国人刑事责任适用我国刑事诉讼法原则。

● 能力目标：
能够正确理解并适用人民法院、人民检察院依法独立行使职权原则。
能够根据以事实为根据，以法律为准绳原则对案件进行分析。
能够正确适用依照法定情形不予追究刑事责任原则。

【案例引导 1】

徐某与刘某系同一楼房上下楼邻居，因楼上刘某家长期往楼下漏水得不到解决而素有矛盾。2013 年 3 月 28 日，因再次漏水发生纠纷，徐某用菜刀致伤刘某背部，并致潘某头部外伤，二人均被送往医院治疗。刘某入院病历记载"左背部纵行约 10 cm 长伤口"。2013 年 5 月 28 日，市公安局法医作出鉴定文书，认定刘某"外伤愈合瘢痕长 10.3 cm，构成轻伤"，潘某的损伤则构成轻微伤。

经公安机关侦查终结后，检察机关以涉嫌故意伤害罪对徐某提起公诉。审理过程中，辩护律师通过查阅案卷证据材料，发现公安机关法医鉴定文书既没有附检验时的身体局部照片，也没有鉴定人员资质证明，不符合《司法鉴定操作规程》相关规定，遂申请法院调取鉴定档案，但鉴定机构拒绝提供。辩护人又申请对刘某伤情重新鉴定,重新鉴定检验照片反映愈合后瘢痕长度为9 cm,但鉴定机构以无法确定受伤当时伤口长度为由退案。辩护人在开庭之前又申请鉴定人出庭接受质询,但鉴定人拒绝出庭。其中,法院多次组织双方调解,最终达成民事赔偿协议。最后,法院根据徐某"自愿"出具的认罪书,判决被告人徐某犯故意伤害罪,免予刑事处罚。

问题:本案违反了刑事诉讼法的什么原则?

【案例引导2】

在一个偏僻山村,农民王某(男,19岁)强奸了同村的女青年张某(18岁)。为了解决这一问题。村主任和其他几名村干部商议后决定对该案进行审理,村主任和村干部认为虽然王某有罪,但是家丑不宜外扬,应当对该案进行调解。村主任在双方家长的参加下,与其他村干部协商,让双方家长达成了如下调解协议:①王某向张某赔礼道歉;②王家向张家赔偿损失2万元;③王某承诺今后一定娶张某为妻;④张某承诺不向司法机关告发。事后不久,张某不同意嫁给王某,并向司法机关告发。

问题:村主任等人的做法违反了刑事诉讼法的什么原则?

第一节 刑事诉讼基本原则概述

一、刑事诉讼基本原则的概念

刑事诉讼基本原则,是指由刑事诉讼法规定的,贯穿于整个刑事诉讼过程或者主要诉讼阶段的,国家专门机关和诉讼参与人进行刑事诉讼活动所必须遵循的基本准则。在日本、我国台湾地区,也把其称之为"刑事诉讼之主义"。

刑事诉讼基本原则对刑事诉讼的进行有着普遍指导意义。它既是刑事诉讼自身内在规律的概括和总结,也是刑事诉讼立法精神的高度概括和体现。刑事诉讼基本原则代表着当代人类诉讼民主和文明的程度,反映了当代人类对刑事诉讼目的和价值的理解和追求,反映了特定历史时期刑事诉讼文明的发展状况,并指导刑事诉讼立法和实践。除基本原则外,在刑事诉讼的各个不同阶段,也存在着一些该阶段所特有的政策或者规则,如法庭审理阶段的言词审理原则、起诉阶段的起诉法定原则等。尽管这些具体阶段所应当遵守的原则也十分重要,但并非适用于整个刑事诉讼全过程,不能认定为刑事诉讼的基本原则。

二、刑事诉讼基本原则的特点

刑事诉讼法的基本原则是由刑事诉讼法明确规定的一个完整的体系,这些原则相互联系、相辅相成,任何一个原则都是刑事诉讼活动实施的基本依据和前提,其中任何一个原则没有得到遵守都会影响整个刑事诉讼活动的公正性。刑事诉讼基本原则,一方面来源于本国或地区的司法传统和司法实践经验,充分体现了本国或地区刑事诉讼活动的鲜明特色,比如我国提出的"以事实为根据,以法律为准绳原则"就是我国司法活动的一贯准则;另一方面,刑事诉讼原则来源于世界司法实践的成功经验和普遍原则,如"人民法院、人民检察院依法独立行使职权原则"、"未经人民法院依法判决,不得确定有罪原则"等。刑事诉讼基本原则具有以下特点:

一是概括性。刑事诉讼基本原则是刑事诉讼法律制度的理论支点,也是刑事诉讼规则、程序的逻辑起点。刑事诉讼基本原则包含着丰富的诉讼原理,体现了刑事诉讼活动的基本规律,是对刑事诉讼规范的一种集中性的理论概括,不是具体、个别和现象上的制度与规则。

二是法定性。刑事诉讼基本原则是由刑事诉讼法明确规定的法律原则,体现着法律的基本精神,任何具体的法律规定都必须和基本原则的要求相符合。有些政治或理论原则如果没有在刑事诉讼法中明确规定出来,就不能作为刑事诉讼活动的依据,不属于刑事诉讼的基本原则。

三是普遍性。刑事诉讼基本原则必须贯穿于刑事诉讼活动的全过程或主要诉讼阶段,对公、检、法三机关及诉讼参与人具有普遍适用性,并且具有普遍约束性。不仅国家的专门机关及其工作人员、诉讼参与人应当遵守,而且刑事诉讼的各项具体的诉讼制度和程序都必须与之相符合,如果违背了这些基本原则,就必须承担一定的法律后果。

四是指导性。刑事诉讼基本原则对于整个刑事诉讼活动都具有指导作用。一方面,在立法方面指导着其他刑事诉讼法律规则的产生,其他刑事诉讼法律规则是从基本原则产生的,是基本原则的具体化;另一方面,在司法活动中,刑事诉讼基本原则对于处理或参与具体刑事案件的各类诉讼主体的诉讼活动均具有指导意义。但由于刑事诉讼基本原则具有概括性,其在为国家司法机关提供活动依据和为公民提供行为指导时显得比较模糊,因而只能在宏观上起指导作用。

三、刑事诉讼基本原则的功能

刑事诉讼基本原则承载着刑事诉讼的基本价值,反映着刑事诉讼的基本目的及任务,决定刑事诉讼的构架和基本特征,在刑事诉讼立法和司法实践中具有普遍指导意义,是公安、司法机关及所有诉讼参与人进行刑事诉讼应当予以遵循的基本行为准则,在刑事诉讼活动中发挥着重要的功能。

首先,刑事诉讼基本原则有利于完成刑事诉讼法的立法目的和任务。刑事诉讼法基本原则与刑事诉讼法的立法目的和任务紧密联系,刑事诉讼基本原则是国家通过刑事诉讼惩罚犯罪、保护人民的保证。只有严格依据刑事诉讼法基本原则，才能保证准确、及时地查明犯罪事实，正确应用法律，惩罚犯罪分子，保障无罪的人不受刑事追究。

其次，刑事诉讼基本原则有利于构建科学的刑事诉讼制度和体系。刑事诉讼法基本原则是刑事诉讼法制定和适用的基本依据，在刑事诉讼法基本原则的指导下可以保证刑事诉讼法制度和体系沿着正确的方向发展，科学合理地设定刑事诉讼法规范体系。

最后，刑事诉讼基本原则有利于刑事诉讼活动的开展。刑事诉讼基本原则对于刑事诉讼活动的开展有着指导意义，在刑事诉讼活动中可以科学合理地设定司法机关和诉讼参与人的地位和关系，保障司法机关和诉讼参与人的权利义务关系。

第二节 国际刑事司法准则

随着国际交往的增多和越来越多的国际公约签订，世界各国在刑事诉讼方面的共识也越来越多。世界各国在长期的刑事诉讼立法和司法活动中逐渐总结出了一些规律性准则，有一些以法律的形式体现在宪法、基本法等法律中，有一些则隐藏在有关刑事诉讼程序规定的字里行间。这些各国共同认可的刑事司法准则体现了各国在刑事诉讼活动中的共同价值追求，值得我国学习和借鉴。

一、国家追诉原则

国家追诉原则，是指检察官代表国家向法院提起公诉，要求法院通过审判确定被告人的刑事责任，而检察官是否提起公诉，主要是依据国家利益或者社会公共利益的保护需要，并不以被害人的意志为转移。

从国内外刑事诉讼制度发展来看，人类社会早期并不存在专门追诉犯罪的机关，对犯罪的控诉由被害人个人承担，法院实行"不告不理"的原则，只有在被害人起诉之后才能受理。这种诉讼机制在诉讼理论上被称为弹劾式诉讼。据考察，古巴比伦、古希腊、古罗马共和国以及日耳曼法前期时代和英国的封建时代，大体上都实行这种弹劾式诉讼制度。中世纪后期，为巩固中央集权君主专制统治，加强对农民起义和异己力量的镇压，欧洲大陆国家普遍实行纠问制诉讼模式，国家逐渐开始主动承担起追诉犯罪的职责。现代各国的刑事诉讼制度，无论是当事人主义还是职权主义，尽管已经不同于起初的纠问式诉讼，但一直沿用国家追诉犯罪的传统。与原始弹劾式诉讼相比，国家追诉犯罪的原则虽然在诉讼民主方面是倒退了，但它确立的由国家机关追究犯罪的职责则是诉讼历史发展的必然。

首先，国家追诉犯罪更有利于查明案件事实、惩治犯罪。相对于个人而言，国家有强大的机构可以进行犯罪调查，追究犯罪嫌疑人的刑事责任。其次，随着社会的发展，很多针对国家和社会的犯罪需要国家承担追究犯罪的责任。但是，国家追诉犯罪也存在一些缺陷，如国家机关的权力过于强大，在追诉犯罪的过程中容易侵犯犯罪嫌疑人，或者忽略被害人的诉求等。于是，在现代诉讼制度中出现了一些制度用以弥补国家追诉机制的缺陷，保障刑事诉讼的客观性、公正性，如实行控审分离、贯彻不告不理原则、审判中立等。

二、司法独立原则

司法独立是现代诉讼制度的基石,是人类诉讼文明的重要标志,是现代法治国家普遍承认和确认的一项基本原则。司法独立是指司法机关在诉讼过程中只服从于法律规定,不受一切外来因素的干预,独立地行使司法权。

司法独立原则来源于西方启蒙思想家提出的"三权分立"学说。如法国启蒙思想家孟德斯鸠在《论法的精神》中提出,"如果司法权不用立法权和行政权分立,自由也就不存在了。如果司法权和立法权合二为一,则对公民的生命和自由施加专断的权力,因为法官就是立法者。如果司法权和立法权合二为一,法官便将握有压迫者的力量"。在此思想的影响下,西方许多国家将三权分立原则写入了宪法。1789 年生效的美国第一部宪法明确规定了三权分立原则,国会掌握立法权,总统掌握行政权,司法权则属于联邦最高法院及国会随时设立的低级法院。法国 1791 年《宪法》第五章第 1 条规定:"在任何情况下,司法权不得由立法议会和国王行使之。"为了保证了公民的自由不受侵犯,国家权力不但要分立,而且三种权力在运行过程中要相互制约。司法权作为社会正义的最后一道防线,纷争的裁判者在审判过程中一定要保持中立,保持一种超然和无偏袒的态度和地位,而不能对任何一方存在偏见。否则,国家权力结构的平衡就会被打破,公平正义就无法得到保障。联合国设立国际刑事法院全权代表外交大会于 1998 年会议讨论通过了《国际刑事法院规约》,该规约第 41 条规定,法官应当独立履行职能,不得从事可能干预其司法职能或者影响法官独立的任何活动,全时任职的法官不得从事任何其他专业性质的职业,在出现上述问题时,应当由本法院的法官以绝对多数决定。可见,司法独立原则已经被国际社会所广泛接受并纳入到国际规约之中。

三、控审分离原则

控审分离是现代各国普遍实行的刑事诉讼原则,是保障现代诉讼活动客观、公正进行的重要原则。所谓控审分离,是指控诉职能和审判职能必须分别由专门行使控诉权的机关或个人和专门行使审判权的机关来承担,而不能由一个机关或个人同时承担两种诉讼职能。这是对古代纠问式诉讼中"控审不分"的一种修正,是现代刑事诉讼制度的一个巨大进步。控审分离原则不仅有利于强化国家追诉犯罪的职能,而且可以保障审判机关客观公正地裁判案件。控审分离原则可以从以下方面理解:

一是刑事控诉权和刑事裁判权应当分别由两个不同的机关承担,不能合二为一。在各国,承担控诉职能的机构不尽相同,多为警察或者检察机关,而承担审判权的机关均为法院。

二是没有指控就没有审判,实行"不告不理"原则。法院的审判必须在控诉机关提出合法起诉的前提下才能启动,在没有提出正式诉讼请求情况下,法院不得对任何刑事案件作出判决。

三是诉审一致,即审判的范围和起诉的范围应当保持一致,法院审判的对象和范围应当仅限于公诉机关起诉书明确提出的对象和范围,而不得超过起诉书的范围或者变更起诉事项进行裁判。如德国《刑事诉讼法》第 155 条第 1 款规定:"法院的调查与裁判,只能延伸到起诉书中写明的行为和以诉讼指控的人员。"

四、控辩平等原则

控辩平等原则是指承担控诉职能的机关或个人和辩护人一方在刑事诉讼活动中应当享有平等的机会和权利,在地位上是平等的。控辩平等原则进一步促进了法官中立地位的形成,对司法独立具有推动作用。

控辩平等原则是现代诉讼结构的支撑点,而且是诉讼活动的动力机制。在刑事诉讼中,由于国家公诉机关拥有大量的国家资源和权力优势,很容易导致诉讼结构的失衡,使得犯罪嫌疑人、被告人的权利无法得到有效行使。为了保障司法正义,实现诉讼结果的客观公正性,就应当在诉讼理念和程序设计方面确保控辩地位的平等。在诉讼理念方面,要正确处理"惩罚犯罪"与"保障人权"之间的关系,实现两者的价值平衡,不能偏向于惩罚犯罪而忽视保障人权。

在程序设计方面,控辩平等原则的实现需要从两方面着手:一是对控诉机关的权力进行限制,这种限制可以通过制度性设置来实现,尽量减少权力滥用的可能性,如承担举证责任、制定证据排除规则等;二是强化犯罪嫌疑人、被告人的辩护权,以对抗控诉机关的指控,如赋予犯罪嫌疑人、被告人沉默权等。

五、无罪推定原则

无罪推定可以追溯到英国普通法中。1764年意大利法学家贝卡利亚在《论犯罪与刑罚》一书中对其进行了论述:"在法官判决之前,一个人是不能被称为罪犯的。只要还不能断定他已经侵犯了给予他公共保护的契约,社会就不能取消对他的公共保护。"1789年法国《人权宣言》首次将无罪推定原则写入成文法,随后世界各国纷纷将该原则写入宪法或者刑事诉讼法典中。二战以后,《世界人权宣言》《公民权利和政治权利国际公约》等重要国际法律文件均确立了这一原则,无罪推定已经成为一条各国通用的刑事司法准则。

尽管各国在立法中对无罪推定的表述不尽相同,但其基本含义是一致的,即任何人在未被依法确定为有罪之前,应被推定或者假定为无罪。具体可以理解为:

首先,任何人在未被法院判决有罪之前应当被认定为无罪。

其次,证明被告人有罪的责任应当由控诉一方承担,被告人没有证明自己无罪的义务,但却享有证明自己无罪的权利。

最后,疑罪从无。证明被告人有罪必须达到法律规定的证明要求,不能达到证明要求的或者对定罪存有疑问的,必须推定被告人无罪。

无罪推定原则对于确保被告人获得公正审判具有重大意义,不仅有利于保护被告人,而且可以防止先入为主的思想影响诉讼结果,是人类在追诉犯罪与捍卫自由之间价值选择的结果。

六、禁止强迫自证其罪原则

禁止强迫自证其罪原则起源于英国。1637年,英国王室特设法庭在审理约翰·李尔印刷出版煽动性书刊的案件中强迫其宣誓作证,在李尔予以拒绝后被判定罪名成立并处以刑罚。1640年,李尔被释放后向国会提出确立反对强迫自证其罪规则,后得到国会支持确立了该原则。随后,美国在其联邦宪法第五修正案中明确规定,任何人在任何刑事案件中不得被强迫成为反对自己的证人。此后,法国、德国、日本等国也陆续在其刑事诉讼法典中作出明确规定。现在,禁止强迫自证其罪原则是国际公约确立的基本准则。联合国《公民权利和政治权利国际公约》第 14 条中明确规定:"在判定对他提出的任何刑事指控时,人人完全平等地有资格享受以下的最低限度的保证:……(庚)不被强迫作不利于他自己的证言或强迫承认犯罪。"该原则可以从以下方面进行理解:

首先,被追诉人没有义务提出任何可能使自己处于不利地位的陈述或其他证据,对那些可能使本人处于不利境地的问题,都有拒绝陈述的权利。

其次,禁止使用任何暴力、残酷等非人道手段强迫被追诉人提供不利于自己的证据。但是如果被告人、证人基于真实的意志而自愿作出不利于自己的陈述或提出不利于自己的证据,这种陈述则是可采纳的。

最后,被追诉人有权在诉讼程序中保持沉默,拒绝回答对其所进行的讯问,不能因此而作出任何对其不利的判断。

禁止强迫自证其罪原则是犯罪嫌疑人、被告人的诉讼权利得以有效行使的根本性保障,是防范和避免冤假错案的有效原则,体现了现代诉讼民主和人权保障理念。

七、禁止双重危险原则

禁止双重危险原则主要存在于英美法系国家中,与大陆法系国家中的"一事不再理原则"相对应,但仍有所区别。该原则可以追溯到罗马法时期,公元前 6 世纪前半期,查士丁尼在《学说汇纂》中写道:"长官不应当允许同一个人因其一项本人已被判决无罪的行为再次受到刑事指控。"此后,经过一个漫长的斗争阶段之后,这一原则逐渐被世界各国所确立,成为国际司法准则之一。美国宪法第五修正案规定,任何人不得因同一犯罪行为遭受两次生命或肢体的危险。联合国《公民权利和政治权利国际公约》第 14 条规定:"任何人已依一国的法律及刑事程序被最后定罪或宣告无罪者,不得就同一罪名再予审判或惩罚。"但是也有些国家认为,禁止双重危险原则应当允许例外情况,如美国、英国、德国等。

该原则是指任何人不得因同一行为而受到两次以上的刑事诉讼、审判和科刑。具体而言,在有陪审团审判的案件中,陪审团一旦组成并作出了宣誓,在没有陪审团参与的案件中,当第一份证据被提出于法庭之上,或者第一个证人出庭作证之后,不论法院的判决或者裁定如何,都不得对被告人的同一行为再次启动诉讼程序。该原则的确立有利于防止国家滥用追诉权而导致被告人处于不安状态之中,对保障犯罪嫌疑人、被告人的利益避免遭受反复的诉讼侵害起到重要作用。

第三节 我国刑事诉讼法的基本原则

一、程序法定原则

程序法定原则是国际通行的刑事诉讼法基本原则之一,是现代程序法的基础,是刑事诉讼的首要原则。这一原则的产生可以追溯至1215年英国的《自由大宪章》，其第39条规定："任何自由人，如未经其同级贵族之依法裁判或未经国法判决，不得被逮捕、监禁、没收财产、剥夺法律保护权、流放或加以其他任何伤害。"1789年法国《人权宣言》在宪法层面确立了程序法定原则的地位，《人权宣言》第7条规定："除非在法律规定的情况下，并按照法律所规定的程序，不得控告、逮捕和拘留任何人。"程序法定原则的确立，一方面为司法机关办理刑事案件提供了操作规范，可以保证及时、准确地追究犯罪嫌疑人的刑事责任，惩罚犯罪分子；另一方面，程序法定原则也可以约束司法机关在刑事诉讼活动中过大的权力，保障无罪的人不受刑事追究。

我国《刑事诉讼法》第3条第2款也明确规定了我国刑事诉讼法的程序法定原则，即"人民法院、人民检察院和公安机关进行刑事诉讼，必须严格遵守本法和其他法律的有关规定。"根据该规定，我国刑事诉讼法的程序法定原则包括两层含义：一是刑事诉讼的具体程序必须由法律事前明确规定，否则不能作为刑事诉讼活动的适用依据，这是法律的本质要求；二是刑事诉讼活动必须依据法律明确规定的程序进行，否则国家机关进行的刑事诉讼活动就是违反刑事诉讼程序法的行为，是无效行为。这里的"法"应当是指国家立法机关所制定的法律规范，具有形式和实质双重内涵，前面两方面的含义所表现的就是程序法定原则的形式内涵，而程序法定原则的实质内涵则要求规范刑事诉讼活动具体程序的法律本身具有正当性，即实质的合法性。

程序法定原则中的"法律"不仅包括《刑事诉讼法》，还包括司法机关根据《刑事诉讼法》等其他法律作出的具体解释。在法律规范的框架之内，司法机关可以根据刑事诉讼活动的要求对法律规范作进一步的细化，这也是程序法定原则的应有之义，并不违反程序法定原则。如2012年最高人民检察院《人民检察院刑事诉讼规则（试行）》第1条规定："为保证人民检察院在刑事诉讼中严格依照法定程序办案，正确履行职权，实现惩罚犯罪与保障人权的统一，根据《中华人民共和国刑事诉讼法》、《中华人民共和国人民检察院组织法》和有关法律规定，结合人民检察院工作实际，制定本规则。"第3条规定："人民检察院办理刑事案件，应当严格遵守《中华人民共和国刑事诉讼法》规定的各项基本原则和程序以及其他法律的有关规定。"

二、侦查权、检察权、审判权由专门机关依法行使原则

我国《刑事诉讼法》第3条第1款规定："对刑事案件的侦查、拘留、执行逮捕、预审，由公安机关负责。检察、批准逮捕、检察机关直接受理的案件的侦查、提起公诉，由人民检察院负责。审判由人民法院负责。除法律特别规定的以外，其他任何机关、团体和个人都无权行使这些权力。"这一规定确定了我国刑事诉讼活动中侦查权、检察权、审判权由专门机关行使的基本原则。这一原则的确立是我国刑事诉讼法科学化、合理化的重要表现之一。一方面，可以保证刑事诉讼活动顺利进行，保证及时受理并处理案件。该原则确立了刑事诉讼活动权力的专门行使机关，明确了公安机关、检察院、法院等司法机关在刑事诉讼活动中职责分工，防止在刑事诉讼活动中司法机关之间推诿、扯皮的情况发生。另一方面，也可以防止其他机关、团体和个人私设公堂、非法采取强制措施等违法行为，维护国家刑事诉讼活动的统一性。这一原则可以从以下方面进行理解：

首先,该原则确立了刑事诉讼活动的专属性,明确规定只有公安机关、人民检察院、人民法院作为行使司法职权的专门机关,其他任何机关、团体和个人都不能干预刑事诉讼。但是,《刑事诉讼法》同时规定了"除法律特别规定的以外"的例外情形。根据《刑事诉讼法》第4条和第290条附则的规定,公、检、法以外的下列三个机关对特定范围内发生的刑事案件具有侦查权:①国家安全机关依照法律规定,办理危害国家安全的刑事案件,行使与公安机关相同的职权。②军队保卫部门对军队内部发生的刑事案件行使侦查权。③监狱对罪犯在监狱内犯罪的案件具有侦查权。除此之外,任何其他机关、团体和个人都无权对刑事案件行使侦查权、检察权和审判权,否则就是违法,严重的行为可以构成犯罪。

其次,公安机关、检察院、法院三机关在办理刑事案件时有明确的职责分工,分别行使侦查权、检察权、审判权。三机关在刑事诉讼活动中不能相互取代,不能超越自己的职权范围,不能由一个机关同时行使三种权力,三机关在刑事诉讼活动中相互制约、相互配合。为了有效地践行《刑事诉讼法》对三机关在刑事诉讼活动中的职权划分,有关部门也出台了一些细则进一步明确了自己的职权范围,如2012年最高人民检察院《人民检察院刑事诉讼规则(试行)》第2条规定:"人民检察院在刑事诉讼中的任务,是立案侦查直接受理的案件、批准或者决定逮捕、审查起诉和提起公诉、对刑事诉讼实行法律监督,保证准确、及时地查明犯罪事实,正确应用法律,惩罚犯罪分子,保障无罪的人不受刑事追究,保障国家刑事法律的统一正确实施,维护社会主义法制,尊重和保障人权,保护公民的人身权利、财产权利、民主权利和其他权利,保障社会主义建设事业的顺利进行。"

最后,公安机关、检察院、法院三机关在办理刑事案件中应当依法分别行使侦查权、检察权、审判权,不得违反刑事诉讼法规定的各项制度和程序。程序法定是我国刑事诉讼的基本原则,任何机关行使职权都应当依据法定的刑事诉讼制度和程序进行,任何违反法定诉讼制度和程序的机关及其直接责任人员都应当承担法律责任。

司法机关在刑事诉讼活动中占主导地位,它们的行为决定着诉讼的进程,也决定着犯罪嫌疑人、被告人的命运。公安机关、检察院、法院分别行使自己的职权不仅有利于提高诉讼效率,更好地打击犯罪,追究犯罪嫌疑人、被告人的刑事责任;而且有利于防止三机关滥用职权,造成冤假错案,侵害犯罪嫌疑人、被告人的合法权益。

三、人民法院、人民检察院依法独立行使职权原则

《刑事诉讼法》第5条规定:"人民法院依照法律规定独立行使审判权,人民检察院依照法律规定独立行使检察权,不受行政机关、社会团体和个人的干涉。"该规定是1996年3月全国人大通过的《关于修正〈中华人民共和国刑事诉讼法〉的决定》新增设的一条基本原则。此外,我国《宪法》第126条和《人民法院组织法》第4条也明确规定了"人民法院依照法律规定独立行使审判权,不受行政机关、社会团体和个人的干涉。"《宪法》第131条和《人民检察院组织法》第9条规定:"人民检察院依照法律规定独立行使检察权,不受行政机关、社会团体和个人的干涉。"因此,人民法院、人民检察院依法独立行使职权原则不但是刑事诉讼法的基本原则,而且是对我国《宪法》的贯彻和落实。这一原则包括以下内容:

第一,人民法院、人民检察院在法律规定的范围内独立行使职权,不受行政机关、社会团体和个人的干涉。这就意味着,一方面人民法院、人民检察院只需要独立依据法律规定行使

职权即可,不需要服从任何行政机关、社会团体和个人的指示和命令。另一方面,任何行政机关、社会团体和个人也不得在于法无依的情况下参与人民法院、人民检察院处理刑事案件的活动,或者干涉人民法院、人民检察院对具体刑事案件的审判和检察。

第二,人民法院、人民检察院独立行使职权活动必须严格遵守宪法和法律的各项规定。这就要求人民法院、人民检察院必须在宪法和法律规定的范围内行使职权,不得越权行事,而人民法院、人民检察院依据的法律既包括实体法也包括程序法,人民法院、人民检察院行使职权所作的每项决定都必须符合法律的规定。

第三,人民法院、人民检察院独立行使职权的主体是单位组织整体,而不是审判员、检察员个人。也就是说,是法院独立行使审判权、检察院独立行使检察权。在刑事诉讼活动中,法院院长和审判委员会、检察院检察长和检察委员会依照法律规定的职权讨论案件,对案件的具体处理作出表决或提出指导意见都不是干涉独立审判权和检察权的行为,而是实现法院、检察院独立行使审判权、检察权的重要途径。但是从国际环境和我国的改革趋势来看,审判员和合议庭的独立审判权在逐渐加强。

人民法院、人民检察院独立行使审判权、检察权原则与西方国家的司法独立不同,西方国家的司法独立是指司法权相对于立法权、行政权而言是独立的,是西方国家"三权分立"政治制度的组成部分。人民法院、人民检察院独立行使审判权、检察权原则是指司法机关在行使职权过程中不受其他机关等主体的非法干涉,并不是指司法权独立于立法权之外,我国的审判机关、检察机关来源于人民代表大会,受其监督。

此外,由于我国人民法院和人民检察院的领导体制不同,所以人民法院和人民检察院在践行依法独立行使职权原则的表现也不同。人民法院上下级之间是监督与被监督的关系,各级法院在具体案件的审判过程中独立行使审判权,上级人民法院无权干涉下级人民法院的审判业务。上级人民法院对下级人民法院的监督必须通过法定的程序进行,如二审程序、再审程序等。人民检察院上下级之间是领导与被领导的关系,上级人民检察院有权就具体案件对下级人民检察院作出命令、指示。独立行使检察权实质上是指整个检察系统作为一个整体独立行使检察权。

但是,需要注意的是,人民法院、人民检察院依法独立行使职权,仍需要正确解决与党的领导、国家权力机关监督、人民群众监督、社会舆论监督等方面的关系。中国共产党是执政党,领导着全国各项活动,人民法院、人民检察院依法独立行使职权活动仍需要接受党的领导。但是,党的领导应当是政治领导和组织领导的,通过制定方针、政策为法律提供依据,向司法机关推荐领导干部等,而不应对个案的处理作出具体指示,干涉法院、检察院正常行使职权活动。否则就会出现党委机关和司法机关职能混淆,妨碍司法机关的工作开展,降低司法机关的法律威信。

各级人民法院、人民检察院都由同级国家权力机关产生,应向同级国家权力机关负责并自觉接受监督。各级国家权力机关是各地区人民集体意志的体现,是人民法院、人民检察院排除干扰,独立行使职权的有力保障。各级国家权力机关有权依法对法院、检察院行使职权的行为进行监督,但监督应当依据法律规定的职权和程序进行,不能影响法院、检察院正常的诉讼活动,更不能越俎代庖。一般通过听取工作报告、提出质询案等集体监督的方式进行,人大代表不能以个人名义私自进行所谓的"司法监督"。

人民法院、人民检察院在坚持依法独立行使职权的前提下,应当自觉接受来自社会各界和人民群众的监督,实行审务公开、检务公开,但同时也需要正确处理独立行使职权与社会舆论监督之间的关系。近年来,由于信息技术的发展,社会高度关注个案的情况时有发生,社会舆论对案件的影响也前所未有。在此时代背景下,司法机关一方面要坚持依法独立行使职权的原则,另一方面也要通过社会舆论监督来检视案件本身的诉讼过程。但是,绝不允许个别群众通过闹访、不实报道等非法方式干涉司法活动,对司法机关进行舆论施压。

四、以事实为根据,以法律为准绳原则

《刑事诉讼法》第6条规定:"人民法院、人民检察院和公安机关进行刑事诉讼,……必须以事实为根据,以法律为准绳。"以事实为根据,以法律为准绳是我国长期司法实践经验的科学总结,也是我国刑事诉讼活动的重要特色。1956年,时任全国人大常委会副委员长彭真同志在第三届全国司法工作会议上提出"事实是根据,法律是准绳"的办案指导方针,1979年我国第一部刑事诉讼法典明确将其确立为刑事诉讼的基本原则。

以事实为根据,是指司法机关在办理刑事案件时必须以业已查明的案件事实为判断的根据,不能以主观想象、推测和假设等没有事实依据的情况作为判断根据。以事实为根据的关键问题就是重证据,在诉讼活动中无论是实体问题还是程序问题都要以证据为判断依据。这里的证据必须是客观真相,禁止通过刑讯逼供等非法手段收集证据、伪造案件事实。当然,案件事实仅仅是指通过合法证据查明的相对事实,而不是过去发生的绝对事实,只要达到查明案件真实情况即可,无须将过去事实全部再现。

以法律为准绳,是指必须以刑法、刑事诉讼法等法律规范作为定罪量刑和处理案件的标准,而不能以上级指示、领导讲话、学派观点等作为处理案件的依据。具体而言,就是按照刑事诉讼法设定的条件和程序开展诉讼活动,依据刑法的规定来定罪量刑,确定被告人的行为是否构成犯罪,应否处以刑罚以及处以何种刑罚。否则,就无法保证案件得到公开、公正地进行,就容易产生冤假错案。

可以看出,以事实为根据,以法律为准绳相互依存,缺一不可。案件事实是判断的前提,如果不以事实为根据,不查明案件的客观事实,就根本不可能正确使用法律。如果不以法律为准绳,就无法按照法律规定去客观公正地调查证据、查明事实真相。事实和法律是一个案件的两个重要组成部分,必须在刑事诉讼活动得到全面执行。

五、对一切公民在适用法律上一律平等原则

《刑事诉讼法》第6条规定:"人民法院、人民检察院和公安机关进行刑事诉讼,……对于一切公民,在适用法律上一律平等,在法律面前,不允许有任何特权。"这一规定是我国《宪法》精神的进一步体现,我国《宪法》第5条第4款规定:"任何组织或者个人都不得有超越宪法和法律的特权。"《宪法》第33条第2款规定:"中华人民共和国公民在法律面前一律平等。"

根据这一原则,我国司法机关在进行刑事诉讼活动时,对于一切公民,不分民族、种族、性别、年龄、职业职务、资格地位、家庭出身、宗教信仰、教育程度、财产状况、居住期限等,在刑事诉讼活动中一律平等,不搞任何特权行为,也不进行任何歧视。主要表现在两个方面:

一是司法机关在进行刑事诉讼活动时,对于一切公民的犯罪行为,都应当依法予以追究,不搞任何特权行为,不允许任何人凌驾于法律之上;另一方面,我国司法机关在进行刑事诉讼活动时,对一切公民的合法权益,应当一律予以保护,包括犯罪嫌疑人、被告人、罪犯,不得剥夺或者限制任何诉讼参与人依法享有的合法权利,侵犯公民的合法权益。

对一切公民在适用法律上一律平等,并不意味着所有的案件不存在任何差别。在法律规定的范围内,依照案件具体情况进行区别对待与该原则并不矛盾。例如,《刑事诉讼法》更加注重保护未成年人的诉讼权利,未成年人在刑事诉讼中未委托辩护人的,公、检、法机关就应当通知法律援助机构为其指派辩护律师。再比如,有自首情节的犯罪分子和没有自首情节的犯罪分子应当区别对待,这可以更好地实现刑罚目的,更好地贯彻适用法律一律平等原则。

六、公、检、法三机关分工负责、互相配合、互相制约原则

《刑事诉讼法》第7条规定:"人民法院、人民检察院和公安机关进行刑事诉讼,应当分工负责,互相配合,互相制约,以保证准确有效地执行法律。"这一原则是我国《宪法》的具体体现,我国《宪法》第135条规定:"人民法院、人民检察院和公安机关办理刑事案件,应当分工负责,互相配合,互相制约,以保证准确有效地执行法律。"

分工负责是指,在刑事诉讼活动中,人民法院、人民检察院和公安机关应当分别按照法律的规定行使职权,各负其责、各尽其职,不能超越自己的职责权限,更不能相互代替。一方面,司法机关的诉讼职能与职权存在分工。根据我国《刑事诉讼法》第3条第1款的规定,公安机关的职权是对刑事案件进行侦查、拘留、执行逮捕和预审;检察机关的职权是检察、批准逮捕、检察机关直接受理案件的侦查、提起公诉;人民法院的职权是审判。另一方面,司法机关在案件管辖方面也存在分工。人民法院直接受理自诉案件,人民检察院负责立案侦查贪污贿赂犯罪、国家工作人员的渎职犯罪和国家机关工作人员利用职权侵犯公民民主权利、人身权利的犯罪以及其他重大的犯罪案件,公安机关则负责对人民法院和人民检察院管辖以外的刑事案件的侦查。

互相配合是指,在刑事诉讼活动中,公、检、法三机关应当按照法律规定相互协作,互相支持,共同完成刑事诉讼的任务。刑事诉讼活动本身就是三机关相互协作的过程,公安机关对刑事案件进行侦查,在查清案件事实,收集到了充分、确实的证据之后,把犯罪嫌疑人抓获归案,将案件移送给检察机关提起公诉;检察机关对公安机关侦查终结、移送起诉的案件审查之后,认为犯罪嫌疑人的犯罪事实清楚,证据确实、充分,依法应当追究刑事责任的,制作起诉书,向人民法院提起公诉;人民法院对受理的案件进行审理,依据法律作出判决、裁定。三机关不应该各自为政、互不配合,更不能相互推诿、互相抵触。

相互制约是指,公安机关、检察机关和人民法院在分工负责、互相配合的基础上,不仅应当认真履行自己的职责,而且对其他机关履行职责的行为也会形成监督和制约,防止发生错误或及时纠正错误,以保证准确执行法律。在整个刑事诉讼程序中,人民检察院是国家的专门法律监督机关,依法对整个刑事诉讼活动实行法律监督。对于人民法院的判决、裁定,如果认为确有错误,有权依法提出抗诉。在具体的刑事诉讼阶段,互相制约的情况有各具特色。在侦查和起诉阶段,检察机关可以通过批准逮捕权和审查起诉权对公安机关的侦查活

动和侦查结果进行审查检验;在审判阶段,检察机关主要行使支持公诉的职能,人民法院负责对检察机关提起公诉的案件从实体和程序两个方面对事实和法律进行全面审查。

公、检、法三机关分工负责,互相配合、互相制约,是一个有机统一体。分工负责是刑事诉讼活动的前提和基础,互相配合是刑事诉讼活动有序进行的保障,互相制约有利于保证刑事诉讼活动的公正性。只有实行相互配合,才能保证诉讼程序的顺利进行,实现诉讼目的,实现对犯罪分子的惩罚。只有实现互相制约,才能准确查明事实、正确适用法律,公正地完成刑事诉讼活动。如果只强调配合而忽视制约,就容易导致诉讼程序缺乏监督和制约而放纵犯罪或制造冤案;如果只强调制约而忽视配合,司法机关就可能出现相互牵扯,甚至对立,无法实现刑事诉讼目的。

七、人民检察院依法对刑事诉讼实行法律监督原则

《刑事诉讼法》第8条规定:"人民检察院依法对刑事诉讼实行法律监督。"这是我国宪法规范的具体体现,我国《宪法》第129条规定:"中华人民共和国人民检察院是国家的法律监督机关。"我国《人民检察院组织法》对该原则进行了重申,其中第1条规定:"中华人民共和国人民检察院是国家的法律监督机关。"第5条对人民检察院的监督权进行了细化,即:"各级人民检察院行使下列职权:……(三)对于公安机关侦查的案件,进行审查,决定是否逮捕、起诉或者免予起诉;对于公安机关的侦查活动是否合法,实行监督。(四)对于刑事案件提起公诉,支持公诉;对于人民法院的审判活动是否合法,实行监督。(五)对于刑事案件判决、裁定的执行和监狱、看守所、劳动改造机关的活动是否合法,实行监督。"人民检察院依法对刑事诉讼活动进行法律监督作为刑事诉讼的基本原则具有重大意义,一方面,可以制约和监督公安机关、法院的诉讼行为,保障刑事案件得到公正的处理;另一方面,可以纠正公安机关、人民法院在诉讼活动中出现的事实认定错误或法律适用错误,保障诉讼参与人的合法权益。

根据我国《刑事诉讼法》的规定,检察机关有权对整个刑事诉讼活动实行法律监督,包括立案、侦查、起诉、审判、执行等环节,监督的对象不仅限于国家专门机关,还包括辩护人、诉讼代理人等诉讼参与人的诉讼活动,具体可以归纳为三方面:

一是对公安机关的立案侦查活动进行监督。根据我国《刑事诉讼法》规定,人民检察院对公安机关的立案活动具有监督权,即《刑事诉讼法》第111条规定:"人民检察院认为公安机关对应当立案侦查的案件而不立案侦查的,或者被害人认为公安机关对应当立案侦查的案件而不立案侦查,向人民检察院提出的,人民检察院应当要求公安机关说明不立案的理由。人民检察院认为公安机关不立案理由不能成立的,应当通知公安机关立案,公安机关接到通知后应当立案。"

另外,人民检察院对公安机关的侦查活动也具有监督权,主要表现在审查批捕、监督逮捕执行、审查起诉等方面。《人民检察院刑事诉讼规则(试行)》第303条规定:"人民检察院审查批准或者决定逮捕犯罪嫌疑人,由侦查监督部门办理。"第318条规定:"对公安机关提请批准逮捕的犯罪嫌疑人,人民检察院经审查认为符合本规则第一百三十九条、第一百四十条、第一百四十二条规定情形的,应当作出批准逮捕的决定,连同案卷材料送达公安机关执行,并可以对收集证据、适用法律提出意见。"第319条规定:"对公安机关提请批准逮捕的犯罪嫌疑人,具有本规则第一百四十三条和第一百四十四条规定情形,人民检察院作出不批准

逮捕决定的,应当说明理由,连同案卷材料送达公安机关执行。需要补充侦查的,应当同时通知公安机关。"第564条规定:"人民检察院依法对公安机关的侦查活动是否合法实行监督。"《刑事诉讼法》第167条规定:"凡需要提起公诉的案件,一律由人民检察院审查决定。"

二是对人民法院的审判活动进行监督。人民检察院对人民法院审判活动的监督,主要表现在两个方面:一是对庭审程序的监督。《人民检察院刑事诉讼规则(试行)》第576条规定:"人民检察院依法对人民法院的审判活动是否合法实行监督。"第580条规定:"人民检察院在审判活动监督中,如果发现人民法院或者审判人员审理案件违反法律规定的诉讼程序,应当向人民法院提出纠正意见。出席法庭的检察人员发现法庭审判违反法律规定的诉讼程序,应当在休庭后及时向检察长报告。人民检察院对违反程序的庭审活动提出纠正意见,应当由人民检察院在庭审后提出。"二是对人民法院作出的判决、裁定进行监督。《刑事诉讼法》第243条规定:"最高人民检察院对各级人民法院已经发生法律效力的判决和裁定,上级人民检察院对下级人民法院已经发生法律效力的判决和裁定,如果发现确有错误,有权按照审判监督程序向同级人民法院提出抗诉。人民检察院抗诉的案件,接受抗诉的人民法院应当组成合议庭重新审理,对于原判决事实不清楚或者证据不足的,可以指令下级人民法院再审。"《人民检察院组织法》第17条规定:"地方各级人民检察院对于本级人民法院第一审案件的判决和裁定,认为有错误时,应当按照上诉程序提出抗诉。"

三是对执行活动的监督。《刑事诉讼法》第263条规定:"人民检察院认为人民法院减刑、假释的裁定不当,应当在收到裁定书副本后二十日以内,向人民法院提出书面纠正意见。人民法院应当在收到纠正意见后一个月以内重新组成合议庭进行审理,作出最终裁定。"第265条规定:"人民检察院对执行机关执行刑罚的活动是否合法实行监督。如果发现有违法的情况,应当通知执行机关纠正。"《人民检察院组织法》第19条规定:"人民检察院发现刑事判决、裁定的执行有违法情况时,应当通知执行机关予以纠正。"

八、各民族公民有权使用本民族语言文字进行诉讼原则

《刑事诉讼法》第9条规定:"各民族公民都有用本民族语言文字进行诉讼的权利。人民法院、人民检察院和公安机关对于不通晓当地通用的语言文字的诉讼参与人,应当为他们翻译。在少数民族聚居或者多民族杂居的地区,应当用当地通用的语言进行审讯,用当地通用的文字发布判决书、布告和其他文件。"这一规定进一步体现了我国《宪法》关于"各民族一律平等"、"各民族都有使用和发展自己的语言文字的自由"的规定,有利于实现民族平等、巩固民族团结。这一原则可以从以下方面理解:

一是在刑事诉讼活动中,各民族公民无论其诉讼地位如何,都有权使用本民族语言文字进行诉讼,既包括当事人,也包括其他诉讼参与人。在诉讼活动中,各民族公民都有权用本民族语言进行口头表达、发表意见等,也有权用本民族文字提交诉讼文书,如证人证言、鉴定意见、上诉书及其他诉讼文书。

二是在刑事诉讼活动中,如果诉讼参与人不通晓当地通用的语言文字,人民法院、人民检察院和公安机关应当为他们指定或者聘请翻译人员。这一规定既包括少数民族公民在本民族居住区以外的地方参加诉讼活动,也包括汉族在少数民族地区参与诉讼活动的情况,还包括在我国参加诉讼的外国公民和无国籍人。

三是在少数民族聚居或者多民族杂居的地区,对案件的审理应当用当地通用的语言进行,用当地通用的文字发布起诉书、不起诉决定书、判决书、裁定书等诉讼文书。

该原则是诉讼参与人的一项重要诉讼权利,实行这一规定有利于保障少数民族平等地享有和行使诉讼权利,有利于刑事诉讼活动的顺利进行,也有利于法制教育和宣传,实现法律的警示教育作用。

九、犯罪嫌疑人、被告人有权获得辩护原则

犯罪嫌疑人、被告人有权获得辩护是我国《宪法》和《刑事诉讼法》确立的重要原则,《宪法》第125条规定:"被告人有权获得辩护。"《刑事诉讼法》第11条规定:"人民法院审判案件,除本法另有规定的以外,一律公开进行。被告人有权获得辩护,人民法院有义务保证被告人获得辩护。"因为我国《刑事诉讼法》已经将被立案追究刑事责任的人在被提起公诉前称作"犯罪嫌疑人",而且《刑事诉讼法》第33条规定"犯罪嫌疑人自被侦查机关第一次讯问或者采取强制措施之日起,有权委托辩护人",所以,该原则准确地说应当是犯罪嫌疑人、被告人有权获得辩护原则。

辩护权是犯罪嫌疑人、被告人最基本的诉讼权利,赋予犯罪嫌疑人、被告人辩护权是现代法制的要求,是诉讼民主的表现。在任何情况下,都不得以任何理由剥夺或限制犯罪嫌疑人的辩护权。一方面,犯罪嫌疑人、被告人在整个刑事诉讼过程中都有权为自己进行辩护;另一方面,犯罪嫌疑人、被告人获得辩护的主要渠道是委托辩护人。辩护人的责任是根据事实和法律,提出犯罪嫌疑人、被告人无罪、罪轻或者减轻、免除其刑事责任的材料和意见,维护犯罪嫌疑人、被告人的诉讼权利和其他合法权益,不能作出不利于犯罪嫌疑人、被告人的辩护意见。

当前,我国已经建立了较为完整的制度和程序来保证犯罪嫌疑人、被告人的辩护权。2012年《刑事诉讼法》修订之前,犯罪嫌疑人从人民检察院审查起诉阶段开始,可以委托辩护人为其进行辩护。而2012年《刑事诉讼法》修订之后,犯罪嫌疑人自被侦查机关第一次讯问或者采取强制措施之日起,有权委托辩护人;被告人有权随时委托辩护人。《刑事诉讼法》第33条对犯罪嫌疑人、被告人的辩护权进行了明确的规定,即:"犯罪嫌疑人自被侦查机关第一次讯问或者采取强制措施之日起,有权委托辩护人;在侦查期间,只能委托律师作为辩护人。被告人有权随时委托辩护人。侦查机关在第一次讯问犯罪嫌疑人或者对犯罪嫌疑人采取强制措施的时候,应当告知犯罪嫌疑人有权委托辩护人。人民检察院自收到移送审查起诉的案件材料之日起三日以内,应当告知犯罪嫌疑人有权委托辩护人。人民法院自受理案件之日起三日以内,应当告知被告人有权委托辩护人。犯罪嫌疑人、被告人在押期间要求委托辩护人的,人民法院、人民检察院和公安机关应当及时转达其要求。"即使犯罪嫌疑人、被告人因经济困难或者其他原因没有委托辩护人的,本人及其近亲属可以向法律援助机构提出申请。对符合法律援助条件的,法律援助机构应当指派律师为其提供辩护。犯罪嫌疑人、被告人是盲、聋、哑人,或者是尚未完全丧失辨认或者控制自己行为能力的精神病人,没有委托辩护人的,人民法院、人民检察院和公安机关应当通知法律援助机构指派律师为其提供辩护。犯罪嫌疑人、被告人可能被判处无期徒刑、死刑,没有委托辩护人的,人民法院、人民检察院和公安机关应当通知法律援助机构指派律师为其提供辩护。

在刑事诉讼活动中,保证犯罪嫌疑人、被告人获得辩护的权利,具有重要意义。首先,可以充分保障犯罪嫌疑人、被告人的诉讼权利,以对抗司法机关对追诉活动,确保刑事诉讼活动能够客观、公正地进行。其次,可以监督司法机关严格依法进行刑事诉讼活动,客观全面地查明案件事实,正确适用法律。

十、未经人民法院依法判决,不得确定有罪原则

我国《刑事诉讼法》第12条规定:"未经人民法院依法判决,对任何人都不得确定有罪。"这是1996年修改后的《刑事诉讼法》新确立的一项原则,是我国现代刑事诉讼制度文明的重要标志,也是现代刑事诉讼无罪推定理念的体现,联合国《公民权利和政治权利国际公约》第14条第2款规定:"凡受刑事控告者,在未依法证实有罪之前,应有权被视为无罪。"该原则可以从以下方面理解:

首先,只有人民法院才能判定被告人有罪。人民法院作为我国唯一的审判机关,代表国家统一行使刑事审判权,只有人民法院才能判定被告人是否有罪。在刑事诉讼活动中,诉讼参与机关包括公安机关、检察院和人民法院,公安机关和检察机关在诉讼活动中也会认定犯罪嫌疑人涉嫌犯罪,作出相应的刑事诉讼决定和措施,但是这些决定和措施只是诉讼活动程序中的一部分,并不是对被告人定罪的最终结果。即使犯罪嫌疑人真的有罪,也需经人民法院通过判决来确定。为彻底实现人民法院的刑事审判权,我国1996年《刑事诉讼法》取消了1979年《刑事诉讼法》中关于人民检察院免予起诉的规定,人民检察院不得作出有罪但免予起诉的决定。

其次,人民法院确定被告人有罪,必须依法判决。人民法院必须依据程序法和实体法来确定被告人有罪,我国《刑法》明确规定了定罪量刑的标准,《刑事诉讼法》明确规定了追究犯罪嫌疑人、被告人刑事责任时所需要依据的开庭审理、举证质证、法庭辩论等程序,人民法院违反诉讼程序和实体法规定所作出的判决将是无效的。

再次,在人民法院确定被告人有罪的判决、裁定发生法律效力之前,任何人不能被当作罪犯看待。这一点也是对前两点的重申,是无罪推定的内在要求。我国《刑事诉讼法》为了贯彻这一原则,具体规定了诸多配套制度。如区分犯罪嫌疑人与刑事被告人制度,我国《刑事诉讼法》将公诉案件中提起公诉前的被追究责任者统称为"犯罪嫌疑人",将公诉后的被追究责任者统称为"被告人"。另外,我国《刑事诉讼法》明确规定了由控诉方承担举证责任,被告人不负证明自己无罪的义务,不能因被告人不能证明自己无罪便推定其有罪。

最后,法律还确定了疑罪从无的原则。检察机关对被告人提起公诉、人民法院对被告人作出的有罪判决都必须建立在事实清楚、证据确实充分的基础上。对于二次补充侦查的案件,人民检察院仍然认为证据不足,不符合起诉条件的,应当作出不起诉的决定。在审判阶段,如果证据不足,不能认定被告人有罪的,应当作出证据不足、指控的犯罪不能成立的无罪判决。

十一、保障诉讼参与人的诉讼权利原则

《刑事诉讼法》第14条规定:"人民法院、人民检察院和公安机关应当保障犯罪嫌疑人、被告人和其他诉讼参与人依法享有的辩护权和其他诉讼权利。诉讼参与人对于审判人员、

检察人员和侦查人员侵犯公民诉讼权利和人身侮辱的行为,有权提出控告。"根据《刑事诉讼法》第106条规定,诉讼参与人是指当事人、法定代理人、诉讼代理人、辩护人、证人、鉴定人和翻译人员。这些诉讼参与人中,有些与诉讼结果有直接利害关系,如当事人等,他们参加诉讼是为了保障自己的合法权益;有些与诉讼结果没有直接利害关系,如诉讼代理人、辩护人、证人、鉴定人、翻译人员等,他们参加诉讼是为了保证诉讼的顺利进行,实现诉讼目的。不同类别的诉讼参与人所享有的诉讼权利不同,对于诉讼参与人诉讼权利的保护应当依据法律规定区别对待。诉讼参与人的权利能否得到保障,关乎诉讼活动能够顺利进行,关乎诉讼活动的程序和结果是否具有威信力。

诉讼参与人权利的保障需要从以下方面理解:

第一,在刑事诉讼活动中诉讼参与人依法享有辩护权和其他诉讼权利,诉讼权利的保障是刑事诉讼程序公正的必然要求,是当代司法制度的构建基础和文明标志。

第二,司法机关对诉讼参与人依法享有的诉讼权应当保障,不允许侵犯或者剥夺诉讼参与人的诉讼权力。在诉讼活动中,诉讼参与人的诉讼地位不同,所具有的诉讼权利也不同,司法机关应当根据诉讼参与人的诉讼地位和诉讼阶段保障其权利,否则诉讼活动就不能实现程序公正和诉讼民主。

第三,诉讼参与人对于侵犯其诉讼权利的行为以及侮辱人格的行为有控告权。这是诉讼参与人保障诉讼权利的救济措施,可以有效防止侦查人员、检察人员或者审判人员侵犯其合法诉讼权利。

保障诉讼参与人诉讼权利原则贯穿于刑事诉讼活动的整个过程,无论在哪一个诉讼阶段,司法机关都应当严格依据法律规定保障所有诉讼参与人的合法权益,使诉讼参与人能有尊严地参与诉讼活动,保障刑事诉讼活动客观、公正的进行。

十二、依照法定情形不予追究刑事责任原则

《刑事诉讼法》第15条规定:"有下列情形之一的,不追究刑事责任,已经追究的,应当撤销案件,或者不起诉,或者终止审理,或者宣告无罪:(一)情节显著轻微、危害不大,不认为是犯罪的;(二)犯罪已过追诉时效期限的;(三)经特赦令免除刑罚的;(四)依照刑法告诉才处理的犯罪,没有告诉或者撤回告诉的;(五)犯罪嫌疑人、被告人死亡的;(六)其他法律规定免予追究刑事责任的。"根据本条规定,我国不追究刑事责任的法定情形有以下六种:

一是情节显著轻微、危害不大,不认为是犯罪的。该条规定与我国《刑法》第13条的规定相辅相成,这也进一步说明程序法为实体法的实现提供程序保障。此种情形指的是犯罪嫌疑人、被告人的行为虽然违法,也具有社会危害性,但情节显著轻微、危害不大,尚未达到犯罪的严重程度,不追究其刑事责任。尽管该行为不追究刑事责任,但并非不受任何处罚。根据行为的社会危害性可以移送有关主管部门进行处理,如公安机关可以依据《治安管理处罚法》进行处罚。

二是犯罪已过追诉时效的。追诉时效期限是我国《刑法》第87至89条规定的追究犯罪嫌疑人、被告人刑事责任的一定期限的制度。超过刑法规定的追诉时效期限,就不应当再对其追究刑事责任。我国《刑法》第87条规定:"犯罪经过下列期限不再追诉:(一)法定最高刑为不满五年有期徒刑的,经过五年;(二)法定最高刑为五年以上不满十年有期徒刑的,经过

十年;(三)法定最高刑为十年以上有期徒刑的,经过十五年;(四)法定最高刑为无期徒刑、死刑的,经过二十年。如果二十年以后认为必须追诉的,须报请最高人民检察院核准。"但是,在一定的特殊情况下,可以不受追诉期限的限制。《刑法》第88条规定:"在人民检察院、公安机关、国家安全机关立案侦查或者在人民法院受理案件以后,逃避侦查或者审判的,不受追诉期限的限制。被害人在追诉期限内提出控告,人民法院、人民检察院、公安机关应当立案而不予立案的,不受追诉期限的限制。"

三是经特赦令免除刑罚的。特赦是赦免制度的一种,是国家对特定的犯罪人免除执行全部或者部分刑罚的制度,只是免除执行剩余刑罚或者减轻原判刑罚,而不是宣布其罪归于消灭。我国《宪法》规定,特赦由全国人大常委会决定,由国家主席发布。自1959年以来,我国实行了七批特赦,对象是罪犯并且主要是战争罪犯,特赦的条件是必须关押和改造一定的时间且在服刑的过程中确有改恶从善的表现,对符合特赦条件的罪犯并非一律释放,罪行重而判刑重的,只予以减轻处罚。

四是依照《刑法》告诉才处理的犯罪,没有告诉或者撤回告诉的。根据我国《刑法》第246条、第257条、第260条、第270条规定,侮辱罪、诽谤罪(严重危害社会秩序和国家利益的除外)、暴力干涉婚姻自由罪(致使被害人死亡的除外)、虐待罪(致使被害人重伤、死亡的除外)和侵占罪是告诉才处理的犯罪。这些案件的起诉权由被害人本人行使,公安、司法机关应当尊重被害人的选择。被害人选择不起诉,或者起诉后撤诉的,公安、司法机关无权追究或者继续追究被告人的刑事责任。如果被害人是因受强制、威吓无法告诉的,人民检察院和被害人的近亲属告诉的,人民法院也应当受理。被害人是无行为能力人或者限制行为能力人以及由于年老、患病、聋、哑等原因不能亲自告诉的,其近亲属可以代为告诉。

五是犯罪嫌疑人、被告人死亡的。当代刑法学的责任原则是个人责任原则,如果犯罪嫌疑人、被告人最终死亡的,刑罚则失去了惩罚对象,追究刑事责任已无可能,所以应当终结诉讼。但是,如果被告人在法院审理过程中死亡的,已有证据材料能够确认被告人无罪的,应当判决宣告无罪。需要说明的是,犯罪嫌疑人、被告人死亡的,我国《刑事诉讼法》只规定对其个人刑事责任不再追究,但是,如果是属于实施贪污贿赂犯罪、恐怖活动犯罪等重大犯罪后死亡的,则应当依照我国《刑事诉讼法》关于"犯罪嫌疑人、被告人逃匿、死亡案件违法所得刑事没收特别程序"进行处理。

六是其他法律规定免于追究刑事责任的。随时代的变化,犯罪行为性质的认定以及法律规定都会发生一定的变化。在我国《刑法》和《刑事诉讼法》没有修改的情况下,如果根据其他特别法规定免于刑事责任的,司法机关也应当不予追诉。

对于上述六种依照法律规定不予追究刑事责任的情形,公安、司法机关应根据不同情况和不同诉讼阶段作出不同处理。在立案审查阶段,如果具有上述六种情形之一的,公安、司法机关都应作出不立案的决定;在侦查阶段,如果发现上述六种情形,应由主持侦查工作的侦查机关决定撤销案件。在审查起诉阶段,应由检察机关作出不起诉的决定。不起诉决定是审查起诉阶段终止诉讼的唯一措施。在审判阶段,人民法院对上述六种情形的处理措施不同,对第一种情形法院应当作出判决,宣告无罪;对于有其他情形的案件,可以用裁定终止审理,宣告不予追究刑事责任。在自诉案件中,法院应根据情形分别作出不立案的决定或准予撤诉、驳回起诉,终止审理的裁定,或作出判决宣告无罪。需要特别注意的是,上述六种法定情形无论在哪个诉讼阶段发现,都应当由正在主持该阶段诉讼的司法机关依法采取终止诉讼的措施,不应当把案件再往其他司法机关移送。

十三、追究外国人刑事责任适用我国刑事诉讼法原则

我国《刑事诉讼法》第16条规定:"对于外国人犯罪应当追究刑事责任的,适用本法的规定。对于享有外交特权和豁免权的外国人犯罪应当追究刑事责任的,通过外交途径解决。"

首先,追究外国人的刑事责任都应当依据我国《刑事诉讼法》的规定,这是国家主权在《刑事诉讼法》中的体现。无论是在我国领域内犯罪的外国人(含无国籍人),还是在我国领域外对我们国家和公民犯罪的外国人,只要根据我国《刑法》的规定应当追究其刑事责任,都应当适用《刑事诉讼法》的规定。一方面,我国司法机关对于上述两种外国人犯罪的情形具有管辖权,我国司法机关无须将案件移送给外国司法机关;另一方面,我国司法机关在审理外国人犯罪的案件中,一律使用我国的《刑事诉讼法》等法律规定,不能适用外国的诉讼原则、制度和程序。

其次,对于享有外交特权和豁免权的外国人犯罪应当追究刑事责任的,通过外交途径解决。依据国际惯例和国际公约,为了保证特定外交工作人员的职务行为,特定外交工作人员享有一定的外交特权和豁免权。根据1986年9月5日通过的《外交特权和豁免条例》的规定,享有外交特权和豁免权的外国人包括:外国驻中国使馆的外交代表以及他们的家属;来中国访问的外国国家元首、政府首脑、外交部长及其他具有同等身份的官员;途径中国的外国驻第三国的外交代表和与其共同生活的配偶及未成年子女;持有中国外交签证或者持有外交护照来中国的外交官员;经中国政府同意给予外交特权和豁免的其他来中国访问的外国人士等。对于享有外交特权和豁免权的外国人犯罪案件,不能由司法机关按照我国《刑事诉讼法》立案追诉和审判,而是应当通过外交途径来解决。

确立和实施这一原则是一个主权独立国家的必然要求,对于一切外国人犯罪都适用我国《刑事诉讼法》,有利于维护我国国家主权和民族尊严;对于享有外交特权和豁免权的外国人犯罪通过外交途径解决,符合国际法原则,有利于保持国家间的正常交往。

【本章练习】

一、单项选择题

1.关于法院、检察院依法独立行使职权,以下理解哪些是正确的?(　　)

A.人民法院独立行使审判权,人民检察院独立行使检察权,不受任何机关干涉

B.人民法院行使审判权和人民检察院行使检察权,得以法律规定的范围内行使

C.某高院审判员范某独立行使审判权,不受其他机关和个人干涉

D.对于人民检察院直接受理的案件,上级检察院不能直接侦查下级人民检察院管辖的案件

2.社会主义法治要通过法治的一系列原则加以体现。具有法定情形不予追究刑事责任是《刑事诉讼法》确立的一项基本原则,下列哪一案件的处理体现了这一原则?(　　)

A.甲涉嫌盗窃,立案后发现涉案金额400余元,公安机关决定撤销案件

B. 乙涉嫌抢夺,检察院审查起诉后认为犯罪情节轻微,不需要判处刑罚,决定不起诉

C. 丙涉嫌诈骗,法院审理后认为其主观上不具有非法占有他人财物的目的,作出无罪判决

D. 丁涉嫌抢劫,检察院审查起诉后认为证据不足,决定不起诉

3. 关于两审终审制度,下列哪一选项是正确的?( )

A. 一个案件只有经过两级法院审理裁判才能生效

B. 经过两级法院审判所作的裁判都是生效裁判

C. 一个案件经过两级法院审判后对所作的裁判不能上诉

D. 一个案件经过两级法院审判后当事人就不能对判决、裁定提出异议

4. 检察院立案侦查甲刑讯逼供案。被害人父亲要求甲赔偿丧葬费等经济损失。侦查中,甲因病猝死。对于此案,检察院下列哪一做法是正确的?( )

A. 移送法院以便审理附带民事诉讼部分　　B. 撤销案件

C. 决定不起诉　　　　　　　　　　　　D. 决定不起诉并对民事部分一并作出处理

5. 开庭审判过程中,一名陪审员离开法庭处理个人事务,辩护律师提出异议并要求休庭,审判长予以拒绝,四十分钟后陪审员返回法庭继续参与审理。陪审员长时间离开法庭的行为违背下列哪一审判原则?( )

A. 职权主义原则　　B. 证据裁判规则　　C. 直接言词原则　　D. 集中审理原则

二、多项选择题

1. 关于犯罪嫌疑人、被告人有权获得辩护原则,下列哪些说法是正确的?( )

A. 在任何情况下,对任何犯罪嫌疑人、被告人都不得以任何理由限制或者剥夺其辩护权

B. 辩护权是犯罪嫌疑人、被告人最基本的诉讼权利,有关机关应当为每个犯罪嫌疑人、被告人免费提供律师帮助

C. 为保障辩护权,任何机关都有为犯罪嫌疑人、被告人提供辩护帮助的义务

D. 辩护不应当仅是形式上的,而且应当是实质意义上的

2. 人民检察院在刑事诉讼中享有哪些权利?( )

A. 批准逮捕权　　　　　　　　　　　B. 执行拘传权

C. 监视居住决定权　　　　　　　　　D. 对某些生效判决的执行权

3. 关于"宪法是静态的刑事诉讼法、刑事诉讼法是动态的宪法",下列哪些选项是正确的?( )

A. 有关刑事诉讼的程序性条款,构成各国宪法中关于人权保障条款的核心

B. 刑事诉讼法关于强制措施的适用权限、条件、程序与辩护等规定,都直接体现了宪法关于公民人身、住宅、财产不受非法逮捕、搜查、扣押以及被告人有权获得辩护等规定的精神

C. 刑事诉讼法规范和限制了国家权力,保障了公民享有宪法规定的基本人权和自由

D. 宪法关于人权保障的条款,都要通过刑事诉讼法保证刑法的实施来实现

4. 关于刑事诉讼基本原则,下列哪些说法是正确的?( )

A. 体现刑事诉讼基本规律,有着深厚的法律理论基础和丰富的思想内涵

B. 既可由法律条文明确表述,也可体现于刑事诉讼法的指导思想、目的、任务、具体制度

和程序之中

C. 既包括一般性原则,也包括独有原则

D. 与规定具体制度、程序的规范不同,基本原则不具有法律约束力,只具有倡导性、指引性

三、简答题

1. 刑事诉讼原则在刑事诉讼中起什么作用?
2. 如何实现国际刑事司法准则的中国化?
3. 如何理解我国公安机关、检察院、法院三机关在刑事诉讼中的法律关系?
4. 未经人民法院依法判决,不得确定有罪原则与国际通行的无罪推定原则有何差异?
5. 刑事诉讼法的程序法定原则有何法治意义?
6. 如何保障审判独立、检察独立原则的贯彻?

第五章 刑事诉讼中的专门机关与诉讼参与人

【学习目标】

- 知识目标：
  了解参与刑事诉讼专门机关的范围。
  了解刑事诉讼当事人的概念及其主体范围。
  了解刑事诉讼当事人的主体范围。
  了解其他刑事诉讼参与人的主体范围及其主要诉讼权利。
- 能力目标：
  理解并掌握各专门机关在刑事诉讼中的主要职权。
  理解并掌握刑事诉讼当事人的诉讼权利和诉讼义务。

【案例引导1】

2013年11月，龚某以谈恋爱为名先后与小梅、小迎交往。交往中，龚某提出支付高额费用包养对方为由，以银行转账为名诱使小梅、小迎说出其银行卡密码并将银行卡交由其查看，随后龚某将被害人的银行卡掉包，并借机离开。然后通过银行自动取款机取走被害人的存款61331.9元，并刷卡消费9450元。被害人小梅报案后，龚某被公安机关抓获。2014年6月，区人民检察院以龚某涉嫌盗窃提起公诉，龚某委托律师王某为自己辩护。2014年8月6日，区人民法院一审以盗窃罪判处龚某有期徒刑三年六个月，并处罚金人民币7000元。

问题：本案中的专门机关和诉讼参与人有哪些？他们各自的诉讼权利和诉讼义务是什么？

【案例引导2】

被告人张某以被害人丁某与张某女朋友朱某有不正当关系为由，于2014年7月10日上午11时许，将丁某拉到其驾驶的出租车上，用携带的砍刀、胶带、钢鞭等物对被害人进行打骂、威胁，让被害人拿出100万元钱，否则要将此事告诉丁某的妻子。当日，张某又以手机损毁和误工为由，向被害人敲诈了人民币5000元。后被告人张某多次向被害人进行要挟，催要100万元。由于被害人报案，区公安分局将张某抓获并于2014年7月14日予以刑事拘留，2014年7月24日张某被实施逮捕。2014年8月26日，区人民检察院以张某涉嫌敲诈勒索罪提起公诉，2014年11月28日，区人民法院一审判决被告人犯敲诈勒索罪，判处有期徒刑三年六个月，并处罚金人民币一万元。

问题：参与本案的各专门机关依法享有哪些主要职权？

第一节 刑事诉讼中的专门机关

在刑事诉讼中，代表国家参与刑事诉讼活动的国家公权力机关，统称为专门机关。尽管这些专门机关的诉讼行为均在体现和执行国家意志，但它们却有着不同的分工和职权，担任不同的诉讼角色。各专门机关在刑事诉讼中应当遵守"分工负责、互相配合、互相制约"的原则，共同实现刑事诉讼的目的。刑事诉讼中的专门机关包括人民法院、人民检察院、公安机关、国家安全机关、军队保卫部门、海关缉私部门和监狱。专门机关的诉讼职能具体由其工作人员来执行，但履行法定职责的工作人员与案件本身不存在法律上的利害关系，故不属于诉讼当事人的范畴。

一、人民法院

（一）人民法院的性质和任务

我国《宪法》第123条和《人民法院组织法》第1条均规定：中华人民共和国人民法院是

国家的审判机关。作为国家审判机关,人民法院行使审判权。审判权是国家权力的重要组成部分,是依法审理和判决刑事、民事和行政案件的专门权力。我国《宪法》、《人民法院组织法》以及刑事、民事和行政三大诉讼法均明确规定审判权专属于人民法院行使,其他任何机关、团体或个人均不享有审判权。《刑事诉讼法》第12条规定:"未经人民法院依法判决,对任何人都不得确定有罪。"

人民法院的任务是审判刑事案件、民事案件和行政案件,并且通过审判活动,惩办一切犯罪分子,解决民事纠纷,以保卫无产阶级专政制度,维护社会主义法制和社会秩序,保护社会主义的全民所有的财产、劳动群众集体所有的财产,保护公民私人所有的合法财产,保护公民的人身权利、民主权利和其他权利,保障国家的社会主义革命和社会主义建设事业的顺利进行。

(二)人民法院的地位、组织体系与领导体制

在刑事诉讼中,人民法院通过审判活动,调查、核实证据,查明案件事实,确定被告人是否构成犯罪,应否判处刑罚,判处何种刑罚,并作出相应的判决和裁定。作为刑事案件的审理者和裁判者,人民法院承担刑事诉讼的审判职能,是刑事诉讼法律关系的重要主体,也是主要的刑事诉讼主体之一。

依据我国《宪法》和《人民法院组织法》的规定,人民法院组织体系包括最高人民法院、地方各级人民法院和专门人民法院。其中,最高人民法院是我国最高的审判机关,设刑事审判庭、民事审判庭和其他需要设立的审判庭,负责审理在全国有重大影响的第一审案件、对高级人民法院和专门人民法院判决和裁定的上诉和抗诉案件、按照审判监督程序提起的再审案件和核准死刑案件。同时,最高人民法院监督地方各级法院和专门人民法院的审判工作,并对在审判过程中如何具体应用法律、法令问题进行解释。

2014年,中共十八届四中全会决定提出,最高人民法院设立巡回法庭,审理跨行政区域重大行政和民商事案件。2015年1月28日,最高人民法院第一巡回法庭在深圳挂牌成立,巡回区为广东、广西、海南三省(区)。2015年1月31日,第二巡回法庭在沈阳挂牌成立,巡回区为辽宁、吉林、黑龙江三省。巡回法庭是最高人民法院派出的常设审判机构,最高人民法院根据有关规定和审判工作需要,可以增设巡回法庭,并调整巡回法庭的巡回区和案件受理范围。巡回法庭作出的判决、裁定和决定,是最高人民法院的判决、裁定和决定。巡回法庭审理或者办理巡回区内应当由最高人民法院受理的以下案件:①全国范围内重大、复杂的第一审行政案件;②在全国有重大影响的第一审民商事案件;③不服高级人民法院作出的第一审行政或者民商事判决、裁定提起上诉的案件;④对高级人民法院作出的已经发生法律效力的行政或者民商事判决、裁定、调解书申请再审的案件;⑤刑事申诉案件;⑥依法定职权提起再审的案件;⑦不服高级人民法院作出的罚款、拘留决定申请复议的案件;⑧高级人民法院因管辖权问题报请最高人民法院裁定或者决定的案件;⑨高级人民法院报请批准延长审限的案件;⑩涉港澳台民商事案件和司法协助案件;⑪高级人民法院认为应当由巡回法庭审理或者办理的其他案件。

地方各级人民法院按照行政区划进行设置。其中,各省、自治区、直辖市设高级人民法院。负责审理本辖区内有重大影响的第一审案件、对中级人民法院的第一审裁判提出的上诉、抗诉案件、按照审判监督程序提起的再审案件、下级法院移送的案件或必要时高级人民

法院提审的案件，复核由中级人民法院判决的死刑缓期二年执行的案件。

各直辖市和省、自治区辖区内设区的市、自治州（盟）、地区设中级人民法院[①]，负责审理法律、法令规定由其管辖的第一审案件、对下级法院裁判提出上诉、抗诉的案件、按照审判监督程序提起的再审案件以及基层法院报请移送的案件。

各县、自治县（旗）、不设区的市和市辖区设基层人民法院。基层人民法院根据地区、人口和案件情况可以设立若干人民法庭。人民法庭是基层人民法院的组成部分，它的判决和裁定就是基层人民法院的判决和裁定。除法律规定由上级人民法院管辖的第一审案件外，均由基层人民法院管辖。

专门人民法院包括军事法院、铁路运输法院、海事法院和知识产权法院。其中，军事法院分三级设置，包括中国人民解放军军事法院（级别同于高级人民法院）、各大军区、各军兵种和各总直属队的军事法院（级别同于中级人民法院）以及各军级单位设立的基层军事法院；铁路运输法院的设置分为两级，即以各铁路局为单位而设立的铁路运输中级法院和以各铁路分局为单位而设立的基层铁路运输法院。海事法院只在有关沿海或沿江港口城市设立，包括广州、厦门、宁波、上海、武汉、青岛、天津、大连、海口、北海十个海事法院。海事法院属于中级法院，但不受理和审判刑事案件。知识产权法院是根据第十二届全国人大常委会第十次会议表决通过的《关于在北京、上海、广州设立知识产权法院的决定》而设立的新型专门人民法院，目前包括北京知识产权法院、上海知识产权法院和广州知识产权法院，级别为中级法院，管辖一审知识产权民事和行政案件，其上诉法院为所在区域的省、直辖市高级人民法院。另外，新疆生产建设兵团设有三级法院机关，即新疆维吾尔自治区高级人民法院生产建设兵团分院、以各师级单位设立的中级人民法院和以各团级垦区单位设立的基层人民法院。需要说明的是，新疆生产建设兵团三级法院机关受理的案件类型与各省、自治区、直辖市的普通人民法院的相同。

上下级人民法院之间是监督与被监督的关系。最高人民法院监督地方各级人民法院和专门人民法院的审判工作，上级人民法院监督下级人民法院的审判工作。被告人、自诉人和他们的法定代理人，不服地方各级人民法院第一审的判决、裁定，有权用书状或者口头向上一级人民法院上诉。地方各级人民检察院认为本级人民法院第一审的判决、裁定确有错误的，有权向上一级人民法院提出抗诉。最高人民法院对各级人民法院已经发生法律效力的判决和裁定，上级人民法院对下级人民法院已经发生法律效力的判决和裁定，如果发现确有错误，有权按照审判监督程序进行提审或者指令下级人民法院再审。

在人民法院与国家权力机关的关系上，人民法院受同级人民代表大会及其常务委员会的权力监督。最高人民法院对全国人民代表大会及其常务委员会负责并报告工作，地方各级人民法院对产生它的国家权力机关负责并报告工作。其中，地方各级人民法院院长由地方同级人民代表大会选举，副院长、庭长、副庭长、审判员和审判委员会委员由地方同级人民代表大会常务委员会任免；最高人民法院院长由全国人民代表大会选举，副院长、庭长、副庭长、审判员和审判委员会委员由全国人民代表大会常务委员会任免。

---

① 在广东省，东莞市和中山市属于未设区的地级市，也设有中级人民法院。

(三)人民法院的审判组织

人民法院的审判组织是代表人民法院行使审判权,具体对刑事案件、民事案件和行政案件进行审理和裁判的组织形式。它是人民法院审理案件的内部组织形式。根据我国《刑事诉讼法》和《人民法院组织法》的有关规定,人民法院审理和裁判刑事案件的组织形式包括独任制和合议制两种形式。

1. 独任制

独任制是指由审判员一人代表人民法院对具体案件进行审理并作出裁判的审判组织形式,又称为"独任庭"。其中,独任审判员既可以由审判员担任,也可以由助理审判员以代理审判员身份担任,但人民陪审员不能独任审理案件。审判员或者助理审判员依法独任审判时,行使与审判长相同的职权。

根据我国《刑事诉讼法》第210规定,基层人民法院适用简易程序审理案件,对可能判处三年有期徒刑以下刑罚的,可以组成合议庭进行审判,也可以由审判员一人独任审判。因此,独任制只适用于基层人民法院适用简易程序审理并且可能判处三年有期徒刑以下刑罚的案件。基层法院管辖且可能判处三年有期徒刑以上刑罚的案件、中级以上的人民法院审判刑事案件,则不采用独任制形式。

2. 合议制

合议制是指由审判员或者审判员与人民陪审员三人以上的单数共同组成审判集体,代表人民法院对具体案件进行审理并作出裁判的审判组织形式。这种由三人以上单数的审判人员组织的审判庭,称为"合议庭"。除基层人民法院适用简易程序的案件可以由审判员一人独任审判外,基层人民法院适用第一审普通程序审理刑事案件、中级以上的人民法院审理刑事案件,应当组成合议庭进行审理。

合议庭既可以完全由审判员组成,也可以由审判员和人民陪审员共同组成。其中的审判员包括被各级人大常委会正式任命的审判员和以代理审判员身份行使审判职权的助理审判员。人民陪审员则是来自法院以外的单位、由县(区)级人大常委会任命的非职业审判人员。人民陪审员在人民法院执行职务,同审判员有同等的权利。

合议庭的组成,因审判程序和法院级别的不同而不同。根据我国《刑事诉讼法》的规定,合议庭的组成有以下几种情形:

(1)基层人民法院、中级人民法院审判第一审案件,应当由审判员三人或者由审判员和人民陪审员共三人组成合议庭进行。

(2)高级人民法院、最高人民法院审判第一审案件,应当由审判员三人至七人或者由审判员和人民陪审员共三人至七人组成合议庭进行。

(3)人民法院审判上诉和抗诉案件,由审判员三人至五人组成合议庭进行。

(4)最高人民法院复核死刑立即执行案件、高级人民法院复核死刑缓期二年执行案件,应当由审判员三人组成合议庭进行。

(5)第二审人民法院裁定撤销原判、发回重审的案件,由原审人民法院按照第一程序和法院的级别另行组成合议庭进行。原来参与过该案审理的独任审判员、合议庭的审判员、助理审判员和人民陪审员不能参加重审的合议庭。

(6)人民法院按照审判监督程序审理案件时,如果是按照一审普通程序审理的,依照第一审程序和法院的级别另行组成合议庭;如果是按照第二审程序审理或者是由上级人民法院提审的,则依照人民法院审判上诉和抗诉案件也即是第二审程序的要求另行组成合议庭。原来参与过该案审理的独任审判员、合议庭的审判员、助理审判员和人民陪审员不能参加再审合议庭。

根据我国最高人民法院《关于适用〈中华人民共和国刑事诉讼法〉的解释》第25条第2款规定,发回重新审判的案件,在第一审人民法院作出裁判后又进入第二审程序或者死刑复核程序的,原第二审程序或者死刑复核程序中的合议庭组成人员可以再次成为合议庭的组成人员。

合议庭设审判长一人。审判长负责组织和主持合议庭的活动并指挥法庭审判的进行。审判长由院长或者庭长指定审判员一人担任。院长或者庭长参加审判案件的时候,自己担任审判长。最高人民法院《关于适用〈中华人民共和国刑事诉讼法〉的解释》第175条规定,由本院院长提出,经审判委员会通过,助理审判员可以临时代行审判员职务,并可以担任审判长。人民陪审员不能担任审判长。

开庭审理和评议案件,应当由同一合议庭进行。合议庭成员在评议案件时享有平等的权力,每个成员都应当独立表达意见并说明理由。意见分歧的,应当按多数意见作出决定,但少数意见应当记入笔录。评议笔录由合议庭的组成人员在审阅确认无误后签名。评议情况应当保密。合议庭审理、评议后,应当及时作出判决、裁定。

3. 审判委员会

审判委员会是人民法院内部设立的对审判工作实行集体领导的组织形式。《人民法院组织法》第10条规定,各级人民法院设立审判委员会,实行民主集中制;审判委员会的任务是总结审判经验,讨论重大的或者疑难的案件和其他有关审判工作的问题。审判委员会是本院决定案件处理的最高审判组织,是审判业务方面的决策机构,指导和监督全院审判工作。它以会议的形式讨论重大的或者疑难的案件,既不参与案件的庭审过程,也不直接面对当事人及其他诉讼参与人。审判委员会讨论案件后所作的决定,独任审判员或合议庭应当执行。

审判委员会通常由院长、副院长、其他院党组成员、有关庭长和资深审判员组成。参加审判委员会的成员,称为审判委员会委员。地方各级人民法院审判委员会委员,由院长提请本级人民代表大会常务委员会任免;最高人民法院审判委员会委员,由最高人民法院院长提请全国人民代表大会常务委员会任免。

《刑事诉讼法》第180条规定,对于疑难、复杂、重大的案件,合议庭认为难以作出决定的,由合议庭提请院长决定提交审判委员会讨论决定。审判委员会的决定,合议庭应当执行。根据最高人民法院《关于适用〈中华人民共和国刑事诉讼法〉的解释》第178条和第378条的规定,下列案件应当提交审判委员会讨论决定:①拟判处死刑的案件;②人民检察院抗诉的案件;③各级人民法院院长发现本院已经发生法律效力的判决、裁定确有错误的,认为需要进行再审的案件。下列案件则可以提交审判委员会讨论决定:①对合议庭成员意见有重大分歧的案件;②新类型案件;③社会影响重大的案件;④其他疑难、复杂、重大的案件,合议庭认为难以作出决定的;⑤独任审判的案件,审判员认为有必要提交审判委员会讨论决定的案件;⑥院长、主管副院长或者庭长认为有必要提请审判委员会讨论的案件。与此同时,人民陪审员可以要求合议庭将案件提请院长决定是否提交审判委员会讨论决定。对提请院长决定提交审判委员会讨论决定的案件,院长认为不必要的,可以建议合议庭复议一次。

各级人民法院审判委员会会议由院长主持。院长因故不能主持时,可以委托副院长主持。合议庭全体成员及审判业务部门负责人应当列席会议。对本院审结的已发生法律效力的案件提起再审的,原合议庭成员及审判业务部门负责人也应当列席会议。院长或者受院长委托主持会议的副院长可以决定其他有必要列席的人员。同级人民检察院检察长或者受检察长委托的副检察长可以列席审判委员会会议。列席人员,可以对讨论事项发表意见,但不参加表决。

审判委员会讨论应当在合议庭审理的基础上进行。合议庭应当提交案件审理报告。案件审理报告应当符合规范要求,客观、全面反映案件事实、证据以及双方当事人或控辩双方的意见,说明合议庭争议的焦点、分歧意见和拟作出裁判的内容。案件审理报告应当提前发送审判委员会委员。审判委员会讨论案件实行民主集中制。审判委员会委员发表意见的顺序,一般应当按照职级高的委员后发言的原则进行,主持人最后发表意见。审判委员会应当充分、全面地对案件进行讨论。审判委员会委员应当客观、公正、独立、平等地发表意见,审判委员会委员发表意见不受追究,并应当记录在卷。审判委员会委员发表意见后,主持人应当归纳委员的意见,按多数意见拟出决议,付诸表决。审判委员会的决议应当按照全体委员二分之一以上多数意见作出。审判委员会的决定,合议庭、独任审判员应当执行;有不同意见的,可以建议院长提交审判委员会复议。

经过审判委员会讨论决定的案件,可以在判决书或裁定书写明这一情况,但审判委员会委员不在判决书或裁定书上署名,仍应由审理该案件的合议庭成员或独任审判员署名。

(四)人民法院在刑事诉讼中的职权

在刑事诉讼中,人民法院通过刑事审判活动,惩罚犯罪、实现国家刑罚权。根据我国《宪法》、《人民法院组织法》和《刑事诉讼法》的有关规定,人民法院在刑事诉讼过程中享有以下主要职权:

(1)审判权。人民法院对人民检察院起诉有的公诉案件或者自诉人起诉的自诉案件依法受理后,通过审查查明的事实,依法认定被告人是否有罪,对有罪的被告人应否科以刑罚及科以何种刑罚,作出具有法律强制效力的判决或者裁定。同时,人民法院还有权对生效判决或裁定决定再审,或者依据人民检察院的抗诉或当事人的再审申请,对生效判决或裁定决定再审并作出裁判;依据人民检察院的申请,决定没收逃匿或者死亡犯罪嫌疑人、被告人的违法所得;对依法不负刑事责任的精神病人决定强制医疗。

(2)刑事强制措施决定和执行权。人民法院有权对被告人决定并执行拘传,对被告人决定取保候审、监视居住、逮捕,并交由公安机关执行。

(3)证据调查核实权。法庭审理过程中,合议庭对证据有疑问的,可以宣布休庭,对证据进行调查核实。人民法院调查核实证据,可以进行勘验、检查、查封、扣押、鉴定和查询、冻结。

(4)司法制裁决定权。在法庭审判过程中,如果诉讼参与人或者旁听人员违反法庭秩序,审判长可以根据其情节轻重的不同,对行为人决定实施警告或强行带出法庭措施;或者经院长批准,对行为人处以 1000 元以下的罚款或者 15 日以下的拘留。被人民法院决定拘留的人,交由公安机关看管。

(5)部分刑罚执行权。按照我国《刑事诉讼法》的规定,人民法院负责执行部分生效的刑事判决或裁定。其中,死刑立即执行的判决或裁定,由原审人民法院执行;被判处罚金的罪犯,期满不缴纳的,由人民法院强制缴纳;没收财产的判决、裁定,无论附加适用或者独立适用,都由人民法院执行,在必要的时候,可以会同公安机关执行;被告人被判处无罪或者免予刑事处罚的,由作出判决的人民法院当庭释放。

(6)刑罚变更审核裁定权。在生效判决和裁定执行过程中,因出现法定理由或客观事由而需要变更刑罚内容的,由有管辖权的人民法院审核裁定。其中,被判处死刑缓期二年执行的罪犯,在死刑缓期执行期满后需要减刑的,由执行机关提出书面意见,报请高级人民法院裁定;被判处管制、拘役、有期徒刑或者无期徒刑的罪犯,在执行期间确有悔改或者立功表现,应当依法予以减刑、假释的,由执行机关提出建议书,经省的监狱管理机关批准后,报请人民法院审核裁定;对于已不具有人身危险性,不需要继续强制医疗的精神病人,需要提前解除的,报请决定强制医疗的人民法院批准。

(五)人民法院行使刑事诉讼职权的法律要求

我国《宪法》第 126 条和《人民法院组织法》第 4 条均规定,人民法院依照法律规定独立行使审判权,不受行政机关、社会团体和个人的干涉。人民法院在独立行使审判权时,应当严格依法进行。同时,人民法院进行刑事诉讼,必须依靠群众,必须以事实为根据,以法律为准绳。对于一切公民,在适用法律上一律平等,在法律面前,不允许有任何特权。人民法院应当尊重和保障人权,保障无罪的人不受刑事追究,切实保障当事人及其他诉讼参与人依法行使诉讼权利。

二、人民检察院

(一)人民检察院的性质和任务

我国《宪法》第 129 条和《人民检察院组织法》第 1 条均规定:中华人民共和国人民检察院是国家的法律监督机关。据此可以看出,我国人民检察院是代表国家行使检察权,履行国家法律监督职能的专门机关。作为国家专门的法律监督机关,人民检察院依法行使国家赋予的检察权,对法律的遵守和统一实施进行监督。

关于检察机关的性质问题,东西方国家存在很大差异。在西方国家,有从三权分立原则的角度出发,主张检察机关归属于政府系统,具有行政机关的性质;也有从检察权与司法权的相近性角度出发,将检察机关归类于司法机关;还有人主张检察机关属于准司法机关或行政司法机关。我国对检察机关性质的定位则深受苏联检察体制的影响,以列宁的法律监督思想作为理论基础,将检察机关与审判机关并列设置,接受同级人大机关的权力监督,并向同级人大及其常委会负责和报告工作。

根据《人民检察院组织法》第 4 条的规定,人民检察院的任务是:通过行使检察权,镇压一切叛国的、分裂国家的和其他反革命活动,打击反革命分子和其他犯罪分子,维护国家的统一,维护人民民主专政制度,维护社会主义法制,维护社会秩序、生产秩序、工作秩序、教学科研秩序和人民群众生活秩序,保护社会主义全民所有的财产和劳动群众集体所有的财产,保护公民私人所有的合法财产,保护公民的人身权利、民主权利和其他权利,保卫社会主义现代化建设的顺利进行。人民检察院通过检察活动,教育公民忠于社会主义祖国,自觉遵守宪法和法律,积极同违法行为作斗争。

（二）人民检察院的地位、组织体系与领导体制

人民检察院作为侦查机关、公诉机关以及国家法律监督的专门机关,在刑事诉讼中承担控诉职能和法律监督职能。人民检察院既是刑事诉讼法律关系主体,也是主要的刑事诉讼主体之一。

检察机关组织体系的设置,一定程度上受到本国特定的政治、文化、历史、诉讼理念、司法传统以及司法结构等因素的影响。我国在设置检察机关组织体系上经历了较为曲折的发展过程。现行检察机关组织体系遵循与国家行政区划、权力机关体系、审判机关体系以及检察权行使的实际需要相一致的原则设置。根据我国《人民检察院组织法》的规定,人民检察院的组织体系包括中华人民共和国最高人民检察院、地方各级人民检察院及专门人民检察院,分四个层级设置。其中,最高人民检察院是我国的最高检察机关。地方各级人民检察院则与地方各级人民法院的设置平行,并与行政辖区的范围一致,共分为三级,包括省、自治区、直辖市人民检察院；省、自治区、直辖市人民检察院分院,省辖市和自治州（盟）人民检察院（分院）；县、市、自治县（旗）和市辖区人民检察院。其中,市级和县级人民检察院根据工作需要,提请本级人民代表大会常务委员会批准,可以在工矿区、农垦区、林区、乡镇或城市街道等区域设置人民检察室作为人民检察院的派出机构。专门人民检察院包括军事检察院和铁路运输检察院。其中,军事检察院分三级设置,包括中国人民解放军军事检察院、各大军区、各大兵种和各总直属队的军事检察院以及各军级单位设立的基层军事检察院；铁路运输检察院的设置为两级,即以各铁路局所在地设立的省（自治区、直辖市）人民检察院铁路运输检察分院和以各铁路分局所在地设立的基层铁路运输检察院。另外,新疆生产建设兵团设有三级检察机关,即兵团人民检察院、各师检察分院和各团级垦区人民检察院。

各级人民检察院设检察长一人,副检察长和检察员若干人,助理检察员、书记员若干人。各级人民检察院检察长由同级人民代表大会选举产生。其中,省、自治区、直辖市人民检察院检察长的任免,须报最高人民检察院检察长提请全国人大常委会批准。自治州、省辖市、县、市、市辖区人民检察院检察长的任免,须报上一级人民检察院检察长提请该级人大常委会批准。人民检察院实行首长负责制。检察长统一领导检察院的工作。

在人民检察院内部设立检察委员会。检察委员会通常由检察长、副检察长、其他院党组成员、院内有关业务部门负责人和资深检察员组成。检察委员会的职责是：①审议、决定在检察工作中贯彻执行国家法律、政策和本级人民代表大会及其常务委员会决议的重大问题；②审议、通过提请本级人民代表大会及其常务委员会审议的工作报告、专题报告和议案；③总结检察工作经验,研究检察工作中的新情况、新问题；④最高人民检察院检察委员会审议、通过检察工作中具体应用法律问题的解释以及有关检察工作的条例、规定、规则、办法等；省级以下人民检察院检察委员会审议、通过本地区检察业务、管理等规范性文件；⑤审议、决定重大、疑难、复杂案件；⑥审议、决定下一级人民检察院提请复议的案件或者事项；⑦决定本级人民检察院检察长、公安机关负责人的回避；⑧其他需要提请检察委员会审议的案

件或者事项。

检察委员会会议由检察长主持召开。检察长因故不能出席时,应当委托一名副检察长主持。检察委员会实行民主集中制,遵循少数服从多数的原则。检察委员会会议必须有全体组成人员过半数出席,才能召开;必须有全体组成人员过半数同意,才能作出决定。检察委员会的决定具有法律效力,以本院或者本院检察长的名义发布。地方各级人民检察院检察长在讨论重大案件时不同意多数检察委员会委员意见的,可以报请上一级人民检察院决定;在讨论重大问题时不同意多数检察委员会委员意见的,可以报请上一级人民检察院或者本级人民代表大会常务委员会决定。在报请本级人民代表大会常务委员会决定的同时,应当抄报上一级人民检察院。

根据我国《人民检察院组织法》的规定,上下级人民检察院之间属于领导与被领导的关系。最高人民检察院是我国的最高检察机关,领导地方各级人民检察院和专门人民检察院的工作,并对检察工作中如何具体应用法律的问题进行解释。上级人民检察院领导下级人民检察院的工作。在刑事诉讼中,上级人民检察院对下级人民检察院作出的决定,有权予以撤销或者变更;发现下级人民检察院办理的案件有错误的,有权指令下级人民检察院予以纠正。下级人民检察院对上级人民检察院的决定应当执行,如果认为有错误的,应当在执行的同时向上级人民检察院报告。

在人民检察院与国家权力机关的关系上,各级人民检察院受同级人民代表大会及其常务委员会的权力监督,对其负责和报告工作。其中,最高人民检察院对全国人民代表大会及其常务委员会负责并报告工作。地方各级人民检察院对本级人民代表大会及其常务委员会负责并报告工作。

(三)人民检察院在刑事诉讼中的职权

我国《刑事诉讼法》第3规定:"对刑事案件的侦查、拘留、执行逮捕、预审,由公安机关负责。检察、批准逮捕、检察机关直接受理的案件的侦查、提起公诉,由人民检察院负责。审判由人民法院负责。除法律特别规定的以外,其他任何机关、团体和个人都无权行使这些权力。"具体而言,人民检察院在刑事诉讼中依法行使下列职权:

(1)检察权。即对于叛国案、分裂国家案以及严重破坏国家的政策、法律、法令、政令统一实施的重大犯罪案件,行使检察权。

(2)侦查权。我国《人民检察院组织法》第5条第2项规定:"对于直接受理的刑事案件,进行侦查。"由人民检察院立案侦查的案件通常被称为"自侦案件",其范围包括:贪污贿赂犯罪、国家工作人员的渎职犯罪、国家机关工作人员利用职权实施的非法拘禁、刑讯逼供、报复陷害、非法搜查的侵犯公民人身权利的犯罪以及侵犯公民民主权利的犯罪案件。在刑事侦查中,人民检察院的权力与公安机关的权力大体相同,可以通过讯问、询问、查封、扣押、鉴定、辨认等侦查措施,查明案件事实,收集犯罪证据,查获犯罪嫌疑人。人民检察院与公安机关、国家安全机关的侦查权力的不同之处主要表现在:人民检察院需要通缉在逃的犯罪嫌疑人时,应当由公安机关代为发布通缉令;人民检察院拟采取技术侦查措施的,应当在批准决定后交由公安机关执行。

(3)强制措施决定和执行权。在刑事诉讼过程中,人民检察院可以对犯罪嫌疑人直接决定并执行拘传措施;可以对犯罪嫌疑人决定拘留、逮捕、取保候审和监视居住措施,并交由公安机关执行。

(4) 公诉权。我国《刑事诉讼法》第167条规定:"凡需要提起公诉的案件,一律由人民检察院审查决定。"公诉权是检察机关所行使的审查起诉权、提起公诉权以及出庭支持公诉权的总称。由公安机关、国家安全机关等专门的侦查机关或者人民检察院侦查部门对案件侦查终结后需要提起公诉的案件,应当由人民检察院审查决定后,由人民检察院代表国家向有管辖权的人民法院起诉。对于人民法院决定立案审理的案件,人民检察院应当派员出庭支持公诉。

(5) 不起诉决定权。人民检察院对于公安机关、国家安全机关等侦查机关移送审查起诉的案件或者自侦部门侦查终结的案件,发现犯罪嫌疑人没有犯罪事实,或者符合《刑事诉讼法》第15条规定的情形之一的,经检察长或者检察委员会决定,应当作出不起诉决定。对于未成年人涉嫌《刑法》分则第四章、第五章、第六章规定的犯罪,可能判处一年有期徒刑以下刑罚,符合起诉条件,但有悔罪表现的,人民检察院可以作出附条件不起诉的决定。

(6) 法律监督权。我国《刑事诉讼法》第8条规定:"人民检察院依法对刑事诉讼实行法律监督。"为保证国家刑事诉讼的专门机关依法国家权力,人民检察院有权对整个刑事诉讼的活动过程实行法律监督。具体监督范围包括:

①立案监督权。《人民检察院刑事诉讼规则(试行)》第552条规定:"人民检察院依法对公安机关的刑事立案活动实行监督。"我国《刑事诉讼法》第111条规定:"人民检察院认为公安机关对应当立案侦查的案件而不立案侦查的,或者被害人认为公安机关对应当立案侦查的案件而不立案侦查,向人民检察院提出的,人民检察院应当要求公安机关说明不立案的理由。人民检察院认为公安机关不立案理由不能成立的,应当通知公安机关立案,公安机关接到通知后应当立案。"《人民检察院刑事诉讼规则(试行)》第561条还规定:"对于由公安机关管辖的国家机关工作人员利用职权实施的重大犯罪案件,人民检察院通知公安机关立案,公安机关不予立案的,经省级以上人民检察院决定,人民检察院可以直接立案侦查。"

除了对应当立案而不予立案的情况进行监督外,人民检察院还对公安机关不该立案却予以立案的情况进行监督。《人民检察院刑事诉讼规则(试行)》第555条第2款规定:"有证据证明公安机关可能存在违法动用刑事手段插手民事、经济纠纷,或者利用立案实施报复陷害、敲诈勒索以及谋取其他非法利益等违法立案情形,尚未提请批准逮捕或者移送审查起诉的,经检察长批准,应当要求公安机关书面说明立案理由。"

②侦查监督权。对刑事侦查机关侦查行为实施监督,保证侦查权行使的合法性、准确性,从而防止侦查权滥用对公民的人身权和财产权造成侵害。《人民检察院刑事诉讼规则(试行)》第564条规定:"人民检察院依法对公安机关的侦查活动是否合法实行监督。"人民检察院对公安机关的侦查活动进行监督,主要方式有:一是发现公安机关的侦查活动有违法行为时,有权提出纠正意见或者发出纠正违法通知书;二是发现公安机关在侦查期间对犯罪嫌疑人有超期羁押情形的,人民检察院有权向公安机关提出对犯罪嫌疑人予以释放或者变更强制措施的建议;三是对公安机关要求逮捕犯罪嫌疑人时,有权进行审查,并作出是否逮捕的决定;四是在审查起诉时,发现公安机关移送审查起诉的案件有侦查违法行为的,人民检察院有权决定退回公安机关进行补充侦查。

③审判监督权。对人民法院的审判活动进行监督,旨在监督人民法院依法行使国家审

判权,保证当事人的诉讼权利能够得到尊重和充分行使,确保国家法律得到正确有效实施。人民检察院对审判活动的监督方式主要有:一是在人民法院审理案件过程中,检察机关的公诉人出庭支持公诉,参加法庭审理,发现人民法院的审判活动有违法行为时,有权在庭后提出纠正意见,要求人民法院改正;二是人民检察院可以通过调查、审阅案卷、受理申诉、控告等活动,监督审判活动是否合法;三是人民检察院检察长可以列席人民法院审判委员会会议,对审判委员会讨论的案件等议题发表意见,依法履行法律监督职责;四是对于人民法院的判决、裁定,人民检察院认为确有错误,有权提出检察建议或者提起抗诉,通过二审程序或审判监督程序予以纠正,以保证法律适用的统一性、公正性;五是最高人民检察院依法对最高人民法院的死刑复核活动实行法律监督。如,认为死刑二审裁判确有错误,依法不应当核准死刑的;发现新情况、新证据,可能影响被告人定罪量刑的;严重违反法律规定的诉讼程序,可能影响公正审判的;司法工作人员在办理案件时,有贪污受贿,徇私舞弊,枉法裁判等行为的有权向最高人民法院提出意见。

④执行监督权。执行作为审判结果得以最终实现的一个重要保障手段,在诉讼机制中具有不可替代的功效。检察机关依法享有的执行监督权能否真正发挥作用,直接关系到法院生效判决能否得以正确执行以及执行活动是否合法。人民检察院对刑事裁判执行的监督主要包括:一是人民法院判决被告人无罪,免予刑事处罚,判处管制,宣告缓刑,单处罚金或者剥夺政治权利,被告人被羁押的,人民检察院应当监督被告人是否被立即释放,发现被告人没有被立即释放的,应当立即向人民法院或者看守所提出纠正意见;二是被判处死刑的罪犯在被执行死刑时,人民检察院应当派员临场监督;三是人民法院、公安机关、看守所的交付执行活动违法情形时,人民检察院应当依法提出纠正意见;四是人民检察院发现监狱、看守所、公安机关暂予监外执行的执法活动有违法情形时,应当依法提出纠正意见;五是人民检察院发现监狱等执行机关提请人民法院裁定减刑、假释的活动有违法情形时,应当依法提出纠正意见;六是人民法院开庭审理减刑、假释案件,人民检察院应当指派检察人员出席法庭,发表意见,发现人民法院减刑、假释裁定不当的,应当向作出减刑、假释裁定的人民法院提出书面纠正意见;七是人民检察院发现公安机关未依法执行或者剥夺政治权利执行期满未书面通知本人及其所在单位、居住地基层组织等违法情形的,应当依法提出纠正意见;八是人民检察院发现人民法院执行罚金刑、没收财产刑以及执行生效判决、裁定中没收违法所得及其他涉案财产的活动,有依法应当执行而不执行、执行不当、罚没的财物未及时上缴国库或者执行活动中其他违法情形的,应当依法提出纠正意见;九是人民检察院发现社区矫正有违法情形时,应当依法向社区矫正机构提出纠正意见;十是人民检察院发现强制医疗的执行有违法情形或者交付执行机关未及时交付执行的,应当依法提出纠正意见。

(四)人民检察院在刑事诉讼中行使职权的法律要求

我国《宪法》第131条规定:"人民检察院依照法律规定独立行使检察权,不受行政机关、社会团体和个人的干涉。"我国《刑事诉讼法》第5条规定:"人民法院依照法律规定独立行使审判权,人民检察院依照法律规定独立行使检察权,不受行政机关、社会团体和个人的干涉。"在刑事诉讼中,人民检察院应当严格依照法律规定独立地行使职权,必须忠于事实和法律,尊重和保障人权,切实保障当事人和其他诉讼参与人的各项诉讼权利。

三、公安机关

(一)公安机关的性质和任务

根据我国《宪法》的规定,公安机关是国家的治安保卫机关,是各级人民政府的组成部分,专门负责对内的治安保卫工作,属于国家行政机关。同时,它又担负着刑事案件的侦查任务,因而它又是国家的司法机关之一。可见,公安机关的性质具有双重性,即既有行政性又有司法性。

作为政府的一个职能部门,公安机关依法管理社会治安,行使国家的行政权。其行政职责主要包括:预防、制止和处置违法活动;防范、打击恐怖活动;维护社会治安秩序,制止危害社会治安秩序的行为;管理交通、消防、危险物品;管理户口、居民身份证、国籍、出入境事务和外国人在中国境内居留、旅行的有关事务;维护国(边)境地区的治安秩序;警卫国家规定的特定人员,守卫重要场所和设施;管理集会、游行和示威活动;监督管理公共信息网络的安全监察工作;指导和监督国家机关、社会团体、企业事业组织和重点建设工程的治安保卫工作,指导治安保卫委员会等群众性治安保卫组织的治安防范工作,等等。

在刑事诉讼中,公安机关依法行使国家的侦查权,负责大多数刑事案件的立案侦查工作,是主要的刑事侦查机关。它通过行使法定的刑事侦查权,准确、及时查明犯罪事实、查获犯罪嫌疑人,追究犯罪行为。公安机关作为我国刑事诉讼专门机关组织体系中的重要组成部分,是刑事诉讼控诉职能的主要承担者之一。

公安机关所具有的双重性质,决定了公安机关必然担负双重任务。一方面,公安机关要保卫社会主义建设的顺利进行,维护社会主义法制,依法进行社会治安管理,维护社会公共安全。另一方面,公安机关应当通过各种侦查手段,收集证据,查明犯罪事实、查获犯罪嫌疑人,为人民检察院的起诉工作提供事实基础,以实现揭露、证实犯罪、惩罚犯罪、制裁犯罪的目的。

(二)公安机关的地位、组织体系与领导体制

作为刑事案件的侦查机关之一,大部分刑事案件的侦查活动由公安机关进行。同时,公安机关也是刑罚的执行机关之一,负责部分刑事判决、裁定的执行。公安机关既是重要的刑事诉讼法律关系主体,又是重要的刑事诉讼主体。在刑事诉讼中,公安机关承担着相当重要的诉讼任务,同人民法院和人民检察院处于同等重要的地位。

公安机关设置在各级人民政府之中,是各级人民政府的组成部分。中央人民政府设立中华人民共和国公安部;省、自治区、直辖市的人民政府设公安厅或公安局;地区行政公署和自治州、省辖市的人民政府设公安局或公安处;县、自治县、不设区的市的人民政府设公安局;市辖区的人民政府设公安分局。县级公安局或市辖区公安分局,根据需要,在乡、镇或城市街道下设若干公安派出所。此外,国家还在铁路、民航、港口、林业、矿山、油田等系统设公安局或公安处,基层局(处)下设若干公安派出所。

作为各级人民政府组成部分的公安机关隶属于同级人民政府,实行双重领导体制,同时受同级人民政府和上级公安机关的领导。铁路、民航、港口、林业、矿山、油田等系统内设立的各级公安机关实行垂直领导体制。另外,新疆生产建设兵团在其三级建制单位内也设有

公安局,即兵(兵团公安局)、师(师公安局)、垦区(垦区公安局)三级建制,上下级公安局之间属于垂直领导关系。其中,垦区公安局下设若干公安派出所。

在公安机关内部,实行行政首长负责制。不同地区、不同系统的公安机关互不隶属,在办案过程中是配合、协作的关系。

(三)公安机关在刑事诉讼中的职权

《刑事诉讼法》第3条规定,对刑事案件的侦查、拘留、执行逮捕、预审,由公安机关负责。具体地,公安机关在刑事诉讼中的职权主要包括:

(1)侦查权。对于严重危害社会治安和公共安全且需要追究刑事责任的案件,由公安机关依法立案侦查。在刑事诉讼中,公安机关主要负责刑事犯罪的侦查工作,依法行使侦查、拘留、预审和执行逮捕的职权。侦查过程中,公安机关有权讯问犯罪嫌疑人、询问证人、被害人,进行勘验、检查、搜查,扣押物证、书证,组织鉴定、进行侦查实验,通缉在逃的犯罪嫌疑人等。对于危害国家安全犯罪、恐怖活动犯罪、黑社会性质的组织犯罪、重大毒品犯罪或者其他严重危害社会的犯罪案件,根据侦查犯罪的需要,经过严格的批准手续,还可以采取技术侦查措施。

(2)强制措施决定和执行权。在侦查过程中,公安机关有权对犯罪嫌疑人决定并执行拘传、取保候审、监视居住和拘留措施。执行人民检察院、人民法院决定的取保候审和监视居住措施。经人民检察院批准或人民检察院、人民法院决定,对犯罪嫌疑人、被告人执行逮捕。

(3)部分刑罚执行权。对被判处拘役、剥夺政治权利的罪犯以及被判处驱逐出境的外籍罪犯由公安机关执行。另外,《刑事诉讼法》第253条规定,对被判处有期徒刑的罪犯,在被交付执行刑罚前,剩余刑期在3个月以下的,由看守所代为执行。第258条规定,对被判处管制、宣告缓刑、假释或者暂予监外执行的罪犯,依法实行社区矫正,由社区矫正机构负责执行。公安机关负责监督。

值得一提的是,公安机关在行使职权的过程中,应当"尊重和保障人权",依法保障犯罪嫌疑人、被告人的诉讼权利和罪犯的权利。严禁对犯罪嫌疑人进行刑讯逼供或者非法剥夺、限制犯罪嫌疑人、被告人的诉讼权利或虐待罪犯。

四、国家安全机关

(一)国家安全机关的性质、组织体系和领导体制

国家安全机关是我国政府的反间谍机关和政治保卫机关。1983年9月2日,第六届全国人大常委会第二次会议通过《关于国家安全机关行使公安机关的侦查、拘留、预审和执行逮捕的职权的决定》,其中明确指出:国家安全机关承担原由公安机关主管的间谍、特务案件的侦查工作,是国家公安机关的性质,因而国家安全机关可以行使宪法和法律规定的公安机关的侦查、拘留、预审和执行逮捕的职权。我国《反间谍法》第3条规定:"国家安全机关是反间谍工作的主管机关。"第8条规定:"国家安全机关在反间谍工作中依法行使侦查、拘留、预审和执行逮捕以及法律规定的其他职权。"

在组织体系方面,中央一级设中华人民共和国国家安全部,属于国务院即中央人民政府的组成部分,主管全国的国家安全工作。省、自治区、直辖市设国家安全厅(局),由国家安全

部与所在地的省人民政府双重领导,以国家安全部领导、管理为主。设区的省辖市,设国家安全局。在县一级,沿海沿边设县国家安全局,或者设市国家安全局驻某县工作站。各省、自治区、直辖市内的国家安全机关由省级国家安全厅(局)垂直领导、管理。20世纪90年代末期,国家安全机关根据工作需要,在各省、自治区、直辖市陆续建成一批看守所,依法承担危害国家安全的犯罪嫌疑人、被告人的收押、看守工作。

(二)国家安全机关在刑事诉讼中的职权

《刑事诉讼法》第4条规定:"国家安全机关依照法律规定,办理危害国家安全的刑事案件,行使与公安机关相同的职权。"因此,国家安全机关办理危害国家安全的刑事案件时,与公安机关具有相同的性质、地位与职权。

根据我国《反间谍法》第38条规定,间谍行为,是指下列行为:①间谍组织及其代理人实施或者指使、资助他人实施,或者境内外机构、组织、个人与其相勾结实施的危害中华人民共和国国家安全的活动;②参加间谍组织或者接受间谍组织及其代理人的任务的;③间谍组织及其代理人以外的其他境外机构、组织、个人实施或者指使、资助他人实施,或者境内机构、组织、个人与其相勾结实施的窃取、刺探、收买或者非法提供国家秘密或者情报,或者策动、引诱、收买国家工作人员叛变的活动;④为敌人指示攻击目标的;⑤进行其他间谍活动的。该法第27条第1款还规定:"境外机构、组织、个人实施或者指使、资助他人实施,或者境内机构、组织、个人与境外机构、组织、个人相勾结实施间谍行为,构成犯罪的,依法追究刑事责任。"由此可见,构成犯罪的间谍行为,即属于危害国家安全的行为,国家安全机关应当立案侦查。《反间谍法》第12条规定:"国家安全机关因侦察间谍行为的需要,根据国家有关规定,经过严格的批准手续,可以采取技术侦察措施。"从以上规定可以看出,国家安全机关与公安机关主要是管辖案件的范围不同,但在行使侦查权、强制措施决定和执行权、执行逮捕等权力时,则没有实质的区别。

五、海关缉私部门

(一)海关缉私部门的性质、组织体系和领导体制

我国《海关法》第2条规定,中华人民共和国海关是国家的进出关境监督管理机关。海关依照本法和其他有关法律、行政法规,监管进出境的运输工具、货物、行李物品、邮递物品和其他物品,征收关税和其他税、费,查缉走私,并编制海关统计和办理其他海关业务。

在组织体系上,海关机构一般分为三级设置。其中,国务院设立海关总署,统一管理全国海关,下设直属海关和隶属海关。在广东,设有海关总署广东分署。海关实行垂直领导的体制,即隶属海关由直属海关领导,向直属海关负责;直属海关和海关分署由海关总署领导,向海关总署负责。海关的隶属关系,不受行政区划的限制。

为严厉打击走私犯罪活动,1999年,经国务院批准,我国组建了走私犯罪侦查局,设在海关总署,受海关总署和公安部双重领导,以海关总署领导为主。走私犯罪侦查局在广东分署、各直属海关及其隶属海关设立了42个走私犯罪侦查分局和116个走私犯罪侦查支局。2001年,经国务院批准,海关总署广东分署、部分直属海关走私犯罪侦查分局列入所在省、自治区、直辖市公安厅(局)序列。2002年12月,经国务院办公厅批准,海关总署走私犯罪侦

查局更名为海关总署缉私局,各海关走私犯罪侦查分局更名为海关缉私局,各海关走私犯罪侦查支局更名为海关缉私分局。其中,各直属海关缉私局受所属的直属海关和海关总署缉私局的双重领导,各隶属海关缉私分局则受其所属的隶属海关和直属海关缉私局的双重领导。

(二)海关缉私部门在刑事诉讼中的职权

《海关法》第4条规定:"国家在海关总署设立专门侦查走私犯罪的公安机构,配备专职缉私警察,负责对其管辖的走私犯罪案件的侦查、拘留、执行逮捕、预审。海关侦查走私犯罪公安机构履行侦查、拘留、执行逮捕、预审职责,应当按照《中华人民共和国刑事诉讼法》的规定办理。"从中可以看出,海关缉私部门属于公安机构的一种,其在侦查走私犯罪案件时的职权与地方公安机关的职权相同。但在刑罚执行方面,海关缉私部门则不承担生效裁判的执行职责。

六、军队保卫部门

(一)军队保卫部门的性质、组织体系和领导体制

军队保卫部门是专门负责军队内部安全保卫工作的内设机构。新中国成立初期,国家在成立公安部的同时,组建了公安部武装力量保卫局,专门负责军队内部的安全保卫工作,行使法律规定的公安机关的侦查等职权。1950年,武装力量保卫局改由中国人民解放军总政治部和公安部双重领导,在总政治部称保卫部,成为总政治部负责管理全军保卫工作的职能部门。1965年,保卫部在编制序列上完全划归总政治部领导。之后,总政治部设保卫部领导全军保卫工作,各大单位、海军舰队、军区空军、集团军、师、旅、团分别设保卫部、处、科、股,承担着打击军队内部发生的刑事犯罪,纯洁巩固部队的任务。各级军事单位的保卫部门,既受其所在军事单位的领导,又受上级军事单位保卫部门的领导。

(二)军队保卫部门在刑事诉讼中的职权

军队是不同于地方或其他部门的特殊的武装集团,军队内部发生的刑事案件及其查处活动有一定的特殊性。1993年12月29日,第八届全国人大常委会第五次会议通过的《关于中国人民解放军保卫部门对军队内部发生的刑事案件行使公安机关的侦查、拘留、预审和执行逮捕的职权的规定》明确指出:中国人民解放军保卫部门承担军队内部发生的刑事案件的侦查工作,同公安机关对刑事案件的侦查工作性质是相同的,因此,军队保卫部门对军队内部发生的刑事案件,可以行使宪法和法律规定的公安机关的侦查、拘留、预审和执行逮捕的职权。我国《刑事诉讼法》第290条第1款规定:"军队保卫部门对军队内部发生的刑事案件行使侦查权。"从军队保卫工作的历史沿革情况看,保卫部门既担负军队内部的预防犯罪工作,还负责刑事案件的侦查工作。由军队保卫部门承担的军队内部发生的刑事案件侦查工作,主要包括现役军人,在编职员、职工犯罪的案件和发生在部队营区的案件。军队保卫部门的侦查工作与公安机关的侦查工作性质相同。

七、监狱

(一)监狱的性质、组织体系和领导体制

我国《监狱法》第 2 条第 1 款规定:"监狱是国家的刑罚执行机关。"监狱是罪犯服刑改造的专门场所,也是专门承担刑罚执行功能的司法行政机关。它以完全剥夺人身自由的方式,让罪犯直接承担刑事法律责任的强制性后果。监狱具有国家机器的鲜明特征,是实现国家刑罚权的重要部门。监狱对罪犯实行惩罚和改造相结合、教育和劳动相结合的原则,将罪犯改造成为守法公民。

监狱由司法部统一领导。司法部设监狱管理局,领导全国的监狱管理工作。各省、自治区、直辖市的司法行政主管部门设省级监狱管理局,直接领导所在辖区内的各监狱管理工作。司法部监狱管理局直接领导各直属监狱的管理工作。根据《监狱法》第 39 条规定,监狱对成年男犯、女犯和未成年犯实行分开关押和管理。我国的监狱包括成年男犯监狱、成年女子监狱、未成年犯管教所三种类型。各监狱之间互不隶属。其中,未成年犯管教所主要收押被依法判处有期徒刑、无期徒刑未满 18 周岁的罪犯。对于年满 18 周岁,余刑不满二年的罪犯,仍可以留在未成年犯管教所执行剩余刑期。

需要说明的是,前述的监狱只适用于由普通人民法院和铁路运输法院判决的罪犯刑罚执行。由军事法院判决的罪犯,其相关刑罚由军事监狱执行。军事监狱的工作由解放军总政治部领导。

(二)监狱在刑事诉讼中的职权

根据《刑事诉讼法》和《监狱法》的有关规定,监狱在刑事诉讼中的主要职权包括:

(1)刑罚执行权。《监狱法》第 2 条第 2 款规定:"依照刑法和刑事诉讼法的规定,被判处死刑缓期二年执行、无期徒刑、有期徒刑的罪犯,在监狱内执行刑罚。"根据改造罪犯的需要,监狱依法组织罪犯从事生产劳动,并对罪犯进行思想教育、文化教育、技术教育。

(2)监外执行决定权。对于被判处无期徒刑、有期徒刑在监内服刑的罪犯,符合刑事诉讼法规定的监外执行条件的,监狱可以对决定暂予监外执行。暂予监外执行,由监狱提出书面意见,报省、自治区、直辖市监狱管理机关批准。批准机关应当将批准的暂予监外执行决定通知公安机关和原判人民法院,并抄送人民检察院。

(3)减刑、假释建议权。被判处死刑缓期二年执行的罪犯,在死刑缓期执行期间,符合法律规定的减为无期徒刑、有期徒刑条件的;被判处无期徒刑、有期徒刑的罪犯,在服刑期间确有悔改或者立功表现的,根据考核的结果,可以减刑的;被判处无期徒刑、有期徒刑的罪犯,符合法律规定的假释条件的,监狱可以提出减刑或假释建议,报经监狱行政主管部门批准后,由有管辖权的人民法院审理后裁定。

(4)侦查权。《刑事诉讼法》第 290 条第 2 款规定:"对罪犯在监狱内犯罪的案件由监狱进行侦查。"罪犯在服刑期间发生在监狱内犯罪案件或者在监狱押解罪犯的途中发生的案件,由监狱的侦查部门负责侦查。监狱侦查部门在侦查罪犯的犯罪案件时,其职权与公安机关的职权相同。

第二节 刑事诉讼参与人

一、刑事诉讼参与人概述

刑事诉讼参与人是指除公安、检察、法院和监狱机关之外以个人名义参加刑事诉讼活动,依法享有一定的诉讼权利并承担一定的诉讼义务的单位或个人。

我国《刑事诉讼法》第106条第4项明确指出,刑事"诉讼参与人"是指当事人、法定代理人、诉讼代理人、辩护人、证人、鉴定人和翻译人员。刑事诉讼参与人是刑事诉讼法律关系的主体,但并非都是刑事诉讼主体。各诉讼参与人在刑事诉讼中处于不同的诉讼地位,发挥着不同职能和作用。如果以诉讼参与人与案件事实及案件处理结果是否存在直接的利害关系为依据,刑事诉讼参与人可以分为当事人和其他诉讼参与人。

二、刑事诉讼中的当事人

刑事诉讼当事人是指以自己的名义参加刑事诉讼,在其中处于追诉或被追诉的地位,与案件事实或者诉讼结果具有直接利害关系的刑事诉讼参与人。成为刑事诉讼当事人应当具备以下三个条件:

一是在刑事诉讼中处于追诉或被追诉的地位,是控诉职能或辩护职能的主要承担者。当事人是刑事诉讼主体,其诉讼行为对刑事诉讼的启动、进展或者终结将产生直接影响。

二是与案件事实或者案件的处理结果有直接利害关系。刑事诉讼当事人通常是案件事实的直接关联者或者是法律责任的直接承担者,是诉讼过程和结果的直接影响对象。其中的影响可以包括自由、权利、财产,甚至是生命。

三是属于刑事诉讼参与人的范畴,但不是公安、检察、法院或监狱机关工作人员的个人或单位。刑事诉讼当事人必须是以其个人名义参加诉讼活动的主体,而不是履行职务的国家机关公职人员。

我国《刑事诉讼法》第106条第2项规定,当事人包括被害人、自诉人、犯罪嫌疑人、被告人、附带民事诉讼的原告人和被告人。

(一)被害人

1. 刑事诉讼中的被害人的概念

刑事诉讼中的被害人是指其人身权利、财产权利、民主权利或其他合法利益直接受到犯罪行为侵害而参加刑事诉讼活动的公民、法人或其他组织。根据我国《刑事诉讼法》的规定,刑事诉讼分为公诉和自诉两种情形。在公诉案件中,案件由人民检察院代表国家提起公诉,直接受到犯罪行为侵害的对象,被称为"被害人"。自诉案件由受害者直接向人民法院起诉,其中的犯罪行为侵害对象,被称为"自诉人"。因此,立法中所指被害人通常是指公诉案件中犯罪行为的直接侵害对象。被害人包括自然人和单位两种类型。作为自然人的被害人可以是中国公民、外国人或者无国籍人;作为单位的被害人则可以是法人或者是依法成立的不具备法人资格的其他组织。被害人是犯罪行为侵害的具体对象,但并非所有的犯罪行为都有具体的侵害对象。尽管在刑法理论上犯罪是对国家利益的严重侵犯,但国家并不是具体的被害人。

2. 被害人在刑事诉讼中的地位

在刑事诉讼中,被害人是承担控诉职能的诉讼参与人,具有独立的诉讼地位。由于我国的公诉案件一律由人民检察院代表国家进行公诉,因此,虽然被害人与案件事实和诉讼结果具有直接的利害关系,但他不能直接向人民法院提起诉讼,要求追究犯罪人的刑事责任。相对于检察机关而言,被害人只是承担控诉职能的诉讼主体之一,但不超越检察机关的控诉主体地位。被害人是否要求追究犯罪人的刑事责任,并不影响公诉的正常进行。

3. 被害人在刑事诉讼中的诉讼权利与诉讼义务

被害人是犯罪行为直接侵害的对象,鉴于其在刑事诉讼中的特殊地位,我国《刑事诉讼法》十分重视对被害人在刑事诉讼中的权利保护。归纳起来,被害人依法享有的诉讼权利主要包括:①对确已发生的犯罪行为,有权向公、检、法机关报案或控告;②有权用本民族语言文字进行诉讼;③不服侦查机关不立案的决定时,有权申请复议;④对有证据证明被告人侵犯了自己人身权利、财产权利的行为应当追究刑事责任,而公安机关或者人民检察院不予立案、不予追究的案件,有权向人民法院直接起诉;⑤对不起诉决定不服的,有权依法提出申诉;⑥对于审判人员、检察人员和侦查人员侵犯公民诉讼权利和人身侮辱的行为,有权提出控告;⑦有权对侦查人员、检察人员、审判人员、鉴定人、翻译人员、书记员申请回避;⑧有权委托诉讼代理人参加诉讼;⑨有权参加法庭调查和法庭辩论;⑩有权申请人民法院对以非法方法收集的证据依法予以排除;⑪有权申请通知新的证人到庭,调取新的物证,申请重新鉴定或者勘验;⑫不服地方各级人民法院一审判决或裁定时,有权在规定期限内请求人民检察院提出抗诉;⑬有权提起附带民事诉讼,并对地方各级人民法院关于民事赔偿的一审判决提起上诉;⑭有权对已经发生法律效力的判决和裁定,向人民法院或人民检察院提出申诉。

在特定的案件中,被害人还享有特别的人身保护权利。根据《刑事诉讼法》第62条规定,对于危害国家安全犯罪、恐怖活动犯罪、黑社会性质的组织犯罪、毒品犯罪等案件,被害人因在诉讼中作证,本人或者其近亲属的人身安全面临危险的,人民法院、人民检察院和公安机关应当采取以下一项或者多项保护措施:①不公开真实姓名、住址和工作单位等个人信息;②采取不暴露外貌、真实声音等出庭作证措施;③禁止特定的人员接触被害人及其近亲属;④对人身和住宅采取专门性保护措施;⑤其他必要的保护措施。被害人认为因在诉讼中作证,本人或者其近亲属的人身安全面临危险的,可以向人民法院、人民检察院、公安机关请求予以保护。

被害人在享有上述诉讼权利的同时,也应当承担相应的诉讼义务。主要包括:①如实向公安、司法机关陈述案情、提供证据,不得伪造、隐匿、毁灭证据或者诬告、陷害他人;②服从侦查、检察、审判人员的指挥,对公安机关、人民检察院、人民法院依法进行的诉讼活动给予配合;③按时出席法庭参加诉讼,遵守法庭秩序。

(二)自诉人

1. 自诉人的概念

自诉人是指在刑事自诉案件中,以个人名义直接向人民法院提起诉讼,要求追究被告刑事责任的当事人。刑事自诉是相对刑事公诉而言的一种起诉方式。我国《刑事诉讼法》明确规定了刑事自诉案件的范围，只有在法律规定的自诉案件中的被害人才能成为自诉人。在通常情况下，自诉人就是被害人本人。但被害人死亡或者丧失行为能力时，被害人的法定代理人、近亲属有权向人民法院起诉。在告诉才处理的案件中，被害人因受强制、威胁、恐吓等原因无法告诉时，被害人的近亲属也可以为维护被害人的合法权益，以被害人的名义代行告诉。

2. 自诉人在刑事诉讼中的地位

自诉人是刑事自诉中处于原告诉讼地位的一方当事人，承担控诉职能，是与案件事实和诉讼结果有着直接利害关系的独立诉讼主体。自诉人是启动自诉案件审判程序重要的诉讼法律关系主体，享有原告的各项诉讼权利。被告人提出反诉的，自诉人则成为反诉的被告人。

3. 自诉人的诉讼权利与诉讼义务

自诉人作为刑事诉讼当事人，是刑事自诉案件的重要诉讼主体，享有广泛的诉讼权利，主要包括：①有权以自己的名义提起刑事诉讼；②有权使用本民族语言文字进行诉讼；③有权提起刑事附带民事诉讼；④有权委托诉讼代理人代为参加诉讼；⑤有权申请审判人员、书记员、鉴定人和翻译人员回避；⑥有权参加法庭调查和法庭辩论；⑦有权申请人民法院调取新的证据和传唤新的证人，申请重新鉴定和勘验；⑧在法庭审判时，经审判长许可，有权向被告人、证人、鉴定人发问；⑨有权在宣判前申请撤诉或者与被告人进行和解，但不得和解的案件除外；⑩不服地方各级人民法院一审判决或裁定时，有权在规定的期限内提出上诉；⑪有权对已经发生法律效力的判决和裁定，向人民法院或人民检察院提出申诉；⑫有权对审判人员非法限制或剥夺其依法享有的诉讼权利、对其人身进行侮辱的行为向有关部门提出控告。

自诉人在享有各项诉讼权利的同时，也应当履行相应的诉讼义务。其诉讼义务主要包括：①自诉人应当如实向人民法院提供案件真实情况，不得伪造证据或者诬告、陷害被告人。②自诉人应当按时出庭，参加法庭审理，并遵守法庭秩序。我国《刑事诉讼法》第205条第2款规定："自诉人经两次依法传唤，无正当理由拒不到庭的，或者未经法庭许可中途退庭的，按撤诉处理。"③自诉人应当承担举证责任。缺乏罪证的自诉案件，如果自诉人提不出补充证据，应当说服自诉人撤回自诉，或者裁定驳回。④自诉人应当履行人民法院生效的判决、裁定或调解协议。

(三)犯罪嫌疑人、被告人

1. 犯罪嫌疑人、被告人的概念

犯罪嫌疑人、被告人是指因涉嫌犯有某种罪行而被依法追究刑事责任的当事人。通常情况下，刑事诉讼中的犯罪嫌疑人、被告人是达到法定刑事责任年龄并且具有责任能力的自然人。但在一些特殊类型的刑事案件中，如贪污、贿赂、走私、生产假冒伪劣产品或有毒有害食品以及侵犯知识产权的案件，法人或者其他组织的单位也可以成为犯罪嫌疑人、被告人。对同一案件来说，犯罪嫌疑人与被告人属同一人，只是在不同的刑事诉讼阶段中有不同的称谓。在公诉案件的侦查阶段和审查起诉阶段，被追诉人被称为"犯罪嫌疑人"；人民检察院提起公诉后，则被称为"被告人"。在自诉案件中，被追诉人统称为"被告人"。被追诉人在不同诉讼阶段的称谓,体现了其诉讼主体地位和无罪推定的原则。

2. 犯罪嫌疑人、被告人在刑事诉讼中的地位

犯罪嫌疑人、被告人是刑事追究的对象,是整个刑事诉讼的中心主体,是承担辩护职能的当事人。犯罪嫌疑人、被告人既是刑事诉讼法律关系主体,更是重要的刑事诉讼主体,具有人身不可替代性,必须亲自参加刑事诉讼(附带民事诉讼部分可以代理)。如果犯罪嫌疑人、被告人死亡,除可以继续违法所得的没收程序外,其他的刑事诉讼活动则应当终止。

3. 犯罪嫌疑人、被告人在刑事诉讼中的诉讼权利与诉讼义务

为保障准确、有效地惩罚犯罪,实现诉讼公正目标,保障无罪的人不受到错误追究,《刑事诉讼法》赋予犯罪嫌疑人、被告人广泛的诉讼权利。学界通常将犯罪嫌疑人、被告人的诉讼权利分为防御性权利和救济性权利。其中,防御性权利是指犯罪嫌疑人、被告人为对抗追诉方的指控、抵消其控诉效果所享有的诉讼权利;救济性权利是指犯罪嫌疑人、被告人对国家专门机关所作的对其不利的行为、决定或裁判,要求另一专门机关审查并予以改变或撤销的诉讼权利。

犯罪嫌疑人、被告人所享有的防御性诉讼权利主要有:①有权使用本民族语言文字进行诉讼;②有权获知被指控的罪名和理由,并被告知依法享有的诉讼权利;③在整个诉讼过程中,有权自行辩护;④被侦查机关第一次讯问后或者采取强制措施之日起,有权委托律师为其进行辩护;⑤自案件移送审查起诉之日起,有权委托律师或法律允许的其他人担任辩护人,或者在起诉后,依法被人民法院指派辩护律师为其辩护;⑥有权拒绝回答对与本案无关的问题;⑦有权在开庭十日前收到起诉书副本;⑧有权参加法庭调查和法庭辩论;⑨有权申请人民法院对以非法方法收集的证据依法予以排除;⑩在法庭审判时,经审判长许可,有权向被害人、证人、鉴定人发问;⑪有权申请通知新的证人到庭,调取新的物证,申请重新鉴定或者勘验;⑫有权查阅、核对讯问笔录,对记载有遗漏或者差错,有权提出补充或者改正;⑬向法庭作最后陈述;⑭自诉案件的被告人有权对自诉人提起反诉;⑮被强制医疗的人有权申请解除强制医疗。

犯罪嫌疑人、被告人所享有的救济性诉讼权利主要有:①有权对侦查人员、检察人员、审判人员、鉴定人、翻译人员、书记员申请回避;②对不起诉决定不服时,有权依法提出申诉;③对于审判人员、检察人员和侦查人员侵犯公民诉讼权利和人身侮辱的行为,有权提出控告;④对于人民法院、人民检察院或者公安机关采取的刑事强制措施法定期限届满的,有权要求解除刑事强制措施;⑤不服地方各级人民法院第一审的判决、裁定时,有权用书状或者口头向上一级人民法院上诉;⑥对已经发生法律效力的判决、裁定,可以向人民法院或者人民检察院提出申诉;⑦未成年犯罪嫌疑人有权对人民检察院决定附条件不起诉决定提出异议;⑧有权委托诉讼代理人参加附带民事诉讼、没收违法所得诉讼或强制医疗决定程序;⑨对强制医疗决定不服的,被强制医疗的人及其法定代理人可以向上一级人民法院申请复议。

被告人、犯罪嫌疑人在依法享有诉讼权利的同时,也应当承担相应的诉讼义务。其诉讼义务主要有:①应当如实回答侦查人员的提问;②接受侦查机关、人民检察院或人民法院依法对其采取的强制措施;③配合侦查机关依法进行的检查、搜查、扣押等侦查行为;④不得伪造、隐匿或者毁灭证据,或者与同案的其他犯罪嫌疑人进行串供;⑤被起诉后,应当按时出席法庭,接受法庭审判并遵守法庭秩序;⑥对生效的判决、裁定或者决定,有义务履行或者协助

执行。

4. 刑事诉讼中的单位犯罪嫌疑人、被告人

我国《刑法》第30条规定："公司、企业、事业单位、机关、团体实施的危害社会的行为,法律规定为单位犯罪的,应当负刑事责任。"第31条规定："单位犯罪的,对单位判处罚金,并对其直接负责的主管人员和其他直接责任人员判处刑罚。"作为犯罪主体的单位或法人可以成为刑事诉讼主体,即可以成为犯罪嫌疑人、被告人。最高人民法院《关于适用〈中华人民共和国刑事诉讼法〉的解释》对单位犯罪的被告人参加诉讼的程序问题作了专章规定。单位或法人犯罪的案件,在刑事诉讼中,将出现自然人犯罪嫌疑人、被告人和单位犯罪嫌疑人、被告人,但这并非共同犯罪中的共同犯罪人。对于自然人,犯罪嫌疑人、被告人应当亲自参加诉讼,行使法律赋予的诉讼权利、承担法定的诉讼义务;对于单位犯罪嫌疑人、被告人,由单位的诉讼代表人参加诉讼。被告单位的诉讼代表人,应当是法定代表人或者主要负责人;法定代表人或者主要负责人被指控为单位犯罪直接负责的主管人员或者因客观原因无法出庭的,应当由被告单位委托其他负责人或者职工作为诉讼代表人。但是,有关人员被指控为单位犯罪的其他直接责任人员或者知道案件情况、负有作证义务的除外。

审判期间,被告单位合并、分立的,应当将原单位列为被告单位,并注明合并、分立情况。对被告单位所判处的罚金以其在新单位的财产及收益为限。审判期间,被告单位被撤销、注销、吊销营业执照或者宣告破产的,对单位犯罪直接负责的主管人员和其他直接责任人员应当继续审理。

(四) 附带民事诉讼的原告人和被告人

1. 附带民事诉讼的原告人

附带民事诉讼的原告人是指因被告人的犯罪行为而遭受物质损失,在刑事诉讼中提出赔偿请求的诉讼参与人。《刑事诉讼法》第99条规定："被害人由于被告人的犯罪行为而遭受物质损失的,在刑事诉讼过程中,有权提起附带民事诉讼。被害人死亡或者丧失行为能力的,被害人的法定代理人、近亲属有权提起附带民事诉讼。如果是国家财产、集体财产遭受损失的,人民检察院在提起公诉的时候,可以提起附带民事诉讼。"据此,附带民事诉讼的原告人包括因人身权利受到犯罪侵犯或者财物被犯罪分子毁坏而遭受物质损失的被害人本人、已死亡被害人的近亲属、人民检察院。《刑事诉讼法》第106条第5项规定,近亲属是指夫、妻、父、母、子、女、同胞兄弟姊妹。根据《民法通则》的有关规定,我们认为,依法成立收养关系的养父母、养子女和养兄弟姐妹,以及形成事实收养关系的继父母、继子女、继兄弟姐妹,也应该成为"近亲属"的范围。

2. 附带民事诉讼的被告人

附带民事诉讼的被告人是指在刑事诉讼中,对犯罪行为所造成的物质损失负有赔偿责任,被依法提起民事赔偿诉讼的诉讼参与人。在通常情况下,附带民事诉讼的被告人是刑事诉讼中的被告人。有时也可能是被告人的监护人、对被告人的行为负有赔偿责任的单位或其他未被追究刑事责任的共同侵害人等个人或单位。最高人民法院《关于适用〈中华人民共和国刑事诉讼法〉的解释》规定,附带民事诉讼中依法负有赔偿责任的人包括:①刑事被告人以及未被追究刑事责任的其他共同侵害人;②刑事被告人的监护人;③死刑罪犯的遗产继承

人;④共同犯罪案件中,案件审结前死亡的被告人的遗产继承人;⑤对被害人的物质损失依法应当承担赔偿责任的其他单位和个人。

3.附带民事诉讼原告人和被告人的诉讼权利及诉讼义务

在附带民事诉讼中,原告人和被告人的诉讼地位平等,享有同等的诉讼权利和诉讼义务。其中,原告人和被告人平等享有的诉讼权利主要包括:①使用本民族语言文字进行诉讼;②委托诉讼代理人代为参加诉讼;③申请审判人员、书记员、鉴定人和翻译人员回避;④参加法庭调查和法庭辩论;⑤申请人民法院调取新的证据和传唤新的证人,申请重新鉴定和勘验;⑥在法庭审理时,经审判长许可,向证人、鉴定人发问;⑦在宣判前请求调解或者自愿进行和解;⑧不服地方各级人民法院的一审附带民事判决或裁定时,在规定的期限内提出上诉;⑨对已经发生法律效力的判决和裁定,向人民法院或人民检察院进行申诉;⑩对审判人员非法限制或剥夺其依法享有的诉讼权利、对其人身进行侮辱的行为向有关部门提出控告。

附带民事诉讼原告人和被告人相对应的诉讼权利主要包括:①原告人在刑事诉讼过程中,可以书面或口头方式起诉,被告人则有权进行答辩;②原告人可以在一审宣判前申请撤诉,被告人则有权提出反诉。

附带民事诉讼原告人享有的特殊诉讼权利有:①申请人民法院采取保全措施,查封、扣押或者冻结被告人的财产;②因生活困难或生产急需的,有权申请先予执行。

附带民事诉讼原告人和被告人的诉讼义务主要包括:①原告人应当承担举证责任;②双方当事人应当按时出席法庭审理,并遵守法庭秩序;③被判决承担民事责任的被告人应当自觉履行生效判决、裁定确定的民事赔偿义务。

三、刑事诉讼中的其他诉讼参与人

刑事诉讼的其他诉讼参与人是指与案件或诉讼结果没有直接的利害关系,基于刑事诉讼的某些需要而参加刑事诉讼的人。根据我国《刑事诉讼法》第106条第2项、第4项的规定,其他诉讼参与人包括法定代理人、诉讼代理人、辩护人、证人、鉴定人和翻译人员。需要指出的是,《刑事诉讼法》第192条第2款规定:"公诉人、当事人和辩护人、诉讼代理人可以申请法庭通知有专门知识的人出庭,就鉴定人作出的鉴定意见提出意见。"此处指的"有专门知识的人"的法律地位并不明确。我们认为,此处指的"有专门知识的人"是专家辅助人,也应该属于其他诉讼参与人的范畴,其诉讼权利和诉讼义务与鉴定人基本相同。

其他诉讼参与人参加刑事诉讼的目的,或者是协助专门机关查明案件事实,或者是协助一方当事人承担诉讼职能,或者是为诉讼的顺利进行提供服务和帮助。他们虽然不是刑事诉讼主体,但却是刑事诉讼进行不可或缺的诉讼法律关系主体。其他诉讼参与人在刑事诉讼中享有一定的诉讼权利,并承担相应的诉讼义务。

(一)法定代理人

法定代理人是指基于法律规定,代理当事人进行诉讼活动的人。法定代理权是基于法律所规定的亲权、监护权,专门为无行为能力或限制行为能力人设置的诉讼辅佐人。法定代理人的范围一般与监护人的范围相一致。《刑事诉讼法》第106条第3项规定,法定代理人是指被代理人的父母、养父母、监护人和负有保护责任的机关、团体的代表。

作为刑事诉讼中的其他诉讼参与人，法定代理人在诉讼中具有独立的诉讼地位。法定代理人的诉讼行为，视为被代理人的诉讼行为，与之具有相同的法律效力。即使被代理人不同意，也不影响其效力。

在刑事诉讼中，法定代理人代理诉讼行为的当事人包括未成年的犯罪嫌疑人、被告人和其他无诉讼行为能力的当事人。除了具有人身性质等必须由当事人本人实施的诉讼行为外，如犯罪嫌疑人、被告人的供述与辩解、犯罪嫌疑人接受侦查讯问、被告人出庭接受审判、犯罪嫌疑人、被告人承担刑事责任和被害人陈述等，则不能实行代理。法定代理人实施其他诉讼行为时一般不受限制，法定代理人的行为视当事人本人的行为，并对当事人产生法律约束力，但代理行为不得故意损害当事人的合法权益。

(二) 诉讼代理人

诉讼代理人是指基于当事人及其法定代理人的委托授权或者人民法院、其他单位的指定，以被代理人的名义，以代理当事人参加诉讼活动的诉讼参与人。根据代理权的来源不同，诉讼代理人可以分为委托诉讼代理人和指定诉讼代理人。其中，指定诉讼代理人只能是当事人无诉讼行为能力且没有法定监护人的情况下指定。如，被害人的唯一监护人实施犯罪行为且需要追究刑事责任时，就应当指定其他人员担任诉讼代理人。

除正在被执行刑罚或者依法被剥夺、限制人身自由的人外，律师、人民团体或者犯罪嫌疑人、被告人所在单位推荐的人；犯罪嫌疑人、被告人的监护人、亲友可以担任诉讼代理人。委托诉讼代理人只能在委托授权的范围内以被代理人的名义参加刑事诉讼活动，既不能超越代理权限，也不能违背委托人的意志；指定诉讼代理人的权限则相当于法定代理人。当诉讼代理人在授权范围内进行诉讼行为时，具有相对的独立性。

(三) 辩护人

辩护人是指受犯罪嫌疑人、被告人及其法定代理人或近亲属的委托，或者受人民法院指派，帮助犯罪嫌疑人、被告人行使辩护权以维护其合法权益的诉讼参与人。除正在被执行刑罚或者依法被剥夺、限制人身自由的人外，律师、人民团体或者犯罪嫌疑人、被告人所在单位推荐的人；犯罪嫌疑人、被告人的监护人、亲友可以担任辩护人。

在公诉案件的侦查阶段，犯罪嫌疑人自被采取强制措施之日起或者第一次被讯问后，可以委托律师担任辩护人；自案件移送审查起诉之日起，犯罪嫌疑人可以委托律师或者其他人担任辩护人。自诉案件，被告人可以随时委托辩护人。辩护人是刑事诉讼法律关系的主体，在刑事诉讼中执行辩护职能，具有独立的诉讼地位。他既不从属于犯罪嫌疑人、被告人，也不从属于人民检察院或人民法院，而是依据事实和法律行使辩护权，提出犯罪嫌疑人、被告人无罪、罪轻或者减轻、免除刑事处罚的材料或意见，维护犯罪嫌疑人、被告人的合法权益。辩护人的诉讼权利并不完全来自委托人的授权或者人民法院的指派，而是依法独立享有广泛的诉讼权利，如查阅、复制案卷材料，与在押的犯罪嫌疑人、被告人会见和通信，调查收集证据，独立发表辩护意见等，但也应当承担相应的诉讼义务，如遵守诉讼秩序，不得帮助犯罪嫌疑人、被告人伪造、隐匿、毁灭证据，不得威胁、引诱证人改变证言，保守案件秘密和当事人的隐私，等等。另外，根据《刑事诉讼法》第46条的规定，辩护律师在执业活动中知悉委托人或者其他人,准备或者正在实施危害国家安全、公共安全以及严重危害他人人身安全的犯罪的,应当及时告知司法机关。

(四)证人

刑事诉讼中的证人是指除当事人以外向公安、司法机关陈述自己所了解的案件情况的诉讼参与人。证人是由案件事实本身决定的,具有特定性和不可替代性。我国《刑事诉讼法》第60条规定:"凡是知道案件情况的人,都有作证的义务。生理上、精神上有缺陷或者年幼,不能辨别是非、不能正确表达的人,不能作证人。"刑事诉讼中的证人应当具备以下条件:①证人必须是自然人;②证人必须是知道案件情况的人;③证人必须与案件事实或诉讼结果没有直接的利害关系;④证人一般是通过诉讼外途径了解案件情况的人;⑤证人必须是有作证能力的人,即能够辨别是非、能够正确表达意志。《刑事诉讼法》第187条第2款规定,人民警察就其执行职务时目击的犯罪情况,可以作为证人出庭作证。

在刑事诉讼中,证人是独立的诉讼参与人,是刑事诉讼法律关系的主体,其参加诉讼是为了协助公安、司法机关查明案件事实。被公安、司法机关通知作证的证人享有依法一定的诉讼权利,并承担相应的诉讼义务。依据《刑事诉讼法》的规定,证人的诉讼权利主要包括:①可以使用本民族语言、文字进行陈述;②证人及其近亲属有权获得人民法院、人民检察院和公安机关的安全保障;③在侦查阶段有权要求侦查机关为其姓名保密;④可以阅读询问笔录,并要求补充或者修改;⑤因履行作证义务而支出的交通、住宿、就餐等费用,可以要求给予补助,有工作单位的证人作证,所在单位不得克扣或者变相克扣其工资、奖金及其他福利待遇;⑥可以对公安、司法人员侵犯其诉讼权利或者对其进行人身侮辱的行为进行控告;⑦有权拒绝作伪证;⑧有权抵制以威胁、引诱、欺骗以及其他非法手段收集证言的行为。

在特定的刑事案件中,证人还享有特别的人身保护权利。根据《刑事诉讼法》第62条规定,对于危害国家安全犯罪、恐怖活动犯罪、黑社会性质的组织犯罪、毒品犯罪等案件,证人因在诉讼中作证,本人或者其近亲属的人身安全面临危险的,人民法院、人民检察院和公安机关应当采取以下一项或者多项保护措施:①不公开真实姓名、住址和工作单位等个人信息;②采取不暴露外貌、真实声音等出庭作证措施;③禁止特定的人员接触证人及其近亲属;④对人身和住宅采取专门性保护措施;⑤其他必要的保护措施。证人认为因在诉讼中作证,本人或者其近亲属的人身安全面临危险的,可以向人民法院、人民检察院、公安机关请求予以保护。

证人的诉讼义务主要有:①应当如实地提供证言,有意作伪证或者隐匿罪证的,应当负法律责任。②被人民法院通知时,应当按时出庭陈述作证。证人没有正当理由不出庭作证的,人民法院可以强制其到庭或者予以拘留、罚款。但我国《刑事诉讼法》第188条规定:"经人民法院通知,证人没有正当理由不出庭作证的,人民法院可以强制其到庭,但是被告人的配偶、父母、子女除外。"③不得旁听法庭审判。④出庭时,应当接受公诉人、当事人、辩护人、诉讼代理人和审判人员的询问,但有权拒绝回答与案件无关的问题。⑤对公安、司法机关的询问及其陈述内容予以保密。⑥遵守法庭秩序。

(五)鉴定人

鉴定人是指在刑事诉讼中,接受公安、司法机关指派或者聘请,对案件涉及的某些专门性问题,运用其专门知识或技能进行科学的分析论证并作出书面意见的诉讼参与人。

鉴定人是刑事诉讼法律关系的主体,但并非所有的刑事诉讼案件都需要鉴定人介入。鉴定人应当具备以下条件:①必须是自然人;②必须具有某种专门知识或技能的人;③必须由公安、司法机关指派或者聘请;④必须是与案件没有利害关系的人;⑤必须是本案侦查人员、检察人员、审判人员、证人、辩护人以外的人。

在刑事诉讼中,鉴定人享有的诉讼权利主要有:①有权使用本民族语言、文字进行鉴定;②有权查阅与鉴定事项有关的案卷材料;③因鉴定需要,经公安、司法人员许可,可以询问当事人和证人;必要时,可以参加勘验、检查和侦查实验;④同一专门性问题有几个鉴定人共同鉴定时,可以共同写出一个鉴定意见,也可以分别写出各自的鉴定意见;⑤有权要求补充鉴定或重新鉴定。

在特定的刑事案件中,鉴定人还享有特别的人身保护权利。根据《刑事诉讼法》第 62 条规定,对于危害国家安全犯罪、恐怖活动犯罪、黑社会性质的组织犯罪、毒品犯罪等案件,鉴定人因在诉讼中作证,本人或者其近亲属的人身安全面临危险的,人民法院、人民检察院和公安机关应当采取以下一项或者多项保护措施:①不公开真实姓名、住址和工作单位等个人信息;②采取不暴露外貌、真实声音等出庭作证措施;③禁止特定的人员接触鉴定人及其近亲属;④对人身和住宅采取专门性保护措施;⑤其他必要的保护措施。鉴定人认为因在诉讼中作证,本人或者其近亲属的人身安全面临危险的,可以向人民法院、人民检察院、公安机关请求予以保护。

鉴定人的诉讼义务主要包括:①必须科学地作出鉴定意见,并全面客观地反映鉴定过程和结果,并在鉴定意见书上签名或盖章;②经人民法院通知,应当出庭作证,鉴定人拒不出庭作证的,鉴定意见不得作为定案的根据;③对于因鉴定需要而知悉的案件情况和他人隐私,应当予以保密;④故意提供虚假鉴定意见的,应当负法律责任。

(六)翻译人员

翻译人员是指接受公安、司法机关的指派或者聘请,在刑事诉讼中进行语言文字或者手语翻译的诉讼参与人。刑事诉讼中需要翻译的语言文字包括外国语言文字、少数民族语言文字、聋哑手语和盲文等。

翻译人员是刑事诉讼法律关系主体,其职责是通过翻译活动,传递准确的材料和信息,协助诉讼活动的顺利进行。案件的当事人或者与案件有利害关系的人,不得担任本案的翻译人员。

刑事诉讼中的翻译人员享有的诉讼权利主要有:①了解同翻译内容有关的案件情况;②查阅记载其翻译内容的笔录,并要求修改错误或补充遗漏内容;③获取相应的劳务报酬。

翻译人员的诉讼义务主要有:①应当按照语言、文字、手语或盲文的原意如实地进行翻译,不得隐瞒、歪曲或伪造被翻译对象陈述的内容;②对参加诉讼获悉的案件情况和他人隐私应当予以保密。

【本章练习】

一、单项选择题

1. 关于被害人在刑事诉讼中的权利,下列哪一选项是正确的?(   )
   A. 自公诉案件立案之日起有权委托诉讼代理人
   B. 对因作证而支出的交通、住宿、就餐等费用,有权获得补助
   C. 对法院作出的强制医疗决定不服的,可向作出决定的法院申请复议一次
   D. 对检察院作出的附条件不起诉决定不服的,可向上一级检察院申诉

2. 卢某坠楼身亡,公安机关排除他杀,不予立案。但卢某的父母坚称他杀可能性大,应当立案,请求检察院监督。检察院的下列哪一做法是正确的?(   )
   A. 要求公安机关说明不立案理由
   B. 拒绝受理并向卢某的父母解释不立案原因
   C. 认为符合立案条件的,可以立案并交由公安机关侦查
   D. 认为公安机关不立案理由不能成立的,应当建议公安机关立案

3. 关于诉讼代理人参加刑事诉讼,下列哪一说法是正确的?(   )
   A. 诉讼代理人的权限依据法律规定而设定
   B. 除非法律有明文规定,诉讼代理人也享有被代理人享有的诉讼权利
   C. 诉讼代理人应当承担被代理人依法负有的义务
   D. 诉讼代理人的职责是帮助被代理人行使诉讼权利

4. 在单位犯罪案件的审理程序中,如被告单位的诉讼代表人与被指控为单位犯罪直接负责的主管人员是同一人,应当由下列哪一主体另行确定被告单位诉讼代表人?(   )
   A. 被告单位   B. 被告单位的直接主管机关
   C. 检察院   D. 法院

5. 秦某带着8岁的儿子买肉时,与摊主发生争执,继而互殴。秦某被摊主用刀背打击造成面部骨折,脑体受损。如果该案进入刑事诉讼程序,秦某的儿子属于哪一类诉讼参与人?(   )
   A. 被害人   B. 证人
   C. 见证人   D. 既是被害人,又是证人

二、多项选择题

1. 关于刑事诉讼法定代理人与诉讼代理人的区别,下列哪些选项是正确的?(   )
   A. 法定代理人是于法律规定或法定程序产生,诉讼代理人基于被代理人委托产生
   B. 法定代理人的权利源于法律授权,诉讼代理人的权利源于委托协议授权
   C. 法定代理人可以违背被代理人的意志进行诉讼活动,诉讼代理人的代理活动不得违背被代理人的意志
   D. 法定代理人可以代替被代理人陈述案情,诉讼代理人不能代替被代理人陈述案情

2. 某公安机关法医鉴定室的法医王某一天下班途中,亲眼目睹了李某故意伤害案的经过。下列说法哪些是正确的?(   )

A. 王某既不能作鉴定人,又不能作证人　　B. 王某既可以作鉴定人,又可以作证人
C. 王某应当作证人,但不能作鉴定人　　　D. 王某是本案的诉讼参与人

三、简答题

1. 刑事诉讼中专门机关有哪些?各专门机关的主要职权是什么?
2. 简述刑事诉讼当事人的主体范围及其诉讼权利和诉讼义务。
3. 简述刑事诉讼其他诉讼参与人的主体范围及其诉讼权利和诉讼义务。
4. 为什么专门机关的工作人员不属于刑事诉讼当事人?

第六章 刑事诉讼管辖

【学习目标】

- 知识目标：
  掌握管辖的概念。
  了解管辖确立的基本原则。
  掌握各专门机关立案管辖分工。
  掌握审判管辖中的级别管辖、地区管辖、指定管辖和专门管辖制度。
- 能力目标：
  能够正确理解并适用我国关于立案管辖的规定。
  能够正确适用我国审判管辖制度。

【案例引导1】

澳大利亚力拓有限公司驻上海代表处首席代表胡士泰及中方雇员王勇、葛民强、刘才魁，于2003年至2009年，利用职务上的便利，在对华铁矿石贸易中，多次索取或收受钱款，为他人谋取利益。其中，胡士泰收受人民币646万余元，王勇收受人民币7514万余元，葛民强收受人民币694万余元，刘才魁收受人民币378万余元。胡士泰、王勇、葛民强、刘才魁还采取利诱等不正当手段，获取中国钢铁企业商业秘密，严重影响和损害中国钢铁企业的利益，给中国有关钢铁企业造成巨大经济损失。其中，2009年中国20余家企业多支出预付款10.18亿元，仅下半年的利息损失即达人民币1170.3万余元。胡士泰、葛民强、刘才魁在因涉嫌侵犯商业秘密犯罪被侦查期间，分别主动供述了收受贿赂的事实，具有自首情节。

问题：本案应当由哪个机关立案管辖？

【案例引导2】

2011年8月至2012年6月期间,被告人杜某以永康市江南街道某出租房为场所,采取电脑网络销售、邮寄发货的方式,通过其经营的淘宝网"花田喜事"、"九九归一"等账号共销售假冒"九阳"注册商标D08D、D18D、A11D等型号豆浆机6900余台,每台售价160～200元不等,销售金额合计人民币110余万元,非法获利11万元。2012年6月8日,被告人杜某主动到永康市公安局石柱派出所投案,并如实供述犯罪事实。

问题:该案应当由哪一级法院进行审判管辖?

第一节 刑事诉讼管辖概述

一、管辖的概念

我国刑事诉讼中的管辖,是指公安机关、人民检察院和人民法院等依照法律规定在直接立案受理刑事案件上的权限分工以及人民法院系统内部在审理第一审刑事案件上的权限分工。

管辖是刑事诉讼活动的开端。我国刑事诉讼中的管辖主要解决两个问题:一是公安机关、人民检察院和人民法院在直接受理刑事案件上的分工问题;另一个是人民法院系统内各级法院、普通人民法院与专门法院、专门法院之间在审判第一审刑事案件上的分工问题。公安、司法机关在一定范围内受理刑事案件的职权,称为管辖权。公安、司法机关受理刑事案件的范围,称为管辖范围。公安、司法机关只能受理自己管辖权以内的案件,对于自己管辖权以外的案件无权受理。

管辖制度在刑事诉讼过程中的意义重大,是刑事诉讼活动能否顺利进行的保证。确立刑事案件的管辖,可以使公安、司法机关明确各自受理刑事案件的权限和职责,这样既有利于公安、司法机关依法行使各自的职权,又有利于防止公安、司法机关在受理案件方面产生分歧。同时,也有利于公民和机关、团体、企事业单位向司法机关检举、控告犯罪。

二、确定管辖的原则

刑事诉讼中的管辖关系较为复杂,明确刑事诉讼活动的管辖原则是解决复杂的管辖关系的基本依据。在确定管辖范围的过程中,一般需要根据公安、司法机关在刑事诉讼中的职责分工,考虑刑事案件的性质、情节的轻重、复杂程度、发生地点、影响大小、诉讼效率等因素。我国刑事诉讼的管辖原则可以归结为以下几点：

(1)依法管辖原则。在刑事诉讼活动中，首先需要依据法律规定的公安、司法机关的职责分工，对复杂的刑事案件进行类别划分，确定地域管辖和级别管辖、立案管辖和审判管辖等权限分工，从而明晰司法程序，保证诉讼活动的顺利进行。在刑事诉讼活动中，公安、司法机关的职责权限也会随之变化，因此管辖权也会发生变化，所以公安、司法机关在管辖过程中应当严格依据法律规定进行管辖，防止刑事案件管辖权的任意扩张或不作为等现象发生。

(2)便利诉讼原则。刑事诉讼活动的管辖权确立应当有利于公安、司法机关展开诉讼活动，便于公安、司法机关调查核实证据，便于诉讼参与人参加诉讼活动，便于刑事诉讼活动的顺利进行以及诉讼效果的发挥。

(3)维护正义原则。刑事诉讼活动最终目的是为了实现公平正义，如果刑事诉讼管辖权原则不利于实现公平正义，则管辖权分工违背了刑事诉讼法的基本精神。如我国《刑事诉讼法》规定公诉案件如果被害人有证据证明对被告人侵犯自己人身、财产权利的行为应当依法追究刑事责任，而公安机关或者人民检察院不予追究被告人刑事责任的案件可以转化为自诉案件，这就有利于解决司法实践中的状告难、立案难等问题，有利于维护案件的公平正义。

(4)原则性与灵活性相结合原则。在司法实践中，为了解决复杂的刑事案件关系，顺利地实现诉讼目的。刑事案件的管辖，一方面要依据法律明确规定的原则性分工开展诉讼活动，另一方面刑事案件管辖权分工还要有一定的灵活性。如我国《刑事诉讼法》第23条规定：上级人民法院在必要的时候，可以审判下级人民法院管辖的第一审刑事案件；下级人民法院认为案情重大、复杂需要由上级人民法院审判的第一审刑事案件，可以请求移送上一级人民法院审判。如此，上下级法院之间的管辖权变通就有利于刑事诉讼活动的开展以及诉讼目的的实现。

三、管辖制度体系

我国司法机关的管辖范围可以从不同角度进行分析，这些划分按照一定的次序排列就形成了管辖制度体系。根据我国《刑事诉讼法》的规定，我国刑事诉讼中的管辖包括两个方面内容：一是公安机关、人民检察院和人民法院直接受理刑事案件的权限划分，被称为立案管辖，所要解决的是哪类刑事案件应当由哪一个司法机关立案受理的问题；二是人民法院审判第一审刑事案件上的权限划分，被称为审判管辖，所要解决的是某个刑事案件由哪一个人民法院作为第一审法院进行审判的问题。在我国《刑事诉讼法》中，审判管辖制度又包括了级别管辖、地区管辖、指定管辖和专门管辖等制度，通过这些管辖制度可以有条不紊地开展刑事案件的审判活动。虽然我国《刑事诉讼法》没有对公安、司法机关的立案管辖权作进一步明确划分，但是相关司法解释中关于公安、司法机关的立案管辖制度体系的规定也明确了级别管辖、地域管辖、指定管辖和专门管辖等制度。

第二节 立案管辖

刑事诉讼中的立案管辖，又称为职能管辖或部门管辖，是指人民法院、人民检察院和公安机关各自直接受理刑事案件的职权范围，也就是人民法院、人民检察院和公安机关之间在直接受理刑事案件范围上的权限分工。

我国《刑事诉讼法》第18条对人民法院、人民检察院和公安机关的立案管辖范围作了概括规定，即"刑事案件的侦查由公安机关进行，法律另有规定的除外。贪污贿赂犯罪，国家工作人员的渎职犯罪，国家机关工作人员利用职权实施的非法拘禁、刑讯逼供、报复陷害、非法搜查的侵犯公民人身权利的犯罪以及侵犯公民民主权利的犯罪，由人民检察院立案侦查。对于国家机关工作人员利用职权实施的其他重大的犯罪案件，需要由人民检察院直接受理的时候，经省级以上人民检察院决定，可以由人民检察院立案侦查。自诉案件，由人民法院直接受理。"为了便于贯彻执行该条规定，最高人民法院发布了《关于适用〈中华人民共和国刑事诉讼法〉的解释》、最高人民检察院发布了《人民检察院刑事诉讼规则（试行）》、公安部发布了《公安机关办理刑事案件程序规定》和六部委联合发布了《关于实施刑事诉讼法若干问题的规定》对刑事案件的立案管辖作出了进一步细化的规定。

一、公安机关直接受理的刑事案件

我国《刑事诉讼法》第18条第1款规定："刑事案件的侦查由公安机关进行，法律另有规定的除外。"这一规定明确了公安机关受理刑事案件的范围，即除法律另有明确规定外，所有刑事案件由公安机关负责侦查。公安机关是刑事案件的主要侦查机关，绝大多数案件由公安机关负责立案侦查。

法律另有规定的情形，主要包括：①《刑事诉讼法》第18条第2款规定的人民检察院自行侦查的刑事案件；②《刑事诉讼法》第18条第3款规定的由人民法院直接受理的刑事案件；③《刑事诉讼法》第4条规定的由国家安全机关依照法律规定，办理危害国家安全的刑事案件；④《刑事诉讼法》第290条规定的军队保卫部门对军队内部发生的刑事案件刑事侦查权；⑤《刑事诉讼法》第290条规定的对罪犯在监狱内犯罪的案件由监狱进行的侦查权；⑥海关所属的走私犯罪侦查机构对走私案件的侦查权。整体而言，法律另有规定的案件数量占刑事案件总数的小部分，绝大多数刑事案件的立案侦查任务由公安机关承担。

律师在刑事诉讼中涉嫌辩护人、诉讼代理人毁灭证据、伪造证据、妨害作证罪的行为，也应当由公安机关进行管辖，不属于人民检察院自行侦查的职务犯罪和人民法院直接受理的范围之内。根据《刑事诉讼法》第42条第2款的规定，辩护人涉嫌犯罪的，应当由办理辩护人所承办案件的侦查机关以外的侦查机关办理。辩护人是律师的，应当及时通知其所在的律师事务所或者所属的律师协会。

公安机关的立案管辖权又可以分为地区管辖、级别管辖、专门管辖等。地区管辖是公安机关受理刑事案件的主要依据。根据公安部颁布的《公安机关办理刑事案件程序规定》第15条规定，刑事案件由犯罪地的公安机关管辖。如果由犯罪嫌疑人居住地的公安机关管辖更为适宜的，可以由犯罪嫌疑人居住地的公安机关管辖。

犯罪地包括犯罪行为发生地和犯罪结果发生地。犯罪行为发生地，包括犯罪行为的实施地以及预备地、开始地、途经地、结束地等与犯罪行为有关的地点；犯罪行为有连续、持续或者继续状态的，犯罪行为连续、持续或者继续实施的地方都属于犯罪行为发生地。犯罪结果发生地，包括犯罪对象被侵害地、犯罪所得的实际取得地、藏匿地、转移地、使用地、销售地。

居住地包括户籍所在地、经常居住地。经常居住地是指公民离开户籍所在地最后连续居住一年以上的地方。

刑事案件由犯罪地公安机关管辖是因为这样有利于及时收集和核实证据,查明案件情况,抓获犯罪嫌疑人,破获刑事案件。所谓更适宜,主要是指犯罪嫌疑人流窜作案,主要犯罪地难以确定,而其居住地群众更为了解其犯罪情况的;犯罪嫌疑人在居住地民愤极大,当地群众强烈要求在居住地审判的;可能对犯罪嫌疑人判处管制或适用缓刑,应当在其居住地监督、考察的等情况。但是,如果情况复杂,例如流窜作案的犯罪地有多个时,《公安机关办理刑事案件程序规定》第18条作出了明确规定,即几个公安机关都有权管辖的刑事案件,由最初受理的公安机关管辖。必要时,可以由主要犯罪地的公安机关管辖。

如果出现管辖权不明或者管辖有争议等情况时,根据《公安机关办理刑事案件程序规定》第19条规定,即对管辖不明的刑事案件,可以由公安机关协商确定管辖。对管辖有争议或者情况特殊的刑事案件,可以由共同的上级公安机关指定管辖。

此外,在公安机关系统内部也存在着级别管辖的分工。《公安机关办理刑事案件程序规定》第21条规定:"县级公安机关负责侦查发生在本辖区内的刑事案件;地(市)级以上公安机关负责重大涉外犯罪、重大经济犯罪、重大集团犯罪和下级公安机关侦破有困难的重大的刑事案件的侦查。"但是,公安机关直接规定的级别管辖分工不同于法院直接受理案件的级别管辖,公安机关上下级之间是领导与被领导的关系,上级可以指导、监督甚至直接参与下级公安机关的侦查活动,而法院上下级之间是监督关系。

根据我国的社会实际情况,我国公安机关还存在一定的专门管辖权,如铁路、交通、民航、林业等公安机关。根据《公安机关办理刑事案件程序规定》第23~27条规定,我国公安机关的专门管辖权包括以下情形:

(1)铁路公安机关管辖铁路系统的机关、厂、段、院、校、所、队、工区等单位发生的刑事案件,车站工作区域内、列车内发生的刑事案件,铁路沿线发生的盗窃或者破坏铁路、通信、电力线路和其他重要设施的刑事案件,以及内部职工在铁路线上工作时发生的刑事案件。铁路系统的计算机信息系统延伸到地方涉及铁路业务的网点,其计算机信息系统发生的刑事案件由铁路公安机关管辖。对倒卖、伪造、变造火车票的案件,由最初受理案件的铁路公安机关或者地方公安机关管辖。必要时,可以移送主要犯罪地的铁路公安机关或者地方公安机关管辖。铁路建设施工工地发生的刑事案件由地方公安机关管辖。

(2)交通公安机关管辖交通系统的机关、厂、段、院、校、所、队、工区等单位发生的刑事案件,港口、码头工作区域内、轮船内发生的刑事案件,水运航线发生的盗窃或者破坏水运、通信、电力线路和其他重要设施的刑事案件,以及内部职工在交通线上工作时发生的刑事案件。

(3)航空公安机关管辖民航系统的机关、厂、段、院、校、所、队、工区等单位、机场工作区域内、民航飞机内发生的刑事案件。重大飞行事故刑事案件由犯罪结果发生地机场公安机关管辖。犯罪结果发生地未设机场公安机关或者不在机场公安机关管辖范围内的,由地方公安机关管辖,有关机场公安机关予以协助。

(4)森林公安机关管辖破坏森林和野生动植物资源等刑事案件,大面积林区的森林公安机关还负责辖区内其他刑事案件的侦查。未建立专门森林公安机关的,由所在地公安机关管辖。

(5)海关走私犯罪侦查机构管辖中华人民共和国海关关境内发生的涉税走私犯罪案件和发生在海关监管区内的非涉税走私犯罪案件。

二、人民检察院直接受理的刑事案件

《刑事诉讼法》第18条第2款规定:"贪污贿赂犯罪,国家工作人员的渎职犯罪,国家机关工作人员利用职权实施的非法拘禁、刑讯逼供、报复陷害、非法搜查的侵犯公民人身权利的犯罪以及侵犯公民民主权利的犯罪,由人民检察院立案侦查。对于国家机关工作人员利用职权实施的其他重大的犯罪案件,需要由人民检察院直接受理的时候,经省级以上人民检察院决定,可以由人民检察院立案侦查。"《人民检察院刑事诉讼规则(试行)》和《关于实施刑事诉讼法若干问题的规定》对人民检察院立案侦查的案件进行了进一步解释,人民检察院立案侦查的案件主要包括:

(1)贪污贿赂犯罪案件。此类犯罪主要包括《刑法》分则第八章规定的贪污贿赂及其他章中明确规定依照第八章定罪处罚的犯罪案件,包括国家工作人员贪污案、挪用公款案、受贿案、行贿案、单位受贿案、对单位行贿案、介绍贿赂案、单位行贿案、巨额财产来源不明案、隐瞒境外存款案、私分国有资产案、私分罚没财物案。

(2)国家工作人员的渎职犯罪。国家工作人员的渎职犯罪是指《刑法》分则第九章规定的渎职犯罪案件,此类案件包括滥用职权案、玩忽职守案、国家机关工作人员徇私舞弊案、故意泄露国家秘密案、过失泄露国家秘密案、徇私枉法案、枉法追诉、裁判案、私放在押人员案、失职致使在押人员脱逃案、徇私舞弊减刑、假释、暂予监外执行案、徇私舞弊不移交刑事案件案、滥用管理公司、证券职权案、徇私舞弊不征、少征税款案、徇私舞弊发售发票、抵扣税款、出口退税案、违法提供出口退税凭证案、徇私舞弊发售发票、抵扣税款、出口退税案、违法提供出口退税凭证案、国家机关工作人员签订、履行合同失职被骗案、违法发放林木采伐许可证案、环境监管失职案、传染病防治失职案、非法批准征用、占用土地案、非法低价出让国有土地使用权案、放纵走私案、商检徇私舞弊案、商检失职案、动植物检疫徇私舞弊案、动植物检疫失职案、放纵制售伪劣商品犯罪行为案、办理偷越国边境人员出入境证件案、放行偷越国(边)境人案、不解救被拐卖、绑架妇女儿童案、阻碍解救被拐卖、绑架妇女儿童案、帮助犯罪分子逃避处罚案、招收公务员、学生徇私舞弊案、失职造成珍贵文物损毁、流失案等。

(3)国家机关工作人员利用职权实施的侵犯公民人身权利和民主权利的犯罪。国家机关工作人员利用职权实施的侵犯公民人身权利和民主权利的犯罪案件包括:非法拘禁案、非法搜查案、刑讯逼供案、暴力取证案、虐待被监管人案、报复陷害案、破坏选举案。

(4)其他由人民检察院直接受理的案件。对于国家机关工作人员利用职权实施的其他重大的犯罪案件,需要由人民检察院直接受理的时候,经省级以上人民检察院决定,可以由人民检察院立案侦查。此类由人民检察院直接受理的案件需满足以下条件:①必须是国家机关工作人员利用职权实施的;②需要由人民检察院直接受理;③经省级以上人民检察院决定。

在人民检察院系统内部也存在着级别管辖的分工,根据《人民检察院刑事诉讼规则(试行)》第13条规定,即人民检察院对直接受理的案件实行分级立案侦查的制度。最高人民检察院立案侦查全国性的重大犯罪案件;省、自治区、直辖市人民检察院立案侦查全省(自治区、直辖市)性的重大犯罪案件;分、州、市人民检察院立案侦查本辖区的重大犯罪案件;基层人民检察院立案侦查本辖区的犯罪案件。在人民检察院系统内部,管辖权确定的依据主要是犯罪嫌疑人工作单位所在地,即第15条规定:"国家工作人员职务犯罪案件,由犯罪嫌疑人工作单位所在地的人民检察院管辖;如果由其他人民检察院管辖更为适宜的,可以由其他人民检察院管辖。"

人民检察院确定管辖权除了原则性规定外,还规定了一些灵活性措施,如指定管辖、移送管辖等制度。《人民检察院刑事诉讼规则(试行)》第14条规定:"上级人民检察院在必要的时候,可以直接立案侦查或者组织、指挥、参与侦查下级人民检察院管辖的案件,也可以将本院管辖的案件指定下级人民检察院立案侦查;下级人民检察院认为案情重大、复杂,需要由上级人民检察院立案侦查的案件,可以请求移送上级人民检察院立案侦查。"

在人民检察院直接受理案件中,如果出现管辖不明、需要改变管辖或者需要专门机关管辖的情况,为了应对这些情况使得诉讼案件得到及时、公正审判,《人民检察院刑事诉讼规则(试行)》第16~18条也作出了明确规定,即对管辖不明确的案件,可以由有关人民检察院协商确定管辖。对管辖有争议的或者情况特殊的案件,由共同的上级人民检察院指定管辖。

几个人民检察院都有权管辖的案件,由最初受理的人民检察院管辖。必要时,可以由主要犯罪地的人民检察院管辖。

上级人民检察院可以指定下级人民检察院立案侦查管辖不明或者需要改变管辖的案件。人民检察院在立案侦查中指定异地管辖,需要在异地起诉、审判的,应当在移送审查起诉前与人民法院协商指定管辖的相关事宜。分、州、市人民检察院办理直接立案侦查的案件,需要将属于本院管辖的案件指定下级人民检察院管辖的,应当报请上一级人民检察院批准。

人民检察院直接受理案件的管辖权还规定了专门管辖制度。《人民检察院刑事诉讼规则(试行)》第19条规定:"军事检察院、铁路运输检察院等专门人民检察院的管辖以及军队、武装警察与地方互涉刑事案件的管辖,按照有关规定执行。"根据最高人民检察院关于铁路运输检察院的立案管辖范围的规定,铁路运输检察院主要管辖以下案件:铁路系统机关部门、国有企业、事业单位人员职务犯罪案件,与铁路人员共同犯罪的职务犯罪案件,以及其他危及铁路公共财产、国有资产安全、经营管理等秩序的职务犯罪案件。对铁路控股、参股的企事业单位的铁路人员,属于国有企事业单位委派性质的,其职务犯罪仍属于铁路运输检察机关管辖。其他铁路控股企事业单位人员,涉嫌职务犯罪的,铁路运输检察机关发现后,可以先行查办,遇到有关政法机关提出争议意见的,报上级协调处理。对发生在铁路主辅分离改革前和改革过程中的原系铁路系统的单位人员职务犯罪案件,应由铁路运输检察机关管辖;对铁路主辅分离后发生的有关案件,如果由铁路运输检察机关最初受理的,可由铁路运输检察机关管辖,也可移交地方检察机关管辖。对于管辖不明有争议的案件,由共同的上级检察院指定管辖。

根据中国人民解放军总政治部、军事法院、军事检察院《关于〈中华人民共和国刑法〉第十章所列刑事案件管辖范围的通知》,军事检察院对下列案件立案侦查:擅离、玩忽军事职守案,指使部属违反职守案,违令作战消极案,拒不救援友邻部队案,过失泄露军事机密案,擅自改变武器装备编配用途案,擅自出卖、转让军队房地产案,虐待部属案,战时拒不救治伤病军人案,等等。

另外,在司法实践中会发生交叉管辖的问题,当人民检察院和公安机关的管辖权发生交叉时,《人民检察院刑事诉讼规则(试行)》第 12 条规定:"人民检察院侦查直接受理的刑事案件涉及公安机关管辖的刑事案件,应当将属于公安机关管辖的刑事案件移送公安机关。在上述情况中,如果涉嫌主罪属于公安机关管辖,由公安机关为主侦查,人民检察院予以配合;如果涉嫌主罪属于人民检察院管辖,由人民检察院为主侦查,公安机关予以配合。"而主罪与此罪的划分,应当以犯罪嫌疑人涉嫌的犯罪可能判处的刑罚轻重为标准。

三、人民法院直接受理的刑事案件

《刑事诉讼法》第 18 条第 3 款规定:"自诉案件,由人民法院直接受理。"人民法院直接受理是指刑事案件不需要经过公安机关或者人民检察院立案侦查,不需要通过人民检察院提起公诉,而是由当事人直接向法院提起诉讼,法院根据当事人的诉讼请求直接立案和审判的制度。在刑事诉讼中,这类刑事案件被称为自诉案件。根据《刑事诉讼法》第 204 条规定:"自诉案件包括下列案件:(一)告诉才处理的案件;(二)被害人有证据证明的轻微刑事案件;(三)被害人有证据证明对被告人侵犯自己人身、财产权利的行为应当依法追究刑事责任,而公安机关或者人民检察院不予追究被告人刑事责任的案件。"

(1)告诉才处理的案件。告诉才处理,是指被害人或其法定代理人告诉的,人民法院才予以受理的案件。如果被害人及其法定代理人没有告诉或者告诉后又撤回告诉的,人民法院就不予以追究。如果被害人因受到强制、威吓等原因无法告诉的,人民检察院或者被害人的近亲属也可以告诉。如果被害人死亡或者丧失行为能力,他的法定代理人、近亲属有权向人民法院起诉,人民法院应当依法受理。根据我国《刑法》和最高人民法院《关于适用〈中华人民共和国刑事诉讼法〉的解释》第 1 条规定,告诉才处理案件包括四种:侮辱、诽谤案(但严重危害社会秩序和国家利益的除外),暴力干涉婚姻自由案,虐待案,侵占案。

(2)被害人有证据证明的轻微刑事案件。这类自诉案件需要具备两个条件:一是必须是轻微的刑事案件。无论是从罪名还是情节而言,案件都必须是轻微的、危害性较小的行为。二是被害人必须有相应的证据证明被告人有罪。被害人在诉讼过程中取代了公诉人的角色,因此应当提出证据证明其诉讼主张,承担举证责任。根据最高人民法院《关于适用〈中华人民共和国刑事诉讼法〉的解释》第 1 条规定,此类案件包括:故意伤害案(轻伤);非法侵入住宅案;侵犯通信自由案;重婚案;遗弃案;生产、销售伪劣商品案(但严重危害社会秩序和国家利益的除外);侵犯知识产权案(但严重危害社会秩序和国家利益的除外);《刑法》分则第四章、第五章规定的,对被告人可能判处三年有期徒刑以下刑罚的案件。本项规定的案件,被害人直接向人民法院起诉的,人民法院应当依法受理。对其中证据不足、可以由公安机关受理的,或者认为对被告人可能判处三年有期徒刑以上刑罚的,应当告知被害人向公安机关报案,或者移送公安机关立案侦查。

(3)被害人有证据证明对被告人侵犯自己人身、财产权利的行为应当依法追究刑事责任,而公安机关或者人民检察院不予追究被告人刑事责任的案件。这类案件从性质上看属于公诉案件范围,成为自诉案件需要具备四个条件:一是被害人有证据证明被告人的行为构成犯罪;二是对被告人的行为应当依法追究刑事责任;三是被告人的行为侵犯的是被害人自己人身权或者财产权利;四是公安机关或者人民检察院已经做出不予追究被告人刑事责任的书面决定。

四、其他侦查机关受理的刑事案件

根据我国《刑事诉讼法》第4条、第290条及其他有关规定,除上述公安机关、检察院、法院具有直接受理刑事案件的管辖权之外,国家安全机关、军队保卫部门、监狱和海关所属的缉私机构也负责特定案件的侦查。

(一)国家安全机关立案侦查的案件

《刑事诉讼法》第4条规定:"国家安全机关依照法律规定,办理危害国家安全的刑事案件,行使与公安机关相同的职权。"国家安全机关办立案侦查的案件有:背叛国家案,分裂国家案,煽动分裂国家案,武装叛乱、暴乱案,颠覆国家政权案,煽动颠覆国家政权案,资助危害国家安全犯罪活动案,投敌叛变案,叛逃案,间谍案,为境外窃取、刺探、收买、非法提供国家秘密、情报案,资敌案,等等。

(二)军队保卫部门立案侦查的案件

《刑事诉讼法》第290条第1款规定:"军队保卫部门对军队内部发生的刑事案件行使侦查权。"军队保卫部门立案侦查的案件有:战时违抗命令案、隐瞒、谎报军情案,拒传、假传军情案,投敌案,战时临阵脱逃案,阻碍执行军事职务案,军人叛逃案,非法获取军事秘密案,为境外窃取、刺探、收买、非法提供军事秘密案,故意泄露军事秘密案,战时造谣惑众案,战时自伤案,逃离部队案,武器装备肇事案,盗窃、抢夺武器装备、军用物资案,非法出卖、转让武器装备案,遗弃武器装备案,遗失武器装备案,战时残害居民、掠夺居民财物案,私放俘虏案,等等。

对于军队、武警部队与地方公安机关互涉案件的立案管辖问题,《公安机关办理刑事案件程序规定》第29条规定:"公安机关和军队互涉刑事案件的管辖分工按照有关规定办理。公安机关和武装警察部队互涉刑事案件的管辖分工依照公安机关和军队互涉刑事案件的管辖分工的原则办理。列入武装警察部队序列的公安边防、消防、警卫部门人员的犯罪案件,由公安机关管辖。"

(三)监狱立案侦查的案件

《刑事诉讼法》第290条第2款规定:"对罪犯在监狱内犯罪的案件由监狱进行侦查。"罪犯在脱逃期间犯罪的,由服刑地的公安机关管辖。但是,在犯罪地抓获罪犯并发现其在脱逃期间的犯罪的,由犯罪地的公安机关管辖。如果罪犯在暂予监外执行或假释期间犯罪的,由犯罪地公安机关立案侦查。

(四)海关所属的缉私机关立案侦查的案件

《公安机关办理刑事案件程序规定》第27条规定,海关走私犯罪侦查机构管辖中华人民共和国海关关境内发生的涉税走私犯罪案件和发生在海关监管区内的非涉税走私犯罪案件。

第三节 审 判 管 辖

刑事诉讼中的审判管辖,是指人民法院在受理第一审刑事案件的分工和权限,包括各级人民法院之间、同级人民法院之间、普通人民法院与专门人民法院之间的审判管辖权划分。

就公诉案件和自诉案件而言,立案管辖与审判管辖之间的关系有所区别。在自诉案件中,人民法院的立案管辖制度本身也是审判管辖制度的一部分,两者具有一定的重合性。而公诉案件则需要经历立案侦查、公诉、审判的一系列程序,因而立案管辖不等同于审判管辖。根据《刑事诉讼法》第19~27条规定,我国刑事案件审判管辖制度体系包括:级别管辖制度、地区管辖制度、指定管辖制度和专门管辖制度。

一、级别管辖

级别管辖,是指各级人民法院之间受理第一审刑事案件的分工和权限。级别管辖主要解决各级人民法院在受理第一审刑事案件上的权限分工问题,是从纵的维度来解决刑事案件由哪一级人民法院管辖。我国《刑事诉讼法》在确定级别管辖的划分时主要依据下列因素:案件的性质和影响,罪行的轻重和可能受到的刑罚惩罚,案件的社会影响力,各级人民法院在审判体系中的职责分工和工作量,等等。我国《刑事诉讼法》对各级人民法院管辖第一审刑事案件的规定如下:

(一)基层人民法院管辖的第一审刑事案件

《刑事诉讼法》第19条规定:"基层人民法院管辖第一审普通刑事案件,但是依照本法由上级人民法院管辖的除外。"刑事诉讼中的普通刑事案件,是指危害国家安全案件和外国人犯罪案件之外的案件。根据规定,基层人民法院管辖的只能是普通刑事案件,但是并不是所有的普通刑事案件都由基层人民法院进行第一审审判。虽然属于普通刑事案件,但是,当可能判处无期徒刑以上刑罚时,要由中级以上人民法院进行第一审审判。如此规定是因为基层法院数量众多,分布广泛,接近犯罪地,有利于法院就地审理案件、核实证据,便于诉讼参与人参加诉讼,顺利完成诉讼活动。

(二)中级人民法院管辖的第一审刑事案件

《刑事诉讼法》第20条规定,中级人民法院管辖下列第一审刑事案件:①危害国家安全、恐怖活动案件;②可能判处无期徒刑、死刑的案件。这两类刑事案件数量较少但性质严重、危害较大、案件复杂或者影响较大,因此需要较高级别的法院进行审理。中级人民法院可以审理这两类刑事案件并不排除高级人民法院和最高人民法院进行第一审审判,如果上述这两类案件符合高级人民法院或者最高人民法院的管辖权,则应当由高级人民法院或者最高人民法院管辖。

对于"可能判处无期徒刑、死刑的案件",如果人民检察院对侦查终结的案件进行审查后认为被告人的犯罪事实已经查明,证据确实、充分,可能被判处无期徒刑、死刑的,向中级人民法院提起诉讼,而中级人民法院审理后认为不够判处无期徒刑、死刑的,最高人民法院《关于适用〈中华人民共和国刑事诉讼法〉的解释》第12条规定,人民检察院认为可能判处无期徒刑、死刑,向中级人民法院提起公诉的案件,中级人民法院受理后,认为不需要判处无期徒刑、死刑的,应当依法审判,不再交基层人民法院审判。之所以立法将这些案件归由中级以上人民法院管辖,是因为其性质严重,或者案情重大复杂、影响范围较大,可以保证办案质量,同时减轻基层人民法院的审判任务。

(三)高级人民法院管辖的第一审刑事案件

《刑事诉讼法》第21条规定:"高级人民法院管辖的第一审刑事案件,是全省(自治区、直辖市)性的重大刑事案件。"那么,高级人民法院管辖的第一审刑事案件需要满足两个条件:一是全省(自治区、直辖市)性的案件;二是重大刑事案件。司法实践中,由高级人民法院直接管辖的第一审刑事案件较少。高级人民法院是地方各级人民法院中最高一级的法院,它的任务除了管辖第一审刑事案件之外,还包括审判对中级人民法院裁判的上诉、抗诉案件,复核死刑缓期二年执行的案件,以及监督全省(自治区、直辖市)的下级人民法院的审判工作。可见,高级人民法院的任务较多,并且高级人民法院管辖第一审刑事案件的多少直接关系最高人民法院第二审的负担,因此其管辖的第一审刑事案件不宜过宽。

(四)最高人民法院管辖的第一审刑事案件

《刑事诉讼法》第22条规定:"最高人民法院管辖的第一审刑事案件,是全国性的重大刑事案件。"最高人民法院是我国最高级别的审判机关,其工作范围十分广泛,既要监督、指导地方各级人民法院和专门人民法院的审判工作,对全国法院审判活动的法律应用问题提出司法解释,又要对不服各级高级人民法院一审裁判的上诉、抗诉案件和最高人民检察院按照审判监督程序提出抗诉的案件进行审理,还要对死刑案件进行复核。因此,其管辖的一审刑事案件不宜过多,仅为全国性重大刑事案件。事实上,由最高人民法院审判的第一审刑事案件十分罕见。

在刑事诉讼活动中,刑事案件情况十分复杂。除了要依据上述关于刑事案件管辖权的原则性规定之外,还要考虑到刑事案件审判活动的其他情况,保证案件能够正确、及时地受到处理,使得级别管辖能够有一定的灵活性。因此,在遵守刑事审判级别管辖的原则性规定之外,还应考虑下列情形:

(1)《刑事诉讼法》第23条规定,上级人民法院在必要的时候,可以审判下级人民法院管辖的第一审刑事案件;下级人民法院认为案情重大、复杂需要由上级人民法院审判的第一审刑事案件,可以请求移送上一级人民法院审判。根据此规定,上下级法院之间在一定情况下可以移送管辖。

一是上级人民法院在必要的时候,可以审判下级人民法院管辖的第一审刑事案件;在这里"必要的时候"是指案情重大、复杂或者影响巨大以及下级人民法院的审判遇到其他困难等情形。

二是下级人民法院认为案情重大、复杂需要由上级人民法院审判的第一审刑事案件,可以请求移送上一级人民法院审判。对于下级人民法院认为案情重大、复杂需要由上级人民法院审判的案件,最高人民法院《关于适用〈中华人民共和国刑事诉讼法〉的解释》第15条规定:"基层人民法院对下列第一审刑事案件,可以请求移送中级人民法院审判:(一)重大、复杂案件;(二)新类型的疑难案件;(三)在法律适用上具有普遍指导意义的案件。需要将案件移送中级人民法院审判的,应当在报请院长决定后,至迟于案件审理期限届满十五日前书面请求移送。中级人民法院应当在接到申请后十日内作出决定。不同意移送的,应当下达不同意移送决定书,由请求移送的人民法院依法审判;同意移送的,应当下达同意移送决定书,并书面通知同级人民检察院。"第14条规定,上级人民法院决定审判下级人民法院管辖的第一审刑事案件的,应当向下级人民法院下达改变管辖决定书,并书面通知同级人民检察院。

(2)最高人民法院《关于适用〈中华人民共和国刑事诉讼法〉的解释》第13条规定,一人犯数罪、共同犯罪和其他需要并案审理的案件,其中一人或者一罪属于上级人民法院管辖的,全案由上级人民法院管辖。

(3)基层人民法院对已经审理的公诉案件,认为可能判处死刑、无期徒刑的,应当请求移送中级人民法院,具体程序与前述可以移送中级人民法院的重大复杂案件相同。

二、地区管辖

地区管辖是指同级人民法院之间,在审判第一审刑事案件上的权限划分。地区管辖是从横的维度来解决案件由同级法院中的哪一个人民法院来管辖,级别管辖是从纵的维度解决案件应由哪一级人民法院管辖。只有地区管辖和级别管辖相结合才能明确案件管辖的唯一机关,案件的管辖权才能最终落实。我国刑事诉讼法及相关司法解释对地区管辖制度既作出了原则性规定,也对特殊情况作出了具体规定。

(一)地区管辖的原则性规定

《刑事诉讼法》第24条规定:"刑事案件由犯罪地的人民法院管辖。如果由被告人居住地的人民法院审判更为适宜的,可以由被告人居住地的人民法院管辖。"根据这一规定,我国刑事案件的地区管辖的确定准据有两个,即犯罪地和被告人居住地。但是,在刑事诉讼活动中,两者的地位并不是并列的,而是以犯罪地作为确定地区管辖的第一选择,被告人居住地作为地区管辖的次要选择。"被告人居住地更为适宜",可以理解为以下几种情况:被告人流窜作案,主要犯罪地难于确定,而其居住地的群众更多地了解案件的情况;被告人在居住地民愤极大,当地群众要求在当地审判的;可能对被告人适用缓刑、管制或者单独使用剥夺政治权利等刑罚,因而需要地其居住地执行的;临时外出成员之间相互侵犯的,等等。

最高人民法院《关于适用〈中华人民共和国刑事诉讼法〉的解释》第2条规定:"犯罪地包括犯罪行为发生地和犯罪结果发生地。针对或者利用计算机网络实施的犯罪,犯罪地包括犯罪行为发生地的网站服务器所在地,网络接入地,网站建立者、管理者所在地,被侵害的计算机信息系统及其管理者所在地,被告人、被害人使用的计算机信息系统所在地,以及被害人财产遭受损失地。"第3条规定:"被告人的户籍地为其居住地。经常居住地与户籍地不一致的,经常居住地为其居住地。经常居住地为被告人被追诉前已连续居住一年以上的地方,但住院就医的除外。被告单位登记的住所地为其居住地。主要营业地或者主要办事机构所在地与登记的住所地不一致的,主要营业地或者主要办事机构所在地为其居住地。"

在刑事诉讼活动中,以犯罪地法院作为地区管辖的首要选择是因为:首先,犯罪地是犯罪证据最集中的地方,案件由犯罪地法院管辖有利于调查核实证据,迅速查明案情;其次,犯罪地是当事人、证人等所在地,有利于他们就近参与诉讼活动,保证诉讼活动顺利进行;最后,由犯罪地法院审判便于人民群众了解案件的处理情况,使案件得到监督并实现审判的法制教育效果。

需要注意的是,在司法实践中如果几个犯罪地的人民法院都有管辖权,刑事诉讼法规定了优先管辖和移送管辖原则,即《刑事诉讼法》第25条规定:"几个同级人民法院都有权管辖的案件,由最初受理的人民法院审判。在必要的时候,可以移送主要犯罪地的人民法院审判。"由于部分刑事案件比较复杂,并且犯罪地的认定也十分宽泛,所以几个同级人民法院对同一个案件发生管辖权交叉的情况也会发生,为了避免同级人民法院在管辖权重合时发生争议,该条明确了解决办法,即由最初受理的人民法院审判,在必要的时候可以移送主要犯罪地人民法院审判。关于"在必要的时候"的解读,应当是指有利于保证诉讼活动的顺利进行和实现诉讼目的等方面。"主要犯罪地"是指案件涉及多个犯罪地时对该犯罪的成立起主要作用的行为地或者结果地。

(二)地区管辖的特殊性规定

司法实践中,刑事案件错综复杂。除了上述基本情况外,还存在一些特殊情况,上述管辖原则无法很好地解决实际问题。最高人民法院《关于适用〈中华人民共和国刑事诉讼法〉的解释》对这些特殊情况下的管辖权作了明确规定:

(1)在中华人民共和国领域外的中国船舶内的犯罪,由该船舶最初停泊的中国口岸所在地的人民法院管辖。

(2)在中华人民共和国领域外的中国航空器内的犯罪,由该航空器在中国最初降落地的人民法院管辖。

(3)在国际列车上的犯罪,根据我国与相关国家签订的协定确定管辖;没有协定的,由该列车最初停靠的中国车站所在地或者目的地的铁路运输法院管辖。

(4)中国公民在中国驻外使、领馆内的犯罪,由其主管单位所在地或者原户籍地的人民法院管辖。

(5)中国公民在中华人民共和国领域外的犯罪,由其入境地或者离境前居住地的人民法院管辖;被害人是中国公民的,也可由被害人离境前居住地的人民法院管辖。

(6)外国人在中华人民共和国领域外对中华人民共和国国家或者公民犯罪,根据我国《刑法》应当受处罚的,由该外国人入境地、入境后居住地或者被害中国公民离境前居住地的人民法院管辖。

(7)对中华人民共和国缔结或者参加的国际条约所规定的罪行,中华人民共和国在所承担条约义务的范围内,行使刑事管辖权的,由被告人被抓获地的人民法院管辖。

(8)正在服刑的罪犯在判决宣告前还有其他罪没有判决的,由原审地人民法院管辖;由罪犯服刑地或者犯罪地的人民法院审判更为适宜的,可以由罪犯服刑地或者犯罪地的人民法院管辖。罪犯在服刑期间又犯罪的,由服刑地的人民法院管辖。罪犯在脱逃期间犯罪的,由服刑地的人民法院管辖。但是,在犯罪地抓获罪犯并发现其在脱逃期间的犯罪的,由犯罪地的人民法院管辖。

三、指定管辖

指定管辖是指由上级人民法院以指定的方式确定案件管辖的情况。《刑事诉讼法》第26

条规定:"上级人民法院可以指定下级人民法院审判管辖不明的案件,也可以指定下级人民法院将案件移送其他人民法院审判。"根据该规定,刑事诉讼活动中的指定管辖包括两种情况:

一是地区管辖不明的刑事案件。在刑事诉讼活动中,地区管辖不明的情况时有发生,例如刑事案件发生在两个或两个以上地区的交界处,犯罪地属于哪个法院就很难判断。在此,可以依照《刑事诉讼法》第26条规定,由上级人民法院指定哪一个下级人民法院审判。在发生管辖权争议时,指定管辖需要遵循一定的程序。最高人民法院《关于适用〈中华人民共和国刑事诉讼法〉的解释》第17条规定:"管辖权发生争议的,应当在审理期限内协商解决;协商不成的,由争议的人民法院分别层报共同的上级人民法院指定管辖。"

二是原来有管辖权的法院不适宜或者不能审判的情况。在刑事诉讼过程中,会发生一些致使原来有管辖权的法院不适宜或者不能审判的情况,例如本院院长需要回避、案件受到严重干扰等等。在此情况下,可以由上级人民法院指定下级人民法院审判。最高人民法院《关于适用〈中华人民共和国刑事诉讼法〉的解释》第16条规定:"有管辖权的人民法院因案件涉及本院院长需要回避等原因,不宜行使管辖权的,可以请求移送上一级人民法院管辖。上一级人民法院可以管辖,也可以指定与提出请求的人民法院同级的其他人民法院管辖。"第19条规定:"上级人民法院指定管辖,应当将指定管辖决定书分别送达被指定管辖的人民法院和其他有关的人民法院。"第20条规定:"原受理案件的人民法院在收到上级人民法院改变管辖决定书、同意移送决定书或者指定其他人民法院管辖决定书后,对公诉案件,应当书面通知同级人民检察院,并将案卷材料退回,同时书面通知当事人;对自诉案件,应当将案卷材料移送被指定管辖的人民法院,并书面通知当事人。"第21条规定:"第二审人民法院发回重新审判的案件,人民检察院撤回起诉后,又向原第一审人民法院的下级人民法院重新提起公诉的,下级人民法院应当将有关情况层报原第二审人民法院。原第二审人民法院根据具体情况,可以决定将案件移送原第一审人民法院或者其他人民法院审判。"

四、专门管辖

专门管辖是指专门人民法院之间,以及专门人民法院与普通人民法院之间对第一审刑事案件在受理范围上的分工。专门管辖权明确了哪些案件应当由哪些专门人民法院审判的问题。在我国人民法院系统中,根据部分专门业务机构的组织体系建立起来一些专门审判机关,如军事法院、铁路运输法院、海事法院、知识产权法院等,其中,管辖刑事案件的只有军事法院和铁路运输法院。我国《刑事诉讼法》第27条规定:"专门人民法院案件的管辖另行规定。"

(一)军事法院管辖的案件

军事法院管辖的刑事案件,主要是现役军人和军内在编职工,违反《刑法》分则第十章,犯军人违反职责罪的犯罪案件。最高人民法院《关于适用〈中华人民共和国刑事诉讼法〉的解释》第22条规定:"军队和地方互涉刑事案件,按照有关规定确定管辖。"在此情况下,基本原则是实行分别管辖制度,即现役军人(军内在编职工)与非军人共同犯罪的,现役军人(军内在编职工)由军事法院管辖,非军人由地方法院管辖。但涉及军事秘密的,全案由军事法院管辖。对于下列案件,由地方人民法院或者军事法院以外的其他专门法院管辖:非军人、随军家属在部队营区内犯罪的;军人在办理退役手续后犯罪的;现役军人入伍前犯罪的(需与服役期内犯罪一并审判的除外);退役军人在服役期内犯罪的(犯军人违反职责罪的除外)。

(二)铁路运输法院管辖的案件

根据2012年最高人民法院《关于铁路运输法院案件管辖范围的若干规定》的第1条规定,铁路运输法院受理同级铁路运输检察院依法提起公诉的刑事案件。下列刑事公诉案件,由犯罪地的铁路运输法院管辖:

(1)车站、货场、运输指挥机构等铁路工作区域发生的犯罪;

(2)针对铁路线路、机车车辆、通讯、电力等铁路设备、设施的犯罪;

(3)铁路运输企业职工在执行职务中发生的犯罪;

(4)在列车上的犯罪,由犯罪发生后该列车最初停靠的车站所在地或者目的地的铁路运输法院管辖;但在国际列车上的犯罪,按照我国与相关国家签订的有关管辖协定确定管辖,没有协定的,由犯罪发生后该列车最初停靠的中国车站所在地或者目的地的铁路运输法院管辖。

铁路运输法院与地方人民法院因管辖不明而发生争议的,一般由地方人民法院管辖。

【本章练习】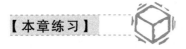

一、单项选择题

1.下列哪一案件应由公安机关直接受理立案侦查?(　　)

A.林业局副局长王某违法发放林木采伐许可证案

B.吴某破坏乡长选举案

C.负有解救被拐卖儿童职责的李某利用职务阻碍解救案

D.某地从事实验、保藏传染病菌种的钟某,违反国务院卫生行政部门的有关规定,造成传染病菌种扩散构成犯罪的案件

2.国家机关工作人员高某与某军事部门有业务往来。一日,高某到该部门洽谈工作,趁有关人员临时离开将一部照相机窃走。该照相机中有涉及军事机密的照片。关于本案,负责立案侦查的是下列哪一机关?(　　)

A.公安机关　　　B.检察机关　　　C.国家安全机关　　　D.军队保卫部门

3.某检察院在对国家机关工作人员张某巨额财产来源不明案进行侦查时,发现其巨额财产三分之二为诈骗所得,三分之一为盗窃所得。关于此案,下列哪一选项是正确的?(　　)

A.本案应当继续由检察院侦查

B.本案应当由检察院为主侦查,公安机关予以配合

C.本案应当由公安机关为主侦查,检察院予以配合

D.检察院应当将案件移送公安机关

4.检察院在查办国家机关工作人员刘某贪污贿赂案件中,发现刘某还涉嫌伙同其同事苏某利用职权实施非法拘禁犯罪。关于新发现的犯罪的处理,下列哪一选项是正确

的?（　　）

  A.将刘某涉嫌的两个犯罪以及苏某涉嫌的犯罪并案处理,由检察院一并侦查
  B.将刘某涉嫌的两个犯罪并案移送公安机关处理
  C.将刘某和苏某涉嫌的非法拘禁犯罪移送公安机关处理
  D.将刘某涉嫌的两个犯罪以及苏某涉嫌的犯罪,移送公安机关一并侦查

  5.美国人杰克与香港居民赵某在内地私藏枪支、弹药,公安人员查缉枪支、弹药时,赵某以暴力方法阻碍公安人员依法执行职务。下列哪一说法是正确的?（　　）

  A.全案由犯罪地的基层法院审判,因为私藏枪支、弹药罪和妨碍公务罪都不属于可能判处无期徒刑以上刑罚的案件
  B.杰克由犯罪地中级法院审判,赵某由犯罪地的基层法院审判
  C.杰克由犯罪地中级法院审判,赵某由中级法院根据具体案件情况而决定是否交由基层法院审判
  D.全案由犯罪地的中级法院审判

  6.下列哪些案件应由人民检察院直接立案侦查?（　　）

  A.涉税案　　　　　　　　　　　B.公司、企业人员受贿案
  C.徇私舞弊不征、少征税款案　　　D.非法拘禁案

二、多项选择题

  1.下列哪些案件属于中级人民法院管辖?（　　）

  A.危害国家安全、恐怖活动案件　　B.可能判处无期的案件
  C.可能判处死缓的案件　　　　　　D.外国人犯罪的案件

  2.周某采用向计算机植入木马程序的方法窃取齐某的网络游戏账号、密码等信息,将窃取到的相关数据存放在其租用的服务器中,并利用这些数据将齐某游戏账户内的金币、点券等虚拟商品放在第三方网络交易平台上进行售卖,获利5000元。下列哪些地区的法院对本案具有管辖权?（　　）

  A.周某计算机所在地　　　　　　　B.齐某计算机所在地
  C.周某租用的服务器所在地　　　　D.经营该网络游戏的公司所在地

  3.下列哪些案件应当由检察院立案侦查?（　　）

  A.骗取出口退税案　　　　　　　　B.徇私舞弊不征、少征税款案
  C.隐瞒境外存款案　　　　　　　　D.阻碍解救被拐卖、绑架妇女、儿童案

三、简答题

  1.什么是立案管辖?检察机关管辖哪些案件?
  2.什么是地区管辖?确定地区管辖的主要因素是什么?
  3.犯罪利用信息网络实施的,如何确定其犯罪地?
  4.抢劫犯李某在A市服刑,服刑期间逃至B市,在B市盗窃后又逃往C市,在C市被抓获。哪些地方的什么机关对此案具有管辖权?

第七章　回　避

【学习目标】

■ 知识目标：
了解回避的概念和意义。
了解回避的种类。
了解回避的适用人员范围。
了解回避的效力。

■ 能力目标：
掌握回避的理由。
掌握回避的决定。

【案例引导1】

某县公安局对一起共同抢劫案件立案侦查,以公安局长为首组成侦破小组,查获犯罪嫌疑人赵某、钱某、孙某涉嫌结伙拦路抢劫。在侦查过程中,孙某聘请的律师李某未与孙某商量,独立提出本案的侦查员张权与被害人是同住一个小区的邻居,关系密切,申请其回避。侦查科的科长立即停止了张权的侦查工作,张权为了避免别人的闲话也立即退出了侦查活动,侦查科长经审查认为不属于法定回避的理由,驳回了回避申请。接着钱某提出申请公安局长回避,理由是公安局长与犯罪嫌疑人的父亲是老战友,关系密切。经上级公安机关作出了回避决定。本案经县检察院起诉至县法院,在审理期间,赵某提出书记员李丽原是本案侦查人员,后工作调动至法院,不应担任本案书记员;钱某提出出庭支持公诉的书记员陈明在案件审查起诉过程中曾经和被害人一起吃饭,应当回避;孙某提出陪审员王丹相貌凶恶,语气严厉,不应参与案件的审判。审判长当庭决定准许陈明回避,驳回赵某、孙某的回避申请。

问题:本案回避程序有何违法之处?并说明理由。

【案例引导2】

被告人刘某曾与本村农民李某因邻里纠纷打过架,为此对李某怀有成见。该村仅有一条水沟灌溉本村的稻田,每户轮流浇水。一天早上,刘某听到其妻说:"昨晚轮到我们要用水,李某把田里的水放干了,不知我们田里有没有水。"刘某听后,即到李某的稻田里把水放掉。李某闻讯便找刘某理论。当李某走到刘某家门口时,正遇刘某手持镰刀准备去割牛草,李某即质问刘某为什么放他的田水。刘某一边否认放水,一边威胁说:"你上来,我砍死你。"当李某走进时,刘某即用镰刀朝李某的左胸部猛砍下去,砍断李某的四根肋骨,李某当即倒地。伤好后经法医鉴定:肋骨骨折伴有气胸,并有呼吸困难,系重伤。某县法院受理此案后,依法组成合议庭,由审判员张某担任审判长。法院在第一次公开开庭审理此案时,被害人李某提出申请要张某回避,法庭决定休庭,宣布延期审理,并将回避申请报院长决定。经审查,审判员张某是被告人刘某的同母异父兄长,院长决定审判员张某回避,不再担任合议庭组成人员。法院在更换审判员张某后,开庭继续审理此案。

问题:本案被害人李某是否有权申请回避?审判员张某的回避理由是否合法?审判员张某的回避应由谁决定?

第一节 回避制度概述

一、回避的概念

刑事诉讼中的回避是指侦查人员、检察人员、审判人员等因与案件或案件的当事人具有某种利害关系或其他特殊关系,可能影响刑事案件的公正处理,而不得参加办理该案的一项诉讼制度。回避制度是现代各国刑事诉讼法普遍确立的一项诉讼制度。西方传统的诉讼理论中有一项著名的"自然公正"原则,即"任何人不得做自己案件的法官",否则,由其主持进行的诉讼活动不具有法律效力。回避制度历来被称为公正司法的"第一道防线"。根据西方国家的诉讼理论,回避制度的建立,旨在确保法官、陪审团成员在诉讼中保持中立无偏的地位,使当事人受到公正的对待,尤其是获得公正审判的机会。《世界人权宣言》第10条规定:"人人完全平等地有权由一个独立而无偏倚的法庭进行公正的和公开的审讯,以确定他的权利和义务并判定对他提出的任何刑事指控。"为了保证刑事诉讼中的被追诉人获得一个公正、中立的法庭对其进行审判,世界各国普遍建立了回避制度。

二、回避的意义

实行回避制度的根本目的,是为了保证客观公正地处理案件,防止办案人员先入为主或者避免徇私舞弊、枉法裁判行为的发生,使当事人各方免受偏袒、歧视或其他不公正对待,也使当事人更易于接受裁判结果。因此,实行回避制度具有重大意义。

1. 确保刑事案件得到客观公正的处理

在刑事诉讼中,如果侦查、检察或审判人员与案件或当事人有着某种利害关系或其他关系,就有可能不自觉地偏袒一方,从而影响案件处理的客观公正性。如果他们曾经担任过本案的一些工作,比如作过本案的证人,或者对本案的专门性问题作过鉴定,就有可能对案件产生了先入为主的预断或偏见,或者可能徇私舞弊、枉法追诉或裁判,那么案件的事实真相不仅得不到及时的揭示,而且还可能被该公安、司法人员掩盖起来,以至于酿成冤假错案。建立回避制度,使与案件或当事人存有法定利害关系或其他可能影响案件公正处理的公安、司法人员及时退出诉讼过程,防止办案人员徇私舞弊或先入为主,消除案件处理过程中不公正的因素,保证办案人员客观、公正地处理刑事案件,避免案件错判、误判的发生。

2. 确保当事人在刑事诉讼过程中受到公正的对待

刑事诉讼不仅要产生公正的处理结果,而且要使当事人各方均受到公正的对待。这一诉讼目的要在刑事诉讼过程而不是结果中得到实现。为确保刑事诉讼程序的公正性,法律必须建立一种旨在使公安、司法人员中立无偏的机制,回避制度即为这一机制上的一个重要环节。通过确保那些与案件有利害关系或其他特殊关系的公安、司法人员及时退出诉讼的进程,当事人各方才可能免受其偏袒、歧视或其他不公正对待,从而平等地、充分地享受诉讼权利、参与诉讼活动。回避制度正是通过对公安、司法人员中立性以及当事人各方的平等参与性的维护,来确保刑事诉讼过程的公正性的。

3. 确保法律制度和法律实施过程得到当事人和社会公众的普遍尊重,促进刑事诉讼的顺利进行

西方诉讼理论中有一著名的箴言:"正义不仅要得到实现,而且要以人们都能看得见的方式得到实现。"侦查、检察、审判人员等如果具有应当回避的情形而没有回避,仍然参加案件的处理,即使他们能够克服偏袒之心,但由于案件的处理存有偏颇之嫌,也难令当事人及其法定代理人消除不公平之虑,难以消除由此引起的不必要的上诉或申诉,进而增加公安、司法机关的工作负担,妨碍刑事诉讼的顺利进行。回避制度的实施,使当事人拥有对他们不信任的公安、司法人员申请回避的机会,这在一定程度上可以使当事人拥有对主持或参与案件侦查、起诉或审判的公安、司法人员进行选择的权利,消除当事人对公安、司法人员的不信任感和思想顾虑,有助于他们对司法程序和裁判结果的尊重和自愿接受,维护公安、司法机

关的威信。同时,回避制度的实施及其所保障的程序公正价值,还可唤起社会公众对刑事法律制度及其实施过程的普遍尊重,从而有助于法治秩序的建立和维护。

第二节 回避的种类、理由和适用人员范围

一、刑事回避的种类

根据我国《刑事诉讼法》第28条规定了两种回避的方式,即自行回避和申请回避。在诉讼法学理论上,回避根据不同的标准可以进行多种划分,但为人们普遍接受的是根据其实施方式的不同进行的划分,即将回避分为自行回避、申请回避和指令回避三种。

(一)自行回避

自行回避是指审判人员、检察人员、侦查人员以及其他有关人员,在诉讼进行过程中,如遇有法律规定的应当回避的情形,认为自己不应当参与案件的处理时,自己主动提出回避,要求退出刑事诉讼活动。这种制度的实质是通过公安、司法人员的职业自律和自我约束意识,消除可能导致案件得不到公正处理的人为因素,使符合法定回避情形的公安、司法人员自觉退出诉讼活动。

(二)申请回避

申请回避,是指案件当事人及其法定代理人认为审判人员、检察人员、侦查人员等具有法定回避情形,而向他们所在的机关提出申请,要求他们回避。根据刑事诉讼法的规定,申请公安、司法人员回避,是当事人及其法定代理人的一项重要的诉讼权利,公安、司法机关有义务保证当事人及其法定代理人充分有效地行使这一权利。按照我国《刑事诉讼法》的规定,被害人具有当事人的诉讼地位,因而与犯罪嫌疑人、被告人等一样,在刑事诉讼的各个阶段都享有申请回避的权利。

(三)指令回避

指令回避,是指审判人员、检察人员、侦查人员等遇有法定的回避情形而没有自行回避,当事人及其法定代理人也没有申请其回避,法院、检察机关、公安机关等有关组织或行政负责人有权作出决定,令其退出诉讼活动。指令回避是回避制度的重要组成部分,是对自行回避和申请回避的必要补充。

为了严格执行刑事诉讼法规定的回避制度,根据有关规定和司法解释,应当回避的人员,本人没有自行回避,当事人和他们的法定代理人也没申请其回避的,如果是公安机关的侦查人员或者公安机关负责人,应当由县级以上公安机关负责人或者同级人民检察院检察委员会决定他们回避;如果是检察人员(包括检察院直接受理案件的侦查人员)或者检察长,应当由检察长或者检察委员会决定他们回避;如果是审判人员或者法院院长,应当由法院院长或者审判委员会决定他们回避。

另外,根据申请回避是否需要提出理由,在理论上回避还可以分为有因回避和无因回避两种。其中,有因回避又称为附理由的回避,是指拥有回避申请权的诉讼参与者只有在案件

具备法定的回避理由的情况下,才能提出要求有关公安、司法人员回避的申请。无因回避又可称为强制回避或不附理由的回避,是指有权提出回避申请的人无须提出任何理由,即可要求法定数量的司法人员回避,这种申请一旦提出,即可导致这些公安、司法人员回避。如法国的刑事诉讼法律规定,不论被告人、他的律师或检察院,均不得公开其申请回避的理由。根据该规定,在法国刑事诉讼中,对重罪案件明确规定实行无因回避。我国《刑事诉讼法》没有确立无因回避制度,当事人及其法定代理人提出回避申请时,应当陈述法定理由。

二、回避的理由

回避的理由又称回避原因或者回避条件,是指法律明确规定的实施回避所必备的事实情形。从理论上讲,可作为公安、司法人员回避根据的情形主要是他们与案件或当事人有某种利害关系或其他关系,以至于难以使案件得到公正的处理。为了使这一抽象的根据具有可操作性,各国刑事诉讼法一般均明确设定了若干个符合这一根据的事实情形,使其成为回避的法定理由。根据我国《刑事诉讼法》第28条、第29条的规定,以及最高人民法院《关于适用〈中华人民共和国刑事诉讼法〉的解释》、最高人民检察院《人民检察院刑事诉讼规则(试行)》和最高人民法院《关于审判人员严格执行回避制度的若干规定》等相关司法解释的规定,侦查、检察、审判人员等具有下列情形之一的,应当回避:

1. 是本案的当事人或者是当事人的近亲属

在刑事诉讼中,本案的当事人是指本案的被害人、自诉人、犯罪嫌疑人、被告人、附带民事诉讼的原告人和被告人;当事人的近亲属,根据《刑事诉讼法》第106条第6项规定,是指上述人员的夫、妻、父、母、子、女、同胞兄弟姐妹。就审判人员而言,最高人民法院《关于审判人员严格执行回避制度的若干规定》第1条对此作了进一步的解释,规定与当事人有直系血亲、三代以内旁系血亲以及姻亲关系的审判人员都应当回避。

任何人都不得担任自己为当事人的案件的裁判者或者承办人,这是现代诉讼活动的基本要求。由于本案的当事人及其近亲属与该案件的处理结果有着直接或间接的关系,由他们担任本案的侦查、检察、审判人员等,容易从维护自身或者其近亲属的不正当利益出发,歪曲事实、曲解法律,从而不公正地处理案件。即使公安、司法人员事实上没有偏袒一方当事人,能够公正无私地处理案件,但只要他们与案件当事人存在上述关系,刑事诉讼的公正性也会受到其他当事人乃至社会公众的怀疑,因而应当回避。

2. 本人或者他的近亲属与本案有利害关系

该情形是指侦查、检察、审判人员等,虽然不是本案的当事人或者当事人的近亲属,但他们本人或其近亲属与本案有利害关系,如办案人员或其近亲属与犯罪嫌疑人、被告人有恋爱关系、同学关系、战友关系等,就极有可能为这种关系所影响,有可能从个人私利出发而不能客观、公正地履行职责和处理案件,因此,法律要求他们回避。

一般认为,利害关系是指与正在进行的诉讼有法律上的利害关系。在刑事诉讼回避制度中,指"本人或他的近亲属和本案有利害关系",显然指本人或他的近亲属对案件的处理结果将产生不利或有利影响。在这种情形下,案件的处理结果会直接影响到他们及其近亲属的利益,如果由他们主持或允许他们参加诉讼活动,就有可能从个人私利出发而不能客观、公正地履行职责和处理案件,就可能使案件得不到公正客观的处理。因此,具备这一情形的办案人员也应当回避。

3. 担任过本案的证人、鉴定人、辩护人或者诉讼代理人

证人、鉴定人、辩护人、诉讼代理人是刑事诉讼中的诉讼参与人,在诉讼中具有各自的诉讼地位,从不同的方面协助公安、司法机关办理案件。证人具有不可替代性,办案人员如果事前已了解案件情况,应当作为证人参加诉讼活动。在同一案件中,如果他们既作证人,又作办案人员,两种角色难免会发生冲突。审判、检察或侦查人员如果在本案中曾担任过证人,可能对案件事实或案件的实体结局已产生先入为主的预断,无法再从容、冷静、客观地收集、审查、判断证据,因而易导致误判。同样,担任过本案鉴定人、辩护人或者诉讼代理人的,基于履行法律赋予的特定职责,可能与委托过他们的当事人发生过某种特殊关系,而且也对案件事实有所了解,对案件已形成自己的特定看法并已向公安、司法机关提出,若再从事本案的侦查、起诉、审判工作,可能会使刑事诉讼活动出现"承办人个人说了算"的后果,影响对案件的客观、全面、公正的处理,因此,公安、司法人员遇有这样一种情形,应当回避。

4. 与当事人及其委托的人之间存有请客送礼、其他好处的,或者违反规定会见当事人及其委托的人

《刑事诉讼法》第 29 条规定:"审判人员、检察人员、侦查人员不得接受当事人及其委托的人的请客送礼,不得违反规定会见当事人及其委托的人。审判人员、检察人员、侦查人员违反前款规定的,应当依法追究法律责任。当事人及其法定代理人有权要求他们回避。"根据此规定,只要有证据能证明公安、司法人员接受了一方或者双方当事人及其委托人的"请客送礼",即构成回避的理由。不过,《刑事诉讼法》第 29 条对"请客送礼"的具体情节,如数额多大或者价值多少,则没有规定。

为严格这一规定的执行,最高人民法院《关于适用〈中华人民共和国刑事诉讼法〉的解释》第 24 条将《刑事诉讼法》第 29 条规定的情形做了进一步细化和扩展,规定审判人员有下列情形之一的,当事人及其法定代理人有权要求回避:①违反规定会见本案当事人、辩护人、诉讼代理人的;②为本案当事人推荐、介绍辩护人、诉讼代理人,或者为律师、其他人员介绍办理本案的;③索取、接受本案当事人及其委托人的财物或者其他利益的;④接受本案当事人及其委托人的宴请,或者参加由其支付费用的活动的;⑤向本案当事人及其委托人借用款物的;⑥有其他不正当行为,可能影响公正审判的。需要指出的是,当事人及其法定代理人依照《刑事诉讼法》第 29 条、《关于审判人员严格执行回避制度的若干规定》第 2 条规定提出回避申请的,应当提供相关的证据材料。

5. 在本诉讼阶段以前曾参与办理本案

在本诉讼阶段以前曾参与办理本案的人员不得再次参与本案的办理。《刑事诉讼法》第 228 条规定:"原审人民法院对于发回重新审判的案件,应当另行组成合议庭,依照第一审程序进行审判。"第 245 条规定:"人民法院按照审判监督程序重新审判的案件,由原审人民法院审理的,应当另行组成合议庭进行。"根据上述规定,对于第二审法院经过第二审程序裁定发回重审的案件,原审法院负责审理此案的原合议庭组成人员不得再参与对案件的审理;对于人民法院按照审判监督程序重新审判的案件,原负责审判此案的合议庭组成人员也不得再参与对该案的处理。因为参加过本案原审的审判人员对案件事实和案件结局已产生了先入为主的预断,这时他们参与或主持对该案的重审,难以保证审判的公正性。

最高人民法院《关于适用〈中华人民共和国刑事诉讼法〉的解释》第 25 条规定:"参与过本案侦查、审查起诉工作的侦查、检察人员,调至人民法院工作的,不得担任本案的审判人员。在一个审判程序中参与过本案审判工作的合议庭组成人员或者独任审判员,不得再参与本案其他程序的审判。但是,发回重新审判的案件,在第一审人民法院作出裁判后又进入第二审程序或者死刑复核程序的,原第二审程序或者死刑复核程序中的合议庭组成人员不受本款规定的限制。"《人民检察院刑事诉讼规则(试行)》第 30 条规定:"参加过本案侦查的侦查人员,不得承办本案的审查逮捕、起诉和诉讼监督工作。"根据上述规定,在本诉讼阶段以前曾参加过该案件侦查、起诉、审判工作的,不得参与本诉讼阶段的案件办理工作。因为他们在前一诉讼阶段所形成的对案件的认识,可能带入后一诉讼阶段,造成先入为主,主观片面,妨碍后一阶段诉讼工作的公正进行。为了保证案件处理的客观与公正,上述人员应当回避。

6. 与本案当事人有其他关系,可能影响案件公正处理

社会生活是十分复杂的,法律不可能将公安、司法人员与当事人之间可能发生的各种社会关系全部列举出来。审判、检察或侦查人员如果与当事人存有上述情形以外的其他关系,可能影响案件公正处理的关系的,也应当回避。这里的"其他关系"是指除上述情形以外的,如:是当事人的朋友,与当事人具有近亲属以外的其他亲戚关系,与当事人有过恩怨,与当事人有借贷关系,与当事人的诉讼代理人或者辩护人有其他的亲戚关系或者利益关系,等等。应当注意的是,这些人员与当事人之间存有其他特殊关系这一事实本身尚不足以单独构成回避的理由。只有在这种特殊关系的存在导致案件无法得到公正处理时,公安、司法人员才适用回避。比如,审判人员是当事人的近亲属,应当无条件回避,但如果审判人员与当事人是一种远亲关系,则要看其是否可能影响公正处理案件才能决定其回避与否。就审判人员而言,最高人民法院《关于审判人员严格执行回避制度的若干规定》第 1 条规定,与本案的诉讼代理人、辩护人有夫妻、父母、子女或者同胞兄弟姐妹关系的审判人员,应当回避。司法人员与案件的诉讼代理人、辩护人有上述关系的,容易因为彼此间存在的特殊主观情感而影响到其对案件的客观认识和正确处理,因此必须回避。该项规定是根据回避制度的立法宗旨,针对可能影响公正处理案件的情况不宜逐一列举所作的一项原则性规定。

三、适用回避的人员范围

适用回避的人员范围也称为回避对象,是指在法律规定的回避情形下,应当回避的公安、司法人员的范围。根据我国《刑事诉讼法》及相关司法解释的规定,适用回避的人员范围包括:审判人员、检察人员、侦查人员以及参与侦查、起诉、审判活动的人民陪审员、书记员、翻译人员、鉴定人、司法警察、助验人员和执行员。

根据《人民法院组织法》的相关规定,案件需要报经审判委员会讨论的,审判委员会委员属于适用回避的人员范围。同样,根据《人民检察院组织法》的相关规定,案件需要报经检察委员会讨论的,检察委员会委员也属于适用回避的人员范围。另外,根据最高人民检察院《关于实行人民监督员制度的规定》,参与案件讨论的人民监督员,也应当依照规定实行回避。

此外,"侦查人员"既包括所有侦查机关从事侦查工作的侦查人员,又包括对侦查工作进

行组织指挥的负责人,即有权参与讨论和作出决定的检察机关负责人和公安机关负责人。"书记员"则既包括公、检、法三机关的书记员,也包括出现在侦查、起诉、审判阶段的书记员。翻译人既包括公、检、法三机关各自指派或聘请的,也包括在侦查、起诉、审判各个阶段指派或聘请的翻译人员(法庭审判阶段担任翻译工作的人员,以及在侦查、起诉阶段讯问被告人和询问证人、被害人时担任翻译工作的人员)。

第三节 回避的程序

一、回避的期间

回避的期间,是指回避适用的诉讼阶段范围。根据《刑事诉讼法》的规定,回避适用于审判人员、检察人员和侦查人员等,因而,回避适用于侦查、起诉、审判和执行等各个诉讼阶段。

最高人民法院《关于适用〈中华人民共和国刑事诉讼法〉的解释》第26条规定:"人民法院应当依法告知当事人及其法定代理人有权申请回避,并告知其合议庭组成人员、独任审判员、书记员等人员的名单。"《刑事诉讼法》第182条规定:"人民法院决定开庭审判后,应当确定合议庭的组成人员,将人民检察院的起诉书副本至迟在开庭十日以前送达被告人及其辩护人。"因此,人民法院在告知当事人合议庭组成人员的同时,一并告知当事人享有申请回避的诉讼权利。

根据《刑事诉讼法》第185条规定,开庭的时候,审判长告知当事人有权对合议庭组成人员、书记员、公诉人、鉴定人和翻译人员申请回避。根据这一规定,审判长在告知当事人所享有的申请回避权后,当事人即可以申请有关人员回避。换言之,在法庭审判开始以后,审判长应首先向当事人告知申请回避权,然后由当事人及其法定代理人行使这一权利。只有这样,符合法定回避情形的审判人员、公诉人等才能被排除出法庭审判过程。《刑事诉讼法》有关审判阶段适用回避的规定,既适用于第一审程序,也适用于第二审程序、再审程序、死刑复核程序以及刑事诉讼特别程序。

我国《刑事诉讼法》对侦查、起诉阶段回避的程序没有作出明确的规定。为确保回避制度在这两个诉讼阶段得到切实的贯彻实施,侦查人员和检察人员在侦查、审查起诉活动开始后,即应分别向犯罪嫌疑人、被害人等当事人告知回避申请权。由于侦查与审判不同,诉讼各方在侦查阶段难以集中在同一场所进行诉讼活动,因此,一般认为侦查阶段的回避应以自行回避和指令回避为主,同时兼采申请回避。与此同时,检察机关应加强对侦查程序合法性的监督,对侦查人员符合法定回避情形而没有回避的,在审查批捕和审查起诉时应以程序违法为由,将案件退回侦查部门补充侦查。在审查起诉阶段,检察官如果有法定回避情形的,应自行主动回避。检察长或检察委员会如果发现某一检察官有法定回避情形而没有自行回避的,可以指令其回避。同时,犯罪嫌疑人、被害人等当事人各方也可以向检察机关提出要求该检察官回避的申请。对于案件已被决定移送法院审判的,当事人在开庭后也可以要求出庭支持公诉的检察官回避。

二、回避的请求与申请

公安、司法人员在接受报案、控告、举报或者办理案件过程中,发现有依法应予回避的情形的,应当自行向所属机关的负责人提出回避请求。没有自行回避的,当事人及其法定代理人有权申请他们回避。当事人及其法定代理人申请审判人员回避的,可以口头或者书面提出,并说明理由。口头提出申请的应当记录在案。

根据最高人民法院《关于适用〈中华人民共和国刑事诉讼法〉的解释》第28条规定:"当事人及其法定代理人依照刑事诉讼法第二十九条和本解释第二十四条规定申请回避,应当提供证明材料。"另外,当事人及其法定代理人就下列情形提出回避申请的,也应当提供相关证据材料:①未经批准,私下会见本案一方当事人及其代理人、辩护人的;②为本案当事人推荐、介绍代理人、辩护人,或者为律师、其他人员介绍办理该案件的;③接受本案当事人及其委托的人的财物、其他利益,或者要求当事人及其委托的人报销费用的;④接受本案当事人及其委托的人的宴请,或者参加由其支付费用的各项活动的;⑤向本案当事人及其委托的人借款、借用交通工具、通讯工具或者其他物品,或者接受当事人及其委托的人在购买商品、装修住房以及其他方面给予的好处的。

三、回避的审查与决定

对当事人及其法定代理人的回避申请,侦查机关、人民检察院或者人民法院经过审查或者调查,符合回避条件的,应当作出回避决定;不符合回避条件的,应当驳回申请。

《刑事诉讼法》第30条第1款规定:"审判人员、检察人员、侦查人员的回避,应当分别由院长、检察长、公安机关负责人决定;院长的回避,由本院审判委员会决定;检察长和公安机关负责人的回避,由同级人民检察院检察委员会决定。"最高人民法院《关于适用〈中华人民共和国刑事诉讼法〉的解释》第27条规定:"审判人员自行申请回避,或者当事人及其法定代理人申请审判人员回避的,可以口头或者书面提出,并说明理由,由院长决定。院长自行申请回避,或者当事人及其法定代理人申请院长回避的,由审判委员会讨论决定。审判委员会讨论时,由副院长主持,院长不得参加。"《人民检察院刑事诉讼规则(试行)》第24条规定:"检察长的回避,由检察委员会讨论决定。检察委员会讨论检察长回避问题时,由副检察长主持,检察长不得参加。其他检察人员的回避,由检察长决定。"第25条规定:"当事人及其法定代理人要求公安机关负责人回避,应当向公安机关同级的人民检察院提出,由检察长提交检察委员会讨论决定。"根据上述规定,各级法院的正职院长有权决定本院其他审判人员、书记员及翻译人员等的回避;各级检察院的正职检察长有权决定本院其他检察人员、鉴定人、书记员及翻译人员等的回避;各级公安机关的正职负责人有权决定本机关从事侦查工作的人员、书记员及翻译人员等的回避。

当事人及其法定代理人对出庭的检察人员、书记员提出回避申请的,人民法院应当通知指派该检察人员出庭的人民检察院,由该院检察长或检察委员会决定。

根据《刑事诉讼法》第30条的规定,有回避决定权的组织或个人经过对当事人等的回避申请或者有关公安、司法人员自行回避的请求进行全面审查后,如果发现公安、司法人员确有《刑事诉讼法》规定的回避情形的,应当依法作出决定,令其回避。当事人及其法定代理人申请出庭的检察人员回避的,人民法院应当决定休庭,并通知人民检察院。

关于回避的决定,一经作出即发生法律效力,该公安、司法人员应立即退出刑事诉讼的相关活动。考虑到刑事侦查工作的紧迫性和特殊性,也为了防止审查回避影响侦查活动的及时进行,《刑事诉讼法》第 30 条第 2 款规定:"对侦查人员的回避作出决定前,侦查人员不能停止对案件的侦查。"《人民检察院刑事诉讼规则(试行)》第 29 条也规定:"人民检察院直接受理案件的侦查人员或者进行补充侦查的人员在回避决定作出以前或者复议期间,不得停止对案件的侦查。"根据这些规定,侦查人员在提出自行回避或当事人提出要求其回避的申请以后,可以照常进行刑事侦查活动,直到有关组织或个人依法对这一回避进行审查并作出正式的准许回避决定之后,该侦查人员才能停止对案件的侦查工作,但其他侦查人员应立即接替其继续或重新开始侦查工作。

对于回避决定作出前所取得的证据和进行的诉讼行为是否有效,根据《公安机关办理刑事案件程序规定》和《人民检察院刑事诉讼规则(试行)》的有关规定,对符合《刑事诉讼法》第 28、29 条规定的情形之一而回避的侦查人员、检察人员在回避决定作出前所取得的证据和进行的诉讼行为,由作出决定的公安机关负责人、检察长或者检察委员会根据案件具体情况作出决定。但对于人民法院来说,有关审判人员或者书记员、翻译人员和鉴定人没有遵守有关回避规定的,其诉讼行为应属无效,可以成为撤销原判、发回重审或者再审改判的理由。

四、回避申请的驳回与复议

根据最高人民法院《关于适用〈中华人民共和国刑事诉讼法〉的解释》第 30 条规定,对当事人及其法定代理人提出的回避申请,人民法院可以口头或者书面作出决定,并将决定告知申请人。当事人及其法定代理人申请回避被驳回的,可以在接到决定时申请复议一次。不属于《刑事诉讼法》第 28、29 条规定情形的回避申请,由法庭当庭驳回,并不得申请复议。

根据《人民检察院刑事诉讼规则(试行)》和《公安机关办理刑事案件程序规定》的有关规定,人民检察院和公安机关作出驳回申请回避的决定后,应当告知当事人及其法定代理人如不服本决定,有权在收到驳回申请回避的决定书 5 日内向原决定机关申请复议一次。当事人及其法定代理人对驳回申请回避的决定不服申请复议的,决定机关应当在 3 日内作出复议决定并书面通知申请人。

在复议期间,被申请回避的公安、司法人员不停止对案件的办理。如果复议决定改变原决定的,被申请回避的公安、司法人员则应当退出本案的诉讼活动。

【本章练习】

一、单项选择题

1.某市检察院张某在办理一起受贿案件时,发现犯罪嫌疑人之一系其堂妹,故申请回避并经检察长同意。下列关于张某在申请回避前所取得的证据和进行的诉讼行为效力问题的表述,哪一项是正确的?(　　)

　　A.取得的证据和进行的诉讼行为均无效
　　B.取得的证据和进行的诉讼行为均有效

C. 取得的证据有效但进行的诉讼行为无效

D. 取得的证据和进行的诉讼行为是否有效,由检察委员会或检察长决定

2. 下列各案件中,依法不需要回避的是（　　）。

A. 王某2002年1月辞去在某县人民法院的工作,2003年4月作为被害人某房地产公司的诉讼代理人出庭参加该县人民法院的审理,被告人李某要求王某回避

B. 王某作为检察人员参与了刘某涉嫌盗窃案的审查起诉工作,待王某调到人民法院后,又作为审判人员参与该案的审理,被告人刘某申请王某回避

C. 王某作为合议庭的审判长审理了刘某涉嫌盗窃案,该案件上诉到上一级法院后,上一级法院作出撤销原判,发回重审的裁定。由于该法院人手有限,王某再次参加法庭审判,不再担任审判长,被告人刘某要求王某回避

D. 王某2002年1月辞去在某县人民法院的工作,2005年3月担任其弟弟的辩护人,出庭参加该县人民法院就其弟弟涉嫌盗窃案的审理,被害人李某申请王某回避

3. 关于回避的复议程序,下列说法正确的是（　　）。

A. 一案件被告人提出审理该案的审判员王某是被害人从前的朋友,申请回避,被当庭驳回,被告人不能申请复议

B. 一案件被告人提出审理该案的审判员王某是被害人从前的朋友,申请回避,被当庭驳回,被告人可以申请复议

C. 一案件未成年被告人提出审理该案的审判员和被害人李某有近亲属关系,被驳回,该被告人不能在恢复庭审前申请复议一次

D. 一案件未成年被告人提出审理该案的审判员和被害人李某有近亲属关系,被驳回,该被告人的法定代理人不能在恢复庭审前申请复议一次

4. 庭审过程中,被告人赵某指出,公诉人的书记员李某曾在侦查阶段担任鉴定人,并据此要求李某回避。对于赵某的回避申请,下列哪一选项是正确的?（　　）

A. 法庭应以不属于法定回避情形为由当庭驳回

B. 法庭应以符合法定回避情形为由当庭作出回避决定

C. 李某应否回避需提交法院院长决定

D. 李某应否回避需提交检察院检察长决定

5. 下列哪种情形中,当事人的回避申请应被同意?（　　）

A. 某侦查人员曾被单位作出过纪律处分　　B. 某侦查人员态度生硬、粗暴

C. 某侦查人员接受过另一当事人的吃请　　D. 某侦查人员业务能力差

6. 郭某(16岁)与罗某发生争执,被打成轻伤,遂向法院提起自诉。法庭审理中,罗某提出,审判员李某曾在开庭前违反规定与自诉人父亲及姐姐会见,要求李某回避,但郭某父亲及姐姐均否认此事。法院院长经过审查作出李某回避的决定。下列何人有权要求对回避决定进行复议?（　　）

A. 郭某　　　　B. 郭某父亲　　　　C. 郭某姐姐　　　　D. 李某

二、简答题

1. 什么是回避?在刑事诉讼中,哪些人员适用回避规定?

2. 简述回避的理由和决定程序。

第八章 刑事辩护与代理

【学习目标】

■ 知识目标:
掌握辩护人的概念和范围。
了解辩护的种类和方式。
了解辩护的权利和义务。
了解刑事诉讼代理制度。

■ 能力目标:
能够正确理解并适用我国刑事辩护制度。
能够正确适用我国刑事诉讼代理制度。
能够适用我国刑事法律援助制度。

【案例引导1】

被告人何某系聋哑人,2013年11月30日在深圳市南山区公交站台乘坐226路公交车伺机盗窃。何某发现被害人苏某将一部苹果四代手机放进自己的裤袋内,遂靠近苏某将其价值2115元的苹果四代手机盗走。后被反扒民警发现,何某供认不讳,深圳市南山区人民检察院于2014年4月1日向深圳市南山区人民法院提起公诉。期间,何某没有委托辩护人。

问题:本案中,是否需要对何某提供刑事法律援助?如果需要,如何提供?

【案例引导2】

2013年8月25日,被告人陈某的女朋友杨某用被告人陈某的QQ号与被告人陈某前女朋友戴某在网上聊天,期间双方发生口角。事后杨某迁怒于被告人陈某。当晚20时许,被告人陈某为泄愤,在其位于广州市黄埔区的住处用自己的QQ号,在QQ空间发布了一条信息,其内容为"珠海市公安部门紧急通知,戴某,女,贵州省铜仁人,确认艾滋病患者,出于社会报复心理,流窜在珠海拱北口岸、香洲汽车站等人流密集地方,用注射器抽自身血液扎针行人身上,此人非常危险,请广大市民见到此人速与警方联系,以免对社会造成危害。"并附上戴某的照片。该信息发布后造成大量转发,阅读数量15772条,评论49条。

问题:戴某应当如何委托代理人维护自己的权利?

第一节 刑事辩护

一、刑事辩护的概念和意义

辩护是指犯罪嫌疑人、被告人及其辩护人为了反驳控诉,根据事实和法律,提出有利于犯罪嫌疑人、被告人的证据材料,论证犯罪嫌疑人、被告人无罪、罪轻或者应当减轻、免除处罚的诉讼活动。辩护权是法律赋予犯罪嫌疑人、被告人的一项专属诉讼权利,它在犯罪嫌疑人、被告人各项诉讼权利中居于核心地位。辩护是犯罪嫌疑人、被告人实现辩护及其他诉讼权利的基本方式。辩护制度,是法律规定的关于辩护权、辩护种类、辩护方式、辩护人的范围、辩护人的责任、辩护人的诉讼权利与诉讼义务等一系列规则和制度的总称。

辩护、辩护权、辩护制度三者之间相互依存又相互区别。辩护权是辩护制度存在的基础,否定犯罪嫌疑人、被告人的辩护权就不可能产生辩护制度;辩护制度是辩护权的保障,有了辩护制度才能很好地实现辩护权;辩护是辩护权的外在表现形式,是辩护制度的现实体现。

刑事辩护是现代刑事诉讼必须具备的一种诉讼制度,是与控诉相对应的一种诉讼活动。刑事辩护有利于诉讼民主的实现,可以有效地防止或者抑制司法机关及其工作人员的专断或滥用职权,保障犯罪嫌疑人、被告人的基本人权。

首先,刑事辩护可以有效保护犯罪嫌疑人、被告人的合法权益。在刑事诉讼中,犯罪嫌疑人、被告人处于被追究刑事责任的被动地位。面对强大的公安、司法机关的指控,辩护制度是加强犯罪嫌疑人、被告人地位的重要途径。如果没有辩护制度,犯罪嫌疑人、被告人的权利将很容易受到侵犯,甚至于被客体化。辩护制度的确立可以最大程度地保护犯罪嫌疑人、被告人的权益。

其次,刑事辩护有助于司法机关准确、及时查明事实,实现刑事诉讼目的。准确、及时地查明案情,正确适用法律是刑事诉讼活动的目的之一。"真理越辩越明",犯罪嫌疑人、被告人及其辩护人可以通过辩护制度对国家司法机关提出的指控提出质疑,并提出无罪、罪轻或者减轻、免除处罚的事实和证据,以反驳国家司法机关的指控,防止出现司法活动的片面性。因此,辩护制度有助于司法机关准确、及时地查明案情,实现诉讼目的。

最后,刑事辩护有利于构建公平、公正的诉讼制度。在刑事诉讼活动中,国家司法机关权力强大,处于支配地位。如果没有其他制度的制约,很容易形成专断的诉讼制度,最终可能因权力滥用而导致诉讼结果发生偏差。辩护制度的出现和贯彻,可以使得刑事诉讼形成相互制约、控辩对抗的格局,最终实现公平、公正的诉讼制度。

二、我国刑事辩护制度的基本内容

(一)辩护人的概念和范围

辩护人,是指接受犯罪嫌疑人、被告人及其法定代理人的委托或者由法律援助机构指派,帮助犯罪嫌疑人、被告人行使辩护权,以维护其合法权益的其他诉讼参与人。《刑事诉讼法》第32条规定,犯罪嫌疑人、被告人除自己行使辩护权以外,还可以委托一至二人作为辩护人。下列的人员可以被委托为辩护人:①律师;②人民团体或者犯罪嫌疑人、被告人所在单位推荐的人;③犯罪嫌疑人、被告人的监护人、亲友。正在被执行刑罚或者依法被剥夺、限制人身自由的人,不得担任辩护人。可见,我国刑事诉讼活动中,可以被委托为辩护人的范围包括:

(1)律师。律师是刑事辩护人的主要群体。律师是指依法取得律师执业证书,接受委托或者指派,为当事人提供法律服务的执业人员。律师是职业法律服务者,为犯罪嫌疑人、被告人辩护是其主要业务之一。律师不但具有自身的优势,如专业知识过硬、办案经验丰富等,而且法律赋予律师一些专门的诉讼权利,便于律师行使辩护权、完成辩护任务,如律师有权到人民检察院、法院查阅本案的卷宗材料,有权与在押的犯罪嫌疑人、被告人会见和通信,有权向有关单位和个人进行调查,等等。另外,《人民检察院刑事诉讼规则(试行)》第38条规定,在侦查期间,犯罪嫌疑人只能委托律师作为辩护人。《公安机关办理刑事案件程序规定》第42条规定,犯罪嫌疑人可以自己委托辩护律师。犯罪嫌疑人在押的,也可以由其监护人、近亲属代为委托辩护律师。

(2)人民团体或者犯罪嫌疑人、被告人所在单位推荐的人。根据《人民检察院刑事诉讼规则(试行)》第38条规定,在审查起诉期间,犯罪嫌疑人可以委托律师作为辩护人,也可以委托人民团体或者所在单位推荐的人以及监护人、亲友作为辩护人。改革开放以来,我国律师队伍发展迅猛,但是数量仍然有限,不能满足当前社会的需求,不可能承担全部刑事辩护业务。为了解决这个矛盾,我国《刑事诉讼法》规定:可以通过人民团体或者犯罪嫌疑人、被告人所在单位推荐来保障犯罪嫌疑人、被告人的辩护权,保护犯罪嫌疑人、被告人的利益不受侵害。

(3)犯罪嫌疑人、被告人的监护人、亲友。监护人是指对未成年人和无行为能力或限制行为能力的精神病人承担保护其人身、财产和其他合法权益责任的自然人或者单位。根据《民法通则》的规定，监护人一般由被监护人的亲属担任，如果被监护人没有亲属或者亲属不适合做监护人的，也可由犯罪嫌疑人、被告人所在的居（村）委会、单位等担任监护人。亲友，是指犯罪嫌疑人、被告人的亲戚朋友，其范围较广，没有具体的限制。这对犯罪嫌疑人、被告人能够及时委托到辩护人，保障其辩护权十分有利。

但是，最高人民法院《关于〈适用中华人民共和国刑事诉讼法〉的解释》第35条也规定了一些具有特定身份的人员不能担任辩护人，主要包括：①人民法院、人民检察院、公安机关、国家安全机关、监狱的现职人员；②人民陪审员；③外国人或者无国籍人；④与本案有利害关系的人；⑤依法被剥夺、限制人身自由的人；⑥处于缓刑、假释考验期间或者刑罚尚未执行完毕的人；⑦无行为能力或者限制行为能力的人。一名辩护人不得为两名以上的同案犯罪嫌疑人辩护，不得为两名以上的未同案处理但实施的犯罪相互关联的犯罪嫌疑人辩护。第①～④项规定的人员，如果是犯罪嫌疑人的近亲属或者监护人，并且不属于第1款第⑤～⑦项情形的，犯罪嫌疑人可以委托其担任辩护人。

另外，《人民检察院刑事诉讼规则（试行）》第39条规定："审判人员、检察人员从人民法院、人民检察院离任后二年以内，不得以律师身份担任辩护人。检察人员从人民检察院离任后，不得担任原任职检察院办理案件的辩护人。但作为犯罪嫌疑人的监护人、近亲属进行辩护的除外。检察人员的配偶、子女不得担任该检察人员所任职检察院办理案件的辩护人。"

（二）辩护人的责任

《刑事诉讼法》第35条规定："辩护人的责任是根据事实和法律，提出犯罪嫌疑人、被告人无罪、罪轻或者减轻、免除其刑事责任的材料和意见，维护犯罪嫌疑人、被告人的诉讼权利和其他合法权益。"根据这一规定，辩护人的责任主要包括以下几个方面。

第一，辩护人的首要责任就是为犯罪嫌疑人、被告人进行辩护。根据事实和材料提出犯罪嫌疑人、被告人无罪、罪轻或者减轻、免除刑事责任的材料和意见，从实体上为犯罪嫌疑人、被告人进行辩护。在辩护过程中，不得帮助犯罪嫌疑人、被告人编制口供，串供，伪造、毁灭证据或者威胁、引诱证人提供虚假证据。

第二，在程序方面维护犯罪嫌疑人、被告人的诉讼权利和其他合法利益，保障犯罪嫌疑人、被告人在诉讼过程中的诉讼权利和合法权益。如果发现犯罪嫌疑人、被告人的诉讼权利受到侵犯或者剥夺时，可以向司法机关提出意见，要求依法制止，或者向有关单位提出控告。

第三，为犯罪嫌疑人、被告人提供其他法律帮助。辩护人应当解答犯罪嫌疑人、被告人提出的有关法律的疑问，为犯罪嫌疑人、被告人代写有关文书，接受犯罪嫌疑人、被告人的委托，代理提出上诉、申诉等。

（三）辩护人的诉讼地位

根据《刑事诉讼法》第106条第2项的规定，当事人，是指被害人、自诉人、犯罪嫌疑人、被告人、附带民事诉讼的原告人和被告人；法定代理人，是指被代理人的父母、养父母、监护人和负有保护责任的机关、团体的代表；诉讼参与人，是指当事人、法定代理人、诉讼代理人、辩护人、证人、鉴定人和翻译人员；诉讼代理人，是指公诉案件的被害人及其法定代理人或者近亲属、自诉案件的自诉人及其法定代理人委托代为参加诉讼的人和附带民事诉讼的当事人及其法定代理人委托代为参加诉讼的人。据此,《刑事诉讼法》把辩护人定位为其他诉讼参与人的范畴,有别于当事人、诉讼代理人,辩护人在刑事诉讼中具有相对独立的诉讼地位。

首先,辩护人在刑事诉讼中有相对独立的诉讼地位。在刑事诉讼中,辩护人与公诉人之间是一种对抗与制约的关系,公诉人在诉讼中承担控诉职能,旨在追究犯罪嫌疑人、被告人的刑事责任。辩护人在刑事诉讼中的主要职能就是为犯罪嫌疑人、被告人进行实体和程序方面的辩护,以维护其合法权益。因此,辩护人在刑事诉讼中绝对不能充当第二控诉人,站至与犯罪嫌疑人、被告人利益相反的诉讼立场。但是,辩护人与公诉人之间的关系除了对立,还有统一关系。他们统一于一个刑事诉讼中,通过辩护人与公诉人之间的对抗尽可能地实现诉讼程序中的力量平衡,公平、公正地实现诉讼目的。辩护人与审判人员在诉讼中的关系则是一种配合与制约的关系,辩护人与审判人员参加诉讼的目的是一致的,都希望查明事实真相,正确适用法律。但两者在诉讼中的地位和作用又有区别,在审判过程中,审判人员主持诉讼的进行,而辩护人则是在审判人员的主导下行使辩护权。通过辩护人的辩护行为,审判人员可以更加清楚地了解案情,正确适用法律,保证案件裁判的公正性。

其次,辩护人有别于当事人,与当事人中的犯罪嫌疑人、被告人是一种被委托与委托的关系。辩护人接受犯罪嫌疑人、被告人的委托后,为保护犯罪嫌疑人、被告人的合法权益不受侵犯而行使辩护权。但辩护人具有自己独立的诉讼地位,并不受命于犯罪嫌疑人、被告人,不是犯罪嫌疑人、被告人的"代言人"。辩护人维护的是犯罪嫌疑人、被告人的合法权益,而不是他们的所有利益。凡是依照法律规定应当限制或者剥夺的权利,辩护人均不应当予以维护。辩护人依据事实和法律发表独立自主的辩护意见,而且诉讼的结果与辩护人没有直接的利害关系。

最后,辩护人不同于诉讼代理人。辩护人在刑事诉讼中具有独立的诉讼地位,是以自己的名义参加刑事诉讼活动,在诉讼活动中根据自己所理解的事实和法律独立进行辩护,并不受犯罪嫌疑人、被告人意思表示的约束。而诉讼代理人是以被代理人的名义参加诉讼,在诉讼过程中的行为要得到被代理人的委托和同意,不能以自己名义独立开展诉讼活动。

(四)辩护人的诉讼权利和诉讼义务

辩护人作为刑事诉讼中具有相对独立诉讼地位的诉讼参与人,其依法享有一定的诉讼权利和诉讼义务。辩护人的诉讼权利主要包括:

(1)独立辩护权。根据《律师法》第36、37条的规定,律师担任诉讼代理人或者辩护人的,其辩论或者辩护的权利依法受到保障。律师在执业活动中的人身权利不受侵犯。

(2)会见和通信权。在刑事诉讼中,辩护人有权同在押的犯罪嫌疑人、被告人会见和通信。根据《刑事诉讼法》第37条的规定,辩护律师可以同在押的犯罪嫌疑人、被告人会见和通信。其他辩护人经人民法院、人民检察院许可,也可以同在押的犯罪嫌疑人、被告人会见和通信。辩护律师持律师执业证书、律师事务所证明和委托书或者法律援助公函要求会见在押的犯罪嫌疑人、被告人的,看守所应当及时安排会见,至迟不得超过48小时。危害国家安全犯罪、恐怖活动犯罪、特别重大贿赂犯罪案件,在侦查期间辩护律师会见在押的犯罪嫌疑人,应当经侦查机关许可。上述案件,侦查机关应当事先通知看守所。辩护律师会见在押的犯罪嫌疑人、被告人,可以了解案件有关情况,提供法律咨询等;自案件移送审查起诉之日起,可以向犯罪嫌疑人、被告人核实有关证据。辩护律师会见犯罪嫌疑人、被告人时不被监听。辩护律师同被监视居住的犯罪嫌疑人、被告人会见、通信,适用第1款、第3款、第4款的规定。

(3)阅卷权。根据《刑事诉讼法》第38条的规定,辩护律师自人民检察院对案件审查起诉之日起,可以查阅、摘抄、复制本案的案卷材料。其他辩护人经人民法院、人民检察院许可,也可以查阅、摘抄、复制上述材料。

(4)调查取证权。根据《刑事诉讼法》第39条的规定,辩护人认为在侦查、审查起诉期间公安机关、人民检察院收集的证明犯罪嫌疑人、被告人无罪或者罪轻的证据材料未提交的,有权申请人民检察院、人民法院调取。根据《刑事诉讼法》第41条的规定,辩护律师经证人或者其他有关单位和个人同意,可以向他们收集与本案有关的材料,也可以申请人民检察院、人民法院收集、调取证据,或者申请人民法院通知证人出庭作证。辩护律师经人民检察院或者人民法院许可,并且经被害人或者其近亲属、被害人提供的证人同意,可以向他们收集与本案有关的材料。但是,辩护人在刑事诉讼活动中不得违反法律规定调查取证。

(5)提出意见权。根据《刑事诉讼法》第36条的规定,辩护律师在侦查期间可以为犯罪嫌疑人提供法律帮助;代理申诉、控告;申请变更强制措施;向侦查机关了解犯罪嫌疑人涉嫌的罪名和案件有关情况,提出意见。

(6)参加法庭调查和法庭辩护权。在法庭调查阶段,辩护人在公诉人询问被告人后经审判长许可,可以向被告人发问,可以对证人、鉴定人发问。法庭审理中,辩护人有权通知新的证人到庭,调取新的物证,重新鉴定或者勘验。在法庭辩论阶段,辩护人可以对证据和案件情况发表意见并且可以和控方展开辩论。

(7)获得通知权。根据《刑事诉讼法》第182条的规定,人民法院决定开庭审判后,应当确定合议庭的组成人员,将人民检察院的起诉书副本至迟在开庭10日以前送达被告人及其辩护人。根据《刑事诉讼法》第196条的规定,宣告判决,一律公开进行。当庭宣告判决的,应当在5日以内将判决书送达当事人和提起公诉的人民检察院;定期宣告判决的,应当在宣告后立即将判决书送达当事人和提起公诉的人民检察院。判决书应当同时送达辩护人、诉讼代理人。

(8)申诉和控告权。根据《刑事诉讼法》第47条的规定,辩护人、诉讼代理人认为公安机关、人民检察院、人民法院及其工作人员阻碍其依法行使诉讼权利的,有权向同级或者上一级人民检察院申诉或者控告。人民检察院对申诉或者控告应当及时进行审查,情况属实的,通知有关机关予以纠正。

(9)拒绝辩护的权利。根据《律师法》第32条第2款的规定,律师接受委托后,无正当理由的,不得拒绝辩护或者代理。但是,委托事项违法、委托人利用律师提供的服务从事违法活动或者委托人故意隐瞒与案件有关的重要事实的,律师有权拒绝辩护或者代理。

除此之外,辩护人还有经犯罪嫌疑人、被告人的授权委托,代理犯罪嫌疑人、被告人行使某些诉讼权利,如代理上诉、代理申请取保候审等。在司法实践中,辩护人还享有获得诉讼文书的权利。

权利与义务是相对应的,辩护人在享受诉讼权利的同时,也需承担与之对应的诉讼义务。根据《刑事诉讼法》和《律师法》的规定，辩护人的义务主要包括：

（1）不得私自接受委托、收取费用，不得收受委托人的财物或者其他利益。《律师法》第40条第1项规定，律师在执业过程中不得私自接受委托、收取费用，不得接受委托人的财物或者其他利益。辩护律师在执业过程中接受委托的，一定要以所在的律师事务所的名义接受当事人的委托，不能够以律师个人的名义与委托人签订委托合同。在收取服务费用方面，任何形式的收费都要由所在的律师事务所决定和收取，律师个人不得私下与委托人洽谈收费问题，更不能够私下接受或者要求委托人支付任何费用。

（2）律师接受委托后，无正当理由的，不得拒绝辩护或者代理。《律师法》第32条第2款规定，律师接受委托后，无正当理由的，不得拒绝辩护或者代理。因此，辩护律师在接受委托之后，有义务维护委托人的利益，为犯罪嫌疑人、被告人及其他当事人提供辩护或代理。没有正当理由，不得拒绝辩护或者代理。

（3）不得违反规定会见法官、检察官。《律师法》第40条第4项明确规定，律师在执业过程中，不得违反规定会见法官、检察官、仲裁员以及其他工作人员。因此，在律师担任辩护人期间，也不得违反规定会见法官、检察官，从而防止法官、检察官产生先入为主的判断，影响法官、检察官公正、全面的判断，确保法官、检察官能够独立审理案件。

（4）不得向法官、检察官及其他工作人员请客送礼或行贿，或者指使、诱导委托人及其亲友行贿。《律师法》第40条第5项明确规定，辩护律师不得向法官、检察官、仲裁员以及其他有关工作人员行贿，介绍贿赂或者指使、诱导当事人行贿，或者以其他不正当方式影响法官、检察官、仲裁员以及其他有关工作人员依法办理案件。

（5）会见在押的犯罪嫌疑人、被告人时，要遵守看管场所的规定。《刑事诉讼法》第37条规定，辩护律师可以同在押的犯罪嫌疑人、被告人会见和通信。其他辩护人经人民法院、人民检察院许可，也可以同在押的犯罪嫌疑人、被告人会见和通信。辩护律师持律师执业证书、律师事务所证明和委托书或者法律援助公函要求会见在押的犯罪嫌疑人、被告人的，看守所应当及时安排会见，至迟不得超过48小时。危害国家安全犯罪、恐怖活动犯罪、特别重大贿赂犯罪案件，在侦查期间辩护律师会见在押的犯罪嫌疑人，应当经侦查机关许可。上述案件，侦查机关应当事先通知看守所。因此，辩护律师在会见在押的犯罪嫌疑人、被告人时要按照看管场所规定提供材料，并在会见的时候不准利诱、威胁他人提供虚假证据、唆使他人翻供、串供等。

（6）参加法庭审判时要遵守法庭规则。辩护律师在参加法庭审判期间，要在法官的引导下依法行使辩护职责，遵守法庭规则，不得扰乱法庭秩序。此外，《律师法》第37条第2款规定，律师在法庭上发表的代理、辩护意见不受法律追究。但是，发表危害国家安全、恶意诽谤他人、严重扰乱法庭秩序的言论除外。

（7）不得干扰司法机关的诉讼活动。《刑事诉讼法》第42条规定，辩护人或者其他任何人，不得帮助犯罪嫌疑人、被告人隐匿、毁灭、伪造证据或者串供，不得威胁、引诱证人作伪证以及进行其他干扰司法机关诉讼活动的行为。

（8）保密义务。律师在从事法律服务过程中，依法可以向有关组织或者这些组织的工作人员了解有关的文件资料或者有关情况，很有可能会接触到一些国家、其他组织、个人或者案件的秘密，对于所了解到的秘密，除非法律另有规定，律师要承担保密的义务，否则需要承担法律责任。《律师法》第38条规定,律师应当保守在执业活动中知悉的国家秘密、商业秘密,不得泄露当事人的隐私。律师对在执业活动中知悉的委托人和其他人不愿泄露的情况和信息,应当予以保密。但是,委托人或者其他人准备或者正在实施的危害国家安全、公共安全以及其他严重危害他人人身、财产安全的犯罪事实和信息除外。《刑事诉讼法》第46条规定:"辩护律师对在执业活动中知悉的委托人的有关情况和信息,有权予以保密。但是,辩护律师在执业活动中知悉委托人或者其他人,准备或者正在实施危害国家安全、公共安全以及严重危害他人人身安全的犯罪的,应当及时告知司法机关。"

三、我国刑事辩护制度的分类

(一)自行辩护

自行辩护,是指犯罪嫌疑人、被告人自己针对指控进行反驳、申辩和解释的行为。根据《刑事诉讼法》第32条的规定,犯罪嫌疑人、被告人除自己行使辩护权以外,还可以委托一至二人作为辩护人。犯罪嫌疑人、被告人自己针对指控都可以进行反驳、申辩和辩解,所以每个犯罪嫌疑人、被告人都拥有自我辩护权,自行辩护权贯穿于刑事诉讼活动的全程。自行辩护也是犯罪嫌疑人、被告人维护自身合法权益的重要方式。犯罪嫌疑人、被告人自我行使辩护权时,不受年龄的限制,只要能正确表达,即使是未成年人也有权自行辩护。

(二)委托辩护

委托辩护,是指犯罪嫌疑人、被告人及其法定代理人依法委托律师或其他公民担任辩护人,协助其辩护的行为。《刑事诉讼法》第33条规定,犯罪嫌疑人自被侦查机关第一次讯问或者采取强制措施之日起,有权委托辩护人;在侦查期间,只能委托律师作为辩护人。被告人有权随时委托辩护人。侦查机关在第一次讯问犯罪嫌疑人或者对犯罪嫌疑人采取强制措施的时候,应当告知犯罪嫌疑人有权委托辩护人。人民检察院自收到移送审查起诉的案件材料之日起3日以内,应当告知犯罪嫌疑人有权委托辩护人。人民法院自受理案件之日起3日以内,应当告知被告人有权委托辩护人。犯罪嫌疑人、被告人在押期间要求委托辩护人的,人民法院、人民检察院和公安机关应当及时转达其要求。犯罪嫌疑人、被告人在押的,也可以由其监护人、近亲属代为委托辩护人。根据此规定,犯罪嫌疑人、被告人委托辩护人的时间具体可以分为两种情况:

一是自诉案件的被告人有权随时委托辩护人,人民法院自受理案件之日起3日以内,应当告知被告人有权委托辩护人;

二是公诉案件中,犯罪嫌疑人自被侦查机关第一次讯问或者采取强制措施之日起,有权委托辩护人。同时,侦查机关在第一次讯问犯罪嫌疑人或者对犯罪嫌疑人采取强制措施的时候,应当告知犯罪嫌疑人有权委托辩护人。人民检察院自收到移送审查起诉的案件材料之日起3日以内,应当告知犯罪嫌疑人有权委托辩护人。人民法院自受理案件之日起3日以内,应当告知被告人有权委托辩护人。但如果在开庭时被告人还没有委托辩护人的,人民法院应当告知被告人辩护权利,可以委托辩护人进行辩护。

(三)指派辩护

指派辩护,是指对于没有委托辩护人的被告人,公安、司法机关在法律规定的某些特殊情况下,通知法律援助机构为被告人指派承担法律援助义务的律师担任其辩护人,协助被告人进行辩护的制度。指派辩护是一种强制性规范,一经国家司法机关指定便具有强制辩护的效力。犯罪嫌疑人拒绝法律援助机构指派的律师作为辩护人的,人民检察院应当查明拒绝的原因,有正当理由的,予以准许,但犯罪嫌疑人需另行委托辩护人。犯罪嫌疑人未另行委托辩护人的,应当书面通知法律援助机构另行指派律师为其提供辩护。

指派辩护可以分为应当指派辩护和可以指派辩护两种情况。其中,根据《刑事诉讼法》第34条和第267条的规定,公安、司法机关应当通知法律援助机构为犯罪嫌疑人、被告人指派辩护律师的情形包括:

(1)犯罪嫌疑人、被告人因经济困难或者其他原因没有委托辩护人的,本人及其近亲属已向法律援助机构提出申请且符合法律援助条件的;

(2)犯罪嫌疑人、被告人是盲、聋、哑人,或者是尚未完全丧失辨认或者控制自己行为能力的精神病人,没有委托辩护人的;

(3)犯罪嫌疑人、被告人可能被判处无期徒刑、死刑,没有委托辩护人的;

(4)未成年犯罪嫌疑人、被告人没有委托辩护人的。

根据最高人民法院《关于适用〈中华人民共和国刑事诉讼法〉的解释》第43条的规定,可以通知法律援助机构为被告人指派辩护律师的情形包括:

(1)共同犯罪案件中,其他被告人已经委托辩护人;

(2)有重大社会影响的案件;

(3)人民检察院抗诉的案件;

(4)被告人的行为可能不构成犯罪的;

(5)有必要指派律师提供辩护的其他情形。

第二节 刑事诉讼代理

一、刑事诉讼代理的概念

《刑事诉讼法》第44条的规定:"公诉案件的被害人及其法定代理人或者近亲属,附带民事诉讼的当事人及其法定代理人,自案件移送审查起诉之日起,有权委托诉讼代理人。自诉案件的自诉人及其法定代理人,附带民事诉讼的当事人及其法定代理人,有权随时委托诉讼代理人。人民检察院自收到移送审查起诉的案件材料之日起三日以内,应当告知被害人及其法定代理人或者其近亲属、附带民事诉讼的当事人及其法定代理人有权委托诉讼代理人。人民法院自受理自诉案件之日起三日以内,应当告知自诉人及其法定代理人、附带民事诉讼的当事人及其法定代理人有权委托诉讼代理人。"根据此规定,刑事诉讼代理,是指代理人接受公诉案件的被害人及其法定代理人或者近亲属、自诉案件的自诉人及其法定代理人、附带民事诉讼的当事人及其法定代理人的委托,以被代理人名义参加诉讼,由被代理人承担代理行为法律后果的一项诉讼活动。代理人在代理权限内的诉讼行为和法律行为与委托人自己的诉讼行为和法律行为具有同等效力,被代理人对代理人的行为承担法律后果。

根据代理权限产生的根据不同,刑事诉讼中的代理分为法定代理与委托代理两种。其中,法定代理是基于法律规定而产生的代理。法定代理是为无诉讼行为能力人设定的诉讼代理,代理权的来源是因为代理人与被代理人之间因血缘关系或者婚姻关系而形成的监护关系。委托代理是基于当事人及其法定代理人的委托授权而产生的诉讼代理。法定代理人在刑事诉讼中仍然可以委托代理人进行诉讼活动。由于代理产生的根据不同,所以代理人的范围、代理人的权限、代理人在刑事诉讼中的权利与义务等也有所不同,但代理人都必须在代理权限范围内进行代理活动。根据《刑事诉讼法》第45条规定,下列人员可以被委托为诉讼代理人:①律师;②人民团体或者犯罪嫌疑人、被告人所在单位推荐的人;③犯罪嫌疑人、被告人的监护人、亲友。但是正在被执行刑罚或者依法被剥夺、限制人身自由的人,不得担任辩护人。

在刑事诉讼活动中,刑事代理制度是一项重要的法律制度。首先,他可以为被代理人提供法律上的帮助,维护被代理人的权利。其次,可以代理不能亲自参加诉讼的被代理人参加诉讼,维护他们的合法权益。最后,可以协助人民法院准确及时地查明案情,正确处理案件。

二、刑事诉讼代理人的诉讼权利和诉讼义务

诉讼代理人在代理刑事诉讼活动中,既拥有一定的诉讼权利,也承担相应的诉讼义务。《刑事诉讼法》第一编第四章"辩护与代理"并没有关于诉讼代理人的权利与义务的专门规定,关于其规定散见于我国《律师法》和《刑事诉讼法》的相关司法解释中。

刑事诉讼代理人的诉讼权利包括:代理律师可以查阅、摘抄、复制本案的案卷材料;律师担任诉讼代理人可以申请人民检察院收集、调取证据;诉讼代理人认为公安机关、人民检察院、人民法院及其工作人员具有法定阻碍其依法行使诉讼权利的行为之一的,可以向同级或者上一级人民检察院申诉或者控告;发现委托的事项违法、委托人利用律师提供的服务从事违法活动或者委托人向律师隐瞒事实时,可以拒绝代理;在审查起诉阶段,被害人的诉讼代理人可以向人民检察院发表代理意见;诉讼代理人在法庭上经审判长许可,可以向被告人、证人、鉴定人发问;诉讼代理人有权申请通知新的证人到庭,调取新的物证,申请重新鉴定或者勘验;诉讼代理人有权对证据和案件情况发表意见;诉讼代理人有法庭辩论的权利。

律师被委托为诉讼代理人时,其诉讼义务可以根据我国《律师法》第40条规定确定,即代理律师在执业活动中不得有下列行为:①私自接受委托、收取费用,接受委托人的财物或者其他利益;②利用提供法律服务的便利牟取当事人争议的权益;③接受对方当事人的财物或者其他利益,与对方当事人或者第三人恶意串通,侵害委托人的权益;④违反规定会见法官、检察官、仲裁员以及其他有关工作人员;⑤向法官、检察官、仲裁员以及其他有关工作人员行贿,介绍贿赂或者指使、诱导当事人行贿,或者以其他不正当方式影响法官、检察官、仲裁员以及其他有关工作人员依法办理案件;⑥故意提供虚假证据或者威胁、利诱他人提供虚假证据,妨碍对方当事人合法取得证据;⑦煽动、教唆当事人采取扰乱公共秩序、危害公共安全等非法手段解决争议;⑧扰乱法庭、仲裁庭秩序,干扰诉讼、仲裁活动的正常进行。

三、刑事诉讼代理的种类

根据《刑事诉讼法》第44条的规定,公诉案件的被害人及其法定代理人或者近亲属,附

带民事诉讼的当事人及其法定代理人,自案件移送审查起诉之日起,有权委托诉讼代理人。自诉案件的自诉人及其法定代理人,附带民事诉讼的当事人及其法定代理人,有权随时委托诉讼代理人。所以,刑事诉讼中的代理又可以分为公诉案件中的代理、自诉案件中的代理、附带民事诉讼中原告人和被告人的代理。

(一)公诉案件中的代理

公诉案件中的代理,是指诉讼代理人接受公诉案件的被害人及其法定代理人或者近亲属的委托,代理被害人参加诉讼,维护被害人合法权益的活动。

根据《刑事诉讼法》第44条的规定,公诉案件的被害人及其法定代理人或者近亲属自案件移送审查起诉之日起,有权委托诉讼代理人。人民检察院自收到移送审查起诉的案件材料之日起3日以内,应当告知被害人及其法定代理人或者其近亲属有权委托诉讼代理人。根据该项规定,在案件发生之后,公诉案件的被害人及其法定代理人或者近亲属若要委托诉讼代理人进行诉讼行为,应该在案件侦查终结并移送人民检察院审查起诉之日起进行。但是,被害人及其法定代理人或者近亲属则不受此时间限制。另外,该条只规定了委托诉讼代理人的开始时限,并未规定终止时限。也就是说,如果审查起诉阶段未委托诉讼代理人的,在一审或者二审程序中,依然可以委托诉讼代理人参加诉讼。还需特别注意的是,被害人及其法定代理人或者近亲属委托的诉讼代理人是被害人的诉讼代理人,而不是被害人近亲属或其法定代理人的代理人。

在诉讼活动中,被害人的诉讼代理人同公诉人的诉讼地位是平等的,都执行的是控诉职能,但两者的地位却不相同。公诉人是控诉职能的主要执行者,诉讼代理人可以为了被害人的权益独立发表代理意见,甚至和公诉人不同的意见。

(二)自诉案件中的代理

自诉案件中的代理,是指在刑事自诉案件中,代理人接受自诉人及其法定代理人的委托参加诉讼,在受委托的权限范围内,维护自诉人的合法权益的行为。

根据《刑事诉讼法》第44条的规定,自诉案件的自诉人及其法定代理人有权随时委托诉讼代理人,人民法院自受理自诉案件之日起3日以内,应当告知自诉人及其法定代理人有权委托诉讼代理人。根据此规定,自诉人及其法定代理人在法院立案之前就可委托诉讼代理人。被告人在接到自诉人的诉状之后,委托辩护律师的过程中,如果提起反诉,可以同时委托该辩护律师兼作诉讼代理人并办理代理委托手续,辩护、代理委托书均需要递交人民法院。被告人在法庭审理中提起反诉并要其辩护律师兼做诉讼代理人的,反诉是否成立要待法庭决定。同样,自诉人在法庭上被被告人提起反诉的,自诉人可以委托代理律师兼作辩护人,但反诉是否成立,要由法庭决定。

(三)附带民事诉讼中的代理

附带民事诉讼中代理,是指诉讼代理人接受附带民事诉讼的当事人及其法定代理人的委托,在所受委托的权限范围内,代理参加诉讼,以维护当事人及其法定代理人的合法权益。附带民事诉讼的当事人是指附带民事诉讼的原告、被告。原告是指在刑事诉讼中因被告人的犯罪行为而受到物质损失并在刑事诉讼过程中提起附带民事诉讼的人,它既可以是被害人(包括法人),也可以是死亡的被害人的近亲属或者因治疗、安葬被害人而受到物质损失的单位或个人。人民检察院在提起公诉的同时有权提起附带民事诉讼,但检察院不是附带民事诉讼的原告。附带民事诉讼的被告是指在刑事诉讼中受到附带民事诉讼的原告或人民检察院的控告,应对因其犯罪行为而遭受物质损失的人负有赔偿责任的人,通常是同一案件的刑事被告人,在特殊情况下也可以是对刑事被告人的行为负赔偿责任的机关、团体。

《刑事诉讼法》第44条规定,公诉案件的附带民事诉讼的当事人及其法定代理人,自案件移送审查起诉之日起,有权委托诉讼代理人。自诉案件的附带民事诉讼的当事人及其法定代理人,有权随时委托诉讼代理人。人民检察院自收到移送审查起诉的案件材料之日起3日以内,应当告知附带民事诉讼的当事人及其法定代理人有权委托诉讼代理人。人民法院自受理自诉案件之日起3日以内,应当告知附带民事诉讼的当事人及其法定代理人有权委托诉讼代理人。换言之,公诉案件的当事人及其法定代理人若要委托诉讼代理人提起附带民事诉讼需要在案件移送审查起诉之日起才有权利,而自诉案件的当事人及其法定代理人则可以随时委托诉讼代理人。

在附带民事诉讼活动中,自诉人、被害人及其法定代理人委托的诉讼代理人,特别是代理律师,可以同时兼作附带民事诉讼原告的代理律师。但是,刑事被告人或对被告人负有赔偿责任的机关、团体,或者法定代理人作为附带民事诉讼被告的,可以委托原被告人的辩护律师作为诉讼代理人,但需要征得该律师的同意,并需另外办理代理手续。

第三节 刑事法律援助制度

一、刑事法律援助制度的概念和意义

法律援助是指由政府设立的法律援助机构组织法律援助的律师,为经济困难或特殊案件的人给予无偿提供法律服务的一项法律保障制度。它是世界上许多国家所普遍采用的一种司法救济制度。作为实现社会正义和司法公正,保障公民基本权利的国家行为,法律援助在一国的司法体系中占有十分重要的地位。刑事法律援助制度,是指在刑事诉讼活动中国家对因经济困难或者其他原因无法通过法律手段保障自身权利的当事人提供法律帮助的一项法律保障制度。刑事法律援助是法律援助的类型之一。

刑事法律援助的意义主要体现在以下几个方面:一是刑事法律援助体现了国家对法律赋予公民基本权利的切实保障,有利于实现法律面前人人平等的宪法原则;二是刑事法律援助为刑事诉讼当事人提供平等的司法保障,有利于实现司法公正;三是刑事法律援助有利于健全和完善律师法律制度。

二、刑事法律援助的内容和适用对象

刑事法律援助的内容包括刑事辩护和诉讼代理。在我国刑事诉讼活动中,刑事法律援助制度主要表现在为当事人指派辩护人或者委托诉讼代理人来实现。

2013年2月4日,最高人民法院、最高人民检察院、公安部和司法部联合发布《关于刑事诉讼法律援助工作的规定》,其中对刑事法律援助制度进行了专门的规定,明确了刑事法律

援助制度的适用范围。《关于刑事诉讼法律援助工作的规定》第 2 条规定,犯罪嫌疑人、被告人因经济困难没有委托辩护人的,本人及其近亲属可以向办理案件的公安机关、人民检察院、人民法院所在地同级司法行政机关所属法律援助机构申请法律援助。具有下列情形之一,犯罪嫌疑人、被告人没有委托辩护人的,可以依照前款规定申请法律援助:①有证据证明犯罪嫌疑人、被告人属于一级或者二级智力残疾的;②共同犯罪案件中,其他犯罪嫌疑人、被告人已委托辩护人的;③人民检察院抗诉的;④案件具有重大社会影响的。第 3 条规定:"公诉案件中的被害人及其法定代理人或者近亲属,自诉案件中的自诉人及其法定代理人,因经济困难没有委托诉讼代理人的,可以向办理案件的人民检察院、人民法院所在地同级司法行政机关所属法律援助机构申请法律援助。"公民经济困难的标准,按案件受理地所在的省、自治区、直辖市人民政府的规定执行。

根据我国《刑事诉讼法》第 34 条的规定,犯罪嫌疑人、被告人因经济困难或者其他原因没有委托辩护人的,本人及其近亲属可以向法律援助机构提出申请。对符合法律援助条件的,法律援助机构应当指派律师为其提供辩护。犯罪嫌疑人、被告人是盲、聋、哑人,或者是尚未完全丧失辨认或者控制自己行为能力的精神病人,没有委托辩护人的,人民法院、人民检察院和公安机关应当通知法律援助机构指派律师为其提供辩护。犯罪嫌疑人、被告人可能被判处无期徒刑、死刑,没有委托辩护人的,人民法院、人民检察院和公安机关应当通知法律援助机构指派律师为其提供辩护。最高人民法院《关于适用〈中华人民共和国刑事诉讼法〉的解释》第 43 条对可以指定辩护的情形作了具体规定,即具有下列情形之一,被告人没有委托辩护人的,人民法院可以通知法律援助机构指派律师为其提供辩护:①共同犯罪案件中,其他被告人已经委托辩护人;②有重大社会影响的案件;③人民检察院抗诉的案件;④被告人的行为可能不构成犯罪;⑤有必要指派律师提供辩护的其他情形。另外,《法律援助条例》第 11 条也作出了相关规定,即刑事诉讼中有下列情形之一的,公民可以向法律援助机构申请法律援助:①犯罪嫌疑人在被侦查机关第一次讯问后或者采取强制措施之日起,因经济困难没有聘请律师的;②公诉案件中的被害人及其法定代理人或者近亲属,自案件移送审查起诉之日起,因经济困难没有委托诉讼代理人的;③自诉案件的自诉人及其法定代理人,自案件被人民法院受理之日起,因经济困难没有委托诉讼代理人的。

从以上规定可以看出,我国刑事法律援助的对象有三种:一是犯罪嫌疑人、被告人;二是公诉案件中的被害人及其法定代理人或者近亲属;三是自诉案件中的自诉人及其法定代理人;四是附带民事诉讼的双方当事人及其法定代理人。

三、刑事法律援助制度的程序

(一)权利告知

根据《关于刑事诉讼法律援助工作的规定》的相关规定,在刑事诉讼过程中,公、检、法机关应当告知当事人及其法定代理人或者近亲属,可以向法律援助机构申请法律援助。具体情形包括以下几个方面。

公安机关、人民检察院在第一次讯问犯罪嫌疑人或者采取强制措施的时候,应当告知犯罪嫌疑人有权委托辩护人,并告知其如果符合申请法律援助规定的,本人及其近亲属可以向法律援助机构申请法律援助。

人民检察院自收到移送审查起诉的案件材料之日起3日内,应当告知犯罪嫌疑人有权委托辩护人,并告知其如果符合申请法律援助规定的,本人及其近亲属可以向法律援助机构申请法律援助;应当告知被害人及其法定代理人或者近亲属有权委托诉讼代理人,并告知其如果经济困难,可以向法律援助机构申请法律援助。

人民法院自受理案件之日起3日内,应当告知被告人有权委托辩护人,并告知其如果符合申请法律援助规定的,本人及其近亲属可以向法律援助机构申请法律援助;应当告知自诉人及其法定代理人有权委托诉讼代理人,并告知其如果经济困难,可以向法律援助机构申请法律援助。人民法院决定再审的案件,应当自决定再审之日起3日内履行相关告知职责。

犯罪嫌疑人、被告人具有应当指派辩护律师规定情形的,公安机关、人民检察院、人民法院应当告知其如果不委托辩护人,将依法通知法律援助机构指派律师为其提供辩护。

告知可以采取口头或者书面方式,告知的内容应当易于被告知人理解。口头告知的,应当制作笔录,由被告知人签名;书面告知的,应当将送达回执入卷。对于被告知人当场表达申请法律援助意愿的,应当记录在案。

(二)刑事法律援助的申请

犯罪嫌疑人、被告人申请法律援助的,应当向审理案件的人民法院所在地的法律援助机构提出申请。被羁押的犯罪嫌疑人、被告人提出法律援助申请的,公安机关、人民检察院、人民法院应当在收到申请24小时内将其申请转交或者告知法律援助机构,并于3日内通知申请人的法定代理人、近亲属或者其委托的其他人员协助向法律援助机构提供有关证件、证明等相关材料。犯罪嫌疑人、被告人的法定代理人或者近亲属无法通知的,应当在转交申请时一并告知法律援助机构。

根据《法律援助条例》第17条的规定,公民申请刑事诉讼代理、刑事辩护的法律援助应当提交有关证件或证明材料,主要有:①身份证或者其他有效的身份证明,代理申请人还应当提交有代理权的证明;②经济困难的证明;③与所申请法律援助事项有关的案件材料。申请应当采用书面形式,填写申请表;以书面形式提出申请确有困难的,可以口头申请,由法律援助机构工作人员或者代为转交申请的有关机构工作人员作书面记录。如果法律援助机构认为申请人提交的证件、证明材料不齐全的,可以要求申请人作出必要的补充或者说明,申请人未按要求作出补充或者说明的,视为撤销申请;认为申请人提交的证件、证明材料需要查证的,由法律援助机构向有关机关、单位查证。

(三)刑事法律援助申请的审查

对于刑事法律援助的申请,法律援助机构应当进行审查核实。根据《关于刑事诉讼法律援助工作的规定》第8条规定,法律援助机构收到申请后应当及时进行审查并于7日内作出决定。对符合法律援助条件的,应当决定给予法律援助,并制作给予法律援助决定书;对不符合法律援助条件的,应当决定不予法律援助,制作不予法律援助决定书。给予法律援助决定书和不予法律援助决定书应当及时发送申请人,并函告公安机关、人民检察院、人民法院。

对于犯罪嫌疑人、被告人申请法律援助的案件,法律援助机构可以向公安机关、人民检察院、人民法院了解案件办理过程中掌握的犯罪嫌疑人、被告人是否具有申请法律援助规定情形等情况。

申请人对法律援助机构不予援助的决定有异议的,可以向主管该法律援助机构的司法行政机关提出。司法行政机关应当在收到异议之日起5个工作日内进行审查,经审查认为申请人符合法律援助条件的,应当以书面形式责令法律援助机构及时对该申请人提供法律援助,同时通知申请人;认为申请人不符合法律援助条件的,应当维持法律援助机构不予援助的决定,并书面告知申请人。

(四)通知指派辩护律师

如果犯罪嫌疑人、被告人属于未成年人;盲、聋、哑人;尚未完全丧失辨认或者控制自己行为能力的精神病人或者可能被判处无期徒刑、死刑的人,没有委托辩护人且没有申请法律援助的,公安机关、人民检察院、人民法院应当自发现该情形之日起3日内,通知所在地同级司法行政机关所属法律援助机构指派律师为其提供辩护。通知辩护的,应当将通知辩护公函和采取强制措施决定书、起诉意见书、起诉书、判决书副本或者复印件送交法律援助机构。通知辩护公函应当载明犯罪嫌疑人或者被告人的姓名、涉嫌的罪名、羁押场所或者住所、通知辩护的理由、办案机关联系人姓名和联系方式等。

人民法院自受理强制医疗申请或者发现被告人符合强制医疗条件之日起3日内,对于被申请人或者被告人没有委托诉讼代理人的,应当向法律援助机构送交通知代理公函,通知其指派律师担任被申请人或被告人的诉讼代理人,为其提供法律帮助。

人民检察院申请强制医疗的,人民法院应当将强制医疗申请书副本一并送交法律援助机构。通知代理公函应当载明被申请人或者被告人的姓名、法定代理人的姓名和联系方式、办案机关联系人姓名和联系方式。

(五)指派辩护律师

法律援助机构应当自作出给予法律援助决定或者自收到通知辩护公函、通知代理公函之日起3日内,确定承办律师并函告公安机关、人民检察院、人民法院。法律援助机构出具的法律援助公函应当载明承办律师的姓名、所属单位及联系方式。

对于可能被判处无期徒刑、死刑的案件,法律援助机构应当指派具有一定年限刑事辩护执业经历的律师担任辩护人。对于未成年人案件,应当指派熟悉未成年人身心特点的律师担任辩护人。

承办律师接受法律援助机构指派后,应当按照有关规定及时办理委托手续。承办律师应当在首次会见犯罪嫌疑人、被告人时,询问是否同意为其辩护,并制作笔录。犯罪嫌疑人、被告人不同意的,律师应当书面告知公安机关、人民检察院、人民法院和法律援助机构。

对于依申请提供法律援助的案件,犯罪嫌疑人、被告人坚持自己辩护,拒绝法律援助机构指派的律师为其辩护的,法律援助机构应当准许,并作出终止法律援助的决定;对于有正当理由要求更换律师的,法律援助机构应当另行指派律师为其提供辩护。

对于应当通知辩护的案件,犯罪嫌疑人、被告人拒绝法律援助机构指派的律师为其辩护的,公安机关、人民检察院、人民法院应当查明拒绝的原因,有正当理由的,应当准许,同时告知犯罪嫌疑人、被告人需另行委托辩护人。犯罪嫌疑人、被告人未另行委托辩护人的,公安机关、人民检察院、人民法院应当及时通知法律援助机构另行指派律师为其提供辩护。

(六)法律援助的终止

根据《关于刑事诉讼法律援助工作的规定》的规定,具有下列情形之一的,法律援助机构应当作出终止法律援助决定,制作终止法律援助决定书发送受援人,并自作出决定之日起3日内函告公安机关、人民检察院、人民法院:①受援人的经济收入状况发生变化,不再符合法律援助条件的;②案件终止办理或者已被撤销的;③受援人自行委托辩护人或者代理人的;④受援人要求终止法律援助的,但应当通知辩护的情形除外;⑤法律、法规规定应当终止的其他情形。

公安机关、人民检察院、人民法院在案件办理过程中发现有前款规定情形的,应当及时函告法律援助机构。

受援人对法律援助机构终止法律援助的决定有异议的,可以向主管该法律援助机构的司法行政机关提出。司法行政机关应当在收到异议之日起5个工作日内进行审查并作出决定,然后书面告知受援人。

【本章练习】

一、单项选择题

1. 鲁某与洪某共同犯罪,洪某在逃。沈律师为鲁某担任辩护人。案件判决生效三年后,洪某被抓获并被起诉。关于沈律师可否担任洪某辩护人,下列哪一说法是正确的?(   )

　　A. 沈律师不得担任洪某辩护人

　　B. 如果洪某系法律援助对象,沈律师可以担任洪某辩护人

　　C. 如果被告人洪某同意,沈律师可以担任洪某辩护人

　　D. 如果公诉人未提出异议,沈律师可以担任洪某辩护人

2. 关于辩护律师在刑事诉讼中享有的权利和承担的义务,下列哪一说法是正确的?(   )

　　A. 在侦查期间可以向犯罪嫌疑人核实证据

　　B. 会见在押的犯罪嫌疑人、被告人,可以了解案件有关情况

　　C. 收集到的有利于犯罪嫌疑人的证据,均应及时告知公安机关、检察院

　　D. 在执业活动中知悉犯罪嫌疑人、被告人曾经实施犯罪的,应及时告知司法机关

3. 辩护律师王某在办理李某涉嫌抢夺一案中,了解到李某实施抢夺时携带凶器,但办案机关并未掌握这一事实。对于该事实,律师王某应当如何处理?(   )

　　A. 应当告知公安机关　　　　　　　B. 应当告知检察机关

　　C. 应当告知人民法院　　　　　　　D. 应当为被告人保守秘密

二、多项选择题

1. 比较律师辩护人与非律师辩护人,下列哪些说法是正确的?(   )

　　A. 律师辩护人可以不经批准直接"查阅、摘抄、复制本案的案卷材料",非律师辩护人则须经法院、检察院许可

　　B. 律师辩护人有调查取证权,非律师辩护人没有

C. 侦查阶段只能委托律师作为辩护人

D. 律师辩护人有权同在押的犯罪嫌疑人、被告人会见、通信，非律师辩护人须经许可

2. 下列哪些选项是律师辩护人的诉讼权利？（   ）

A. 经证人或者其他有关单位和个人同意，向他们收集与本案有关的材料

B. 查阅、摘抄、复制本案的案卷材料

C. 申请法院通知证人出庭

D. 会见在押的被告人

3. 关于犯罪嫌疑人、被告人有权获得辩护原则，下列哪些说法是正确的？（   ）

A. 在任何情况下，对任何犯罪嫌疑人、被告人都不得以任何理由限制或者剥夺其辩护权

B. 辩护权是犯罪嫌疑人、被告人最基本的诉讼权利，有关机关应当为每个犯罪嫌疑人、被告人免费提供律师帮助

C. 为保障辩护权，任何机关都有为犯罪嫌疑人、被告人提供辩护帮助的义务

D. 辩护权不仅应当是形式上的，而且应当是实质意义上的

三、简答题

1. 如何理解辩护人的地位和职责？

2. 如何保障犯罪嫌疑人、被告人的辩护权？

四、案例思考题

李某涉嫌盗窃罪，在诉讼过程中他希望委托自己16周岁的儿子或者自己的爷爷（美籍华人）作为辩护人。

问题：李某可以委托他们作为辩护人吗？

第九章 刑事诉讼证据制度

【学习目标】

- 知识目标：
  了解刑事证据的概念和意义。
  了解刑事证据的立法种类和理论分类。
  了解刑事诉讼证据规则的种类及其内容。
  了解刑事证明对象和免证事实的范围。
  了解刑事证明责任的分配原则。
- 能力目标：
  掌握我国刑事证据采信的基本要求及其运用。
  掌握各种证据的审查判断方法。
  掌握我国刑事证明的具体标准。

【案例引导1】

  某县烟草专卖局在查处一起生产伪劣卷烟的案件时，发现涉案金额巨大，就将案件移交县公安局。公安局经过审讯，了解到犯罪嫌疑人有一批用作伪劣卷烟生产原料的复烤烟叶存放于本县某一废弃烤房内，但具体存放地点未知。得知此情况后，公安局就以该案属于涉烟刑事案件，且物证窝藏地点是废弃烤房，烟草专卖局较熟悉烤房坐落位置，故要求烟草专卖局查找到该批窝藏复烤烟叶后再移交至公安局。
  问题：该批窝藏复烤烟叶能否成为本案的物证？为什么？

第九章 刑事诉讼证据制度

【案例引导 2】

在一起失火责任事故案件的法庭审判中,审判人员宣读了如下一份鉴定结论:"被告人梁军在生产中一贯不负责任。2010 年 3 月 17 日晚,梁在锅炉房值班时,竟擅离职守,上街吃夜宵,买香烟,长达一个半小时不在生产岗位,致使锅炉温度失去控制,因而引起火灾。"

问题:如果你是被告人的辩护律师,你将如何反驳这份鉴定结论?

【案例引导 3】

检察机关起诉书控称:被告人吴某于 2012 年 1 月 20 日晚,在常熟市东南开发区新世电子(常熟)有限公司北大门外,因琐事与祝某发生纠纷,后双方发生扭打,被告人吴某拳打祝亚军眼部等处,致其受伤。经法医学鉴定,祝某之损伤已构成人体轻伤。案发后,被告人吴某对祝某作了经济赔偿,并得到了谅解。吴某涉嫌犯故意伤害罪。起诉时,检察机关提供的证据材料包括:被告人吴某关于打架起因和相互扭打的事实供述;被害人祝某的陈述笔录;证人陈某、周某的证言笔录;双方和解的协议书;现金收条;公安法医的法医学人体损伤程度鉴定书;抓获吴某经过的说明;结案报告;吴某的户籍证明等。

问题:如果这些证据查证属实,吴某涉嫌故意伤害罪的证据是否充分?

第一节 刑事诉讼证据概述

一、刑事诉讼证据的概念

就一般语义而言,证据就是证明的根据或凭据。或者说,证据是用以证明某种未知事实的具体根据。其中,被证明的对象属于未知事实,称之为证明对象或待证事实;起证明作用的根据,即为证据。《刑事诉讼法》第 48 条第 1 款规定:"可以用于证明案件事实的材料,都是证据。"因此,刑事诉讼证据,是指在刑事诉讼过程中,有关专门机关或者个人用以证明案件事实情况的一切材料。不难看出,这里的证据概念是从主观的证明目的来定义的,它并不取决于最终的证明结果。

从其定义来看,刑事诉讼证据的概念包括三个方面的含义:一是证据是有关诉讼主体用以证明其事实主张的材料,不具有必然的真实性、关联性和合法性;二是证据必须是可以让人感知的事实材料;三是证据是有关诉讼主体完成己方举证责任的手段。

在理解刑事诉讼证据概念的同时,应当与定案根据的概念区别开来。定案根据是指经过法庭的审查、质证和辩论,最终被法庭采信认为能够起到证明案件事实作用的证据材料。《刑事诉讼法》第48条第3款规定:"证据必须经过查证属实,才能作为定案的根据。"从其外延来看,凡是能够进入刑事诉讼证明程序,而且旨在用以证明案件的某个事实的材料,都属于证据。但是,只有经法院审查判断并予以采信的证据,才成为定案根据。因此,作为法院的定案根据,其范围只能等于或者小于诉讼证据材料的范围。在被法院最终采信之前,诉讼各方提供的证据有可能包括客观证据和虚假证据、合法证据和非法证据以及有内在关联证据和无内在关联证据。至于能否达到法院采信的基本要求,只能待审查、质证和判断后才能确定。当然,基于法官个人认识的局限性,原本可以起到证明作用的证据也可能被排除在定案根据之外。同样,受到时间、程序和取证能力的影响,举证责任主体无法将具有证明作用的证据全面收集和提供的情况,在个别案件中也是不可避免的。

在理论界,关于证据的定义有事实说、根据说、材料说、方法或手段说和统一说等理论之争。

(1)事实说。所谓事实说,就是把证据界定为一种用作证明的事实。如,有人认为,"刑事诉讼证据是依照法定程序取得、经查证属实,用以确定有关案件事实情况的一切事实"[1]。我国1997年3月17日修订颁布的《刑事诉讼法》第42条规定:"证明案件真实情况的一切事实,都是证据。"

(2)根据说。所谓根据说,就是把证据界定为证明案件事实的根据。如,有人认为:"证据者,足使法院认定当事人之主张为真实之凭据者,谓之。"[2]"证据是指能够证明民事案件真实情况的各种事实,也是法院认定有争议的案件事实的根据。"[3]"诉讼证据是审判人员、检察人员、侦查人员、当事人等依照法定的程序收集并审查核实,能够证明案件事实情况的根据。"[4]"证据是指用来证明案件真实情况,正确处理案件的根据。"[5]

(3)材料说。所谓材料说,就是把证据界定为证明案件事实的材料。如,英国法学者摩菲认为,证据是"能够说服法官认定某个案件事实为真实或者可能的任何材料"。美国《加利福尼亚州证据法典》第140条规定:"证据是指被提供用以证明某一事实存在或者不存在的证言、文书、物品或其他可感知物。"我国现行《刑事诉讼法》采用的定义也是材料说。

(4)方法或手段说。所谓方法或手段说,就是把证据界定为证明案件事实的一种方法或

---

[1] 龙宗智、杨建广:《刑事诉讼法》,高等教育出版社2003年版。
[2] 陈世雄、林胜光、吴光陆:《民刑事诉讼法大意》,五南图书出版公司1986年版。
[3] 江伟:《民事诉讼法》,高等教育出版社、北京大学出版社2000年版。
[4] 樊崇义:《刑事诉讼法学》,法律出版社2004年版。
[5] 杨荣新:《民事诉讼法教程》,中国政法大学出版社1991年版。

手段。如,英国学者泰勒认为:"凡是一切之方法,除辩论外,用以证实或反驳司法调查中各项事实之真相者,谓之证据。"另一英国著名学者布莱克斯通指出:"为一方或另一方证实、澄清或查明确有争议的事实或争议之点的真相者,是证据。"苏联学者克林曼也认为:"证据不是别的东西,那是确定真实情况的一种手段。它是法院从其中获得对解决民事权利争议具有重要法律意义的法律事实所必需材料的源泉。证据是借以确认对某一案件有法律意义的事实存在或不存在的一种手段。"

(5)统一说。所谓的统一说,就是强调证据内容与证据形式的统一。从证据所反映的内容方面看,证据是客观存在的事实;从证明关系看,证据是证明案件事实的凭据,是用来认定案情的手段;从表现形式看,证据必须符合法律规定的表现形式。因此,有的学者认为,"证据是以法律规定的形式表现出来的能够证明案件真实情况的一切事实"[①]。可见,持这种观点的学者主要是强调诉讼证据的客观事实与表现形式的统一。

二、刑事诉讼证据的意义

刑事诉讼活动的中心任务是查明案件事实,正确适用有关法律,依法作出公正裁判。其中,查明案件事实是正确适用法律的前提条件,而查明案件事实的手段则是诉讼证据。可以说,刑事诉讼活动大多是围绕着证据的收集、审查以及判断而展开的。因此,证据是整个诉讼活动的基础和核心,具有十分重要的意义。

1.证据是正确认定案件事实的根据和适用法律的基础

现代诉讼实行"证据裁判原则"或者"证据裁判主义",裁判必须建立在诉讼证据的基础之上。它排斥以神灵启示、主观臆断等非理性的因素作为确认案件事实的根据,使裁判建立在客观实在、理性讨论的基础之上。刑事诉讼的过程实质就是运用证据查明案件事实的过程。证据是用以查明案件事实的基本手段,具有提示案件真实情况的作用,而发现案件真实情况又是对案件作出符合客观实际的正确裁判之基础。因此,刑事诉讼证据是使司法人员的主观认识同刑事案件事实统一起来的桥梁和纽带。

在刑事诉讼中,司法机关不仅要正确认定案件事实,而且要依据法律规定对犯罪人定罪量刑。其中,适用法律的依据是正确认定案件事实,而认定案件事实又必须以证据为基础。唯有确实充分的证据才能保证正确认定案件事实,从而也才能正确认定被告人是否有罪以及罪行轻重,并正确适用刑罚。对于无罪的人而言,证据则可以证明其清白。

2.证据是促使犯罪分子坦白交代罪行的有力武器

一般情况下,犯罪分子出于逃避刑罚的本能,在刑事诉讼中可能会尽可能地隐瞒犯罪事实。面对这种情况,司法人员如果能够掌握确实充分的证据,就可以对犯罪分子形成心理压力,从而促使其尽早放弃侥幸心理,进而据实交代犯罪事实。

3.证据是进行法制宣传教育的生动材料

公安、司法机关在办理刑事案件的过程中,以确实充分的证据揭露犯罪,可以使群众认识到犯罪行为发生的根源、方法、过程及其危害,有利于增强人民群众预防犯罪和与犯罪行

[①] 宋英辉:《刑事诉讼法学》,北京师范大学出版社,2010年版。

为作斗争的意识。同时,公安、司法机关通过正确认定案件事实和适用法律,还可以使人们认识到,无论犯罪分子多么狡猾、犯罪手段多么隐蔽,终究也逃不过法律的制裁,从而提高人们遵守法律的自觉性以及同违法犯罪行为作斗争的积极性,从而有利于预防犯罪,减少纠纷,维护正常的社会秩序。

三、证据采信的基本要求

证据采信的基本要求是指法律对证据采纳标准的规定,也即是证据材料成为定案根据的前提条件。暂且不论证据对待证事实的证明力大小,能够满足法定基本条件的证据材料,即可用于证明案件的待证事实。反之,则被排除在证明手段之外。关于证据采信的基本要求,通常与该国的诉讼证明要求和法律传统有关。

我国《刑事诉讼法》并没有具体规定证据采信的基本要求。但根据司法实践经验总结,将诉讼各方或法院调取的证据材料采信为定案根据时,必须同时满足客观性、关联性和合法性三个要求。在传统的法学教材中,编著者普遍把定案根据的客观性、关联性和合法性概括为诉讼证据的"基本特征"或者"基本属性"。我们认为,特征是作为事物特点的征象和标志,而属性则是事物所具有的性质和特点,二者均是事物本身自然形成的外部表象和显性特质。在诉讼中,证据材料是案件争议双方提供或由法院调查收集而来的,受制于各种主客观条件的约束以及诉讼立场的影响,即便立法已有诉讼证明的具体要求,诉讼双方所提供的证据也未必能具备相同的特征或属性。因此,所谓的"特征"或"属性",实质上是指诉讼立法对法院经过审查判断后采信证据时的基本要求。如果所有证据材料都已经具备了人们常说的"基本特征"或者"基本属性",那么,法庭审理的质证和审查过程就没有进行的必要。《刑事诉讼法》第48条第3款规定:"证据必须经过查证属实,才能作为定案的根据。"因此,把客观性、关联性和合法性定义为证据采信的基本要求,更符合我国刑事诉讼立法的本意和证明要求。也就是说,将诉讼各方或者法院依职权收集的证据材料采信为定案根据时,应当具备客观性、关联性和合法性三个基本要求。

(一)客观性

证据的客观性又称之为真实性。证据是用来证明待证事实的事实根据。作为一种证明的手段或方法,证据自身或其所反映的信息必须是真实、可靠、可信,是一种客观存在的事实,而不是任何人的猜测或主观臆造的产物。否则就无法得出符合案件真相的认识。尽管提出证据、调查证据可能会受到人的主观因素影响,但是证据事实必须是客观存在的材料。正是因为证据具有客观性,才能使不同的裁判者可以借助司法途径对同一案件事实的认识有大体相同的结论,公正地作出裁判。因此,任何主观想象、假设、臆断、梦境或卜巫等非客观存在的东西,都因缺乏真实性而不能成为认定案件事实的根据。基于客观性的本质要求,作为定案根据的证据必须是独立于当事人和办案人员的主观意志以外的客观存在。即使言词证据,也应当是作证主体对客观情况的如实描述。如果证人不是陈述其所见所闻而是提供"意见证据"的,就违背了证据的客观性要求。

客观性是作为定案根据的证据之根本性要求,而且这种客观性是由案件本身的客观性所决定的。对于刑事诉讼过程而言,案件是过去发生的事实,没有经历过案发过程的法官只能借助于证据手段来发现案件真实。由于绝大部分证据是诉讼双方收集提供,有关当事各方为了使自己的主张得到法院的支持,举出的证据往往真假难辨,可能有意歪曲证据原貌,甚至故意提供虚假证据的现象也不少见。因此,对诉讼双方提供的证据不能当然地认定其具有客观性。

(二)关联性

关联性又称为相关性,是指证据材料必须与待证的案件事实之间有一定的逻辑联系。这种联系必须是内在、固有且符合事物规律的联系。判断关联性的标准是该证据的使用对争议的案件事实是否有确实的帮助。缺乏关联性的事实材料,即使是客观存在的,也不能作为认定本案事实的证据,当然对本案不具有证明力。在现实生活中,客观存在的事物比比皆是,但未必与本案的事实有关联。对定案根据的证据关联性要求,是因为证据往往是案件事实的一部分或者是案件事实衍生的事实。在刑事诉讼中,作为定案根据证据的关联性表现可以是因果联系、条件上的联系、时间上的联系或空间上的联系,必然性的联系或偶然性的联系,但必须是直接联系。如,在故意伤害案件中,被害人的受伤必须是犯罪人的加害行为直接所致。在雇凶杀人案中,雇佣人的犯罪授意则与行为实施人的主观故意之间形成了共同意志。

需要注意的是,证据的关联性并不等同于证据的证明力。所谓证明力,是指证据材料对案件事实的证明作用或证明价值的程度。证据对案件事实有无证明力以及证明力的大小,取决于证据本身与待证的案件事实之间有无联系以及联系的紧密、强弱程度。一般来说,如果证据与案件事实之间的联系紧密,则该证据有证明力强,在诉讼中所起的作用也就较大。可见,证据的关联性是证据证明力的基础和根据,而证据的证明力则是证据关联性的外在表现。二者是两个紧密相关但不能完全等同的概念。

证据的关联性属于客观存在的事物属性,但确定某一证据与案件事实是否有关联性,却可以借助于科技的手段。如,某个物证与行为人之间的联系,可以通过痕迹鉴定或物证检验的方式进行鉴别;两个人之间的血缘关系则可以通过DNA技术进行亲子关系鉴定。随着人们生活经验的日益丰富和科学发展水平的不断提高,人类认识事物关联性的能力也在逐渐增强。

(三)合法性

合法性即为证据材料进入诉讼程序的法律资格。只有符合法定要求的证据材料,才可以采信为定案根据。采信证据的合法性可以包括以下几个方面:

(1)证据的表现形式应当符合法律要求的形式。《刑事诉讼法》第48条第2款规定:"证据包括:(一)物证;(二)书证;(三)证人证言;(四)被害人陈述;(五)犯罪嫌疑人、被告人供述和辩解;(六)鉴定意见;(七)勘验、检查、辨认、侦查实验等笔录;(八)视听资料、电子数据。"全国人大常委会《关于司法鉴定管理问题的决定》第10条规定:"司法鉴定实行鉴定人负责制度。鉴定人应当独立进行鉴定,对鉴定意见负责并在鉴定书上签名或者盖章。"没有鉴定人签名和鉴定机构盖章的鉴定意见,则意味着不符合证据的形式要求。因此,不符合法律规定形式的材料,则不能作为证据使用。

(2)收集证据的主体必须合法。只有具备合法身份的主体,才具有收集证据的资格。在刑事诉讼中,公诉机关向法院提供的证据主要由侦查人员依法收集,检察人员在审查起诉过程中可以补充收集证据。因此,只有具备侦查员或检察员身份的人员才属于公诉机关合法的取证主体。如,《公安机关办理刑事案件程序规定》第188条第2款规定:"询问证人、被害人应当个别进行,并应当向证人、被害人出示公安机关的证明文件或者侦查人员的工作证件。"又如,《人民检察院刑事诉讼规则》(试行)第192条规定:"讯问犯罪嫌疑人,由检察人员负责进行。讯问的时候,检察人员不得少于二人。"第204条规定:"询问证人,应当由检察人员进行。询问的时候,检察人员不得少于二人。"第248条规定:"鉴定由检察长批准,由人民检察院技术部门有鉴定资格的人员进行。必要的时候,也可以聘请其他有鉴定资格的人员进行,但是应当征得鉴定人所在单位的同意。"第258条规定:"辨认应当在检察人员的主持下进行。"另外,刑事被告人的辩护人、公诉案件中的被害人及其代理人、自诉人及其代理人、刑事附带民事诉讼的当事人及其代理人也有权依法收集证据。

(3)收集证据必须符合法定程序。它指的是具有合法身份的人员在调查、收集证据时必须采用法律允许的方法和手段进行。以侵害他人合法权益或者违反法律禁止性规定而收集的证据应当予以排除。

依法收集证据,也成为国际刑事司法准则。联合国《禁止酷刑和其他残忍、不人道或有辱人格的待遇或处罚公约》第15条规定:"每一缔约国应确保在任何诉讼程序中不得援引任何确属酷刑逼供作出的陈述为证据。"我国《刑事诉讼法》对证据收集程序的合法性要求也作出了明确规定。《刑事诉讼法》第50条规定:"审判人员、检察人员、侦查人员必须依照法定程序,收集能够证实犯罪嫌疑人、被告人有罪或者无罪、犯罪情节轻重的各种证据。严禁刑讯逼供和以威胁、引诱、欺骗以及其他非法方法收集证据,不得强迫任何人证实自己有罪。……"根据《刑事诉讼法》第41条第2款规定,辩护律师向被害人或者其近亲属、被害人提供的证人收集与本案有关的材料时,应当经得人民检察院或者人民法院许可,并且经被害人或者其近亲属、被害人提供的证人同意。《刑事诉讼法》第122条第2款规定:"询问证人应当个别进行。"最高人民法院《关于适用〈中华人民共和国民事诉讼法〉若干问题的意见》第70条规定:"人民法院收集调查证据,应由两人以上共同进行。调查材料要由调查人、被调查人、记录人签名或盖章。"

《刑事诉讼法》第54条规定:"采用刑讯逼供等非法方法收集的犯罪嫌疑人、被告人供述和采用暴力、威胁等非法方法收集的证人证言、被害人陈述,应当予以排除。收集物证、书证不符合法定程序,可能严重影响司法公正的,应当予以补正或者作出合理解释;不能补正或者作出合理解释的,对该证据应当予以排除。在侦查、审查起诉、审判时发现有应当排除的证据的,应当依法予以排除,不得作为起诉意见、起诉决定和判决的依据。"第171条规定:"人民检察院审查案件,可以要求公安机关提供法庭审判所必需的证据材料;认为可能存在本法第五十四条规定的以非法方法收集证据情形的,可以要求其对证据收集的合法性作出说明。"最高人民法院《关于适用〈中华人民共和国刑事诉讼法〉的解释》第95条规定:"使用肉刑或者变相肉刑,或者采用其他使被告人在肉体上或者精神上遭受剧烈疼痛或者痛苦的方法,迫使被告人违背意愿供述的,应当认定为刑事诉讼法第五十四条规定的'刑讯逼供等非法方法'。"

(4)证据材料应当经过法律规定的质证程序。以庭审方式组织诉讼双方对证据进行对质、辩论,是法院审查、判断证据的必经程序。未经质证程序,不论是当事人、公诉人提供的证据,还是法院依职权收集的证据,都不能作为认定案件事实的根据。《刑事诉讼法》第59条规定:"证人证言必须在法庭上经过公诉人、被害人和被告人、辩护人双方质证并且查实以后,才能作为定案的根据。"第187条第3款规定:"公诉人、当事人或者辩护人、诉讼代理人对鉴定意见有异议,人民法院认为鉴定人有必要出庭的,鉴定人应当出庭作证。经人民法院通知,鉴定人拒不出庭作证的,鉴定意见不得作为定案的根据。"最高人民法院《关于适用〈中华人民共和国刑事诉讼法〉的解释》第63条规定:"证据未经当庭出示、辨认、质证等法庭调查程序查证属实,不得作为定案的根据,但法律和本解释另有规定的除外。"第65条规定:"行政机关在行政执法和查办案件过程中收集的物证、书证、视听资料、电子数据等证据材料,在刑事诉讼中可以作为证据使用;经法庭查证属实,且收集程序符合有关法律、行政法规规定的,可以作为定案的根据。"

第二节 刑事诉讼证据的立法种类

刑事诉讼证据的立法种类是指刑事诉讼立法规定的证据表现形式。我国《刑事诉讼法》第48条第2款将刑事诉讼证据划分为8种,即:①物证;②书证;③证人证言;④被害人陈述;⑤犯罪嫌疑人、被告人供述和辩解;⑥鉴定意见;⑦勘验、检查、辨认、侦查实验等笔录;⑧视听资料、电子数据。

一、物证

(一)物证的概念

物证是以其存在的外部特征、存在状况、质量或规格等物质属性来证明待证事实的物品或者痕迹。物证包括物体和痕迹。其中,作为物证的物体既可以以实体性粒子的形式存在,也可以以电子、光子和场等形式存在。因此,它包括有形物质和无形物质,包括无生命的物质和有生命的物质。痕迹则是指一个物体在一定力的作用下在另一个物体的表面留下的自身反映形象。相对于言词证据而言,物证是无须通过人的主观感知而独立存在的一种客观物质。也就是说,不论人类是否发现,都不影响物证的独立存在。

物证的概念有广义和狭义之分。广义上的物证指的是实物证据,包括书证、视听资料等一切以实物形式表现出来的证据。狭义上的物证则不包括书证和视听资料。作为我国刑事诉讼法定证据形式之一的物证属于狭义的物证。

在刑事诉讼中,常见的物证有:犯罪的工具,如杀人、伤人所用的凶器,盗窃用钥匙、螺丝刀,实施爆炸的炸药,纵火用的引火物,走私用的运输工具等;实施犯罪行为时产生的痕迹,如指纹、足迹、鞋印、血迹、精斑等;犯罪产生的非法物品或非法所得,如非法制造的枪支弹药、非法印刷的出版物、仿造的货币、犯罪所得的赃款赃物等;犯罪行为侵犯的对象,如被害人的伤口或疤痕、被害人尸体、被破坏的机器和设备、被毁的物件等;犯罪人在预备犯罪、实施犯罪的各种场所遗留的物品或痕迹,如犯罪分子在现场遗留下来的衣物、纽扣、烟头、纸屑、毛发、唾液等;能够表明犯罪嫌疑人、被告人无罪的各种物品或痕迹等。在行政诉讼中,行政机关认定的非法建筑物、查扣的违禁物品、伪劣商品或违法所得,行政机关在事件现场收集的痕迹,行政机关在实施行政行为时损害的相对人的财物等,也是物证。

(二)物证的特征

与其他种类的证据相比,物证具有以下特点:

(1)物证的表现形式是实物或者痕迹。物证是以实物或痕迹表现出来的证据,这是物证与被害人陈述,犯罪嫌疑人、被告人供述和辩解,证人证言和鉴定意见的区别之一。被害人陈述,犯罪嫌疑人、被告人供述和辩解,证人证言和鉴定意见是通过人的陈述而表现出来的证据,属于言词证据的范畴。物证则是以特定的实物或痕迹表现出来的客观物质,属于实物证据的范畴。虽然物证是人的行为结果,但其存在却可以独立于人的主观意志而存在。

(2)物证以其特征、属性或者存在状况起证明作用。物证的外在表现形式可以是其结构、形状、大小、颜色、轻重、空间位置,也可以是该物质的内部元素构成等属性。如气体的毒性、物品的放射性等。它以其特征、属性或者存在状况起证明作用,本身不要求具有思想内容。而书证则以其中所记载或者表达的思想内容来证明待证事实。

(3)物证具有较强制客观性和稳定性。如果不是伪造,物证受主观因素的影响较少,能够较可靠地证明待证事实,因而相对客观。同时,除那些易腐、易变质的物品外,物证一旦形成并被收集和固定后,就具有较强稳定性,不易灭失或改变。而言词证据则易受人的主观因素如表达能力、记忆能力、情绪、意识,个人道德品质、专业素质或者外界干扰因素的影响。如,被害人出于对犯罪行为的仇恨,有可能夸大其受害程度;证人受到他人的指使、贿买或威胁,可能改变证言;鉴定意见可能因鉴定人的专业知识限制而作出不准确的判断等。

(4)物证具有时空的特定性。物证是在特定的时间、特定的地点而形成并与案件事实有关联的特定物品。它具有不可替代性,不允许以同样形状的同类物代替。如,犯罪人实施犯罪时使用的工具,现场遗留下的痕迹、血迹等,都是在特定的时间、特定的地点所形成的物证,不能在找不到原物时以其种类物替代。

(5)物证的证明作用具有间接性。物证所能直接证明的只能是案件事实的某些片段或者某个方面的情况。它只有与其他证据结合起来,才能证明案件的主要事实。而物证与其他证据之间的关联性,有时还需要辅以必要的检验、检查笔录或者鉴定结论。因此,仅有物证本身还不足以查明案件的主要事实。另外,由于物证属于一种无意识的"哑巴证人",既不能自明其义,也不能主动地表达对待证事实的证明作用。只有经过人的能动作用去发现、识别、挖掘它与案件的客观联系,对能明确其证据意义,从而发挥证明作用。

二、书证

(一)书证的概念

书证是以文字、数字、符号、字母或图形等所表达的思想内容来证明待证事实的书面文件或其他材料。它表现为文字或者其他能表达人的思想或者意思的有形物。使用中国或者外国文字,或者能为他人所了解的符号代码如电报号码、电脑字码作成的书面文件,都可以成为书证。书证是我国三大诉讼法共同的证据种类之一。

在刑事诉讼中,常见的书证主要有:合同诈骗案中的合同文本、贪污案件中伪造或涂改的账册单据、偷税漏税的会计报表、间谍案中窃取的情报文件、玩忽职守案中的批文、敲诈勒索案中恐吓信件、诬告陷害他人的书面材料,以及犯罪嫌疑人、被告人的身份证明、犯罪行为日记等。

(二)书证的特征

与其他证据相比,书证具有以下几个特征:

(1)书证是用文字、数字、符号或图形式等记载并表达一定思想内容的实物证据。书证必须以一定的物质材料作为其信息载体,并且可以用被人认知和了解,也属于实物证据。其中,物质载体可以是纸张、金属、石块、竹木、布帛等物质材料;记载思想内容的方式可以是文字、符号、图形、数字、字母等;制作的方式,可以是写、刻、雕或者印刷。

(2)书证的证明作用在于其所表达的人的思想内容。其中,人的思想内容应在案件发生时或诉讼开始之前就已经形成,且与案件事实有一定关联。在诉讼实践中,因收集调查证据而作成的文书,如询问证人、鉴定人所作的笔录等,虽然也是用文字表达人的思想内容,但它是以人的陈述形式表达出来的,并要接受法庭调查中的询问和讯问,因而不是书证。不过,在另一诉讼中所作成的这种文书却可以转化为本案的书证。

(3)书证具有直接证明性。由于书证具有明确的思想内容,所以在通常情况下,能够依据其内容直接判明其与待证事实之间的联系,而不需要借助于其他媒介或中间环节来加以判断和分析。所以,书证通常是一种直接证据。

(4)书证具有较强的稳定性。书证是以其具体化、形象化的文字、符号、图形等将人的思想内容固定在一定的物质材料上,不像言词证据那样,容易因为有关人员主观意识的改变而改变,也不存在因时间久远造成记忆模糊而影响其证明力的现象。书证一旦被收集固定,就具有较强的客观性。不过,也要防止书证被伪造或丢失。

(三)书证与物证的区别

书证与物证都是实物证据,但二者具有明显的区别:

一是起证明作用的内容不同。书证是以其表达的思想内容来证明待证事实,而物证则以它的存在、外形、属性或存在状况等来证明待证事实。

二是法律的要求不同。法律对书证的规定,有的要求必须具备一定的形式才能够产生某种法律后果;法律对物证则没有特定的要求。

三是表现的形式不同。书证一般是行为人的意思表示的书面形式,而物证一般是客观物体,不包含人的主观意思内容。

四是审查的方式不同。审查物证时,一般应当对物证的物理属性或化学属性进行鉴定或检验,而书证一般是进行鉴定而确定其真伪。

不过,尽管物证和书证有显著的区别,但它们之间也有密切的联系。某些情况下,根据与案件的联系和所证明的案件事实,同一物品可以同时具备书证与物证的特征,既可以作为书证,又可以作为物证。如,登载有侮辱、诽谤他人人格文章的报纸或期刊,其中的内容是书证,报纸或期刊本身同时又是物证。又如,犯罪行为人遗留在现场的笔记本记载的正好是其犯罪的计划,该笔记本便既是书证又是物证。在司法实践中,当某一项证据兼有物证与书证双重特点时,一般将其视为书证。

三、证人证言

(一)证人证言的概念

证人证言是指案件当事人以外的人就其直接或间接感受到的有关案件事实的有关情况向侦查人员、检察人员、审判人员所作的陈述。

(二)证人的资格

证人的资格,又称证人的证明能力或证人的适格性,是指哪些人可以和应当作为证人,哪些人可能作为证人。《刑事诉讼法》第60条规定:"凡是知道案件情况的人,都有作证的义务。生理上、精神上有缺陷或者年幼,不能辨别是非、不能正确表达的人,不能作证人。"根据最高人民法院《关于适用〈中华人民共和国刑事诉讼法〉的解释》第75条第1款的规定,处于明显醉酒、中毒或者麻醉等状态,不能正常感知或者正确表达的证人,也不具有证人的作证资格。从上述规定来看,在我国刑事诉讼中的证人必须满足三个条件:其一,担任证人的必须是自然人,法人和其他组织不得作为证人提供证言;其二,知道案件情况且与本案件无法律上的利害关系;其三,能够辨别是非和正确表达。需要注意的是,法律没有对证人的年龄作出明确限制,根据个案情况判断,只要具备以上三个条件,就可以在刑事诉讼中作证人。

根据《刑事诉讼法》和有关司法解释的规定,下列人员不具有证人的资格:

(1)不能辨别是非,不能正确表达意志的人,不能作为证人。证人必须以能够辨别是非并能正确表达为条件。不能辨别是非,固然无法感知案情。若不能正确表达意志,即使感知了也无法向他人陈述内容。实践中,不能正确表达意志的人主要包括那些生理上、精神上有缺陷或者年幼,不能辨别是非且不能正确表达意志的人。同样,处于明显醉酒、中毒或者麻醉等状态,不能正常感知或者正确表达的证人,也不具有证人的作证资格。

(2)办理本案的公诉人、审判人员、书记员、鉴定人、勘验人员、翻译人员,不能同时是本案的证人。这些人员是通过履行职务或参加诉讼而了解案情,并且在诉讼中担任特定程序角色,如果同时为证人,则与其诉讼职能相冲突。

(3)辩护人、诉讼代理人在同一案件中不得同时兼任证人。《刑事诉讼法》第35条规定:"辩护人的责任是根据事实和法律,提出证明犯罪嫌疑人、被告人无罪、罪轻或者减轻、免除其刑事责任的材料和意见,维护犯罪嫌疑人、被告人的合法权益。"诉讼代理人则是以当事人名义参加诉讼,维护当事人合法权益的诉讼参与人。二者的职责均与证人如实陈述案情的义务有差别,因而不能同时兼顾。

另外,证人不等于见证人。见证人是公安、司法机关根据需要邀请或聘用的到场观察监督某项诉讼行为的实施、必要时可以作证的与本案无利害关系的人,又称在场见证人。如,公安、司法机关行使勘验、检查、搜查、扣押等刑事诉讼职权时,按规定应当邀请见证人。可见,见证人是根据需要选择和聘用的,而且他只对被邀请参加见证的事实起证明作用。

(三)证人证言的特点

与其他证据种类相比,证人证言具有以下几个特点:

(1)证人证言是案外人就案件情况所作的陈述。证人必须是案件当事人以外的其他自然人,他既了解案件的某些情况,又与该案的审理结果没有法律上的利害关系。这是证人证言与当事人陈述、被害人陈述及犯罪嫌疑人、被告人的供述和辩解的主要区别。不过,在刑事诉讼中,案件的侦查人员可以就其目击的情况出庭作证。《刑事诉讼法》第57条第2款规定:"现有证据材料不能证明证据收集的合法性的,人民检察院可以提请人民法院通知有关侦查人员或者其他人员出庭说明情况;人民法院可以通知有关侦查人员或者其他人员出庭说明情况。有关侦查人员或者其他人员也可以要求出庭说明情况。经人民法院通知,有关人员应当出庭。"此时侦查人员的证言主要用以证明证据收集的合法性,它与案外人的证言有区别。

(2)证人证言是证人就其所见所闻的情况而进行的直观描述。证人应当根据自己耳闻目睹的方式所了解的事实状况进行客观陈述,不能就案件情况作主观评价,作证时不得使用猜测、推断、想象或者评论性的语言,也不能对案件的法律问题发表自己的意见性判断。这是证人与鉴定作证的重要区别所在。最高人民法院《关于适用〈中华人民共和国刑事诉讼法〉的解释》第75条第2款规定:"证人的猜测性、评论性、推断性的证言,不得作为证据使用,但根据一般生活经验判断符合事实的除外。"

当然,证人对案情的了解,既可以是直接的亲身感受,也可以是转述其听到他人陈述的与案件情况有关事实,但必须说明来源。不能说明来源的传闻,不能作为证人证言使用。在英美法系国家,证人不是陈述亲身感受,而是转述他人陈述的,属于传闻证据,原则上予以排除。在我国,证人转述的内容其证明力较弱,需要有其他证据的印证。但有时也可以用作发现其他证据的线索。

(3)证人证言是证人以言词形式提供的言词证据。证人证言是证人对所感知的事实情况而进行的陈述。有关情况是经过了证人的大脑处理后的一种言语表达,是人的主观知觉对客观事物的反映。这是证人证言与物证和书证等实物证据的主要区别。《刑事诉讼法》第60条规定:"凡是知道案件情况的人,都有作证的义务。生理上、精神上有缺陷或者年幼,不能辨别是非、不能正确表达意思的人,不能作证人。"第59条规定:"证人证言必须在法庭上经过公诉人、被害人和被告人、辩护人双方质证并且查实以后,才能作为定案的根据。"可见,出庭口头陈述作证,是证人的法律义务。在诉讼实践中,证人向侦查人员、检察人员、审判人员、代理人或辩护陈述有关情况后所作的笔录或者亲笔书写的书面证词,是固定证人证言的一种方式。如果不具有可以不出庭的法定情形,仍应当出庭陈述并接受诉讼双方的询问和对质。证人出庭接受控辩双方的质证,可以验证其证言的可靠性。

(4)证人证言容易受到人的主观因素影响。一般而言,由于证人与案件无利害关系,故其证言比其他言词证据如当事人陈述、被害人陈述及犯罪嫌疑人、被告人的供述和辩解等的更具有客观性。同时,由于是人的陈述,它比物证和书证等实物证据也更为具体、形象。但是,证人在感知、记忆和陈述事实过程中,除受到外在客观因素的制约外,还容易受到人的主要因素的影响。其中,当时的光线、距离、角度、音量等会影响证人的对事实的感知程度。而证人的智力状况、精神健康、听力、记忆力、情绪、语言表达能力、知识经验等,则会影响到证人对事实信息的接收、存储和表达。另外,利诱、胁迫、与当事人之间的关系、作证的态度、品德等,也可能影响证人证言的客观性和准确性。

(5)证人证言具有不可替代性。证人只能是通过某种渠道知道案件情况的人,而某人或某些人了解案件情况是特定的,这种特定性就决定了证人证言具有不可替代性。如果了解案件情况的人在刑事诉讼中发生了角色冲突,一般应当担任证人。比如,原本负责本案的审判人员通过诉讼外的途径偶然了解到本案的某些情况,那么他就不得再担任审判员,而应充当证人。

(四)证人的诉讼权利和诉讼义务

证人是刑事诉讼法律关系主体之一,在诉讼中依法享有一定的诉讼权利,并承担相应的诉讼义务。

第一,证人的诉讼权利主要包括以下几个方面:

(1)使用本民族语言文字提供证言的权利。《刑事诉讼法》第9条第1款规定:"各民族公民都有用本民族语言文字进行诉讼的权利。人民法院、人民检察院和公安机关对于不通晓当地通用的语言文字的诉讼参与人,应当为他们翻译。"对于聋哑证人,他们可以用哑语、书面文字或手势陈述作证。

(2)本人及近亲属的人身、财产受到法律保护的权利。《刑事诉讼法》第61条规定:"人民法院、人民检察院和公安机关应当保障证人及其近亲属的安全。对证人及其近亲属进行威胁、侮辱、殴打或者打击报复,构成犯罪的,依法追究刑事责任;尚不够刑事处罚的,依法给予治安管理处罚。"《人民检察院刑事诉讼规则(试行)》第76条第3款规定:"对证人及其近亲属进行威胁、侮辱、殴打或者打击报复,构成犯罪或者应当给予治安管理处罚的,人民检察院应当移送公安机关处理;情节轻微的,予以批评教育、训诫。"

需要指出的是,在刑事诉讼过程中对证人本人及近亲属的人身、财产进行法律保护显得尤为重要。特别是那些恐怖活动犯罪、黑社会性质的组织犯罪、毒品犯罪等案件,对证人实施报复的几率往往较大。因此,《刑事诉讼法》第62条规定:"对于危害国家安全犯罪、恐怖活动犯罪、黑社会性质的组织犯罪、毒品犯罪等案件,证人、鉴定人、被害人因在诉讼中作证,本人或者其近亲属的人身安全面临危险的,人民法院、人民检察院和公安机关应当采取以下一项或者多项保护措施:(一)不公开真实姓名、住址和工作单位等个人信息;(二)采取不暴露外貌、真实声音等出庭作证措施;(三)禁止特定的人员接触证人、鉴定人、被害人及其近亲属;(四)对人身和住宅采取专门性保护措施;(五)其他必要的保护措施。证人、鉴定人、被害人认为因在诉讼中作证,本人或者其近亲属的人身安全面临危险的,可以向人民法院、人民检察院、公安机关请求予以保护。人民法院、人民检察院、公安机关依法采取保护措施,有关单位和个人应当配合。"

(3)个人情况被保密的权利。《刑事诉讼法》第109条第3款规定:"公安机关、人民检察院或者人民法院应当保障报案人、控告人、举报人及其近亲属的安全。报案人、控告人、举报人如果不愿公开自己的姓名和报案、控告、举报的行为,应当为他保守秘密。"第52条第3款规定:"对涉及国家秘密、商业秘密、个人隐私的证据,应当保密。"《人民检察院刑事诉讼规则(试行)》第162条规定:"控告检察部门或者举报中心对于不愿公开姓名和举报行为的举报人,应当为其保密。"第203条第2款还规定:"人民检察院应当保证一切与案件有关或者了解案情的公民,有客观充分地提供证据的条件,并为他们保守秘密。除特殊情况外,人民检察院可以吸收证人协助调查。"据此,在刑事立案和侦查阶段,侦查机关有义务为证人个人情况予以保密。

(4)对司法人员侵犯其诉讼权利和侮辱其人身的行为进行控告的权利。《刑事诉讼法》

第 14 条第 2 款规定:"诉讼参与人对于审判人员、检察人员和侦查人员侵犯公民诉讼权利和人身侮辱的行为,有权提出控告。"另外,根据我国《刑法》第 247 规定,司法人员使用暴力逼取证人证言的,处三年以下有期徒刑或者拘役。致人伤残、死亡的,依照《刑法》第 234 条、第 232 条的规定定罪(故意伤害罪、故意杀人罪)从重处罚。

(5)知晓其在诉讼中享有的诉讼权利、应履行的诉讼义务以及不履行诉讼义务应承担的法律后果的权利。《刑事诉讼法》第 123 条规定:"询问证人,应当告知他应如实地提供证据、证言和有意作伪证或者隐匿罪证要负的法律责任。"第 189 条规定:"证人作证,审判人员应当告知他要如实地提供证言和有意作伪证或者隐匿罪证要负的法律责任。"最高人民法院《关于适用〈中华人民共和国刑事诉讼法〉的解释》第 211 条规定,证人到庭后,审判人员应当核实其身份、与当事人以及本案的关系,并告知其有关作证的权利义务和法律责任。证人作证前,应当保证向法庭如实提供证言,并在保证书上签名。

(6)因出庭作证而获得适当经济补偿的权利。证人因到案或出庭作证,需要花费一定时间而影响正常收入,并可能有交通费用等合理支出。《刑事诉讼法》第 63 条规定:"证人因履行作证义务而支出的交通、住宿、就餐等费用,应当给予补助。证人作证的补助列入司法机关业务经费,由同级政府财政予以保障。有工作单位的证人作证,所在单位不得克扣或者变相克扣其工资、奖金及其他福利待遇。"

值得一提的是,在不少国家,证人在法定情形下享有拒绝作证的特权。这种特权是指具有特定身份、职业的证人所享有的拒绝向法庭提供证据的权利。在英美法系国家,通常被称为特权、拒证特权或保密特权;在大陆法系国家,通常被称为拒绝证言权。主要包括:①身份关系拒证特权,即与当事人具有夫妻、直系亲属、姻亲关系的证人,可以拒绝作证;②业务、职业关系拒证特权,如律师对于客户,医生对于患者,神职人员对于忏悔信徒,企业核心技术、商业秘密掌握人员对于企业,可以拒绝作证;③反对强迫自我归罪的拒证特权,如有关证言,可能使证人或者与证人密切关系的人受刑事追诉、有罪判决的,可以拒绝作证;④特定公务秘密作证特免,如事关国家安全及其他涉及国家的事项,警察侦查犯罪信息,陪审员裁决案件、法官审判案件等信息时,可以拒绝作证。在我国,《刑事诉讼法》第 188 条第 1 款规定:"经人民法院通知,证人没有正当理由不出庭作证的,人民法院可以强制其到庭,但是被告人的配偶、父母、子女除外。"根据此规定,被告人的配偶、父母、子女在刑事诉讼中享有拒绝作证的特权。

第二,证人的诉讼义务主要包括:①依通知按时到场或出庭作证;②如实陈述作证;③遵守程序规定或法庭秩序。

四、被害人陈述

(一)被害人陈述的概念

被害人陈述是指受到犯罪直接侵权的人就其被侵害的事实和有关犯罪分子的情况向侦查人员、检察人员或审判人员所作的叙述。在我国刑事诉讼中,被害人是具体独立诉讼地位的当事人之一,被害人陈述是一种独立的诉讼证据,属于言词证据。在其他国家,被害人属于证人,其陈述被视为证人证言。

被害人陈述的内容一般包括以下几个方面:一是对犯罪行为人的揭发和控告,包括对犯罪行为人的个人情况描述、与犯罪行为人的关系等;二是对犯罪发生前后有关情况的陈述,包括犯罪行为的起因、犯罪侵害的过程、因犯罪行为所遭受的损害等。在司法实践中,被害人陈述的内容可能超出前述范围,如,对犯罪行为或犯罪分子的谴责、要求严惩犯罪分子的请求、附带民事诉讼的赔偿请求等,但这些不属于案件事实的范畴,故不具有诉讼证据的意义。

在我国,刑事被害人包括自然人被害人和单位被害人。其中,被害单位的法定代表人或负责人以单位名义就犯罪行为和犯罪损害所作的事实叙述,也属于被害人陈述。如果是以其个人名义或者由单位的其他工作人员进行陈述,则应视为证人证言。

(二)被害人陈述的特点

作为刑事诉讼当事人,被害人陈述具有以下几个特点:

(1)被害人陈述具有不可替代性。被害人是刑事诉讼中特定诉讼主体之一,它是由犯罪行为所决定的,具有不可替代性。只有犯罪行为直接侵害的对象,才属于被害人。也只有被害人本人的陈述,才能成为诉讼证据。已死亡被害人的近亲属、未成年被害人的法定代理人或者间接受到犯罪行为损害的人所作的陈述,都不属于被害人陈述。

(2)被害人陈述内容真实性与虚假性并存。被害人是犯罪行为的直接作用对象,他对犯罪人特征和作案的时间、地点、方法、过程、结果等,往往比较了解,如果能客观陈述,可以深刻揭露犯罪的事实真相。与此同时,被害人出于对犯罪行为憎恨和报复心理,情绪容易偏激,可能会夸大事实情节而导致虚假陈述。同时,被害人精神高度紧张、观察不细、记忆模糊、受到年龄或智力限制,也可能导致陈述不清或者与实际情况有出入。出于个人利益、名誉、家庭关系和前途考虑,或者受到金钱贿买、暴力恐吓及权力干预等外力干扰时,被害人也可能作出虚假陈述。另外,出于私利、受人指使或其他不可告人目的而故意诬告陷害他人的情况,也时有发生。

(3)被害人陈述往往具有直接证明性。如果被害人能够据实陈述,其内容不仅针对案件的主要事实,而且比较生动、形象、完整。一旦查证属实,即具有直接证据的证明力。

(三)被害人陈述的证明作用

作为独立的一种证据种类,被害人陈述的证明价值主要表现在以下几个方面:

(1)成为立案侦查的先导。在有被害人的案件中,被害人的控告或报案往往是刑事立案并展开侦查的主要信息来源之一。

(2)确认犯罪嫌疑人身份,证实犯罪情节。有些被害人与犯罪行为人有过正面接触,对犯罪行为人的个人特征比较了解,其陈述内容能够直接指证、确认犯罪嫌疑人身份。被害人对犯罪事实的细节陈述,则可能成为证实犯罪的直接证据。

(3)证实犯罪危害后果。作为犯罪行为的直接侵害的对象,被害人对自己所遭受的犯罪损害感知深刻,生动、形象的陈述对证实犯罪危害后果具有重要意义。

(4)核实案情,排除伪证。一般来说,被害人陈述比较具体、全面,若以之与其他证据进行比对分析,有利于发现各种证据之间的矛盾,从而排除伪证。

五、犯罪嫌疑人、被告人供述和辩解

(一)犯罪嫌疑人、被告人供述和辩解的概念

犯罪嫌疑人、被告人的供述和辩解是指受到犯罪指控的犯罪嫌疑人、被告人就有关案件情况向公安、司法机关所作的陈述和说明。这种陈述和说明通常称为"口供"。它是我国刑事诉讼中特有的证据种类,属于言词证据的范畴。

犯罪嫌疑人、被告人是刑事诉讼的中心主体,是刑事责任的追究对象。犯罪嫌疑人、被告人供述和辩解的内容可以包括三个方面:

一是向公安机关、人民检察院或人民法院承认自己有犯罪行为和对犯罪具体过程、情节等事实的陈述,即供述。它包括自首、坦白和供认三种表现形式;

二是否认自己有犯罪行为,或者虽然承认自己有犯罪行为,但依法有不应追究刑事责任或者有从轻、减轻或者免除刑事处罚的事实申辩和解释,即辩解。它包括否认、申辩、反驳和提供反证等形式;

三是对同案的其他犯罪嫌疑人、被告人或者其他公民实施共同犯罪的检举、揭发。其中,对其他同案人员犯罪事实的检举、揭发,称为攀供;对其他公民犯罪事实的检举、揭发则有可能构成立功。属于攀供的,可以用作本案证据;属于检举、揭发其他公民犯罪事实的,除了构成立功的事实可以用作本案证据的以外,其他陈述的内容不属于本案的供述。

犯罪嫌疑人、被告人供述和辩解源于其本人的口头陈述,通常以讯问笔录的方式加以固定。除了回答讯问以外,经犯罪嫌疑人、被告人请求或侦查办案人员要求,也可以由犯罪嫌疑人、被告人亲笔书写供词。《刑事诉讼法》第120条规定:"讯问笔录应当交犯罪嫌疑人核对,对于没有阅读能力的,应当向他宣读。如果记载有遗漏或者差错,犯罪嫌疑人可以提出补充或者改正。犯罪嫌疑人承认笔录没有错误后,应当签名或者盖章。侦查人员也应当在笔录上签名。犯罪嫌疑人请求自行书写供述的,应当准许。必要的时候,侦查人员也可以要犯罪嫌疑人亲笔书写供词。"

除了讯问笔录,对讯问过程所作的录音或者录像也是记录犯罪嫌疑人、被告人供述和辩解内容的方式。《刑事诉讼法》第121条规定:"侦查人员在讯问犯罪嫌疑人的时候,可以对讯问过程进行录音或者录像;对于可能判处无期徒刑、死刑的案件或者其他重大犯罪案件,应当对讯问过程进行录音或者录像。录音或者录像应当全程进行,保持完整性。"《人民检察院刑事诉讼规则(试行)》第197条第3款规定:"讯问犯罪嫌疑人时,应当告知犯罪嫌疑人将对讯问进行全程同步录音、录像,告知情况应当在录音、录像中予以反映,并记明笔录。"另外《公安机关办理刑事案件程序规定》第203条规定:"讯问犯罪嫌疑人,在文字记录的同时,可以对讯问过程进行录音或者录像。对于可能判处无期徒刑、死刑的案件或者其他重大犯罪案件,应当对讯问过程进行录音或者录像。"经核对无误的录音、录像与讯问笔录具有同等效力,但不得因录音、录像而省略讯问笔录。

根据我国《刑事诉讼法》的规定,单位也可以成为犯罪嫌疑人、被告人。作为单位犯罪嫌疑人、被告人的供述和辩解是指犯罪单位的法定代表人或主要负责人代表单位就犯罪事实的陈述、承认或者无罪、罪轻和减轻的辩解。法定代表人或主要负责人同时被追究刑事责任的,则由该单位的其他主要负责人代表单位进行陈述。犯罪单位的其他直接责任人或相关

工作人员对单位犯罪情况的叙述或说明,则属于证人证言。

(二)犯罪嫌疑人、被告人供述和辩解的特点

犯罪嫌疑人、被告人是刑事指控的对象,是与案件事实和诉讼结果有直接利害关系的核心当事人。犯罪嫌疑人、被告人的供述和辩解具有以下几个特点:

第一,具有证明案件事实的直接性。作为犯罪行为主体的犯罪嫌疑人、被告人对自己是否实施犯罪、犯罪的具体过程和情节、犯罪前后的主观心态最为清楚。如果确能如实陈述,其所作的有罪供述,可以直观全面地反映其犯罪的动机、目的、时间、地点、原因、手段和后果等具体事实情况。其所作的无罪或轻罪的辩解所依据的事实根据和理由,则有助于公安、司法人员了解案件事实的全貌。犯罪嫌疑人、被告人对同案犯的检举、揭发,则可以帮助核实其他共犯的犯罪事实及其在犯罪过程中的作用和地位。因此,犯罪嫌疑人、被告人供述和辩解,一经查证属实,就可以成为认定案件事实的直接证据。

第二,内容的真实性与虚假性并存。如果犯罪嫌疑人、被告人是犯罪行为的具体实施人,因政策攻势的压力或者自我悔罪的心理作用,有可能如实招供,对案件事实作出全面、客观的陈述和承认。但是,出于逃避罪责的本能反应,有可能在回答讯问时进行狡辩、抵赖,避重就轻,真假混杂,甚至故意隐瞒犯罪事实。与此同时,由于刑讯逼供、指名问供、诱供骗供或为他人顶罪等原因,也有可能作出虚假陈述。倘若发案时间久远,记忆力衰退,表达能力减损,其陈述内容变得模糊不清的概率也会较高。因此,犯罪嫌疑人、被告人的供述和辩解,必须结合其他证据查证属实后,才可以作为定案根据。《刑事诉讼法》第53条第1款规定:"对一切案件的判处都要重证据,重调查研究,不轻信口供。只有被告人供述,没有其他证据的,不能认定被告人有罪和处以刑罚;没有被告人供述,证据充分确实的,可以认定被告人有罪和处以刑罚。"其第54条还规定,采用刑讯逼供等非法方法收集的犯罪嫌疑人、被告人供述和采用暴力、威胁等非法方法收集的证人证言、被害人陈述,应当予以排除。在侦查、审查起诉、审判时发现有应当排除的证据的,应当依法予以排除,不得作为起诉意见、起诉决定和判决的依据。

第三,具有不稳定性和反复性。当受到外来各种因素的干扰时,犯罪嫌疑人、被告人的思想容易起伏波动,并导致随时翻供。如果在侦查讯问时遭受过刑讯逼供的,当其进入审判阶段后,在辩护人的支持下,翻供可能性通常较大。即使讯问伊始能如实招供,但当其畏惧刑事责任的承担时,也有可能推翻自己原先的供述。如果先前隐瞒了有关事实,因政策感召或者由于书证、物证、证人证言等证据材料的出示,犯罪嫌疑人、被告人重新回到如实陈述的轨道上也不是没有可能。针对犯罪嫌疑人、被告人的翻供,应当理性地分析其中的原因,并结合其他证据来判断何时的供述属于真实供述。最高人民法院《关于适用〈中华人民共和国刑事诉讼法〉的解释》第83条第2、3款规定:"被告人庭审中翻供,但不能合理说明翻供原因或者其辩解与全案证据矛盾,而其庭前供述与其他证据相互印证的,可以采信其庭前供述。被告人庭前供述和辩解存在反复,但庭审中供认,且与其他证据相互印证的,可以采信其庭审供述;被告人庭前供述和辩解存在反复,庭审中不供认,且无其他证据与庭前供述印证的,不得采信其庭前供述。"

(三)犯罪嫌疑人、被告人供述和辩解的证明作用

犯罪嫌疑人、被告人的供述和辩解,对于全面分析研究案情、正确认定案件事实,公正、

准确地处理案件,确保不枉不纵,合理配置司法资源,提高诉讼效率有着积极意义。

(1)犯罪嫌疑人、被告人的供述有助于司法人员迅速全面查明案情,正确定性案件。犯罪嫌疑人、被告人可能是实施了受到指控的犯罪的具体行为人,也可能是没有实施被指控犯罪的无辜者。属于前者的,犯罪嫌疑人、被告人对自己实施的犯罪行为比其他任何人都更为清楚。若能如实供述,可以全面反映其犯罪的目的、动机、手段和过程。共同犯罪人的供述,还可以从各个侧面反映案情的全貌。犯罪嫌疑人、被告人承认有犯罪行为,但作出罪轻或者免予刑事处罚的辩解的,有助于办案人员准确认定其刑事责任。属于后者的,犯罪嫌疑人、被告人如实的无罪辩解,可以避免无罪的人受到错误的刑事追究,减少冤假错案的发生,并促使办案人员进一步收集证据,查获真正的犯罪分子。

(2)犯罪嫌疑人、被告人的供述和辩解有利于发现其他犯罪嫌疑人或犯罪线索。如果犯罪嫌疑人、被告人的供述和辩解含有对同案犯或其他公民犯罪的检举、揭发,其内容可以为司法人员发现同案的其他犯罪嫌疑人或者其他公民的犯罪提供有价值的线索或证据,有利于全面、准确惩罚犯罪,防止犯罪人逃避刑事责任。

(3)犯罪嫌疑人、被告人的供述和辩解有利于审查核实本案中的其他证据材料。犯罪嫌疑人、被告人的供述和辩解是刑事证据的一种,其如实的供述和辩解可以与其他证据相互比较、印证,为核实、判断其他证据的真伪提供审查判断的依据,发现和排除证据材料之间的矛盾,从而使案件最终得到正确处理。

(4)犯罪嫌疑人、被告人的供述和辩解可以反映其认罪、悔罪的态度。犯罪嫌疑人、被告人的供述和辩解是其本人对案件事实的主要反映,除了事实陈述的内容外,还包含有其主观心态的真实反映。其事后是否具有如实认罪和真诚悔罪的主观态度,可以从供述的内容中得到具体反映。犯罪嫌疑人、被告人认罪、悔罪的态度,既有助于公安、司法机关决定何种强制措施的适用,也有助于人民法院正确适用法律,进行适当量刑。

六、鉴定意见

(一)鉴定意见的概念

鉴定意见是指公安、司法机关指派或委托的专业技术人员运用自己的专门知识和技能以及必要的技术手段,对案件事实中的专门性问题进行检测、分析和鉴别后作出的具有明确结论的判断性意见。《刑事诉讼法》第145条规定:"鉴定人进行鉴定后,应当写出鉴定意见,并且签名。"因此,鉴定意见应当以鉴定意见书的书面形式作出。

《刑事诉讼法》第144条规定:"为了查明案情,需要解决案件中某些专门性问题的时候,应当指派、聘请有专门知识的人进行鉴定。"在司法实践中,需要鉴定的专门性问题较多,如法医鉴定、司法精神病鉴定、毒物分析鉴定、痕迹检验鉴定、文书检验鉴定、物品检验鉴定、会计鉴定、物价鉴定和工程技术鉴定等。其中,运用专门知识对涉及案件事实的技术问题进行鉴定活动的技术人员,称为鉴定人。在英美法中,鉴定人被称为专家证人,其鉴定意见属于专家证言,不是一种独立的证据。

(二)鉴定意见的特点

与其他证据种类相比,鉴定意见具有以下特点:

第一,鉴定意见是专家的判断性意见。鉴定意见不是对案件事实的客观记录或描述,而是鉴定人在观察、检验、分析等科学技术活动的基础上得出的主观性认识。尽管具有较强的专业性,但毕竟是人思考、分析后作出的意见,因而带有一定的主观烙印。这是其与只能陈述客观事实的证言证人的显著区别。

第二,鉴定意见只能针对案件事实所涉及的专门性问题提供意见。鉴定人作出的鉴定意见不能就案件涉及的法律问题提供评价性意见。

第三,鉴定意见必须以书面形式即鉴定意见书的形式提出。鉴定意见通常包含有特定含义的专业术语和有关检测数据,出于审查和复核的诉讼需要,以书面意见的形式可以避免误解。其中,鉴定意见具有相应的形式要求,语义明确的结论性判断即是其必备内容之一。当然,书面鉴定意见的提出,并不免除鉴定人出庭作证的义务。鉴定人仍应当出庭以口头方式将鉴定结论的内容解释清楚,并且回答法庭的提问和诉讼双方的质询。《刑事诉讼法》第187条第3款规定:"公诉人、当事人或者辩护人、诉讼代理人对鉴定意见有异议,人民法院认为鉴定人有必要出庭的,鉴定人应当出庭作证。经人民法院通知,鉴定人拒不出庭作证的,鉴定意见不得作为定案的根据。"第192条第2款还规定:"公诉人、当事人和辩护人、诉讼代理人可以申请法庭通知有专门知识的人出庭,就鉴定人作出的鉴定意见提出意见。"最高人民法院《关于适用〈中华人民共和国刑事诉讼法〉的解释》第86条规定:"经人民法院通知,鉴定人拒不出庭作证的,鉴定意见不得作为定案的根据。鉴定人由于不能抗拒的原因或者有其他正当理由无法出庭的,人民法院可以根据情况决定延期审理或者重新鉴定。"

七、勘验、检查、辨认、侦查实验等笔录

勘验、检查、辨认、侦查实验等笔录是指侦查、检察以及审判人员进行勘验、检查或者组织辨认、侦查实验后就其实际发生的情况所作的书面记录。包括勘验、检查笔录,辨认笔录和侦查实验笔录三种类型。

(一)勘验、检查笔录

1.勘验、检查笔录的概念

勘验、检查笔录是侦查、检察以及审判人员依法对与案件有关的场所、物品或者尸体进行查验、拍照、测量后制作的实况记录。它不仅包括勘验过程中发现的与案件有关的一切事实情况的文字记录,而且包括绘图、照片、录像、模型等。勘验、检查笔录通常包括现场勘查笔录、物证检验笔录、尸体检验笔录等。

虽然勘验、检查笔录也是书面记载,但它不同于书证和鉴定意见。其中,书证一般是在刑事案件发生过程中形成的书面文件,公安、司法人员对于书证只是进行收集、固定以及审查判断等活动。而勘验、检查笔录则是在刑事案件发生之后,由公安、司法人员对有关的场所、物品、人身、尸体等进行勘验、检查并制作而成。勘验、检查笔录与鉴定意见的区别则是,鉴定结论是鉴定人运用专门知识和技能对相关的专门性问题作出的判断意见。而勘验、检查笔录则是司法人员对其直接感受到的案件情况进行的描述,只记录客观情况,并不涉及专门性问题。不过,如果在勘验、检查过程中遇到某些专门性问题的时候,就需要聘请或指派具有专门知识和技能的人进行鉴定。

2.勘验、检查笔录的特点

作为一种刑事诉讼证据,勘验、检查笔录具有以下特点:

第一,它是办案人员通过感觉器官(有时也会借助于一定的仪器设备)对特定时空状态的一种直接反映活动。勘验笔录和现场笔录虽然是以书面记录的方式体现,但它并不是书证,而是办案人员亲临现场进行察看、测量、检验后,对案件发生情况所得出的直观认识。

第二,它是办案人员对有关案发现场、物品、尸体等情况进行勘要、检验后所作的一种客观情况记录。虽然它是由人作出的情况记载,其中难免会掺杂人的主观局限性,但它只能是对有关事实情况和表面现象的客观描述,不允许记录办案人员对案件的主观评价。

第三,它以文字记载为主要形式,同时允许辅之以录像、录音、拍照、绘图等方式。随着现代科学技术的发展,凡是有助于客观记录现场情况的勘查、检验情况的记载方式,将会越来越广泛地被采用。

第四,它的证明作用具有综合性和间接性。勘验笔录或现场笔录所反映的并不是证明对象的单方面特征,而是综合地反映多方面的事实内容。不过,勘验、检查笔录本身不能直接证明案件的主要事实,只有与其他证据,如物证、当事人陈述、犯罪嫌疑人、被告人供述和辩解、鉴定意见等,结合起来才能起到证明作用。所以,勘验、检查笔录与其他证据的关系是互相印证关系。

3.勘验、检查笔录的作用

在刑事诉讼中,勘验、检查笔录的作用表现为:

(1)勘验、检查笔录是保全证据的手段,现场勘验笔录可以将物体的特征和现象全面准确地记录下来,起到保全和固定证据的作用。

(2)勘验、检查笔录记载的内容除能直接真实地反映事件发生时现场的有关事实,可以直接为判明案件事实提供依据外,还可以根据其对有关情况进行详细的记载,为进一步分析案件情况。

(3)勘验、检查笔录可以为鉴定提供材料。有时鉴定人需要通过了解勘验笔录记载的内容才能知晓与鉴定有关的事实,从而作出准确的分析判断。如进行法医学鉴定可以利用人体检查笔录记载的内容,确定交通事故原因需要根据交通事故现场勘验笔录记录的情况作出鉴定。

(4)勘验、检查笔录记载的内容可以用于审查、鉴别其他证据的真实性,特别是被告人供述、证人证言的真实性。

(二)辨认笔录

1.辨认笔录的概念

辨认笔录是指在侦查人员的主持下,由辨认人根据其所感知的事实,对与案件有关的人员、物品、场所等进行辨别和确认的过程及其结果的情况书面记录。在我国刑事诉讼中,辨认是一种侦查行为。根据辨认对象的不同,可以分为人身辨认、照片辨认、物品辨认、场所辨认以及尸体辨认。辨认笔录通常由侦查人员制作。辨认笔录应当客观、完整地记录辨认的经过和结果,并由侦查人员、辨认人、见证人签名。必要时,应当对辨认过程进行录音或者录像。

《公安机关办理刑事案件程序规定》第249条规定:"为了查明案情,在必要的时候,侦查人员可以让被害人、证人或者犯罪嫌疑人对与犯罪有关的物品、文件、尸体、场所或者犯罪嫌疑人进行辨认。"因此,辨认人可以是被害人、证人或者犯罪嫌疑人,辨认对象则包括有关的物品、文件、尸体、场所或者犯罪嫌疑人。如,被害人、证人对犯罪嫌疑人的辨认,犯罪嫌疑人对作案现场、赃款、赃物或者被害人尸体的辨认等。

2.辨认笔录的特点

与其他刑事诉讼证据相比,辨认笔录具有以下的特点:

(1)辨认笔录的内容易受主观影响。辨认是事后由当事人或者证人对有关物品、文件、尸体、场所或者犯罪嫌疑人身份进行辨别和确认,其内容是辨认人对既往的感知回忆以及在回忆基础上进行判断后得出的主观性认识,容易受制于辨认人记忆或观察能力、主观情绪或者有意暗示等因素的影响,甚至有可能发生认识错误。

(2)辨认笔录不具有直接证明力。辨认过程是在有参照物的情况下进行的再认识,是辨认人对辨认对象外部特征的重新确认。它只能以其记载的辨认对象的外部形式来证明案件事实。虽然可以用作鉴别、核实其他证据的补充材料,但却不具有当然的证明效力。

3.辨认笔录的证明作用

作为人的一种主观确认结果,辨认笔录的证明意义如下:

(1)为确定案件侦查导向提供依据。如,对犯罪嫌疑人照片的辨认结果,可以帮助侦查机关准确把握侦查方向,及时查获犯罪嫌疑人。

(2)有助于调取、核实其他证据,还原案件事实。由于辨认内容与案件事实有一定的内在联系,因而可以作为印证或者核实其他材料真实性的依据,从而还原案件事实。如,对赃款、赃物的辨认,可以核实口供的真实性;对作案现场的辨认,可以查明作案过程等。

(三)侦查实验笔录

1.侦查实验的概念

侦查实验是侦查机关在侦办刑事案件过程中,采用模拟和重演的方法,以证实在某种条件下案件实施能否发生和怎样发生,以及发生何种结果的一项侦查措施。所谓侦查实验笔录是指由侦查机关制作、记载实验的过程和结论的一种文字记录。《刑事诉讼法》第133条规定:"为了查明案情,在必要的时候,经公安机关负责人批准,可以进行侦查实验。"《公安机关办理刑事案件程序规定》第216条规定:"为了查明案情,在必要的时候,经县级以上公安机关负责人批准,可以进行侦查实验。对侦查实验的经过和结果,应当制作侦查实验笔录,由参加实验的人签名。必要时,应当对侦查实验过程进行录音或者录像。进行侦查实验,禁止一切足以造成危险、侮辱人格或者有伤风化的行为。"《人民检察院刑事诉讼规则》第216条规定:"为了查明案情,在必要的时候,经检察长批准,可以进行查实验。侦查实验,禁止一切足以造成危险、侮辱人格或者有伤风化的行为。"

2.侦查实验笔录的特点

(1)侦查实验笔录是对模拟情况的主观记载,而不是对案件原始情况观察的记录。侦查实验是为确定对查明案情有意义的某一事实或现象是否存在,或者在某种条件下能否发生或怎样发生,而参照案件原有条件将该事实或现象加以重新演示的一种侦查方法,其实验结果只具有参考意义。

(2)侦查实验笔录是一种起参照作用的补强证据,应当与其他证据综合起来发挥证明作用。如,用以甄别犯罪嫌疑人供述和辩解的真伪,或用以印证其他证据的内容等。

(3)侦查实验笔录由侦查人员制作,其内容易受到实验条件或环境以及侦查人员的工作能力、态度等因素的影响。

3.侦查实验笔录的证明作用

侦查实验笔录可以作为分析判断案情的重要参考依据。虽然侦查实验的结果,有助于确定在某种情况和某种条件下,能否发生或出现某种行为、现象、事件和痕迹,但它毕竟不是案件事实的真实发生过程,因而不能等同于案件事实本身。

八、视听资料、电子数据

(一)视听资料

1.视听资料的概念

视听资料是以录音带、录像带、光盘、电脑和其他科技设备储存的音像或电子信息资料证明案件情况的资料。由于视听资料是以其记载的声音、图像或二者的结合作为证明手段的证据,故在理论上又可称为"声像资料"。视听资料的范围可以包括录音资料、录像资料和图像资料。其载体可以是唱片、录音带、电影片、电视片、录像片、声像光盘、摄影照片、幻灯片或投影片等。需要说明的是,在刑事诉讼中,记录讯问犯罪嫌疑人、被告人的录音、录像,记录证人谈话的录音或录像资料以及现场勘验、检查或者进行侦查实验时所制作的录像资料,仍然是讯问笔录、证人证言或者是勘验、检查笔录或侦查实验笔录,而不属于视听资料的范围。作为独立的证据种类,视听资料是指在案发时或案发后、诉讼前形成的音像资料。

视听资料是20世纪随着科学技术发展而出现的证据形式,现已被世界各国广泛采用。我国1979年的《刑事诉讼法》并没有规定视听资料为证据形式,但由于其能以声像俱备的形式动态、连续地反映事实经过,具有更强的证明力,因此在1996年修改《刑事诉讼法》时增加了视听资料这一证据形式。

2.视听资料的特点

视听资料是借助于现代电子科技设备固定、存储和读取的信息资料,与其他证据相比,它主要有以下几个特点:

(1)具有较强的科学性。视听资料的制作和形成,必须依赖于科学技术设备和手段。同时,人们感知、认识其中的内容也必须依通过科技的手段和专门的设备。同样,对视听资料的审查和鉴别也需要依赖科学技术设备和手段。

(2)具有较强的直观性和可靠性。视听资料是通过科技手段固定的信息资料,只要是原始记录,其内容通常比较稳定和完整。特别是具有动态过程的视听资料,不仅可以反映事实的发生、发展和变化过程,更为重要的是,其中人的声音或图像中人的表情可以直观地再现案件当事人的意思表示、思想感情。只要查证属实,视听资料对证明待证事实往往具有直接证据的效力。

(3)体积小、信息量大。视听资料可以通过体积较小的载体来记录丰富的信息内容。其中,录音带、录像带或电影胶片,不仅体积小,而且容易携带。

(4)容易被裁剪、合成、伪造或篡改。视听资料是通过科技手段制作而成,但也容易通过科技手段而被裁剪、合成、伪造或篡改。

(二)电子数据

1. 电子数据的概念

电子数据是指基于计算机应用、通信或其他电子化技术手段,以数字化的信息编码形式而存储、传输并读取的包括文字、图形符号、数字、字母等的信息资料。作为电子数据的证据只能以电讯代码的形式存贮在计算机或者计算机技术化设备等各种存储介质中,其中的数据信息不可能凭人的视觉或听觉直接读取,只能依靠专门的电子仪器、设备和特定的程序才能进行。

电子数据包括电子计算机存储数据信息、计算机互联网数据信息、电子通信数据信息和以其他专门技术设备所获取的数据信息,其表现形式可以包括计算机文档、计算机软件程序、电子邮件、电子数据交换、网上聊天记录、博客、微博客、手机短信、电子签名、域名等电子数据,以及通过激光技术、空间技术、红外线技术、X射线、遥感技术等高科技设备,经过其自身运转所获取并显示出来的数据信息。

需要说明的是,除了电子数据外,有时还会出现电子数据派生物。所谓电子数据派生物是指由电子数据材料转化而来的附属材料,如将计算机内部文件打印在纸面或胶片上而得来的计算机打印输出材料等,当其证明待证事实取决于能否同计算机系统内部的证据鉴证一致时,应当将其与传统纸质书证区别开来。作为电子数据的派生物,它仍然属于电子数据,只不过是传来证据而已。

2. 电子数据的特点

与传统的证据形式相比,电子数据具有以下几个特点:

(1)电子数据通过信息中的某些特征值来记载电子信息内容。数字化电子数据表现为0和1两个二进制数字,展现给人们看到的其他形式的"数据",是计算机语言、编辑手段及编程方式等演绎的结果。

(2)电子数据需要借助一定的电子介质才能存储。电子数据是以电子形式存储在各种电子介质上的,与传统证据有很大不同。例如,传统书证的主要载体是纸张、布帛及其他可写物质,传统证人证言主要借助于记忆,等等。

(3)电子数据必须借助电子技术设备才能显示和感知。电子数据是通过专业性很强的计算机语言来记录和存储信息资料的,离开了专门的电子技术设备,其内容则无法显示。

(4)电子数据可以快速广泛地传播。数据化的电子信息,通过互联网技术,可以迅速地传播到世界各地的电子显示终端设备上进行阅读、复制或下载。

(5)电子数据具有较强的证明力,但也容易被修改、复制或者篡改。由于电子数据自身具有数字化的特点,其生成、储存、传输的信息是以电磁或光信号等物理形式存在于各种存储介质上。这种高度的技术含量,使得电子数据的再现、复制都显示出高度的精确性,从而对于发现与认定案件事实具有较大的使用价值以及极强的证明力。但是,它也容易被修改、复制或者篡改。

第三节 刑事诉讼证据的理论分类

证据的理论分类是指在学理上按照一定的标准，从不同的角度对证据进行类别划分。证据的理论分类的目的在于深入研究各类的不同特点及其运用规律，用以指导收集、审查、判断证据的工作，帮助司法工作人员正确运用各种证据去认定案情，提高办案质量。

证据的理论分类与证据的立法种类不同。证据的立法种类是法律明确规定的证据存在及表现形式，具有法律约束力。而证据的理论分类是一种学理上的划分，不具有法律约束力，但它能对法律的制定与实施产生指导意义。

在学理上对证据进行分类的方法有多种，同一个证据，按照不同的标准来划分，可以分别属于不同类型的证据。比如，目击证人亲自提供的证言，既是言词证据又是直接证据。在我国证据法学理论上，常见的证据分类方法一共有四种，分别是：原始证据和传来证据；言词证据和实物证据；有利于犯罪嫌疑人、被告人的证据（有罪证据）和不利于犯罪嫌疑人、被告人的证据（无罪证据）；直接证据和间接证据。

一、原始证据和传来证据

以证据的来源为标准，可以将证据划分为原始证据和传来证据。

原始证据是指直接来源于案件事实的证据。也就是通常说的第一手材料。如，犯罪嫌疑人、被告人的口供，证人根据亲自看到、听到的事实所提供的证言，被害人对自己受害经过的陈述，书证的原本，物件的原件等。

传来证据是指不是直接来源于案件事实或原始出处，而是从间接的非第一来源获得的证据材料。即经过复制、复印、传抄、转述等中间环节形成的证据，是从原始证据派生出来的证据，故又称为非第一来源的证据或派生证据。如，转述他人的陈述，书证的抄本，复印件、物证的复制品、照片等。

原始证据与传来证据之分的意义在于这两类证据的证据价值不同。原始证据距离案件事实最接近，由于未经过中间环节转手、传抄或者复制、复印等，因而出现误差的可能性较小，可靠性较大，故具有较强的证明力。而传来证据由于经过若干中间环节，其证明力不如原始证据，而且传来证据的证明力与中间环节的多少呈不规则反比关系；它所经过的传递次数越多，证明力越小。因此，司法机关在诉讼过程中应当尽可能地收集原始证据。

但是，传来证据在诉讼中也有其不可忽视的意义。传来证据的作用主要在于：一是传来证据可以作为发现原始证据的线索。比如，某人听到他人转述的案件有关情况，并向公安、司法机关提供之后，公安、司法机关便可以以此为线索，找到最初的目击证人，收集原始的证人证言。二是在特殊情况下，传来证据可以用来验证、核实原始证据。原始证据也有被伪造或变造的可能性。如，书证的复印件，可以验证原件是否经过篡改；物证的照片，可以验证原物是否经过伪造。三是在无法获得原始证据时，可用以证明案件的次要事实和情节。在诉讼过程中并不是总能收集到原始证据的，在无法收集到原始证据的情况下，经查属实的传来证据同样可以用作为认定案件次要事实和情节的依据。四是可以强化原始证据的证明作用。当来自不同出处的原件与复印机能互相印证时,可以增强原件的真实性。

运用传来证据时,除遵守一般的证明规律以外,还应该遵守以下相应的特殊规则:①来源不明的材料不能作为证据使用;②只有在原始证据不能取得或者确有困难时,才能用传来证据代替;③应采用距离原始证据最近的传来证据,即转述、复制次数最少的原始证据;④如果案件只有传来证据,没有任何原始证据,不得认定有罪。

二、言词证据和实物证据

以证据的存在和表现形式为标准,可以将证据分为言词证据和实物证据。

言词证据是以人的语言陈述为存在和表现证据形式的各种证据,又被称为"人证"。言词证据的内容,是陈述人直接或间接感知的与案件有关的事实,是通过询问、讯问等而取得的陈述,常被固定于各种笔录之中。在我国法定的八种证据中,属于言词证据的包括证人证言,被害人陈述,犯罪嫌疑人、被告人供述和辩解,鉴定意见。在司法实践中,鉴定意见虽然表现为鉴定人出具的书面文书,但其实质上是鉴定人对某个专门性问题表达的意见,因此鉴定意见也应当归入言词证据的范围。由于鉴定意见属于言词证据的特点,因此,在法庭审理时,鉴定人有义务按照法庭通知出庭接受控辩双方的质证。在英美法系国家,鉴定人只是相对于普通证人较特殊的专家证人,故应当如普通证人一样出庭接受交叉询问。

实物证据是以实物形态为存在和表现形式的证据,又被称为"物证"。实物证据包括物证(狭义物证),书证,勘验、检查、辨认和侦查实验等笔录,视听资料、电子数据。其中,书证虽然是以其思想内容起证明作用的,但它是以一种实体物作为其存在的物质承担者的,而且书证是案件发生过程中产生的物。勘验、检查、辨认和侦查等实验笔录归入实物证据,是因为这些证据只是客观地记载同本案有关的现场、物品、人身、尸体的具体情况,属于纯粹的现场实录,而不是提供勘验、检查、辨认和侦查等人员的分析、判断意见。同样,视听资料、电子数据也是以实物形态为其存在和表现形式的证据,因而也属于实物证据。

言词证据与实物证据之分的意义在于二者具有不同的特点,因而在收集和审查判断方法上也各不相同。言词证据的主要特点是可以反映陈述人的思想内容,内涵比较丰富,能够比较全面地揭示案件发生发展的前因后果,所以很多言词证据可以是直接证据。但是,言词证据的形成受个人因素的影响比较大,陈述人的感知能力、记忆能力、表达能力以及各种感情因素和利益的驱动都会影响到言词证据的真实性和稳定性。同时,言词证据还存在反反复复的易变性。对于同一个案件事实,不同证人的证言可能大相径庭,即使是同一位证人,在每一次的陈述之间也很可能出现前后矛盾的现象。因此,在收集言词证据的时候,司法人员要尽可能地为陈述主体创造条件,使其可以全面、客观地陈述,并注意收集实物证据,与言词证据相互印证。在审查判断言词证据的过程中,不能仅限于审查其内容,还要对陈述人在感知、记忆、表达等方面的能力,以及陈述过程中的有关表现进行综合考查。

实物证据的主要特点是客观性和稳定性比较强,不易失真。由于实物证据本身是客观存在的,且往往伴随着案件的发生而形成,一般情况下不像言词证据那样易受人的主观因素的影响而出现虚假或失真;而且实物证据在很多情况下是经公安、司法人员勘验或搜查、扣押而到案的,一经发现和提取,只要加以妥善保存、固定和保全,就可以较为完整地进入诉讼轨道。但是,由于各种自然因素的影响,如风吹日晒、雨淋、沙埋、水浸等,又有可能使实物证据变形、腐烂或者挥发、丧失。某些实物如气味或其他挥发性物质更是转瞬即逝,时过境迁就可能永远灭失而不能再成为证据,这又是实物证据本身所具有的弱点。

另外,实物证据是人们无法与之相互交流的"哑巴证据",它如实地记录下客观发生的事实却不能主动地向人们展示,只能通过科学技术设备和人的语言对其进行翻译和解读,这同时说明实物证据与案件客观事实的关联性不如言词证据那般明显。除视听资料、电子数据以外,实物证据一般只能反映案件事实的一个片断、一个侧面、一个环节、一个场景等,而不能像言词证据那样能反映案件的全貌。因此,在对实物证据的运用中就要着力揭示实物证据与案件事实的关联,并注意把实物证据与言词证据结合起来使用,才能全面准确地认定案件事实。

三、有罪证据和无罪证据

根据证据是否能够证明犯罪事实的存在或者犯罪行为系犯罪嫌疑人、被告人所为,可以将证据分为有罪证据和无罪证据。

有罪证据是能够证明犯罪事实存在和犯罪行为系犯罪嫌疑人、被告人所为的证据。在立案和侦查阶段,犯罪嫌疑人尚不明确的情况下,可以说,证明发生了犯罪事实的证据也是有罪证据。

无罪证据是能够否定犯罪事实存在,或者能够证明犯罪嫌疑人、被告人未实施犯罪行为的证据。

根据上述分类,凡在认定有罪的前提下,用以证明犯罪嫌疑人、被告人具有从轻、减轻、免除处罚或者从重、加重情节的证据,都属于有罪证据。而无罪证据则有以下几种情形:一是证明犯罪事实并未发生的证据,例如证明被害人系自杀或意外死亡,而非他杀的证据;二是证明犯罪行为并非该犯罪嫌疑人、被告人所为的证据,例如证明犯罪嫌疑人、被告人在案发时没有作案时间、不在现场的证人证言;三是行为人未达到刑事责任年龄或者属于精神病患者。

掌握有罪证据与无罪证据的分类,应当注意以下几个问题:

(1)判断某一证据属于有罪证据还是无罪证据,往往受到刑事诉讼不同阶段对案件认识的局限。有的证据材料在立案阶段被认为是有罪证据,但随着程序的进行,经侦查查明并非有罪证据。当然,这并非是证据事实本身发生了变化,而是由于办案人员的认识由表及里发生变化的结果。

(2)对一个证据材料或一个证据事实难以确定是有罪证据还是无罪证据,只有与其他证据相结合,才能确定其证明作用。

(3)由于案件情况的复杂性,有时一个证据材料中既有说明有罪倾向的内容,又有说明无罪倾向的内容,这就需要进一步收集其他证据材料,才能查明该证据属于有罪证据,还是无罪证据。

划分有罪证据与无罪证据,有利于公安、司法人员全面、客观地收集和运用证据,防止片面性。《刑事诉讼法》第50条规定:"审判人员、检察人员、侦查人员必须依照法定程序,收集能够证实犯罪嫌疑人、被告人有罪或者无罪、犯罪情节轻重的各种证据。"第135条规定:"任何单位和个人,有义务按照人民检察院和公安机关的要求,交出可以证明犯罪嫌疑人有罪或者无罪的物证、书证、视听资料等证据。"最高人民法院《关于适用〈中华人民共和国刑事诉讼法〉的解释》第49条规定:"辩护人认为在侦查、审查起诉期间公安机关、人民检察院收集的证明被告人无罪或者罪轻的证据材料未随案移送,申请人民法院调取的,应当以书面形式提出,并提供相关线索或者材料。人民法院接受申请后,应当向人民检察院调取。人民检察院移送相关证据材料后,人民法院应当及时通知辩护人。"因此,公安、司法人员在刑事诉讼中收集证据要力求客观全面,既要收集能够证明犯罪嫌疑人、被告人有罪或者罪重的证据,也要收集能够证明犯罪嫌疑人、被告人无罪、罪轻的证据。唯有如此,才能全面查明案件事实真相,防止冤假错案的发生。

四、直接证据和间接证据

根据证据与案件主要事实的证明关系的不同,可以将证据划分为直接证据和间接证据。

直接证据是能够单独地、直接地证明案件主要事实的证据。所谓刑事案件的主要事实,就是指犯罪行为是否发生,以及谁是犯罪行为实施者的事实。因此,凡是能够单独、直接证明犯罪嫌疑人、被告人实施了犯罪行为或者没有实施犯罪行为的证据,就是直接证据。在刑事诉讼中,证人证言,被害人陈述、被告人供述和辩解,书证,视听资料、电子数据都有可能成为直接证据。如,对于犯罪嫌疑人、被告人的供述和辩解,其中犯罪嫌疑人、被告人承认自己有罪的供述是证明有罪的直接证据,而犯罪嫌疑人、被告人否认自己有罪的证据是证明无罪的直接证据;被害人指控犯罪嫌疑人、被告人实施犯罪行为的陈述;目击证人肯定或否定犯罪嫌疑人、被告人实施犯罪行为的证言;记入犯罪作案过程的公共场所安装的监控录像等。直接证据的最大优点是,对案件主要事实的证明不需要经过任何中间环节,也无需借助其他证据进行逻辑推理就可以直观地指明案件的主要事实,因而运用直接证据认定案情的方法较简单,难度较小,运用起来比较便捷,只要一经查证属实,便可用作认定案件事实的主要依据。

间接证据是不能单独地、直接地证明案件主要事实,必须与其他证据联系起来才能说明案件主要事实的证据。间接证据与案件主要事实的关联关系是以间接方式存在的,也就是必须与其他证据配合起来,并以推论的方式即间接证明的方式才能证明案件主要事实。单独一个间接证据不能直接证明案件的主要事实,它只能证明案件事实中的某一情节片断。常见的间接证据主要有:刑事案件现场的状况,犯罪工具,赃款赃物,被害人损伤的状况及其鉴定结论,犯罪嫌疑人、被告人在案件发生前后的行踪及其异常表现等。

将证据划分为直接证据和间接证据,有助于公安、司法人员正确认识证据在证明案件主要事实中的不同作用,防止把一些只能证明案件事实片断或者个别情节的证据误以为是可以证明案件主要事实的证据。对于侦查机关而言,在调查收集间接证据的同时,更应该注意调查收集能够证明案件事实的直接证据。

虽然间接证据只能证明案件事实的个别情节或片断,不如直接证据的证明力强、运用方便,但是,间接证据对案件事实的证明作用也不可忽视:①间接证据可以成为查明案件主要事实的向导和发现直接证据的媒介;②间接证据可以通过间接证据来验证和确认直接证据;③间接证据可以和直接证据结合,全面、充分地证明案件事实;④在收集不到直接证据的特定情况下,可以运用间接证据来认定案件事实。

由于间接证据只能证明案件事实的某一部分、某一片断、某一情节,因而运用间接证据定案远比运用直接证据定案困难、复杂。但是在无法取得直接证据,需要依靠间接证据定案时,只要能遵守一定规则,也是完全可以定案的。在理论上,运用间接证据定案的规则是:①满足间接证据所需要的量;②据以定案的每一间接证据都必须查证属实;③间接证据必须与案件事实存在客观联系,即所有证据共同指向同一待证事实,不存在无法排除的矛盾和无法解释的疑问;④间接证据之间以及间接证据与案件事实之间必须协调一致,不存在矛盾;⑤间接证据能够形成一个完整的证明体系,即对犯罪的目的、动机、时间、地点、过程、手段、工具、后果及犯罪嫌疑人、被告人的身份等案情的各个方面都有相应的证据加以证明;⑥间接证据所形成的证明体系足以排除其他可能性,得出的结论具有唯一性。

最高人民法院《关于适用〈中华人民共和国刑事诉讼法〉的解释》第105条规定,没有直接证据,但间接证据同时符合下列条件的,可以认定被告人有罪:①证据已经查证属实;②证据之间相互印证,不存在无法排除的矛盾和无法解释的疑问;③全案证据已经形成完整的证明体系;④根据证据认定案件事实足以排除合理怀疑,结论具有唯一性;⑤运用证据进行的推理符合逻辑和经验。

第四节 刑事诉讼证据规则

一、刑事诉讼证据规则的概念和意义

刑事诉讼证据规则是指在收集、采用、核实证据和运用证据认定刑事案件事实情时应当遵守的基本准则。它是一种法定的证明模式,可简称为"刑事证据规则"。我国刑事诉讼立法对证据的形式、收集、审查和判断等问题,有一定的程序要求或原则性规定,但并没有系统化的刑事诉讼证据规则。

刑事诉讼证据规则最早起源于英美法系。13世纪以后,英国建立了陪审制度,并实行公开审理和对抗制诉讼模式,为适应陪审制审判的要求,防止当事人和陪审团成员因法律知识的缺乏而提出或者采纳有碍于查明案件事实真相的证据和材料,保障诉讼公正和被告人的合法利益,对证据可采性和证据证明力的规定越来越细,后来则逐渐发展形成了证据规则。起初,刑事诉讼证据规则主要是对法庭审判的要求,由于法庭审判最终决定着证据的采信与否,因此,侦查和起诉行为也不得不考虑证据规则的相关要求。现在,英美法系国家的刑事诉讼证据规则已经趋于成熟和完善,并且发展成一个庞大的体系。刑事诉讼证据规则对控辩双方、法官和陪审团都具有约束力。

在大陆法系国家,基于对法定证据制度中各种形式性规定的极端反感,对于案件事实的证明,立法一般不对各种证据材料是否具有证据资格、能否作为法庭证明的证据使用作具体的规定,而是授权法官根据具体的情况自行取舍。因此,在大陆法系国家,具体证据材料是否具有证据资格、证明力大小等问题,基本上是一个法官自由裁量的问题,较少有明确的证据规则可循。但自20世纪以来,大陆法系国家开始学习和借鉴英美法系国家的做法,也开始确立了一些刑事诉讼证据规则,以规范法官对证据采信的自由裁量权。

从内容上看,刑事诉讼证据规则主要包括两大类型:一类是调整证据能力的规则,如关联性规则、传闻证据规则、非法证据排除规则、自白任意规则、意见证据规则、证人特权规则等;另一类是调整证据证明的规则,如最佳证据规则、补强证据规则等。

司法活动的证明是一个运用证据材料判断案件事实的逻辑思维过程。由于刑事诉讼证据规则对证据的形式、采信、判断和运用都进行了规范和约束,因而对诉讼证明活动具有重要意义:一是可以防止证据在取舍和运用上的主观臆测断,从而保证证据的真实性和可靠性;二是有利于保障基本人权,实现司法公正;三是有利于保障刑事诉讼规范、有序进行,从而提高诉讼效率。

二、刑事诉讼证据规则的主要内容

(一)关联性规则

关联性规则,又称相关性规则,是指只有与诉讼中的待证事实具有关联性的材料,才能作为证据使用。也就是说,凡是与待证事实没有关联性的证据材料则不能进入诉讼证明过程。

关联性是证据资格的基础条件。相关性规则是英美法的一项基础性证据规则。在美国,所谓关联性是指证据与案件待证事实有关,从而能够证明案件待证事实的属性。美国《联邦证据规则》第401条将其定义如下:相关证据,指证据具有某种倾向,使决定某项在诉讼中待确认的事实的存在比没有该项证据时更有可能或更无可能。由此可见,证据的相关性必须同时具备两项独特的要素:其一,它必须有助于证明或否定一个事实结论;其二,证据所说明的事实与有关法律之间存在实质性的或因果的关系。

相关性规则适用于任何形式的证据资料,在适用范围上具有广泛性。判断一项证据是否具有相关性取决于两个方面,即证据针对的待证事实是否具有实质性,以及证据对于待证事实是否具有证明性。除非法律另有规定,具有关联性的证据一般都可以采为证据。但是,依据普通法传统,法官在某些情况下亦可排除某些具有关联性的证据。根据《美国联邦证据规则》的规定,下列证据一般不认为具有关联性:

(1)品格证据。所谓品格,美国麦考密克认为,"是指对某人性情总的描述,或者说是指对与某人一般特征有关的性情总的描述,如诚实、节酒或温和"。关于一个人的品格或者他的一种性格特点(如暴力倾向)的证据,对于证明这个人在特定环境下实施了相类似的行为(如被指控的犯罪行为)上不具有相关性,这种品格证据原则上应予排除。但是,如果被告人用品格证据材料作为其辩护内容,控方就其品格问题所作的反驳,则具有可采性。

(2)类似行为。被告人在其他场合的类似行为与当前被指控的行为之间通常没有关联性。关于相似犯罪、错误或行为的证据不能用来证明某人的品格以说明其行为的一贯性,也即"一次为盗,终生为贼"的逻辑是不成立的。

(3)特定的诉讼行为。下列诉讼行为在刑事诉讼中一般不得作为不利于被告的证据采纳:①曾作有罪答辩,后来又撤回;②作不愿辩解又不承认有罪的答辩;③在根据《美国联邦刑事诉讼规则》第11条或类似的州程序进行的诉讼中作出以上答辩的陈述;④在答辩讨论中对代表控诉方的律师所作的陈述,该答辩讨论并未产生被告作有罪答辩的结果,或者被告有罪答辩后又撤回。但是,作为例外,上述行为用于证明被告作伪证时,或者与其同时产生的其他陈述已被提交法庭时,可以采纳为证据。

(4)特定的事实行为。关于事件发生后某人实施补救措施的事实,关于支付、表示或允诺支付因伤害而引起的医疗、住院或类似费用的事实,关于和解或要求和解而实施的特定行为,一般情况下不得作为行为人对该事实负有责任的证据加以采用。

(5)被害人过去的行为。有关被害人过去性行为方面的名声或评价的证据,一律不予采纳。不论其他法律有何规定,在某人被指控有强奸或者为强奸而侵害之行为的刑事案件中,关于所谓被害人过去性行为方面的证据,尽管不是涉及名声或评价的证据,也不能采用。

我国目前尚无明确的证据相关性规则,但是,我国《刑事诉讼法》对证据的相关性却有一定的要求。《刑事诉讼法》第118条规定:"犯罪嫌疑人对侦查人员的提问,应当如实回答。但是对与本案无关的问题,有拒绝回答的权利。"第189条规定:"公诉人、当事人和辩护人、诉讼代理人经审判长许可,可以对证人、鉴定人发问。审判长认为发问的内容与案件无关的时候,应当制止。"另外,根据最高人民法院《关于适用〈中华人民共和国刑事诉讼法〉的解释》第104条规定:"对证据的真实性,应当综合全案证据进行审查。对证据的证明力,应当根据具体情况,从证据与待证事实的关联程度、证据之间的联系等方面进行审查判断。"可见,人民法院在审查证据时,各项证据与待证案件事实有无关联性是其中的重要内容之一。

(二)传闻证据规则

传闻证据规则,又称传闻证据排除规则,是指证明人所陈述的非亲身经历的事实,以及证明人未出庭作证时向法庭提出的书面陈述,原则不能作为认定案件事实的根据。传闻证据规则属于一种排除证据的规则。

美国《联邦证据规则》第801条规定:传闻是指除陈述者在审理或听证作证时所作陈述外的陈述,行为人提供它旨在用作证据来证明所主张事实的真实性。传闻证据具有广义和狭义两种含义。狭义的传闻证据专指言词证据,是指证明人并非就自己亲身经历的事实,而仅就他人了解的情况向审判所作的转述。而广义的传闻证据还包括书面证据和非用语言具体表达的行为,前者是指证明人就自己亲身感知的事实向法庭提交的陈述书,后者是指证人证明案件中特定事项所作出的没有通过语言具体表达的行为。传闻证据有三个特点:①是以人的陈述为内容的陈述证据;②不是直接感知案件真实的人亲自到法庭所作的陈述,而是对感知事实的书面的或者口头形式的转述;③是没有给予当事人对原始人证进行反询问的机会的证据。

根据传闻证据规则的要求,如无法定理由,在庭审或庭审准备期日外所作的陈述不得作为证据使用。此外,记载检察官或司法警察职员勘验结果的笔录不具有当然的证据能力,只有当勘验人在公审期日作为证人接受询问和反询问,并陈述确实系他根据正确的观察和认识作成时,才能作为证据使用。同样,只有等鉴定人在庭审时作为证人接受询问和反询问,说明其鉴定意见确系其以正确方法作出时,鉴定意见才具有证据能力。

确立传闻证据规则的理由,主要是因为传闻证据在诉讼中的使用剥夺了诉讼双方包括被告人对原始证明人询问和反询问的机会,由于无法以交叉询问进行质证,违背了对抗制诉讼的基本精神,容易导致误判。而且传闻证据的使用也违反了刑事诉讼的直接审理原则,由于法官未能直接听取原始证明人陈述,未能从陈述的环境和条件、陈述的内容以及陈述时的态度、表情、姿势等各方面情况对陈述的真实性进行审查,不利于法官获得正确的心证。

不过,英美法系的制定法或判例规定了传闻证据规则的例外情况,允许传闻证据作为定案证据使用。但是,需要具备两个条件:一是具有"可信性的情况保障",即传闻证据从多种情况看具有高度的可信性,即使不经过当事人反询问,也不至于损害当事人的利益。二是具有"必要性",即存在无法对原始人证进行反询问的客观情形,因而不得不适用传闻证据,如原始证人死亡、病重、旅居海外或去向不明等。

我国《刑事诉讼法》第59条规定:"证人证言必须在法庭上经过公诉人、被害人和被告人、辩护人双方质证并且查实以后,才能作为定案的根据。"第187条规定:"公诉人、当事人或者辩护人、诉讼代理人对证人证言有异议,且该证人证言对案件定罪量刑有重大影响,人民法院认为证人有必要出庭作证的,证人应当出庭作证。人民警察就其执行职务时目击的犯罪情况作为证人出庭作证,适用前款规定。公诉人、当事人或者辩护人、诉讼代理人对鉴定意见有异议,人民法院认为鉴定人有必要出庭的,鉴定人应当出庭作证。经人民法院通知,鉴定人拒不出庭作证的,鉴定意见不得作为定案的根据。"另外,最高人民法院《关于适用〈中华人民共和国刑事诉讼法〉的解释》第78条第3款规定:"经人民法院通知,证人没有正当理由拒绝出庭或者出庭后拒绝作证,法庭对其证言的真实性无法确认的,该证人证言不得作为定案的根据。"第86条规定:"经人民法院通知,鉴定人拒不出庭作证的,鉴定意见不得作为定案的根据。"不难看出,我国虽然没有确立专门的传闻证据规则,但对这一规则的精神却有一定的体现和贯彻。

(三)非法证据排除规则

所谓非法证据排除规则是指通过非法手段所取得的证据不得作为证明不利于犯罪嫌疑人、被告人的事实根据的规则。非法证据排除规则源自于英美法系,于20世纪初产生于美国。当今世界各国及国际组织,大都制定有非法证据排除规则。确立非法证据排除规则的目的在于:一是保障基本人权,防止违法取证;二是规范司法行为,实现程序正义。

非法证据可以分为非法言词证据和非法实物证据两大类型:非法言词证据包括采用刑讯逼供等非法方法收集的犯罪嫌疑人、被告人供述和采用暴力、威胁等非法方法收集的证人证言、被害人陈述;非法实物证据是指违反法定程序、侵犯被取证人合法权利而取得的物证、书证、视听资料、电子数据等。对于非法言词证据,几乎所有国家都实行严格排除。但对于非法实物证据的排除,各国的做法则不完全相同。在美国,通过违法的、无根据的搜查和没收所获得的证据,以及通过违法收集的证据发现、收集的证据(派生证据),原则上都应当排除。根据"毒树之果"的理论,使用以非法手段获取的证据是有害的,因为它会鼓励警察的违法行为,纵容对公民隐私、住宅和人身等权利的侵犯,破坏法制。但由于犯罪浪潮的冲击,为增强有罪证据的力量,近年来美国联邦最高法院通过判例确认了规避排除规则的一系列例外。如"最终或必然发现"的证据不适用排除规则;侦查人员不是明知搜查和扣押是违法的,即出于"善意"也不适用排除规则。在英国、德国和法国等国,则并不绝对地排斥违法取得的非法实物证据,而是根据违法的严重程度以及排除违法证据对国家利益的损害程度,进行利益权衡,同时还赋予法官一定程度的证据取舍自由裁量权。

非法证据排除规则在刑事诉讼中的确立,从根本上讲是一种价值选择的结果:或者着眼于保护被告人和其他诉讼参与人的合法权益否定非法取得的证据材料的证据能力,或者为追求本案的客观真实并有效地实现国家的刑罚权而肯定其证据能力。前者体现了现代刑事诉讼中追求实体真实以惩罚犯罪的目的,后者则体现了严守正当程序以保障基本人权的目的。由此可见,确立非法证据排除规则的理由有:①以非法方法获取口供对基本人权损害极大,应当严格禁止,而且禁止使用这类证据,不使违法者从中获得利益,是遏制这类违法行为、保护公民权利的有效手段;②以非法方法获取口供亦可能妨害获得案件的实质真实。因为"捶楚之下,何求而不可得",违法获取的口供的虚假可能性较大。

我国《刑事诉讼法》规定了非法证据的排除情形。《刑事诉讼法》第50条规定:"严禁刑讯逼供和以威胁、引诱、欺骗以及其他非法方法收集证据,不得强迫任何人证实自己有罪。必须保证一切与案件有关或者了解案情的公民,有客观地充分地提供证据的条件,除特殊情况外,可以吸收他们协助调查。"第54条规定:"采用刑讯逼供等非法方法收集的犯罪嫌疑人、被告人供述和采用暴力、威胁等非法方法收集的证人证言、被害人陈述,应当予以排除。收集物证、书证不符合法定程序,可能严重影响司法公正的,应当予以补正或者作出合理解释;不能补正或者作出合理解释的,对该证据应当予以排除。在侦查、审查起诉、审判时发现有应当排除的证据的,应当依法予以排除,不得作为起诉意见、起诉决定和判决的依据。"最高人民法院《关于适用〈中华人民共和国刑事诉讼法〉的解释》第95条规定:"使用肉刑或者变相肉刑,或者采用其他使被告人在肉体上或者精神上遭受剧烈疼痛或者痛苦的方法,迫使被告人违背意愿供述的,应当认定为刑事诉讼法第五十四条规定的'刑讯逼供等非法方法'。认定刑事诉讼法第五十四条规定的可能严重影响司法公正,应当综合考虑收集物证、书证违反法定程序以及所造成后果的严重程度等情况。"《人民检察院刑事诉讼规则(试行)》第65条规定:"对采用刑讯逼供等非法方法收集的犯罪嫌疑人供述和采用暴力、威胁等非法方法收集的证人证言、被害人陈述,应当依法排除,不得作为报请逮捕、批准或者决定逮捕、移送审查起诉以及提起公诉的依据。刑讯逼供是指使用肉刑或者变相使用肉刑,使犯罪嫌疑人在肉体或者精神上遭受剧烈疼痛或者痛苦以逼取供述的行为。其他非法方法是指违法程度和对犯罪嫌疑人的强迫程度与刑讯逼供或者暴力、威胁相当而迫使其违背意愿供述的方法。"第66条规定:"收集物证、书证不符合法定程序,可能严重影响司法公正的,人民检察院应当及时要求侦查机关补正或者作出书面解释;不能补正或者无法作出合理解释的,对该证据应当予以排除。对侦查机关的补正或者解释,人民检察院应当予以审查。经侦查机关补正或者作出合理解释的,可以作为批准或者决定逮捕、提起公诉的依据。"根据上述规定,我国刑事诉讼的非法证据排除有两种情况:其一,非法言词证据(限于犯罪嫌疑人、被告人供述、证人证言、被害人陈述)应当排除;其二,不能予以补正或者作出合理解释且可能严重影响司法公正的物证、书证,也应当排除。也就是说,非法言词证据是无条件排除;非法物证、书证则是附条件排除。其中的"非法",是指采用刑讯逼供、暴力、威胁等非法方法。

(四)自白任意性规则

自白任意性规则,又称非任意自白排除规则,是指只有基于犯罪嫌疑人、被告人自由意志而作出的承认有罪的供述,才具有证据能力。违背当事人意愿或违反法定程序而强制作出的供述不属于自白,而是逼供,不具有可采性,必须予以排除。

自白任意性规则早在18世纪后半期就为英国所采用。到19世纪前期,因受法国资产阶级革命人权保障思想的影响,任意性法则受到西方国家的普遍重视。无论是大陆法系,还是英美法系,都把口供是否具有任意性作为其取得证据资格的要件。

自白任意性规则产生的根据主要有以下四个方面：一是反对强迫性自我归罪的价值观念。由此价值观念，西方国家发展为"沉默权"制度，即犯罪嫌疑人、被告人对警察、检察官和法官的询问享有沉默的权利。根据这一权利，只有犯罪嫌疑人、被告人自动放弃沉默权而作出的供述才具有合法效力。二是鼓励正当的警察行为。要求对那些即使有正当理由被怀疑从事了犯罪行为的人，也应当以合理和文明的方式对待，而不应使用不适当的审讯方法。三是因为这一规则有利于在刑事诉讼中维持控辩双方适当的平衡。而强迫供述则会打破这种平衡。四是防止判决受到不可靠的强迫性口供的影响。西方国家普遍怀疑犯罪嫌疑人、被告人非自愿口供的真实性，因而反对将其用作证据。

自白任意性规则的基本精神，得到了国际社会的普遍认可。联合国《公民权利和政治权利国际公约》第14条第3项（庚）规定：不被强迫作不利于他自己的证言或强迫承认犯罪。联合国《保护人人不受酷刑和其他残刑和其他残忍、不人道或有辱人格待遇或处罚宣言》第12条规定：如经证实是因为受酷刑或其他残忍、不人道或有辱人格的待遇或处罚而作的供词，不得在任何诉讼中援引为指控有关的人或任何其他人的证据。《禁止酷刑和其他残忍、不人道或有辱人格的待遇或处罚公约》第15条规定：每一缔约国应确保在任何诉讼程序中不得援引任何确属酷刑逼供作出的陈述为证据，但这类陈述可引作对被控施用酷刑逼供者起诉的证据。

我国《刑事诉讼法》对此也有相应的规定。《刑事诉讼法》第50条规定："严禁刑讯逼供和以威胁、引诱、欺骗以及其他非法方法收集证据，不得强迫任何人证实自己有罪。"第54条规定："采用刑讯逼供等非法方法收集的犯罪嫌疑人、被告人供述和采用暴力、威胁等非法方法收集的证人证言、被害人陈述，应当予以排除。"但是，第118条又同时规定，犯罪嫌疑人对侦查人员的提问，应当如实回答。

(五)意见证据规则

意见证据规则，又称意见证据排除规则，是指证人作证只能陈述自己亲身感受和经历的事实，而不得陈述对该事实的意见或者推断。也就是说，证人根据其所感知或者经历的事实作出的评价性意见或者推断性结论，不能作为证据采信。例如，甲进门后，看见乙一边擦流着血的鼻子，一边怒视丙。那么，甲只能如实地表述其所感知的事实，而不得就上述事实推论说是"丙打了乙"，尽管事实上极有可能确实如此。

意见证据规则是对抗制诉讼中一项重要的证据规则。意见规则确立的理由有：①认定事实、作出判断系法官职责所在，证人的责任在于提供法官判断事实的材料，而不能代行法官的判定职能；②法庭需要证人提供其经验事实，而意见和推测并非证人的体验，不仅在证据上无用途，而且容易导致立法混乱，甚至可能会因提供有偏见的推测意见而影响法官客观公正地认定案件事实。

意见证据规则适用的前提是区分事实和意见。一般说来，观察体验的情况为事实，推测、判断的陈述为意见。但在某些情况下，二者关系密切，难以完全分开，因此，对于直接基于经验事实的某些常识性判断，不能作为意见证据加以排除。例如：相比较事物的同一性和相似性；某种状态，如车辆的快慢、人的感情等心理状态；物品的价值、数量、性质及色彩；精神正常与否；物的占有和所有等。这些事实情况，实际上难以用非判断方式来表达，因而可以视为意见证据规则的现实性例外。

需要注意的是,英美法系国家的证人是指犯罪嫌疑人、被告人、被害人、证人和鉴定人的总称,其中,犯罪嫌疑人、被告人、被害人、证人属于普通证人,鉴定人则是专家证人。意见证据规则只适用于普通证人,而作为专家证人的鉴定人就只能以其专业知识对专门性问题作出判断性意见。

在我国,证人仅指无利害关系的知情人,而不包括犯罪嫌疑人、被告人、被害人和鉴定人。《刑事诉讼法》只规定了证人具有如实作证的义务,却没有明确规定证人的意见性证言应当予排除。最高人民法院《关于适用〈中华人民共和国刑事诉讼法〉的解释》第75条第2款规定:"证人的猜测性、评论性、推断性的证言,不得作为证据使用,但根据一般生活经验判断符合事实的除外。"

(六)证人特权规则

证人特权,又称作保密特权或拒绝作证特权,是指享有证据特权的人可以拒绝提供证言或阻止他人提供证明。证人特权规则,又称证人拒绝作证特权规则,是指当证人因负有义务被强迫向法庭作证时,赋予证人中的一些人因遇特殊的情形而享有法律免除其承担作证义务的一种特殊的权利。它是英美普通法上一项传统的证据规则,其核心内容是证人可依法对已掌握的有关涉及案情的事实不予陈述,拒绝法庭对其进行的调查询问以及提供有关证据材料。证人拒绝作证特权制度的发展与形成由来已久,有深刻的历史背景。强迫证人作证是基于证人应当履行国家义务的理念,允许拒绝作证则是从社会伦理、公共利益、证人权益的保障的综合考虑而设置的特权。现在,不少西方各国的立法都不同程度地规定了证人特定情况下拒绝作证特权,甚至有些国家将其确定为一项宪法原则。

证人特权规则一般包括以下几个方面的内容:

(1)反对强迫自证其罪特权。自证其罪是指在刑事案件中,犯罪嫌疑人、被告人不能被强迫自己证明自己有罪,不能被迫成为反对自己的证人。它是沉默权的重要组成部分。因此,除非出于自愿,如果陈述的内容有可能使自己受到刑事追究时,犯罪嫌疑人、被告人有权拒绝陈述。

(2)婚姻关系特权。婚姻关系特权是指如果配偶的一方被要求出庭作证,有可能导致婚姻交流的秘密和隐私公开,或者导致配偶被追究刑事责任的,可以拒绝作证。在英美法系中,配偶任何一方皆可援引,婚姻关系特权,但仅限于婚姻存续期间所作的交流。在大陆法系的德国,婚姻关系特权则进一步扩大至近亲属。如德国《刑事诉讼法》规定,以下人员有权拒绝作证:①被指控人的订婚人;②被指控人的配偶,即使婚姻关系已不存在;③现在或者曾经是直系亲属或者直系姻亲,现在或者曾经在旁系三亲等内有血缘关系或者在二等内有姻亲关系的人员。日本《刑事诉讼法》也规定配偶、近亲属之间可拒绝作证。

(3)职业秘密特权。它是指从事某种职业的人,对因其业务而得知的他人秘密,有权拒绝作证。如德国《刑事诉讼法》规定,牧师、律师、医师及他们的辅助人员和定期刊发的新闻杂志等报道机构的发行人、编辑、印刷人等,均可对其职业秘密拒绝作证。美国和英国的普通法和特定法规定,律师对于当事人、医生及心理治疗人员对于病人、神职人员对于忏悔者、记者对于信息来源等因其业务得知的他人秘密,有拒绝作证的特权。

(4)公务秘密特权。所谓公务秘密特权,是指公职人员所知晓的案件情况属于公务秘密,而且公开这些公务秘密有可能损害社会公共利益时,该公职人员享有免予作证的特权。

它通常包括两种情况：一是司法裁决和仲裁裁决的理由、评议及法官、仲裁员准备的文件，禁止作为证据，但已公布的裁决理由可以运用或采纳为证据；二是指如果保护涉及国家事项的信息、文件隐私或机密的公共利益高于采纳其作为证据之利益，法院可依申请或职权责令排除有关证据。

在我国，自新中国成立以来，刑事诉讼证人特权制度一直未被确立。直到2012年修改《刑事诉讼法》时，这一情况才发生改变。《刑事诉讼法》第188条第1款规定："经人民法院通知，证人没有正当理由不出庭作证的，人民法院可以强制其到庭，但是被告人的配偶、父母、子女除外。"此规定被视为被告人配偶、父母、子女出庭作证义务的免除。由于配偶、父母、子女是与被告人关系最亲密的近亲属，立法明确免他们出庭作证义务，体现了"以人为本"的法治精神，也是我国"亲亲相隐"法律传统精神的承继。所谓"亲亲相隐"制度，是指对于除了谋反、大逆之外的罪行，亲属之间可以相互隐匿包庇犯罪行为，不予告发或作证。"亲亲相隐"的根源最早可以上溯至西周，汉代、唐朝等历代都有类似规定。可以说，"亲属相容隐"的观念已成为我国传统法律文化的一部分。

另外，基于委托授权的职业信任，我国的律师也可以在一定范围内免予作证的义务。《律师法》第38条规定："律师应当保守在执业活动中知悉的国家秘密、商业秘密，不得泄露当事人的隐私。律师对在执业活动中知悉的委托人和其他人不愿泄露的情况和信息，应当予以保密。但是，委托人或者其他人准备或者正在实施的危害国家安全、公共安全以及其他严重危害他人人身、财产安全的犯罪事实和信息除外。"《刑事诉讼法》第46条规定："辩护律师对在执业活动中知悉的委托人的有关情况和信息，有权予以保密。但是，辩护律师在执业活动中知悉委托人或者其他人，准备或者正在实施危害国家安全、公共安全以及严重危害他人人身安全的犯罪的，应当及时告知司法机关。"可以看出，除危害国家安全、公共安全以及严重危害他人人身、财产安全的犯罪信息外，律师应该享有保守职业秘密的拒绝作证特权。

（七）最佳证据规则

最佳证据规则，又称原始书证规则，是指以文字、符号、图形等方式记载的内容来证明案情时，其原件才是最佳证据。它是英国普通法上最古老的证据规则之一，且主要适用于书证。根据最佳证据规则的要求，原始文字材料作为证据，其效力优于它的复制品，如果数个证据对某一特定的与案件有关的事实都有证明力，应当采用可能得到的最令人信服和最有说服力的证据予以证明。最佳证据规则的法理基础是，与原件相比，复制件更有可能出现错误，无论这种错误的造成是无意还是有意。因此，在一般情况下，控辩双方在举证时，必须提供书面材料的原件，只有在原件被证明已灭失时才能提供复件。如果提供副本、抄本、影印本、复印件等非原始材料，则必须提供充足理由加以说明，否则，该书证不具有可采性。

在英美普通法传统上，原件的要求最初只适用于文书，后来则扩展至照片、录音，以及类似的记录等。美国《联邦证据规则》第1002条将原件要求限定于文书、照片和记录。文书、记录，通常是指以手写、打字、印刷、复印、照相、磁性脉冲、机械或电子记录，或者其他形式之资料编纂等方法形成的字母、文字或数字以及其他意义相当之物；图片则包括照片、X光片、视频磁带以及动画片。

根据美国《联邦证据规则》的规定，文书或记录的原件是指该文书或记录本身，或者签署或执行该文书或记录者意图使其具有与该文件或记录相同效果之文书；照片的原件包括照片的底片或者由底片冲洗出来的照片；对于储存于电脑或类似设备的资料，任何能够准确反映该资料的打印品或其他输出物，均属于原件。但在下列情形，非原件也可以作为证据使用：①当事人对副本或复制件无争议；②原件已丢失或损毁；③原件掌握在对方手中；④原件掌握在第三人手中，且该第三人处于该法院管辖之下；⑤官方记录。

在我国刑事诉讼中，对最佳证据规则的要求也有所贯彻。最高人民法院《关于适用〈中华人民共和国刑事诉讼法〉的解释》第70条规定："据以定案的物证应当是原物。原物不便搬运、不易保存，依法应当由有关部门保管、处理，或者依法应当返还的，可以拍摄、制作足以反映原物外形和特征的照片、录像、复制品。物证的照片、录像、复制品，不能反映原物的外形和特征的，不得作为定案的根据。物证的照片、录像、复制品，经与原物核对无误、经鉴定为真实或者以其他方式确认为真实的，可以作为定案的根据。"第71条规定："据以定案的书证应当是原件。取得原件确有困难的，可以使用副本、复制件。书证有更改或者更改迹象不能作出合理解释，或者书证的副本、复制件不能反映原件及其内容的，不得作为定案的根据。书证的副本、复制件，经与原件核对无误、经鉴定为真实或者以其他方式确认为真实的，可以作为定案的根据。"

（八）补强证据规则

补强证据规则，是指某一证据由于其存在证据资格或证据形式上的某些瑕疵或弱点，不能单独作为认定案件事实的依据，必须依靠其他证据的佐证，借以证明其真实性或补强其证据价值，才能作为定案的依据。补强证据规则是一项限定证据证明力的规则，要求对特定证据进行补强，否则不能进行直接定案。

在英文中，补强的意思是"确证、证实、进一步"。所谓"补强证据"，是指用以增强另一证据证明力的证据。先前收集的对证实案件事实具有重要意义的证据是"主证据"，而用以印证主证据真实性的其他证据则为"补强证据"，又称为"佐证"。补强证据不能单独证明案件事实，但可用来证明主要证据的可靠性，增强或保证主要证据的真实性和证明力。因此，当某一证据能够证明案件事实，但没有完全的证据能力，不能单独作为认定案件事实依据，必须在有其他证据补强其证明力的情况下，才能作为定案的根据。

补强证据规则是指为了防止误认事实或发生其他危险性，而在运用某些证明力显然薄弱的证据认定案情时，必须有其他证据补强其证明力，才能被法庭采信为定案根据。一般来说，在刑事诉讼中需要补强的不仅包括犯罪嫌疑人、被告人的供述，而且包括证人证言、被害人陈述等言词证据。现实中，测谎结论、辨认笔录和侦查实验笔录等通常被认为是补强证据。

运用补强证据，必须满足如下条件：①补强证据本身必须具有证据能力；②补强证据本身必须具有担保补强对象真实的能力；③补强证据必须具有独立的来源，即补强证据和补强对象之间不能重叠。例如被告人在审前程序中所作的供述就不能作为其当庭供述的补强证据。

《刑事诉讼法》第53条规定："对一切案件的判处都要重证据，重调查研究，不轻信口供。只有被告人供述，没有其他证据的，不能认定被告人有罪和处以刑罚；没有被告人供述，证据确实、充分的，可以认定被告人有罪和处以刑罚。"最高人民法院《关于适用〈中华人民共和国刑事诉讼法〉的解释》第109条规定，下列证据应当慎重使用，有其他证据印证的，可以采信：①生理上、精神上有缺陷，对案件事实的认知和表达存在一定困难，但尚未丧失正确认知、表达能力的被害人、证人和被告人所作的陈述、证言和供述；②与被告人有亲属关系或者其他密切关系的证人所作的有利被告人的证言，或者与被告人有利害冲突的证人所作的不利被告人的证言。上述规定，可以视为言词证据的补强要求。

第五节 刑事诉讼证明

一、刑事诉讼证明的概念和特点

(一)刑事诉讼证明的概念

刑事诉讼证明是指在刑事诉讼过程中，主张事实的国家专门机关和当事人，运用依法收集的证据，证明案件事实的诉讼活动。

刑事诉讼的中心任务是解决犯罪嫌疑人、被告人的刑事责任问题。犯罪嫌疑人、被告人承担刑事责任的前提是已经实施了犯罪行为，因此，刑事诉讼证明活动是围绕着犯罪嫌疑人、被告人是否实际实施被指控的犯罪行为以及犯罪行为的各种事实情节而展开的。

在传统的教材中，刑事诉讼证明的概念有广义和狭义之分。广义的刑事诉讼证明概念包括了证据的收集、审查、判断和运用，证明活动贯穿于整个诉讼过程，并且认为一切参与诉讼活动的国家专门机关和当事人都是证明主体。狭义的刑事诉讼证明概念，则主要指审判过程中特定的证明主体论证其诉讼主张的法律活动。从刑事诉讼的终极目的来说，刑事诉讼活动是参与各方揭示、发现案件事实真相的认识过程，但是，由于诉讼证明不是一般性主观认识客观的社会实践，而是具有严格程序要求的诉讼活动，因此，将整个刑事诉讼过程都界定为诉讼证明未免过于宽泛。我们认为，收集证据是证明事实主张的前提，判断证据以及运用证据认定案件事实则是法官裁判的职权活动。只有在负有举证责任的诉讼参与机关或者个人，以证据材料论证其诉讼主张进而达到说服裁判者的活动，才具有诉讼证明的法律特征。在刑事诉讼中，根据无罪推定原则的要求，唯有"向裁判者说明"或者"证明给裁判者看"的证明活动，对被指控对象是否实施犯罪行为以及应否承担刑事责任才具有终局意义。尽管在开庭审判前的立案、侦查终结和提起公诉等刑事诉讼环节，都有事实状态和证据材料的基本要求，但由于不是"向裁判者说明"，而是依职权自我判断的事实"查明"，因此，不属于刑事诉讼证明。

(二)刑事诉讼证明的特点

基于对刑事诉讼证明概念的狭义理解，我们认为，刑事诉讼证明具有以下特点：

(1)刑事诉讼证明是举证责任主体论证其诉讼主张的诉讼活动。证明的目的是说服裁判者并使其认可并接受其事实主张，因而只有主张事实的诉讼参与者，才是举证责任主体。负责审查、核实证据的人民法院以及协助人民法院查明案件事实的诉讼代理人、辩护人、证人、鉴定人等其他诉讼参与人，都不提出事实主张，故不属于举证责任主体。

(2)刑事诉讼证明的对象是诉讼中控辩双方主张的案件事实。事实主张是承担证明责任的必须前提。"谁主张,谁举证"是诉讼证明的基本规则。在刑事诉讼中,控辩双方为了说服裁判者作出支持己方主张的裁判结果,就应当以事实作为基础。而要使事实主张成立,除了司法认知的对象和无须证明的事实范围外,主张者则必须通过证据来予以证明。

(3)刑事诉讼证明是与法庭审判紧密关联的诉讼活动。在现代刑事诉讼中,法院是认定被告人有罪的唯一法定主体,主张事实的证明结果只有让裁判者接受才具有终局意义,因此,刑事诉讼证明应当在法院审判人员主持下,通过庭前准备会议或者正式开庭审理形式才会影响到裁判结果,从而起到证明作用。

(4)刑事诉讼证明是受诉讼法律程序规范和约束的认识活动。刑事诉讼证明不仅是诉讼参与各方揭示案件事实真相的认识过程,更是一个诉讼活动过程。证据的形式、证明的主体、举证质证的方法和步骤等,均必须遵守法定程序的相关规定,否则,即便能证明事实主张也不具有司法效力。

(三)刑事诉讼证明与相关概念

(1)证明与查明。在刑事诉讼中,最容易与"证明"混淆的概念就是"查明"。在现代汉语中,"证明"是运用已知事实来证明未知事项的活动,"查明"的本意为调查清楚。可以看出,查明是一种依职权发现事实真相的认识活动,并不是为完成举证责任而向第三方的证明活动。查明既可以是主动调查与发现事实,也可以是在争议双方举证证明的基础上审查核实。在刑事诉讼中,侦查机关和公诉机关为了在开庭审理时向法庭证明其事实主张,必然要对涉嫌犯罪的事实进行调查并收集相关证据材料,但是,侦查或者补充侦查以及审查起诉对证据的调查、收集行为本身,在正式开庭或者庭审会议之前,并没有"证明给裁判者看",因此,侦查终结和审查起诉时对证据的审查、核实活动,属于"查明"而非"证明"。同样,作为定罪量刑的裁判者——法院,为正确定性案件和适用法律,也是在控辩双方证明的基础上"查明"事实。

(2)证明与说明。"说明"意思是解释清楚。言下之意是通过口头或者书面形式把某一事项表述清楚,让他人知其原委。"说明"主要是就事论事,把事物的实际情况,恰如其分地表述出来,并不需要以其他事实材料来支持所表述的内容。"证明"则是需要用另一事实材料来明示另一未知的事项。

(3)证明与释明。释明是指在当事人的主张不正确、有矛盾,或不清楚,或当事人误以为提出的证据足够充分时,法官依据职权向当事人提出事实及法律上的质问或指示,让当事人将不正确或有矛盾的主张予以排除,将不清楚的主张予以澄清,将不充分的证据予以补充的一种权能。释明权是大陆法系中法官的一项特殊职责,起源于19世纪德国民事诉讼领域。释明并不是法官在证明某一事实,而是对举证行为不周全时的善意提示,其目的是让举证主体的证明事项更加清楚、明白,以利于全面查明案件事实。在刑事诉讼中,法官告知控辩双方争议的焦点、需要以证据证明的事实范围以及举证的注意事项等,即是一种释明。

二、刑事诉讼中的证明对象

(一)证明对象的特点

证明对象,又称待证事实或证明客体,是指刑事诉讼过程中需要用证据加以证明的事实范围。证明对象是诉讼证明的起点,决定着证明的方向和进程,只有明确了证明对象,才能进一步分配证明责任,设置证明标准,举证、质证和认证等证明活动才能有的放矢地展开。

刑事诉讼中的证明对象具有以下特点:

(1)刑事诉讼中的证明对象是诉讼中主张的事实。根据"不告不理"的司法原则,只有控辩双方主张的事实,才是法庭审理的对象。未主张的事实或者与诉讼主张无关的事实,则不纳入审查的范围,故排除在证明范围之外。

(2)刑事诉讼中的证明对象具有法律规定性。证明对象并不是与案件有关的全部客观事实,而是司法机关作出裁判必须明确的事实,其具体范围要受到刑事实体法所规定的归责要件以及程序法、证据法的限制。

(二)证明对象的范围

最高人民法院《关于适用〈中华人民共和国刑事诉讼法〉的解释》第 64 条规定,应当运用证据证明的案件事实包括:①被告人、被害人的身份;②被指控的犯罪是否存在;③被指控的犯罪是否为被告人所实施;④被告人有无刑事责任能力,有无罪过,实施犯罪的动机、目的;⑤实施犯罪的时间、地点、手段、后果以及案件起因等;⑥被告人在共同犯罪中的地位、作用;⑦被告人有无从重、从轻、减轻、免除处罚情节;⑧有关附带民事诉讼、涉案财物处理的事实;⑨有关管辖、回避、延期审理等的程序事实;⑩与定罪量刑有关的其他事实。证据本身不是刑事诉讼证明的对象。

在理论上,证明对象可以概括为实体法上的事实和程序法上的事实两大类。

1. 刑事实体法上的事实

刑事实体法规定了各种罪行的构成要件和量刑情节,对于这些实体法上的事实作为证明对象,我国法学界不存在争论。根据法律规定和司法实践经验,作为证明对象的实体法上的事实主要包括以下几个方面。

一是有关犯罪构成要件的事实。这是刑事诉讼的主要证明对象,是司法工作人员办理刑事案件首先需要查明的问题。在刑法上,犯罪的构成要件被概括为四个方面,即犯罪客体、犯罪主体、犯罪的客观方面和犯罪的主观方面。其中,犯罪客体是指我国刑法所保护的、为犯罪行为所危害的社会关系。社会关系涉及社会生活的各个领域,包括不同的层次。而被犯罪所侵害的、受我国刑法所保护的只是其中最重要的一部分。概括起来看,受刑法保护的社会关系包括国家主权、领土完整,人民民主专政制度,社会公共安全,社会主义经济基础,公民的人身权利、民主权利和其他权利,社会主义的社会秩序,公私财产的合法权利,国家国防利益等。而其他一些次要的社会关系,如同志关系、上下级关系、干群关系以及一般的民事、经济、行政关系等,均由其他法律、道德和社会规范所调整。犯罪主体是指实施危害社会的行为、依法应当负刑事责任的自然人和单位。自然人主体是指达到刑事责任年龄且具有辨认和控制自己行为的能力的自然人。单位主体是指实施危害社会行为并依法应负刑事责任的企事业单位、机关、团体。根据我国《刑法》规定,凡年满 16 周岁、精神正常的人是具有完全刑事责任能力的人;不满 14 周岁的和行为时因精神疾病不能辨认或者不能控制自己行为的人是完全无刑事责任能力的人;已满 14 周岁不满 16 周岁的人是相对无刑事责任能力人,仅在犯故意杀人、故意伤害致人重伤或者死亡、强奸、抢劫、贩卖毒品、放火、爆炸、投放危险物质罪时,才应当负刑事责任。其中,关于犯罪主体的事实,如果是自然人的,被告人的姓名、性别、年龄、民族、职业、文化程度、与被害人的个人关系、家庭住址、犯罪前后的行为表现等个人情况等都是证明对象。如果是单位犯罪人的,其法律主体资格、法定代表人、业务范围和单位住所地等都是证明对象。犯罪的客观方面是指对刑法所保护的社会关系造成侵害的客观外在表现,包括危害行为、侵害对象、危害结果、犯罪的方法(手段)、时间、地点等。犯罪的主观方面是指行为人对自己的危害社会的行为及其危害社会的结果所持的故意或者过失的心理态度,包括故意、过失、动机和目的等要素。

在司法实践中,为了便于掌握、指导办案,上述与犯罪构成要件有关的事实,可以概括为"七何",即何人、何时、何地、基于何种动机、采用何种方法手段、实施何种犯罪行为、造成何种危害后果。英美国家证据理论将其概括成7个"W",即who(何人——犯罪主体)、when(何时——犯罪时间)、where(何地——犯罪地点)、why(为什么——犯罪动机和目的)、how(如何实施——犯罪手段和方法)、which(何种对象——犯罪侵害的被害人或财产)、what(何种后果——犯罪造成的社会危害)。需要说明的是,不同的案件,其犯罪构成的具体要件内容并不完全一致,"七何"要素不是所有刑事案件都必须证明的对象。如,有的案件就没有具体的侵害对象。

二是有关罪行轻重的量刑情节事实。这些事实包括依法应当从重、从轻、减轻或免除刑事处罚的事实。这一部分事实的证明对于正确量刑、贯彻罪刑相适应原则有重要意义。其中,从重处罚的情节包括法定从重情节和酌定从重情节。法定从重的情节,是指在法定量刑幅度内从重量刑的事实,通常包括主犯、累犯、危害国家安全累犯、毒品再犯、教唆不满18周岁的人犯罪、利用职权实施犯罪等。酌定从重情节的事实主要有犯罪的动机、犯罪的手段、犯罪时的环境和条件、犯罪对象、犯罪人的一贯表现、犯罪的损害程度、犯罪后的态度、犯罪前科等。

从轻或者减轻处罚是指在被告人所犯之罪应当适用的法定刑的限度以内判处较轻的刑罚,包括法定从轻或者减轻的事实和酌定从轻或者减轻的事实。其中,法定从轻或者减轻的事实主要包括:①特殊主体身份。犯罪时未满18周岁的,在量刑时应当从轻或者减轻处罚;尚未完全丧失辨认或者控制自己行为能力的精神病人犯罪的,应当负刑事责任,但是可以从轻或者减轻处罚;又聋又哑的人或者盲人犯罪,可以从轻、减轻或者免除处罚;犯罪时不满18周岁或者审判时怀孕的妇女,不适用死刑;审判时已满75周岁的人,一般不适用死刑。②犯罪预备、中止或未遂。对于预备犯可以比照既遂犯从轻、减轻处罚或者免除处罚;对于中止犯,没有造成损害的,应当免除处罚,造成损害的,应当减轻处罚;对于未遂犯,可以比照既遂犯从轻或者减轻处罚。③自首。对于自首的犯罪分子,可以从轻或者减轻处罚。其中,犯罪较轻的,可以免除处罚。④立功。有立功表现的,可以从轻或者减轻处罚;有重大立功表现的,可以减轻或者免除处罚。⑤从犯、胁从犯。在共同犯罪中起次要或者辅助作用的是从犯,应当从轻、减轻处罚或者免除处罚。被胁迫参加犯罪的,应当按照他的犯罪情节减轻处罚或者免除处罚。⑥其他。正当防卫明显超过必要限度造成重大损害的,应当负刑事责任,但是应当减轻或者免除处罚;紧急避险超过必要限度造成不应有的损害的,应当负刑事责任,但是应当减轻或者免除处罚;教唆他人犯罪,但被教唆的人没有犯被教唆的罪,对教唆犯可以从轻或者减轻处罚;在中华人民共和国领域外犯罪,但是在外国已经受过刑罚处罚的,可以免除或者减轻处罚。酌定从轻情节,是指可以依据宽严相济的刑事司法政策,结合具体案情对行为人予以从轻处罚的事实,主要包括:①被告人年老体弱或者患有残疾;②能够如实供述自己的罪行,认罪态度好,有悔罪表现;③能够积极退赃获赔偿被害人损失的;④与被害人达成刑事和解协议,获得被害人谅解;⑤被害人有一定过错;⑥系初次犯罪、偶然犯罪,等等。

三是排除某行为违法性、可罚性或可追诉性的事实。根据"罪刑法定"原则,只有造成实际损害并依照刑法规定应当予以处罚的行为才会承担刑事责任。有些事实行为,虽然已经造成实际损害,但依法并不予以处罚。如我国《刑法》第16条规定:"行为在客观上虽然造成了损害结果,但是不是出于故意或者过失,而是由于不能抗拒或者不能预见的原因所引起的,不是犯罪。"第20条规定:"为了使国家、公共利益、本人或者他人的人身、财产和其他权利免受正在进行的不法侵害,而采取的制止不法侵害的行为,对不法侵害人造成损害的,属于正当防卫,不负刑事责任。"第21条规定:"为了使国家、公共利益、本人或者他人的人身、财产和其他权利免受正在发生的危险,不得已采取的紧急避险行为,造成损害的,不负刑事责任。"因此,不可抗力和意外事件、正当防卫、紧急避险和依法行使职权的行为,不承担刑事责任。

另外,有些行为虽然符合犯罪构成要件,但由于存在一定的事实理由而不予追究刑事责任,从而排除了行为的可罚性。如我国《刑法》第7条规定:"中华人民共和国公民在中华人民共和国领域外犯本法规定之罪的,适用本法,但是按本法规定的最高刑为三年以下有期徒刑的,可以不予追究。"《刑事诉讼法》第15条规定,有下列情形之一的,不追究刑事责任,已经追究的,应当撤销案件,或者不起诉,或者终止审理,或者宣告无罪:①情节显著轻微、危害不大,不认为是犯罪的;②犯罪已过追诉时效期限的;③经特赦令免除刑罚的;④依照刑法告诉才处理的犯罪,没有告诉或者撤回告诉的;⑤犯罪嫌疑人、被告人死亡的;⑥其他法律规定免予追究刑事责任的。

2. 刑事程序法上的事实

能够成为证明对象的程序法事实,主要包括:

(1)关于回避理由方面的事实。最高人民法院《关于适用〈中华人民共和国刑事诉讼法〉的解释》第28条规定:"当事人及其法定代理人依照刑事诉讼法第二十九条和本解释第二十四条规定申请回避,应当提供证明材料。"其中,《刑事诉讼法》第29条规定:"审判人员、检察人员、侦查人员不得接受当事人及其委托的人的请客送礼,不得违反规定会见当事人及其委托的人。审判人员、检察人员、侦查人员违反前款规定的,应当依法追究法律责任。当事人及其法定代理人有权要求他们回避。"本解释第24条规定,审判人员违反规定,具有下列情形之一的,当事人及其法定代理人有权申请其回避:①违反规定会见本案当事人、辩护人、诉讼代理人的;②为本案当事人推荐、介绍辩护人、诉讼代理人,或者为律师、其他人员介绍办理本案的;③索取、接受本案当事人及其委托人的财物或者其他利益的;④接受本案当事人及其委托人的宴请,或者参加由其支付费用的活动的;⑤向本案当事人及其委托人借用款物的;⑥有其他不正当行为,可能影响公正审判的。

(2)关于当事人诉讼期间耽误的事实。《刑事诉讼法》第104条规定:"当事人由于不能抗拒的原因或者有其他正当理由而耽误期限的,在障碍消除后五日以内,可以申请继续进行应当在期满以前完成的诉讼活动。"当事人申请延期的,应当对延误的原因予以证明。

(3)有关采取强制措施的事实。如,强制措施是否违反法定程序而导致证据无效的事实。最高人民法院《关于适用〈中华人民共和国刑事诉讼法〉的解释》第96条规定:"当事人及其辩护人、诉讼代理人申请人民法院排除以非法方法收集的证据的,应当提供涉嫌非法取证的人员、时间、地点、方式、内容等相关线索或者材料。"实践中,非法取证方法多数是与刑事强制措施结合在一起使用。

(4)关于管辖争议的事实。刑事案件的管辖权,属于程序事项,但它涉及司法公正。因为管辖法定是司法公正的组成内容之一。

(5)执行中的某些事实。例如,是否具备监外执行条件,是否具备应当停止执行死刑的条件,能否给予减刑、假释的事实等。

(三)刑事诉讼中不需要证明的事实

不需要证明的事实,又称免证事项,是指虽然与案件有关,但是不需要以证据加以证明的事实。英美法系国家将其称为"不需要证据的证明"。不需要证明的事实是证明对象的另一个方面。其实,远在罗马法时代,就有"显著之事实,无须举证"的法谚流传。免证的制度规定不仅免除了举证责任主体运用证据证明案件某项事实的义务,更为重要的是它提高了诉讼效率,而且有时免证事实本身也不易证明。不过,我国《刑事诉讼法》并没有规定哪些事实不需要证据证明。但是,最高人民检察院于2012年颁布的《人民检察院刑事诉讼规则(试行)》第437条规定,在法庭审理中,下列事实不必提出证据进行证明:①为一般人共同知晓的常识性事实;②人民法院生效裁判所确认的并且未依审判监督程序重新审理的事实;③法律、法规的内容以及适用等属于审判人员履行职务所应当知晓的事实;④在法庭审理中不存在异议的程序事实;⑤法律规定的推定事实;⑥自然规律或者定律。

根据司法实践经验总结,在刑事诉讼中,如果没有相反证据予以证实或有其他充足理由,以下事实通常不需要提供证据予以证明。

1.司法认知的事实

司法认知又称"审判上的知悉",是来自于英美法系的概念。它是指法官在审理案件的过程中,对于应当适用的法律或某种待认定的事实存在与否或其真实性,无须凭借任何证据,不待当事人举证即可予以认知,作为判决的依据。英美法系国家将司法认知分为对事实的认知和对法律的认知两类。但在大陆法系传统中,成文法是其立法特色,法律适用从来就不是一个需要证明的问题。所以,法律不应是司法认知或免证的对象。如此一来,司法认知的对象包括以下三类:

第一,众所周知的事实。所谓众所周知的事实,是指一定区域内大多数人都知道的事实。这里的"众所周知",并不要求"世人皆知",而是在审判法院管辖范围内一般社会成员包括法官所知晓。

第二,自然规律及定理。自然规律和定理是为自然科学界所普遍认同的科学真理,如"地球是圆的"、"太阳东升西落"、"上弦月只能在前半夜看到"、"人用大脑思维"等等,其真实性不容置疑。除非科学界有了重大发现,产生了新的认识或定理,否则不能改变。所以,自然规律及定理当然属于免证范围,且不允许反证。

第三,职务上已知的事实。这是指法官因执行职务所已知的事实,无论是在本诉中得知,或者是在其他诉讼中得知,凡是法官在行使司法职务时所得知的信息都在这一范围之内,可直接认定,而无须举证。如对于国家元首、政府首脑的任职、任期,对于其他法院的设立、管辖范围,对于执业律师等基于职务身份而非个人身份知悉的信息即属此列。

2. 推定的事实

推定,是指根据法律规定或者已知事实和日常生活经验法则,推定出另一事实存在的免证方法。前一个事实被称为基础性事实,后一个事实则为推定的事实。推定分为法律上的推定和事实上的推定两种类型。其中,法律上的推定是指法律明确规定的推定。如"无罪推定",即"未经人民法院依法判决,对任何人都不得确定有罪。"又如,根据我国《刑法》规定,国家工作人员的财产或支出明显超过合法收入,且差额巨大,本人不能说明其合法来源,差额部分的财产被推定为"非法所得"。事实上的推定是指依据已知事实,根据经验法则,进行逻辑上的演绎,从而得出待证事实存在与否的结论。如死亡推定、婚姻关系存续期间所生的子女为婚生子女等。

必须指出,推定的事实可以免予证明必须以不存在反证为条件。如果诉讼的一方提出了合理的反证,推定的事实则不具有证明效力。

3. 预决事实

预决事实,是指已为生效的法律文书所确认且未依审判监督程序重新审理的事实。它包括法院生效裁判所确认的事实和仲裁机构生效裁决确认的事实。预决事实之所以不需要证明,是因为这一事实已经过其他案件的审理或其他法律程序的审查,属已被证明的事实,重新举证显属重复和不必要。如,前一个案件法院判决某人犯有盗窃罪,那么,如果之后的一个案件涉及该人是否有过盗窃行为的问题,则前一个法院的判决具有预决的效力,不用再行举证证明。同样,境外法院所作的生效裁判或者境外仲裁机构所作的生效裁决并经我国法院裁定承认其效力的,该境外法院生效裁判或者仲裁机构生效裁决确认的事实,也是预决事实。但是,生效的法院调解书或者仲裁调解书中当事人为了达成协议而自认的事实,则不在此限。

4. 公证文书所确认或证明的事实

公证证明是公证机构根据当事人的申请,依法定程序对法律行为、法律事实和文书,作出的确认其真实性、合法性的证明。公证机构是我国法定的证明机关。经过合法公证程序证明的事项,即产生法律上的证据效力。除非有相反的证据,人民法院可以直接确认公证事实的证明效力。

5. 无争议的程序性事实

程序性的事实可以包括:①有关当事人适格的事实;②有关主管和管辖的事实;③有关审判组织形式的事实;④有关回避的事实;⑤有关审判方式的事实;⑥适用强制措施条件的事实;⑦有关诉讼期间的事实等等。只要双方无争议,就可以不需要以证据加以证明。

三、刑事诉讼中的证明责任

(一)证明责任的概念

证明责任,又称举证责任,是指诉讼当事人对自己提出的诉讼请求所依据的事实或者反驳对方诉讼请求所依据的事实,应当提供证据加以证明,以及不能提供证据或者因证据不足导致案件事实真伪不明时应当承担不利后果的责任。举证责任的含义包括三个方面:一是举证责任以事实主张为前提,只有提出了事实主张的一方当事人才承担证明责任;二是向裁判者提供证据对事实主张加以证明的行为责任;三是不能提供证据或者因证据不足导致案件事实真伪不明时应当承担不利后果的结果责任。其中,对己方诉讼请求所依据的事实主张提供证据加以证明的责任,属于证明的行为责任,又可称为"主观上的证明责任"。它可以依据诉讼双方主张事实的情况而发生转移。如果最初主张事实的一方,完全无法提供任何证据或者虽然提供了证据却起不到证明作用的,他肯定是败诉,而且被主张的对方也无需提供反证。但是,当最初主张事实的一方提供证据证明其主张成立时,被主张的对方提出相反或者新的事实主张加以反驳或者否定的,此时,反驳或者否定的一方则有义务对其反驳或者否定所依据的事实主张提供证据予以证明。也就是说,此时举证的行为责任已经从最初主张事实的一方转移至反驳或者否定的一方。因不能提供充分证据导致案件事实真伪不明时承担不利后果的责任,则属于证明的结果责任,又可称为客观上的证明责任。它事先由法律明文规定由诉讼的一方承担,而且是固定不变的。所谓不利后果,通常是指己方的诉讼请求不能得到法院支持的败诉风险。

在刑事诉讼中,证明责任是指控辩双方对提出的犯罪指控所依据的事实或者反驳、否定犯罪指控所依据的事实,应当提供证据加以证明,以及不能提供证据或者因证据不足导致案件事实真伪不明时应当承担不利后果的责任。此时的不利后果,对于控诉方来说,是指所指控的罪名不能成立,被告人将被宣告无罪;对于被指控方来说,则意味着其反驳、否定犯罪指控所依据的事实不能成立。只要控方事实主张的证明达到法定要求,被指控的犯罪罪名成立将成为现实。

(二)证明责任的特点

从其概念可以看出,证明责任具有以下特点:

(1)证明责任与事实主张相联系。诉讼请求是审判的起点和对象,但诉讼请求必须有相应的事实基础予以支持。诉讼请求所依据的事实,则必须以符合法律要求的证据加以证明。因此,不提出事实主张,就谈不上证明责任。其中,事实主张既包括事实存在的积极主张,也包括事实不存在的消极主张。

(2)证明责任是行为责任和结果责任的统一。在诉讼中,证明责任不仅要求事实主张者应当向法庭提供证据,更要求其提供的证据能够起到证明作用。如果事实主张者不能提供证据,或者证据不足以证明其事实主张的,则要承担不利的诉讼后果。

(3)证明责任具有法定义务的属性。证明责任的内容并不是违反法定义务的法律惩罚,而是诉讼请求不能成立的不利诉讼后果。作为一种法律风险,证明责任不是任由诉讼双方在诉讼过程中自由协商确定的,而是法律根据诉讼公正的程序要求、举证的条件和能力等因素预先规定的负担。若想避免这种诉讼风险的发生,则必须通过举证证明事实主张成立的途径来卸除。因此,证明责任是获得利己诉讼结果不可逾越的法律义务。

(三)证明责任的分配原则

证明责任的分配,最早源于罗马法初期,其基本分配原则是"谁主张,谁举证"。它包括含义：一是原告负有举证责任的义务，即"原告不尽举证责任时，应作出被告胜诉的判决"，"原告尽其举证责任时，被告就应以反证推翻原告所提出的证据"；二是提出主张的人负有证明义务，否定的人则没有证明责任。在罗马法初期，证明责任的分配仅限于提供证据的行为责任，即主观上的证明责任。关于待证事实真伪不明的结果责任，则是经过德国几代的学者发展而成的。可以说，各个国家关于诉讼证明责任的分配都受到了德国理论学说的影响。

刑事诉讼的证明是围绕犯罪嫌疑人、被告人是否犯罪这一问题展开的。因此，刑事诉讼证明责任的分配是指证明被告人有罪、无罪以及其他与犯罪有关的特定事项的证明责任在控辩双方如何配置，以及不能提供证据或者因证据不足导致案件事实真伪不明时由谁来承担不利后果的问题。刑事诉讼证明责任的分配，只是在主张事实的控辩双方之间分配。不主张事实的人民法院和其他诉讼参与人，则不存在承担证明责任的问题。科学、合理地分配证明责任，是诉讼公正的基本要求，也是被告人权利保障的重要基础条件。

《刑事诉讼法》第49条规定："公诉案件中被告人有罪的举证责任由人民检察院承担，自诉案件中被告人有罪的举证责任由自诉人承担。"因此，"谁控诉，谁举证"是刑事诉讼证明责任分配的基本原则。这一分配原则的确立以"无罪推定原则"为基础。根据无罪推定原则的要求，任何人在未经依法判决有罪之前，应视其无罪。被告人不仅不负有证明自己无罪的义务，而且享有证明自己无罪的权利。被告人提供证明有利于自己的证据的行为是行使辩护权的行为，不能因为被告人没有或不能证明自己无罪而直接认定被告人有罪。由于公诉案件与自诉案件的特点不尽相同，具体的证明责任分配情形分述如下：

1. 公诉案件中证明责任的分配

在公诉案件中，证明被告人有罪的举证责任，由人民检察院承担。它包括以下几个方面的含义：

第一，人民检察院是犯罪事实的主张者，应当就指控犯罪事实的成立提供证据加以证明。不能提供证据或者证据不足的，指控的犯罪事实则不能成立。

第二，对于人民检察院的事实证明，被告人有权予以否定或者反驳。对于否定或者反驳所依据的事实，被告人对于否定或者反驳所依据的事实应当提供证据或者提供明确的证据线索。不能提供证据或者明确的证据线索的口头否定或者反驳，不能推翻人民检察院以合法证据证明的犯罪事实。所谓"否定或者反驳所依据的事实"可以包括精神不正常、不可抗力、正当防卫、紧急避险、不在现场、他人所为或者违法取证等事实。如果只是质疑证据的形式、真实性、关联性或者证明力等，则不属于主张"否定或者反驳的事实"。

第三，当证明被告人的犯罪事实真伪不明时，应当作出有利于被告人的事实认定。

第四，人民法院只负责审查核实证据，不承担证明被告人有罪或者无罪的责任。不过，如果公诉机关隐瞒或者遗漏了能够证明被告人无罪的证据，被告人及其辩护人无法自行收集而向人民法院提出申请并提供了证据线索的，人民法院可以依法调查收集。唯有如此，才能确保案件事实认定的全面、准确。

《刑事诉讼法》第50条规定："审判人员、检察人员、侦查人员必须依照法定程序，收集能够证实犯罪嫌疑人、被告人有罪或者无罪、犯罪情节轻重的各种证据。"据此规定，除了应当提供证据证明有罪的犯罪事实外，人民检察院还应当向法庭提供关于被告人犯罪情节轻重的各种证据。

关于被告人无罪的证据,侦查机关也应当调查收集,但人民检察院一般不在法庭审理时与有罪的证据一并举证,而是在审查起诉时直接作出有利于犯罪嫌疑人的事实认定。否则,同时将被告人有罪和无罪的证据向法庭提出,必然导致犯罪指控事实的矛盾。

2.自诉案件中证明责任的分配

在自诉案件中,证明被告人有罪的举证责任由自诉人承担。《刑事诉讼法》第205条规定:"人民法院对于自诉案件进行审查后,按照下列情形分别处理:(一)犯罪事实清楚,有足够证据的案件,应当开庭审判;(二)缺乏罪证的自诉案件,如果自诉人提不出补充证据,应当说服自诉人撤回自诉,或者裁定驳回。"此时的举证责任完全适用"谁主张,谁举证"的证明原则。具体内容如下:

第一,自诉人应当就其主张被告人有罪的犯罪事实提供证据加以证明,缺乏足够证据或者起不到证明作用的,则承担败诉结果。即自诉人不能充分举证又不撤诉的,应当裁定驳回。

第二,被告人不承担自己有罪的义务,但享有证明自己无罪的权利。

第三,被告人对自诉人证明成立的事实主张加以否定或者反驳的,应当对其否定或者反驳所依据的事实举证明。

第四,当案件事实真伪不明时,由自诉人承担败诉责任。

第五,人民法院不承担证明被告人有罪或者无罪的责任,只负责审查核实双方当事人提供的证据。

3.关于刑事推定的证明责任

如前所述,在一般情况下,被告人并不负有证明自己无罪的责任。但是,对于我国《刑法》规定的非法持有型犯罪,承担控诉责任的公诉机关只要证明被告人"持有的事实"即可推定其非法,意味着控诉方完成了举证责任。如果被告人否认"持有的事实"非法,则有义务提供反证以证明其"持有"属于合法。对于这种"否认者反证"的举证责任,我国多数学者认为是"举证责任倒置"。其实,此时的证明责任并不是完全的"主张者不举证,否认者举证"的责任倒置。只有在主张者完成了"持有事实"的基础证明责任后,被告人予以否认的,才有义务对其否认所依据的事实承担举证责任。如果控诉方不能对"持有事实"举证证明,被告人的反证则没有必要。可见,被告人的反证,实质上是对与己不利刑事推定的一种反驳。

我国《刑法》第395条第1款规定:"国家工作人员的财产、支出明显超过合法收入,差额巨大的,可以责令该国家工作人员说明来源,不能说明来源的,差额部分以非法所得论,处五年以下有期徒刑或者拘役;差额特别巨大的,处五年以上十年以下有期徒刑。财产的差额部分予以追缴。"对于巨额财产来源不明罪的证明,公诉机关应当首先证明该国家机关工作人员的财产、支出明显超过合法收入且差额巨大,才能推定其差额部分非法。被告人否认非法的,则有义务提供其财产、收入合法的证据或者证据线索才能成立。同样,我国《刑法》第282条第2款规定:"非法持有属于国家绝密、机密的文件、资料或者其他物品,拒不说明来源与用途的,处三年以下有期徒刑、拘役或者管制。"只有公诉机关举证证明"持有事实"的存在之后,加以否认或者反驳的被告人才有反证的举证义务。其他非法持有型的罪名如非法持有、私藏枪支、弹药罪,持有假币罪,非法携带武器、管制刀具、爆炸物参加集会、游行、示威罪和非法持有毒品罪等,证明责任的分配原则均是否认者对反驳依据的事实承担举证责任。

四、刑事诉讼中的证明标准

(一)证明标准的概念

证明标准,又称"证明要求",是指在刑事诉讼中,负有证明责任的诉讼主体提供证据对自己主张案件事实加以证明所要达到的程度。证明标准既是衡量负举证责任的一方是否切实履行举证责任的标准,也是审判机关认定案件事实、作出判决时,在证据方面必须达到的程度的要求,并直接影响刑事诉讼公正目标的实现。

证明标准是证据制度的核心和灵魂,与证明对象和举证责任密切相关。其中,证明对象是解决哪些案件事实需要运用证据加以证明的问题,举证责任则解决由谁来提供证据证明这些案件事实的问题,证明标准则是解决对案件事实应当证明到何种程度的问题。

证明标准具有法定性,对诉讼参与各方的诉讼行为的约束力。对于举证责任主体来说,证明标准是调查、收集证据的重要指引;对于审查机关而言,证明标准是评估证明行为和认定案件事实的重要依据;对于不负举证责任的人来说,证明标准是质疑、反驳或者反证举证行为和案件事实认定的主要参照。鉴于刑事诉讼的时空限制和资源条件,证明标准的设立既要顾及诉讼公正的内在要求,也要考虑到诉讼的成本、效益和效率等因素,因此,证明标准的设立应当与一国的诉讼实践要求相适应。

(二)国外的刑事诉讼证明标准

在国外,关于刑事诉讼的证明标准,以英美法系与大陆法系国家为代表。两大法系对刑事诉讼的证明标准采用了不同的表述。其中,英美法系国家的表述是"排除一切合理怀疑",大陆法系国家的表述则是"内心确信",但实际上二者并没有本质的区别。因为无论是"排除一切合理怀疑",还是"内心确信",实则是一个问题的两个方面,两种表达都是法官的主观判断。只是前者用的是排除法,后者则是正面肯定。

(1)"排除一切合理怀疑"的证明标准。英美法系国家将有关刑事诉讼证明标准的程度分为九个等级:第一等是绝对真实。由于认识能力的限制,认为这一标准无法达到,因此,无论处于任何法律目的均无这样的要求。第二等是排除合理怀疑。它是刑事案件作出定罪判决的证明要求,也是诉讼证明方面的最高标准。第三等是清楚和有说服力的证明。它通常是死刑案件拒绝保释和民事案件的证明要求。第四等是优势证据。它是作出民事判决以及采纳刑事辩护意见的要求。第五等是合理根据。适用于签发令状、无证逮捕、搜查和扣押,提起大陪审团起诉书和检察官起诉书,撤销缓刑和假释,以及公民扭送等。第六等是有理由的相信。它适用于拦截和搜身的措施。第七等是有理由的怀疑。它可以宣告被告人无罪。第八等是怀疑。它是启动刑事调查的要求。第九等是无线索。此时不足以采取任何法律行动。作为刑事定罪的证明要求,"排除一切合理怀疑",是指全面的证实、完全的确信或者一种道德上的确定性。所谓合理怀疑,是指一个普通的理性人凭借日常生活经验对被告人的犯罪事实明智而审慎地产生的怀疑。同时,合理怀疑要求怀疑者能够说出怀疑的理由,而不能毫无根据地推测或者幻想。可见,"排除合理怀疑"是一种带有浓厚主观色彩的表达,体现出普通法刑事证明标准认识论上的经验主义。

(2)自由心证的证明标准。大陆法系国家将心证分为四个等级:一是微弱的心证,又称不完全的心证;二是盖然的心证;三是盖然的确实心证;四是必然的确实心证。其中,有罪判决的证明标准为必然的确实心证。自由心证也是具有强烈主观色彩的证明标准,但它并不是由法官任意证明,而是以提交庭审辩论并经各方当事人自由争论的材料作为依据,在良心和理性的自我约束下而形成的法官个人内心确信。作为有罪判决的"必然的确实心证",法官的心证必须达到"不允许相反事实可能存在"的程度。

(三)关于我国刑事诉讼中证明标准的理论

在刑事诉讼中,关于有罪认定的证明标准,我国刑事诉讼法学界先后出现过三种理论概括。它们分别是客观真实说、主观真实说和法律真实说。

(1)客观真实说。客观真实说主要强调认识客体(经验层面的案件事实)在诉讼认识中的决定性地位和判断标准作用。持该观点的学者认为,由于诉讼证明的目的是为了查明案件事实真相,司法机关作出有罪认定时,必须以符合客观案件事实的认识为根据,即诉讼中对事实的证明应达到客观真实的程度。刑事诉讼证明所要的是客观真实,只有当人们运用证据对案件事实的认识达到了与客观实际情况相符合时,证据才是真实的,否则就是虚假的,而判定其是否真实的标准是看证据是否与案件的客观实际情况相符合。司法人员只要依法正确收集、审查和判断证据,完全有可能对案件事实作出符合客观实际的认定。因此,将"事实清楚,证据确实、充分"确立为我国刑事诉讼的证明标准,符合实事求是的精神实质。

客观真实说的理论是建立在辩证唯物主义认识论的可知论、反映论和决定论的基础之上的。根据马克思主义的基本观点,认识是客观见之于主观,是客观事实在人脑中的反映;辩证唯物主义认为,世界是可知的,人类是有能力认识一切客观真实的;世界是可以认识的,人类对绝对真理的追求是可以实现的。从这个意义上说,法官对案件争议事实的全面认识是完全可能的,绝对真理最终是能够全面实现的。

(2)主观真实说。主观真实说否定客观真实标准,认为诉讼中所证明的案件事实是一种主观事实,主张以西方国家内心确信的主观真实代替。持此观点的学者认为,裁判者发现的这种事实并非是在诉讼之前的特定时间、地点发生的"客观事实",而是裁判者对事实预先得出的一个模糊的主观结论,然后寻找相关证据支持,凭直觉或预感运用证据进行推理。这种内心确信的主观真实,强调了人类认识活动主观性的一面,但忽视了人类认识客观性的一面。此学说一旦离开客观真实标准,就会使所追求的真实限于纯主观性,缺乏客观依据性和真实的确定性,并使这种主观真实在诉讼程序上具有不可更改性。目前,持有这种观点的人已经非常罕见了。

(3)法律真实说。法律真实说强调法律规范在诉讼认识中的地位和作用,认为在法律世界并没有"本来的"事实,也没有绝对的事实,只有有关机关在法律程序中所确定的事实。该事实因其符合法定的标准,才作为定罪科刑的依据。因此,在刑事诉讼中,不存在超越法律之外的客观事实,所有的事实必须在进入刑事程序之中的证据的基础上,并依照法定的程序推论出来,即在法律规定的机制和标准上得出关于事实的结论,这就是法律事实。此种法律事实不可全等同于社会经验层面存在的客观事实,只能尽可能地接近真相的事实,裁判基础事实是法律事实。当对案件事实的认识达到法律要求的标准时,即可定罪量刑,否则,应当宣布被追诉人无罪。所谓法律要求的标准,是指法律认为对事实的认识达到据此可以对被告人定罪的标准,这种标准即为"排除合理怀疑的标准",但不要求是绝对的客观上的真实。

目前,法律真实说是大多数学者较为赞成的理论学说。尽管客观真实说更有利于从实体上保障人权,从目前来看,这一制度赖以生存的社会条件还尚不成熟。因为辩证唯物主义的可知论是从人类在整体上对客观世界的无限认识能力或所能实现的终极目标上来说的,而不是说每一次具体的认识活动都能发现或达到相对真理。就具体事物而言,人类的认识是相对的,其相对性不仅表现为认识能力的相对性和非至上性,还表现在认识结果的相对性、不确定性和阶段性方面。在具体的诉讼证明中,受各种主客观条件的限制,司法人员对案件事实的认识只能达到相对真理的程度,而不可能是终极的绝对真理意义上的"客观真实"。刑事案件是过去发生的事件,根本无法使之再现、重演,而且人们去认识它、调查它还要受到种种条件的限制。因此,对一个具体刑事案件的证明标准,只能达到近似于客观真实,而且是越接近客观真实越有说服力。当然,"客观真实"可以成为刑事案件证明的目标追求,它可以促使办案人员尽力地接近它,但不会成为个案的一个具体的证明标准。

(四)我国刑事诉讼中的证明标准

我国刑事诉讼中的证明标准,因不同的诉讼阶段而有所不同,具体情况如下:

1. 认定有罪的证明标准

我国《刑事诉讼法》第195条规定:"在被告人最后陈述后,审判长宣布休庭,合议庭进行评议,根据已经查明的事实、证据和有关的法律规定,分别作出以下判决:(一)案件事实清楚,证据确实、充分,依据法律认定被告人有罪的,应当作出有罪判决;(二)依据法律认定被告人无罪的,应当作出无罪判决;(三)证据不足,不能认定被告人有罪的,应当作出证据不足、指控的犯罪不能成立的无罪判决。"据此,我国认定刑事被告人有罪的证明标准是"犯罪事实清楚,证据确实、充分",它不是一个纯主观或者纯客观的证明标准,而是主客观相结合的证明标准,也是刑事诉讼中最严格的证明标准。如果达不到此证明标准,根据无罪推定原则的要求,则应当依法作出"证据不足,指控罪名不能成立"的判决。

"案件事实清楚"是指与定罪和量刑有关的实体法事实,不包括程序法事实。它通常包括:①被告人的身份;②被指控的犯罪行为是否存在;③被指控的行为是否为被告人所实施;④被告人有无罪过,行为的动机、目的;⑤实施行为的时间、地点、手段、后果以及其他情节;⑥被告人的责任以及与其他同案人的关系;⑦被告人的行为是否构成犯罪,有无法定或者酌定从重、从轻、减轻处罚以及免除处罚的情节;⑧其他与定罪量刑有关的事实。与定罪、量刑无关的其他事实,则没有必要查清。

"证据确实、充分"是指用以证明犯罪和量刑事实的证据在质和量两方面的要求。我国《刑事诉讼法》第53条第2款规定:"证据确实、充分,应当符合以下条件:(一)定罪量刑的事实都有证据证明;(二)据以定案的证据均经法定程序查证属实;(三)综合全案证据,对所认定事实已排除合理怀疑。"其中,"定罪量刑的事实都有证据证明"是对证据数量上的要求,体现了"证据裁判原则",它要求凡是对案件事实有证明作用的证据都要依法收集到案,达到穷尽的程度。"据以定案的证据均经法定程序查证属实"是对定案证据质量、品质的要求,涉及证据能力(资格)和证据证明力,它不仅要求定案证据在形式要件上必须符合法定的证据种类和各类证据独有的特质,而且要求定案证据必须经过质证、辩论和审查判断的法定程序。

"排除合理怀疑"是指裁判者在第一项、第二项条件得到满足的基础上,将全案证据加以综合考量,认为与本案有关的所有证据已经形成完整、严密的证据体系,并形成了符合良心和理性的内心确信,不存在无法排除的矛盾和无法解释的疑问。

2.其他诉讼阶段的证明要求

除了认定有罪的证明标准外,我国《刑事诉讼法》对其他诉讼阶段也有相应的证明要求。不过,这些诉讼阶段的证明要求,远没有定罪量刑的证明标准严格。由于这类证明只是侦查或公诉机关的单方面判断,而没有质证、辩论等专门的审查程序,因此,与其说是"证明"要求,倒不如说"查明"要求。具体情形如下:

(1)立案阶段的证明要求。《刑事诉讼法》第110条规定,人民法院、人民检察院或者公安机关对于报案、控告、举报和自首的材料,应当按照管辖范围,迅速进行审查,认为有犯罪事实需要追究刑事责任的时候,应当立案。可见,立案阶段的证明要求有两点:一是认为有犯罪事实发生;二是认为需要追究刑事责任。其中的"认为"只是案件管辖机关办案人员在对材料审查或者案件初查后形成的主观对客观的判断,而不是确实有犯罪事实发生,也不是刑事责任的实际承担。

(2)拘留犯罪嫌疑人的证明要求。《刑事诉讼法》第80条规定:"公安机关对于现行犯或者重大嫌疑分子,如果有下列情形之一的,可以先行拘留:(一)正在预备犯罪、实行犯罪或者在犯罪后即时被发觉的;(二)被害人或者在场亲眼看见的人指认他犯罪的;(三)在身边或者住处发现有犯罪证据的;(四)犯罪后企图自杀、逃跑或者在逃的;(五)有毁灭、伪造证据或者串供可能的;(六)不讲真实姓名、住址,身份不明的;(七)有流窜作案、多次作案、结伙作案重大嫌疑的。"据此,侦查机关拘留犯罪嫌疑人时,只要查明有前述情形之一的事实即可,并不要求有证据证明犯罪和量刑的全部事实。

(3)逮捕犯罪嫌疑人、被告人的证明要求。《刑事诉讼法》第79条规定:"对有证据证明有犯罪事实,可能判处徒刑以上刑罚的犯罪嫌疑人、被告人,采取取保候审尚不足以防止发生下列社会危险性的,应当予以逮捕:(一)可能实施新的犯罪的;(二)有危害国家安全、公共安全或者社会秩序的现实危险的;(三)可能毁灭、伪造证据,干扰证人作证或者串供的;(四)可能对被害人、举报人、控告人实施打击报复的;(五)企图自杀或者逃跑的。对有证据证明有犯罪事实,可能判处十年有期徒刑以上刑罚的,或者有证据证明有犯罪事实,可能判处徒刑以上刑罚,曾经故意犯罪或者身份不明的,应当予以逮捕。被取保候审、监视居住的犯罪嫌疑人、被告人违反取保候审、监视居住规定,情节严重的,可以予以逮捕。"可见,"可以逮捕"的证明要求有三个:一是有证据证明有犯罪事实;二是要证明犯罪嫌疑人、被告人可能被判处徒刑以上刑罚;三是有证据证明采取取保候审、监视居住等方法不足以防止发生社会危险性,而有逮捕的必要,或者已经发生违反取保候审、监视居住规定的行为且情节严重。"应当逮捕"的证明要求则有二:一是有证据证明有犯罪事实;二是可能判处十年有期徒刑以上刑罚,或者可能判处徒刑以上刑罚,曾经故意犯罪或者身份不明。

(4)侦查终结、提起公诉的证明要求。《刑事诉讼法》第160条规定,公安机关侦查终结的案件,应当做到犯罪事实清楚,证据确实、充分,并且写出起诉意见书,连同案卷材料、证据一并移送同级人民检察院审查决定。《刑事诉讼法》第172条规定,人民检察院认为犯罪嫌疑人的犯罪事实已经查清,证据确实、充分,依法应当追究刑事责任的,应当作出起诉决定,按照审判管辖的规定,向人民法院提起公诉,并将案卷材料、证据移送人民法院。可以看出,公安机关侦查终结移送人民检察院审查起诉和人民检察院决定提起公诉的证明要求,与人民法院作出有罪判决的证明标准表述是一样的,即"犯罪事实清楚,证据确实、充分"。但是,侦查终结、提起公诉的证明要求只是侦查机关和公诉机关的单方查明后的自我判断,其效力并不等同于法院有罪判决的证明标准。

第六节 刑事诉讼证据的审查判断

在刑事诉讼法中,证据的审查与证据的判断是既有联系又有区别的两个阶段。两者无论是适用对象还是适用主体和程序都有所差别,但两个阶段所进行的活动都是为了确定证据有无证明力。证据的审查是证据判断的前提,证据的判断则应该在证据审查的基础上进行。由于我国刑事诉讼在不同的阶段,都对事实的证明有相应的要求,因此,证据的审查判断在不同的证明阶段都会进行,但是,只有审判阶段的证据的审查判断才有最终的法律效力。其中,在侦查和起诉阶段,证据的审查判断分别由侦查机关和检察机关的办案人员单方进行,且不采取质证、听证的方式,其证据的审查判断主要是为调整侦查方向和策略或者为提起公诉做好证据准备。在审判阶段,证据的审查判断则应当在控辩双方同时到场的庭前会议和法庭调查的程序依法进行,并为认定证据效力和查明案件事实提供前提条件。由于侦查和起诉阶段证据审查判断的非终局性,故本章重点对庭审阶段的证据审查判断予以叙述。

一、审查判断证据的概念和任务

(一)审查判断证据的概念

审查判断证据是指司法工作人员对收集的证据进行分析、研究和鉴别,找出它们与案件事实之间的客观联系,确定其证据能力和证明力大小的一种特殊活动。审查判断证据由司法人员代表的司法机关进行。当事人及其代理人、辩护人也可以对已知的证据材料进行审查判断,但是这种判断没有法律效果和约束力,只是事实行为而不是法律行为,不构成法律规范的调整对象。在理解审查判断证据时,应当注意几下点:

第一,审查判断证据是司法人员查明案件事实的专门法律活动。审查判断证据的结论是司法人员适用法律、作出裁判或者决定的事实基础;直接影响当事人的合法权益。司法人员审查判断证据错误的,据此作出的裁判或者处理决定应当被撤销。

第二,审查判断证据主要是审查证据的来源,证据的形式、证据的具体内容和证明对象,围绕证据的真实性、合法性和关联性,以及证明力有无及大小进行。

第三,审查判断证据是司法人员的主观思维过程。对司法人员来说,现有的证据材料仅仅是认定案件事实的初步根据,对于这些证据材料,司法人员必须在大脑中挑选、加工、处理。司法人员的认识水平随着审查判断的反复进行,不断深化和提高。虽然在审判阶段,审查判断证据应当由控辩双方同时参加,但它主要是为审判人员审查判断证据的证明力提供辨认和质证基础。因此,审查判断证据效果的好坏,取决于司法人员主观能动性的发挥程度,取决于他的经验、专业知识水平和敬业精神。

第四,审查判断证据既包括对单个证据材料的审查判断,也包括对案件所有证据的综合审查判断。其中,审查判断个别证据是为了鉴别其真实性、合法性和相关性,鉴别其证据资格和证明力,去伪存真,寻找其与案件事实之间的联系,判断其是否具有可采性及其证明大小。综合审查判断主要是对各个证据之间的印证性和协调性、证明体系的逻辑性以及对案件事实的证明程度进行分析和认定。

(二)证据审查判断的任务和意义

审查判断证据的任务包括相互联系的两个方面:第一,要审查每一个证据的合法性、真实性和关联性。首先,要根据每个证据本身所具有的不同特点,具体问题具体分析,有针对性地进行分析研究,查证核实。其次,要综合分析全案所有证据之间是否相互吻合,协调一致。第二,要审查案件所有证据组成的证明体系是否足以充分确实地证明案件事实。只有对所有影响定罪量刑的事实情节都有查证属实的证据证明时,才能认定案情。

证据的审查判断是刑事诉讼开始和进展中不可缺少的诉讼活动。由于在立案、作出强制措施决定、侦查终结、提起公诉和作出有罪判决时均有证明要求,因此,审查判断证据的结论直接影响着刑事诉讼的进程和方向。其中,在审判阶段的审查判断证据是诉讼证明的中心环节和决定性步骤,对正确运用证据查明案件事实具有重要意义。只有经过法院审查判断的证据,才可以最终作为定案的依据。所以,法院对证据的审查判断直接影响到对案件性质和被告人是否承担刑事责任以及承担怎样的刑事责任的确定。

当然,在侦查和审查起诉阶段审查判断证据的重要性也不可忽视。侦查人员对证据进行审查判断是为了确定该案是应继续侦查、还是终结案件或是移送审查起诉;检察人员对证据进行审查判断是为了确定该案是否应移送起诉。

二、审查判断证据的程序

(一)立案、侦查和审查起诉阶段审查判断证据的程序

在立案、侦查和审查起诉阶段,法律对证据的审查判断没有规定具体的程序要求。一般来说,办案人员既要根据各证据的个性特点进行分析、研究和鉴别,又要综合所有的证据材料进行逻辑推理和理性判断。必要时,还应当询问有关人员、实地调查核实或者进行专业鉴定、查验。

(二)审判阶段审查判断证据的程序

在审判阶段,审查判断证据的程序由审判人员主导进行,包括庭前会议和法庭调查两种程序。

1. 庭前会议的证据审查

最高人民法院《关于适用〈中华人民共和国刑事诉讼法〉的解释》第184条规定:"召开庭前会议,审判人员可以就下列问题向控辩双方了解情况,听取意见:(一)是否对案件管辖有异议;(二)是否申请有关人员回避;(三)是否申请调取在侦查、审查起诉期间公安机关、人民检察院收集但未随案移送的证明被告人无罪或者罪轻的证据材料;(四)是否提供新的证据;(五)是否对出庭证人、鉴定人、有专门知识的人的名单有异议;(六)是否申请排除非法证据;

(七)是否申请不公开审理;(八)与审判相关的其他问题。审判人员可以询问控辩双方对证据材料有无异议,对有异议的证据,应当在庭审时重点调查;无异议的,庭审时举证、质证可以简化。"可见,证据的审查是庭前会议的重要内容,而且应当由控辩双方的人员参加。只不过,此时的证据审查只属于初步审查。

2.法庭调查的证据审查

法庭调查是指在抗辩双方和其他诉讼参与人参加下,在审判人员支持下,当庭对案件事实、证据进行调查核实的活动。其中,审查判断证据是法庭调查的重要内容。证据的审查应当通过质证的方式进行。对于实物证据,质证应当按照出示、辨认和控辩双方发表意见的程序步骤进行。属于言词证据的,若不具有法定理由,有关人员应当按照法庭的通知到庭接受询问和对质。最高人民法院《关于适用〈中华人民共和国刑事诉讼法〉的解释》第63条规定:"证据未经当庭出示、辨认、质证等法庭调查程序查证属实,不得作为定案的根据,但法律和本解释另有规定的除外。"由此可见,凡是没有经过法庭质证的证据材料,均不能作为认定案件事实的依据。

三、对各种证据的审查判断内容

(一)对物证的审查

对物证进行审查,应当着重注意以下几个方面:

(1)物证是否为原物,是否经过辨认、鉴定;属于物证的照片、录像、复制品的,是否与原物相符,是否由二人以上制作,有无制作人关于制作过程以及原物存放于何处的文字说明和签名。

(2)物证的收集程序、方式是否符合法律、有关规定;经勘验、检查、搜查提取、扣押的物证,是否附有相关笔录、清单,笔录、清单是否经侦查人员、物品持有人、见证人签名,没有物品持有人签名的,是否注明原因;物品的名称、特征、数量、质量等是否注明清楚;物证在收集、保管、鉴定过程中是否受损或者改变。

(3)与案件事实有关联的物证是否全面收集,所收集的物证与案件事实有无关联;对现场遗留与犯罪有关的具备鉴定条件的血迹、体液、毛发、指纹等生物样本、痕迹、物品,是否已作DNA鉴定、指纹鉴定等,并与被告人或者被害人的相应生物检材、生物特征、物品等比对等。

(二)对书证的审查

对书证进行审查,应当着重注意以下几个方面。

(1)书证是如何形成的,制作主体和制作条件如何。

(2)书证是否为原件,是否经过辨认或鉴定。

(3)书证的收集程序、方式是否符合法律、有关规定,是否全面收集;经搜查提取、扣押的书证,是否附有相关笔录、清单,笔录、清单是否经侦查人员、物品持有人、见证人签名,没有物品持有人签名的,是否注明原因;在收集、保管、鉴定过程中是否受损或者改变。

(4)书证记载或表达的内容本身是否符合情理和逻辑,与案件事实有无关联。

（三）对证人证言的审查

对证人证言的审查，应当着重以下方面的内容：

(1)证言的内容是否为证人直接感知，以及当时有无影响或者阻碍感知的因素存在。

(2)证人作证时的年龄，认知、记忆和表达能力，生理和精神状态是否影响作证。

(3)证人与案件当事人、案件处理结果有无利害关系。

(4)询问证人是否个别进行。

(5)询问笔录的制作、修改是否符合法律、有关规定，是否注明询问的起止时间和地点，首次询问时是否告知证人有关作证的权利义务和法律责任，证人对询问笔录是否核对确认。

(6)询问未成年证人时，是否通知其法定代理人或者有关人员到场，其法定代理人或者有关人员是否到场。

(7)证人证言有无以暴力、威胁等非法方法收集的情形。

(8)证人当庭作出的证言与其庭前证言是否有矛盾，出现矛盾的理由。

(9)证言之间以及与其他证据之间能否相互印证，有无矛盾。

（四）对被害人陈述的审查

审查被害人陈述，主要着重以下几个方面：

(1)被害人与被告人的关系。

(2)被害人在本案过程中有无过错。

(3)被害人感受案件事实时的具体情况。

(4)被害人陈述时的年龄，认知、记忆和表达能力，生理和精神状态是否影响作证，有无受到外来压力、诱导或威胁。

(5)询问被害人的起止时间和地点，首次询问时是否告知被害人有关控告的权利义务和诬告、陷害的法律责任，对询问笔录是否核对确认。

(6)被害人陈述的内容是否符合情理，有无前后矛盾，与其他证据之间有无矛盾。

（五）对犯罪嫌疑人、被告人供述和辩解的审查

犯罪嫌疑人、被告人供述和辩解又被称为口供，是刑事诉讼中一种比较特殊的证据，审查判断犯罪嫌疑人、被告人供述和辩解，应当着重注意以下几个方面：

(1)讯问的时间、地点，讯问人的身份、人数以及讯问方式等是否符合法律、有关规定。

(2)讯问笔录的制作、修改是否符合法律、有关规定，是否注明讯问的具体起止时间和地点，首次讯问时是否告知被告人相关权利和法律规定，被告人是否核对确认。

(3)讯问未成年被告人时，是否通知其法定代理人或者有关人员到场，其法定代理人或者有关人员是否到场。

(4)被告人的供述有无以刑讯逼供等非法方法收集的情形。

(5)被告人的供述是否前后一致，有无反复以及出现反复的原因；被告人的所有供述和辩解是否均已随案移送。

(6)被告人的辩解内容是否符合案情和常理，有无矛盾。

(7)被告人的供述和辩解与同案被告人的供述和辩解以及其他证据能否相互印证，有无矛盾。

必要时,可以调取讯问过程的录音录像、被告人进出看守所的健康检查记录、笔录,并结合录音录像、记录、笔录对上述内容进行审查。

(六)对鉴定意见的审查

审查鉴定意见,应当着重从以下几个方面进行:

(1)鉴定机构和鉴定人是否具有法定资质。

(2)鉴定人与本案是否有利害关系,是否存在应当回避的情形。

(3)检材的来源、取得、保管、送检是否符合法律、有关规定,与相关提取笔录、扣押物品清单等记载的内容是否相符,检材是否充足、可靠。

(4)鉴定意见的形式要件是否完备,是否注明提起鉴定的事由、鉴定委托人、鉴定机构、鉴定要求、鉴定过程、鉴定方法、鉴定日期等相关内容,是否由鉴定机构加盖司法鉴定专用章并由鉴定人签名、盖章。

(5)鉴定程序是否符合法律、有关规定。

(6)鉴定的过程和方法是否符合相关专业的规范要求。

(7)鉴定意见是否明确。

(8)鉴定意见与案件待证事实有无关联。

(9)鉴定意见与勘验、检查笔录及相关照片等其他证据是否矛盾。

(10)鉴定意见是否依法及时告知相关人员,当事人对鉴定意见有无异议。

(七)对勘验、检查、辨认、侦查实验等笔录的审查

审查勘验、检查、辨认、侦查实验等笔录,应当着重审查以下内容:

(1)勘验、检查是否依法进行,笔录的制作是否符合法律、有关规定,勘验、检查人员和见证人是否签名或者盖章。

(2)勘验、检查笔录是否记录了提起勘验、检查的事由,勘验、检查的时间、地点,在场人员、现场方位、周围环境等,现场的物品、人身、尸体等的位置、特征等情况,以及勘验、检查、搜查的过程;文字记录与实物或者绘图、照片、录像是否相符;现场、物品、痕迹等是否伪造、有无破坏;人身特征、伤害情况、生理状态有无伪装或者变化等。

(3)经过补充进行勘验、检查的,是否说明了再次勘验、检查的原因,前后勘验、检查的情况是否矛盾。

(4)辨认的过程、方法,以及辨认笔录的制作是否符合有关规定,如辨认是否在侦查人员主持下进行的;辨认前辨认人有无见到辨认对象的;辨认活动是否个别进行的;辨认对象是否混杂在具有类似特征的其他对象中,或者供辨认的对象数量是否符合规定;辨认中有无给辨认人明显暗示或者明显指认嫌疑。

(5)侦查实验的过程、方法,以及笔录的制作是否符合有关规定,如侦查实验的条件与事件发生时的条件是否有明显差异;是否存在影响实验结论科学性的其他情形等。

(八)对视听资料的审查

审查视听资料,应当着重以下几个方面内容:

(1)是否附有提取过程的说明,来源是否合法。

(2)是否为原件,有无复制及复制份数;是复制件的,是否附有无法调取原件的原因、复

制件制作过程和原件存放地点的说明,制作人、原视听资料持有人是否签名或者盖章。

(3)制作过程中是否存在威胁、引诱当事人等违反法律、有关规定的情形。

(4)是否写明制作人、持有人的身份,制作的时间、地点、条件和方法。

(5)内容和制作过程是否真实,有无剪辑、增加、删改等情形。

(6)内容与案件事实有无关联。

(九)对电子数据的审查

审查电子数据,应当着重以下几个方面的内容:

(1)是否随原始存储介质移送;在原始存储介质无法封存、不便移动或者依法应当由有关部门保管、处理、返还时,提取、复制电子数据是否由二人以上进行,是否足以保证电子数据的完整性,有无提取、复制过程及原始存储介质存放地点的文字说明和签名。

(2)收集程序、方式是否符合法律及有关技术规范;经勘验、检查、搜查等侦查活动收集的电子数据,是否附有笔录、清单,并经侦查人员、电子数据持有人、见证人签名;没有持有人签名的,是否注明原因;远程调取境外或者异地的电子数据的,是否注明相关情况;对电子数据的规格、类别、文件格式等注明是否清楚。

(3)电子数据内容是否真实,有无删除、修改、增加等情形。

(4)电子数据与案件事实有无关联。

(5)与案件事实有关联的电子数据是否全面收集。

四、刑事诉讼非法证据的排除

(一)非法证据的概念

在刑事诉讼中,非法证据是指司法工作人员使用非法手段取得而不得作为起诉意见、起诉决定和判决依据的证据。《刑事诉讼法》第54条规定:"采用刑讯逼供等非法方法收集的犯罪嫌疑人、被告人供述和采用暴力、威胁等非法方法收集的证人证言、被害人陈述,应当予以排除。收集物证、书证不符合法定程序,可能严重影响司法公正的,应当予以补正或者作出合理解释;不能补正或者作出合理解释的,对该证据应当予以排除。"因此,非法证据包括非法言词证据和非法实物证据。前者包括犯罪嫌疑人、被告人供述、证人证言和被害人陈述;后者包括物证和书证。所谓"非法",对于言词证据来说,是指通过使用肉刑或者变相肉刑,或者采用其他使被告人在肉体上或者精神上遭受剧烈疼痛或者痛苦等刑讯逼供方法,迫使犯罪嫌疑人、被告人违背意愿供述,或者采用暴力、威胁等方法迫使证人、被害人作出陈述;对于非法实物证据来说,则指通过刑讯逼供获得线索或者违反查封、扣押、搜查等程序规定而收集,且可能严重影响司法公正的物证和书证。

非法证据排除是审查判断证据的一个环节,其目的在于确保证据的合法性,防止非法证据成为认定案件事实的依据。当事人及其辩护人、诉讼代理人提出排除非法证据申请或者侦查机关、人民检察院、人民法院发现具有非法证据排除情形的,有关机关应当启动非法证据排除程序。

(二)非法证据排除的类型

根据我国《刑事诉讼法》的规定,非法证据的排除可以分为绝对排除和相对排除。

(1)绝对排除。绝对排除,又称无条件排除,是指只要有证据证明是通过非法收集来的证据,就不得采纳为决定或者判决的依据。《刑事诉讼法》规定,采用刑讯逼供等非法方法收集的犯罪嫌疑人、被告人供述和采用暴力、威胁等非法方法收集的证人证言、被害人陈述,应当予以排除,不得作为起诉意见、起诉决定和判决的依据。

(2)相对排除。相对排除,又称不能补正的排除,是指收集方法不符合法定程序,可能严重影响司法公正的,且不能补正或者作出合理解释的证据。《刑事诉讼法》规定,收集物证、书证不符合法定程序,可能严重影响司法公正的,应当予以补正或者作出合理解释;不能补正或者作出合理解释的,对该证据应当予以排除,不得作为起诉意见、起诉决定和判决的依据。其中,补正是指对取证程序上的非实质性瑕疵进行补救;合理解释是指对取证程序的瑕疵作出符合常理及逻辑的解释。

(三)非法证据排除的阶段和程序

《刑事诉讼法》第54条规定,在侦查、审查起诉、审判时发现有应当排除的证据的,应当依法予以排除,不得作为起诉意见、起诉决定和判决的依据。据此,在侦查、审查起诉、审判阶段,均有可能排除非法证据。

1.侦查阶段非法证据的排除

《公安机关办理刑事案件程序规定》第67条规定,在侦查阶段发现有应当排除的证据的,经县级以上公安机关负责人批准,应依法予以排除,不得作为提请批准逮捕、移送审查起诉的依据。人民检察院认为可能存在以非法方法收集证据情形,要求公安机关进行说明的,公安机关应当及时进行调查,并向人民检察院作出书面说明。根据《人民检察院刑事诉讼规则(试行)》第73条规定,对于公安机关立案侦查的案件,存在非法取证行为的,人民检察院在审查逮捕、审查起诉和审判阶段,可以调取公安机关讯问犯罪嫌疑人的录音、录像,对证据收集的合法性以及犯罪嫌疑人、被告人供述的真实性进行审查。可见,侦查阶段非法证据的排除包括侦查机关的自我排除和应检察机关的要求而排除。

2.审查起诉阶段非法证据的排除

我国《刑事诉讼法》第55条规定,人民检察院接到报案、控告、举报或者发现侦查人员以非法方法收集证据的,应当进行调查核实。对于确有以非法方法收集证据情形的,应当提出纠正意见。根据《人民检察院刑事诉讼规则(试行)》第68条规定,当事人及其辩护人、诉讼代理人报案、控告、举报侦查人员采用刑讯逼供等非法方法收集证据并提供涉嫌非法取证的人员、时间、地点、方式和内容等材料或者线索的,人民检察院应当受理并进行审查,对于根据现有材料无法证明证据收集合法性的,应当报经检察长批准,及时进行调查核实。其中,对非法取证行为进行调查核实的方法包括:①讯问犯罪嫌疑人;②询问办案人员;③询问在场人员及证人;④听取辩护律师意见;⑤调取讯问笔录、讯问录音、录像;⑥调取、查询犯罪嫌疑人出入看守所的身体检查记录及相关材料。此外,人民检察院认为存在以非法方法收集证据情形的,可以书面要求侦查机关对证据收集的合法性进行说明。说明应当加盖单位公章,并由侦查人员签名。

人民检察院经审查发现存在《刑事诉讼法》第54条规定的非法取证行为,依法对该证据予以排除后,其他证据不能证明犯罪嫌疑人实施犯罪行为的,应当不批准或者决定逮捕,已经移送审查起诉的,可以将案件退回侦查机关补充侦查或者作出不起诉决定。

3.审判阶段非法证据的排除

审判阶段非法证据的排除包括开庭前的排除和庭审过程中的排除。

(1)开庭前的非法证据排除。人民法院向被告人及其辩护人送达起诉书副本时,应当告知其申请排除非法证据的,应当在开庭审理前提出,但在庭审期间才发现相关线索或者材料的除外。开庭审理前,当事人及其辩护人、诉讼代理人申请人民法院排除非法证据的,人民法院应当在开庭前及时将申请书或者申请笔录及相关线索、材料的复制件送交人民检察院。开庭审理前,当事人及其辩护人、诉讼代理人申请排除非法证据,人民法院经审查,对证据收集的合法性有疑问的,应当依照《刑事诉讼法》第182条的规定召开庭前会议,就非法证据排除等问题了解情况,听取意见。人民检察院可以通过出示有关证据材料等方式,对证据收集的合法性加以说明。

(2)庭审过程中的排除非法证据。《刑事诉讼法》第56条规定,法庭审理过程中,审判人员认为可能存在本法第54条规定的以非法方法收集证据情形的,应当对证据收集的合法性进行法庭调查。当事人及其辩护人、诉讼代理人有权申请人民法院对以非法方法收集的证据依法予以排除。申请排除以非法方法收集的证据的,应当提供相关线索或者材料。第57条规定,在对证据收集的合法性进行法庭调查的过程中,人民检察院应当对证据收集的合法性加以证明。现有证据材料不能证明证据收集的合法性的,人民检察院可以提请人民法院通知有关侦查人员或者其他人员出庭说明情况;人民法院可以通知有关侦查人员或者其他人员出庭说明情况。有关侦查人员或者其他人员也可以要求出庭说明情况。经人民法院通知,有关人员应当出庭。

最高人民法院《关于适用〈中华人民共和国刑事诉讼法〉的解释》第101条规定:"法庭决定对证据收集的合法性进行调查的,可以由公诉人通过出示、宣读讯问笔录或者其他证据,有针对性地播放讯问过程的录音录像,提请法庭通知有关侦查人员或者其他人员出庭说明情况等方式,证明证据收集的合法性。公诉人提交的取证过程合法的说明材料,应当经有关侦查人员签名,并加盖公章。未经有关侦查人员签名的,不得作为证据使用。上述说明材料不能单独作为证明取证过程合法的根据。"第102条规定:"经审理,确认或者不能排除存在刑事诉讼法第五十四条规定的以非法方法收集证据情形的,对有关证据应当排除。人民法院对证据收集的合法性进行调查后,应当将调查结论告知公诉人、当事人和辩护人、诉讼代理人。"

五、刑事诉讼证据的审核认定

(一)审核认定证据的概念

在刑事诉讼中,审核认定证据是指审判人员对各种证据材料进行审查、分析研究、鉴别其真伪,找出它们与案件事实之间的客观联系,确定其有无证明力以及证明力大小,从而对案件事实作出结论的思维判断活动。审核认定证据的过程,是对各种证据材料进行"去粗取精,去伪存真,由此及彼,由表及里"的主观认识过程。通过这一过程,使审判人员对案件基本事实的认识,由感性认识上升为理性认识,进而对案件事实作出有根据的判断结论。虽然在侦查终结和审查起诉阶段也有对证据材料的审查认定,但侦查人员和检察人员对证据进行审查认定结论,只是决定着案件的下一步程序走向,而不具有最终的定罪意义。而且,侦查终结和审查起诉阶段关于证据材料的审查认定结果,对刑事审判不具有预决效力,仍然要接受法庭调查的质证和辩论。

审核认定证据是审判人员代表法院独立行使审判职权的重要活动,也是证明案件事实的决定性步骤。审核认定证据在整个诉讼过程中是在不断进行的,如前所述,对证据的审查判断和证据的收集,常常是相伴进行的,但就认识过程来看,审核认定证据毕竟是进入到了理性认识阶段,是认识活动的高级阶段,审判人员对案件事实的正确认识,正是在不断地收集证据的基础上,在审核认定证据的过程中逐步实现的。当案件进入合议庭评议环节时,审核认定证据即进入了集中进行的诉讼阶段,此时审判人员对证据材料的认识直接关系到控方主张的案件事实是否存在以及案件如何定性的最终结论。

(二)审核认定证据的原则

我国《刑事诉讼法》对审核认定证据标准没有作出规定。根据司法实践经验,审判人员审核认定证据时,应当遵循理性判断原则和综合判断原则。

(1)理性判断原则。理性判断原则是指审判人员在审核认定证据时,应当遵守法官职业道德,运用逻辑推理和日常生活经验、对证据有无证明力和证明力大小独立进行判断,形成内心确信,并公开判断的理由和结果。

(2)综合判断原则。综合判断是指审判人员在确认证据材料属实的基础上,判断证据与案件事实的客观联系,判断各个证据的证明力大小,以证据间的相互关系,互相比照、对应,以此来评判证据本身。综合判断证据的方法,按逻辑推理大致可分为:①逐一甄别。审判人员对证据材料加以初步筛选、审查、判断,针对第一证据的特征、性质、表现形式等加以识别、判断得出相关结论。②相互对比。根据事物的本质特征或内在属性的同一性原理,对具有可比性的证据材料加以分析、印证,确认其异同。③综合印证。综合考查所有证据之间的相互关系以及这些证据与案件事实之间的关系,注重考查证据之间、证据与事实间的矛盾,使证据彼此互相鉴别、证明,以发现案件真实。最高人民法院《关于适用〈中华人民共和国刑事诉讼法〉的解释》第104条规定:"对证据的真实性,应当综合全案证据进行审查。对证据的证明力,应当根据具体情况,从证据与待证事实的关联程度、证据之间的联系等方面进行审查判断。证据之间具有内在联系,共同指向同一待证事实,不存在无法排除的矛盾和无法解释的疑问的,才能作为定案的根据。"

(三)审核认定证据的限制性规定

在性质上,审核认定证据是审判人员根据法律程序要求,独立分析、判断证据证明力并形成内心确信的主观思维过程。基于对审判人员主观判断能力的尊重,防止审核认定证据的形而上学,某个证据与案件事实之间的内在联系及其证明力的大小,法律一般不可能预先作出具体规定。但是,在总结审判工作经验的基础上,根据不同类型证据的个性特点和法治要求,对证据采信作出某种程序性限制,则符合证据裁判原则的基本要求。因此,为避免审判人员在审核认定证据时滥用自由裁量权,最高人民法院《关于适用〈中华人民共和国刑事诉讼法〉的解释》对审核认定证据的活动作出了以下限制:

1.关于对物证、书证的采信限制

物证的照片、录像、复制品,不能反映原物的外形和特征的,不得作为定案的根据。

书证有更改或者更改迹象不能作出合理解释,或者书证的副本、复制件不能反映原件及其内容的,不得作为定案的根据。

在勘验、检查、搜查过程中提取、扣押的物证、书证,未附笔录或者清单,不能证明物证、书证来源的,不得作为定案的根据。

对物证、书证的来源、收集程序有疑问,不能作出合理解释的,该物证、书证不得作为定案的根据。

2.关于对证人证言的采信限制

证人证言具有下列情形之一的,不得作为定案的根据:①询问证人没有个别进行的;②书面证言没有经证人核对确认的;③询问聋、哑人,应当提供通晓聋、哑手势的人员而未提供的;④询问不通晓当地通用语言、文字的证人,应当提供翻译人员而未提供的。

证人证言的收集程序、方式有下列瑕疵,经补正或者作出合理解释的,可以采用;不能补正或者作出合理解释的,不得作为定案的根据:①询问笔录没有填写询问人、记录人、法定代理人姓名以及询问的起止时间、地点的;②询问地点不符合规定的;③询问笔录没有记录告知证人有关作证的权利义务和法律责任的;④询问笔录反映出在同一时段,同一询问人员询问不同证人的。

经人民法院通知,证人没有正当理由拒绝出庭或者出庭后拒绝作证,法庭对其证言的真实性无法确认的,该证人证言不得作为定案的根据。证人当庭作出的证言与其庭前证言矛盾,证人能够作出合理解释,并有相关证据印证的,应当采信其庭审证言;不能作出合理解释,而其庭前证言有相关证据印证的,可以采信其庭前证言。

3.关于对被告人供述的采信限制

被告人供述具有下列情形之一的,不得作为定案的根据:①讯问笔录没有经被告人核对确认的;②讯问聋、哑人,应当提供通晓聋、哑手势的人员而未提供的;③讯问不通晓当地通用语言、文字的被告人,应当提供翻译人员而未提供的。

书讯问笔录有下列瑕疵,经补正或者作出合理解释的,可以采用;不能补正或者作出合理解释的,不得作为定案的根据:①讯问笔录填写的讯问时间、讯问人、记录人、法定代理人等有误或者存在矛盾的;②讯问人没有签名的;③首次讯问笔录没有记录告知被讯问人相关权利和法律规定的。

被告人庭审中翻供,但不能合理说明翻供原因或者其辩解与全案证据矛盾,而其庭前供述与其他证据相互印证的,可以采信其庭前供述。

被告人庭前供述和辩解存在反复,但庭审中供认,且与其他证据相互印证的,可以采信其庭审供述;被告人庭前供述和辩解存在反复,庭审中不供认,且无其他证据与庭前供述印证的,不得采信其庭前供述。

4.关于对鉴定意见的采信限制

鉴定意见具有下列情形之一的,不得作为定案的根据:①鉴定机构不具备法定资质,或者鉴定事项超出该鉴定机构业务范围、技术条件的;②鉴定人不具备法定资质,不具有相关专业技术或者职称,或者违反回避规定的;③送检材料、样本来源不明,或者因污染不具备鉴定条件的;④鉴定对象与送检材料、样本不一致的;⑤鉴定程序违反规定的;⑥鉴定过程和方法不符合相关专业的规范要求的;⑦鉴定文书缺少签名、盖章的;⑧鉴定意见与案件待证事实没有关联的;⑨违反有关规定的其他情形。

5.关于勘验、检查笔录和侦查实验笔录的采信限制

勘验、检查笔录存在明显不符合法律、有关规定的情形,不能作出合理解释或者说明的,不得作为定案的根据。

侦查实验的条件与事件发生时的条件有明显差异,或者存在影响实验结论科学性的其他情形的,侦查实验笔录不得作为定案的根据。

6.关于辨认笔录的采信限制

辨认笔录具有下列情形之一的,不得作为定案的根据:①辨认不是在侦查人员主持下进行的;②辨认前使辨认人见到辨认对象的;③辨认活动没有个别进行的;④辨认对象没有混杂在具有类似特征的其他对象中,或者供辨认的对象数量不符合规定的;⑤辨认中给辨认人明显暗示或者明显有指认嫌疑的;⑥违反有关规定、不能确定辨认笔录真实性的其他情形。

7.关于视听资料、电子数据的采信限制

视听资料、电子数据具有下列情形之一的,不得作为定案的根据:①经审查无法确定真伪的;②制作、取得的时间、地点、方式等有疑问,不能提供必要证明或者作出合理解释的。

【本章练习】

一、单项选择题

1.关于证据的关联性,下列哪一选项是正确的?(　　)
A.关联性仅指证据事实与案件事实之间具有因果关系
B.具有关联性的证据即具有可采性
C.证据与待证事实的关联度决定证据证明力的大小
D.类似行为一般具有关联性

2.下列哪一选项所列举的证据属于补强证据?(　　)
A.证明讯问过程合法的同步录像材料
B.证明获取被告人口供过程合法,经侦查人员签名并加盖公章的书面说明材料
C.根据被告人供述提取到的隐蔽性极强、并能与被告人供述和其他证据相印证的物证
D.对与被告人有利害冲突的证人所作的不利被告人的证言的真实性进行佐证的书证

3.关于鉴定人与鉴定意见,下列哪一选项是正确的?(　　)
A.经法院通知,鉴定人无正当理由拒不出庭的,可由院长签发强制令强制其出庭
B.鉴定人有正当理由无法出庭的,法院可中止审理,另行聘请鉴定人重新鉴定
C.经辩护人申请而出庭的具有专门知识的人,可向鉴定人发问
D.对鉴定意见的审查和认定,受到意见证据规则的规制

4.关于补强证据,下列哪一说法是正确的?(　　)

A. 应当具有证据能力　　　　　　　　B. 可以和被补强证据来源相同
C. 对整个待证事实有证明作用　　　　D. 应当是物证或者书证

5. 关于证人证言的收集程序和方式存在瑕疵，经补正或者作出合理解释后，可以作为证据使用的情形，下列哪一选项是正确的？（　　）
   A. 询问证人时没有个别进行的
   B. 询问笔录反映出在同一时间内，同一询问人员询问不同证人的
   C. 询问聋哑人时应当提供翻译而未提供的
   D. 没有经证人核对确认并签名（盖章）、捺指印的

6. "证人猜测性、评论性、推断性的证言，不能作为证据使用"，系下列哪一证据规则的要求？（　　）
   A. 传闻证据规则　　B. 意见证据规则　　C. 补强证据规则　　D. 最佳证据规则

7. 法院审理一起受贿案时，被告人石某称因侦查人员刑讯不得已承认犯罪事实，并讲述受到刑讯的具体时间。检察机关为证明侦查讯问程序合法，当庭播放了有关讯问的录音录像，并提交了书面说明。关于该录音录像的证据种类，下列哪一选项是正确的？（　　）
   A. 犯罪嫌疑人供述和辩解　　　　　　B. 视听资料
   C. 书证　　　　　　　　　　　　　　D. 物证

8. 下列哪一选项既属于原始证据，又属于间接证据？（　　）
   A. 被告人丁某承认伤害被害人的供述
   B. 证人王某陈述看到被告人丁某在案发现场擦拭手上血迹的证言
   C. 证人李某陈述被害人向他讲过被告人丁某伤害她的经过
   D. 被告人丁某精神病鉴定结论的抄本

9. 甲乙两家曾因宅基地纠纷诉至法院，尽管有法院生效裁判，但甲乙两家关于宅基地的争议未得到根本解决。一日，甲、乙因各自车辆谁先过桥引发争执继而扭打，甲拿起车上的柴刀砍中乙颈部，乙当场死亡。对此，下列哪一选项是不需要用证据证明的免证事实？（　　）
   A. 甲的身份状况
   B. 甲用柴刀砍乙颈部的时间、地点、手段、后果
   C. 甲用柴刀砍乙颈部时精神失常
   D. 法院就甲乙两家宅基地纠纷所作出的裁判事项

10. 某银行被盗，侦查机关将沈某确定为犯罪嫌疑人。在进行警犬辨认时，一"功勋警犬"在发案银行四处闻了闻后，猛地扑向沈某。随后，侦查人员又对沈某进行心理测试，测试结论显示，只要犯罪嫌疑人说没偷，测谎仪就显示其撒谎。关于可否作为认定案件事实的根据，下列哪一选项是正确的？（　　）
    A. 警犬辨认和心理测试结论均可以　　B. 警犬辨认可以，心理测试结论不可以
    C. 警犬辨认不可以，心理测试结论可以　　D. 警犬辨认和心理测试结论均不可以

11. 甲致乙重伤，收集到下列证据，其中既属于直接证据，又属于原始证据的是哪一项？（　　）
    A. 有被害人血迹的匕首

B. 证人看到甲身上有血迹,从现场走出的证言

C. 匕首上留下的指印与甲的指纹同一的鉴定结论

D. 乙对甲伤害自己过程的陈述

12. 侦查人员在杀人案件现场收集到一封信和一组数字,信的内容与案件无关,但根据通信对方的姓名和地址找到了犯罪分子。字条的内容也与案件无关,但根据笔迹鉴定找到了字条的书写人,从而发现了犯罪分子。对于本案中的信件和字条属于何种证据种类?( )

  A. 信件是物证,字条是物证   B. 信件是物证,字条是书证

  C. 信件是书证,字条是物证   D. 信件是书证,字条是书证

13. 下列案件能够作出有罪认定的是哪一选项?( )

  A. 甲供认自己强奸了乙,乙否认,该案没有其他证据

  B. 甲指认乙强奸了自己,乙坚决否认,该案没有其他证据

  C. 某单位资金30万元去向不明,会计说局长用了,局长说会计用了,该案没有其他证据

  D. 甲乙二人没有通谋,各自埋伏,几乎同时向丙开枪,后查明丙身中一弹,甲乙对各自犯罪行为供认不讳,但收集到的证据无法查明这一枪到底是谁打中的

14. 张某、李某共同抢劫被抓获。张某下列哪一陈述属于证人证言?( )

  A. 我确实参加了抢劫银行

  B. 李某逼我去抢的

  C. 李某策划了整个抢劫,抢的钱他拿走了一大半

  D. 李某在这次抢劫前还杀了赵某

二、多项选择题

1. 下列证据,不能被作为定案根据的有( )。

  A. 被告人被殴打才供出同伙的供述   B. 证人被引诱说出的证言

  C. 原证物不便搬移,而对其拍摄的照片   D. 未经当庭出示、质证的证据

2. 甲故意杀人案件中,公安机关在侦查过程中除了其他证据外,还收集到了下列材料,如果要认定甲犯有故意杀人罪,这些材料中哪些不具备证据的相关性特征?( )

  A. 甲写给被害人的恐吓信

  B. 甲在10年以前曾采用过与本案相同的手段实施过杀人行为(未遂,被判过刑)

  C. 甲吃、喝、嫖、赌,道德品质败坏

  D. 甲的情妇证明,在本案的作案时间中,甲曾与她一起在某电影院看《海岛之恋》电影

3. 下列证据中,既属于直接证据又属于原始证据的有哪些?( )

  A. 犯罪嫌疑人在侦查阶段向侦查人员所作的有关犯罪过程的供述

  B. 侦查人员在现场提取的犯罪嫌疑人的指纹

  C. 被害人关于刘某抢劫其钱财的陈述

  D. 沾有血迹的杀人凶器

4. 在刑事诉讼中,下列哪些材料不得作为鉴定结论使用?( )

  A. 材料甲,系被害人到医院就诊时医生出具的诊断证明

  B. 材料乙,盖有某鉴定机构公章,但签名人系被撤销鉴定人登记的人员

C. 材料丙,由具有专门知识但因职务过失犯罪受过刑事处罚的张某作出
D. 材料丁,经依法登记的司法鉴定机构指定的鉴定人王某作出

5. 关于视听资料的表述正确的有(　　)。
A. 犯罪分子在商店盗窃经过的录像资料
B. 侦查中收缴的淫秽录像带属于视听资料
C. 对搜查、扣押行为过程制作的录音带、录像带
D. 侦查人员通过电信部门收集的犯罪嫌疑人通话记录

6. 根据有关司法解释,经查证属实确属采用刑讯逼供或者威胁、引诱、欺骗等非法方法取得的证据,不能作为定案的根据。下列哪些证据属于此类?(　　)
A. 证人证言　　　B. 被害人陈述　　　C. 视听资料　　　D. 书证

三、简答题

1. 如何理解刑事证据的客观性、合法性和关联性要求?
2. 在我国刑事诉讼中,非法证据排除规则的主要内容是什么?
3. 刑事诉讼的证明对象有哪些?
4. 刑事证明规则的程序价值是什么?
5. 刑事证明责任如何分配?

四、案例分析题

1. 被告人章某于某年春节在某市一居民小区趁被害人林某一家出去串亲戚之际,撬开林家的门入室盗窃,窃取现金2000元及贵重物品价值9000元。在其盗窃得手即将离去之际,林某儿子的同学赵某(小学生,男,10岁)来林家找林某的儿子,章某谎称自己是林家的亲戚来帮林某看家。赵某相信无疑,没有进屋就离开了。章某趁机溜走。林某回家后发现被盗,遂向公安机关报案。公安机关根据赵某提供的情况追查到章某。在讯问时,章某否认自己实施了盗窃行为。公安机关侦查终结后,认为章某虽否认犯罪,但有目击证人赵某的证人证言和起获的赃物证明章某的盗窃行为,遂将案件移送检察院审查起诉。检察院经审查也认为章某犯盗窃事实清楚,证据确实、充分,于是在法定期限内向人民法院提起公诉。在法院庭审过程中,被告人章某的辩护人提出本案的主要证人赵某年仅10岁,不具备作证资格,因而检察院指控被告人章某犯盗窃罪证据不足,要求人民法院判决章某无罪。

问题:结合本案,谈谈证人作证的资格条件。

2. 曾当过导游的女子丽某,和男友领结婚证准备2009年11月份举办婚礼,丽某还将与男友一同购买的奥迪车出租。二十多岁的杨某因做生意赔钱,便和其表弟张某,从网上看到丽某出租奥迪车的信息后,谎称要租车为由,于2009年11月2日晚骗取丽某驾驶其奥迪车一同去往首都机场,在途中,两人将丽某控制并将其勒死后驾车开往山东济南一黄河公路大桥,抛尸于黄河中。事后,还发短信向丽某家人勒索40万元"赎金"。在交易"赎金"的过程中,杨某被公安人员当场抓获。根据审讯,随后也将张某抓获归案。本案经公安机关侦查终结后,检察机关以涉嫌故意杀人罪和绑架罪对杨某和张某提起公诉。

问题:本案的哪些事实需要用证据加以证明?

第十章 刑事诉讼强制措施

【学习目标】

■ 知识目标:

了解强制措施的概念和特点。

了解拘传的概念和程序。

掌握取保候审的适用条件及程序。

了解监视居住的适用情形及程序。

掌握刑事拘留的适用条件、程序及期限。

掌握逮捕的概念、适用条件及程序。

■ 能力目标:

能够正确掌握各种强制措施的适用条件。

能够根据法律规定为当事人办理强制措施变更手续。

【案例引导1】

　　王某涉嫌投放危险物质罪,被某县公安局拘留。王某的父亲为其申请取保候审。某县公安局经审查,认为符合取保候审的条件,决定对王某取保候审,并责令其提出保证人或者缴纳保证金。王某请求由其父亲担任保证人。某县公安局经审查,认为王某的父亲符合保证人的条件,同意其担任保证人。后来,某县公安局在侦查过程中发现,王某的父亲是本案的教唆犯,于是某县公安局责令王某另行提出保证人。王某请求由其母亲担任保证人。但王某的母亲不愿意担任保证人。某县公安局责令王某缴纳保证金,王某称自己没钱。在这种情况下,某县公安局决定对王某采取监视居住。

问题:担任保证人应具备哪些条件?某县公安局责令王某另行提供保证人、缴纳保证金以及变更强制措施的做法是否正确?

【案例引导2】

被告人刘某,男,52岁,某县委办公室副主任,兼任城建指挥部总指挥。他上任后利用职权大肆索取工程介绍费。某县施工队为了早日领到工程,一次给了刘某1万元的工程介绍费。刘某还将深圳某工程队送的1.5万元介绍费装入腰包。在刘某任职的两年多时间里,他先后收受十多个建筑施工队的现金及彩电、冰箱、摩托车等物,总价值达十余万元。县检察院依法将刘某受贿案报送市人民检察院提起公诉。市中级人民法院受理了这起受贿案。市人民检察院在侦查、起诉阶段依法对刘某采取了监视居住的强制措施,但市中级人民法院在审理过程中发现刘某逃避监视居住,跑到本案行贿人家中活动,唆使行贿人推翻供词。鉴于此,市中级人民法院为了防止刘某的串供活动,保证刑事诉讼的正常进行,决定对刘某直接作出逮捕决定。

问题:人民法院直接决定逮捕刘某是否正确?

第一节 刑事强制措施概述

一、强制措施的概念和特点

刑事诉讼中的强制措施,是指公安机关、人民检察院和人民法院为了保证刑事诉讼活动的顺利进行,依法对犯罪嫌疑人、被告人所采用的暂时限制或者剥夺其人身自由的各种强制性方法。

我国《刑事诉讼法》规定了五种强制措施,按照强制力度从轻到重的顺序排列依次为:拘传、取保候审、监视居住、拘留、逮捕。

我国刑事诉讼强制措施具有以下特点:

(1)适用强制措施的主体是公安机关(包括其他侦查机关)、人民检察院和人民法院。其他任何国家、机关、团体或个人都无权采取强制措施,否则即构成对公民人身权利的侵犯,情节严重的,构成犯罪。

(2)强制措施适用的对象是犯罪嫌疑人、被告人。对于其他诉讼参与人和案外人不得采用强制措施。

(3)强制措施的内容是限制或者剥夺犯罪嫌疑人、被告人的人身自由,而不是对物的强制处分。

(4)强制措施是一种预防性的措施,不具有惩戒性措施。适用强制措施的目的是为了保障刑事诉讼的顺利进行,防止犯罪嫌疑人、被告人逃避侦查和审判,进行毁灭、伪造证据、继续犯罪等妨害刑事诉讼的行为。不能以强制措施为名而对犯罪嫌疑人、被告人予以变相惩罚。

(5)强制措施具有严格的适用条件。我国《刑事诉讼法》对各种强制措施的适用机关、适用条件和程序都进行了严格的规定,防止滥用而产生侵犯人权的现象。

(6)强制措施是一种临时性措施。随着办案进展情况变化,强制措施可予以变更或者撤销、解除。

二、适用强制措施应当考虑的因素

刑事诉讼强制措施表现为不同程度地限制甚至暂时剥夺犯罪嫌疑人、被告人的人身自由,采用不当则会侵害公民的人身权利和民主权利。因此,在刑事诉讼中适用强制措施通常应考虑下列因素:

第一,犯罪嫌疑人、被告人所实施行为的社会危害性大小。危害性越大,则选用的强制措施的强度就越高。

第二,犯罪嫌疑人、被告人有否逃避侦查、起诉和审判或者进行各种妨害刑事诉讼的行为的可能性及可能性大小。可能性越大,采取强制措施的必要性就越高。

第三,公安机关、人民检察院和人民法院对案件事实的调查情况和对案件证据的掌握情况。强制措施通常配合刑事侦查的需要而适用。

第四,犯罪嫌疑人、被告人的个人情况。犯罪嫌疑人、被告人的年龄大小、身体健康状况或者生理状况等,也会影响到强制措施的适用。如,未成年人、年满75周岁的老年人、患有严重疾病、怀孕或者正在哺乳自己未满一周岁的婴儿等,拘留、逮捕等强制措施的适用就会比较慎重。

三、强制措施的性质及与刑罚、行政处罚及其他诉讼强制措施的区别

刑事诉讼强制措施的性质在于它的诉讼性和保障性。诉讼性是指强制措施的程序意义,也即是公、检、法机关在诉讼中所采用的程序性措施;保障性是指适用强制措施的目的在于保证刑事诉讼的顺利进行。刑事强制措施的这两个特点决定了它不是对案件事实和犯罪嫌疑人、被告人行为事实的认定和结论。所以,刑事强制措施与刑罚、行政处罚以及民事诉讼、行政诉讼强制措施在性质上是根本不同的。

(一)强制措施与刑罚

刑罚是国家为惩罚犯罪而制定的、由专门的机关对犯罪分子适用的处罚方法。刑罚与

强制措施都必须由法定机关的法定人员依照法定程序进行,都以国家强制力为后盾,都使适用对象的人身自由受到限制或被剥夺。但同时,这两者却具有重大差别:

(1)适用的目的不同。适用强制措施的目的在于保障侦查、起诉和审判的顺利进行,防止犯罪分子继续犯罪和危害社会,具有程序上的保障意义;而刑罚则是对已被法院宣判有罪的犯罪分子的惩罚、教育和改造。

(2)适用的对象不同。强制措施适用于未被人民法院确定为有罪的犯罪嫌疑人、被告人;而刑罚只能适用于经人民法院审判确定为有罪的人。

(3)有权适用的机关不同。在5种强制措施中,除了拘留由公安机关和人民检察院适用之外,其他强制措施公、检、法机关都有权适用;而刑罚只能由人民法院适用。

(4)法律依据不同。适用强制措施的依据主要是《刑事诉讼法》;而适用刑罚则以《刑法》为依据。

(5)适用的时间不同。强制措施适用于自刑事诉讼开始到判决发生法律效力交付执行前的全过程;而刑罚则在人民法院作出确定判决之后适用。

(6)稳定性不同。强制措施适用之后,可以根据案件的实际情况及时变更或撤销;而刑罚一经作出,非经审判监督程序不得改变。

(二)强制措施与行政处罚

行政处罚是国家行政管理机关对具有行政违法行为的公民、法人或其他组织依法给予的行政制裁。强制措施与行政处罚的区别主要表现在:

(1)性质不同。强制措施是诉讼过程中的程序性保障措施,而行政处罚是实体上的行政制裁。

(2)适用对象不同。强制措施适用于被追诉的犯罪嫌疑人、被告人或者现行犯,而行政处罚适用于违反行政法律的公民、法人和其他组织。

(3)有权适用的机关不同。强制措施由公安、司法机关适用,而行政处罚由国家行政机关适用。

(4)法律依据不同。刑事诉讼强制措施依据的是刑事诉讼法,而行政处罚主要依据的是行政处罚法。

(5)稳定性不同。刑事诉讼强制措施根据实际情况可以变更或撤销,而行政处罚通常不能变更。

(三)强制措施与民事、行政诉讼强制措施

在民事诉讼、行政诉讼中,也存在强制措施及其适用问题。无论是刑事诉讼强制措施,还是民事诉讼强制措施、行政诉讼强制措施,都有一些共同的地方,诸如:都是诉讼过程中适用的强制方法;都是为了保证诉讼的顺利进行;有些强制措施的名称与形式也是相同的,如拘留、拘传。但刑事诉讼强制措施与其他两种诉讼的强制措施仍有重大差别。因诉讼性质的不同,强制措施的性质、适用对象、有权适用的机关、适用的阶段、强制措施的种类以及强制措施与判决的关系等,均不相同。

(四)强制措施与扭送

我国《刑事诉讼法》第82条规定,对于具有下列情形的人,任何公民都可以立即扭送公安机关、人民检察院或者人民法院处理：①正在实行犯罪或者在犯罪后即时被发觉的；②通缉在案的；③越狱逃跑的；④正在被追捕的。

扭送与强制措施，存在本质上的区别：

(1)性质不同。刑事诉讼强制措施是司法机关的诉讼行为；扭送行为不具有诉讼性质，而是我国法律赋予公民同犯罪分子作斗争的一种权利。

(2)主体不同。刑事诉讼强制措施只能由法定的公、检、法机关适用；而扭送行为，任何公民都可以实行，在行为主体上没有任何限制。

(3)立法目的不同。刑事诉讼强制措施的目的在于保障刑事诉讼的顺利进行；而扭送是立法上赋予公民的一种同犯罪行为作斗争的权利，目的在于鼓励和调动公民同犯罪作斗争的积极性，促进社会治安状况的根本好转。

第二节 拘 传

一、拘传的概念与特征

拘传是指公安机关、人民检察院和人民法院对未被拘留、逮捕的犯罪嫌疑人、被告人依法强制其到指定地点接受讯问的强制措施。根据我国《刑事诉讼法》第64条、第117条以及最高人民法院《关于适用〈中华人民共和国刑事诉讼法〉的解释》、最高人民检察院《人民检察院刑事诉讼规则（试行）》、公安部《公安机关办理刑事案件程序规定》的有关规定，拘传的特征有：

(1)拘传是强制犯罪嫌疑人、被告人到案接受讯问的强制方法。拘传具有强制性，对于犯罪嫌疑人、被告人可以强制其到案接受讯问。

(2)拘传的适用对象是未被羁押的犯罪嫌疑人、被告人，对于已经被拘留或逮捕的犯罪嫌疑人、被告人进行讯问，可随时进行，不需要拘传。

(3)拘传的目的是强制到案接受讯问。拘传没有羁押的效力，讯问完毕后，应当立即将被拘传人放回。

拘传不同于传唤。传唤是人民法院、人民检察院和公安机关使用传票（传唤证）通知犯罪嫌疑人、被告人到案接受讯问。传唤不是强制措施，不具有强制性，不得使用戒具；而拘传具有强制性，必要时可使用戒具。传唤除适用于犯罪嫌疑人、被告人以外，还适用于其他当事人如被害人、附带民事诉讼当事人等；而拘传只适用于犯罪嫌疑人、被告人。

通常情况下，拘传适用于经过依法传唤，无正当理由拒不到案的犯罪嫌疑人、被告人。在特殊情况下，公安、司法机关也可以基于案件的具体情况，不经传唤而直接适用拘传。

二、拘传的程序

根据我国《刑事诉讼法》的规定，拘传的主要程序是：

(1)填写拘传报告书，并报负责人审批。案件的经办人填写呈请拘传报告书，经本部门负责人审核后，由公安机关负责人、人民检察院检察长、人民法院院长批准，签发拘传证（法院称为拘传票)。

(2)拘传的地点。拘传应当在被拘传人所在的市、县内的地点进行。犯罪嫌疑人、被告人的工作单位、户籍地与居住地不在同一市、县的,拘传应当在犯罪嫌疑人、被告人的工作单位所在的市、县进行;特殊情况下,也可以在犯罪嫌疑人、被告人户籍地或者居住地所在的市、县内进行。公安机关、人民检察院或人民法院在本辖区以外拘传犯罪嫌疑人、被告人的,应当通知当地的公安机关、人民检察院或人民法院,当地的公安机关、人民检察院、人民法院应当予以协助。

(3)拘传的执行。执行拘传的公安、司法人员不得少于二人。拘传时,应当向被拘传人出示拘传证,并责令其在拘传证上签名、捺指印。对于抗拒拘传的,可以使用戒具,强制其到案。

(4)拘传后的讯问。被拘传人到案后,应当责令其在拘传证上填写到案时间。然后应当立即进行讯问,讯问结束后,应当由其在拘传证上填写讯问结束时间。被拘传人拒绝填写的,公安、司法人员应当在拘传证上注明。

(5)拘传的后果。讯问结束后,如果被拘传人符合其他强制措施如拘留、逮捕的条件,应当依法采取其他强制措施。如果不需要采取其他强制措施的,应当将其放回,恢复其人身自由。

(6)拘传的时限。一次拘传的时间不得超过 12 小时。案情特别重大、复杂,需要采取拘留、逮捕措施的,传唤、拘传持续的时间不得超过 24 小时。不得以连续传唤、拘传的形式变相拘禁犯罪嫌疑人。传唤、拘传犯罪嫌疑人,应当保证犯罪嫌疑人的饮食和必要的休息时间。

三、适用拘传的特别程序规定

《公安机关办理刑事案件程序规定》第 161、162、163 条规定,对具有特定身份的犯罪嫌疑人,适用拘传时,还应当遵守以下特别规定:

(1)公安机关依法对县级以上各级人民代表大会代表拘传的,应当书面报请该代表所属的人民代表大会主席团或者常务委员会许可。

(2)公安机关依法对乡、民族乡、镇的人民代表大会代表拘传的,应当在执行后立即报告其所属的人民代表大会。

(3)公安机关依法对政治协商委员会委员拘传的,应当将有关情况通报给该委员所属的政协组织。

需要说明的是,人民检察院和人民法院在适用拘传措施时,并没有类似的特别程序要求。

第三节 取保候审

一、取保候审的概念和条件

(一)取保候审的概念

刑事诉讼中的取保候审是指公安机关、人民检察院和人民法院等司法机关对未被逮捕或逮捕后需要变更强制措施的犯罪嫌疑人、被告人,为防止其逃避侦查、起诉和审判,责令其提出保证人或者交纳保证金,并出具保证书,保证随传随到,对其不予羁押或暂时解除其羁押的一种强制措施。

(二)取保候审的条件

取保候审是限制人身自由的一种强制措施,其适用对象是犯罪嫌疑人、被告人。根据《刑事诉讼法》第65条规定,取保候审的条件包括:

(1)可能判处管制、拘役或者独立适用附加刑的;

(2)可能判处有期徒刑以上刑罚,采取取保候审不致发生社会危险性的;

(3)患有严重疾病、生活不能自理,怀孕或者正在哺乳自己婴儿的妇女,采取取保候审不致发生社会危险性的;

(4)羁押期限届满,案件尚未办结,需要采取取保候审的。

对拘留的犯罪嫌疑人,证据不符合逮捕条件,以及提请逮捕后,人民检察院不批准逮捕,需要继续侦查,并且符合取保候审条件的,可以依法取保候审。

(三)不能适用取保候审的对象

《公安机关办理刑事案件程序规定》第78条规定,对累犯,犯罪集团的主犯,以自伤、自残办法逃避侦查的犯罪嫌疑人,严重暴力犯罪以及其他严重犯罪的犯罪嫌疑人不得取保候审,但犯罪嫌疑人具有本规定第77条第1款第3项、第4项规定情形(即患有严重疾病、生活不能自理,怀孕或者正在哺乳自己婴儿的妇女,采取取保候审不致发生社会危险性的;羁押期限届满,案件尚未办结,需要继续侦查的)除外。

《人民检察院刑事诉讼规则(试行)》第84条规定:"人民检察院对于严重危害社会治安的犯罪嫌疑人,以及其他犯罪性质恶劣、情节严重的犯罪嫌疑人不得取保候审。"

二、取保候审的方式

《刑事诉讼法》第66条的规定,人民法院、人民检察院和公安机关决定对犯罪嫌疑人、被告人取保候审,应当责令犯罪嫌疑人、被告人提出保证人或者交纳保证金。可见,取保候审的方式包括保证人保证和保证金保证两种方式。根据最高人民法院《关于适用〈中华人民共和国刑事诉讼法〉的解释》第117条规定,对于无力交纳保证金、未成年或者已满75周岁以及其他不宜收取保证金的被告人决定取保候审的,可以责令其提出一至二名保证人。

需要注意的是,对同一犯罪嫌疑人、被告人决定取保候审的,不能同时使用保证人保证和保证金保证。

三、保证人的条件与义务

(一)保证人的条件

保证人是以其个人身份保证被保证人在取保候审期间不逃避和妨碍侦查、起诉和审判,并随传随到的自然人。根据我国《刑事诉讼法》第67条规定,保证人必须符合下列条件:

(1)与本案无牵连。这是指保证人不能是本案的当事人或者其他诉讼参与人,以防止保证人串供、隐匿和伪造证据,或者实施其他妨碍刑事诉讼活动顺利进行的行为。

(2)有能力履行保证义务。这是指保证人须具有完全民事行为能力和权利能力,且对犯罪嫌疑人、被告人有一定的影响力,能对其产生一定的心理强制,使之不敢实施妨碍刑事诉讼活动顺利进行的行为。

(3)享有政治权利,人身自由未受到限制。保证人必须是依法享有各种宪法和法律规定权利的中国公民,依法被判处刑罚或者采取了民事、刑事、行政强制措施或者人身自由受到限制或剥夺的人,不能充当保证人。

(4)有固定的住处和收入。这是为了便于司法机关随时与保证人联系,了解被保证人的情况;同时也为了在保证人未尽到保证义务时,司法机关可对其处以罚款,追究其经济责任。

只有同时具备以上四个条件的人,才能充当保证人。

(二)保证人的义务

根据《刑事诉讼法》第68条的规定,保证人在担保期间,应当履行以下义务:

(1)监督义务。即保证人应当监督被保证人遵守和履行取保候审期间的义务。

(2)报告义务。即保证人发现被保证人可能发生或者已经发生违反法定义务的行为时,应当及时向执行机关报告。

被保证人违反应当遵守的规定,保证人未履行保证义务的,查证属实后,由县级以上执行机关对保证人处1000元以上2万元以下罚款,并将有关情况及时通知决定机关;构成犯罪的,依法追究刑事责任。

犯罪嫌疑人、被告人被取保候审期间,保证人不愿继续履行保证义务或者丧失履行保证义务能力的,人民法院或者人民检察院应当在收到保证人的申请或者公安机关的书面通知后3日内,责令犯罪嫌疑人、被告人重新提出保证人或者交纳保证金,或者变更强制措施,并通知负责执行的公安机关。

四、保证金数额与收取

关于使用保证金形式担保的,应当以保证被取保候审人不逃避、不妨碍刑事诉讼活动为原则,综合考虑犯罪嫌疑人、被告人的社会危险性,案件的情节、性质,可能判处刑罚的轻重,犯罪嫌疑人、被告人经济状况,当地的经济发展水平等情况,确定收取保证金的数额。根据《关于取保候审若干问题的规定》第5条、《人民检察院刑事诉讼规则(试行)》第90条、《公安机关办理刑事案件程序规定》第83条规定,保证金的数额起点一般为1000元以上,未成年犯罪嫌疑人的保证金数额为500元以上。

保证金由县级以上执行机关统一收取和管理。提供保证金的人应当将保证金存入执行机关指定银行的专门账户。

五、被取保候审人的义务

《刑事诉讼法》第69条规定,被取保候审的犯罪嫌疑人、被告人应当遵守以下规定:①未经执行机关批准不得离开所居住的市、县;②住址、工作单位和联系方式发生变动的,在24小时以内向执行机关报告;③在传讯的时候及时到案;④不得以任何形式干扰证人作证;⑤不得毁灭、伪造证据或者串供。

人民法院、人民检察院和公安机关可以根据案件情况,责令被取保候审的犯罪嫌疑人、被告人遵守以下一项或者多项规定：①不得进入特定的场所；②不得与特定的人员会见或者通信；③不得从事特定的活动；④将护照等出入境证件、驾驶证件交执行机关保存。

《关于实施刑事诉讼法若干问题的规定》第 13 条规定，被取保候审的犯罪嫌疑人、被告人无正当理由不得离开所居住的市、县，有正当理由需要离开所居住的市、县的，应当经执行机关批准。如果取保候审是由人民检察院、人民法院决定的，执行机关在批准犯罪嫌疑人、被告人离开所居住的市、县或者执行监视居住的处所前，应当征得决定机关同意。

被取保候审的犯罪嫌疑人、被告人违反前述规定，已交纳保证金的，没收部分或者全部保证金，并且区别情形，责令犯罪嫌疑人、被告人具结悔过，重新交纳保证金、提出保证人，或者监视居住、予以逮捕。对违反取保候审规定，需要予以逮捕的，可以对犯罪嫌疑人、被告人先行拘留。

六、取保候审的程序

（一）取保候审的启动

（1）被羁押的犯罪嫌疑人、被告人及其法定代理人、近亲属等人申请取保候审。符合法定情形的，被羁押的犯罪嫌疑人、被告人及其法定代理人、近亲属、犯罪嫌疑人聘请的辩护人，可以以书面形式向公安、司法机关申请取保候审。

（2）公安、司法机关依职权决定取保候审。《刑事诉讼法》第 64 条规定："人民法院、人民检察院和公安机关根据案件情况，对犯罪嫌疑人、被告人可以拘传、取保候审或者监视居住。"人民法院、人民检察院和公安机关决定对犯罪嫌疑人、被告人取保候审，应当责令犯罪嫌疑人、被告人提出保证人或者交纳保证金。

在实践中，公安、司法机关依职权决定取保候审的情形主要包括：①羁押期限届满，案件尚未办结，需要采取取保候审的；②对拘留的犯罪嫌疑人，证据不符合逮捕条件，以及提请逮捕后，人民检察院不批准逮捕，需要继续侦查，并且符合取保候审条件的。

（二）取保候审的决定

不论是被羁押的犯罪嫌疑人、被告人及其法定代理人、近亲属等人提出申请，还是公安机关、人民检察院、人民法院依职权决定，对犯罪嫌疑人、被告人取保候审的，应当制作呈请取保候审报告书，报县级以上公安机关负责人、检察院检察长或者人民法院院长，并签发取保候审决定书。由于取保候审的执行机关为公安机关，当人民检察院或人民法院决定取保候审时，在签发取保候审决定书的同时，应当签发执行取保候审通知书，一并送达公安机关执行。

（三）取保候审的执行

《刑事诉讼法》第 65 条第 2 款规定："取保候审由公安机关执行。"在实践中，取保候审的决定，通常由犯罪嫌疑人居住地公安派出所执行。公安决定取保候审的，应当及时通知犯罪嫌疑人居住地派出所执行；人民检察院、人民法院决定取保候审的，负责执行的县级以上公安机关应当在收到有关的法律文书和材料后，及时指定犯罪嫌疑人、被告人所在地的派出所执行。

执行取保候审的派出所可以责令被取保候审人定期报告有关情况并制作笔录。被取保候审人无正当理由不得离开所居住的市、县。有正当理由需要离开所居住的市、县的,应当经负责执行的派出所负责人批准。人民法院、人民检察院决定取保候审的,负责执行的派出所在批准被取保候审人离开所居住的市、县前,应当征得决定机关同意。

国家安全机关决定取保候审的以及人民检察院、人民法院在办理国家安全机关移送的犯罪案件时决定取保候审的,由国家安全机关执行。

被取保候审人在取保候审期间,没有违反有关义务规定,也没有重新故意犯罪的,在解除取保候审、变更强制措施的同时,公安机关应当制作退还保证金决定书,通知银行如数退还保证金。被取保候审人或者其法定代理人可以凭退还保证金决定书到银行领取退还的保证金。

被取保候审人在取保候审期间违反有关义务规定,已交纳保证金的,公安机关应当根据其违反规定的情节,决定没收部分或者全部保证金,并且区别情形,责令其具结悔过、重新交纳保证金、提出保证人,变更强制措施或者给予治安管理处罚;需要予以逮捕的,可以对其先行拘留。人民法院、人民检察院决定取保候审的,被取保候审人违反应当遵守的规定,执行取保候审的县级公安机关应当及时告知决定机关。

需要没收保证金的,应当经过严格审核后,报县级以上公安机关负责人批准,制作没收保证金决定书。决定没收5万元以上保证金的,应当经设区的市一级以上公安机关负责人批准。

没收保证金的决定,公安机关应当在3日以内向被取保候审人宣读,并责令其在没收保证金决定书上签名、捺指印;被取保候审人在逃或者具有其他情形不能到场的,应当向其成年家属、法定代理人、辩护人或者单位、居住地的居民委员会、村民委员会宣布,由其成年家属、法定代理人、辩护人或者单位、居住地的居民委员会或者村民委员会的负责人在没收保证金决定书上签名。被取保候审人或者其成年家属、法定代理人、辩护人、单位、居民委员会、村民委员会负责人拒绝签名的,公安机关应当在没收保证金决定书上注明。

公安机关在宣读没收保证金决定书时,应当告知如果对没收保证金的决定不服,被取保候审人或者其法定代理人可以在5日以内向作出决定的公安机关申请复议。公安机关应当在收到复议申请后7日以内作出决定。

被取保候审人或者其法定代理人对复议决定不服的,可以在收到复议决定书后5日以内向上一级公安机关申请复核一次。上一级公安机关应当在收到复核申请后7日以内作出决定。对上级公安机关撤销或者变更没收保证金决定的,下级公安机关应当执行。

(四)取保候审的变更或解除

对取保候审的犯罪嫌疑人、被告人,根据案情变化,公安、司法机关应当及时变更强制措施或者解除取保候审。

(1)如果发现不应当追究其刑事责任或取保候审期间届满的,应当及时解除取保候审。

(2)对于公安机关、人民检察院、人民法院取保候审超过法定期限的,犯罪嫌疑人、被告人及其法定代理人、近亲属或者犯罪嫌疑人、被告人委托的律师及其他辩护人,有权向作出取保候审决定的公安机关、人民检察院、人民法院要求解除取保候审,有关机关经查证属实的,应当解除取保候审。

(3)取保候审的期限届满,或者发现有《刑事诉讼法》第15条规定不应当追究刑事责任情形的,或者案件已经办结的,原决定机关应当作出撤销取保候审的决定,并通知负责执行的公安机关。

(五)取保候审的期限

取保候审最长不得超过12个月。在取保候审期间,不得中断对案件的侦查、起诉和审理。实践中,侦查、起诉和审判机关,分别从各自作出取保候审的决定时,计算取保候审的期限。

七、适用取保候审的特别程序规定

《公安机关办理刑事案件程序规定》第161、162、163条规定,对具有特定身份的犯罪嫌疑人,适用取保候审时,还应当遵守以下特别规定:

(1)公安机关依法决定对县级以上各级人民代表大会代表取保候审的,应当书面报请该代表所属的人民代表大会主席团或者常务委员会许可。公安机关在依法执行取保候审中,发现被执行人是县级以上人民代表大会代表的,应当暂缓执行,并报告决定或者批准机关。如果在执行后发现被执行人是县级以上人民代表大会代表的,应当立即解除,并报告决定或者批准机关。

(2)公安机关依法对乡、民族乡、镇的人民代表大会代表取保候审的,应当在执行后立即报告其所属的人民代表大会。

(3)公安机关依法对政治协商委员会委员取保候审的,应当将有关情况通报给该委员所属的政协组织。

需要说明的是,人民检察院和人民法院在适用取保候审措施时,并没有类似的特别程序要求。

第四节 监视居住

一、监视居住的概念和适用对象

监视居住是指公安机关、人民检察院和人民法院对未被羁押的犯罪嫌疑人、被告人,责令其不得离开指定的区域,限制其人身自由并对其实行看管的强制措施。

根据我国《刑事诉讼法》第72条的规定,人民法院、人民检察院和公安机关对符合逮捕条件,有下列情形之一的犯罪嫌疑人、被告人,可以监视居住:①患有严重疾病、生活不能自理的;②怀孕或者正在哺乳自己婴儿的妇女;③系生活不能自理的人的唯一扶养人;④因为案件的特殊情况或者办理案件的需要,采取监视居住措施更为适宜的;⑤羁押期限届满,案件尚未办结,需要采取监视居住措施的。

对符合取保候审条件,但犯罪嫌疑人、被告人不能提出保证人,也不交纳保证金的,可以监视居住。

监视居住与取保候审相比较,虽然其适用的范围相同,但监视居住比取保候审更严厉。尽管监视居住是限制人身自由强制措施中最严厉的一种,但不能因此而将被监视居住人加以拘禁或者变相拘禁。

二、监视居住的类型

按照执行地点的不同,监视居住可以分为生活居所监视居住和指定居所监视居住。其中,生活居所监视居住是指在犯罪嫌疑人、被告人的住处执行的监视居住。指定居所监视居住是指在犯罪嫌疑人、被告人的住处以外的地点执行的监视居住。

在通常情况下,监视居住应当在犯罪嫌疑人、被告人的住处执行;无固定住处的,可以在指定的居所执行。固定住处是指犯罪嫌疑人、被告人在办案机关所在地的市、县内工作、生活的合法居所。

对于涉嫌危害国家安全犯罪、恐怖活动犯罪、特别重大贿赂犯罪,在住处执行可能有碍侦查的,经上一级人民检察院或者公安机关批准,也可以在指定的居所执行。但是,不得在看守所、拘留所、监狱等羁押场所或者留置室、讯问室等专门的办案场所、办公区域执行。《人民检察院刑事诉讼规则(试行)》第110条规定,指定的居所应当符合下列条件:①具备正常的生活、休息条件;②便于监视、管理;③能够保证办案安全。指定居所监视居住的,不得要求被监视居住人支付费用。

另外,根据《人民检察院刑事诉讼规则(试行)》规定,有下列情形之一的,属于特别重大贿赂犯罪:①涉嫌贿赂犯罪数额在50万元以上,犯罪情节恶劣的;②有重大社会影响的;③涉及国家重大利益的。如有下列情形之一的,则属于有碍侦查:①可能毁灭、伪造证据,干扰证人作证或者串供的;②可能自杀或者逃跑的;③可能导致同案犯逃避侦查的;④在住处执行监视居住可能导致犯罪嫌疑人面临人身危险的;⑤犯罪嫌疑人的家属或者其所在单位的人员与犯罪有牵连的;⑥可能对举报人、控告人、证人及其他人员等实施打击报复的。

三、被监视居住人的义务

根据我国《刑事诉讼法》第75条的规定,被监视居住的犯罪嫌疑人、被告人应当遵守以下规定:

(1)未经执行机关批准不得离开执行监视居住的处所;
(2)未经执行机关批准不得会见他人或者通信;
(3)在传讯的时候及时到案;
(4)不得以任何形式干扰证人作证;
(5)不得毁灭、伪造证据或者串供;
(6)将护照等出入境证件、身份证件、驾驶证件交执行机关保存。

被监视居住的犯罪嫌疑人、被告人违反上述规定,情节严重的,可以予以逮捕;需要予以逮捕的,可以对犯罪嫌疑人、被告人先行拘留。

公安在执行监视居住时,被监视居住人违反应当遵守的规定的,公安机关应当区分情形责令被监视居住人具结悔过或者给予治安管理处罚。情节严重的,可以予以逮捕;需要予以逮捕的,可以对其先行拘留。

人民法院、人民检察院决定监视居住的,被监视居住人违反应当遵守的规定,执行监视居住的县级公安机关应当及时告知决定机关。

四、监视居住的程序

(一)监视居住的决定与交付执行

根据《刑事诉讼法》第 72 条的规定,人民法院、人民检察院和公安机关都有权决定对犯罪嫌疑人、被告人采取监视居住措施。

《刑事诉讼法》第 72 条第 3 款规定:"监视居住由公安机关执行。"具体操作程序为:承办案件的司法工作人员提出意见,报部门负责人审核,经公安局局长、人民检察院检察长、人民法院院长批准后,制作监视居住决定书,监视居住决定书应写明犯罪嫌疑人、被告人的姓名、住址等身份状况,被监视居住人应遵守的事项和违反规定的法律后果,执行机关的名称等内容,并向被监视居住人宣布。人民检察院、人民法院决定监视居住的,还应当将监视居住决定书和监视居住通知书送达执行机关。

《人民检察院刑事诉讼规则(试行)》第 115 条规定,必要时人民检察院可以协助公安机关执行。人民检察院应当告知公安机关在执行期间拟批准犯罪嫌疑人离开执行监视居住的处所、会见他人或者通信的,批准前应当征得人民检察院同意。

为了监督被监视居住的人遵守上述规定,我国《刑事诉讼法》第 76 条规定,执行机关对被监视居住的犯罪嫌疑人、被告人,可以采取电子监控、不定期检查等监视方法对其遵守监视居住规定的情况进行监督;在侦查期间,可以对被监视居住的犯罪嫌疑人的通信进行监控。

人民检察院对指定居所监视居住的决定和执行是否合法实行监督。

(二)监视居住的期限

监视居住最长不能超过 6 个月。

在监视居住期间,不得中断对案件的侦查、起诉和审理。

(三)监视居住的解除

对于发现不应当追究刑事责任或者监视居住期限届满的,应当及时解除监视居住。解除监视居住,应当及时通知被监视居住人和有关单位。

公安、司法机关决定解除监视居住,应当经负责人批准,制作解除监视居住决定书,并及时通知执行的派出所或者办案部门、被监视居住人和有关单位。人民法院、人民检察院作出解除、变更监视居住决定的,公安机关应当及时解除并通知被监视居住人和有关单位。

五、监视居住的法律后果

《刑事诉讼法》第 74 条规定:"指定居所监视居住的期限应当折抵刑期。被判处管制的,监视居住一日折抵刑期一日;被判处拘役、有期徒刑的,监视居住二日折抵刑期一日。"

六、适用监视居住的特别程序规定

《公安机关办理刑事案件程序规定》第 161、162、163 条规定,对具有特定身份的犯罪嫌疑人,适用监视居住措施时,还应当遵守以下特别规定:

(1)公安机关依法决定对县级以上各级人民代表大会代表监视居住的,应当书面报请该代表所属的人民代表大会主席团或者常务委员会许可。公安机关在依法执行监视居住中,发现被执行人是县级以上人民代表大会代表的,应当暂缓执行,并报告决定或者批准机关。如果在执行后发现被执行人是县级以上人民代表大会代表的,应当立即解除,并报告决定或者批准机关。

(2)公安机关依法对乡、民族乡、镇的人民代表大会代表监视居住的,应当在执行后立即报告其所属的人民代表大会。

(3)公安机关依法对政治协商委员会委员监视居住的,应当将有关情况通报给该委员所属的政协组织。

需要说明的是,人民检察院和人民法院在适用监视居住措施时,并没有类似的特别程序要求。

第五节 拘 留

一、拘留的概念和特点

刑事诉讼中的拘留是指公安机关、人民检察院在侦查过程中,遇到紧急情况时,对于现行犯或者重大嫌疑分子所采取的临时限制其人身自由的强制方法。

刑事拘留具有以下几个特点:

(1)有权决定采用拘留的机关一般是公安机关或国家安全机关。人民检察院在自侦案件中,对于犯罪后企图自杀、逃跑或者在逃的以及有毁灭、伪造证据或者串供可能的犯罪嫌疑人,也有权决定拘留,人民法院则无权决定拘留。不管是公安机关决定的拘留,还是人民检察院决定的拘留,都一律由公安机关执行。

(2)拘留是在紧急情况下采用的一种处置办法。只有在紧急情况下,来不及办理逮捕手续而又需要立即剥夺现行犯或者重大嫌疑分子的人身自由的,才能采取拘留;如果没有紧急情况,公安机关、人民检察院有时间办理逮捕的手续,一般不宜先行拘留。我国《刑事诉讼法》第80条列举了七种可以拘留的法定紧急情形。

(3)拘留是一种临时性措施,且拘留的期限较短。随着诉讼的进展,拘留的措施应当发生变更,或者转为逮捕,或者采取取保候审或监视居住,或者释放被拘留的人。

二、拘留的条件

刑事拘留应当同时具备以下两个条件:第一,拘留的对象是现行犯或者重大嫌疑分子;第二,情况紧急,来不及批准逮捕。

根据我国《刑事诉讼法》第80条,具有下列情形之一的,属于情况紧急:①正在预备犯罪、实行犯罪或者在犯罪后即时被发觉的;②被害人或者在场亲眼看见的人指认他犯罪的;③在身边或者住处发现有犯罪证据的;④犯罪后企图自杀、逃跑或者在逃的;⑤有毁灭、伪造证据或者串供可能的;⑥不讲真实姓名、住址,身份不明的;⑦有流窜作案、多次作案、结伙作案重大嫌疑的。

三、拘留的程序

(一)拘留的决定

根据我国《刑事诉讼法》规定,有权决定刑事拘留的机关是公安机关、国家安全机关和人民检察院。

公安机关依法需要拘留犯罪嫌疑人的,由承办单位填写呈请拘留报告书,由县级以上公安机关负责人批准,签发拘留证,然后由提请批准拘留的单位负责执行。

人民检察院决定拘留的案件,应当由办案人员提出意见,部门负责人审核,检察长决定。决定拘留的案件,人民检察院应当将拘留的决定书送交公安机关,由公安机关负责执行。公安机关应当立即执行,人民检察院可以协助公安机关执行。

公安机关、国家安全机关、人民检察院在决定拘留下列有特殊身份的人员时,需要向有关部门报告、报请许可或者备案:

(1)根据《全国人民代表大会组织法》和《地方各级人民代表大会和地方各级人民政府组织法》的有关规定,被决定拘留的人担任县级以上人民代表大会代表的犯罪嫌疑人因现行犯被拘留的,公安机关或者人民检察院应当立即向该代表所属的人民代表大会主席团或者常务委员会报告;因为其他情形需要拘留的,公安机关或者人民检察院应当报请该代表所属的人民代表大会主席团或者常务委员会许可后,方可决定并执行。拘留担任两级以上人民代表大会代表的犯罪嫌疑人,应当分别向相应的人民代表大会主席团或者常务委员会报告或者报请许可。

拘留担任办案单位所在省、市、县(区)以外的其他地区人民代表大会代表的犯罪嫌疑人,应当委托该代表所属的人民代表大会同级的公安机关或者人民检察院报告或者报请许可;担任两级以上人民代表大会代表的,应当分别委托该代表所属的人民代表大会同级的公安机关或者人民检察院报告或者报请许可。

拘留担任乡、民族乡、镇的人民代表大会代表的犯罪嫌疑人,由县级公安机关或者人民检察院报告该代表所属的乡、民族乡、镇的人民代表大会。

《公安机关办理刑事案件程序规定》第165条规定,公安机关依法对政治协商委员会委员执行拘留前,应当向该委员所属的政协组织通报情况;情况紧急的,可在执行的同时或者执行以后及时通报。

(2)决定对不享有外交特权和豁免权的外国人、无国籍人采用刑事拘留时,要报有关部门审批。西藏、云南及其边沿地区来不及报告的,可以边执行边报告,同时要征求省、直辖市、自治区外事办公室和外国人主管部门的意见。对外国留学生采用刑事拘留的,在征求地方外事办公室和高教厅、局的意见后,报公安部或国家安全部审批。对拘留外国人、无国籍人的特殊规定,主要是考虑到国与国之间的关系和外事工作的需要,避免因刑事拘留而给外交工作带来不利的影响。

(二)拘留的执行

根据我国《刑事诉讼法》的规定,拘留由公安机关执行。对于人民检察院直接受理的案件,人民检察院做出的拘留决定,应当送达公安机关执行,公安机关应当立即执行,人民检察院可以协助公安机关执行。

拘留证由县级以上公安机关的负责人签发。执行拘留时,应当向被拘留人出示拘留证,并向其宣布对其实行拘留。被拘留人应当在拘留证上签名并且捺指印。拒绝签名或者捺指印的,执行拘留的人员应当予以注明。被拘留人如果抗拒拘留,公安机关的执行人员有权使用强制方法包括使用戒具。公安机关在异地执行拘留的时候,应当通知被拘留人所在地的公安机关,被拘留人所在地的公安机关应当予以配合。

拘留后,应当立即将被拘留人送看守所羁押,至迟不得超过 24 小时。异地执行拘留的,应当在到达管辖地后 24 小时以内将犯罪嫌疑人送看守所羁押。

除无法通知或者涉嫌危害国家安全犯罪、恐怖活动犯罪通知可能有碍侦查的情形以外,应当在拘留后 24 小时以内,通知被拘留人的家属。有碍侦查的情形消失以后,应当立即通知被拘留人的家属。

公安机关对于被拘留的人,应当在拘留后的 24 小时以内进行讯问,而且讯问应当在看守所进行。在发现不应当拘留的时候,必须立即释放,发给释放证明。对于被拘留人犯有罪行,依法需要逮捕,但在拘留期限内没能收集到足够的证据证明其犯罪事实的,一旦拘留的法定期限届满,应当将其释放。如果出于办案的需要,应采取一定的强制措施以限制其人身自由的,为了防止进一步发生社会危险性,为了保证刑事诉讼顺利进行,可以对其采取取保候审或者监视居住措施。

人民检察院对直接受理的案件中被拘留的人,应当在拘留后的 24 小时以内进行讯问。讯问同样应当在看守所进行。在发现不应当拘留的时候,必须立即释放,发给释放证明。对需要逮捕而证据还不充足的,可以取保候审或者监视居住。

(三)拘留的期限

对于公安机关依法决定和执行的刑事拘留,拘留的期限根据法律分别规定的公安机关提请人民检察院批准逮捕时间和人民检察院审查批准逮捕的时间累积而计算。

公安机关对被拘留的人,认为需要逮捕的,应当在拘留后的 3 日以内,提请人民检察院审查批准。在特殊情况下,提请审查批准的时间可以延长 1~4 日。所谓特殊情况是指案件比较复杂,或者在交通不便的边远地区,3 日以内难以报请批捕的。

对于流窜作案、多次作案、结伙作案的重大嫌疑分子,提请审查批准的时间可以延长至 30 日。此类案件的犯罪嫌疑显然在 3 日或者 7 日之内难以查明,因此法律规定可以延长至 30 日,以适应打击刑事犯罪的需要。

人民检察院应当自接到公安机关提请批准逮捕书后的 7 日以内,做出批准逮捕或者不批准逮捕的决定。人民检察院不批准逮捕的,公安机关应当在接到通知后将在押人立即释放,并且将执行情况及时通知人民检察院。对于需要继续侦查,并且符合取保候审、监视居住条件的,依法取保候审或者监视居住。

人民检察院对直接受理的案件中被拘留的人,认为需要逮捕的,应当在 14 日以内作出决定。在特殊情况下,决定逮捕的时间可以延长 1~3 日。对不需要逮捕的,应当立即释放;对需要继续侦查,并且符合取保候审、监视居住条件的,依法取保候审或者监视居住。

综上所述,一般情况下,刑事诉讼拘留的期限最长为 14 日。对于流窜作案、多次作案、结伙作案的重大嫌疑分子,拘留期限最长可达 37 日。

第六节 逮 捕

一、逮捕的概念

逮捕是指公安机关、人民检察院和人民法院,为了防止犯罪嫌疑人或者被告人实施妨碍刑事诉讼的行为,逃避侦查、起诉、审判或者发生社会危险性,而依法暂时剥夺其人身自由并予以羁押的强制方法。逮捕是刑事诉讼强制措施中最严厉的一种。

二、逮捕的适用条件

根据我国《刑事诉讼法》的规定,逮捕分为应当逮捕和可以逮捕两种情形。

(一)应当逮捕

应当逮捕是指出现法定情形时,有权批准或者决定的机关,就必须作出逮捕犯罪嫌疑人、被告人的决定,而不能行使自由裁量权。否则,就违反法律规定。

根据我国《刑事诉讼法》第79条规定,有下列情形之一的,应当予以逮捕:

(1)对有证据证明有犯罪事实,可能判处徒刑以上刑罚的犯罪嫌疑人、被告人,采取取保候审尚不足以防止发生下列社会危险性的;

(2)对有证据证明有犯罪事实,可能判处十年有期徒刑以上刑罚的;

(3)对有证据证明有犯罪事实,可能判处徒刑以上刑罚,曾经故意犯罪或者身份不明的。

其中,"有证据证明有犯罪事实",是指同时具备下列情形:①有证据证明发生了犯罪事实;②有证据证明犯罪事实是犯罪嫌疑人实施的;③证明犯罪嫌疑人实施犯罪行为的证据已有查证属实的。犯罪事实可以是犯罪嫌疑人实施的数个犯罪行为中的一个。

"采取取保候审尚不足以防止发生下列社会危险性的",是指具有下列情形之一:①可能实施新的犯罪的;②有危害国家安全、公共安全或者社会秩序的现实危险的;③可能毁灭、伪造证据,干扰证人作证或者串供的;④可能对被害人、举报人、控告人实施打击报复的;⑤企图自杀或者逃跑的。

"可能判处徒刑以上刑罚",是指根据已经查明的犯罪事实,可能涉及的法定刑期而作出的主观认定,并不是实体审理后实际的宣告刑。而且,徒刑以上刑罚并不限于实刑,缓刑也包括在内。

(二)可以逮捕

可以逮捕是指出现法定情形时,有权批准或者决定的机关,可以根据具体情况的需要裁量是否作出逮捕犯罪嫌疑人、被告人决定。也就是说,如果具有不需要逮捕的充分理由,也可以不作出逮捕决定。可以逮捕的情形,体现了批准或者决定逮捕机关的自由裁量权。

根据我国《刑事诉讼法》的规定,可以逮捕的情形只有一种,即被取保候审、监视居住的犯罪嫌疑人、被告人违反取保候审、监视居住规定,情节严重的,可以予以逮捕。在此情况下,逮捕并不是犯罪嫌疑人、被告人违反取保候审、监视居住规定的必然后果。

三、逮捕的批准或决定权限

我国《宪法》第37条规定,任何公民,非经人民检察院批准或者决定或者人民法院决定,并由公安机关执行,不受逮捕。《刑事诉讼法》第78条规定,逮捕犯罪嫌疑人、被告人,必须经过人民检察院批准或者人民法院决定,由公安机关执行。由此可见,逮捕的决定权和执行权是相分离的。

(1)逮捕犯罪嫌疑人、被告人的批准权或者决定权属于人民检察院和人民法院。其中,对于公安机关或国家安全机关侦查的案件,需要逮捕犯罪嫌疑人的,应当报请人民检察院批准;人民检察院在自行侦查的案件中,认为犯罪嫌疑人符合法律规定的逮捕条件,应当予以逮捕的,或者公安机关、国家安全机关侦查的案件移送审查起诉以后,符合逮捕条件或有逮捕必要的,由人民检察院依法自行决定;在公诉案件起诉后,在审判阶段或者在人民法院直接受理的自诉案件中,需要逮捕被告人的,由人民法院决定。

(2)逮捕的执行权属于公安机关或者国家安全机关。人民检察院批准或者决定逮捕犯罪嫌疑人的,以及人民法院决定逮捕被告人的,应当交由公安机关或者国家安全机关执行。

四、逮捕的程序

(一)逮捕的批准或者决定程序

1.人民检察院对提请逮捕的批准程序

公安机关要求逮捕犯罪嫌疑人的时候,应当写出提请批准逮捕书,连同全部案卷材料和证据,一并移送同级人民检察院审查批准。必要的时候,人民检察院可以派人参加公安机关对于重大案件的讨论。

人民检察院审查案件,一般采用个人阅卷,集体讨论,检察长决定,重大案件提交检察委员会讨论决定的办法。

人民检察院办理审查逮捕案件,必要时应当讯问犯罪嫌疑人,公安机关应当予以配合。根据最高人民检察院、公安部《关于审查逮捕阶段讯问犯罪嫌疑人的规定》,人民检察院审查逮捕,对下列案件应当讯问犯罪嫌疑人。①犯罪嫌疑人是否有犯罪事实、是否有逮捕必要等关键问题有疑点的,主要包括:罪与非罪界限不清的,是否达到刑事责任年龄需要确认的;有无逮捕必要难以把握的;犯罪嫌疑人的供述前后矛盾或者违背常理的;据以定罪的主要证据之间存在重大矛盾的。②案情重大疑难复杂的,主要包括:涉嫌造成被害人死亡的故意杀人案、故意伤害致人死亡案以及其他可能判处无期徒刑以上刑罚的;在罪与非罪认定上存在重大争议的。③犯罪嫌疑人系未成年人的。④有线索或者证据表明侦查活动可能存在刑讯逼供、暴力取证等违法犯罪行为的。

对被拘留的犯罪嫌疑人不予讯问的,应当送达听取犯罪嫌疑人意见书,由犯罪嫌疑人填写后及时收回审查并附卷。犯罪嫌疑人要求讯问的,一般应当讯问。讯问犯罪嫌疑人时,检察人员不得少于二人,且其中至少一人具有检察官职务。

人民检察院对案件进行审查后,对于符合逮捕条件的,应当做出批准逮捕决定,制作批准逮捕决定书,连同案卷、证据一并移交提请批准逮捕的公安机关进行。

对于不符合逮捕条件或者属于《刑事诉讼法》第 15 条规定的情形之一的,应当做出不批准逮捕的决定,制作不批准逮捕决定书,连同案卷材料、证据,退回提请批准逮捕的公安机关。不批准逮捕的,人民检察院应当说明理由。需要补充侦查的,应当同时制作补充侦查通知书,送达公安机关。对应当逮捕的犯罪嫌疑人,如果患有严重疾病、怀孕或者正在哺乳自己婴儿的妇女,人民检察院可以做出不批准逮捕的决定。对于人民检察院不批准逮捕的,公安机关在收到不批准逮捕决定书后,应当立即释放在押的犯罪嫌疑人,对于需要继续侦查,并且符合取保候审、监视居住条件的,依法取保候审或者监视居住。执行回执要在收到不批准逮捕决定书后的 3 日内送达做出不批准逮捕决定的人民检察院。

对于犯罪嫌疑人已被拘留的,人民检察院应当自接到公安机关提请批准逮捕书后的 7 日以内,做出批准逮捕或者不批准逮捕的决定。对于犯罪嫌疑人未被拘留的,人民检察院应当在接到公安机关提请批准逮捕书后的 15 日内做出是否批准逮捕的决定,重大、复杂的案件,不得超过 20 日。

人民检察院在审查批准逮捕工作中,如果发现公安机关的侦查活动有违法情况,应当通知公安机关纠正,公安机关应当将纠正情况通知人民检察院。

2. 人民检察院自行决定逮捕的程序

人民检察院自行决定逮捕包括两种情形:一是公安机关或者国家安全机关侦查终结后移送审查起诉的案件,人民检察院认为有必要逮捕未予羁押的犯罪嫌疑人的,可以报经检察长批准或者经本级检察委员会讨论后决定逮捕;二是人民检察院自行侦查的职务犯罪案件,认为需要逮捕犯罪嫌疑人的,除省级人民检察院可以自行决定逮捕以外,市级检察院(分院)和县(区)级人民检察院应当报请上一级人民检察院审查决定。

《人民检察院刑事诉讼规则(试行)》第 327 条规定,省级以下(不含省级)人民检察院直接受理立案侦查的案件,需要逮捕犯罪嫌疑人的,应当报请上一级人民检察院审查决定;监所、林业等派出人民检察院立案侦查的案件,需要逮捕犯罪嫌疑人的,应当报请上一级人民检察院审查决定。其主要程序是:下级人民检察院报请审查逮捕的案件,由侦查部门制作报请逮捕书,报检察长或者检察委员会审批后,连同案卷材料、讯问犯罪嫌疑人录音、录像一并报上一级人民检察院审查,报请逮捕时应当说明犯罪嫌疑人的社会危险性并附相关证据材料。侦查部门报请审查逮捕时,应当同时将报请情况告知犯罪嫌疑人及其辩护律师。

犯罪嫌疑人已被拘留的,下级人民检察院侦查部门应当在拘留后 7 日以内报上一级人民检察院审查逮捕。上一级人民检察院应当在收到报请逮捕书后 7 日以内作出是否逮捕的决定,特殊情况下,决定逮捕的时间可以延长 1~3 日。犯罪嫌疑人未被拘留的,上一级人民检察院应当在收到报请逮捕书后 15 日以内作出是否逮捕决定,重大、复杂的案件,不得超过 20 日。报送案卷材料、送达法律文书的路途时间计算在上一级人民检察院审查逮捕期限以内。

对于重大、疑难、复杂的案件,下级人民检察院侦查部门可以提请上一级人民检察院侦查监督部门和本院侦查监督部门派员介入侦查,参加案件讨论。上一级人民检察院侦查监督部门和下级人民检察院侦查监督部门认为必要时,可以报经检察长批准,派员介入侦查,对收集证据、适用法律提出意见,监督侦查活动是否合法。

上一级人民检察院经审查,对符合规定情形的,应当讯问犯罪嫌疑人。对未被拘留的犯罪嫌疑人,讯问前应当征求下级人民检察院侦查部门的意见。讯问犯罪嫌疑人,可以当面讯问,也可以通过视频讯问。通过视频讯问的,上一级人民检察院应当制作笔录附卷。下级人民检察院应当协助做好讯问笔录核对、签字等工作。因交通、通信不便等原因,不能当面讯问或者视频讯问的,上一级人民检察院可以拟定讯问提纲,委托下级人民检察院侦查监督部门进行讯问。下级人民检察院应当及时将讯问笔录报送上一级人民检察院。

对已被拘留的犯罪嫌疑人,上一级人民检察院拟不讯问的,应当向犯罪嫌疑人送达听取犯罪嫌疑人意见书。因交通不便等原因不能及时送达的,可以委托下级人民检察院侦查监督部门代为送达。下级人民检察院应当及时回收意见书,并报上一级人民检察院。

上一级人民检察院作出逮捕决定的,可以对收集证据、适用法律提出意见。上一级人民检察院决定逮捕的,应当将逮捕决定书连同案卷材料一并交下级人民检察院,由下级人民检察院通知同级公安机关执行。必要时,下级人民检察院可以协助执行。下级人民检察院应当在公安机关执行逮捕3日以内,将执行回执报上一级人民检察院。

上一级人民检察院决定不予逮捕的,应当将不予逮捕决定书连同案卷材料一并交下级人民检察院,同时书面说明不予逮捕的理由。犯罪嫌疑人已被拘留的,下级人民检察院应当通知公安机关立即释放,并报上一级人民检察院;案件需要继续侦查,犯罪嫌疑人符合取保候审、监视居住条件的,由下级人民检察院依法决定取保候审或者监视居住。

决定逮捕后,应当立即将被逮捕人送看守所羁押。除无法通知的以外,下级人民检察院侦查部门应当把逮捕的原因和羁押的处所,在24小时以内通知被逮捕人的家属。对于无法通知的,在无法通知的情形消除后,应当立即通知其家属。对被逮捕的犯罪嫌疑人,下级人民检察院侦查部门应当在逮捕后24小时以内进行讯问。下级人民检察院在发现不应当逮捕的时候,应当立即释放犯罪嫌疑人或者变更强制措施,并向上一级人民检察院报告。

3.人民法院决定逮捕的程序

人民法院决定逮捕被告人有两种情形:一是对于检察机关提起公诉时未予逮捕的被告人,人民法院认为符合逮捕条件应予逮捕的,可以决定逮捕;二是对于直接受理的自诉案件,认为需要逮捕被告人时,可以决定逮捕。决定的程序是由办案人员提出初步意见后,交由人民法院院长决定。对于重大、疑难、复杂案件的被告人的逮捕,由院长提交审判委员会讨论决定。

人民法院作出逮捕决定的,由法院院长签发决定逮捕通知书,交由公安机关执行。如果是公诉案件的被告人,还应当通知人民检察院。

(二)公安机关对不批准逮捕决定的复议、复核

公安机关对人民检察院不批准逮捕的决定,认为有错误的时候,应当在收到不批准逮捕决定书后5日以内,向同级人民检察院要求复议。但是必须将被拘留的人立即释放。对公安机关要求复议的不批准逮捕的案件,人民检察院侦查监督部门应当另行指派办案人员复议,并在收到提请复议书和案卷材料后的7日以内作出是否变更的决定,通知公安机关。

对公安机关提请上一级人民检察院复核的不批准逮捕的案件,上一级人民检察院侦查监督部门应当在收到提请复核意见书和案卷材料后的15日以内由检察长或者检察委员会作出是否变更的决定,通知下级人民检察院和公安机关执行。如果需要改变原决定,应当通

知作出不批准逮捕决定的人民检察院撤销原不批准逮捕决定,另行制作批准逮捕决定书。必要时,上级人民检察院也可以直接作出批准逮捕决定,通知下级人民检察院送达公安机关执行。

(三)对人大代表的批准或者决定逮捕的特别程序要求

根据《全国人民代表大会和地方各级人民代表大会代表法》的规定,无论是公安机关提请人民检察院批准逮捕的,还是人民检察院、人民法院决定逮捕犯罪嫌疑人、被告人时,遇有县级以上的各级人民代表大会代表犯罪需要逮捕的,应当经该代表所属的人民代表大会主席团许可。在该级人民代表大会闭会期间,应当经该级人民代表大会常务委员会许可,方可决定逮捕。具体程序如下:

(1)对担任本级人民代表大会代表的犯罪嫌疑人、被告人批准或者决定逮捕,应当报请本级人民代表大会主席团或者常务委员会许可。

(2)对担任上级人民代表大会代表的犯罪嫌疑人、被告人批准或者决定逮捕,应当层报该代表所属的人民代表大会同级的人民检察院或者人民法院报请许可。

(3)对担任下级人民代表大会代表的犯罪嫌疑人、被告人批准或者决定逮捕,可以直接报请该代表所属的人民代表大会主席团或者常务委员会许可,也可以委托该代表所属的人民代表大会同级的人民检察院或者人民法院报请许可;对担任乡、民族乡、镇的人民代表大会代表的犯罪嫌疑人、被告人批准或者决定逮捕,由县级人民检察院或者人民法院报告乡、民族乡、镇的人民代表大会。

(4)对担任两级以上的人民代表大会代表的犯罪嫌疑人、被告人批准或者决定逮捕,分别报请许可。

(5)对担任办案单位所在省、市、县(区)以外的其他地区人民代表大会代表的犯罪嫌疑人、被告人批准或者决定逮捕,应当委托该代表所属的人民代表大会同级的人民检察院或者人民法院报请许可;担任两级以上人民代表大会代表的,应当分别委托该代表所属的人民代表大会同级的人民检察院或者人民法院报请许可。

(四)对外国人、无国籍人的批准或者决定逮捕的特别程序

根据《人民检察院刑事诉讼规则(试行)》第312条规定,外国人、无国籍人涉嫌危害国家安全犯罪的案件或者涉及国与国之间政治、外交关系的案件以及在适用法律上确有疑难的案件,认为需要逮捕犯罪嫌疑人的,按照《刑事诉讼法》第19条、第20条的规定,分别由基层人民检察院或者分、州、市人民检察院审查并提出意见,层报最高人民检察院审查。最高人民检察院经审查认为需要逮捕的,经征求外交部的意见后,作出批准逮捕的批复,经审查认为不需要逮捕的,作出不批准逮捕的批复。基层人民检察院或者分、州、市人民检察院根据最高人民检察院的批复,依法作出批准或者不批准逮捕的决定。层报过程中,上级人民检察院经审查认为不需要逮捕的,应当作出不批准逮捕的批复,报送的人民检察院根据批复依法作出不批准逮捕的决定。

(五)关于批准或者决定逮捕的其他程序要求

人民检察院办理审查逮捕的危害国家安全的案件,应当报上一级人民检察院备案。上一级人民检察院对报送的备案材料经审查发现错误的,应当依法及时纠正。

五、逮捕的执行程序

逮捕犯罪嫌疑人、被告人，必须由公安机关执行。

《刑事诉讼法》第 91 条规定："公安机关逮捕人的时候，必须出示逮捕证。"公安机关向被逮捕人宣布逮捕，并责令被逮捕人在逮捕证上签字或者捺指印，拒绝签字或者捺指印的，应当加以注明。遇有被逮捕人抗拒逮捕的，可以使用戒具，必要时，可以使用武器。

公安机关在异地执行逮捕的时候，应当通知被逮捕人所在地的公安机关，被逮捕人所在地的公安机关应当予以配合。

逮捕后，除有碍侦查或者无法通知的情形外，公安机关应当把逮捕的原因和羁押的处所，在 24 小时以内通知被逮捕人的家属或者他的所在单位。

人民法院、人民检察院对于各自决定逮捕的犯罪嫌疑人、被告人，公安机关对于经人民检察院批准逮捕的人，都应当在逮捕后的 24 小时以内进行讯问。在发现不应当逮捕的时候，必须立即释放，发给释放证明。犯罪嫌疑人、被告人被逮捕后，人民检察院仍应当对羁押的必要性进行审查。对不需要继续羁押的，应当建议予以释放或者变更强制措施。有关机关应当在十日以内将处理情况通知人民检察院。

六、逮捕的变更、撤销或者解除

（一）可以变更或解除逮捕的情形

根据有关司法解释的规定，对于已经被逮捕的犯罪嫌疑人、被告人，符合下列情形之一的，公安、司法机关可以将逮捕予以变更或解除：①患有严重疾病或者生活不能自理的；②怀孕或者正在哺乳自己婴儿的妇女；③系生活不能自理的人的唯一扶养人；④案件不能在法律规定的期限内办结的。

对逮捕超过法定期限的，下列人员依法有权要求解除：①犯罪嫌疑人、被告人；②犯罪嫌疑人、被告人的法定代理人或者近亲属；③犯罪嫌疑人、被告人委托的律师及其他辩护人。人民法院、人民检察院和公安机关收到申请后，应当在 3 日以内作出决定；不同意变更强制措施的，应当告知申请人，并说明不同意的理由。

对逮捕超过法定期限而要求解除的，依法应向原批准、决定的人民法院、人民检察院提出申请，原批准、决定的机关经过审查，对于查明逮捕确实超过法定期限的，有义务尽快纠正，予以变更或者解除。

（二）应当变更、撤销或解除逮捕的情形

根据有关司法解释的规定，对于已经被逮捕的犯罪嫌疑人、被告人，符合下列情形之一的，公安、司法机关应当将逮捕予以变更、撤销或解除：

(1)第一审人民法院判处管制或者宣告缓刑以及单独适用附加刑，判决尚未发生法律效力的；

(2)第二审人民法院审理期间，被告人被羁押的时间已到第一审人民法院对其判处的刑期期限的；

(3)不符合逮捕的适用条件。我国《刑事诉讼法》第 94 条规定，人民法院、人民检察院和

公安机关如果发现对犯罪嫌疑人、被告人采取强制措施不当的,应当及时撤销或者变更。公安机关释放被逮捕的人或者变更逮捕措施的,应当通知原批准的人民检察院。

对被羁押的犯罪嫌疑人、被告人需要变更强制措施或者释放的,决定机关应当将变更强制措施决定书或者释放通知书送交公安机关执行。其中,变更是将羁押状态中的犯罪嫌疑人、被告人变为取保候审或者监视居住。

第七节 扭送

一、扭送的概念

扭送是公民将具有法定情形的人立即送交公、检、法机关处理的行为。

《刑事诉讼法》规定的扭送并不是刑事诉讼的一种强制措施,法律规定的五种强制措施的实施主体都只能是公安、司法机关,而扭送是法律赋予公民同刑事犯罪做斗争的一种手段。法律规定扭送措施是为了鼓励公民自觉行动起来,积极协助公安、司法机关捉拿犯罪分子,及时、有效地帮助公安、司法机关抓获犯罪嫌疑人、被告人。扭送体现了我国《刑事诉讼法》规定的依靠群众、实行专门机关与依靠群众相结合的诉讼原则。

二、扭送的适用情形

根据我国《刑事诉讼法》第82条规定,对于有下列情形的人,任何公民都可以立即扭送公安机关、人民检察院或者人民法院处理:①正在实行犯罪或者在犯罪后即时被发觉的;②通缉在案的;③越狱逃跑的;④正在被追捕的。

三、扭送的处理

公民把具有法定情形的人抓住后,应当立即送交公、检、法机关处理。因此,无论任何人抓住以上人员以后都不得拖延不交,擅自拘禁或非法审讯。

公安机关、人民检察院和人民法院对于公民扭送来的人都应当接受,并且应当立即讯问,然后按照公、检、法机关的管辖分工,决定由哪个机关处理。对于不属于自己管辖的,应当依法移送有管辖权的机关处理。对于不属于自己管辖但需要采取紧急措施的,应当先采取紧急措施,然后移送有关机关处理。如果发现不够拘留或者逮捕条件的,应当向扭送的公民讲明情况,做好他们的思想工作,然后将被扭送人释放。同时,公安、司法机关工作人员应当告诫被扭送人不得对扭送群众实施打击报复,否则应当承担法律责任。公、检、法人员对于扭送有功的人员应当予以表扬、鼓励,以弘扬正气,鼓励群众同犯罪行为作斗争。

【本章练习】

一、单项选择题

1.某地发生一起盗窃案,公民当即将罪犯扭送到当地人民法院,该人民法院应当如何处

理？（　　）

　　A. 不立案侦查　　　　　　　　B. 对公民扭送不予理睬
　　C. 移送公安机关立案侦查　　　　D. 自行侦查

2. 如果犯罪嫌疑人郭某由于侦查案件的需要，被采取了监视居住的强制措施，他进行下列哪项活动时，情节严重的，不能对其予以逮捕？（　　）

　　A. 请同车的许某吃饭，请他作证时多多关照
　　B. 在传讯时因主干道发生交通事故未能到案
　　C. 未经公安机关批准离开本市外出采购服饰物品进行买卖
　　D. 将藏起来的摩托车撞人留下痕迹的轮胎销毁

3. 华某因参与盗窃而被公安机关依法逮捕，由于华某家庭生活拮据且家庭负担全靠他一人支撑，父母和妻子均无任何收入。公安机关经审查认为，华某可以取保候审，那么可以作为华某的保证人的是（　　）。

　　A. 华某的已经成家立业的姐姐　　B. 华某的妻子
　　C. 华某的父母　　　　　　　　　D. 华某的尚未立业的儿子

4. 某市人民检察院在侦查一起贪污案件过程中，决定先行拘留犯罪嫌疑人，那么在拘留后至审查批捕的决定作出以前，对该犯罪嫌疑人羁押的最长期限是（　　）。

　　A. 10 天　　　　B. 14 天　　　　C. 37 天　　　　D. 4 天

5. 人民检察院对某县土地局局长林某受贿案正式立案侦查，并依法对林某实施了拘留。拘留后，人民检察院认为其需要逮捕的，则应当在拘留之日起多少日内作出逮捕的决定？（　　）

　　A. 应在 3 日内作出决定，但是可以延长 1~4 日
　　B. 应在 10 日内作出决定，但是可以延长 1~4 日
　　C. 应在 7 日内作出决定，但是可以延长 1~4 日
　　D. 应在 30 日内作出决定，但是可以延长 7 日

6. 魏某涉嫌绑架罪被刑事拘留，A 县公安机关提请检察院批准逮捕，但批准执行逮捕后，公安机关发现对魏某逮捕错误，则（　　）。

　　A. 公安机关可以释放魏某或变更强制措施，但须经检察院批准
　　B. 公安机关可以释放魏某或变更强制措施，只要通知检察院即可
　　C. 公安机关可以自行决定释放魏某或变更强制措施，因此时案件还在公安机关掌握中，公安机关可以自行以职权处理
　　D. 逮捕的标准为有证据证明有犯罪事实，是指由证据证明发生了犯罪事实并有证据证明犯罪事实系该犯罪嫌疑人实施

7. 万某，十六岁。一晚，其在某研究所工作的表兄易某要万某在办公室外放风，他自己进入办公室盗得笔记本电脑一部。案发后万某家人要求取保候审，下列人员中能够成为其保证人的是（　　）。

　　A. 家住东城区，在某研究所工作的表兄易某
　　B. 家住西城区，在某饭馆工作，正在被执行管制的大哥
　　C. 已加入日本籍，现在南城区开公司的母亲

D.家住北城区,在银行工作的父亲

8.在侯某盗窃一案中,公安机关将犯罪嫌疑人侯某拘留,2日后公安机关报请批准逮捕,报批后的第二日某区检察院作出不批准逮捕的决定,该区公安机关认为检察院的决定有错误,公安机关的下列做法哪些是正确的?(　　)

A.向区检察机关提出复议,同时把侯某继续羁押到被拘留后的第37日

B.直接向上一级检察机关提请复核,同时把侯某继续羁押到拘留后的第7日

C.直接向上一级检察机关提请复核,同时将侯某立即释放

D.向区检察机关提出复议,同时将侯某立即释放

二、多项选择题

1.某大学校园发生多次盗窃案件,经学生报案,学校保卫部认为某系学生何某的嫌疑很大,那么学校保卫部可以进行下列哪些工作?(　　)

A.拘留犯罪嫌疑人何某

B.对发案现场采取保护措施,通知公安机关进行现场勘验

C.对现场提取的指纹进行鉴定

D.公安机关搜查犯罪嫌疑人何某的住处时,派员作为见证人在场

2.某交通局局长胡某,因涉嫌贪污、受贿、挪用公款等多项罪名而被人民检察院立案侦查。在侦查期间,胡某聘请了律师江某为其提供法律帮助,而其本人也被羁押。本案中,如果胡某的妻子阿洁作为保证人,为胡某申请了取保候审,那么当胡某违反了被取保候审的人应当遵守的法定义务而阿洁对此知情,但未报告执行机关时,执行机关可以(　　)。

A.责令胡某具结悔过

B.责令胡某重新提出保证人

C.对阿洁处以罚款

D.提请人民检察院决定是否转为监视居住

三、简答题

1.如何规制刑事强制措施中的权力滥用?

2.如何理解逮捕的法定条件?

3.在实施指定居所的监视居住时,应当注意哪些问题?

4.拘传与拘留有何区别?

5.犯罪嫌疑人、被告人不服刑事强制措施时,有何救济途径?

四、案例思考题

1.常某涉嫌投毒杀人被立案侦查,考虑到常某怀孕已近分娩,县公安机关决定对其取保候审,责令其交纳保证金3000元。婴儿出生1个月后,常某写下遗书,两次自杀未果,家人遂轮流看护常某及其婴儿,以防意外。

问题:在此情况下,公安机关对常某应当采取什么强制措施?

2.无业游民李某于某日晚趁同村徐某外出给人帮工之际将徐某之妻强奸。一周后,徐某听说此事,愤恨不已,便赶到当地派出所报案要求捉拿李某。派出所所长袁某以人手少为由,让徐某协助村长朱某将李某扭送到派出所。次日,徐某约另一村民帮助扭送李某。制服李某后,徐某先将李某带至家中进行殴打,之后才将李某送到派出所。

问题:徐某可否将李某扭送至派出所,派出所所长做法是否合法?

第十一章 刑事附带民事诉讼

【学习目标】

- 知识目标：

  了解附带民事诉讼的概念和意义。

  理解并掌握附带民事诉讼的受案范围。

  了解附带民事诉讼的审判特点。

- 能力目标：

  理解并掌握附带民事诉讼当事人的主体范围。

【案例引导1】

江某与赵某合伙做生意产生矛盾后散伙，但江某认为自己吃亏，欲伺机报复赵某。2010年11月5日夜，江某纠集李某、许某等人在赵某家门外殴打赵某，其间，赵某被人用砖块击中头部（重伤），花去医疗费3万余元。某县人民检察院在审查起诉期间，通知赵某有权提起附带民事诉讼。2011年2月，某县人民法院受理了某县人民检察院指控被告人江某犯故意伤害罪和原告人赵某提起附带民事一案，2011年3月2日，某县人民检察院以本案事实和证据发生变化为由，向某县人民法院送达了撤回起诉决定书，某县人民法院审查后裁定准许撤诉。

问题：法院对附带民事诉讼部分该如何处理？

【案例引导2】

　　被告人侯某,男,30岁,农民。侯某在与人斗殴中,用铁棍将于某右膝关节击伤,致使于某右膝关节严重骨折,后经治疗痊愈,但于某右腿行走不便,留下终身残疾。在刑事诉讼过程中,被害人于某提起附带民事诉讼,要求被告人侯某赔偿经济损失。县人民法院经过审理,判处被告人侯某有期徒刑5年,并赔偿被害人于某全部医疗费用。判决宣告后,被告人未上诉,县人民检察院也未抗诉,但附带民事诉讼原告人于某认为县人民法院判处附带民事诉讼被告人侯某只赔偿医疗费显系偏轻,针对民事判决部分提出上诉,要求判处侯某赔偿全部医疗费外,还应赔偿误工费、营养费等其他经济损失。此案上诉期过后,县人民法院认为刑事判决部分已经发生法律效力,于是将侯某交付监狱执行。

　　问题:该县人民法院在附带民事诉讼原告人上诉时,将被告人侯某交付监狱执行刑事判决部分是否正确?

第一节 附带民事诉讼的概念和意义

一、附带民事诉讼的概念和意义

(一)附带民事诉讼的概念

附带民事诉讼是指人民法院、人民检察院在当事人及其他诉讼参与人的参加下,在依法追究被告人刑事责任的同时,附带解决由于被告人的犯罪行为而使被害人遭受物质损失的赔偿问题所进行的诉讼活动。

附带民事诉讼本质上是具有民事诉讼特征的经济损害赔偿,属于民事诉讼的范畴,但它又是不同于一般的民事损害赔偿诉讼。刑事诉讼附带民事诉讼是由犯罪行为引起的,是在刑事诉讼过程中提起并且同刑事案件一并解决的,其成立与解决都依附于刑事诉讼,和刑事诉讼紧密联系,不可分割,因此,刑事诉讼附带民事诉讼是一种依附于刑事诉讼的特殊的民事诉讼。

(二)附带民事诉讼的意义

附带民事诉讼的意义有以下几个方面:

(1)附带民事诉讼有利于正确处理刑事案件。在审理刑事案件过程中一并解决民事赔偿问题,有利于全面查明被告人的行为到底是否构成犯罪以及应当判处何种刑罚。

(2)附带民事诉讼有利于保护被害人的合法权利。附带民事诉讼可以因刑事控诉而证明其犯罪侵害的主要事实,从而减轻被害人在民事赔偿部分本应承担的举证责任,降低被害人获得赔偿的难度,有利于及时弥补被害人因犯罪行为遭受的物质损害。

(3)附带民事诉讼有利于正确执行惩办与宽大相结合的刑事政策。在处理刑事案件过程中一并解决民事赔偿问题,有利于查明被告人对其犯罪行为造成的物质损害的态度,结合当事人和解制度,从而正确判断被告人悔罪的态度及人身危险性,对于正确贯彻惩办与宽大相结合的刑事政策具有非常重要的意义。

(4)附带民事诉讼有利于提高诉讼效率和效益。一方面,附带民事诉讼是在刑事诉讼过程中一并解决的,可以避免司法机关的重复劳动,节省司法资源;另一方面,对于当事人来说,附带民事诉讼可以减少他们的重复出庭、重复举证等活动,从而减轻其讼累。

(5)有利于维护人民法院审判工作的统一性和权威性。在处理刑事案件过程中一并解决民事赔偿问题有利于避免由刑事审判庭和民事审判庭分别处理刑事和民事问题可能出现的对同一案件作出相互矛盾的裁判的问题,从而维护法院审判工作的严肃性。

第二节 附带民事诉讼的程序

一、附带民事诉讼的受案范围

我国《刑事诉讼法》第99条规定,被害人由于被告人的犯罪行为而遭受物质损失的,在刑事诉讼过程中,有权提起附带民事诉讼;被害人死亡或者丧失行为能力的,被害人的法定代理人、近亲属有权提起附带民事诉讼;如果是国家财产、集体财产遭受损失的,人民检察院在提起公诉的时候,可以提起附带民事诉讼。因此,附带民事诉讼的受案范围,仅限于因犯罪行为造成的物质损失。对于刑事案件被害人由于被告人的犯罪行为而遭受精神损失提起的附带民事诉讼,或者在该刑事案件审结以后,被害人另行提起精神损害赔偿民事诉讼的,人民法院均不予受理。

根据最高人民法院《关于刑事附带民事诉讼范围问题的规定》,被害人因人身权利受到犯罪侵犯而遭受物质损失或者财物被犯罪分子毁坏而遭受物质损失的可以提起附带民事诉讼。此指的"物质损失",包括被害人因犯罪行为已经遭受的实际损失和必然遭受的损失。例如,犯罪分子作案时破坏的门窗、车辆、物品,被害人的医疗费、营养费等,即为实际损失,又称积极损失。因伤残减少的劳动收入、后续的医疗费用、被毁坏的丰收在望的庄稼等,即为必然遭受的损失,又称消极损失。但是,被害人应当获得赔偿的损失不包括今后可能得到的或通过努力才能争得的物质利益,比如超产奖、发明奖、加班费、商业利润等。至于在犯罪过程中因被害人自己的过错造成的损失,则不应由被告人承担。此外,刑事犯罪之前被害人与被告人之间的债权债务问题,也不能在刑事诉讼过程中附带解决。

国家财产、集体财产遭受损失,受损失的单位未提起附带民事诉讼,人民检察院在提起公诉时提起附带民事诉讼的,人民法院应当受理。但下列情形,不在附带民事诉讼的受案范围:

(1)被告人非法占有、处置被害人财产的,应当依法予以追缴或者责令退赔。被害人提起附带民事诉讼的,人民法院不予受理。追缴、退赔的情况,可以作为量刑情节考虑。

(2)国家机关工作人员在行使职权时,侵犯他人人身、财产权利构成犯罪,被害人或者其法定代理人、近亲属提起附带民事诉讼的,人民法院不予受理,但应当告知其可以依法申请国家赔偿。

二、附带民事诉讼当事人的确定

(一)附带民事诉讼原告人

附带民事诉讼原告人是指以自己的名义向司法机关提起附带民事诉讼赔偿请求的个人或者单位。根据《刑事诉讼法》和有关司法解释的规定,以下主体有权提起附带民事诉讼:

(1)因犯罪行为遭受物质损失的公民。任何公民由于被告人的犯罪行为而遭受物质损失的,在刑事诉讼过程中,都有权提起附带民事诉讼,这是附带民事诉讼中最常见的原告人。

(2)因犯罪行为遭受物质损失的企业、事业单位、机关、团体等。企业、事业单位、机关、团体等也可能是受到犯罪侵害的权利主体,有权因受到犯罪活动的侵害而提起附带民事诉讼。

(3)当被害人是未成年人或精神病患者等无行为能力人或者限制行为能力人时,他们的法定代理人可以代为提起附带民事诉讼。

(4)当被害人死亡时,其近亲属可以提起附带民事诉讼。近亲属是与死者有血缘关系或婚姻关系的亲属,通常享有继承被害人财产的权利。被害人因被告人的犯罪行为遭受经济损失而应获得的赔偿,理所当然看作是被害人遗产的范围,因而,由被害人的近亲属提起附带民事诉讼具备事实根据。

(5)如果是国家财产、集体财产遭受损失的,人民检察院在提起公诉时,可以提起附带民事诉讼。当国家财产、集体财产遭受损失,而被害单位没有提起附带民事诉讼时,人民检察院作为国家利益的维护者,有责任提起附带民事诉讼。但是,检察机关作为附带民事原告人,无权同被告人就经济赔偿通过调解达成协议或自行和解。

(二)附带民事诉讼被告人

附带民事诉讼被告人,是指对犯罪行为造成的物质损失负有赔偿责任的人。附带民事诉讼被告人通常是刑事诉讼的被告人(包括公民、法人和其他组织),但在有些特殊情况下,应当赔偿物质损失的附带民事诉讼被告人,可能不是承担刑事责任的被告人。根据最高人民法院《关于适用〈中华人民共和国刑事诉讼法〉的解释》第143条的规定,附带民事诉讼中依法负有赔偿责任的人是指以下自然人或者单位:

(1)刑事被告人以及未被追究刑事责任的其他共同侵害人。这种情形主要是指共同犯罪案件中,有的被告人被交付人民法院审判,有的被告人被公安机关作出行政拘留处分,有的被告人被人民检察院作出不起诉决定,在这种情况下,未被交付法院审判的同案人都可以列为附带民事诉讼被告人。因为数人共同造成他人物质损失的行为是一个不可分割的整体行为,造成物质损失结果的原因是共同的加害行为,各加害人都应对物质损害承担民事赔偿责任。

需要说明的是,被害人起诉时,共同犯罪案件中同案犯在逃的,不应列为附带民事诉讼的共同被告人。逃跑的同案犯到案后,被害人或者其法定代理人、近亲属可以对其提起附带民事诉讼,但已经从其他共同犯罪人处获得足额赔偿的除外。被害人或者其法定代理人、近亲属放弃对其他共同侵害人的诉讼权利的,人民法院应当告知其相应法律后果,并在裁判文书中说明其放弃诉讼请求的情况。

(2)刑事被告人的监护人。未成年人的监护人是其父母。父母死亡或者没有监护能力的,由下列人员中有监护能力的人担任监护人:祖父母、外祖父母;兄、姐;关系密切的其他亲属、朋友愿意承担监护职责,经未成年人父母的所在单位或者未成年人住所地的居民委员会、村民委员会同意后,也可以做监护人。对担任监护人有争议的,由未成年人父母所在单位或者未成年人住所地的居民委员会、村民委员会在近亲属中指定。对指定不服提起诉讼的,由人民法院裁决。

(3)死刑罪犯的遗产继承人及共同犯罪案件中,案件审结前死亡的被告人的遗产继承人。在这两种情况下对被害人的经济赔偿应当看作是已经死亡的刑事被告人生前所负的债务,属于遗产的清偿范围。

(4)对被害人的物质损失依法应当承担赔偿责任的其他单位和个人这里的单位应作广义的理解,既可以是法人组织,也可以是非法人单位。

附带民事诉讼的成年被告人应当承担赔偿责任的,如果其亲属自愿代为承担,应当准许。

三、附带民事诉讼的起诉条件、时间和方式

(一)附带民事诉讼的起诉条件

根据最高人民法院《关于适用〈中华人民共和国刑事诉讼法〉的解释》第145条规定,附带民事诉讼的起诉条件包括:

(1)起诉人符合法定条件。提起附带民事诉讼的原告人应当是依法享有起诉权的个人或者单位。国家财产、集体财产遭受损失,受损失的单位未提起附带民事诉讼的,人民检察院有权在提起公诉时提起附带民事诉讼。

(2)有明确的被告人。此指的"明确的被告人",不但要求是适合的被告人,而且应当提供该被告人准确姓名或名称和具体的通讯地址。如果被告人下落不明,则意味着被告人不明确。

(3)有请求赔偿的具体要求和事实、理由。原告人提出的赔偿请求,不仅主张的赔偿项目应当具体、明确,而且要求赔偿的金额也应当是具体的,同时还应当有相应的事实和理由予以支持。

(4)属于人民法院受理附带民事诉讼的范围。根据《刑事诉讼法》的规定,原告人只能就犯罪行为所造成的物质损失提出赔偿要求,主张精神损害赔偿的,则不在附带民事诉讼的受案范围。

(二)附带民事诉讼的起诉期间

附带民事诉讼一般应当在第一审期间及时提起。也就是说,应当在一审人民法院受理

刑事案件后至判决宣告前提起。第一审期间未提起附带民事诉讼,在第二审期间提起的,第二审人民法院可以依法进行调解;调解不成的,告知当事人可以在刑事判决、裁定生效后另行提起民事诉讼。

在侦查期间或者审查起诉期间,有权提起附带民事诉讼的人向犯罪嫌疑人提出物质赔偿请求的,侦查机关或者人民检察院可以组织双方进行调解。当事人双方已经达成协议并全部履行,被害人或者其法定代理人、近亲属又提起附带民事诉讼的,人民法院不予受理,但有证据证明调解违反自愿、合法原则的除外。

(三)附带民事诉讼的起诉方式

提起附带民事诉讼应当提交附带民事起诉状。附带民事起诉状应当列明双方当事人的基本情况、具体的诉讼请求、事实和理由,并提出相应的证据。书写诉状确实有困难的,可以口头起诉。审判人员应当对原告人的口头诉讼请求详细询问,并制作笔录,然后向原告人宣读;原告人确认准确无误后,应当签名或者盖章。人民检察院提起附带民事诉讼时必须在起诉书上写明,不能用口头的方式提起附带民事诉讼。

原告人向人民法院提交附带民事起诉状时,应当按照被告人的人数提供副本。

被害人或者其法定代理人、近亲属提起附带民事诉讼的,人民法院应当在7日内决定是否立案。符合起诉条件的,人民法院应当受理;不符合的,裁定不予受理。

根据最高人民法院《关于适用〈中华人民共和国刑事诉讼法〉的解释》的规定,人民法院审理刑事附带民事诉讼案件,不收取诉讼费。因此,原告人提起附带民事诉讼时,无需向人民法院预交案件受理费。

(四)附带民事诉讼的财产保全

(1)诉前财产保全。有权提起附带民事诉讼的人因情况紧急,不立即申请保全将会使其合法权益受到难以弥补的损害的,可以在提起附带民事诉讼前,向被保全财产所在地、被申请人居住地或者对案件有管辖权的人民法院申请采取保全措施。申请人在人民法院受理刑事案件后15日内未提起附带民事诉讼的,人民法院应当解除保全措施。

(2)诉讼中财产保全。人民法院对可能因被告人的行为或者其他原因,使附带民事判决难以执行的案件,根据附带民事诉讼原告人的申请,可以裁定采取保全措施,查封、扣押或者冻结被告人的财产;附带民事诉讼原告人未提出申请的,必要时,人民法院也可以采取保全措施。

四、附带民事诉讼的审理与裁判

(一)附带民事诉讼的准备程序

人民法院受理附带民事诉讼后,应当在5日内将附带民事起诉状副本送达附带民事诉讼被告人及其法定代理人,或者将口头起诉的内容及时通知附带民事诉讼被告人及其法定代理人,并制作笔录。

人民法院送达附带民事起诉状副本时,应当根据刑事案件的审理期限,确定被告人及其法定代理人提交附带民事答辩状的时间。

(二)附带民事诉讼的审判组织

根据我国《刑事诉讼法》第102条、最高人民法院《关于适用〈中华人民共和国刑事诉讼法〉的解释》第159条的规定,附带民事诉讼应当同刑事案件一并审判,只有为了防止刑事案件审判的过分迟延,才可以在刑事案件审判后,由同一审判组织继续审理附带民事诉讼。同一审判组织的成员确实不能继续参与审判的,可以更换。

(三)附带民事诉讼的审理规定

根据最高人民法院的有关司法解释,在审理刑事附带民事案件过程中还应当遵守以下特殊规定:

(1)附带民事诉讼与刑事部分一并审理的,民事部分通常在审理刑事部分的法庭辩论结束后进行。附带民事诉讼当事人对自己提出的主张,有责任提供证据。

(2)审理附带民事诉讼案件,除人民检察院提起的以外,可以调解。调解应当在自愿、合法的基础上进行。

(3)人民法院审理附带民事诉讼案件,除刑法、刑事诉讼法以及刑事司法解释已有规定的以外,适用民事法律的有关规定。

(四)附带民事诉讼的判决

人民法院审理附带民事诉讼案件后,应当连同刑事诉讼部分一并作出判决。犯罪行为造成被害人人身损害的,赔偿范围为医疗费、护理费、交通费等为治疗和康复支付的合理费用,以及因误工减少的收入。造成被害人残疾的,还应当赔偿残疾生活辅助具费和残疾赔偿金等费用;造成被害人死亡的,还应当赔偿丧葬费和死亡赔偿金等费用。驾驶机动车致人伤亡或者造成公私财产重大损失,构成犯罪的,依照《中华人民共和国道路交通安全法》第76条的规定确定赔偿责任。附带民事诉讼当事人就民事赔偿问题达成调解、和解协议的,赔偿范围不受上述的限制。

判决时,人民法院应当结合被告人赔偿被害人物质损失的情况认定其悔罪表现,并在量刑时予以考虑。

人民法院审理附带民事诉讼案件,可以根据自愿、合法的原则进行调解。经调解达成协议的,应当制作调解书。调解书经双方当事人签收后,即具有法律效力。调解达成协议并即时履行完毕的,可以不制作调解书,但应当制作笔录,经双方当事人、审判人员、书记员签名或者盖章后即发生法律效力。经调解无法达成协议或者调解书签收前当事人一方反悔的,附带民事诉讼应当同刑事诉讼一并开庭审理,作出判决。

人民检察院提起附带民事诉讼的,人民法院经审理,认为附带民事诉讼被告人依法应当承担赔偿责任的,应当判令附带民事诉讼被告人直接向遭受损失的单位作出赔偿;遭受损失的单位已经终止,有权利义务继受人的,应当判令其向继受人作出赔偿;没有权利义务继受人的,应当判令其向人民检察院交付赔偿款,由人民检察院上缴国库。

【本章练习】

一、单项选择题

1.关于附带民事诉讼,下列哪一选项是正确的?(　　　)

A. 在侦查、审查起诉阶段,被害人提出赔偿要求经记录在案的,公安机关、检察院可以对民事赔偿部分进行调解

B. 在侦查、审查起诉阶段,经调解当事人达成协议并已给付,被害人又向法院提起附带民事诉讼的,法院不再受理

C. 法院审理刑事附带民事诉讼案件,可以进行调解

D. 附带民事诉讼经调解达成协议并当庭执行完毕的,无需制作调解书,也不需记入笔录

2. 在罗某放火案中,钱某、孙某和吴某3家房屋均被烧毁。一审时,钱某和孙某提起要求罗某赔偿损失的附带民事诉讼,吴某未主张。一审判决宣告后,吴某欲让罗某赔偿财产损失。下列哪一说法是正确的?( )

A. 吴某可另行提起附带民事诉讼

B. 吴某不得再提起附带民事诉讼,可在刑事判决生效后另行提起民事诉讼

C. 吴某可提出上诉,请求法院在二审程序中判令罗某予以赔偿

D. 吴某既可另行提起附带民事诉讼,也可单独提起民事诉讼

二、多项选择题

1. 关于法院审理附带民事诉讼案件,下列哪些选项是正确的?( )

A. 犯罪分子非法处置被害人财产而使其遭受物质损失的,被害人可以提起附带民事诉讼

B. 因财物被犯罪分子毁坏而遭受物质损失的,被害人可以提起附带民事诉讼

C. 依法判决后,查明被告人确实没有财产可供执行的,应当裁定中止或者终结执行

D. 被告人已经赔偿被害人物质损失的,法院可以作为量刑情节予以考虑

2. 下列哪些案件法院审理是可以调解?( )

A. 《刑法》规定告诉才处理的案件

B. 被害人有证据证明的轻微刑事案件

C. 检察院决定不起诉后被害人提起自诉的案件

D. 刑事诉讼中的附带民事诉讼案件

三、简答题

1. 刑事附带民事诉讼制度的重要意义是什么?

2. 我国受理刑事附带民事诉讼的范围是否合理?为什么?

3. 如何确定刑事附带民事诉讼的当事人?

4. 被告人对刑事附带民事诉讼的损失赔偿情况,应否作为量刑情节的考虑?为什么?

四、案例思考题

2005年6月12日,陈小和等7个无业青年由于手头吃紧,顿生盗窃念头。当天凌晨5点多,他们翻墙进入事先踩好点的重庆某公司。为方便盗窃,他们还随身携带着刀、和铁撬棍等工具。他们先摸进耐火材料车间,先后将压砖机使用的盖板、底板等39件钢模具搬出来,藏在公司门岗围墙外。事后估价,这批钢模具价值人民币约8686元。正当7人以为得手,兴高采烈地转运赃物时,突然一道手电筒的光束向他们照来。原来,当地派出所民警杨某等巡逻至此,正撞见这一幕。"抓小偷!"杨警官和该公司保卫科的几个人展开抓捕。陈小

和及其同伙见状四散逃窜。情急之下,陈小和拿出事先藏在身上的水果刀,一阵挥舞。杨警官冲上去试图空手夺刀,却被划伤。陈小和等人终被捉获。他们被提起公诉后,杨警官以受轻微伤为由向陈小和提起刑事附带民事诉讼,索赔人民币5000多元。

问题:法院对杨警官的附带民事诉讼应否受理?为什么?

第十二章 期间与送达

【学习目标】

■ 知识目标:
了解期间的概念及其与期日的区别。
了解刑事诉讼法关于法定期间的具体规定。
掌握期间的计算方法。
掌握期间恢复的条件。

■ 能力目标:
能够掌握常见期间的具体时间规定。
能够掌握期间的计算方法。

【案例引导1】

被告人甲因故意伤害罪于2014年6月9日被A区法院判处有期徒刑一年缓期二年执行,宣判当日被依法释放。但甲认为自己的行为根本不构成犯罪,于2014年6月25日向B市中级人法院提出上诉,法院工作人员认为其上诉行为已经超过期限不予以受理,但甲以受到水灾、桥梁于2014年6月20日才修通为由欲申请继续参与诉讼。

问题:甲的上诉是否有效?

【案例引导2】

张某因涉嫌交通肇事罪被公安机关立案侦查,因其犯罪情节较轻,人身危险性不大未被采取强制措施。侦查终结后人民检察院向甲市A区人民法院以交通肇事罪提起公诉。人民法院根据法律规定在开庭前10日通知其前来法院签收开庭传票,但其在规定时间内无正当理由拒不前来签收法律文书。无奈之下法院工作人员亲自将开庭传票送至其家中,但张某以公安机关的交通事故责任认定有误为由拒不签收。

问题:法院该如何送达开庭传票?

第一节　期　间

一、期间的概念

期间是指公、检、法等专门机关和诉讼参与人进行某种诉讼行为必须遵守的期限。

刑事诉讼期间分为法定期间和指定期间两种。法定期间是指由法律作出明确规定的诉讼期间。基于某种法律事实的发生而开始的法定期间内的任何时候都可以实施诉讼行为,同时,也只有在此期间内所进行的诉讼活动才是有效的。指定期间是指公安、司法机关根据案件的实际情况,依职权指定完成某项诉讼行为的期间。

二、期间和期日的区别

在刑事诉讼中,与期间紧密相连的另一个概念是期日。期日是指公安、司法机关和诉讼参与人共同进行刑事诉讼活动的特定时间。刑事诉讼法对期日未作具体规定,在诉讼实践中,由公安机关、人民检察院、人民法院根据法律规定的期间和案件的具体情况予以指定。期间与期日都是刑事诉讼中规范时间的规定,但二者也存在一定的区别:

(1)期日是一个特定的时间单位;期间是一个时间段,即由一个期日起至另一个期日止的一段时间。

(2)期日是公安、司法机关和诉讼参与人共同进行某项刑事诉讼活动的时间;期间则是指公安、司法机关和诉讼参与人各自单独进行某项诉讼活动的时间。

(3)期日由公安、司法机关指定,遇有重大理由时,可以另行指定期日;期间原则上由法律明确规定,不得任意变更。

(4)期日只规定开始的时间,不规定终止的时间,以诉讼行为的开始为开始,以诉讼行为的实行完毕为结束;期间在具体案件中一旦确定开始时间,终止的时间也随之确定。

(5)期日开始后,必须立即实施某项诉讼行为或开始某项诉讼活动;期间开始后不要求立即实施诉讼行为,只要是在期间届满之前,任何时候实施都是有效的。

三、刑事诉讼的法定期间

《刑事诉讼法》对各种诉讼行为的期间作出明确、具体的规定。概括起来,主要有:

1. 刑事强制措施期间

根据《刑事诉讼法》的规定,刑事强制措施期间主要包括:

(1)传唤、拘传持续的时间不得超过12小时;案情特别重大、复杂,需要采取拘留、逮捕措施的,传唤、拘传持续的时间不得超过24小时。

(2)取保候审最长不得超过12个月;监视居住最长不得超过6个月。

(3)拘留后,应当立即将被拘留人送看守所羁押,至迟不得超过24小时。除无法通知或者涉嫌危害国家安全犯罪、恐怖活动犯罪通知可能有碍侦查的情形以外,应当在拘留后24小时以内,通知被拘留人的家属。公安机关对被拘留的人,应当在拘留后的24小时以内进行讯问。

(4)公安机关对被拘留的人,认为需要逮捕的,应当在拘留后的3日以内,提请人民检察院审查批准。在特殊情况下,提请审查批准的时间可以延长1~4日。对于流窜作案、多次作案、结伙作案的重大嫌疑分子,提请审查批准的时间可以延长至30日。人民检察院应当自接到公安机关提请批准逮捕书后的7日以内,作出批准逮捕或者不批准逮捕的决定。

(5)人民检察院对直接受理的案件中被拘留的人,认为需要逮捕的,应当在14日以内作出决定。在特殊情况下,决定逮捕的时间可以延长1~3日。

2. 侦查羁押期间

对犯罪嫌疑人逮捕后的侦查羁押期限不得超过2个月。案情复杂、期限届满不能终结的案件,可以经上一级人民检察院批准延长1个月。

对于变通十分不便的边远地区的重大复杂案件,重大的犯罪集团案件,流窜作案的重大、复杂案件以及犯罪涉及面广、取证困难的重大复杂案件,在上述的3个月侦查羁押期限内不能办结的,经省、自治区、直辖市人民检察院批准或者决定,可以延长2个月。

对于犯罪嫌疑人可能判处10年有期徒刑以上刑罚,在上述的5个月内仍不能侦查终结的,经省、自治区、直辖市人民检察院批准或决定,可以再延长2个月。

3. 解除扣押、冻结期间

对查封、扣押的财物、文件、邮件、电报或者冻结的存款、汇款、债券、股票、基金份额等财产,经查明确实与案件无关的,应当在3日以内解除查封、扣押、冻结,予以退还。

4. 审查起诉期间

人民检察院对于移送审查起诉的案件,应当在1个月以内作出决定;重大、复杂的案件,1个月以内不能作出决定的,经检察长批准,可以延长15日。

5. 补充侦查期间

对于补充侦查的案件,应当在1个月以内补充侦查完毕。补充侦查以二次为限。

6.对不起诉决定的申诉期间

被害人如果不服不起诉决定的,可以自收到决定书后 7 日以内向上一级人民检察院申诉,请求提起公诉。被不起诉人对于人民检察院因犯罪情节轻微,依照刑法规定不需要判处刑罚或者免除刑罚而作出的不起诉决定不服,可以在接到决定书后 7 日内向人民检察院申诉。

7.律师参与刑事诉讼期间

辩护律师持律师执业证书、律师事务所证明和委托书或者法律援助公函要求会见在押的犯罪嫌疑人、被告人的,看守所应当及时安排会见,至迟不得超过 48 小时。

8.辩护期间

人民检察院自收到移送审查起诉的案件材料之日起 3 日以内,应当告知犯罪嫌疑人有权委托辩护人。人民法院自受理案件之日起 3 日以内,应当告知被告人有权委托辩护人。自诉案件的被告人有权随时委托辩护人。人民法院自受理自诉案件之日起 3 日以内,应当告知被告人有权委托辩护人。

对于人民法院、人民检察院、公安机关根据上述规定,通知法律援助机构指派律师提供辩护或者法律帮助的,法律援助机构应当在接到通知后 3 日以内指派律师,并将律师的姓名、单位、联系方式书面通知人民法院、人民检察院、公安机关。

9.代理期间

人民检察院自收到移送审查起诉的案件材料之日起 3 日以内,应当告知被害人及其法定代理人或者其近亲属、附带民事诉讼的当事人及其法定代理人有权委托诉讼代理人。人民法院自受理自诉案件之日起 3 日以内,应当告知自诉人及其法定代理人、附带民事诉讼的当事人及其法定代理人有权委托诉讼代理人。

10.一审程序期间

(1)庭前告知期间。传唤当事人,通知辩护人、诉讼代理人、证人、鉴定人和翻译人员,传票和通知书至迟在开庭 3 日以前送达。公开审判的案件,应当在开庭 3 日以前先期公布案由、被告人姓名、开庭时间和地点。

(2)补充侦查期间。检察人员在庭审中发现提起公诉的案件需要补充侦查并提出建议的,人民检察院应当在 1 个月以内补充侦查完毕。

(3)公诉案件审理期间。人民法院审理公诉案件,应当在受理后 2 个月以内宣判,至迟不得超过 3 个月。对于可能判处死刑的案件或者附带民事诉讼的案件,以及属于交通十分不便的边远地区的重大复杂案件;重大的犯罪集团案件;流窜作案的重大复杂案件;犯罪涉及面广,取证困难的重大复杂案件的,经上一级人民法院批准,可以延长 3 个月;因特殊情况还需要延长的,报请最高人民法院批准。

(4)自诉案件审理期间。人民法院审理自诉案件的期限,被告人被羁押的,和公诉案件审理期限一致,未被羁押的,应当在受理后 6 个月以内宣判。

(5)简易程序审理期间。用简易程序审理案件,人民法院应当在受理后 20 日以内审结;对可能判处的有期徒刑超过三年的,可以延长至 1 个半月。

(6)判决宣告时间。当庭宣告判决的,应当在 5 日以内将判决书送达当事人和提起公诉的人民检察院。

11. 上诉、抗诉期限

不服判决的上诉、抗诉的期限为10日;不服裁定的上诉、抗诉的期限为5日。被害人及其法定代理人不服地方各级人民法院一审判决,有权自收到判决书后5日内请求人民检察院提出抗诉;人民检察院应在收到请求后5日内作出是否抗诉的决定并且答复请求人。

12. 二审程序的期间

通过原审人民法院提出上诉的,原审人民法院应当在3日以内将上诉状连同案卷、证据移送上一级人民法院,同时将上诉状副本送交同级人民检察院和对方当事人;直接向第二审人民法院提出上诉的,第二审人民法院应当在3日以内将上诉状交原审人民法院送交同级人民检察院和对方当事人。第二审人民法院应当在决定开庭审理后及时通知人民检察院查阅案卷。人民检察院应当在1个月以内查阅完毕。

第二审人民法院受理上诉、抗诉案件后,应当在2个月以内审结。对于可能判处死刑的案件或者附带民事诉讼的案件,以及交通十分不便的边远地区的重大复杂案件,重大的犯罪集团案件,流窜作案的重大、复杂案件以及犯罪涉及面广、取证困难的重大复杂案件,经省、自治区、直辖市高级人民法院批准或者决定,可以延长2个月;因特殊情况还需要延长的,报请最高人民法院批准。最高人民法院受理的上诉、抗诉案件,由最高人民法院决定。

13. 再审程序期间

人民法院按照审判监督程序重新审判的案件,应当在作出提审、再审决定之日起3个月以内审结,需要延长期限的,不得超过6个月。接受抗诉的人民法院按照审判监督程序审判抗诉的案件,审理期限适用前述规定;对需要指令下级人民法院再审的,应当自接受抗诉之日起1个月以内作出决定,下级人民法院审理案件的期限适用前述规定。

14. 执行期间

下级人民法院接到最高人民法院执行死刑的命令后,应当在7日以内交付执行。

人民检察院认为暂予监外执行不当的,应当自接到通知之日起1个月以内将书面意见送交批准暂予监外执行的机关,批准暂予监外执行的机关接到人民检察院的书面意见后,应当立即对该决定进行重新核查。

人民检察院认为人民法院减刑、假释的裁定不当,应当在收到裁定书副本后20日以内,向人民法院提出书面纠正意见,人民法院应当在收到纠正意见后1个月以内重新组成合议庭进行审理,作出最终裁定。

四、期间的计算

1. 期间的计算单位

我国《刑事诉讼法》第103条规定,期间的计算单位包括时、日、月三种。

2. 期间的计算方法

以时为计算单位的期间,从期间开始的下一时起算,期间开始的时不计算在期间以内。

以日为计算单位的期间,从期间开始的次日起算,期间开始的日不计算在期间以内。

以月为计算单位的期间,最高人民法院《关于适用〈中华人民共和国刑事诉讼法〉的解释》第165条第作出了明确规定:"以月计算的期限,自本月某日至下月同日为一个月。期限起算日为本月最后一日的,至下月最后一日为一个月。下月同日不存在的,自本月某日至下月最后一日为一个月。半个月一律按十五日计算。"

3.期间计算的特别规定

(1)期间的最后一日为节假日的,以节假日后的第一日为期间届满日期。节假日包括公休日(星期六、星期日)和法定假日(元旦、春节、五一节、国庆节、清明节、中秋节)。如果节假日不是期间的最后一日,而是在期间的开始或中间则均应计算在期间以内。另外,为了保障犯罪嫌疑人、被告人的人身权利,最高人民法院《关于适用〈中华人民共和国刑事诉讼法〉的解释》和六部委《关于实施刑事诉讼法若干问题的规定》同时又规定,对于犯罪嫌疑人、被告人或者罪犯在押期间,应当至期间届满之日为止,不得因节假日而延长在押期限至节假日后的第一日。

(2)上诉状或者其他文件在期满前已经交邮的,不算过期。这就是说,通过邮寄的上诉状或者其他文件,只要是在法定期间内交邮的,即使司法机关收到时已过法定期限,也不算过期。上诉状或其他文件是否在法定期限内交邮以当地邮局所盖邮戳为准。

(3)法定期间不包括路途上的时间。《刑事诉讼法》第103条第3款规定,法定期间不包括路途上的期间,上诉状或者其他文件在期满前已经交邮的,不算过期。

(4)犯罪嫌疑人不讲真实姓名、住址,身份不明的,侦查羁押期限自查清其身份之日起计算,但是不得停止对其犯罪行为的侦查取证。

(5)对被羁押的犯罪嫌疑人作精神病鉴定的时间,不计入侦查羁押期限。其他鉴定时间则应当计入羁押期限。

(6)人民法院对提起公诉的案件进行审查的期限计入人民法院的审理期限。

五、期间的耽误和恢复

期间的耽误是指司法机关或诉讼参与人没有在法定期限内完成应当进行的诉讼行为。期间的恢复是指当事人由于不能抗拒的原因或者有其他正当理由而耽误期限的,在障碍消除后5日以内,可以申请继续进行应当在期满以前完成的诉讼活动的一种补救措施。我国《刑事诉讼法》第104条规定:"当事人由于不能抗拒的原因或者有其他正当理由而耽误期限的,在障碍消除后五日以内,可以申请继续进行应当在期满以前完成的诉讼活动。前款申请是否准许,由人民法院裁定。"期间的恢复应当具备以下条件:

(1)当事人提出恢复期间的申请。刑事诉讼法将提出申请期间恢复的主体限定为当事人,而不是所有的诉讼参与人。

(2)期间的耽误是由于不能抗拒的原因或有其他正当理由。例如发生地震、洪水、台风、滑坡、泥石流、战争、大火等当事人本身无法抗拒的自然和社会现象或者是当事人发生车祸、突患严重疾病等情况,使当事人无法进行诉讼行为。

(3)当事人的申请应当在障碍清除后的5日以内提出。这是对当事人申请恢复期间的时间要求。

(4)期间恢复的申请经人民法院裁定批准。当事人的申请是否准许,需经人民法院裁定。对有些当事人的申请,人民法院可能认为不符合法定条件,于是作出裁定不予批准。由此可见,当事人只有申请权,而人民法院有批准权。根据刑事诉讼法规定。对于申请是否批准,只能由人民法院裁定。

六、期间的重新计算

期间的重新计算,是指因发生了某种法定事由,已经进行的期间不予计算,而从发生新的情况开始重新计算办案期限。其主要情形包括:

(1)在侦查期间,发现犯罪嫌疑人另有重要罪行的,自发现之日起重新计算侦查羁押期限。重新计算侦查羁押期限的,由公安机关决定,无需人民检察院批准,但须报人民检察院备案。人民检察院可以进行监督。

(2)补充侦查完毕移送审查起诉后,人民检察院重新计算审查起诉期限。

(3)人民检察院审查起诉的案件,改变管辖的,从改变后的人民检察院收到案件之日起计算审查起诉期限。

(4)指定管辖案件的审理期限,自被指定管辖的人民法院收到指定管辖决定书和有关案卷、证据材料之日起计算。

(5)二审发回原审重新审判的案件,原审人民法院从收到发回案件之日起,重新计算审理期限。

(6)由简易程序转为普通程序的,自案件决定转为普通程序次日起重新计算。

第二节 送 达

一、送达的概念和特点

刑事诉讼中的送达,是指人民法院、人民检察院和公安机关等专门机关依照法定程序和方式,将有关诉讼文件送交诉讼参与人、有关机关和单位的诉讼活动。送达具有以下特点:

(1)送达的主体是公安、司法机关。诉讼参与人向司法机关送交的自诉状、上诉状、答辩状等诉讼文件的行为,不属于法定的送达。

(2)送达必须依照法定的程序和方式进行。公安、司法机关只有经过依法送达,诉讼文件才会发生相应的法律效力。

(3)送达的内容是各种诉讼法律文书。刑事诉讼中需要送达的诉讼文书包括法律文书和各种书状副本。其中,法律文件如传票、通知书、起诉书、决定书、裁定书、判决书、调解书等;书状副本则包括起诉状副本、上诉状副本、答辩状副本等。

(4)送达的对象是专门机关和诉讼参与者人。既可以是公民个人,也可以是机关、单位。如接受通知的犯罪嫌疑人、接受判决书的被告人、接受开庭通知的人民检察院和辩护人等都可以成为收件人。

二、送达的方式

根据《刑事诉讼法》第105条和最高人民法院《关于适用〈中华人民共和国刑事诉讼法〉

的解释》第167条至第171条规定,送达的方式有以下几种:

(1)直接送达。直接送达是指司法机关派员将诉讼法律文书直接交给收件人。直接送达的特点是承办案件的司法机关将诉讼文件直接送达收件人,而不通过中介人或中间环节。收件人不在的,可以由其同住的成年家属或者所在单位负责收件的人员代收。

(2)留置送达。留置送达是指收件人本人或者代收人无正当理由拒绝接收诉讼法律文书或者拒绝签名、盖章时,由送达人员将诉讼法律文书放置在收件人或代收人的住处的一种送达方式。留置送达必须具备一定条件,即收件人或代收人无正当理由拒绝接受诉讼法律文书或者拒绝签名、盖章时才能采用。收件人或者代收人拒绝签收的,送达人可以邀请见证人到场,说明情况,在送达回证上注明拒收的事由和日期,由送达人、见证人签名或者盖章,将诉讼法律文书留在收件人、代收人的住处或者单位;也可以把诉讼法律文书留在受送达人的住处,并采用拍照、录像等方式记录送达过程,即视为送达。值得注意的是,调解书不得适用留置送达方式送达。

(3)委托送达。委托送达是指承办案件的司法机关直接送达诉讼法律文书有困难的,委托收件人所在地的公安、司法机关代为交给收件人的状态方式。委托送达一般是在收件人不住在承办案件的司法机关所在地,而且直接送达有困难的情况下所采用的送达方式。根据最高人民法院《关于适用〈中华人民共和国刑事诉讼法〉的解释》第169条的规定,委托送达的,应当将委托函、委托送达的诉讼法律文书及送达回证寄送受托法院。受托法院收到后,应当登记,在10日内送达收件人,并将送达回证寄送委托法院;无法送达的,应当告知委托法院,并将诉讼法律文书及送达回证退回。

(4)邮寄送达。邮寄送达是司法机关将诉讼法律文书挂号邮寄给收件人的一种送达方式。邮寄送达一般是在直接送达有困难的情况下采用的送达方式。其程序是,司法机关将诉讼法律文书、送达回证挂号邮寄给收件人,收件人签收挂号邮寄的诉讼法律文书后即认为已经送达。挂号回执上注明的日期为送达的日期。

(5)转交送达。转交送达是指对特殊的收件人由有关部门转交诉讼法律文书的送达方式。根据最高人民法院《关于适用〈中华人民共和国刑事诉讼法〉的解释》规定,诉讼法律文书的收件人是军人的,可以通过其所在部队团级以上单位的政治部门转交。收件人正在服刑的,可以通过执行机关转交。收件人正在被采取强制性教育措施的,可以通过强制性教育机构转交。由有关部门、单位代为转交诉讼法律文书的,应当请有关部门、单位收到后立即交收件人签收,并将送达回证及时寄送人民法院。

【本章练习】

一、单项选择题

1.关于刑期计算,下列哪一说法是不正确的?( )

A.甲被判处拘役6个月,其被指定居所监视居住154天的期间折抵刑期154天

B.乙通过贿赂手段被暂予监外执行,其在监外执行的267天不计入执行刑期

C.丙在暂予监外执行期间脱逃,脱逃的78天不计入执行刑期

D.丁被判处管制,其判决生效前被逮捕羁押208天的期间折抵刑期416天

2. 关于期间的计算,下列哪一说法是正确的?(   )

A. 因被告人脱逃而中止审理的期间,计入审理期限

B. 法院对提起公诉案件进行审查的期限,不计入审理期限

C. 被告人要求法院另行指定辩护律师,自合议庭同意而宣布延期审理之日起至第10日止准备辩护的时间,计入审理期限

D. 因当事人和辩护人申请调取新的证据而延期审理期限,不计入审理期限

3. 根据《刑事诉讼法》及有关司法解释的规定,下列哪一项办案期限是不能重新计算的?(   )

A. 补充侦查完毕后的审查起诉期限

B. 发现犯罪嫌疑人另有重要罪行后的侦查羁押期限

C. 处理当事人回避申请后的法庭审理期限

D. 检察院补充侦查完毕移送法院继续审理的审理期限

4. 南门县公安局在对陈某的盗窃案侦查终结时发现陈某另有杀人嫌疑;但此时对陈某的侦查羁押期限已届满。鉴于需对该杀人案进行侦查,公安局决定对陈某继续羁押,并重新计算侦查羁押期限。此时公安局应如何履行法律手续?(   )。

A. 报经人民检察院批准　　　　B. 报人民检察院备案

C. 不必告知人民检察院　　　　D. 报上级公安机关批准

5. 甲、乙二人是邻居,因生活琐事发生争吵继而发生打斗。甲将乙打成轻伤,乙将甲诉至法院,甲被法院判处有期徒刑1年。甲服判,不愿意提出上诉。乙不服,欲提出上诉。在上诉期内,乙父死亡,乙为父奔丧而耽误上诉期限。障碍消除后,乙申请继续进行应当在期满前完成的上诉活动。下列关于本案说法正确的是(   )。

A. 乙必须在障碍消除后5日内提出申请　B. 提出该申请需要经其辩护人同意

C. 乙无权提出该申请　　　　　　　　　D. 期间是否恢复,由人民法院决定

二、多项选择题

1. 被告人徐某为未成年人,法院书记员到其住处送达起诉书副本,徐某及其父母拒绝签收。关于该书记员处理这一问题的做法,下列哪些选项是正确的?(   )

A. 邀请见证人到场

B. 在起诉书副本上注明拒收的事由和日期,该书记员和见证人签名或盖章

C. 采取拍照、录像等方式记录送达过程

D. 将起诉书副本留在徐某住处

2. 下列关于留置送达,说法错误的有(   )。

A. 调解书不宜适用留置,但受送达人下落不明的除外

B. 在找不到收件人,同时也找不到代收人时,才能采取留置送达

C. 留置送达与直接送达具有同样的法律效力

D. 留置送达的程序中无须见证人到场

3. 高某不服一审人民法院以故意伤害罪判处其12年有期徒刑的判决,但又因故耽误上诉期限。障碍消除后,高某申请继续进行应当在期满前完成的上诉活动,必须满足什么条件?(   )

A. 高某耽误的期间是由于不能抗拒的原因或者其他正当理由

B. 在障碍消除后 5 日内高某提出上诉

C. 继续应当在期满以前提出上诉的请求,需要由辩护人为其提出

D. 经人民法院查证属实,裁定允许

三、简答题

1. 规定诉讼期间有何积极意义?

2. 简述送达的法律效力。

第十三章 立 案

【学习目标】

- **知识目标：**
  了解立案的概念和意义。
  了解立案材料的主要来源。
  掌握立案的条件。
- **能力目标：**
  理解和掌握立案材料的审查与处理。
  理解和掌握立案行为的法律监督程序内容。

【案例引导1】

　　李某，女，7岁，某小学二年级学生。一日，李某在上学途中被一陌生男子强奸。到学校后，李某向班主任张老师讲述了被奸淫的经过。张老师立即到较近的乡派出所报案。派出所值班民警告诉张老师，她没有报案的资格，原因是她不是被害人的法定代理人，也不是近亲属，因此对她的报案不予接受。无奈，张老师只好回去将此事告诉了李某的父母，让他们带着李某去报案。李某的父亲带着李某到派出所讲述案情，但派出所的人员却让李某写一份书面材料，他们才能受理。
　　请问：本案中公安人员有哪些地方违反了法律规定？

【案例引导2】

2014年8月13日,群众张某到G市B区分局Y派出所举报阳光菜市场C2档口销售用福尔马林泡过的鸡爪。接到举报后,Y派出所指派两名侦查人员甲和乙前往阳光菜市场调查。为了确定该档口是否存在销售有毒、有害食品行为,两名侦查人员冒充买家在C2档口购买了两包鸡爪,并带回公安机关进行鉴定。经过鉴定,确认两包鸡爪均为福尔马林泡过,公安机关遂决定立案侦查。

请问:公安机关购买鸡爪的行为在程序上属于什么性质?侦查人员甲和乙购买的鸡爪能否作为证据使用?

第一节 立案概述

一、立案的概念和特征

刑事诉讼中的立案,是指公安机关、人民检察院发现犯罪事实或者犯罪嫌疑人,或者公安机关、人民检察院、人民法院对于报案、控告、举报、自首以及自诉人起诉等材料,按照各自的管辖范围进行审查,认为有犯罪事实需要追究刑事责任时,依法决定作为刑事案件进行侦查或审判的诉讼活动。在我国,立案作为刑事程序正式启动的标志,是每一个刑事案件都必须经过的法定阶段。

立案作为一个独立的诉讼阶段,具有以下特征:

(1)立案是刑事诉讼的起始和必经程序。立案程序是整个刑事诉讼活动的开始。立案、侦查、起诉、审判和执行,是刑事诉讼法确立的五个诉讼阶段。公安、司法机关进行刑事诉讼,必须严格按照法定程序进行,不能随意超越、颠倒任何一个诉讼阶段。由于刑事案件的具体情况不同,某些案件并非必须经过所有阶段,如有些案件,在人民检察院作出不起诉决定后即告终结,不需要经过审判和执行程序;自诉案件不需要经过侦查阶段,由被害人直接向人民法院起诉。但是,任何刑事案件进入刑事诉讼程序都必须经过立案阶段,无法逾越。就公诉案件而言,立案程序决定着侦查行为是否启动;对自诉案件而言,立案程序决定着自诉人的诉求能否进入审判。只有经过立案,其他诉讼阶段才能依次进行,公安、司法机关进行侦查、起诉和审判活动才有法律依据,才能产生法律效力。实践中,某些公安机关和检察院采取不破不立、先破后立的方式来提高刑事执法质量考核的成绩,明显违反了《刑事诉讼法》设置立案程序的目的和规定,应坚决制止。

(2)立案是公安、司法机关的专有职权。刑事案件的立案,是法律赋予公安机关、国家安全机关、人民检察院和人民法院的一种职权,其他任何单位或个人都无权立案。专门机关以外的单位或者个人私立刑事案件,对公民进行非法侦查和审讯的,应承担相应的民事、行政甚至刑事责任。而且,公安、司法机关行使立案决定权也必须严格遵守法定程序,按照规定的条件、标准和管辖范围进行,不得逾越法定职权。只有这样才能实现准确、及时打击犯罪和有效的保障人权的双重目标。

二、立案的意义

《刑事诉讼法》把立案规定为刑事诉讼的开始和必经程序,对于保证刑事诉讼的正确进行以及刑事诉讼任务的顺利完成,有着重要的意义。

(1)有利于准确、及时地揭露、证实和惩罚犯罪。对于已经发生的犯罪行为,公安司法机关正确、及时地作出立案决定,并不失时机地开展侦查活动,有利于对刑事案件迅速开展侦查活动,及时收集证据,从而有效地同犯罪分子做斗争。反之,如果应当立案而不立案或者不及时立案,则会贻误战机,放纵犯罪。因此,正确地运用和执行立案程序,能够保证一切依法需要追究刑事责任的犯罪行为,及时地受到应有的刑事追究。

(2)有利于保护公民的合法权益不受侵犯。正确、及时地立案,是对犯罪行为的受害单位或公民合法权益的有力保护,是对犯罪行为控告人正义要求的有力支持。此外,我国作为世界上少数几个将立案作为刑事诉讼独立、必经程序的国家,设立立案程序的重要目的之一就在于从程序上防止公安、司法机关滥用权力,随意采取侦查行为或强制措施。因此,正确执行立案程序,严格把握立案的法定条件,还可以保证无辜公民不受刑事追究,切实保障公民的合法权益。可见,立案的正确进行,对保障公民的合法权益具有重要意义。

(3)立案是准确评价社会治安形势和进行正确决策的重要依据。立案是司法统计的重要内容。公安、司法机关通过对立案材料的接收和审查,能够及时、准确地掌握各个时期和各个地区刑事案件的发案情况,分析研究某时某地犯罪的动向、特点和规律,总结工作经验,开展有针对性的专项行动、部署防范计划、确定打击重点,预防和减少犯罪,开展社会治安综合治理。

第二节 立案的材料来源和条件

一、立案的材料来源

立案的材料来源,是指公安、司法机关获取有关犯罪事实以及犯罪嫌疑人情况的材料的渠道或途径。立案作为刑事诉讼的开始,必须有说明犯罪事实或者犯罪嫌疑人存在的材料,这些材料是公安、司法机关决定是否立案的根据。根据《刑事诉讼法》及相关司法解释的规定,立案的材料来源主要包括以下几个方面:

1.公安机关或者人民检察院自行发现的犯罪事实或者获得的犯罪线索

《刑事诉讼法》第107条规定,公安机关或者人民检察院发现犯罪事实或者犯罪嫌疑人,应当按照管辖范围,立案侦查。公安机关是国家的治安保卫机关,处在同犯罪做斗争的第一线,在日常执法过程中常能发现犯罪事实,在对刑事案件进行侦查,或是讯问犯罪嫌疑人时也有可能发现犯罪线索,这些都是公安机关立案的材料来源。人民检察院作为公诉机关,其本身也承担侦查职能,在审查批捕、审查起诉等活动中也有可能发现犯罪事实。国家安全机关、军队保卫部门、海关缉私部门、监狱等部门,在执行职务过程中发现犯罪事实或者犯罪线索,对于符合立案条件的,也应当立案。

公安机关、人民检察院主动发现、获取的犯罪线索是立案材料的主要来源。实践中,有些部门等案上门、坐堂办案、就案办案的做法不仅有违《刑事诉讼法》的规定,更影响了执法部门的公信力。因此,具有侦查职能的机关应主动出击,积极获取犯罪线索,与犯罪分子和犯罪行为作斗争。

2. 单位和个人的报案或者举报

《刑事诉讼法》第108条第1款规定,任何单位和个人发现有犯罪事实或者犯罪嫌疑人,有权利也有义务向公安机关、人民检察院或者人民法院报案或者举报。报案是指单位、个人或者被害人发现有犯罪事实发生,但尚不知犯罪嫌疑人为何人时,向公安、司法机关告发的行为;举报则是指单位和个人对其发现的犯罪事实和犯罪嫌疑人向公安机关、人民检察院和人民法院进行告发、揭露的行为。举报与报案相比,一般能明确指出具体的犯罪嫌疑人为何人,向公安、司法机关提供的案件事实及证据材料要更为详细、具体。而且,从语义角度分析,举报的实施主体应当是被害人以外的单位或者个人。

单位和个人的报案或者举报是立案材料的重要来源。发现犯罪事实或者犯罪嫌疑人后向公安、司法机关报案或者举报,既是任何单位和个人依法享有的权利,也是其依法应当履行的义务。任何单位和个人均不得私自扣押公民举报的线索,也不得对举报人进行压制和打击报复。

3. 被害人的报案或者控告

《刑事诉讼法》第108条第2款规定,被害人对侵犯其人身、财产权利的犯罪事实或者犯罪嫌疑人,有权向公安机关、人民检察院或者人民法院报案或者控告。《刑事诉讼法》第112条规定,对于自诉案件,被害人有权向人民法院直接起诉。被害人死亡或者丧失行为能力的,被害人的法定代理人、近亲属有权向人民法院起诉。人民法院应当依法受理。因此,自诉案件的被害人及其法定代理人、近亲属向人民法院起诉,也是立案材料的来源之一。

被害人是犯罪行为的直接受害者,一方面具有揭露犯罪、惩罚犯罪的强烈愿望和积极主动性;另一方面,在许多案件中,被害人与犯罪嫌疑人有过接触,能够提供较为详细、具体的有关犯罪事实和犯罪嫌疑人的情况。所以,被害人的报案或者控告对于追究犯罪具有重要价值,也是重要的立案材料来源。被害人的报案,与其他单位和个人的报案在内容上并无不同,即在报案时并不知道犯罪嫌疑人为何人,只能提供犯罪事实发生的线索。不过,被害人是人身权或者财产权遭受犯罪行为直接侵害的人,与案件有直接的利害关系,报案是为了维护自身权益,故被害人的报案对所受损失的描述可能出现夸大和失实的情况,公安、司法机关对此应认真分析。被害人控告是指被害人就其人身权利、财产权利遭受不法侵害的事实及犯罪嫌疑人的有关情况,向公安、司法机关揭露和告发,要求依法追究其刑事责任的诉讼行为。被害人死亡或者丧失行为能力的,其法定代理人、近亲属也有权提出控告。被害人报案与控告的区别,与前述报案和举报的区别相同。

控告与举报都是向司法机关揭露犯罪,并要求其依法处理的行为,也都是公民同犯罪行为作斗争的重要手段,但两者又不相同,主要区别是:①控告人是犯罪案件的被害人或其法定代理人,与案件的处理有直接的利害关系;举报人一般都不是犯罪案件的被害人或其法定代理人,与案件无直接利害关系。②控告的目的,主要是为了维护被害人自身的合法权益;而举报的目的,主要是为了伸张正义,维护法制,保护国家和社会公共利益及他人的合法权益。总之,与其他立案材料来源相比,被害人控告提供给公安、司法机关的材料最为详尽,内容也最有价值,但最容易出现夸大和失实的情况,公安、司法机关同样应当仔细调查。

报案、控告和举报是公民的民主权利,受国家法律保护,任何单位或个人都不得以任何借口对报案人、控告人、举报人进行阻止、压制或者打击报复。对报案人、控告人、举报人进行报复、陷害构成犯罪的,应当依法追究刑事责任。由此可见,在本章案例引导1中,派出所民警认为张老师没有报案资格是错误的,而且报案并非必须以书面方式提出,口头方式亦符合法律的规定,公安机关应当接受。

4.犯罪人的自首

《刑事诉讼法》第108条第4款明确规定,犯罪人向公安机关、人民检察院和人民法院自首的,适用第3款规定。即公安机关、人民检察院或者人民法院对于犯罪人的自首,都应当接受。对于不属于自己管辖的,应当移送主管机关处理;对于不属于自己管辖而又必须采取紧急措施的,应当先采取紧急措施,然后移送主管机关。自首,是指犯罪人作案以后自动投案,如实供述自己罪行,并接受公安、司法机关的审查和裁判的行为。由于自首能得到依法从轻、减轻或者免除处罚的刑罚待遇,故有不少犯罪人实施犯罪后会投案自首。《刑事诉讼法》将自首作为立案材料的重要来源,含有鼓励犯罪分子主动投案自首,争取宽大处理的意旨。

5.其他途径

立案材料除上述四种来源之外,还可从以下途径获取:上级机关交办的案件;群众的扭送;党的纪检部门查处后移送追究刑事责任的案件;行政执法机关、行政监察机关移送的案件等。《刑事诉讼法》第82条规定,公民对于正在实行犯罪或者在犯罪后即时被发觉的、通缉在案的、越狱逃跑的、正在被追捕的犯罪嫌疑人,可以立即扭送公安机关、人民检察院或人民法院处理。《刑事诉讼法》第52条还规定,行政机关在行政执法和查办案件过程中收集的物证、书证、视听资料、电子数据等证据材料,在刑事诉讼中可以作为证据使用。这条规定明确了行政执法和刑事诉讼程序的有效衔接,使公安机关、人民检察院与海关、工商、税务、审级、监察等行政执法部门可以互相配合、互相支持,提高工作效率、节省司法成本。可见,这些部门在日常工作中也为刑事案件提供了重要的立案材料来源。

二、立案的条件

立案必须有一定的事实材料为依据,但这并不意味着有了一定的事实材料就一定能立案。只有当这些材料所反映的事实符合立案的条件时,才能做到正确、及时、合法立案。立案的条件,是指立案必须具备的基本条件,也就是决定刑事案件成立,开始进行刑事追究所必须具备的法定条件。正确掌握立案条件,是准确、及时立案的关键。

《刑事诉讼法》第110条规定,人民法院、人民检察院或者公安机关对于报案、控告、举报和自首的材料,应当按照管辖范围,迅速进行审查,认为有犯罪事实需要追究刑事责任的时候,应当立案;认为没有犯罪事实,或者犯罪事实显著轻微,不需要追究刑事责任的时候,不予立案,并且将不立案的原因通知控告人。控告人如果不服,可以申请复议。根据这一规定,立案的程序要件是必须对案件有管辖权;实体要件则需要具备两个条件:一是有犯罪事实;二是需要追究刑事责任。立案的程序要件在"管辖"一章已有详细讲解,这里就不赘述。我们在此主要了解立案的实体要件。

1. 有犯罪事实

有犯罪事实,是指客观上存在着某种危害社会的犯罪行为。这是立案的首要条件。如果没有犯罪事实存在,就谈不上立案的问题了。有犯罪事实,包含两个方面的内容:

(1)要立案追究的,应当是依照《刑法》的规定构成犯罪的行为。立案应当而且只能针对犯罪行为进行,如果没有犯罪事实,或者只是一般的违法行为,甚或是违反社会道德的行为,就不能立案。而且,由于立案是追究犯罪的开始,此时所说的有犯罪事实,仅是指发现有某种危害社会而又触犯刑律的犯罪行为发生,至于整个犯罪的过程、犯罪的具体情节、犯罪人是谁等,并不要求在立案时就全部查清。这些问题应当通过立案后的侦查或审理活动来解决。

(2)要有一定的证据证明犯罪事实确已发生。所谓犯罪事实确已发生就是指犯罪事实确已存在,包括犯罪行为已经实施、正在实施或预备实施。而且,已发生的犯罪事必须有一定的证据予以证明,而不能是道听途说、凭空捏造或者捕风捉影。当然,立案仅仅是刑事诉讼的初始阶段,在这一阶段,尚不能要求证据能够达到证实犯罪嫌疑人为何人以及犯罪的目的、动机、手段、方法等一切案情的程度。

2. 需要追究刑事责任

需要追究刑事责任,是指依法应当追究犯罪行为人的刑事责任。这是立案必须具备的另一个条件。只有当有犯罪事实发生,并且依法需要追究行为人刑事责任时,才有必要立案。根据《刑法》和《刑事诉讼法》的规定,并非所有犯罪行为都需要追究刑事责任。《刑事诉讼法》第15条的规定,有下列情形之一的,不追究刑事责任:①情节显著轻微、危害不大,不认为是犯罪的;②犯罪已过追诉时效期限的;③经特赦令免除刑罚的;④依照《刑法》告诉才处理的犯罪,没有告诉或者撤回告诉的;⑤犯罪嫌疑人、被告人死亡的;⑥其他法律规定免予追究刑事责任的。凡行为人具有上述法定不追究刑事责任的情形之一的,就不应当立案。已经立案的,应当撤销案件、或不起诉、或终止审理、或宣告无罪。

由于刑事自诉案件不经过侦查阶段,而是由自诉人直接向人民法院提起诉讼,符合立案条件的案件会直接进入审判程序。因此,自诉案件的立案条件除了应当具备公诉案件的程序及实体要件外,根据最高人民法院《关于适用〈中华人民共和国刑事诉讼法〉的解释》的规定,还应当具备下列条件:①属于刑事自诉案件的范围;②属于该人民法院管辖;③刑事案件的被害人告诉的;④有明确的被告人、具体的诉讼请求和能证明被告人犯罪事实的证据。

三、立案的标准

有犯罪事实,需要追究刑事责任,是《刑事诉讼法》规定的立案两个实体要件,司法机关进行立案时必须严格遵守,才能保证立案的正确性。但是,《刑事诉讼法》第110条规定的立案条件,只是从总体上作出的原则性规定,适用于所有的刑事案件,在司法实践中具体到某个刑事案件是否应当立案,还必须结合《刑法》分则规定的构成要件来确定。而且,实践中的犯罪行为千差万别,准确把握立案条件比较困难。因此,为了统一执行国家的刑事法律,正确把握立案条件,公安部、最高人民检察院和最高人民法院根据《刑事诉讼法》的有关规定,对各自管辖的刑事案件,分别或者联合制定了一些具体的立案标准,如1998年3月26日最高人民法院、最高人民检察院、公安部发布的《关于盗窃罪数额认定标准问题的规定》、1999年9月9日最高人民检察院发布的《关于人民检察院直接受理立案侦查案件立案标准的规定(试行)》、2000年12月22日最高人民检察院发布的《关于行贿罪立案标准的规定》以及2006年7月26日最高人民检察院发布的《关于渎职侵权犯罪案件立案标准的规定》等。立案标准作为立案的操作细则,提高了立案工作的可操作性,使立案行为更加规范化;同时,立案标准也使对犯罪嫌疑人合法权利的保障有了明确性和针对性,更有利于发现侦查机关滥用权力的行为。

第三节 立案程序

立案程序是指立案阶段各种诉讼活动的步骤和形式。根据《刑事诉讼法》的规定,立案程序包括立案材料的接受、审查和处理三个部分。

一、立案材料的接受

立案材料的接受,是指公安机关、人民检察院和人民法院对报案、控告、举报和自首材料的受理。它是立案程序的开始。接受立案材料,应当注意以下几点:

(1)公安机关、人民检察院和人民法院对于报案、控告、举报、自首和扭送,都应当立即接受,不得以任何借口拒绝或推诿。《刑事诉讼法》第108条规定,公安机关、人民检察院或者人民法院对于报案、控告、举报,都应当接受。对于不属于自己管辖的,应当移送主管机关处理,并且通知报案人、控告人、举报人;对于不属于自己管辖而又必须采取紧急措施的,应当先采取紧急措施,然后移送主管机关。这里"紧急措施"是指为了防止犯罪嫌疑人毁灭证据、逃跑、自杀、行凶等情况发生,而进行的保护现场、先行拘留嫌疑人、扣押证据等措施。

(2)报案、控告和举报可以用书面或口头形式提出,必要时可以录音、录像。《刑事诉讼法》第109条第1款规定,报案、控告、举报可以用书面或口头提出。接受口头报案、控告和举报的工作人员,应当写成笔录,经宣读无误后,由报案人、控告人、举报人签名或者盖章。《公安机关办理刑事案件程序规定》第166条进一步规定,公安机关对于公民扭送、报案、控告、举报或者犯罪嫌疑人自动投案的,都应当立即接受,问明情况,并制作笔录,经核对无误后,由扭送人、报案人、控告人、举报人、自动投案人签名、捺指印。必要时,应当录音或者录像。《人民检察院刑事诉讼规则(试行)》第158条还规定,控告检察部门或者举报中心对于以走访形式的报案、控告、举报和犯罪嫌疑人投案自首,应当指派两名以上工作人员接待,问明情况,并制作笔录,经核对无误后,由报案人、控告人、举报人、自首人签名、捺指印,必要时可以录音、录像;对报案人、控告人、举报人、自首人提供的有关证据材料、物品等应当登记,制作接受证据(物品)清单,并由报案人、控告人、举报人、自首人签名,必要时予以拍照,并妥善保管。书面控告应当写明控告人的姓名、住址和工作单位。机关、团体、事业单位的书面举报,应当由单位加盖公章,并由单位负责人签名或者盖章,以避免事后无人负责或者防止诬告陷害。对于匿名举报,不能一概否定,要慎重对待,在没有查证属实之前,只能作为线索,不能作为立案的根据。对于自首,接受的司法机关人员应当把讲述的具体内容,包括作案时间、地点、详细的作案情节、手段、后果以及投案自首的时间、地点等写成笔录,并经办案人员宣读无误后,由自首人签名或者捺指印。

(3)为了防止诬告陷害,确保控告、举报材料的客观真实性,接受控告、举报的工作人员,应当向控告人、举报人说明诬告应负的法律责任。《人民检察院刑事诉讼规则(试行)》第159条和第180条规定,接受控告、举报的检察人员,应当告知控告人、举报人如实控告、举报和捏造、歪曲事实应当承担的法律责任。对于属于错告的,如果对被控告人、被举报人造成不良影响的,应当自作出决定之日起1个月以内向其所在单位或者有关部门通报初查结论,澄清事实。对于属于诬告陷害的,应当移送有关部门处理。但是,认定诬告应当谨慎为之。对此,《公安机关办理刑事案件程序规定》第169条规定,公安机关接受控告、举报的工作人员,应当向控告人、举报人说明诬告应负的法律责任。但是,只要不是捏造事实、伪造证据,即使控告、举报的事实有出入,甚至是错告的,也要和诬告严格加以区别。

(4)公安、司法机关应当为报案人、控告人、举报人保密,并保障他们及其近亲属的安全。为了鼓励人民群众积极同犯罪行为做斗争,保障单位和个人行使控告、举报的权利,《刑事诉讼法》第109条第3款规定,公安机关、人民检察院或者人民法院应当保障报案人、控告人、举报人及其近亲属的安全。当他们的安全受到威胁时,公安、司法机关应当主动采取保护措施或者被要求而采取相应的保护措施。为了防止事后对报案人、控告人、举报人及其近亲属的打击报复,该款还规定,报案人、控告人、举报人如果不愿公开自己的姓名和报案、控告、举报的行为,应当为他保密。同时,必须严肃查处对报案人、控告人、举报人进行威胁、侮辱、殴打或者打击报复的行为。构成犯罪的,应当依法追究刑事责任;尚不够刑事处罚的,依法给予行政处罚;或者建议有关主管机关予以党纪、政绩处分。《人民检察院刑事诉讼规则(试行)》第100条还规定,被取保候审人对被害人、举报人、控告人实施打击报复的,人民检察院应当对犯罪嫌疑人予以逮捕。第110条进一步规定,对涉嫌特别重大贿赂犯罪在住处执行可能有碍侦查且可能对举报人、控告人、证人及其他人员等实施打击报复的犯罪嫌疑人,可以在指定居所执行监视居住。对于仍然违反规定对上述人员实施打击报复的,第121条还规定人民检察院应当予以逮捕。而且,根据第139条的规定,人民检察院还可以对有上述行为的犯罪嫌疑人直接作出逮捕决定。

(5)对属于刑事案件的材料或者线索,有管辖权的机关应当进行统一登记。公安管辖的案件,在接受案件时,应当制作受案登记表,并出具回执。而对人民检察院管辖的案件,由举报中心负责统一管理举报线索。本院其他部门或者人员对所接受的犯罪案件线索,应当在7日以内移送举报中心。有关机关或者部门移送人民检察院审查是否立案的案件线索和人民检察院侦查部门发现的案件线索,由侦查部门自行审查。人民检察院对于直接受理的要案线索实行分级备案的管理制度。县、处级干部的要案线索一律报省级人民检察院举报中心备案,其中涉嫌犯罪数额特别巨大或者犯罪后果特别严重的,层报最高人民检察院举报中心备案;厅、局级以上干部的要案线索一律报最高人民检察院举报中心备案。要案线索是指依法由人民检察院直接立案侦查的县、处级以上干部犯罪的案件线索。要案线索的备案,应当逐案填写要案线索备案表。备案应当在受理后7日以内办理;情况紧急的,应当在备案之前及时报告。接到备案的上级人民检察院举报中心对于备案材料应当及时审查,如果有不同意见,应当在10日以内将审查意见通知报送备案的下级人民检察院。而且,公安机关与人民检察院还要建立刑事案件信息通报制度,定期相互通报刑事发案、报案、立案、破案和刑事立案监督、侦查活动监督、批捕、起诉等情况,重大案件随时通报。有条件的地方,还应当建立刑事案件信息共享平台。

二、立案材料的审查和处理

《刑事诉讼法》第110条规定,人民法院、人民检察院或者公安机关对于报案、控告、举报和自首的材料,应当按照管辖范围,迅速进行审查,认为有犯罪事实需要追究刑事责任的时候,应当立案;认为没有犯罪事实,或者犯罪事实显著轻微,不需要追究刑事责任的时候,不予立案。

立案材料的审查是指公安机关、人民检察院、人民法院等有立案决定权的机关对自己发现的或者接受的立案材料进行核对、调查的活动。主要审查以下内容:材料所反映的事件是否属于犯罪行为;如果属于犯罪行为,有无确实可靠的证据材料证明;依法是否需要追究行为人的刑事责任;有无法定不追究刑事责任的情形。最终,立案或者不立案,取决于公、检、法三机关对立案材料审查的结果,即对立案材料的处理。对立案材料的处理,是指公安机关、人民检察院、人民法院通过对立案材料审查后,分别针对不同情况作出立案或者不立案的决定。对立案材料的审查和处理,是立案程序的中心,是能否正确、及时立案的关键。由于公、检、法三机关在刑事诉讼中的职能分工不同,直接受理的刑事案件各具特色,因而三机关在对立案材料的审查和处理的具体程序上都有所不同。

1.公安机关对立案材料的审查和处理

公安机关对接受的案件,或者发现的犯罪线索,应当迅速进行审查,并分别作出如下处理:①对于在审查中发现案件事实或者线索不明的,必要时,经办案部门负责人批准,可以进行初查。初查过程中,公安机关可以依照有关法律和规定采取询问、查询、勘验、鉴定和调取证据材料等不限制被调查对象人身、财产权利的措施。由此,本章案例引导2中甲和乙购买鸡爪的行为属于初查,初查中取得的材料应当可以作为证据使用。②经过审查,认为有犯罪事实,但不属于自己管辖的案件,应当立即报经县级以上公安机关负责人批准,制作移送案件通知书,移送有管辖权的机关处理。对于不属于自己管辖又必须采取紧急措施的,应当先采取紧急措施,然后办理手续,移送主管机关。③经过审查,对告诉才处理的案件,公安机关应当告知当事人向人民法院起诉。对被害人有证据证明的轻微刑事案件,公安机关应当告知被害人可以向人民法院起诉;被害人要求公安机关处理的,公安机关应当依法受理。人民法院审理自诉案件,依法调取公安机关已经收集的案件材料和有关证据的,公安机关应当及时移交。④经过审查,对于不够刑事处罚需要给予行政处理的,依法予以处理或者移送有关部门。⑤公安机关接受案件后,经审查,认为有犯罪事实需要追究刑事责任,且属于自己管辖的,经县级以上公安机关负责人批准,予以立案。认为没有犯罪事实,或者犯罪事实显著轻微不需要追究刑事责任,或者具有其他依法不追究刑事责任情形的,经县级以上公安机关负责人批准,不予立案。对有控告人的案件,决定不予立案的,公安机关应当制作不予立案通知书,并在3日以内送达控告人。⑥对行政执法机关移送的案件,公安机关应当自接受案件之日起3日以内进行审查,认为有犯罪事实,需要追究刑事责任,依法决定立案的,应当书面通知移送案件的行政执法机关;认为没有犯罪事实,或者犯罪事实显著轻微,不需要追究刑事责任,依法不予立案的,应当说明理由,并将不予立案通知书送达移送案件的行政执法机关,相应退回案件材料。⑦经立案侦查,认为有犯罪事实需要追究刑事责任,但不属于自己管辖或者需要由其他公安机关并案侦查的案件,经县级以上公安机关负责人批准,制作移送案件通知书,移送有管辖权的机关或者并案侦查的公安机关,并在移送案件后3日以内书面通知犯罪嫌疑人家属。⑧案件变更管辖或者移送其他公安机关并案侦查时,与案件有关的财物及其孳息、文件应当随案移交。移交时,由接收人、移交人当面查点清楚,并在交接单据上共同签名。

2. 检察院对立案材料的审查和处理

人民检察院控告检察部门或者举报中心统一受理报案、控告、举报、申诉和犯罪嫌疑人投案自首,并根据具体情况和管辖规定,在7日以内作出以下处理:①属于人民检察院管辖的,按照相关规定移送本院有关部门或者其他人民检察院办理;②不属于人民检察院管辖的,移送有管辖权的机关处理,并且通知报案人、控告人、举报人、自首人。对于不属于人民检察院管辖又必须采取紧急措施的,应当先采取紧急措施,然后移送主管机关;③对案件事实或者线索不明的,应当进行必要的调查核实,收集相关材料,查明情况后及时移送有管辖权的机关或者部门办理。控告检察部门或者举报中心可以向下级人民检察院交办控告、申诉、举报案件,交办举报线索前应当向有关侦查部门通报,交办函及有关材料复印件应当转送本院有关侦查部门。控告检察部门或者举报中心对移送本院有关部门和向下级人民检察院交办的案件,应当依照有关规定进行督办。

侦查部门对举报中心移交举报的线索进行审查后,认为有犯罪事实需要初查的,应当报检察长或者检察委员会决定。初查由侦查部门负责,在刑罚执行和监管活动中发现的应当由人民检察院直接立案侦查的案件线索,由监所检察部门负责初查。对于重大、复杂的案件线索,监所检察部门可以商请侦查部门协助初查;必要时也可以报检察长批准后,移送侦查部门初查,监所检察部门予以配合。各级人民检察院初查的分工,按照检察机关直接立案侦查案件分级管辖的规定确定。上级人民检察院在必要时,可以直接初查或者组织、指挥、参与下级人民检察院的初查,可以将下级人民检察院管辖的案件线索指定辖区内其他人民检察院初查,也可以将本院管辖的案件线索交由下级人民检察院初查;下级人民检察院认为案情重大、复杂,需要由上级人民检察院初查的案件线索,可以提请移送上级人民检察院初查。检察长或者检察委员会决定初查的,承办人员应当制作初查工作方案,经侦查部门负责人审核后,报检察长审批。初查一般应当秘密进行,不得擅自接触初查对象。公开进行初查或者接触初查对象,应当经检察长批准。在初查过程中,可以采取询问、查询、勘验、检查、鉴定、调取证据材料等不限制初查对象人身、财产权利的措施。不得对初查对象采取强制措施,不得查封、扣押、冻结初查对象的财产,不得采取技术侦查措施。根据初查工作需要,人民检察院可以商请有关部门配合调查。对案件进行初查的人民检察院可以委托其他人民检察院协助调查有关事项,委托协助调查应当提供初查审批表,并列明协助调查事项及有关要求。接受委托的人民检察院应当按照协助调查请求提供协助;对协助调查事项有争议的,应当提请双方共同的上级人民检察院协调解决。

侦查部门对举报线索初查后,认为有犯罪事实需要追究刑事责任的,应当制作审查结论报告,提请批准立案侦查,报检察长决定。对具有下列情形之一的,提请批准不予立案:①具有《刑事诉讼法》第15条规定情形之一的;②认为没有犯罪事实的;③事实或者证据尚不符合立案条件的。对上级人民检察院交办、指定管辖或者按照规定应当向上级人民检察院备案的案件线索,应当在初查终结后10日以内向上级人民检察院报告初查结论。上级人民检察院认为处理不当的,应当在收到备案材料后10日以内通知下级人民检察院纠正。对于实名举报,经初查决定不立案的,侦查部门应当制作不立案通知书,写明案由和案件来源、决定不立案的理由和法律依据,连同举报材料和调查材料,自作出不立案决定之日起10日以内移送本院举报中心,由举报中心答复举报人。必要时可以由举报中心与侦查部门共同答复。对于其他机关或者部门移送的案件线索,经初查决定不立案的,侦查部门应当制作不立案通知书,写明案由和案件来源、决定不立案的理由和法律依据,自作出不立案决定之日起10日以内送达移送案件线索的单位。对于属于错告的,如果对被控告人、被举报人造成不良影响的,应当自作出决定之日起1个月以内向其所在单位或者有关部门通报初查结论,澄清事实。对于属于诬告陷害的,应当移送有关部门处理。初查终结后,相关材料应当立卷归档。立案进入侦查程序的,对于作为诉讼证据以外的其他材料应当归入侦查内卷。

人民检察院对于直接受理的案件,经审查认为有犯罪事实需要追究刑事责任的,应当制作立案报告书,经检察长批准后予以立案。在决定立案之日起3日以内,将立案备案登记表、提请立案报告和立案决定书一并报送上一级人民检察院备案。上一级人民检察院应当审查下级人民检察院报送的备案材料,并在收到备案材料之日起30日以内,提出是否同意下级人民检察院立案的审查意见。认为下级人民检察院的立案决定错误的,应当在报经检察长或者检察委员会决定后,书面通知下级人民检察院纠正。上一级人民检察院也可以直接作出决定,通知下级人民检察院执行。下级人民检察院应当执行上一级人民检察院的决定,并在收到上一级人民检察院的书面通知或者决定之日起10日以内将执行情况向上一级人民检察院报告。下级人民检察院对上一级人民检察院的决定有异议的,可以在执行的同时向上一级人民检察院报告。

人民检察院决定不予立案的,如果是被害人控告的,应当制作不立案通知书,写明案由和案件来源、决定不立案的原因和法律依据,由侦查部门在15日以内送达控告人,同时告知本院控告检察部门。人民检察院决定对人民代表大会代表立案,应当按照《人民检察院刑事诉讼规则(试行)》第132条规定的程序向该代表所属的人民代表大会主席团或者常务委员会进行通报。

3.人民法院对立案材料的审查和处理

根据《刑事诉讼法》及相关司法解释的规定,对被害人有证据证明的轻微刑事案件,人民检察院没有提起公诉的,被害人可以经过申诉后向法院提起自诉,或者直接向人民法院提起自诉,人民法院对此应当依法受理。对自诉案件,人民法院应当在15日内审查完毕。经审查,符合受理条件的,应当决定立案,并书面通知自诉人或者代为告诉人。除因证据不足而撤诉的以外,对于不属于法定的自诉案件范围、缺乏罪证、犯罪已过追诉时效期限、被告人死亡、被告人下落不明的案件,自诉人撤诉后就同一事实又告诉的,经人民法院调解结案后,自诉人反悔,就同一事实再行告诉的案件,人民法院应当说服自诉人撤回起诉,如果自诉人不撤回起诉的,人民法院应当裁定不予受理。

第四节 立案监督

在刑事诉讼中,立案监督有狭义和广义之分。狭义的立案监督是指人民检察院对公安机关应当立案的案件没有依法立案,以及不应当立案侦查而立案的,以及刑事立案活动是否合法所进行的法律监督。广义的立案监督,则除了对公安机关立案行为的监督外,还包括对人民检察院和人民法院立案行为的监督。立案监督的目的是确保依法立案,防止和纠正有案不立和违法立案,依法、及时打击犯罪,保护公民的合法权利,保障国家法律的统一正确实施,维护社会和谐稳定。

除了《刑事诉讼法》专门规定对应当立案而不立案的救济程序外,《公安机关办理刑事案件程序规定》和《人民检察院刑事诉讼规则(试行)》还对不应当立案而立案的救济程序进行了细化,使人民检察院对公安机关和自侦案件的立案监督有了明确的规范依据。

一、控告人和行政执法机关对不立案行为的监督

根据《刑事诉讼法》第110条规定,控告人如果不服公安机关的不立案决定,可以申请复议。《公安机关办理刑事案件程序规定》第175条规定,对有控告人的案件,决定不予立案的,公安机关应当制作不予立案通知书,并在3日以内送达控告人。其第176条还进一步规定,控告人对不予立案决定不服的,可以在收到不予立案通知书后7日以内向作出决定的公安机关申请复议;公安机关应当在收到复议申请后7日以内作出决定,并书面通知控告人。控告人对不予立案的复议决定不服的,可以在收到复议决定书后7日以内向上一级公安机关申请复核;上一级公安机关应当在收到复核申请后7日以内作出决定。对上级公安机关撤销不予立案决定的,下级公安机关应当执行。

另外,移送案件的行政执法机关对不予立案决定不服的,可以在收到不予立案通知书后3日以内向作出决定的公安机关申请复议;公安机关应当在收到行政执法机关的复议申请后3日以内作出决定,并书面通知移送案件的行政执法机关。

根据《人民检察院刑事诉讼规则(试行)》第184条规定:"人民检察院决定不予立案的,如果是被害人控告的,应当制作不立案通知书,写明案由和案件来源、决定不立案的原因和法律依据,由侦查部门在十五日以内送达控告人,同时告知本院控告检察部门。控告人如果不服,可以在收到不立案通知书后十日以内申请复议。对不立案的复议,由人民检察院控告检察部门受理。控告检察部门应当根据事实和法律进行审查,并可以要求控告人、申诉人提供有关材料,认为需要侦查部门说明不立案理由的,应当及时将案件移送侦查监督部门办理。"

二、人民检察院对公安机关的立案监督

人民检察院依法对公安机关的立案活动实行监督。被害人及其法定代理人、近亲属或者行政执法机关，认为公安机关对其控告或者移送的案件应当立案侦查而不立案侦查，或者当事人认为公安机关不应当立案而立案，可以向人民检察院提出，人民检察院应当受理并进行审查。

人民检察院控告检察部门受理对公安机关应当立案而不立案或者不应当立案而立案的控告、申诉，应当根据事实和法律进行审查，并可以要求控告人、申诉人提供有关材料，认为需要公安机关说明不立案或者立案理由的，应当及时将案件移送侦查监督部门办理。

人民检察院对于公安机关应当立案侦查而不立案侦查的线索进行审查后，应当根据不同情况分别作出处理：①没有犯罪事实发生，或者犯罪情节显著轻微不需要追究刑事责任，或者具有其他依法不追究刑事责任情形的，及时答复投诉人或者行政执法机关；②不属于被投诉的公安机关管辖的，应当将有管辖权的机关告知投诉人或者行政执法机关，并建议向该机关控告或者移送；③公安机关尚未作出不予立案决定的，移送公安机关处理；④有犯罪事实需要追究刑事责任，属于被投诉的公安机关管辖，且公安机关已作出不立案决定的，人民检察院侦查监督部门经过调查、核实有关证据材料，认为需要公安机关说明不立案理由的，经检察长批准，应当要求公安机关书面说明不立案的理由。

人民检察院侦查监督部门经过调查、核实有关证据材料，认为需要公安机关说明不立案理由的，经检察长批准，应当要求公安机关书面说明不立案的理由。有证据证明公安机关可能存在违法动用刑事手段插手民事、经济纠纷，或者利用立案实施报复陷害、敲诈勒索以及谋取其他非法利益等违法立案情形，尚未提请批准逮捕或者移送审查起诉的，经检察长批准，应当要求公安机关书面说明立案理由。

人民检察院通知公安机关立案或者撤销案件的，应当依法对执行情况进行监督。公安机关在收到通知立案书或者通知撤销案件书后超过15日不予立案或者既不提出复议、复核也不撤销案件的，人民检察院应当发出纠正违法通知书予以纠正。公安机关仍不纠正的，报上一级人民检察院协商同级公安机关处理。公安机关立案后3个月以内未侦查终结的，人民检察院可以向公安机关发出立案监督案件催办函，要求公安机关及时向人民检察院反馈侦查工作进展情况。

对于公安机关认为人民检察院撤销案件通知有错误要求同级人民检察院复议的，人民检察院应当重新审查，在收到要求复议意见书和案卷材料后7日以内作出是否变更的决定，并通知公安机关。对于公安机关不接受人民检察院复议决定提请上一级人民检察院复核的，上级人民检察院应当在收到提请复核意见书和案卷材料后15日以内作出是否变更的决定，通知下级人民检察院和公安机关执行。

三、人民检察院立案行为的自我监督

人民检察院侦查监督部门或者公诉部门发现本院侦查部门对应当立案侦查的案件不报请立案侦查或者对不应当立案侦查的案件进行立案侦查的，应当建议侦查部门报请立案侦查或者撤销案件；建议不被采纳的，应当报请检察长决定。

四、对人民法院不立案行为的监督

对于自诉案件的起诉,人民法院裁定不予受理的,自诉人可以在收到裁定书的次日起 10 内向上一级人民法院提起上诉。

【本章练习】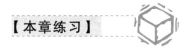

一、单项选择题

1. 某公安机关接到群众报案,称邻居何某坠楼而死,公安机关立即派人到现场进行了现场勘验。如果此事要作为一起刑事案件立案的话,那么,在立案阶段应当查明的事项是( )。
   A. 何某死亡的准确时间　　　　B. 何某是跳楼自杀还是他杀
   C. 如果是他杀,犯罪嫌疑人是谁　D. 如果是他杀,作案人的动机是什么

2. 某人民检察院立案侦查该市工商局长利用职权报复陷害他人,侦查中发现犯罪已过追诉时效期限。人民检察院应当如何处理?( )
   A. 不起诉　　B. 撤销案件　　C. 宣告无罪　　D. 移送法院处理

3. 某市发生一起持枪抢劫案件,公安人员赶到现场时,两个犯罪嫌疑人已经逃跑。该公安机关应当在何时立案?( )。
   A. 应当在抓获一个犯罪嫌疑人以后立案　B. 应当在初步勘验犯罪现场后立即立案
   C. 应当在抓获全部犯罪嫌疑人以后立案　D. 应当在查清犯罪事实后立案

4. 卢某坠楼身亡,公安机关排除他杀,不予立案。但卢某的父母坚称他杀可能性大,应当立案,请求检察院监督。检察院的下列哪一做法是正确的?( )
   A. 要求公安机关说明不立案理由
   B. 拒绝受理并向卢某的父母解释不立案原因
   C. 认为符合立案条件的,可以立案并交由公安机关侦查
   D. 认为公安机关不立案理由不能成立的,应当建议公安机关立案侦查

5. 某法院在审理张某自诉伤害案中,发现被告人还实施过抢劫。对此,下列哪一做法是正确的?( )
   A. 继续审理伤害案,将抢劫案移送有管辖权的公安机关
   B. 鉴于伤害案属于可以公诉的案件,将伤害案与抢劫案一并移送有管辖权的公安机关
   C. 继续审理伤害案,建议检察院对抢劫案予以起诉
   D. 对伤害案延期审理,待检察院对抢劫案起诉后一并予以审理

6. 国家机关工作人员李某多次利用职务之便向境外间谍机构提供涉及国家机密的情报,同事赵某发现其行迹后决定写信揭发李某。关于赵某行为的性质,下列哪一选项是正确的?( )
   A. 控告　　B. 告诉　　C. 举报　　D. 报案

7. 甲偷偷将乙家的一群羊赶走卖掉,获得赃款 3000 元。乙向法院起诉,并提供了足以证明甲盗窃的证据,要求追究甲盗窃罪的刑事责任。法院应采用下列哪一做法处理此

案?( )

A. 裁定不予受理　　　　　　B. 告知乙向公安机关控告

C. 先受理,然后移送公安机关处理　　D. 依法受理

二、多项选择题

1. 某伤害案件,由于犯罪嫌疑人系当地公安局长的儿子,当地公安机关对被害人的报案作出了不立案的处理决定。被害人不服,要求检察院对此进行监督。人民检察院应当如何处理?( )

A. 应该改变管辖,直接由检察院对此案进行立案侦查

B. 检察委员会可以作出决定,要求该局长回避

C. 可以直接书面通知公安机关立案

D. 可以要求公安机关说明不立案的理由,如果认为理由不能成立,可以书面通知公安机关立案

2. 马某向公安机关控告胡某将其打伤,并要求公安机关追究胡某的刑事责任。公安机关认为伤情不重,不予立案,并将不予立案通知书送达了马某。马某如果不服可以采取下列哪些办法?( )

A. 向该公安机关申请复议　　B. 请求当地检察院进行立案监督

C. 直接向人民法院提起自诉　　D. 向上级公安机关提出立案要求

3. 谢某强奸被害人以后,到当地法院自首,该法院应当如何处理?( )

A. 应当立案

B. 应当让谢某到公安机关自首

C. 应当先接受自首,依法将谢某扣留

D. 应当在受理自首后,将谢某移送公安机关立案侦查

三、简答题

1. 立案是否有必要作为刑事诉讼程序的一个独立阶段?
2. 立案的条件是什么?
3. 立案的信息来源包括哪些?
4. 被害人对不立案行为如何进行监督?

第十四章 侦查

【学习目标】

- **知识目标：**

  了解侦查的概念和任务。

  了解行使侦查权的主体范围。

  了解侦查措施的种类。

  了解鉴定人的基本条件和鉴定书的格式要求。

  掌握查封、扣押物证、书证的程序要求。

  了解通缉令的基本内容。

  了解侦查终结的法定条件。

  掌握侦查监督的范围和程序。

- **能力目标：**

  理解并掌握讯问犯罪嫌疑人的程序要求和方法。

  理解并掌握询问证人、被害人的程序要求和方法。

  理解并掌握勘验、检查的程序要求和方法。

  理解并掌握搜查的程序要求。

  理解并掌握辨认的程序要求。

  学会制作通缉令。

  理解并掌握技术侦查措施的种类、批准程序和材料使用范围。

【案例引导1】

在一段时间内,某工厂发生数起女工在晚上下班途中遭到强奸的恶性事件,公安机关决定立案侦查,但未有进展。于是侦察组决定派一名美女警察经打扮化装后作为诱饵。某天晚上,歹徒张三果然再次出现,当其袭击女警时,被潜伏在附近的侦查人员当场抓获。

问题:公安机关的侦查行为是否合法?为什么?

【案例引导2】

某市公安局于2009年11月7日对刘某(男,24岁)、张某(男,21岁)持刀抢劫致人重伤一案立案侦查。经侦查查明,刘某、张某实施抢劫犯罪事实清楚,依法应当追究刑事责任。刘某、张某抢劫案于2010年2月21日侦查终结,移送市人民检察院审查起诉。市人民检察院审查后,认为该案部分事实、证据尚需补充侦查,遂退回市公安局补充侦查。补充侦查完毕,再次移送市人民检察院。市人民检察院认为事实清楚、证据充分,遂向市人民法院提起公诉。

问题:检察院在审查起诉期间认为案件需补充侦查时,可否不退回补充侦查,而由检察院自行侦查?

第一节 侦查概述

一、侦查的概念

在刑事诉讼中,侦查是指特定的国家专门机关在办理刑事案件过程中,为了收集证据、查明案件事实、查获犯罪嫌疑人而依法进行的专门调查工作和有关的强制性措施。根据《刑事诉讼法》的规定,行使侦查权的国家专门机关包括公安机关、人民检察院、国家安全机关、军队保卫部门、监狱和海关缉私部门。

侦查是刑事诉讼程序中的一个独立诉讼阶段,是公诉案件的必经程序,在追诉犯罪中具有非常重要的地位。刑事案件立案后,侦查机关为查明案件事实,查获犯罪嫌疑人,依法开展侦查活动,收集证明犯罪嫌疑人有罪或无罪、罪重或罪轻的各种证据材料,可以为检察机关提起公诉和人民法院进行审判做好充分的准备和奠定坚实的基础。因此,侦查有其特殊的程序地位,是刑事诉讼的一个独立阶段。根据《刑事诉讼法》的有关规定,对侦查的特征可以从以下几个方面来理解:

(1)侦查主体具有特定性。根据《刑事诉讼法》第3条的规定,公安机关负责对刑事案件的侦查、拘留、执行逮捕、预审;人民检察院负责对直接受理案件的侦查。第4条规定,国家安全机关依照法律规定,办理危害国家安全的刑事案件,行使与公安机关相同的职权。第290条还规定了军队保卫部门对军队内部发生的刑事案件行使侦查权,对罪犯在监狱内犯罪的案件由监狱进行侦查。此外,我国《海关法》第4条规定,国家在海关总署设立专门侦查走私犯罪的公安机构,配备专职缉私警察,负责对其管辖的走私犯罪案件的侦查、拘留、执行逮捕、预审。海关侦查走私犯罪公安机构履行侦查、拘留、执行逮捕、预审职责,应当按照我国《刑事诉讼法》的规定办理。可见,我国刑事诉讼中的侦查主体包括公安机关、人民检察院、国家安全机关、军队保卫部门、监狱及海关缉私部门。除此之外,其他任何机关、团体和个人都无权行使侦查权。

(2)侦查活动的内容具有特定性。侦查活动的内容是专门的调查工作和有关的强制性措施。其中,专门调查工作是指《刑事诉讼法》所规定为收集证据,查明犯罪而进行的调查工作。《刑事诉讼法》在第二编第二章中详细规定了专门调查工作的内容和实施程序。专门调查工作包括:讯问犯罪嫌疑人,询问证人、被害人,勘验、检查,搜查,查封、扣押物证、书证,查询、冻结财产,鉴定,通缉,技术侦查措施等手段。应当注意的是,这种专门的调查工作与人民法院在庭审过程中依照《刑事诉讼法》的有关规定进行的勘验、检查、查封、扣押、鉴定和查询、冻结等活动具有截然不同的法律性质。后者属于审判中对证据有疑问时的调查工作,不属于侦查活动范畴。有关的强制性措施,则是指《刑事诉讼法》所规定的,为收集证据、查明犯罪而采取的限制、剥夺人身自由或对人身、财物进行强制的措施。

(3)侦查活动必须依法进行。侦查以国家强制力为后盾,每一项侦查活动的开展都不同程度地带有强制性,稍有违法,就会对公民的人身权利、财产权利造成侵害。为了避免公民的基本权利遭受违法侦查行为的侵犯,《刑事诉讼法》及相关司法解释对侦查的方式、条件、程序、方法做出了严格的规定,侦查机关只有遵守这些规定才能合法全面地收集证据,查明案件事实,保障无辜公民不受刑事追究,维护侦查机关的执法公信力,更好地完成刑事诉讼法所赋予的侦查任务。

二、侦查的任务

侦查是继立案之后的又一个独立的诉讼阶段。通过完成侦查任务,可以打击和预防犯罪,维护社会治安,并可以为起诉和审判提供事实基础等,其主要任务是:

(1)收集证据,查明犯罪事实,查获犯罪嫌疑人。这是侦查工作的主要内容和基本任务。收集证据,是指要收集能证明犯罪嫌疑人有罪与无罪、犯罪情节轻重的各种证据。如果属于犯罪案件,则应当查明属于何种性质的犯罪,以及犯罪的目的、动机、手段,犯罪造成的危害后果等基本案情。与此同时,还应当根据实际情况,依法采用适当的强制性措施使犯罪嫌疑人及时到案。

(2) 制止和预防犯罪。在侦查过程中，如果发现犯罪嫌疑人继续进行犯罪活动，必须坚决予以制止。对具有社会危险性，可能继续进行犯罪活动的重大犯罪嫌疑人，要依法限制或剥夺其人身自由。而且，还应当加强法制宣传，使社会公众认识到犯罪行为的社会危害性，从而增强法治观念，积极与犯罪行为作斗争。

(3) 保护国家、集体和个人的合法权益不受侵犯。《刑事诉讼法》第2条规定了"尊重和保障人权"、"保障无罪的人不受刑事追究"等内容。这些都要求在侦查过程中，如果犯罪嫌疑人依法不应当承担刑事责任，侦查机关就应当及时撤销案件。与此同时，侦查人员还应当依法及时告知犯罪嫌疑人有权委托辩护律师为其提供法律帮助；严禁刑讯逼供和以威胁、引诱、欺骗以及其他非法方法收集证据，不得强迫任何人证实自己有罪。总之，侦查活动是刑事诉讼的重要组成部分，通过收集证据，查明案情，对犯罪者进行刑事追究，不仅要保护国家、集体和公民的合法权益，同样要保障无罪的人不受刑事追究，维护他们的合法权益。

三、侦查的意义

侦查作为公诉案件的必经程序和刑事诉讼的独立阶段，在刑事诉讼活动中具有以下几点十分重要的意义。

(1) 侦查是与犯罪行为作斗争的重要手段。公安、司法机关进行刑事诉讼的目的之一，是准确及时地惩罚犯罪，保护人民。查明案情和查获犯罪行为人是案件侦破的根本性标准。犯罪作为一种错综复杂的社会现象，大多是在极其隐蔽的情况下进行的。而犯罪分子实施了犯罪行为以后，为了逃避法律的制裁，又往往采取各种手段掩盖事实的真相，毁灭或伪造证据，制造假象。如果侦查机关不依法采取强有力的侦查手段，就难以收集到确实、充分的证据，也无法准确、及时查清案件事实，查获犯罪嫌疑人。这不仅会助长犯罪分子的嚣张气焰，也不能完成保护人民，保障社会稳定的任务。所以，侦查是侦查机关有效地同犯罪行为作斗争的强有力手段。

(2) 侦查是提起公诉和审判的基础和前提条件。侦查作为刑事诉讼的一个重要阶段，是公安机关、检察机关和人民法院进行刑事诉讼的第一道"工序"。虽然刑事诉讼活动是从立案开始的，但是全面收集证据，揭露和证实犯罪等实质性活动却是从侦查阶段才开始的，所以它是后续诉讼阶段活动的基础。从侦查阶段在刑事诉讼中的作用来看，侦查是在为起诉和审判做准备。因此，侦查工作进行得如何，对案件能否得到正确、合法、及时的处理，有着直接的影响。如果侦查工作进行得好，收集的证据确实、充分，就会有利于起诉和审判工作的顺利进行。如果侦查工作有疏漏或者偏差，会给起诉或者审判工作带来更大的困难，有些案件不得不退回补充侦查，甚至可能对犯罪的追究造成不可弥补的损失。

(3) 侦查是预防和制止犯罪的重要措施。预防和控制犯罪是现代法治社会的重要活动内容之一。在侦查过程中，强制措施的适用，可以有效制止犯罪分子继续实施犯罪。同时，通过侦查活动，不仅能够查明已经发生的犯罪事实，还可以发现可能发生犯罪的隐患和漏洞，发现社会治安管理和各机关、单位内部管理方面的漏洞，建议或者协同有关部门和单位采取有效措施，消除隐患，防微杜渐，加强安全防范工作，预防和减少犯罪的发生。并且，通过侦查活动还可以教育社会公众，强化公众的法治观念，提升守法的自觉性，提高同犯罪做斗争的积极性。

四、侦查工作的原则

为了更好地完成侦查任务,揭露、证实和惩罚犯罪,侦查人员在侦查工作中除应当遵守刑事诉讼法规定的基本原则外,还必须应当遵守以下各项工作原则:

1. 迅速及时原则

犯罪分子作案以后,为了掩盖罪行,逃避罪责,总是想方设法隐匿、毁灭、伪造证据,或者与同案人订立攻守同盟,有的还可能继续危害社会。如果侦查机关行动迟缓,就有可能导致犯罪现场遭到破坏、犯罪痕迹消灭、犯罪嫌疑人潜逃、自杀或继续犯罪等,给案件的侦破造成困难,失去有利战机,甚至无法使犯罪分子最终逃避惩罚。因此,侦查工作具有很强的时效性,为了顺利完成侦查工作,侦查人员必须贯彻迅速及时原则。这一原则要求侦查机关接到报案后要立即组织侦查力量,制定侦查方案,及时采取侦查措施,收集案件的各种证据。

2. 客观全面原则

根据我国《刑事诉讼法》第50条的规定,侦查人员必须依照法定程序,准确查明客观存在的案件事实,全面收集能够证明案件真实情况的一切证据。所谓客观,就是指一切从实际情况出发,尊重客观事实、按照客观事实的本来面目去认识它并如实反映它。所谓全面,就是要全面地调查了解和反映案件的情况,不能仅仅根据案件的某个情节或部分材料就下结论。这一原则要求侦查人员一切从案件的实际情况出发,实事求是地收集证据。既要收集能够证明犯罪嫌疑人有罪、罪重的证据,又要注意收集证明犯罪嫌疑人无罪、罪轻的证据;既要听取控告人的意见,又要听取辩护人的意见,从而保证侦查案件的质量。

3. 深入细致原则

刑事案件千变万化,错综复杂,在侦查过程中,为了准确查明案件的真实情况,侦查人员还必须坚持深入细致原则。侦查人员在侦查过程中,应当一切从实际情况出发,坚持重事实、重证据、重调查研究的态度,不放过蛛丝马迹,不忽略任何细枝末节,切忌主观臆断和先入为主。在收集证据时,应当调查、了解一切与案件有关的情况,从而查清犯罪构成的基本要件和犯罪的各种具体情节,排除案件所有证据材料中的一切疑点和矛盾,从而保证侦查案件的质量。

4. 遵守法定程序的原则

程序法制原则是刑事诉讼的一项基本原则,旨在将刑事诉讼活动纳入法制的轨道,以防止国家专门机关滥用职权,恣意妄为,保证刑事诉讼的顺利进行。侦查是一项严肃的执法活动,侦查机关进行侦查活动,必须严格遵守法定的程序。侦查机关所适用的各种专门侦查手段和采取的强制性措施,稍有不慎,就会侵犯公民的人身权利、民主权利或者其他诉讼权利。因此,在侦查工作中,侦查人员必须增强法制观念,严格依照《刑事诉讼法》的规定收集证据。严禁采用刑讯逼供或者冻、饿、晒、烤、疲劳审讯等非法方法收集的证据;采取逮捕、拘留等强制措施,也必须依照法定的条件和程序进行。

5. 保守秘密原则

侦查是同各种刑事犯罪嫌疑人进行的尖锐而复杂的斗争。侦查与反侦查的矛盾,存在于整个侦查的过程。侦查人员必须严格遵守侦查纪律、保守侦查秘密,不得将案情、侦查线索、方向和意图、侦查措施、证据材料以及当事人、其他诉讼参与人、举报人、控告人等有关情况,或者在侦查过程中了解到的国家秘密、商业秘密和个人隐私等信息向无关人员泄漏。《刑事诉讼法》在诸多条文中都有关于保守秘密的规定,如关于保守证人身份秘密和技术侦查秘密等的规定。泄露这些秘密,不仅会干扰、破坏侦查工作的顺利进行,影响案件的及时侦破,还会危及诉讼参与人及其近亲属的人身安全。对于泄漏案件秘密者,应视情节和后果,依法追究其法律责任。

五、侦查行为的种类

侦查行为,又称侦查方法或者侦查措施,是法定的调查取证方式。实践中,侦查所面对的情况纷繁复杂,侦查人员所采取的侦查策略可以灵活多样,但是,作为调查取证的方式则必须符合法定的程序。违反侦查程序而获取的证据材料,则会受到证据排除规则的限制。根据《刑事诉讼法》的规定,侦查行为包括讯问犯罪嫌疑人,询问证人、被害人,勘验、检查,搜查,查封、扣押物证、书证,鉴定,辨认,通缉和技术侦查措施。侦查期间所采取的强制措施,是侦查行为顺利进行的重要保障,不属于侦查行为本身。

第二节 讯问犯罪嫌疑人

一、讯问犯罪嫌疑人的概念

讯问犯罪嫌疑人,是指侦查人员依照法定程序以言词方式向犯罪嫌疑人查问案件事实以及其他与案件有关问题的一种侦查活动。犯罪嫌疑人对自己是否实施犯罪以及如何实施犯罪最为清楚,因此,讯问犯罪嫌疑人是每一单刑事案件必须进行的一项重要的侦查行为,对查明案件事实、收集证据,有着重要的作用。通过讯问犯罪嫌疑人,一方面可以揭露和证实犯罪嫌疑人的犯罪行为,弄清其犯罪动机、目的、经过等具体情节,认定犯罪性质,发现和追查新的犯罪事实及其他应当追究刑事责任的人;另一方面,还可以通过听取犯罪嫌疑人的陈述和申辩,在保护犯罪嫌疑人合法权益的同时保障无罪的人和其他依法不应当追究刑事责任的人免受刑事追究,防止造成冤假错案。

根据我国《刑事诉讼法》第50条的规定,侦查人员必须依照法定程序,收集能够证实犯罪嫌疑人、被告人有罪或者无罪、犯罪情节轻重的各种证据。严禁刑讯逼供和以威胁、引诱、欺骗以及其他非法方法收集证据,不得强迫任何人证实自己有罪。而且,《刑事诉讼法》第54条还特别强调了采用刑讯逼供等非法方法收集的犯罪嫌疑人、被告人供述应当予以排除。这说明新法对采用刑讯逼供及其他非法方法收集犯罪嫌疑人供述的行为采取了"零容忍"的态度。最高人民法院《关于建立健全防范刑事冤假错案工作机制的意见》进一步提出,采用刑讯逼供或者冻、饿、晒、烤、疲劳审讯等非法方法收集的被告人供述,应当排除。这些规定明确了"非法方法"的范围。当然,侦查人员采用侦查策略令犯罪嫌疑人做出供述,如向其讲明政策,或者采取暗示、示形、用间、励气等,并不属于非法的取证方式,应注意区分。而且,

《刑事诉讼法》第118条第2款也规定,侦查人员在讯问犯罪嫌疑人的时候,应当告知犯罪嫌疑人如实供述自己罪行可以从宽处理的法律规定。

二、讯问犯罪嫌疑人的要求和程序

1. 讯问犯罪嫌疑人的主体及人数

我国《刑事诉讼法》第116条规定,讯问犯罪嫌疑人必须由人民检察院或者公安机关的侦查人员负责进行。讯问的时候,侦查人员不得少于二人。这样规定,一是为了避免发生犯罪嫌疑人行凶、自杀、逃跑等情况;二是互相监督,避免发生违法乱纪等现象。

2. 讯问的地点及时间

为了适应侦查工作需要,对不需要逮捕、拘留的犯罪嫌疑人,可以传唤到犯罪嫌疑人所在市、县内的指定地点或者到他的住处进行讯问,但是应当出示人民检察院或者公安机关的证明文件。对此,《公安机关办理刑事案件程序规定》第194条规定和《人民检察院刑事诉讼规则(试行)》第193条规定,传唤犯罪嫌疑人时,应当出示传唤证和侦查人员的工作证件,并责令其在传唤证上签名、捺指印。犯罪嫌疑人到案后,应当由其在传唤证上填写到案时间。传唤结束时,应当由其在传唤证上填写传唤结束时间。犯罪嫌疑人拒绝填写的,侦查人员应当在传唤证上注明。并且,对在现场发现的犯罪嫌疑人,侦查人员经出示工作证件,可以口头传唤,并将传唤的原因和依据告知被传唤人。在讯问笔录中应当注明犯罪嫌疑人到案方式,并由犯罪嫌疑人注明到案时间和传唤结束时间。《人民检察院刑事诉讼规则(试行)》第194条进一步规定,传唤犯罪嫌疑人时,其家属在场的,应当当场将传唤的原因和处所口头告知其家属,并在讯问笔录中注明。其家属不在场的,侦查人员应当及时将传唤的原因和处所通知被传唤人家属。无法通知的,应当在讯问笔录中注明。

传唤、拘传持续的时间不得超过12小时;案情特别重大、复杂,需要采取拘留、逮捕措施的,传唤、拘传持续的时间不得超过24小时。不得以连续传唤、拘传的形式变相拘禁犯罪嫌疑人。《人民检察院刑事诉讼规则(试行)》第195条对两次传唤的间隔时间限定为"一般不得少于12小时"。《刑事诉讼法》还规定,传唤、拘传犯罪嫌疑人,应当保证犯罪嫌疑人的饮食和必要的休息时间。传唤期限届满,未作出采取其他强制措施决定的,应当立即结束传唤。

拘留后,应当立即将被拘留人送看守所羁押,最迟不得超过24小时。同样,逮捕后,也应当立即将被逮捕人送看守所羁押。为了保证讯问程序的合法进行,防止刑讯逼供和其他非法取供行为的发生,《刑事诉讼法》第116条第2款规定,犯罪嫌疑人被送交看守所羁押以后,侦查人员对其进行讯问,应当在看守所内进行。实践中,除指认现场、辨认等侦查行为在看守所外进行之外,对犯罪嫌疑人的讯问应当在看守所内进行,不得随意提审。

3. 讯问的步骤和方法

处于侦查阶段的犯罪嫌疑人是否有罪,尚处在不确定的状态,需要经过进一步的侦查才能证实。为了防止侦查人员主观片面,先入为主,保证讯问工作的客观、公正性,《刑事诉讼法》第118条规定,侦查人员在讯问犯罪嫌疑人的时候,应当首先讯问犯罪嫌疑人是否有犯罪行为,让他陈述有罪的情节或者无罪的辩解,然后向他提出问题。讯问犯罪嫌疑人一般按照下列顺序进行:查明犯罪嫌疑人的基本情况,包括姓名、别名、曾用名、出生年月日、籍贯、出生地、身份证号码、民族、职业、文化程度、工作单位及职务、住所、家庭情况、社会经历、是否属于人大代表、是否属于政协委员、是否受过刑事处罚或者行政处理等情况;告知犯罪嫌疑人在侦查阶段的诉讼权利,有权自行辩护或委托律师辩护,告知其如实供述自己罪行可以依法从宽处理的法律规定;讯问犯罪嫌疑人是否有犯罪行为,让他陈述有罪的事实或者无罪的辩解,应当允许其连贯陈述;对于共同犯罪案件的同案犯罪嫌疑人的讯问,应当分别进行,未被讯问的犯罪嫌疑人不得在场,以防止串供或者相互影响供述,但必要时可以相互对质。

4.讯问特殊对象的特别要求

(1)讯问未成年犯罪嫌疑人时,应当通知其法定代理人到场,以保障未成年人充分行使其辩护权以及讯问工作的顺利进行。

(2)讯问聋、哑的犯罪嫌疑人,应当有通晓聋、哑手势的人参加,并在讯问笔录上注明犯罪嫌疑人的聋、哑情况,以及翻译人员的姓名、工作单位和职业。

(3)讯问不通晓当地语言文字的犯罪嫌疑人,应当配备翻译人员。翻译人员的姓名、性别、工作单位和职业应当记录在案。翻译人员应当在讯问笔录上签字。

5.讯问犯罪嫌疑人的禁止性规定

犯罪嫌疑人对侦查人员的提问,应当如实回答。但是对与本案无关的问题,有拒绝回答的权利。侦查人员讯问犯罪嫌疑人,必须严格遵守法律规定的程序,切实保障犯罪嫌疑人的诉讼权利,严禁刑讯逼供,也不准诱供、骗供、指名问供以及其他非法方式进行讯问。讯问时,对犯罪嫌疑人提出的辩解要认真查核。犯罪嫌疑人对侦查人员侵犯其诉讼权利的违法行为,有权提出控告;构成犯罪的,应当依法追究其刑事责任。

6.讯问犯罪嫌疑人应当制作讯问笔录

讯问笔录应当如实记载提问、回答和其他在场人的情况,后交犯罪嫌疑人核对或者向他宣读。侦查人员应当将问话和犯罪嫌疑人的供述或者辩解如实地记录清楚。制作讯问笔录应当使用能够长期保持字迹的材料。侦查人员、翻译人员应当在讯问笔录上签名。犯罪嫌疑人请求自行书写供述的,应当准许;必要时,侦查人员也可以要求犯罪嫌疑人亲笔书写供词。犯罪嫌疑人应当在亲笔供词上逐页签名、捺指印。侦查人员收到后,应当在首页右上方写明"于某年某月某日收到",并签名。如果记录有遗漏或者差错,应当允许犯罪嫌疑人补充或者更正,并捺指印。笔录经犯罪嫌疑人核对无误后,应当由其在笔录上逐页签名、捺指印,并在末页写明"以上笔录我看过(或向我宣读过),和我说的相符"。拒绝签名、捺指印的,侦查人员应当在笔录上注明。讯问笔录上所列项目,应当按照规定填写齐全。讯问笔录是极为重要的证据,经过起诉和审判核实后,可以作为定案的重要依据。因此,必须严肃对待。

7.讯问时录音录像的规定

为了保障讯问行为依法进行,保障犯罪嫌疑人的合法权益,固定和保全证据,防止被告人在庭审中翻供、为取供行为合法性提供证据,讯问犯罪嫌疑人,在文字记录的同时,可以对讯问过程进行录音或者录像。对于可能判处无期徒刑、死刑的案件或者其他重大犯罪案件,应当对讯问过程进行录音或者录像。对讯问过程录音或者录像的,应当对每一次讯问全程不间断进行,保持完整性。不得选择性地录制,不得剪接、删改。对犯罪嫌疑人供述的犯罪事实、无罪或者罪轻的事实、申辩和反证,以及犯罪嫌疑人提供的证明自己无罪、罪轻的证据,侦查机关应当认真核查;对有关证据,无论是否采信,都应当如实记录、妥善保管,并连同核查情况附卷。侦查人员对讯问过程进行录音或者录像的,应当在讯问笔录中注明。人民检察院、人民法院可以根据需要调取讯问犯罪嫌疑人的录音或者录像,有关机关应当及时提供。讯问犯罪嫌疑人时,应当告知犯罪嫌疑人将对讯问进行全程同步录音、录像,告知情况应当在录音、录像中予以反映,并记明笔录。

上述"可能判处无期徒刑、死刑的案件",是指应当适用的法定刑或者量刑档次包含无期徒刑、死刑的案件。"其他重大犯罪案件",是指致人重伤、死亡的严重危害公共安全犯罪、严重侵犯公民人身权利犯罪,以及黑社会性质组织犯罪、严重毒品犯罪等重大故意犯罪案件。"完整性"应是指录音和录像应当从犯罪嫌疑人进入讯问场所开始到结束讯问离开讯问场所为止的全过程。

第三节 询问证人、被害人

一、询问证人

(一)询问证人的概念和意义

询问证人,是指侦查人员依照法定程序以言词方式就案件的有关情况向证人进行调查了解的一项侦查活动。证人是了解案情并能够正确表达的人,是非常重要的言词证据的来源。通过询问证人,侦查机关可以发现案件线索,查找犯罪嫌疑人,查明案件事实,还可以核实其他证据的真实性,进而弄清疑点、排除矛盾。因此,《刑事诉讼法》将证人证言规定为重要的证据种类之一。

(二)询问证人的要求和程序

(1)询问证人的地点。侦查人员询问证人,可以在现场进行,也可以到证人所在单位、住处或者证人提出的地点进行。在必要的时候,可以通知证人到人民检察院或者公安机关提供证言。询问证人,除以上地点以外不得另行指定其他地点,且应当由最少2名侦查人员进行。

在现场询问证人,应当出示工作证件,到证人所在单位、住处或者证人提出的地点询问证人,应当出示人民检察院或者公安机关的证明文件。侦查人员询问证人地点的选择,应当从有利于获取证言、保证证人作证积极性方面考虑。只有在为了保守国家秘密,证人所在单位或者住处周围的人与案件有利害关系,证人在侦查阶段不愿意公开自己的姓名和作证行为等,需要保守秘密、保证证人安全,防止证人单位、亲属或者其他人的干扰,保证其如实提供证言的情况下,侦查人员才可以通知证人到侦查机关提供证言。

(2)询问证人应当个别进行。《刑事诉讼法》第122条第2款规定,询问证人应当个别进行。最高人民法院《关于适用〈中华人民共和国刑事诉讼法〉的解释》第76条规定,询问证人没有个别进行的,证人证言不得作为定案的根据。据此,同一案件有几个证人时,侦查人员对每位证人应当单独询问;询问某一位证人时,其他证人不得在场,不得采取"座谈会"的形式将多名证人召集在一起进行询问。这样做有利于避免证人之间互相影响、解除证人思想顾虑、防止泄露侦查秘密,也有利于侦查人员对证人之间的证词差异进行审查判断,发现矛盾之处,以保证获取证言的真实性。

(3)告知证人如实作证的义务及享有的诉讼权利。为了保证证人如实提供证据,询问证人时,应当首先告知他应当如实地提供证据、证言和有意作伪证或者隐匿罪证要负的法律责任。同时,侦查人员也应当告知证人依法享有的各种诉讼权利,保障证人及其近亲属的安全。对证人及其近亲属进行威胁、侮辱、殴打或者打击报复,构成犯罪的,应当依法追究刑事责任,尚不够刑事处罚的,依法给予治安管理处罚。

(4)询问证人的步骤。询问证人,一般应先让证人就他所知道的情况作连续的详细叙述,并问明所叙述的事实的来源,然后根据其叙述结合案件中需要查清的事实和有关情节,向证人提问,让其回答。询问证人必须保证其有客观、充分地提供证言的条件。在证人陈述时,侦查人员不得随意打断,以保证证人陈述的连贯性和客观性。对证人陈述的事实,应当问清来源和根据,并分析证人获得案件信息时的客观条件和主观心理状态。此外,侦查人员不得向证人、被害人泄露案情或者表示对案件的看法,严禁采用暴力、威胁等非法方法询问证人、被害人。

(5)询问证人应当制作笔录。询问笔录应当如实、完整地记载证人的陈述,询问结束后,交证人核对或者向他宣读。如果记载有遗漏或者差错,证人可以申请补充或者纠正。证人确认笔录无误后,证人和侦查人员都应当在笔录上签名或盖章。如果证人愿意提供书面证言,应当允许,必要时,侦查人员也可以让证人亲笔书写证词。但是,书面证言仍然需要进行口头询问予以确认。最高人民法院《关于适用〈中华人民共和国刑事诉讼法〉的解释》第76条也规定,未经证人核对的书面证言,不能作为定案的根据。

(6)询问特殊证人的规定。为了保障未成年人的合法权益,询问未成年证人时,应当通知其法定代理人到场;询问聋、哑证人,应当提供通晓聋、哑手势的人员做翻译;询问不通晓当地通用语言、文字的证人,应当提供翻译人员。

二、询问被害人

询问被害人,是指侦查人员向直接遭受犯罪行为侵害的人就其受害情况及犯罪嫌疑人的特征进行调查询问的一项侦查活动。

《刑事诉讼法》第125条规定,询问被害人,适用询问证人的规定。这是因为侦查中询问被害人的目的与询问证人类似,都是要把他所知道的案件情况告诉侦查机关。但是,被害人与证人的诉讼地位仍有区别,被害人与案件及犯罪嫌疑人存在利害关系。因此,在询问被害人时,除依照询问证人的各项规定进行外,还应当注意被害人不同于证人的诸多特征:

第一,他是受犯罪行为直接侵害的人,对犯罪事实及犯罪嫌疑人的情况会有更多的了解。

第二,他还与案件有利害关系,对其陈述既要认真听取,又要注意分析是否合乎情理,有无夸大情节。

对特殊被害人进行询问,还要注意采用适当方法及相应的措施,例如,询问不满18周岁的被害人,应当通知他的法定代理人到场;询问女性未成年被害人,应当有女工作人员在场;

询问生命垂危的被害人,既要设法抢救,又要及时进行询问并采用录音、录像等手段固定证据;对于被害人的个人隐私情况,应当为他保守秘密;对于被害人的人身安全,应当给予保护;第一次询问被害人时,应告知其有提起附带民事诉讼的权利。

第四节 勘验、检查

一、勘验、检查的概念和意义

勘验、检查,是侦查人员对于与犯罪有关的场所、物品、尸体、人身进行勘查、检验、检查的一种侦查行为。勘验和检查的性质是相同的,只是对象有所不同。勘验的对象是现场、物品和尸体,包括现场勘查、物品检验和尸体检验;而检查的对象则是活人的身体,主要的检查对象是犯罪嫌疑人和被害人。

犯罪行为都发生在一定的时间和空间内,犯罪人在实施行为时都会留下某些蛛丝马迹,如在犯罪现场留下一定的痕迹、物品,对被害人人身造成一定伤害,甚至作案人自己都会受到被害人的反抗而受伤,从而留下犯罪证据。而且,犯罪嫌疑人还可能对犯罪现场加以伪装或掩盖,这一过程往往会留下新的痕迹。通过勘验、检查,可以发现和取得犯罪活动留下的各种痕迹和物品。对这些证据材料加以分析研究,就可以发现侦破案件的各种线索,了解犯罪人实施犯罪的情况,判断案件的性质以及犯罪嫌疑人的特征,明确侦查方向和范围,从而为彻底查明犯罪事实,查获犯罪嫌疑人提供依据。因此,勘验、检查,是一种非常重要的侦查行为,是发现和获取证据、查明案情的重要手段,对侦查破案有着特别重要的作用。

二、勘验、检查的种类和程序

根据《刑事诉讼法》及相关司法解释的规定,勘验、检查包括现场勘验、物证检验、尸体检验、人身检查和侦查实验五种。

(一)现场勘验

犯罪现场是犯罪人实施犯罪的地点和其他遗留有与犯罪有关的痕迹和物证的场所。现场勘验是侦查人员对发生犯罪案件或者发现犯罪痕迹的特定地点、场所进行的一种侦查活动。一般来讲,犯罪现场的证据都较为集中,而且是发现其他线索的源头。现场勘验应当遵守下列程序:

(1)保护好犯罪现场。及时发现和严密保护好现场,是做好勘验工作的前提条件。犯罪现场所发现的物品、痕迹,都有可能成为查获犯罪嫌疑人的关键线索,只有保护好现场,勘验人员才能观察到现场物品、痕迹的原始状态,并据以准确分析、判断犯罪分子的作案情况,为侦破案件打下基础。因此,《刑事诉讼法》第127条规定,任何单位和个人都有义务保护犯罪现场,并且立即通知公安机关派员勘验。发案地派出所、巡警等部门应当妥善保护犯罪现场和证据,控制犯罪嫌疑人,并立即报告公安机关主管部门。

(2)持有证明文件。侦查人员勘验现场,必须持有公安机关或者人民检察院的证明文件。执行勘查的侦查人员接到通知后,应当立即赶赴现场;勘查现场,应当持有刑事犯罪现场勘查证。而且,公安机关对案件现场进行勘查不得少于二人。

(3)专门知识的人和见证人参与。勘验现场在必要时可以指派或聘请具有专门知识的人在侦查人员的主持下进行。为了保护勘验的客观性,还应邀请两名与案件无关的见证人在场。

(4)注意固定各种证据。侦查人员在现场勘验时,应及时向被害人、目击证人、报案人等进行查访,以了解案发前和案发时现场的状况。发现和收集同案件有关的各种证据,并及时采取紧急措施和各种技术手段固定和保存证据。

(5)制作笔录和录音、录像。勘查现场应当拍摄现场照片、绘制现场图,制作笔录,由参加勘查的人和见证人签名。对重大案件的现场,应当录像。

(二)物证检验

物证检验是侦查人员对已经收集到的物品和痕迹进行检查和验证,以确定其与案件有无关系的一种侦查活动。物证检验应当制作笔录,记明检验的过程、物证或者痕迹的特征(如物品的大小、形状、重量、颜色、商标等和痕迹的位置、大小、深度、长度、形态)等。参加检验的人员和见证人应在笔录末尾签名或者盖章,并记明年月日。

(三)尸体检验

尸体检验是指侦查机关指派、聘请法医或医师对非正常死亡的尸体进行尸表检验或尸体解剖,以确定死亡的原因和时间,判明致死的工具、手段和方法的一种侦查活动。其目的在于分析作案过程,为查明案情和查获犯罪嫌疑人提供线索和证据。尸检分为尸表检验和尸体解剖。尸表检验是对尸体的现场的位置、姿势、尸体表面的伤痕、衣着、附属物以及尸体的变化等进行的检验。尸体解剖是对尸体内部器官进行的检验。

根据《刑事诉讼法》第129条的规定,对于死因不明的尸体,公安机关有权决定解剖,并且通知死者家属到场。对此,《公安机关办理刑事案件程序规定》第213、214条进一步规定,为了确定死因,经县级以上公安机关负责人批准,可以解剖尸体,并且通知死者家属到场,让其在解剖尸体通知书上签名。死者家属无正当理由拒不到场或者拒绝签名的,侦查人员应当在解剖尸体通知书上注明。对身份不明的尸体,无法通知死者家属的,应当在笔录中注明。对已查明死因,没有继续保存必要的尸体,应当通知家属领回处理,对于无法通知或者通知后家属拒绝领回的,经县级以上公安机关负责人批准,可以及时处理。

(四)人身检查

人身检查是指为了确定被害人、犯罪嫌疑人的某些特征、伤害情况或者生理状态,依法对其身体进行检验、查看的侦查行为。人身检查是对活人身体进行的一种特殊检验,其目的在于确定被害人、犯罪嫌疑人的相貌、肤色、特殊痕迹、伤害部位和程度、智力发展和生理机能等情况,从而有利于查明案件性质、查获犯罪嫌疑人。

《刑事诉讼法》第130条的规定,为了确定被害人、犯罪嫌疑人的某些特征、伤害情况或者生理状态,可以对人身进行检查,可以提取指纹信息,采集血液、尿液等生物样本。犯罪嫌疑人如果拒绝检查,侦查人员认为必要的时候,可以强制检查。但对于被害人的人身检查,应征求本人的同意,不得强制进行。检查妇女的身体,应当由女工作人员或者医师进行。

同时,《公安机关办理刑事案件程序规定》第212条进一步规定,被害人死亡的,应当通过被害人近亲属辨认、提取生物样本鉴定等方式确定被害人身份。犯罪嫌疑人如果拒绝检查、提取、采集的,侦查人员认为必要的时候,经办案部门负责人批准,可以强制检查、提取、采集。检查的情况应当制作笔录,由参加检查的侦查人员、检查人员、被检查人员和见证人签名。被检查人员拒绝签名的,侦查人员应当在笔录中注明。《人民检察院刑事诉讼规则(试行)》第214条还规定,人身检查不得采用损害被检查人生命、健康或贬低其名誉或人格的方法。在人身检查过程中知悉的被检查人的个人隐私,检查人员应当保密。

(五)侦查实验

侦查实验是指侦查人员为了确定与案件有关的某一事实在某种情况下能否发生或者怎样发生,而参照案件原有条件将该事实或现象加以重新演示的一种侦查方法。《刑事诉讼法》第133条规定:"为了查明案情,在必要的时候,经公安机关负责人批准,可以进行侦查实验。"作为侦查方法的一种,侦查实验用于分析、研究、证明某些犯罪手段、犯罪情节,审查和判明证人、被害人的陈述或犯罪嫌疑人的供述和辩解是否符合客观实际、是否真实。

侦查实验的目的在于:证实被害人或证人在某种条件下能否听到或看到;确定在一段时间内能否完成某种行为;确定在什么条件下能够发生某种现象;确定某种条件下,某种行为和某种痕迹是否吻合一致;确定在某种条件下使用某种工具可能或者不可能留下某种痕迹;确定某种痕迹在什么条件下会发生变异;确定某种事件是怎样发生的。另外,针对具体案件,侦查实验还可以确定:现场进出口能否是作案人出入口;某种物品在何种条件下,需要多少人才能搬运走;某个作案对象是否具有作案时间;某种爆炸物的性能和在某种条件下能否自爆、自燃等等。

根据《刑事诉讼法》第133条和《公安机关办理刑事案件程序规定》的规定,侦查实验应当遵守以下法定程序:①应当经得县级以上侦查机关负责人批准;②对侦查实验的经过和结果,应当制作侦查实验笔录,记明侦查实验的条件、经过和结果,并由参加实验的人签名,必要时,应当对侦查实验过程进行录音或者录像;③在必要的时候可以聘请有关专业人员参加,也可以要求犯罪嫌疑人、被害人、证人参加;④进行侦查实验,禁止一切足以造成危险、侮辱人格或有伤风化的行为。

(六)复验、复查

我国《刑事诉讼法》第132条规定,人民检察院审查案件时,对公安机关的勘验、检查,认为需要复验、复查时,可以要求公安机关复验、复查,并且可以派检察人员参加。这一程序规定的目的在于保证和提高勘验、检查的质量,防止和纠正可能出现的差错。同时也是检察机关依法实施侦查监督的表现。根据《公安机关办理刑事案件程序规定》第215条和《人民检察院刑事诉讼规则(试行)》第369条的规定,复验、复查可以退回公安机关进行,也可以由人民检察院自己进行。对于退回公安机关的,人民检察院也可以派员参加。复验、复查的情况应制作笔录,并由参加复验、复查的人员签名或者盖章。

第五节　搜　　查

一、搜查的概念和种类

搜查是指侦查人员为了收集证据、查获犯罪嫌疑人,依法对犯罪嫌疑人以及可能隐藏罪犯或者罪证的人的身体、物品、住处和其他有关的地方进行搜索、检查的一种侦查行为。《刑事诉讼法》第134条规定,为了收集犯罪证据、查获犯罪人,侦查人员可以对犯罪嫌疑人以及可能隐藏罪犯或者犯罪证据的人的身体、物品、住处和其他有关的地方进行搜查。

根据搜查的范围和目的不同,可以将其分为人身搜查、住宅搜查和露天搜查三种。其中,人身搜查是指为了收集和案件有关的各种痕迹物证,对犯罪嫌疑人的身体、衣、帽、鞋、袜以及随身携带的物品进行搜索检查。住宅搜查又称为室内场所搜查,是最为常见的搜查措施。露天搜查又称为室外搜查,是指对可能留有犯罪证据的露天场所进行的搜索、检查。

根据警察执行搜查时有无令状,可将搜查分为有证搜查和无证搜查。在实施搜查之前,执行机关必须先取得有权做出搜查决定的机关签发的搜查令状,并把持有或者出示搜查令状作为合法搜查的前提;只有法律规定的特殊情况下,才允许在没有预先取得搜查令状的情况下实施搜查。

根据搜查的实施方式不同,搜查可以分为公开搜查和秘密搜查。公开搜查大多数在执行逮捕、拘留或者讯问过程中进行,秘密搜查多是在侦查过程中进行。不论是公开还是秘密搜查,都应当履行严格的法律手续。

搜查是一种强制性的侦查措施,是侦查机关同犯罪做斗争的重要手段。通过搜查,侦查机关可以直接获取犯罪证据,抓捕犯罪嫌疑人,也可以督促握有罪证或窝藏犯罪嫌疑人的人交出罪证和犯罪嫌疑人。总之,搜查行为对于及时收集犯罪证据,揭露和证实犯罪,查获犯罪嫌疑人,打击和制止犯罪,保证侦查和审判的顺利进行,有着十分重要的意义。

二、搜查的要求和程序

搜查直接关系到公民的人身自由和住宅不受侵犯的权利。我国《宪法》明确规定,禁止非法搜查公民的身体和住宅。因此,搜查必须严格依照以下法律规定的程序进行。

(1)搜查只能由公安机关或者人民检察院的侦查人员进行,其他任何机关、单位和个人都无权对公民人身和住宅进行搜查。公安机关的搜查证,由县级以上公安机关负责人签发;人民检察院的搜查证,要由检察长批准。搜查的执行主体只能是侦查人员,并不得少于二人。搜查的对象,可以是犯罪嫌疑人,也可以是其他可能隐藏罪犯或者犯罪证据的人;可以对人身进行,也可以对被搜查人的住处、物品和其他有关场所进行。搜查的目的是为了发现和收集有关犯罪的证据,查获隐藏的犯罪嫌疑人。因此,不能为了其他目的而滥用搜查措施。

(2)根据《刑事诉讼法》第135条及相关司法解释的规定,任何单位和个人,有义务按照公安机关和人民检察院的要求,交出可以证明犯罪嫌疑人有罪或者无罪以及犯罪情节轻重的物证、书证、视听资料等证据。

(3)搜查时,必须向被搜查人出示搜查证;否则,被搜查人有权拒绝搜查。但是,侦查人员"在执行逮捕、拘留的时候,遇有紧急情况,不另用搜查证也可以进行搜查"。这里所说的紧急情况,在侦查实践中是指:①可能随身携带凶器的;②可能隐藏爆炸、剧毒等危险物品的;③可能隐匿、毁弃、转移犯罪证据的;④可能隐匿其他犯罪嫌疑人的;⑤其他突然发生的紧急情况。在这些紧急情况下,来不及办理搜查的审批手续,所以,允许以拘留证、逮捕证进行搜查。《人民检察院刑事诉讼规则(试行)》第219条还规定,搜查结束后,搜查人员应当在24小时内向检察长报告,及时补办有关手续。

(4)搜查时,应当有被搜查人或者他的家属、邻居或者其他见证人在场,并且对被搜查人或者其家属说明阻碍搜查、妨碍公务应负的法律责任。搜查时,如果遇到阻碍,可以强制进行搜查。对以暴力、威胁方法阻碍搜查的,应当予以制止,或者由司法警察将其带离现场;阻碍搜查构成犯罪的,应当依法追究刑事责任。

(5)搜查妇女的身体,应当由女工作人员进行。搜查时,不得无故损坏被搜查人的财物。对搜查中发现的与案件无关的个人私生活情况,不得泄露。

(6)搜查应当全面、细致、及时,并且指派专人严密注视搜查现场的动向。进行搜查的人员,应当遵守纪律,服从指挥,文明执法,不得无故损坏搜查现场的物品,不得擅自扩大搜查对象和范围。对于查获的重要书证、物证、视听资料、电子数据及其放置、存储地点应当拍照,并且用文字说明有关情况,必要的时候可以录像。

(7)搜查的情况应当写成笔录,由侦查人员和被搜查人或者他的家属、邻居或者其他见证人签名或者盖章。如果被搜查人拒绝签名,或者被搜查人在逃,他的家属拒绝签名或者不在场的,侦查人员应当在笔录中注明。《人民检察院刑事诉讼规则(试行)》第230条还规定,人民检察院到本辖区以外进行搜查,检察人员应当携带搜查证、工作证以及载有主要案情、搜查目的、要求等内容的公函,与当地人民检察院联系,当地人民检察院应当协助搜查。

第六节 查封、扣押物证、书证

一、查封、扣押物证、书证的概念

查封、扣押物证、书证,是指侦查机关依法对与案件有关的物品、文件、款项等强制封存、扣留和提存的一种侦查行为。《刑事诉讼法》第139条规定,在侦查活动中发现的可用以证明犯罪嫌疑人有罪或者无罪的各种财物、文件,应当查封、扣押;与案件无关的财物、文件,不得查封、扣押。在侦查中,"查封"是就地封存,一般是针对"不动产",而"扣押"是异地转移,主要是针对"动产"。查封、扣押物证、书证通常是在搜查和现场勘查过程中进行,有时也可能单独进行,其目的在于取得和保全证据,防止物证、书证被损毁或者隐匿。由于物证和书证在认定案件事实、揭露、证实犯罪,保障无罪公民不受刑事追诉方面发挥着重要的证据作用,并且容易毁弃和丢失,因此,及时扣押并予以保存是十分必要的。

二、扣押物证、书证的程序和要求

扣押物证、书证,直接关系到公民的财产及通信自由等权利。根据《刑事诉讼法》和有关司法解释的规定,查封、扣押物证、书证时必须严格依照以下法定程序进行:

(1)查封、扣押的范围。在勘验、搜查中发现的可用以证明犯罪嫌疑人有罪或者无罪的各种物品和文件,应当扣押。但是,与案件无关的物品、文件,不得扣押。《刑事诉讼法》第142条规定,人民检察院、公安机关根据侦查犯罪的需要,可以依照规定查询、冻结犯罪嫌疑人的存款、汇款、债券、股票、基金份额等财产;犯罪嫌疑人的存款、汇款、债券、股票、基金份额等财产已被冻结的,不得重复冻结。《人民检察院刑事诉讼规则(试行)》第234条第2款规定,不能立即查明是否与案件有关的可疑的财物和文件,也可以查封或者扣押,但应及时审查;经查明确实与案件无关的,应当在3日以内解除查封或者予以退还。

(2)查封、扣押的审批。在侦查过程中,需要扣押财物、文件的,应当经公安机关办案部门负责人批准,制作扣押决定书;在现场勘查或者搜查中需要扣押财物、文件的,由现场指挥人员决定;但扣押财物、文件价值较高或者可能严重影响正常生产经营的,应当经县级以上公安机关负责人批准,制作扣押决定书。在侦查过程中需要查封土地、房屋等不动产,或者船舶、航空器以及其他不宜移动的大型机器、设备等特定动产的,应当经县级以上公安机关负责人批准并制作查封决定书。人民检察院查封、扣押财物、文件的,应当经检察长批准。

扣押犯罪嫌疑人的邮件、电子邮件、电报的,应当经县级以上公安机关负责人或者检察长批准,制作扣押邮件、电报通知书,通知邮电部门或者网络服务单位检交扣押。

(3)对查封、扣押物品的执行。执行查封、扣押的侦查人员不得少于二人,并出示《扣押决定书》。持有人拒绝交出应当查封、扣押的财物、文件的,公安机关可以强制查封、扣押。查封、扣押的情况应当制作笔录,由侦查人员、持有人和见证人签名。对于无法确定持有人或者持有人拒绝签名的,侦查人员应当在笔录中注明。

对查封、扣押的财物和文件,应当会同在场见证人和被查封、扣押财物、文件的持有人查点清楚,当场开列查封、扣押清单一式三份,写明财物或者文件的名称、编号、数量、特征及其来源等,由侦查人员、持有人和见证人签名,一份交给持有人,一份交给公安机关保管人员,一份附卷备查。对于无法确定持有人的财物、文件或者持有人拒绝签名的,侦查人员应当在清单中注明。

对作为犯罪证据但不便提取的财物、文件,经登记、拍照或者录像、估价后,可以交财物、文件持有人保管或者封存,并且开具登记保存清单一式两份,由侦查人员、持有人和见证人签名,一份交给财物、文件持有人,另一份连同照片或者录像资料附卷备查。财物、文件持有人应当妥善保管,不得转移、变卖、毁损。依法扣押文物、金银、珠宝、名贵字画等贵重财物的,应当拍照或者录像,并及时鉴定、估价。

《人民检察院刑事诉讼规则(试行)》第235条第2款和第236条规定,需要查封、扣押的财物和文件不在本辖区的,办理案件的人民检察院应当依照有关法律及有关规定,持相关法律文书及简要案情等说明材料,商请被查封、扣押财物和文件所在地的人民检察院协助执行。同时,人民检察院查封、扣押财物和文件,应当当场开列清单一式四份。一份交给文件、资料和其他物品持有人,一份交被查封、扣押文件、资料和其他物品保管人,一份附卷,一份保存。

(4)对查封、扣押物品的处理。对查封、扣押的财物及其孳息、文件,公安机关应当妥善保管,以供核查。任何单位和个人不得使用、调换、损毁或者自行处理。对容易腐烂变质及其他不易保管的财物,可以根据具体情况,经县级以上公安机关负责人批准,在拍照或者录像后委托有关部门变卖、拍卖,变卖、拍卖的价款暂予保存,待诉讼终结后一并处理。对违禁品,应当依照国家有关规定处理;对于需要作为证据使用的,应当在诉讼终结后处理。

对被害人的合法财产及其孳息权属明确无争议,并且涉嫌犯罪事实已经查证属实的,应当在登记、拍照或者录像、估价后及时返还,并在案卷中注明返还的理由,将原物照片、清单和被害人的领取手续存卷备查。查找不到被害人,或者通知被害人后,无人领取的,应当将有关财产及其孳息随案移送。

人民检察院扣押、冻结债券、股票、基金份额等财产时,应当书面告知当事人或者其法定代理人、委托代理人有权申请出售。对于被扣押、冻结的债券、股票、基金份额等财产,在扣押、冻结期间权利人申请出售,经审查认为不损害国家利益、被害人利益,不影响诉讼正常进行的,以及扣押、冻结的汇票、本票、支票的有效期即将届满的,经检察长批准,可以在案件办结前依法出售或者变现,所得价款由检察机关指定专门的银行账户保管,并及时告知当事人或者其近亲属。

(5)查封、扣押的解除。不需要继续扣押邮件、电报的时候,应当经县级以上公安机关负责人批准,制作解除扣押邮件、电报通知书,立即通知邮电部门或者网络服务单位。对查封、扣押的财物、文件、邮件、电子邮件、电报,经查明确实与案件无关的,应当在 3 日以内解除查封、扣押,退还原主或者原邮电部门、网络服务单位;原主不明确的,应当采取公告方式告知原主认领。在通知原主或者公告后 6 个月以内,无人认领的,按照无主财物处理,登记后上缴国库。

对于需要撤销案件或者对犯罪嫌疑人终止侦查的,办案机关对查封、扣押的财物及其孳息、文件,或者冻结的财产,除按照法律和有关规定另行处理的以外,应当解除查封、扣押、冻结。

(6)查封、扣押的救济。当事人和辩护人、诉讼代理人、利害关系人对于司法机关及其工作人员将与案件无关的财物采取查封、扣押、冻结措施,以及应当解除查封、扣押、冻结不解除,或者贪污、挪用、私分、调换、违反规定使用查封、扣押、冻结的财物的行为,有权向该机关申诉或者控告。受理申诉或者控告的机关应当及时处理。对处理不服的,可以向同级人民检察院申诉;人民检察院直接受理的案件,可以向上一级人民检察院申诉。人民检察院对申诉应当及时进行审查,情况属实的,通知有关机关予以纠正。

第七节 鉴 定

一、鉴定的概念和意义

鉴定是指公安机关、人民检察院等侦查机关为了查明案情,指派或者聘请具有专门知识的人对案件中的某些专门性问题进行鉴别和判断并作出鉴定意见的一种侦查活动。《刑事诉讼法》第144条规定,为了查明案情,需要解决案件中某些专门性问题的时候,应当指派、聘请有专门知识的人进行鉴定。鉴定以其结论的科学性,对揭示物证、书证的证明作用具有重要的意义,并且鉴定意见本身就是一种证据。通过鉴定,还可以鉴别案内其他证据的真伪,从而揭示案件真相,查获犯罪嫌疑人,解脱无辜。

在侦查实践中,鉴定适用的范围十分广泛。凡是与案件有关的物品、文件、痕迹、人身、尸体,都可以进行鉴定。侦查机关常用的鉴定有:刑事技术鉴定、人身伤害的医学鉴定、精神病的医学鉴定、扣押物品的价格鉴定、文物鉴定、珍稀动植物及其制品鉴定、违禁品和危险品鉴定、视听资料、电子数据鉴定等。随着科学技术的发展和社会分工的细化,鉴定的类别会越来越多。

二、鉴定的程序和要求

根据《刑事诉讼法》及相关司法解释的规定,刑事鉴定应当严格遵守下列法定程序,以保证鉴定的客观、公正性:

(1)选定鉴定人。鉴定人的选定有两种方式:一是指派,即由侦查机关指派其内部的刑事技术鉴定部门具有鉴定资格的专业人员进行鉴定;二是聘请,即由侦查机关聘请其他部门的专业人员进行鉴定。指派、聘请的鉴定人应当是具有专门知识的,与本案或本案当事人没有利害关系,能够保证客观、公正地进行鉴定的人。

根据2005年《全国人民代表大会常务委员会关于司法鉴定管理问题的决定》的规定,国家对从事法医、物证、声像资料鉴定的鉴定人和机构实行登记管理制度。而且,根据诉讼需要由国务院司法行政部门商最高人民法院、最高人民检察院确定的其他鉴定事项也可以进行登记。国务院司法行政部门主管全国鉴定人和鉴定机构的登记管理工作。省级人民政府司法行政部门负责对鉴定人和鉴定机构的登记、名册编制和公告。侦查机关根据侦查工作的需要设立的鉴定机构,并不得面向社会接受委托从事司法鉴定业务。人民法院和司法行政部门不得设立鉴定机构。据此,凡不符合以上条件、未经省级人民政府司法行政部门登记、入册、公告的,均不具有鉴定资格,不能出具鉴定意见。此外,司法鉴定实行鉴定人负责制度。鉴定人进行鉴定后,应当写出鉴定意见,并且签名。公诉人、当事人或者辩护人、诉讼代理人对鉴定意见有异议,经人民法院依法通知的,公安机关鉴定人应当出庭作证。鉴定人故意作虚假鉴定的,应当承担法律责任。

(2)侦查机关负责人批准。在侦查过程中,需要对刑事案件的专门性问题进行鉴定时,应当经县级以上侦查机关负责人批准。侦查机关应当为鉴定人进行鉴定提供必要的条件,及时向鉴定人送交有关检材和对比样本等原始材料,介绍与鉴定有关的情况,并且明确提出要求鉴定解决的问题。禁止暗示或者强迫鉴定人作出某种鉴定意见。而且,侦查人员还应当做好检材的保管和送检工作,并注明检材送检环节的责任人,确保检材在流转环节中的同一性和不被污染。

(3)独立进行鉴定。鉴定人应当按照鉴定规则,运用科学方法独立进行鉴定。鉴定后,应当出具鉴定意见,并在鉴定意见书上签名,同时附上鉴定机构和鉴定人的资质证明或者其他证明文件。多人参加鉴定,鉴定人有不同意见的,应当在鉴定意见上写明分歧的内容和理由,并且分别签名或者盖章。

(4)向相关当事人告知鉴定结果。对鉴定意见,侦查人员应当进行审查。对经审查作为证据使用的鉴定意见,侦查机关应当及时告知犯罪嫌疑人、被害人或者其法定代理人。犯罪嫌疑人、被害人对鉴定意见有异议提出申请,以及办案部门或者侦查人员对鉴定意见有疑义的,可以将鉴定意见送交其他有专门知识的人员提出意见。必要时,询问鉴定人并制作笔录附卷。

(5)补充鉴定。《公安机关办理刑事案件程序规定》第245条规定,经审查,发现有以下情形之一的,经县级以上公安机关负责人批准,应当补充鉴定:①鉴定内容有明显遗漏的;②发现新的有鉴定意义的证物的;③对鉴定证物有新的鉴定要求的;④鉴定意见不完整,委托事项无法确定的;⑤其他需要补充鉴定的情形。经审查,不符合上述情形的,经县级以上公安机关负责人批准,作出不准予补充鉴定的决定,并在作出决定后3日以内书面通知申请人。

(6)重新鉴定。《公安机关办理刑事案件程序规定》第246条规定,经审查,发现有下列情形之一的,经县级以上公安机关负责人批准,应当重新鉴定:①鉴定程序违法或者违反相关专业技术要求的;②鉴定机构、鉴定人不具备鉴定资质和条件的;③鉴定人故意作虚假鉴定或者违反回避规定的;④鉴定意见依据明显不足的;⑤检材虚假或者被损坏的;⑥其他应当重新鉴定的情形。重新鉴定时,应当另行指派或者聘请鉴定人。经审查,不符合上述情形的,经县级以上公安机关负责人批准,作出不准予重新鉴定的决定,并在作出决定后3日以内书面通知申请人。

第八节 辨 认

一、辨认的概念和意义

辨认是指侦查人员为了查明案情,在必要时让被害人、证人以及犯罪嫌疑人对与犯罪有关的物品、文件、尸体、场所或者犯罪嫌疑人进行辨别和确认的一种侦查行为。《公安机关办理刑事案件程序规定》第249条规定,为了查明案情,在必要的时候,侦查人员可以让被害人、证人或者犯罪嫌疑人对与犯罪有关的物品、文件、尸体、场所或者犯罪嫌疑人进行辨认。《人民检察院刑事诉讼规则(试行)》第257条规定,为了查明案情,在必要的时候,检察人员可以让被害人、证人和犯罪嫌疑人对与犯罪有关的物品、文件、尸体或场所进行辨认;也可以让被害人、证人对犯罪嫌疑人进行辨认,或者让犯罪嫌疑人对其他犯罪嫌疑人进行辨认。

2012年《刑事诉讼法》没有设专节对辨认行为加以规定,但在第一编第五章中新增了"辨认笔录"作为证据种类之一,这从另一个角度确认了辨认措施作为法定侦查行为的诉讼地位。但在司法实践中,公安机关和人民检察院却把辨认作为一种侦查方法,并且规定了相应的程序要求。通过相关人员进行辨认,侦查机关可以发现、查获犯罪嫌疑人,确认犯罪地点,确认物证的持有人,查明不知名死者的身份和有关情况,进而核实证据、查明案情、正确认定案件事实。

二、辨认的程序和要求

根据《公安机关办理刑事案件程序规定》和《人民检察院刑事诉讼规则（试行）》的有关规定，辨认的程序和要求如下：

（一）辨认的主体

为了侦查的需要，侦查人员可以让被害人、证人和犯罪嫌疑人对有关物品和人员进行辨认。因此，辨认的主体包括被害人、证人和犯罪嫌疑人。实践中，让警犬进行嗅觉鉴别有关人员或物品的方法，不属于侦查辨认的范围。

（二）辨认的对象

根据相关规定，辨认的对象包括与犯罪有关的物品、文件、尸体或场所和犯罪嫌疑人。其中，对犯罪嫌疑人的辨认，辨认主体主要是被害人、证人。同时，也可以由犯罪嫌疑人对其他犯罪嫌疑人进行辨认。辨认的物品可以包括犯罪所得或者犯罪工具，如赃款赃物、行凶工具等；辨认的场所则包括作案的第一现场如入室盗窃的房屋、杀人现场等，也可以是隐瞒犯罪证据的第二现场，如藏尸地点、隐藏犯罪所得或者犯罪工具的场所等。

（三）辨认的程序

（1）公安机关、人民检察院在各自管辖案件的侦查过程中，需要辨认犯罪嫌疑人的，应当分别经办案部门负责人或者检察长批准。

（2）辨认应当在侦查人员的主持下进行，主持辨认的侦查人员不得少于二人。而且，为了保证辨认过程的客观公正进行，应当邀请见证人参加辨认活动。

（3）在辨认前，应当向辨认人详细询问被辨认对象的具体特征，避免辨认人见到被辨认对象，并应当告知辨认人有意作假辨认应负的法律责任。

（4）几名辨认人对同一被辨认对象进行辨认时，应当由每名辨认人单独进行，以免互相影响。必要的时候，可以有见证人在场。

（5）公安机关组织辨认时，应当将辨认对象混杂在特征相类似的其他对象中，不得给辨认人任何暗示。辨认犯罪嫌疑人时，被辨认的人数不得少于七人；对犯罪嫌疑人照片进行辨认的，不得少于十人的照片；辨认物品时，混杂的同类物品不得少于五件。对场所、尸体等特定辨认对象进行辨认，或者辨认人能够准确描述物品独有特征的，陪衬物不受数量的限制。根据《人民检察院刑事诉讼规则（试行）》，人民检察院组织辨认犯罪嫌疑人、被害人时，被辨认人的人数为五至十人，照片五至十张；辨认物品时，同类物品不得少于五件，照片不得少于五张。

（6）对犯罪嫌疑人的辨认，辨认人不愿公开进行时，可以在不暴露辨认人的情况下进行，并应当为其保守秘密。

（7）对辨认经过和结果，应当制作辨认笔录，由侦查人员、辨认人、见证人签名。必要时，应当对辨认过程进行录音或者录像。人民检察院主持进行辨认，可以商请公安机关参加或者协助。

第九节 通 缉

一、通缉的概念和意义

通缉是指公安机关通令在一定范围内缉拿应当逮捕而在逃的犯罪嫌疑人归案的一种侦查行为。《刑事诉讼法》第153条规定,应当逮捕的犯罪嫌疑人如果在逃,公安机关可以发布通缉令,采取有效措施,追捕归案。

通缉是侦查机关与其他公安机关之间协同作战的公开侦查措施,也是动员和依靠广大群众及时制止和打击犯罪、同犯罪作斗争的重要手段。通缉措施可以迅速消除犯罪嫌疑人再次犯罪的条件和途径,又可以有效的打击和防范流窜犯罪。而且,通缉还是一种犯罪情报资源的重要来源,对通缉令所反映的犯罪信息进行整理、储存、研究和利用,已经成为许多地区侦查机关重要的日常工作内容。

二、通缉的要求和程序

根据《刑事诉讼法》及相关司法解释,结合刑事案件的侦查规律,侦查机关在适用通缉措施时应当遵循下列要求及程序:

(1)通缉的对象是依法应当逮捕而在逃的犯罪嫌疑人。对于那些尚不够逮捕条件的一般犯罪嫌疑人,即便已经逃跑,也不能采用通缉措施。实践中,通缉的措施主要针对以下对象采取:①案件发生不久,经过侦查已经有一定证据证明其可能被判处有期徒刑以上刑罚,但潜逃在外的犯罪嫌疑人;②案件经过侦查,破案条件已经成熟,已准备将其逮捕而逃跑的犯罪嫌疑人;③已经逮捕,在关押、押解或者讯问期间,因看管不严而逃脱的犯罪嫌疑人;④已经判刑,在服刑、关押期间越狱逃跑的犯罪人。

(2)只有公安机关有权发布通缉令,其他任何机关、单位和个人都无权自行发布通缉令。人民检察院办理直接受理立案侦查的案件,应当逮捕的犯罪嫌疑人如果在逃,或者已被逮捕的犯罪嫌疑人逃脱的,经检察长批准,可以决定通缉;需要在本辖区外通缉犯罪嫌疑人的,由有决定权的上级人民检察院决定。在此种情况下,人民检察院应当将通缉通知书和通缉对象的照片、身份、特征、案情简况送达公安机关,由公安机关发布通缉令。对于应当逮捕的犯罪嫌疑人,如果潜逃出境,可以按照有关规定层报最高人民检察院商请国际刑警组织中国国家中心局,请求有关方面协助,或者通过其他法律规定的途径进行追捕。这种超出了我国主权管辖范围的通缉,属于国际通缉,相关的程序按照国际刑事司法协助的规定进行。

县级以上公安机关在自己管辖的地区内,可以直接发布通缉令;超出自己管辖的地区,应当报请有权决定的上级公安机关发布。通缉令的发送范围,由签发通缉令的公安机关负责人决定。

(3)通缉令中应当尽可能写明被通缉人的姓名、别名、曾用名、绰号、性别、年龄、民族、籍贯、出生地、户籍所在地、居住地、职业、身份证号码、衣着和体貌特征、口音、行为习惯,并附被通缉人近期照片,可以附指纹及其他物证的照片。除了必须保密的事项以外,应当写明发案的时间、地点和简要案情。通缉令应当加盖发布机关的公章。

(4)为发现重大犯罪线索,追缴涉案财物、证据,查获犯罪嫌疑人,必要时,经县级以上公安机关负责人批准,可以发布悬赏通告。悬赏通告应当写明悬赏对象的基本情况和赏金的具体数额。通缉令、悬赏通告应当广泛张贴,并可以通过广播、电视、报刊、计算机网络等方式发布。

(5)通缉令发出后,如果发现新的重要情况,可以补发通报。通报应注明原通缉令的编号和日期。

(6)公安机关接到通缉令后,应当及时布置查缉。需要对犯罪嫌疑人在口岸采取边控措施的,应当按照有关规定制作边控对象通知书,经县级以上公安机关负责人审核后,层报省级公安机关批准,办理全国范围内的边控措施。需要限制犯罪嫌疑人人身自由的,应当附有关法律文书。紧急情况下,需要采取边控措施的,县级以上公安机关可以出具公函,先向当地边防检查站交控,但应当在7日以内按照规定程序办理全国范围内的边控措施。

(7)抓获犯罪嫌疑人后,报经县级以上公安机关负责人批准,凭通缉令或者相关法律文书羁押,并通知通缉令发布机关进行核实,办理交接手续。犯罪嫌疑人自动投案、被击毙或者被抓获,以及发现有其他不需要采取通缉、边控、悬赏通告的情形的,发布机关应当核实之后,在原通缉、通知、通告范围内,撤销通缉令、边控通知、悬赏通告。

我国目前对重大在逃犯罪嫌疑人实行"A、B级通缉"。公安部认为应当重点通缉的在逃人员一般作为A级通缉令发布,可以在全国或者一定区域内实施通缉。A级通缉令是全国范围内发布的级别最高的通缉令。B级通缉令则是公安部应各省级公安机关的请求而发布的缉捕在逃人员的命令。

第十节 技术侦查措施

一、技术侦查措施的概念和意义

技术侦查措施,是指侦查机关为了侦破特定的刑事案件,依法经过严格的审批程序,运用技术手段收集证据或者查获犯罪嫌疑人的一种侦查活动。技术侦查措施可以包括记录监控、行踪监控、通信监控、场所监控等技术措施。

随着工业化、信息化的不断发展,各种犯罪越来越智能化、隐蔽化,给侦破犯罪造成了诸多困难。对此,赋予侦查机关采用技术手段侦破犯罪的权力,不仅有利于及时收集、固定证据,查获犯罪嫌疑人,而且有利于预防高科技犯罪的继续发生,同时也符合国际刑事诉讼发展的规律和联合国《打击跨国犯罪公约》等国际公约的要求。当然,由于技术侦查手段和诱惑侦查等措施极易侵犯公民隐私并诱发犯罪,因此2012年《刑事诉讼法》设专章对"技术侦查措施"进行了规制,严格限定了其使用阶段、适用案件、审批手续等内容。

二、技术侦查措施的要求和程序

根据《刑事诉讼法》及相关司法解释,侦查机关适用技术侦查措施需要严格按照下列要求和程序进行：

(一)技术侦查措施的适用范围

《刑事诉讼法》第 148 条规定，公安机关在立案后，对于危害国家安全犯罪、恐怖活动犯罪、黑社会性质的组织犯罪、重大毒品犯罪或者其他严重危害社会的犯罪案件，根据侦查犯罪的需要，经过严格的批准手续，可以采取技术侦查措施。人民检察院在立案后，对于重大的贪污、贿赂犯罪案件以及利用职权实施的严重侵犯公民人身权利的重大犯罪案件，根据侦查犯罪的需要，经过严格的批准手续，可以采取技术侦查措施，按照规定交有关机关执行。追捕被通缉或者批准、决定逮捕的在逃的犯罪嫌疑人、被告人，经过批准，可以采取追捕所必需的技术侦查措施。

根据《公安机关办理刑事案件程序规定》第 254 条规定，公安机关适用技术侦查措施的案件范围限定为以下严重危害社会的犯罪案件：①危害国家安全犯罪、恐怖活动犯罪、黑社会性质的组织犯罪、重大毒品犯罪案件；②故意杀人、故意伤害致人重伤或者死亡、强奸、抢劫、绑架、放火、爆炸、投放危险物质等严重暴力犯罪案件；③集团性、系列性、跨区域性重大犯罪案件；④利用电信、计算机网络、寄递渠道等实施的重大犯罪案件，以及针对计算机网络实施的重大犯罪案件；⑤其他严重危害社会的犯罪案件，依法可能判处 7 年以上有期徒刑的。此外，公安机关追捕被通缉或者批准、决定逮捕的在逃的犯罪嫌疑人、被告人，可以采取追捕所必需的技术侦查措施。技术侦查措施的适用对象只能是犯罪嫌疑人、被告人以及与犯罪活动直接关联的人员。

根据《人民检察院刑事诉讼规则(试行)》第 263 条规定，人民检察院适用技术侦查措施的案件范围限定为涉案数额在 10 万元以上、采取其他方法难以收集证据的重大贪污、贿赂犯罪案件以及利用职权实施的严重侵犯公民人身权利的重大犯罪案件。其中，贪污、贿赂犯罪包括《刑法》分则第八章规定的贪污罪、受贿罪、单位受贿罪、行贿罪、对单位行贿罪、介绍贿赂罪、单位行贿罪、利用影响力受贿罪。利用职权实施的严重侵犯公民人身权利的重大犯罪案件包括有重大社会影响的、造成严重后果的或者情节特别严重的非法拘禁、非法搜查、刑讯逼供、暴力取证、虐待被监管人、报复陷害等案件。此外，人民检察院办理直接受理立案侦查的案件，需要追捕被通缉或者批准、决定逮捕的在逃的犯罪嫌疑人、被告人的，经过批准，可以采取追捕所必需的技术侦查措施，不受《人民检察院刑事诉讼规则(试行)》第 263 条规定的案件范围的限制。

(二)技术侦查措施的适用主体

1. 技术侦查措施的审批主体

技术侦查措施只有侦查机关经过严格的审批程序之后才能适用，其他任何机关、团体和个人都无权采用。对于批准机关《刑事诉讼法》和《人民检察院刑事诉讼规则(试行)》并没有作出具体规定，只有《公安机关办理刑事案件程序规定》第 256 条将其限定为，需要采取技术侦查措施的，应当制作呈请采取技术侦查措施报告书，报设区的市一级以上公安机关负责人批准，制作采取技术侦查措施决定书。

2. 技术侦查措施的执行主体

根据《公安机关办理刑事案件程序规定》的要求，设区的市一级以上公安机关负责人作出批准技术侦查措施的决定后,应当交付技术侦查部门执行。人民检察院等部门决定采取技术侦查措施,交公安机关执行的,由设区的市一级以上公安机关按照规定办理相关手续后,交负责技术侦查的部门执行,并将执行情况通知人民检察院等部门。

(三)技术侦查措施的所获材料的使用

采取技术侦查措施收集的材料在刑事诉讼中可以作为证据使用。作为证据使用的,批准采取技术侦查措施的法律决定文书应当附卷,辩护律师可以依法查阅、摘抄、复制。采取技术侦查措施收集的物证、书证及其他证据材料,侦查人员应当制作相应的说明材料,写明获取证据的时间、地点、数量、特征以及采取技术侦查措施的批准机关、种类等,并签名和盖章。

对于使用技术侦查措施获取的证据材料,如果可能危及特定人员的人身安全、涉及国家秘密或者公开后可能暴露侦查秘密或者严重损害商业秘密、个人隐私的,应当采取不暴露有关人员身份、技术方法等保护措施。在必要的时候,可以建议不在法庭上质证,由审判人员在庭外对证据进行核实。

采取技术侦查措施收集的材料,应当严格依照有关规定存放,只能用于对犯罪的侦查、起诉和审判,不得用于其他用途。收集的与案件无关的材料,必须及时销毁,并制作销毁记录。侦查人员对采取技术侦查措施过程中知悉的国家秘密、商业秘密和个人隐私,应当保密。有关单位和个人在配合技术侦查过程中获知的上述情况亦应予以保密。

(四)技术侦查措施的适用期限

根据《刑事诉讼法》的规定,技术侦查措施只有在立案后才能适用。而且,批准采取技术侦查措施的决定自签发之日起3个月以内有效。在有效期限内,对不需要继续采取技术侦查措施的,办案部门应当立即书面通知负责技术侦查的部门解除技术侦查措施;负责技术侦查的部门认为需要解除技术侦查措施的,报批准机关负责人批准,制作解除技术侦查措施决定书,并及时通知办案部门。

对复杂、疑难案件,采取技术侦查措施的有效期限届满仍需要继续采取技术侦查措施的,经负责技术侦查的部门审核后,报批准机关负责人批准,制作延长技术侦查措施期限决定书。批准延长期限,每次不得超过3个月。在有效期限内,需要变更技术侦查措施种类或者适用对象的,应当按照规定重新办理批准手续。有效期限届满,负责技术侦查的部门应当立即解除技术侦查措施。

三、隐匿身份侦查和控制下交付

实践中,侦查人员进行侦查活动时,应当按照《刑事诉讼法》的规定向相关人员说明自己的身份并出示工作证件或者证明文件。但是,对于某些犯罪,如跨国犯罪、有组织犯罪、集团犯罪等严重危害社会治安秩序的犯罪,由于其组织严密,内部分工明确,犯罪集团的组织者、领导者往往不直接参与具体的犯罪行为,而只是在幕后策划、操纵和指挥。对此类犯罪,采取一般的侦查手段往往无法彻底查明整个犯罪过程,将犯罪组织成员,特别是组织、领导的首要分子一网打尽,这就需要侦查人员或者侦查人员选定的公民采取隐匿身份的方式,接近犯罪集团或者潜伏在犯罪集团内部,侦查整个犯罪过程、获取犯罪的关键证据。另外,在发现犯罪之后,侦查机关在特定情况下仍然需要监控犯罪的继续进行,从而一举捣毁整个犯罪集团。由于隐匿身份侦查或者控制下交付行为不可避免地会参与到违法犯罪活动中,故实施这两种侦查行为均需要法律的特别授权。同时,我国批准加入的《联合国禁止非法贩运麻醉药品和精神药物公约》、《联合国打击跨国有组织犯罪公约》、《联合国反腐败公约》均对控制下交付做出了规定,这也需要在国内法中予以明确。因此,2012年《刑事诉讼法》为了适应侦查工作的实际需要,履行国际公约的义务,对隐匿身份侦查和控制下交付在本节中一并做出了规定。

(一)隐匿身份侦查

隐匿身份侦查,是指侦查机关基于侦查特殊犯罪的需要,指派有关人员隐匿身份实施的侦查活动,包括卧底侦查、诱惑侦查或者化装侦查等形式。

根据《刑事诉讼法》及《公安机关办理刑事案件程序规定》,隐匿身份侦查应当遵守以下要求和程序:

(1)采取隐匿身份侦查只能是基于查明刑事案件案情的需要,不能用于其他目的。

(2)采取隐匿身份侦查必须出于侦查的必要性。隐匿身份实施侦查毕竟会参与到犯罪活动中,且是一种不诚信的侦查手段,所以,如果使用其他侦查手段可以达到发现犯罪、固定证据、抓获犯罪嫌疑人的目的,则不能采用隐匿身份的侦查措施。

(3)采取隐匿身份侦查措施,必须经县级以上公安机关负责人决定,并由侦查人员或者公安机关指定的其他人员实施。

(4)隐匿身份实施侦查时,不得使用促使他人产生犯罪意图的方法诱使他人犯罪,不得采用可能危害公共安全或者发生重大人身危险的方法。如果侦查人员在隐匿身份过程中,对本没有犯罪意图的人进行引诱,致使其进行犯罪行为,则侦查人员要承担刑事责任。而且,如果在实施隐匿身份侦查过程中存在危害公共安全或者发生重大人身危险的可能性,则应立即停止此种侦查措施。

(5)侦查机关实施隐匿身份侦查收集的材料在刑事诉讼中可以作为证据使用。作为证据使用时,可能危及隐匿身份人员的人身安全,或者可能产生其他严重后果的,应当采取不暴露有关人员身份等保护措施。

需要指出的是,虽然2012年《刑事诉讼法》将隐匿身份侦查规定在了"技术侦查措施"一节,但两者存在明显的差别:第一,公安机关实施隐匿身份侦查没有法定的案件范围限制,而技术侦查措施案件范围则有着严格的限定;第二,公安机关决定实施隐匿身份侦查的批准程序,仅仅要求"经县级以上公安机关负责人决定",而采取技术侦查措施则需要"应当制作呈请采取技术侦查措施报告书,报设区的市一级以上公安机关负责人批准,制作采取技术侦查措施决定书";第三,实施隐匿身份侦查的主体既可以是侦查人员,也可以是公安机关指定的其他人员,而技术侦查措施必须由公安机关负责技术侦查的部门实施。

(二)控制下交付

控制下交付,是指侦查机关在发现非法或者可以交易的物品后,在对物品进行秘密监控的情况下,允许非法或者可疑物品继续流转,从而查明参与该项犯罪的人员,彻底查明该案件的一种侦查活动。

根据《刑事诉讼法》及《公安机关办理刑事案件程序规定》,控制下交付应当遵循下述要求和程序：

(1)实施控制下交付的目的只能是为查明参与犯罪的人员和犯罪事实,不能用于其他目的。

(2)实施控制下交付只能是为了侦破给付毒品等违禁品或者财物的犯罪活动。对于不涉及给付毒品等违禁品(如枪支、弹药、假币等)或者财物(如文物、赃物)的案件,侦查机关不得采取控制下交付措施。

(3)采取控制下交付措施,应当经县级以上公安机关负责人决定。

(4)侦查机关实施控制下交付收集的材料在刑事诉讼中可以作为证据使用。作为证据使用时,可能危及人身安全,或者可能产生其他严重后果的,应当采取不暴露有关人员身份等保护措施。

从国际社会的普遍认识来看,控制下交付的实施过程可以概括为四个环节:①发现违禁品;②决定实施控制下交付;③放行违禁品使其继续流转并实施秘密监控;④目的地交易时或交易后抓捕其他犯罪人、获取有关证据,最终达到铲除整个犯罪组织的目的。因此,控制下交付可以看做是一种"以物找人"的侦查手段,其目的主要是为了"放长线、钓大鱼"。

随着社会发展、科技进步,现代化交通运输方式发展迅猛,如快递、物流行业等行业,这些都为犯罪分子运输违禁品或财物提供了可乘之机。目前,犯罪组织进行违禁品交易时,越来越多的利用"人货分离"方式。为了应对这种犯罪趋势,侦查机关也越来越多的利用高科技监控技术实施控制下交付,尤其是在秘密收集犯罪分子参与交易的犯罪证据方面,技术侦查措施往往成为取证的关键。因此,控制下交付和技术侦查措施在实践中经常会交织运用。

第十一节 侦查终结

一、侦查终结的概念和意义

侦查终结是指侦查机关通过一系列的侦查活动,认为案件事实已经查清,证据确实、充分,足以认定犯罪嫌疑人是否有罪和应否追究刑事责任而决定结束侦查,依法对案件作出处理或提出处理意见的一种诉讼活动。

侦查终结是侦查阶段对已经开展的各种侦查活动和工作进行审核和总结的最后一道程序,是侦查任务已经完成的标志。在这个阶段,侦查机关要对整个案件作出事实和法律上的认定,并决定案件是否移送起诉、不起诉,或撤销案件。正确及时的终结侦查可以确保检察机关准确地提起公诉,使依法应当受到刑事追究的犯罪嫌疑人受到应有的惩罚,并保障无罪的人,或者依法不应当受到刑事追究的人及时得到解脱,保护公民合法权益。

二、侦查终结的条件

根据《刑事诉讼法》第160条和第162条的规定,侦查终结的案件应当做到犯罪事实清楚,证据确实、充分,侦查机关应当写出起诉意见书,连同案卷材料、证据一并移送同级人民检察院审查决定,并同时将案件移送情况告知犯罪嫌疑人及其辩护律师。因此,侦查终结的条件包括：

(1) 案件事实已经查清。查清案件事实是侦查终结的首要条件。案件事实包括犯罪嫌疑人有罪或者无罪、罪重或罪轻的事实和情节。如果犯罪嫌疑人确有犯罪行为，则就应当确定犯罪人的身份，查清犯罪时间和地点、犯罪动机和目的、犯罪手段、犯罪后等，并且没有遗漏的罪行和应当追究刑事责任的同案犯罪嫌疑人。案件事实没有查清，侦查则不能终结。

(2) 证据确实、充分。证据的确实、充分是侦查终结的一个重要条件。它必须满足以下三个条件：①定罪量刑的事实都有证据证明；②据以定案的证据均经法定程序查证属实；③综合全案证据，对所认定事实已排除合理怀疑。

(3) 法律手续完备。侦查终结时，各种法律手续必须齐全、完备。法律手续是侦查机关办案的依据，也是对侦查工作的一种监督，是侦查工作质量的保证。所以，只有法律手续完备，才可终结侦查，如果发现有遗漏或者不合要求之处，应当及时补正。

以上三个条件必须同时具备，缺一不可。

三、侦查终结案件的程序

(一) 公安机关侦查终结的程序

公安机关对侦查终结案件的处理，应当由县级以上公安机关负责人批准，重大、复杂、疑难的案件应当经过集体讨论。侦查终结前，辩护律师提出要求的，公安机关应当听取辩护律师的意见，根据情况进行核实，并记录在案。辩护律师提出书面意见的，应当附卷。对于案件事实清楚，证据确实、充分，犯罪性质和罪名认定正确，法律手续完备，依法应当追究刑事责任的案件，办案人员应当制作起诉意见书，经县级以上公安机关负责人批准后，连同全部案卷材料、证据，以及辩护律师提出的意见，一并移送同级人民检察院审查决定。同时，将案件移送情况告知犯罪嫌疑人及其辩护律师。

侦查终结后，应当将全部案卷材料按照要求装订立卷，并制作结案报告。结案报告的内容应当包括：①犯罪嫌疑人的基本情况；②是否采取了强制措施及其理由；③案件的事实和证据；④法律依据和处理意见。向人民检察院移送案件时，只移送诉讼卷，侦查卷由公安机关存档备查。

侦查终结时，对查封、扣押的犯罪嫌疑人的财物及其孳息、文件或者冻结的财产，作为证据使用的，应当随案移送，并制作随案移送清单一式两份，一份留存，一份交人民检察院。对于实物不宜移送的，应当将其清单、照片或者其他证明文件随案移送。共同犯罪案件的起诉意见书，应当写明每个犯罪嫌疑人在共同犯罪中的地位、作用、具体罪责和认罪态度，并分别提出处理意见。被害人提出附带民事诉讼的，应当记录在案；移送审查起诉时，应当在起诉意见书末页注明。

对于犯罪情节轻微，依法不需要判处刑罚或可以免除刑罚的，公安机关在移送起诉时，可以注明具备不起诉条件，由人民检察院审查决定起诉或者不起诉。经过侦查，发现犯罪嫌疑人符合《刑事诉讼法》第15条规定的情形时，应当撤销案件。对于经过侦查，发现有犯罪事实需要追究刑事责任，但不是被立案侦查的犯罪嫌疑人实施的，或者共同犯罪案件中部分犯罪嫌疑人不够刑事处罚的，应当对有关犯罪嫌疑人终止侦查，并对该案件继续侦查。需要撤销案件或者对犯罪嫌疑人终止侦查的，办案部门应当制作撤销案件或者对犯罪嫌疑人终止侦查报告书,报县级以上公安机关负责人批准。

公安机关决定撤销案件或者对犯罪嫌疑人终止侦查时,原犯罪嫌疑人在押的,应当立即释放,发给释放证明书。原犯罪嫌疑人被逮捕的,应当通知原批准逮捕的人民检察院。对原犯罪嫌疑人采取其他强制措施的,应当立即解除强制措施;需要行政处理的,依法予以处理或者移交有关部门。对查封、扣押的财物及其孳息、文件,或者冻结的财产,除按照法律和有关规定另行处理的以外,应当解除查封、扣押、冻结。公安机关作出撤销案件决定后,应当在3日以内告知原犯罪嫌疑人、被害人或者其近亲属、法定代理人以及案件移送机关。公安机关作出终止侦查决定后,应当在3日以内告知原犯罪嫌疑人。

(二)人民检察院侦查终结的案件

《刑事诉讼法》第166条规定,人民检察院侦查终结的案件,应当作出提起公诉、不起诉或者撤销案件的决定。据此,人民检察院经过侦查,认为犯罪事实清楚,证据确实、充分,依法应当追究刑事责任的案件,应当写出侦查终结报告,并且制作起诉意见书。对于犯罪情节轻微,依照刑法规定不需要判处刑罚或者免除刑罚的案件,应当写出侦查终结报告,并且制作不起诉意见书。而对于人民检察院直接受理立案侦查的共同犯罪案件,如果同案犯罪嫌疑人在逃,但在案犯罪嫌疑人犯罪事实清楚,证据确实、充分的,对在案犯罪嫌疑人应当分别移送审查起诉或者移送审查不起诉。侦查终结报告和起诉意见书或者不起诉意见书由侦查部门负责人审核,检察长批准。

审核批准后,侦查部门应当将起诉意见书或者不起诉意见书,查封、扣押、冻结的犯罪嫌疑人的财物及其孳息、文件清单以及对查封、扣押、冻结的涉案款物的处理意见和其他案卷材料,一并移送本院公诉部门审查。国家或者集体财产遭受损失的,在提出提起公诉意见的同时,可以提出提起附带民事诉讼的意见。

在案件侦查过程中,犯罪嫌疑人委托辩护律师的,检察人员可以听取辩护律师的意见。辩护律师要求当面提出意见的,检察人员应当听取意见,并制作笔录附卷。辩护律师提出书面意见的,应当附卷。案件侦查终结移送审查起诉时,人民检察院应当同时将案件移送情况告知犯罪嫌疑人及其辩护律师。对于特别重大贿赂犯罪案件,人民检察院在侦查终结前应当许可辩护律师会见犯罪嫌疑人。

上级人民检察院侦查终结的案件,依照《刑事诉讼法》的规定应当由下级人民检察院提起公诉或者不起诉的,应当将有关决定、侦查终结报告连同案卷材料、证据移送下级人民检察院,由下级人民检察院按照上级人民检察院有关决定交侦查部门制作起诉意见书或者不起诉意见书,移送本院公诉部门审查。下级人民检察院公诉部门认为应当对案件补充侦查的,可以退回本院侦查部门补充侦查,上级人民检察院侦查部门应当协助。下级人民检察院认为上级人民检察院的决定有错误的,可以向上级人民检察院提请复议,上级人民检察院维持原决定的,下级人民检察院应当执行。

人民检察院在侦查过程中或者侦查终结后,发现具有下列情形之一的,侦查部门应当制作拟撤销案件意见书,报请检察长或者检察委员会决定:①具有《刑事诉讼法》第15条规定情形之一的;②没有犯罪事实,或者依照刑法规定不负刑事责任或者不是犯罪;③虽有犯罪事实,但不是犯罪嫌疑人所为的。对于共同犯罪的案件,如有符合上述情形的犯罪嫌疑人,应当撤销对该犯罪嫌疑人的立案。

检察长或者检察委员会决定撤销案件的,侦查部门应当将撤销案件意见书连同本案全部案卷材料,在法定期限届满7日前报上一级人民检察院审查;重大、复杂案件在法定期限届满10日前报上一级人民检察院审查。对于共同犯罪案件,应当将处理同案犯罪嫌疑人的有关法律文书以及案件事实、证据材料复印件等,一并报送上一级人民检察院。上一级人民检察院侦查部门应当对案件事实、证据和适用法律进行全面审查,必要时可以讯问犯罪嫌疑人。上一级人民检察院侦查部门经审查后,应当提出是否同意撤销案件的意见,报请检察长或者检察委员会决定。

上一级人民检察院审查下级人民检察院报送的拟撤销案件,应当于收到案件后7日以内批复;重大、复杂案件,应当于收到案件后10日以内批复下级人民检察院。情况紧急或者因其他特殊原因不能按时送达的,可以先行通知下级人民检察院执行。上一级人民检察院同意撤销案件的,下级人民检察院应当作出撤销案件决定,并制作撤销案件决定书。上一级人民检察院不同意撤销案件的,下级人民检察院应当执行上一级人民检察院的决定。报请上一级人民检察院审查期间,犯罪嫌疑人羁押期限届满的,应当依法释放犯罪嫌疑人或者变更强制措施。人民检察院决定撤销案件的,应当告知控告人、举报人,听取其意见并记明笔录。

人民检察院撤销案件的决定,应当分别送达犯罪嫌疑人所在单位和犯罪嫌疑人。犯罪嫌疑人死亡的,应当送达犯罪嫌疑人原所在单位。如果犯罪嫌疑人在押,应当制作决定释放通知书,通知公安机关依法释放。人民检察院作出撤销案件决定的,侦查部门应当在30日以内对犯罪嫌疑人的违法所得作出处理,并制作查封、扣押、冻结款物的处理报告,详细列明每一项款物的来源、去向并附有关法律文书复印件,报检察长审核后存入案卷,并在撤销案件决定书中写明对查封、扣押、冻结的涉案款物理的处结果。情况特殊的,经检察长决定,可以延长30日。

人民检察院撤销案件时,对犯罪嫌疑人的违法所得应当区分不同情形,作出相应处理:①因犯罪嫌疑人死亡而撤销案件,依照刑法规定应当追缴其违法所得及其他涉案财产的,按照《人民检察院刑事诉讼规则(试行)》第十三章第三节的规定办理;②因其他原因撤销案件,对于查封、扣押、冻结的犯罪嫌疑人违法所得及其他涉案财产需要没收的,应当提出检察建议,移送有关主管机关处理;③对于冻结的犯罪嫌疑人存款、汇款、债券、股票、基金份额等财产需要返还被害人的,可以通知金融机构返还被害人;对于查封、扣押的犯罪嫌疑人的违法所得及其他涉案财产需要返还被害人的,直接决定返还被害人。人民检察院申请人民法院裁定处理犯罪嫌疑人涉案财产的,应当向人民法院移送有关案件材料。人民检察院撤销案件时,对查封、扣押、冻结的犯罪嫌疑人的涉案财产需要返还犯罪嫌疑人的,应当解除查封、扣押或者书面通知有关金融机构解除冻结,返还犯罪嫌疑人或者其合法继承人。

人民检察院直接受理立案侦查的案件,对犯罪嫌疑人没有采取取保候审、监视居住、拘留或者逮捕措施的,侦查部门应当在立案后2年以内提出移送审查起诉、移送审查不起诉或者撤销案件的意见;对犯罪嫌疑人采取取保候审、监视居住、拘留或者逮捕措施的,侦查部门应当在解除或者撤销强制措施后一年以内提出移送审查起诉、移送审查不起诉或者撤销案件的意见。

人民检察院决定撤销案件以后,如果发现新的事实或者证据,认为有犯罪事实需要追究刑事责任的,可以重新立案侦查。

四、侦查羁押期限

侦查羁押期限,是指犯罪嫌疑人在侦查中被逮捕以后到侦查终结的期限。我国《刑事诉讼法》对侦查羁押期限明确加以规定,目的是为了切实保障犯罪嫌疑人的人身自由和合法权益,防止案件久拖不决,提高侦查工作效率。

根据《刑事诉讼法》及相关司法解释的规定,侦查羁押期限可以分为一般羁押期限、特殊羁押期限和重新计算羁押期限三种:

(一)一般羁押期限

《刑事诉讼法》第154条规定,对犯罪嫌疑人逮捕后的侦查羁押期限不得超过2个月。这是对一般刑事案件侦查羁押期限的规定。如果犯罪嫌疑人在逮捕以前已被拘留的,拘留的期限不包括在侦查羁押期限内。一般情况下,侦查机关应当在逮捕后的2个月内终结案件。

(二)特殊羁押期限

特殊羁押期限,是指根据法律的规定及案件的特殊需要,在符合法定条件时侦查机关经过履行相应审批手续,在一般期限基础上予以延长的侦查羁押期限。根据《刑事诉讼法》及相关司法解释的规定,特殊侦查羁押期限主要包括:

(1)《刑事诉讼法》第154条规定,案情复杂、期限届满不能终结的案件,可以经上一级人民检察院批准延长1个月。

(2)《刑事诉讼法》第156条规定,下列案件在《刑事诉讼法》第154条规定的期限仍不能侦查终结的,经省、自治区、直辖市人民检察院批准或者决定,可以延长2个月:①交通十分不便的边远地区的重大复杂案件;②重大的犯罪集团案件;③流窜作案的重大复杂案件;④犯罪涉及面广,取证困难的重大犯罪案件。

(3)《刑事诉讼法》第157条规定,对犯罪嫌疑人可能判处10年有期徒刑以上刑罚,依照《刑事诉讼法》第156条规定延长期限届满,仍不能侦查终结的,经省、自治区、直辖市人民检察院批准或者决定,可以再延长2个月。

(4)《刑事诉讼法》第155条规定,因为特殊原因,在较长时间内不宜交付审判的特别重大复杂的案件,由最高人民检察院报请全国人大常委会批准延期审理。

(5)根据《人民检察院刑事诉讼规则(试行)》第274~277条的规定,人民检察院直接受理立案侦查的案件需要延长侦查羁押期限时,应当报上一级人民检察院批准延期。省级人民检察院直接受理立案侦查的案件,对于属《刑事诉讼法》第156、157条规定的情形,可以直接决定延长侦查羁押期限。最高人民检察院直接受理立案侦查的案件,依照《刑事诉讼法》的规定需要延长侦查羁押期限的,直接决定延长侦查羁押期限。

(6)根据《人民检察院刑事诉讼规则(试行)》第300条第2款的规定,人民检察院对于同案犯罪嫌疑人在逃,在案犯罪嫌疑人的犯罪事实无法查清的案件,对在案犯罪嫌疑人应当根据案件的不同情况分别报请延长侦查羁押期限、变更强制措施或者解除强制措施。

延长侦查羁押期限需要严格的审批。公安机关对案件提请延长羁押期限时,应当制作提请批准延长侦查羁押期限意见书,写明延长羁押期限案件的主要案情和延长羁押期限的具体理由,经县级以上公安机关负责人批准后,在期限届满 7 日前送请人民检察院批准。

人民检察院直接立案侦查的案件,侦查部门认为需要延长侦查羁押期限的,亦应当在侦查羁押期限届满 7 日前向本院侦查监督部门移送延长侦查羁押期限的意见及有关材料,写明案件的主要案情和延长侦查羁押期限的具体理由。

人民检察院审查批准或者决定延长侦查羁押期限,由侦查监督部门办理。受理案件的人民检察院侦查监督部门对延长侦查羁押期限的意见审查后,应当提出是否同意延长侦查羁押期限的意见,报检察长决定后,将侦查机关延长侦查羁押期限的意见和本院的审查意见层报有决定权的人民检察院审查决定。有决定权的人民检察院应当在侦查羁押期限届满前作出是否批准延长侦查羁押期限的决定,并交由受理案件的人民检察院侦查监督部门送达公安机关或者本院侦查部门。

(三)重新计算羁押期限

重新计算羁押期限,是指因出现法定的情况,原有侦查羁押期限作废,侦查羁押期限重新开始计算,主要包括下列情形:

(1)在侦查期间,发现犯罪嫌疑人另有重要罪行的,自发现之日起依照《刑事诉讼法》第 154 条的规定重新计算侦查羁押期限。"另有重要罪行",是指与逮捕时的罪行不同种的重大犯罪和同种的影响罪名认定、量刑档次的重大犯罪。

(2)犯罪嫌疑人不讲真实姓名、住址,身份不明的,应当对其身份进行调查,侦查羁押期限自查清其身份之日起计算,但是不得停止对其犯罪行为的侦查取证。对于犯罪事实清楚,证据确实、充分,确实无法查明其身份的,也可以按其自报的姓名起诉、审判。

(3)对被羁押的犯罪嫌疑人作精神病鉴定的时间,不计入侦查羁押期限。其他鉴定时间则应当计入羁押期间。

公安机关在侦查羁押期间需要重新计算侦查羁押期限的,应当报县级以上公安机关负责人批准,制作重新计算侦查羁押期限通知书,送达看守所,并报批准逮捕的人民检察院备案。人民检察院对自侦案件需要重新计算侦查羁押期限的,应当由侦查部门提出重新计算侦查羁押期限的意见,移送本院侦查监督部门审查。侦查监督部门审查后应当提出是否同意重新计算侦查羁押期限的意见,报检察长决定。对公安机关重新计算侦查羁押期限的备案,由侦查监督部门审查。侦查监督部门认为公安机关重新计算侦查羁押期限不当的,应当提出纠正意见,报检察长决定后,通知公安机关纠正。

人民检察院直接受理立案侦查的案件,不能在法定侦查羁押期限内侦查终结的,应当依法释放犯罪嫌疑人或者变更强制措施。侦查监督部门审查延长侦查羁押期限、审查重新计算侦查羁押期限案件,可以讯问犯罪嫌疑人,听取律师意见,调取案卷及相关材料等。

第十二节 补充侦查

一、补充侦查的概念和意义

补充侦查,是指公安机关或者人民检察院依照法定程序,在原有侦查工作的基础上,对案件事实做进一步侦查、补充证据的一种诉讼活动。

在本质上,补充侦查是原有侦查工作的继续,仍然属于侦查程序范畴。它并非是每一个刑事案件的必经程序,只适用于事实不清、证据不足或者有遗漏罪行、遗漏同案犯罪嫌疑人的某些刑事案件。如果案件符合侦查终结的条件,则并不需要补充侦查。正确、及时地进行补充侦查,对于公、检、法三机关查清案件事实,防止和纠正在诉讼过程中可能发生或已经发生的错误和疏漏,保证不枉不纵、不错不漏,准确适用法律,具有十分重要的意义。

二、补充侦查的情形

根据我国《刑事诉讼法》及相关司法解释的规定,补充侦查有三种情形,即审查批捕阶段的通知补充侦查、审查起诉阶段的补充侦查和法庭审理阶段的补充侦查。

(一)审查批捕阶段的通知补充侦查

我国《刑事诉讼法》第88条规定,人民检察院对于公安机关提请批准逮捕的案件进行审查后,应当根据情况分别作出批准逮捕或者不批准逮捕的决定。对于批准逮捕的决定,公安机关应当立即执行,并且将执行情况及时通知人民检察院。对于不批准逮捕的,人民检察院应当说明理由,需要补充侦查的,应当同时通知公安机关。可见,审查批捕阶段的补充侦查并非是由哪个机关作出补充侦查的决定,而是人民检察院对于不符合逮捕条件的案件,在做出不批准逮捕决定后,认为需要补充侦查的,向公安机关提出的建议。是否补充侦查仍是由经办的公安机关决定。

对于人民检察院不批准逮捕并通知补充侦查的,公安机关应当按照人民检察院的提纲进行补充侦查。在补充侦查期间,公安机关可以对犯罪嫌疑人采用取保候审和监视居住的强制措施。补充侦查完毕,认为符合逮捕条件的,公安机关应当重新提请批准逮捕。人民检察院发现公安机关补充侦查后应当提请批准逮捕而不提请的,应当建议公安机关提请批准逮捕。如果公安机关仍不提请批准逮捕或者不提请批准逮捕的理由不能成立的,人民检察院也可以直接作出逮捕决定,送达公安机关执行。

(二)审查起诉阶段的补充侦查

我国《刑事诉讼法》第171条规定,人民检察院审查案件,对于需要补充侦查的,可以退回公安机关补充侦查,也可以自行侦查。对于补充侦查的案件,应当在1个月以内补充侦查完毕。补充侦查以二次为限。补充侦查完毕移送人民检察院后,人民检察院重新计算审查起诉期限。对于二次补充侦查的案件,人民检察院仍然认为证据不足,不符合起诉条件的,应当作出不起诉的决定。可见,审查批捕阶段的补充侦查包括以下内容:

1. 补充侦查的方式

补充侦查包括退回补充侦查和自行补充侦查两种方式。

(1)退回补充侦查。退回补充侦查又包括以下两种情形:其一,是人民检察院认为犯罪事实不清、证据不足或者遗漏罪行、遗漏同案犯罪嫌疑人等情形需要补充侦查的,应当提出具体的书面意见,连同案卷材料一并退回公安机关补充侦查;其二,是人民检察院公诉部门对本院侦查部门移送审查起诉的案件审后,认为犯罪事实不清、证据不足或者遗漏罪行、遗漏同案犯罪嫌疑人等情形需要补充侦查的,应当向侦查部门提出补充侦查的书面意见,连同案卷材料一并退回侦查部门补充侦查。对于上级人民检察院侦查终结的案件,依照《刑事诉讼法》的规定应当由下级人民检察院提起公诉或者不起诉的,下级人民检察院公诉部门认为应当对案件补充侦查的,可以退回本院侦查部门补充侦查,上级人民检察院侦查部门应当协助。

对人民检察院退回补充侦查的案件,公安机关应当根据不同情况,报县级以上公安机关负责人批准,分别作如下处理:①原认定犯罪事实清楚,证据不够充分的,应当在补充证据后,制作补充侦查报告书,移送人民检察院审查;对无法补充的证据,应当作出说明;②在补充侦查过程中,发现新的同案犯或者新的罪行,需要追究刑事责任的,应当重新制作起诉意见书,移送人民检察院审查;③发现原认定的犯罪事实有重大变化,不应当追究刑事责任的,应当重新提出处理意见,并将处理结果通知退查的人民检察院;④原认定犯罪事实清楚,证据确实、充分,人民检察院退回补充侦查不当的,应当说明理由,移送人民检察院审查。

(2)自行补充侦查。自行补充侦查,是指决定补充侦查的人民检察院自行对案件进行的补充侦查。对于公安机关立案侦查的案件,人民检察院决定自行补充侦查的,可以在必要时要求公安机关提供协助;对于自侦案件,人民检察院公诉部门也可以在必要时自行侦查,并要求本院侦查部门予以协助。

对于在审查起诉期间改变管辖的案件,改变后的人民检察院对于符合《刑事诉讼法》第171条第2款规定的案件,可以通过原受理案件的人民检察院退回原侦查的公安机关补充侦查,也可以自行侦查。

2.补充侦查的时限

对于补充侦查的案件,应当在1个月以内补充侦查完毕。这既指退回公安机关补充侦查的案件,也包括人民检察院自侦案件中决定退回补充侦查的案件。人民检察院审查起诉期限自补充侦查完毕移送审查起诉之日起重新计算。人民检察院在审查起诉中决定自行侦查的,应当在审查起诉期限内侦查完毕。

3.补充侦查的次数

补充侦查以二次为限。对于在审查起诉期间改变管辖的案件,改变管辖前后退回补充侦查的次数也是总共不得超过二次。对补充侦查的次数予以限制,主要是为了防止案件久拖不决,及时打击犯罪,切实保障犯罪嫌疑人的合法权益。

人民检察院对于经过一次退回补充侦查的案件,认为证据不足,不符合起诉条件,且没有退回补充侦查必要的,可以直接作出不起诉决定。

人民检察院对于二次退回补充侦查的案件,仍然认为证据不足,不符合起诉条件的,经检察长或者检察委员会决定,应当作出不起诉决定。

(三)法庭审理阶段的补充侦查

法庭审理阶段的补充侦查也包括以下两种情形:

第一,是公诉机关提出的补充侦查。根据《刑事诉讼法》第198条的规定,在法庭审判过程中,检察人员发现提起公诉的案件需要补充侦查,提出延期审理建议的,合议庭应当同意。法庭审理审判期间,公诉人发现案件需要补充侦查,建议延期审理的,合议庭应当同意,但建议延期审理不得超过二次。法庭宣布延期审理后,人民检察院应当在补充侦查的期限内提请人民法院恢复法庭审理或者撤回起诉。人民检察院将补充收集的证据移送人民法院的，人民法院应当通知辩护人、诉讼代理人查阅、摘抄、复制。

第二，是审判机关建议的补充侦查。法庭审理期间，合议庭发现被告人可能有自首、坦白、立功等法定量刑情节，而人民检察院移送的案卷中没有相关证据材料的，应当通知人民检察院移送。审判期间，被告人提出新的立功线索的，人民法院可以建议人民检察院补充侦查。对此，人民检察院应当审查有关理由，并作出是否补充侦查的决定。人民检察院不同意的，可以要求人民法院就起诉指控的犯罪事实依法作出裁判。

在审判过程中，对于需要补充侦查的，人民检察院应当自行收集证据和进行侦查，必要时可以要求侦查机关提供协助；也可以书面要求侦查机关补充提供证据。补充侦查应当在1个月内完毕，补充侦查的次数以二次为限。补充侦查期限届满后，经法庭通知，人民检察院未将案件移送人民法院，且未说明原因的，人民法院可以决定按人民检察院撤诉处理。

第十三节 侦查监督

一、侦查监督的概念和意义

侦查监督是指人民检察院作为法律监督机关，依法对侦查机关和侦查人员的侦查活动是否合法进行的监督。根据《刑事诉讼法》的规定，除公安机关外，国家安全机关、监狱、军队保卫部门、海关缉私部门以及人民检察院的侦查部门也都享有侦查权。因此，人民检察院对上述机关或部门的侦查活动是否合法同样行使侦查监督职权。

侦查监督是人民检察院行使法律监督职权的重要组成部分，对保证刑事诉讼程序的顺利进行有着十分重要的意义。

(1) 侦查监督有利于保证国家刑事法律的统一、正确实施，防止出现冤假错案。人民检察院对侦查活动是否合法进行监督，可以及时发现和有效纠正侦查机关的违法行为，保证侦查活动严格依照法定程序进行，保障对犯罪分子进行及时、准确、合法的刑事追究，保证案件的质量，防止出现冤假错案。

(2) 侦查监督有利于维护公民的合法权益。在侦查活动中，侦查人员不按法定程序和要求收集证据、采取强制措施，将严重损害公民合法权益，特别是通过刑讯逼供和威胁、引诱、欺骗等非法的方法收集证据，更是对犯罪嫌疑人基本人权的损害。因此，人民检察院对侦查活动实行法律监督，有利于及时发现、制止和纠正侦查违法行为，切实维护公民合法权益。

(3) 侦查监督有利于提高侦查人员的执法水平，督促其严格依法办事，更好地维护社会主义法制的权威性。人民检察院通过侦查监督，及时纠正侦查人员滥用职权、徇私舞弊等违法行为，可以督促侦查机关认真总结经验教训，提高依法办案的认识和执法水平。而且，通过纠正侦查活动中的违法乱纪行为，还可以提高侦查机关的公信力，更好地维护社会主义法制的权威。

二、侦查监督的范围

侦查监督的范围是指人民检察院通过履行侦查监督职能予以发现和纠正的侦查违法行为。根据《人民检察院刑事诉讼规则(试行)》第565条的规定,人民检察院的侦查活动监督主要发现和纠正以下违法行为:

(1)采用刑讯逼供等非法方法收集犯罪嫌疑人供述的;

(2)采用暴力、威胁等非法方法收集证人证言、被害人陈述,或者以暴力、威胁、贿买等方法阻止证人作证或者指使他人作伪证的;

(3)伪造、隐匿、销毁、调换、私自涂改证据,或者帮助当事人毁灭、伪造证据的;

(4)徇私舞弊,放纵、包庇犯罪分子的;

(5)故意制造冤、假、错案的;

(6)在侦查活动中利用职务之便谋取非法利益的;

(7)非法拘禁他人或者以其他方法非法剥夺他人人身自由的;

(8)非法搜查他人身体、住宅,或者非法侵入他人住宅的;

(9)非法采取技术侦查措施的;

(10)在侦查过程中不应当撤案而撤案的;

(11)对与案件无关的财物采取查封、扣押、冻结措施,或者应当解除查封、扣押、冻结不解除的;

(12)贪污、挪用、私分、调换、违反规定使用查封、扣押、冻结的财物及其孳息的;

(13)应当退还取保候审保证金不退还的;

(14)违反刑事诉讼法关于决定、执行、变更、撤销强制措施规定的;

(15)侦查人员应当回避而不回避的;

(16)应当依法告知犯罪嫌疑人诉讼权利而不告知,影响犯罪嫌疑人行使诉讼权利的;

(17)阻碍当事人、辩护人、诉讼代理人依法行使诉讼权利的;

(18)讯问犯罪嫌疑人依法应当录音或者录像而没有录音或者录像的;

(19)对犯罪嫌疑人指定居所监视居住、拘留、逮捕后依法应当通知而未通知的;

(20)在侦查中有其他违反《刑事诉讼法》有关规定的行为的。如在决定、执行、变更、撤销强制措施等活动中有违法行为,或者违反法律规定的羁押和办案期限等情形。

三、侦查监督的途径和措施

(一)侦查监督的途径

侦查监督的途径,是人民检察院发现侦查活动中违法行为的来源和渠道。

人民检察院发现侦查违法行为,主要通过以下几种方式:

(1)人民检察院通过审查逮捕、审查起诉来审查公安机关的侦查活动是否合法。《刑事诉讼法》第98条规定,人民检察院在审查批准逮捕工作中,如果发现公安机关的侦查活动有违法情况,应当通知公安机关予以纠正。第168条进一步规定,人民检察院在审查案件时,应当对侦查活动是否合法进行审查。

(2)根据《人民检察院刑事诉讼规则(试行)》第567条的规定,人民检察院根据需要可以派员参加公安机关对于重大案件的讨论和其他侦查活动,发现违法行为。

(3)人民检察院通过受理诉讼参与人对侦查机关或侦查人员侵犯诉讼权利和人身侮辱的行为提出的控告,行使侦查监督权。《刑事诉讼法》第14条规定,诉讼参与人对于审判人员、检察人员和侦查人员侵犯公民诉讼权利和人身侮辱的行为,有权提出控告。对此,该法第115条规定,当事人和辩护人、诉讼代理人、利害关系人对于司法机关及其工作人员有下列行为之一的,有权向该机关申诉或者控告:①采取强制措施法定期限届满,不依法予以释放、解除或者变更的;②应当退还取保候审保证金不退还的;③对与案件无关的财物采取查封、扣押、冻结措施的;④应当解除查封、扣押、冻结不解除的;⑤贪污、挪用、私分、调换、违反规定使用查封、扣押、冻结的财物的。受理申诉或者控告的机关应当及时处理。对处理不服的,可以向同级人民检察院申诉;人民检察院直接受理的案件,可以向上一级人民检察院申诉。人民检察院对申诉应当及时进行审查,情况属实的,通知有关机关予以纠正。

为了落实此规定,《人民检察院刑事诉讼规则(试行)》第574条规定,当事人和辩护人、诉讼代理人、利害关系人对于办理案件的机关及其工作人员有《刑事诉讼法》第115条规定的行为,向该机关申诉或者控告,对该机关作出的处理不服,或者该机关未在规定时间内作出答复,向人民检察院申诉的,办理案件的机关的同级人民检察院应当及时受理。

人民检察院直接受理的案件,对办理案件的人民检察院的处理不服的,可以向上一级人民检察院申诉,上一级人民检察院应当受理。未向办理案件的机关申诉或者控告,或者办理案件的机关在规定时间内尚未作出处理决定,直接向人民检察院申诉的,人民检察院应当告知其向办理案件的机关申诉或者控告。对当事人和辩护人、诉讼代理人、利害关系人提出的《刑事诉讼法》第115条规定情形之外的申诉或者控告,人民检察院应当受理,并及时审查,依法处理。可见,公民的申诉和控告是人民检察院履行侦查监督职能的重要来源之一。

(4)人民检察院通过审查公安机关执行人民检察院批准或者不批准逮捕决定的情况,以及释放被逮捕的犯罪嫌疑人或者变更逮捕措施的情况,可以发现侦查活动中的违法行为,履行侦查监督职能。根据《刑事诉讼法》的规定,对于批准逮捕的决定,公安机关应当立即执行,并且将执行情况及时通知人民检察院;人民检察院不批准逮捕的,公安机关应当在接到通知后立即释放,并且将执行情况及时通知人民检察院。

人民检察院和公安机关如果发现对犯罪嫌疑人、被告人采取强制措施不当的,应当及时撤销或者变更。公安机关释放被逮捕的人或者变更逮捕措施的,应当通知原批准的人民检察院。

在侦查过程中,发现不应对犯罪嫌疑人追究刑事责任的,应当撤销案件;犯罪嫌疑人已被逮捕的,应当立即释放,发给释放证明,并且通知原批准逮捕的人民检察院。

对于上述情况,人民检察院应当进行审查,发现侦查机关或者侦查人员决定、执行、变更、撤销强制措施等活动中有违法情形的,应当及时提出纠正意见。

(二)侦查监督的措施

侦查监督措施是指人民检察院为实现侦查监督职能而使用的监督手段。人民检察院发现侦查违法行为后,应当作出以下处理:

(1)口头方式通知纠正。对于情节较轻的违法情形,由检察人员以口头方式向侦查人员或者公安机关负责人提出纠正意见,并及时向本部门负责人汇报;必要的时候,由部门负责人提出。

(2)书面方式通知纠正。对于情节较重的违法情形,应当报请检察长批准后,向公安机关发出纠正违法通知书。人民检察院发出纠正违法通知书的,应当根据公安机关的回复,监督落实情况;没有回复的,应当督促公安机关回复。人民检察院提出的纠正意见不被接受,公安机关要求复查的,应当在收到公安机关的书面意见后7日内进行复查。经过复查,认为纠正违法意见正确的,应当及时向上一级人民检察院报告;认为纠正违法意见错误的,应当及时撤销。上一级人民检察院经审查,认为下级人民检察院的纠正意见正确的,应当及时通知同级公安机关督促下级公安机关纠正;认为下级人民检察院的纠正意见不正确的,应当书面通知下级人民检察院予以撤销,下级人民检察院应当执行,并及时向公安机关及有关侦查人员说明情况。同时,将调查结果及时回复申诉人、控告人。

(3)追究刑事责任。人民检察院侦查监督部门、公诉部门发现侦查人员在侦查活动中的违法行为情节严重,构成犯罪的,应当移送本院侦查部门审查,并报告检察长。侦查部门审查后应当提出是否立案侦查的意见,报请检察长决定。对于不属于本院管辖的,应当移送有管辖权的人民检察院或者其他机关处理。

人民检察院对于内部侦查部门在侦查活动中出现的违法行为,本院侦查监督部门或者公诉部门应当根据情节分别处理:情节较轻的,可以直接向侦查部门提出纠正意见;情节较重或者需要追究刑事责任的,应当报请检察长决定。上级人民检察院发现下级人民检察院在侦查活动中有违法情形的,应当通知其纠正。下级人民检察院应当及时纠正,并将纠正情况报告上级人民检察院。

【本章练习】

一、单项选择题

1.黄某涉嫌诈骗于3月5日被公安机关传唤讯问,3月6日被放回。3月7日公安机关又对其拘传,并于当天放回。4月1日宣布逮捕,5月20日案件侦查终结。黄某从何时始有权聘请律师为其提供法律帮助?(　　)

A.3月5日　　　　B.3月7日　　　　C.4月1日　　　　D.5月20日

2.某市检察分院的反贪局侦查员李某,在办理自侦案件的过程中,认为本案中存在专门性问题,需要由本检察院的技术部门进行鉴定。下列什么人员或机构有权决定进行该项鉴定?(　　)

A.侦查员李某　　　　　　　　B.市检察分院反贪局领导
C.市检察分院检察长　　　　　D.市检察分院检察委员会

3.关于侦查中的专门调查工作,下列哪一选项是正确的?(　　)

A.在执行拘传的时候,不另用搜查证可以进行搜查
B.对于死因不明的尸体,公安机关有权决定解剖,并且通知死者家属到场
C.对人身伤害的医学鉴定,由省级人民政府指定的医院进行
D.对犯罪嫌疑人作人身伤害的医学鉴定的期间不计入办案期限

4.检察院立案侦查甲刑讯逼供案。被害人父亲要求甲赔偿丧葬费等经济损失。侦查

中,甲因病猝死。对于此案,检察院下列哪一做法是正确的?(   )

A. 移送法院以便审理附带民事诉讼部分   B. 撤销案件

C. 决定不起诉   D. 决定不起诉并对民事部分一并作出处理

5. 关于侦查中的检查与搜查,下列哪一说法是正确的?(   )

A. 搜查的对象可以是活人的身体,检查只能对现场、物品、尸体进行

B. 搜查只能由侦查人员进行,检查可以由具有专门知识的人在侦查人员主持下进行

C. 搜查应当出示搜查证,检查不需要任何证件

D. 搜查和检查对任何对象都可以强制进行

6. 关于辨认规则,下列哪一说法是正确的?(   )

A. 检察院侦查的案件,对犯罪嫌疑人辨认由侦查部门负责人决定

B. 为了辨认需要,可以让辨认人在辨认前见到被辨认对象

C. 有多个辨认人时,根据需要可以集体进行辨认

D. 为了进行辨认,必要时证人可以在场

7. 某市检察院对卢某涉嫌贿赂案进行立案侦查。掌握有关证据后,检察院决定依法对卢某进行传唤。卢某闻讯逃匿,去向不明。下列哪一说法是正确的?(   )

A. 符合通缉条件,由该市公安机关作出通缉的决定

B. 符合通缉条件,由该市检察院报请有决定权的上级检察院作出通缉决定

C. 符合通缉条件,由该市检察院报请上一级检察院发布通缉令

D. 不符合通缉条件,检察院发布协查通报

8. 法院在审理案件过程中发现被告人可能有立功情节,而起诉书和移送的证据材料中没有此种材料,下列哪一处理是正确的?(   )

A. 将全部案卷材料退回提起公诉的检察院

B. 建议提起公诉的检察院补充侦查

C. 建议公安机关补充侦查

D. 宣布休庭,进行庭外调查

9. 关于侦查程序中的辩护权保障和情况告知,下列哪一选项是正确的?(   )

A. 辩护律师提出要求的,侦查机关可以听取辩护律师的意见,并记录在案

B. 辩护律师提出书面意见的,可以附卷

C. 侦查终结移送审查起诉时,将案件移送情况告知犯罪嫌疑人或者其辩护律师

D. 侦查终结移送审查起诉时,将案件移送情况告知犯罪嫌疑人及其辩护律师

10. 在一起聚众斗殴案件发生时,证人甲、乙、丙、丁4人在现场目睹事实经过,侦查人员对上述4名证人进行询问。关于询问证人的程序和方式,下列哪一选项是错误的?(   )

A. 在现场立即询问证人甲

B. 传唤证人乙到公安机关提供证言

C. 到证人丙租住的房屋询问证人丙

D. 到证人丁提出的其工作单位附近的快餐厅询问证人丁

11. 关于勘验、检查,下列哪一选项是正确的?(   )

A. 为保证侦查活动的规范性与合法性,只有侦查人员可进行勘验、检查

B. 侦查人员进行勘验、检查,必须持有侦查机关的证明文件
C. 检查妇女的身体,应当由女工作人员或者女医师进行
D. 勘验、检查应当有见证人在场,勘验、检查笔录上没有见证人签名的,不得作为定案的根据

二、多项选择题

1. 下列关于侦查阶段犯罪嫌疑人聘请律师的表述哪些是错误的?(　　)
   A. 李某抢劫案,因在押的犯罪嫌疑人李某没有提出具体人选,侦查机关对其聘请律师的要求不予转交
   B. 高某伤害案,因案件事实尚未查清,侦查机关拒绝告诉受聘请的律师犯罪嫌疑人涉嫌的罪名
   C. 石某贪污案,因侦查过程需要保密,侦查机关拒绝批准律师会见在押的石某
   D. 陈某刑讯逼供案,为防止串供,会见时在场的侦查人员禁止陈某向律师讲述案件事实和情节

2. 李某涉嫌强奸罪,侦查人员讯问其有关强奸的过程时,李某不想说,但承认犯罪事实,并且愿意书写书面供词,对此,侦查人员应当如何处理?(　　)
   A. 不应当准许,犯罪嫌疑人应当如实回答侦查人员的提问
   B. 不应当准许,犯罪嫌疑人无权书写书面供词
   C. 应当准许,犯罪嫌疑人有权书写书面供词
   D. 应当准许,但侦查人员就书面供词,仍然可以向犯罪嫌疑人进行提问

3. 某公安机关在侦查一起盗窃案件的过程中,经公安局长批准,准备进行侦查实验,那么可以进行下列哪些实验?(　　)
   A. 通过实验,确定犯罪嫌疑人能否从现场被挖的洞口中进出
   B. 通过实验,确定某个证人是否有色盲
   C. 通过实验,确定犯罪嫌疑人能否在盗窃后从三楼跳下,而不摔伤
   D. 通过实验,确定被怀疑明知有人盗窃,而不制止的看门人能否听见屋内响动

三、简答题

1. 侦查的任务是什么?我国的侦查措施包括哪些?
2. 如何保障犯罪嫌疑人在侦查程序中的合法权益?
3. 如何保障犯罪嫌疑人在侦查程序中的辩护权?
4. 技术侦查应当受到哪些法律规制?
5. 侦查终结的条件和程序是什么?

四、案例思考题

G市H区公安分局在侦查王某涉嫌盗窃一案过程中,经公安分局长批准决定拘传王某。由于区分局正在进行专项整治活动,警力紧张,办案部门就派民警李某一人负责对王某实施了拘传和讯问。以下为讯问过程:

李某:王某,你知道为什么被拘传吗?
王某:不知道。
李某:根据我们掌握的证据你犯了盗窃罪,你如实交代一下你的问题。

王某：我没有偷东西，我是被冤枉的。

李某：你要老实交代，顽抗是没有出路的。

王某：我没有罪，我要请律师。

李某：现在你不能请律师，你可以自己为自己辩护。你要如实回答我的问题，你是怎么盗窃失主家的财物的？偷了多少东西？

王某：我现在不想回答问题。我以前在一些电影中也看到过，我享有沉默权，可以不回答你的问题。

李某：你可以不回答我的问题，但是，你要想清楚后果！据我们调查，你一贯品行不端，曾经谈过好几个对象了，总是三心二意，始乱终弃，对不对？

王某：什么？你们无权过问我的私生活！

李某：政府的政策历来是"坦白从宽，抗拒从严"。你如果老老实实交代罪行，问你什么就回答什么，我们可以放你出去。否则，我们可以关你一辈子！

之后，由于讯问无法在12小时内完成，分局局长决定立即对王某再次拘传，并进行连续讯问。

问题：本案侦查人员对犯罪嫌疑人的讯问有哪些程序性错误？

第十五章 起 诉

【学习目标】

■ 知识目标:
了解起诉的概念、分类、任务和意义。
掌握审查起诉的概念和意义。
了解审查起诉的内容、步骤、方法、期限及审查后的处理。
掌握提起公诉的条件和程序。
理解并掌握不起诉的种类和程序。
了解提起自诉的条件及程序。

■ 能力目标:
能够熟练地对案件进行审查起诉。
能够制作规范的起诉书、不起诉决定书、自诉状。
能够解决起诉程序中常见的法律问题。

【案例引导1】

2011年12月10日,张×生、张×云(以下简称"二张")与××村集体签订了集体土地承包合同,双方约定:"二张"承包的土地用于栽种林木或蔬菜,不得他用;每年上交承包款人民币2000元,每年1月31日以前交清当年的土地承包款,如果一个月内不能交清,则取消合同。2012年,"二张"按时交清了承包款,并在承包土地上种植了葡萄、柿树、梨树。由于经营不善,2013年"二张"直到当年3月中旬仍未上交该年的承包款。于是村集体按规定取消了合同,并要求与"二张"讨论补偿问题,但遭到"二张"拒绝。为了准备当年的耕种,在数次要求商谈被拒的情况下,村长左某召集村民商议把"二张"栽种的树苗毁掉,并得到村民的同意。2013年4月

23日,左某与40多名村民把"二张"承包地上的树苗全部毁掉。据此,"二张"向公安机关报案,公安机关经过侦查,得到下列证据:"二张"的陈述、证人证言、书证、对被毁树苗的现场勘察笔录、特定物品价格认定结论书等。根据以上证据,公安机关最终以破坏生产经营罪向人民检察院提交了起诉意见书和相关证据。

问题:人民检察院收到移送起诉的案卷材料后,如何进行审查?

【案例引导2】

在一次同事聚会上,王某借酒劲要和平日与自己不和的郭某喝酒,遭到郭某拒绝。王某恼羞成怒,从身上掏出一把弹簧刀向郭某刺去。王某由于饮酒过多摔倒在地,郭某夺过刀子。王某不甘罢休,爬起来操起一把椅子又向郭某打来。郭某忍无可忍将手中的刀子向王某刺去,致其腹部受伤并致终身残疾。

问题:检察院可否对已构成犯罪的防卫过当做出不起诉处理?如果郭某不服不起诉决定,可采取什么行为?如果王某不服不起诉决定,可采取什么行为?

第一节 起诉概述

一、起诉的概念及分类

刑事诉讼中的起诉是指法定的机关或者个人,依照法律规定向有管辖权的法院提出指控,要求该法院对被指控的被告人进行审判并给予刑罚处罚的一种诉讼活动。

按照行使起诉权的主体不同,可以将刑事起诉分为公诉和自诉。其中,公诉是指检察院或检察官代表国家向法院提出诉讼请求,要求法院通过审判确定被告人的刑事责任并给予刑事制裁的诉讼活动。自诉是指被害人或者其法定代理人等以个人名义直接请求有管辖权的法院追究被告人刑事责任的诉讼活动。

当前,世界各国对刑事案件的起诉主要有两种模式:一种是"一元制"的起诉独占主义,即所有的案件只能由国家专门设置的机关或官员(通常是检察机关或检察官)以国家的名义向法院起诉,排斥被害人以个人名义提起自诉,这种模式的代表国家有法国、日本;另一种是"二元制"的公诉与自诉并存——公诉为主、自诉为辅的模式,即大部分案件必须以公诉方式起诉，对少部分较为轻微且主要是侵害被害人个人利益的案件则交由被害人自主决定是否起诉，这种模式的代表国家有中国、俄罗斯、德国、奥地利。起诉独占主义是对纠问式诉讼模式下国家追诉作法的强化，由国家代替被害人个人对所有的刑事案件进行追诉既反映了人们对犯罪本质认识的深化，也克服了个体追诉所固有的任意性、不确定性、没有节制性以及个体缺乏追究犯罪的能力或者无力承担追究犯罪的成本等弊端。公诉与自诉并存、公诉为主、自诉为辅模式是对国家追诉作法所具有的弊端反思后所作的变通，即国家将部分追诉犯罪的权力让渡给被害人，其意在增加追诉犯罪方式的灵活性，充分考虑被害人追诉犯罪的意愿和尊重被害人的隐私，在国家利益和被害人个人利益之间寻求适当的平衡点，以在维护国家利益的同时最大限度地保护被害人的个人利益。

我国《刑事诉讼法》第3条规定，对刑事案件的侦查、拘留、执行逮捕、预审，由公安机关负责。检察、批准逮捕、检察机关直接受理的案件的侦查、提起公诉，由人民检察院负责。第167条规定："凡需要提起公诉的案件，一律由人民检察院审查决定。"由此可见，凡是公诉案件的起诉，均由人民检察院提起。对于自诉案件，被害人有权向人民法院直接起诉。被害人死亡或者丧失行为能力的，被害人的法定代理人、近亲属有权向人民法院起诉。

二、起诉的任务

提起公诉是我国刑事诉讼一个独立的诉讼阶段，与其他诉讼阶段相比其具有以下特定任务：

(1)对侦查机关侦查终结移送起诉的案件和自行侦查终结的案件进行全面审查。

(2)根据事实和法律，对案件分别作出提起公诉、不起诉的决定，并制作相应法律文书。

(3)对侦查机关的侦查工作进行监督，发现有违法情况时，及时通知其纠正。

(4)若存在由于犯罪嫌疑人的犯罪行为直接使国家财产、集体财产遭受损失而受损单位不提起附带民事诉讼的情况，在提起公诉的同时提起附带民事诉讼。

(5)对于决定提起公诉交付审判的案件，做好出庭支持公诉的准备工作；对于决定不起诉的案件，从综合治理的角度做好善后工作。

提起自诉的任务在于，向人民法院说明有犯罪事实发生并且需要追究刑事责任，同时说明该案件属于自诉案件，需要由人民法院立案管辖。

三、起诉的意义

在现代刑事诉讼中，起诉的意义主要表现在以下两个方面：

第一，发动审判程序。"不告不理"是现代刑事诉讼的一项基础性原则，其基本含义是，没有起诉方的起诉，法院不能主动追究犯罪。按照该原则的要求，只有起诉方起诉以后，受诉法院才获得对起诉案件进行审判的权力，控辩双方也才有权对受诉案件进行诉讼活动并承担法院裁判的义务。

第二，限制法院的审判范围。控审分离原则要求法院的审判范围受起诉范围的限制，即法院不得审判未经起诉的被告人和未经起诉的犯罪，以保持审判对象与起诉对象的同一性。

第二节 审查起诉

一、审查起诉的概念和意义

我国《刑事诉讼法》第167条规定:"凡需要提起公诉的案件,一律由人民检察院审查决定。"这是检察机关行使审查起诉权的法律依据。所谓审查起诉,是指人民检察院对侦查机关或侦查部门侦查终结移送起诉的案件受理后,依法对侦查机关或侦查部门认定的犯罪事实和证据、犯罪性质以及适用的法律等进行审查核实,并作出处理决定的一项诉讼活动。其内容包括:对移送起诉案件的受理;对案件的实体问题和程序问题进行全面审查;监督侦查机关或侦查部门的侦查活动,纠正违法情况;通过审查依法作出起诉或不起诉决定;复查被害人、犯罪嫌疑人的申诉;对移送起诉的公安机关认为不起诉的决定有错误而要求复议、提请复核的及时进行复议、复核。

审查起诉是刑事诉讼中承前启后的一个关键阶段,是公诉案件的必经程序,其对于刑事案件的正确处理具有重要意义:

第一,通过审查,对那些犯罪事实清楚,证据确实、充分,依法应当追究刑事责任的犯罪嫌疑人提起公诉,交付审判,以实现国家刑罚请求权,追究和惩治犯罪。

第二,作为连接侦查与审判的纽带,办理刑事案件的"第二道工序",通过审查起诉的活动,对侦查阶段的活动进行检验和把关,做到肯定侦查工作的成绩,发现侦查工作中的问题,弥补侦查工作的不足,纠正侦查工作中的缺点。

第三,通过审查起诉,保证追诉的公正性和准确性,防止将无罪的人或者依法不应追究刑事责任的人以及指控犯罪证据不足的人提交审判,保障公民的合法权益。

二、受理移送起诉的案件

受理是指人民检察院案件管理部门对侦查机关和本院侦查部门移送审查起诉的案件经过初步的程序性审查后的接受。初步审查的内容包括:案件是否属于本院管辖;案卷材料是否齐备、规范,符合有关规定的要求;移送的款项或者物品与移送的清单是否相符;犯罪嫌疑人是否在案及采取强制措施的情况。

通过初步审查,根据案件不同情况作出如下处理:

(1)具备受理条件的,应当及时进行登记,并立即将案卷材料和案件受理登记表移送公诉部门办理。

(2)案卷材料不齐备的,应当及时要求移送案件的单位或部门补送相关材料;对于案卷装订不符合要求的,应当要求移送案件的单位或部门重新装订后移送。

(3)犯罪嫌疑人在逃的,应当要求公安机关采取措施保证犯罪嫌疑人到案后再移送审查起诉;但共同犯罪案件中部分犯罪嫌疑人在逃的,对在案的犯罪嫌疑人的审查起诉应当依法进行。

(4)公诉部门收到移送审查起诉的案件后,经审查认为不属于本院管辖的,应当在5日以内经由案件管理部门移送有管辖权的人民检察院;认为属于上级人民法院管辖的第一审案件的,应当报送上一级人民检察院,同时通知移送审查起诉的公安机关;认为属于同级其他人民法院管辖的第一审案件的,应当移送有管辖权的人民检察院或者报送共同的上级人民检察院指定管辖,同时通知移送审查起诉的公安机关。

三、审查起诉的内容

根据我国《刑事诉讼法》第168条和最高人民检察院《人民检察院刑事诉讼规则(试行)》第363条的规定,人民检察院对审查移送起诉的案件,应当查明:

(1)犯罪嫌疑人身份状况是否清楚,包括姓名、性别、国籍、出生年月日、职业和单位等;单位犯罪的,单位的相关情况是否清楚。

(2)犯罪事实、情节是否清楚,实施犯罪的时间、地点、手段、犯罪事实、危害后果是否明确。犯罪事实和犯罪情节是正确处理案件和决定应否提起公诉的关键,也是正确适用法律的前提。因此,人民检察院必须依照《刑法》对犯罪构成的规定,全面查明犯罪嫌疑人的犯罪事实和影响定罪量刑的诸如犯罪的时间、地点、手段、危害后果等具体情节,做到犯罪事实、情节清楚、明确。

(3)认定犯罪性质和罪名的意见是否正确,有无法定的从重、从轻、减轻或者免除处罚的情节及酌定从重、从轻情节,共同犯罪案件的犯罪嫌疑人在犯罪活动中的责任的认定是否恰当。人民检察院在审查案件犯罪事实、犯罪情节是否清楚、明确的基础上,还应进一步审查侦查机关或侦查部门移送起诉意见书中认定的犯罪性质和罪名是否正确、恰当。

人民检察院在审查犯罪性质和罪名时不受侦查机关或侦查部门起诉意见书中所认定的性质和罪名的影响,而是按照法律规定,客观、公正地予以确定。同时,人民检察院还应审查犯罪嫌疑人有无法定的从重、从轻、减轻或者免除处罚的情节及酌定从重、从轻情节。对于共同犯罪案件,还必须查明各个犯罪嫌疑人在共同犯罪中的地位、作用,分清主犯、从犯、协从犯和教唆犯等。

(4)证明犯罪事实的证据材料。证据材料包括采取技术侦查措施的决定书及证据材料是否随案移送,证明相关财产系违法所得的证据材料是否随案移送,不宜移送的证据的清单、复制件、照片或者其他证明文件是否随案移送。根据我国《刑事诉讼法》第160条的规定,公安机关对侦查终结需要追究刑事责任的案件,应当写出起诉意见书,连同案卷材料、证据一并移送同级人民检察院审查起诉。

(5)证据是否确实、充分,是否依法收集,有无应当排除非法证据的情形。证据是认定案件事实的依据。人民检察院要查明犯罪事实、情节是否清楚,就必须对侦查阶段收集的证据进行全面分析和甄别,既包括有罪证据和罪重证据,也包括无罪证据和罪轻证据。在审查证据时,首先要对证据的真实性、客观性进行审查,看其是否伪造、虚假,只有客观、真实的证据才能作为认定案件事实的依据。其次要审查证据收集的主体、程序是否合法,对采用刑讯逼供等非法方法收集的犯罪嫌疑人供述和采用暴力、威胁等非法方法收集的证人证言、被害人陈述,应当予以排除;收集物证、书证不符合法定程序,可能严重影响司法公正的,应当要求侦查机关予以补正或者作出合理解释,不能补正或者作出合理解释的,对该证据也应当予以排除。再次要审查证据是否与案件事实相关,有无证明力,是否全面充分。

(6)侦查的各种法律手续和诉讼文书是否完备。侦查的法律手续或者诉讼文书不完备不的,人民检察院有权要求侦查机关或者侦查部门予以补正。

(7)有无遗漏罪行和其他应当追究刑事责任的人。人民检察院应当全面、客观地追诉犯罪,做到不枉不纵、不错不漏。因此,在审查起诉时要注意查明犯罪嫌疑人是否还有其他遗漏罪行,在共同犯罪中要注意查明是否还有其他应当追究刑事责任的人。一旦发现,人民检察院应当依法采取补救措施,将案件退回公安机关补充侦查,或者自行补充侦查。

(8)是否属于不应当追究刑事责任的。保障无罪的人或者依法不应当追究刑事责任的人不受到错误追究,既是刑事诉讼的基本要求,也是我国刑事诉讼法的任务所在。因此,人民检察院在审查起诉时,必须注意查明犯罪嫌疑人是否具有《刑事诉讼法》第15条规定的6种不应追究刑事责任的情形,一经查明有其中之一的,应当作出不起诉决定。

(9)有无附带民事诉讼,对于国家财产、集体财产遭受损失的,是否需要由人民检察院提起附带民事诉讼。附带民事诉讼制度产生、存在的价值基础在于全面追究犯罪嫌疑人、被告人的刑事责任和民事责任,保护国家利益、集体利益以及公民的合法权益。因此,人民检察院审查起诉时,要查明犯罪行为是否直接给被害人造成物质损失。对于已造成物质损失,被害人已经提起附带民事诉讼的,人民检察院要保护被害人的这项权利。被害人没有提起附带民事诉讼的,应告知其有权提起附带民事诉讼。还要查明国家、集体财产是否因犯罪行为而遭受物质损失,如果造成了损失,是否需要人民检察院在提起公诉时一并提起附带民事诉讼。

(10)采取的强制措施是否适当,对于已经逮捕的犯罪嫌疑人,有无继续羁押的必要。强制措施是把"双刃剑",适用得当,可以起到保障诉讼顺利进行的作用;适用不当,则可能损害犯罪嫌疑人、被告人的合法权益。因此,人民检察院在审查起诉时应当对案件强制措施适用进行严格把关。一方面,按照《刑事诉讼法》规定的各种强制措施的适用条件审查已采取的强制措施是否适当,如有不当,应依法建议或决定予以撤销、变更或解除。特别要注意根据《刑事诉讼法》第93条的规定审查已经逮捕的犯罪嫌疑人有无继续羁押的必要,对不需要继续羁押的,应当建议予以释放或者变更强制措施。另一方面,审查没有被采取强制措施的犯罪嫌疑人有无妨碍诉讼顺利进行的可能及可能性的大小,有无必要对其适用强制措施,如果有必要,应及时对其采取相应的强制措施。

(11)侦查活动是否合法。我国《刑事诉讼法》第8条规定:"人民检察院依法对刑事诉讼实行法律监督"。对公诉案件的审查是检察机关对侦查活动实施法律监督的重要途径。因此,人民检察院在审查起诉过程中,不仅应对案件事实的认定和法律的适用是否正确进行审查,而且还应审查侦查人员在进行讯问犯罪嫌疑人、询问证人、被害人、勘验、检查、搜查、扣押、鉴定、通缉等专门调查工作以及在采取拘传、取保候审、监视居住、拘留、逮捕等强制措施时是否遵守法律规定,符合法定程序,特别要注意有无非法取证、刑讯逼供等违法情况。一旦发现,应及时提出纠正违法的意见。对于在侦查活动中搞刑讯逼供或有贪污挪用赃款赃物以及徇私枉法情节严重构成犯罪的,应当依法追究刑事责任。

(12)涉案款物是否查封、扣押、冻结并妥善保管,清单是否齐备;对被害人合法财产的返还和对违禁品或者不宜长期保存的物品的处理是否妥当,移送的证明文件是否完备。

四、审查起诉的步骤和方法

根据我国《刑事诉讼法》和最高人民检察院《人民检察院刑事诉讼规则(试行)》的有关规定,人民检察院对移送起诉的案件进行审查的基本步骤和方法是:

1. 指定审查人员

按照人民检察院内部的分工,审查起诉由公诉部门负责。公诉部门受理移送审查起诉的案件后,应当指定检察员或者经检察长批准代行检察员职务的助理检察员办理。案件也可以由检察长办理。

2. 审阅案卷材料

审阅案卷材料是办案人员接触案件、掌握案情的开始,是查清案件事实、核实证据的基础。办案人员审阅案卷材料首先应当阅读起诉意见书,了解犯罪嫌疑人的犯罪事实、情节、犯罪性质和罪名以及要求起诉的理由等。然后详细审阅其他案卷材料,按《刑事诉讼法》第168条和最高人民检察院《人民检察院刑事诉讼规则(试行)》第363条规定的审查起诉的内容逐项进行审查,必要时制作阅卷笔录。

3. 讯问犯罪嫌疑人,听取辩护人、被害人及其诉讼代理人的意见

《刑事诉讼法》第170条规定,人民检察院审查案件,应当讯问犯罪嫌疑人,听取辩护人、被害人及其诉讼代理人的意见,并记录在案;辩护人、被害人及其诉讼代理人提出书面意见的,应当附卷。讯问犯罪嫌疑人,是人民检察院审查起诉的必经程序,其目的在于核查案件事实和证据、排除矛盾。讯问犯罪嫌疑人应有计划、有准备地进行,既要教育其认罪伏法,争取坦白从宽,也要教育其正确行使辩护权,如实进行辩护;既要警惕狡猾的犯罪嫌疑人乘机翻供,以逃避起诉,也要注意发现侦查可能造成的冤假错案。此外,办案人员还必须听取被害人、辩护人和被害人委托的诉讼代理人的意见,对他们关于案件的了解、认识和看法进行综合分析和深入研究,对犯罪嫌疑人与被害人相互之间陈述的矛盾进行合理排除,对其各自认识上的分歧进行科学分析,力求达到"案件事实、情节清楚",并作出客观、公正的处理。

讯问犯罪嫌疑人,听取辩护人、被害人及其诉讼代理人的意见,应当由二名以上办案人员进行,并制作笔录;直接听取辩护人、被害人及其诉讼代理人的意见有困难的,可以通知辩护人、被害人及其诉讼代理人提出书面意见,在指定期限内未提出意见的,应当记录在案。

4. 鉴定、补充鉴定、重新鉴定和复验、复查

人民检察院在审查起诉的过程中认为需要对案件中某些专门性问题进行鉴定而侦查机关没有鉴定的,应当要求侦查机关进行鉴定;必要时也可以由人民检察院进行鉴定或者由人民检察院送交有鉴定资格的人进行。人民检察院自行进行鉴定的,可以商请侦查机关派员参加,必要时可以聘请有鉴定资格的人参加。

在审查起诉中,发现犯罪嫌疑人可能患有精神病的,人民检察院应当对犯罪嫌疑人进行鉴定;犯罪嫌疑人的辩护人或者近亲属以犯罪嫌疑人可能患有精神病而申请对犯罪嫌疑人进行鉴定的,人民检察院也可以对犯罪嫌疑人进行鉴定。

人民检察院对鉴定意见有疑问的,可以询问鉴定人并制作笔录附卷,也可以指派检察技术人员或者聘请有鉴定资格的人对案件中的某些专门性问题进行补充鉴定或者重新鉴定。

人民检察院审查案件的时候,对公安机关的勘验、检查认为需要复验、复查的,应当要求公安机关复验、复查,人民检察院可以派员参加;也可以自行复验、复查,商请公安机关派员参加,必要时也可以聘请专门技术人员参加。

5. 要求侦查机关补充证据

人民检察院审查案件,可以要求公安机关提供法庭审判所必需的证据材料;认为可能存在《刑事诉讼法》第54条规定的以非法方法收集证据情形的,可以要求其对证据收集的合法性作出说明。人民检察院公诉部门在审查中发现侦查人员以非法方法收集犯罪嫌疑人供述、被害人陈述、证人证言等证据材料的,应当依法排除非法证据并提出纠正意见,同时可以要求侦查机关另行指派侦查人员重新调查取证,必要时人民检察院也可以自行调查取证。

人民检察院对物证、书证、视听资料、电子数据及勘验、检查、辨认、侦查实验等笔录存在疑问的,可以要求侦查人员提供获取、制作的有关情况。必要时也可以询问提供物证、书证、视听资料、电子数据及勘验、检查、辨认、侦查实验等笔录的人员和见证人并制作笔录附卷,对物证、书证、视听资料、电子数据进行技术鉴定。

6. 补充侦查

审查起诉阶段的补充侦查是指人民检察院通过审查发现案件事实不清、证据不足或遗漏罪行、同案犯罪嫌疑人等情形,不能作出提起公诉或者不起诉决定,而采取的补充进行有关专门调查等工作的一项诉讼活动。其目的在于查清有关事实和证据,以决定是否将犯罪嫌疑人交付审判。按照《刑事诉讼法》第171条第2款规定,审查起诉阶段补充侦查的方式有退回补充侦查和自行补充侦查两种。

退回补充侦查主要适用于主要犯罪事实不清、证据不足,或者遗漏了重要犯罪事实或应当追究刑事责任的同案犯罪嫌疑人,或者需要采用技术性较强的专门侦查手段才能查清事实的案件等。退回补充侦查的程序是,公诉部门提出具体书面意见,连同案卷材料一并退回侦查机关或侦查部门,由后者进行补充侦查。

对于退回补充侦查的案件,侦查机关或侦查部门应当在1个月以内补充侦查完毕。退回补充侦查以二次为限。补充侦查完毕移送人民检察院后,人民检察院重新计算审查起诉期限。

自行补充侦查适用的情形包括:非主要的犯罪事实不清、证据不足,侦查机关的侦查活动有违法情况,人民检察院在事实和证据认定上与侦查机关有较大分歧,以及案件已经退查仍未查清的案件等。人民检察院公诉部门进行补充侦查可以要求侦查机关或侦查部门提供协助。其补充侦查的时间应计入审查起诉的期限。

五、审查起诉的期限

按照我国《刑事诉讼法》第169条、第171条第3款以及最高人民检察院《人民检察院刑事诉讼规则(试行)》第382条第3、4款、第386条的规定,人民检察院对于移送审查起诉的案件,应当在1个月以内作出决定;重大、复杂的案件,1个月以内不能作出决定的,经检察长批准,可以延长15日。对于退回侦查机关或本院侦查部门补充侦查的案件,补充侦查完毕移送审查起诉后,人民检察院重新计算审查起诉期限。人民检察院审查起诉的案件,改变管辖的,从改变后的人民检察院收到案件之日起计算审查起诉期限。

六、审查起诉后的处理

人民检察院对案件进行审查后,应当根据不同情况作出相应处理:

(1)对于犯罪事实清楚,证据确实、充分,依法应当追究刑事责任的,应当作出提起公诉的决定。

(2)对于犯罪嫌疑人没有犯罪事实或者具有我国《刑事诉讼法》第15条规定情形之一的,应当作出不起诉决定。

(3)对于犯罪情节轻微,依照《刑法》规定不需要判处刑罚或者免除刑罚的,可以作出不起诉决定。

(4)对于一次补充侦查的案件,人民检察院仍然认为证据不足,不符合起诉条件的,可以作出不起诉决定;对于二次补充侦查的案件,人民检察院仍然认为证据不足,不符合起诉条件的,应当作出不起诉的决定。

第三节 提起公诉

一、提起公诉的概念和条件

提起公诉是人民检察院代表国家将犯罪嫌疑人起诉至人民法院,要求人民法院通过审判追究其刑事责任的一种诉讼活动。人民检察院作出提起公诉的决定后,被追诉者的诉讼地位就由犯罪嫌疑人转变为刑事被告人。

我国《刑事诉讼法》第172条规定,人民检察院认为犯罪嫌疑人的犯罪事实已经查清,证据确实、充分,依法应当追究刑事责任的,应当作出起诉决定,按照审判管辖的规定,向人民法院提起公诉,并将案卷材料、证据移送人民法院。根据这一规定,人民检察院提起公诉必须同时具备三个条件:

(1)犯罪事实已经查清,证据确实、充分。犯罪事实清楚是指与定罪量刑有关的事实已经查清楚,其是提起公诉的首要条件。按照最高人民检察院《人民检察院刑事诉讼规则(试行)》第390条规定,具有下列情形之一的,可以确认犯罪事实已经查清:①属于单一罪行的案件,查清的事实足以定罪量刑或者与定罪量刑有关的事实已经查清,不影响定罪量刑的事实无法查清的;②属于数个罪行的案件,部分罪行已经查清并符合起诉条件,其他罪行无法查清的,应以已经查清的罪行起诉;③无法查清作案工具、赃物去向,但有其他证据足以对被告人定罪量刑的;④证人证言、犯罪嫌疑人供述和辩解、被害人陈述的内容中主要情节一致,只有个别情节不一致且不影响定罪的。

犯罪事实要靠证据支撑或加以证明。证据确实是对证据质的要求,证据充分是对证据量的要求。证据确实与充分是相互联系、不可分割的两个方面。证据确实、充分应符合以下条件:①定罪量刑的事实都有证据证明;②据以定案的证据均经法定程序查证属实;③综合全案证据,对所认定事实已排除合理怀疑。

需要注意的是,《刑事诉讼法》第172条对人民检察院提起公诉的事实和证据要求前面加上了"人民检察院认为"这样带有主观色彩的限制词,以区别于《刑事诉讼法》第195条对有罪判决条件的规定——案件事实清楚,证据确实、充分。立法这样处理一方面是基于起诉阶段所获取的证据材料有可能少于人民法院判决时获得的证据材料,另一方面也与《刑事诉讼法》第12条确立的"未经人民法院依法判决,对任何人不得确定有罪"这一原则相适应。另外,人民检察院在审查起诉过程中,发现遗漏罪行或者依法应当移送审查起诉同案犯罪嫌疑人的,应当要求公安机关补充移送审查起诉;对于犯罪事实清楚,证据确实、充分的,人民检察院也可以直接提起公诉。人民检察院立案侦查时认为属于直接立案侦查的案件,在审查起诉阶段发现不属于人民检察院管辖,案件事实清楚、证据确实充分,符合起诉条件的,可以直接起诉;事实不清、证据不足的,应当及时移送有管辖权的机关办理。在实践中,如果共同犯罪案件有的犯罪嫌疑人在逃,为及时惩罚已经归案并已查清犯罪事实的犯罪嫌疑人,应当对其先起诉和审判;对在逃的犯罪嫌疑人,等其归案并查清犯罪事实以后,再另案起诉。

(2)依法应当追究刑事责任。如果犯罪嫌疑人的行为不构成犯罪,或者虽然构成犯罪但依法不应当追究刑事责任,人民检察院则不能作出提起公诉的决定。

(3)符合审判管辖的规定。人民检察院作出起诉决定后,应当向有管辖权的人民法院提起公诉。公诉必须符合级别管辖、专门管辖、地域管辖的规定,向没有管辖权的人民法院提起公诉将不被受理,不能启动审判程序。

上述前两个方面是提起公诉的实体性条件,第三个方面是提起公诉的程序性条件。

二、起诉书的制作和案件移送

人民检察院决定起诉的,应当制作起诉书。起诉书是人民检察院代表国家向人民法院提出追究被告人刑事责任的重要法律文书。它是人民法院受理案件对被告人进行审判的依据,也是进行法庭调查和辩论的基础。因此,必须严肃认真对待起诉书制作工作,严格按照案件事实和法律要求进行。制作起诉书的基本要求是:叙事清楚,文字简练,表达准确,结构严谨,格式规范,请求明确,引用法律全面、准确、恰当。

起诉书的内容主要包括以下几个部分:

(1)首部。主要是文书及制作该文书的人民检察院的名称,文书编号等。

(2)被告人的基本情况。包括姓名、性别、出生年月日、出生地和户籍地、身份证号码、民族、文化程度、职业、工作单位及职务、住址,是否受过刑事处分及处分的种类和时间,采取强制措施的情况等。如果是单位犯罪,应当写明犯罪单位的名称和组织机构代码、所在地址、联系方式,法定代表人和诉讼代表人的姓名、职务、联系方式;如果还有应当负刑事责任的直接负责的主管人员或其他直接责任人员,应当按上述被告人基本情况的内容叙写。被告人真实姓名、住址无法查清的,应当按其绰号或者自报的姓名、住址制作起诉书,并在起诉书中注明;被告人自报的姓名可能造成损害他人名誉、败坏道德风俗等不良影响的,可以对被告人编号并按编号制作起诉书,并附具被告人的照片,记明足以确定被告人面貌、体格、指纹以及其他反映被告人特征的事项。

(3)案由和案件来源。案由是指案件的内容提要,通常只写出犯罪主体和罪名,如"被告人某某抢劫罪一案"。案件来源主要是指该是由公安机关侦查终结移送起诉的,还是人民检察院侦查部门自行侦查终结的案件。人民检察院自行侦查终结的案件,一般写明"经本院侦查终结";公安机关侦查终结的应写明公安机关名称,案件移送的时间、要求、过程等。

(4)案件事实。包括犯罪的时间、地点、经过、手段、动机、目的、危害后果等与定罪量刑有关的事实要素。起诉书叙述的指控犯罪事实的必备要素应当明晰、准确。被告人被控有多项犯罪事实的,应当逐一列举,对于犯罪手段相同的同一犯罪可以概括叙写。

(5)起诉的根据和理由。包括被告人触犯的刑法条款、犯罪的性质及认定的罪名、处罚条款、法定从轻、减轻或者从重处罚的情节,共同犯罪各被告人应负的罪责等。

(6)尾部。写明起诉书送达的人民法院名称,承办本案的检察人员的法律职务和姓名,制作起诉书的年、月、日,并加盖人民检察院公章。

(7)附项。起诉书应当附有被告人现在处所,证人、鉴定人、需要出庭的有专门知识的人的名单,需要保护的被害人、证人、鉴定人的名单,涉案款物情况,附带民事诉讼情况以及其他需要附注的情况。证人、鉴定人、有专门知识的人的名单应当列明姓名、性别、年龄、职业、住址、联系方式,并注明证人、鉴定人是否出庭。对于涉及被害人隐私或者为保护证人、鉴定人、被害人人身安全,而不宜公开证人、鉴定人、被害人姓名、住址、工作单位和联系方式等个人信息,可以在起诉书中使用化名替代证人、鉴定人、被害人的个人信息,但是应当另行书面说明使用化名等情况,并标明密级。

人民检察院对提起公诉的案件,可以向人民法院提出量刑建议。除有减轻处罚或者免除处罚情节外,量刑建议应当在法定量刑幅度内提出。建议判处有期徒刑、管制、拘役的,可以具有一定的幅度,也可以提出具体确定的建议。对提起公诉的案件提出量刑建议的,可以制作量刑建议书,与起诉书一并移送人民法院。量刑建议书的主要内容应当包括被告人所犯罪行的法定刑、量刑情节、人民检察院建议人民法院对被告人处以刑罚的种类、刑罚幅度、可以适用的刑罚执行方式以及提出量刑建议的依据和理由等。

人民检察院提起公诉时,应当向人民法院移送起诉书、案卷材料和证据。起诉书应当一式八份,每增加一名被告人增加起诉书五份;案卷材料是指全部的案卷材料;证据既包括对被告不利的证据也包括犯罪嫌疑人、被告人或者证人等翻供、翻证的材料以及对于犯罪嫌疑人、被告人有利的其他证据材料。人民法院向人民检察院提出书面意见要求补充移送材料,人民检察院认为有必要移送的,应当自收到通知之日起3日以内补送;对提起公诉后,在人民法院宣告判决前补充收集的证据材料,人民检察院应当及时移送人民法院。

对符合《刑事诉讼法》第208条规定的案件,人民检察院在提起公诉的时候,可以建议人民法院适用简易程序。

在起诉移送方式上,世界各国有两种做法:案卷移送主义和起诉状一本主义。职权主义模式国家倾向于前者,当事人主义模式国家一般采用后者。从防止法官产生预断、保证庭审的实质性的角度看,起诉状一本主义比较理想,因而有学者将起诉状一本主义作为起诉的一项原则。就我国而言,1979年《刑事诉讼法》采用的案卷主义;1996年《刑事诉讼法》基于上述理由进行了改革,将起诉移送的证据材料限定为"证据目录、证人名单、主要证据的复印件或照片",但改革还不彻底,还没有完全割断审判程序和侦查程序的联系,当时的起诉移送方式是介于案卷移送主义和起诉状一本主义之间;现行《刑事诉讼法》从司法现状和保障辩护人阅卷权出发,又恢复了案卷移送主义的做法。

第四节 不起诉

一、不起诉的概念

不起诉是指人民检察院对公安机关侦查终结移送起诉的案件或者自行侦查终结的案件进行审查后,认为犯罪嫌疑人的行为不符合起诉条件或者没有必要起诉的,依法作出不将犯罪嫌疑人提交人民法院进行审判、追究刑事责任的一种处理决定。不起诉的性质是人民检察院对其认定的不应追究、不需要追究或者无法追究刑事责任的犯罪嫌疑人所作的一种诉讼处分,它具有在起诉阶段终结刑事诉讼程序的法律效力。但不具有实体上认定有罪或者无罪的法律效力。

二、不起诉的种类

按照《刑事诉讼法》第173条和第171条第4款的规定,我国刑事诉讼中的不起诉分为法定不起诉、酌定不起诉和证据不足不起诉。

(一)法定不起诉

法定不起诉,又称绝对不起诉,是指人民检察院对案件审查后,认为犯罪嫌疑人没有犯罪事实或者符合《刑事诉讼法》第15条规定不应追究刑事责任的情形时,所作出的不起诉决定。我国《刑事诉讼法》第173条第1款规定:"犯罪嫌疑人没有犯罪事实,或者有本法第十五条规定的情形之一的,人民检察院应当作出不起诉决定。"从上述规定可以看出,法定不起诉适用于两种情形:其一,犯罪嫌疑人没有犯罪事实;其二,具有《刑事诉讼法》第15条规定的情形之一。对于具有《刑事诉讼法》第173条第1款规定情形的案件,人民检察院应当作出不起诉决定,没有任何自由裁量的空间。此即该种情形下的不起诉被称作"法定不起诉"或者"绝对不起诉"的缘由。

需要注意的是,如果犯罪事实并非犯罪嫌疑人所为,且案件需要重新侦查,人民检察院应当在作出不起诉决定后书面说明理由,将案卷材料退回公安机关并建议公安机关重新侦查。另外,按照最高人民检察院《人民检察院刑事诉讼规则(试行)》第402条的规定,人民检察院公诉部门对于本院侦查部门移送审查起诉的案件,发现具有《刑事诉讼法》第173条第1款规定情形的,应当退回本院侦查部门,建议作出撤销案件的处理。此种做法还值得商榷:其导致诉讼程序不正常地"倒流",不利于案件的及时处理和诉讼效率的提高。

(二)酌定不起诉

酌定不起诉,又称作相对不起诉,是指人民检察院对案件审查后,认为犯罪嫌疑人的行为虽已构成犯罪,但情节轻微,依照刑法规定不需要判处刑罚或者免除刑罚的,所作出的不起诉的决定。我国《刑事诉讼法》第173条第2款规定:"对于犯罪情节轻微,依照刑法规定不需要判处刑罚或者免除刑罚的,人民检察院可以作出不起诉决定。"根据这一规定,酌定不起诉的适用必须同时具备两个条件:一是犯罪嫌疑人的行为已构成犯罪,应当负刑事责任;

二是依照《刑法》规定不需要判处刑罚或者免除刑罚。

根据《刑法》的规定,不需要判处刑罚或者免除刑罚的情形主要有以下几种:①经外国审判已受过刑罚处罚的;②又聋又哑的人或者盲人犯罪的;③防卫过当或者紧急避险超过必要限度的;④预备犯罪的;⑤中止犯罪的;⑥共同犯罪中的从犯;⑦协从犯;⑧自首或者自首后有重大立功表现的。对符合上述条件的案件,人民检察院既可以作出提起公诉的决定,也可以作出不起诉决定。人民检察院在酌定起诉与否时应综合考虑犯罪嫌疑人的年龄、犯罪的目的和动机、犯罪手段、危害后果、悔罪表现以及一贯表现等因素,只有在确实认为不起诉比起诉更为有利时,才能作出不起诉决定。

从世界范围看,对于符合起诉条件的案件是否提起公诉有两种做法:

一是起诉法定主义,即只要案件符合提起公诉的条件,公诉机关就必须提起公诉,其不享有根据案件具体情况裁量是否起诉的权力。德国是这种做法的代表国家,其相关法律规定,除了法律另有规定外,在有足够的事实根据时,检察院负有对所有可以予以追究的犯罪行为作出行动的义务。

一是起诉便宜主义,"便宜"即权宜行事之意,亦即公诉机关对符合起诉条件的轻微案件,综合考虑各种因素后,认为没有必要起诉的,可以裁量决定不起诉。日本是这种做法的代表国家,在日本刑事诉讼中起诉便宜主义称为"起诉犹豫",日本的相关法律规定,根据犯罪人的性格、年龄、境遇和犯罪的轻重、情节以及犯罪后的情况,公诉机关认为没有必要提起公诉时,可以不提起公诉。起诉便宜主义赋予公诉机关一定的自由裁量权,允许其区别犯罪人和犯罪的具体情况给予适当处理,从而有利于犯罪分子的更新改造,也契合20世纪初期以来占主导地位的目的刑理论,因而起诉便宜主义逐渐被国际社会所认可。目前,英国、美国、法国、意大利、俄罗斯、比利时、瑞典等国家均不同程度地确认公诉机关享有一定的自由裁量权。我国《刑事诉讼法》借鉴了国际社会的这一普遍做法,规定了酌定不起诉制度。

在我国,酌定不起诉是对以往的"免予起诉"改造得来的。免予起诉制度源自1956年4月25日全国人大常委会通过的《关于处理在押日本侵略中国战争中战争犯罪分子的决定》,其被我国1979年《刑事诉讼法》予以确认。1979年《刑事诉讼法》第101条规定,依照《刑法》规定不需要判处刑罚或者免除刑罚的,人民检察院可以免予起诉。免予起诉的实质是人民检察院在审查起诉阶段对犯罪行为人进行实体定罪但又不予追究的一种处分,免予起诉决定与人民法院开庭审判后依法作出的认定被告人有罪而依法免除其刑罚的判决具有同等的法律效力。由于免予起诉制度不符合现代法治原则,破坏了人民法院独立行使定罪权和公、检、法三机关分工制约的原则,因此,1996年《刑事诉讼法》在确立"未经法院依法判决,对任何人不得确定有罪"原则的同时,废除了免予起诉制度,将其原来适用的一些情形纳入到不起诉的范围内,形成了酌定不起诉。

2012年修正的《刑事诉讼法》扩大了人民检察院的起诉裁量权,其在第五编第一章设立了适用于特定范围未成年犯罪嫌疑人的附条件不起诉制度。附条件不起诉是指检察机关在审查起诉过程中,对于符合法定条件且没有必要立即追究刑事责任的犯罪嫌疑人,依法暂时不予起诉,设定一定期限的考察期,如其在考察期内积极履行相关社会义务,并完成与被害人及检察机关约定的相关义务,在考察期满后,再根据实际具体情况对犯罪嫌疑人作出起诉或者不起诉决定的制度。

附条件不起诉与酌定不起诉既有相同之处,又存在差异。二者的共同点有:第一,适用的案件都符合起诉条件;第二,起诉与否由检察机关通过行使自由裁量权来加以决定;第三,都以起诉便宜主义作为其法理基础;第四,都体现了非犯罪化与非刑事化的刑事政策。二者的差异在于:作出酌定不起诉决定后,刑事诉讼程序就会终结;而作出附条件不起诉决定后,刑事诉讼程序是否终结处于不确定状态。附条件不起诉实际上是在起诉与酌定不起诉之间起到过渡作用,检察机关作出附条件不起诉决定后,既保留了起诉的可能性,也保留了不起诉的可能性,案件最终起诉与否应依据被附条件不起诉人在考察期内的表现而定。

(三)证据不足不起诉

证据不足不起诉,也称作存疑不起诉,是指经过补充侦查后,人民检察院仍然认为案件证据不足,不符合起诉条件的,所作出的不起诉决定。证据不足不起诉是疑罪从无原则在审查起诉阶段的体现。我国《刑事诉讼法》第171条第4款规定:"对于二次补充侦查的案件,人民检察院仍然认为证据不足,不符合起诉条件的,应当作出不起诉的决定。"依照这一规定,证据不足不起诉的适用必须同时具备两个条件:

(1)证据不足,不符合起诉条件。这是证据不足不起诉适用的实体性条件。按照最高人民检察院《人民检察院刑事诉讼规则(试行)》第404条的规定,具有下列情形之一,不能确定犯罪嫌疑人构成犯罪和需要追究刑事责任的,属于证据不足,不符合起诉条件:①犯罪构成要件事实缺乏必要的证据予以证明的;②据以定罪的证据存在疑问,无法查证属实的;③据以定罪的证据之间、证据与案件事实之间的矛盾不能合理排除的;④根据证据得出的结论具有其他可能性,不能排除合理怀疑的;⑤根据证据认定案件事实不符合逻辑和经验法则,得出的结论明显不符合常理的。

(2)经过补充侦查。这是适用证据不足不起诉的程序性条件。人民检察院适用证据不足不起诉必须经过补充侦查,并且一般只有穷尽补充侦查措施后才能作出证据不足不起诉决定,以免放纵犯罪分子。具体来说,对于经过一次补充侦查的案件,人民检察院认为证据不足,不符合起诉条件,且没有补充侦查必要的,可以作出不起诉决定;对于经过二次补充侦查的案件,人民检察院认为证据不足,不符合起诉条件的,应当作出不起诉决定。

需要补充说明的是,证据不足不起诉并不具有完全终结诉讼程序的效力。依照最高人民检察院《人民检察院刑事诉讼规则(试行)》的规定,人民检察院根据《刑事诉讼法》第171条第4款规定决定不起诉的,在发现新的证据,符合起诉条件时,可以重新提起公诉。

三、不起诉的程序

(一)不起诉决定书的制作和送达

人民检察院对案件作不起诉处理,应当经检察长或者检察委员会决定。省级以下人民检察院办理直接受理立案侦查的案件,拟作不起诉决定的,应当报请上一级人民检察院批准。

人民检察院决定不起诉的,应当制作不起诉决定书。不起诉决定书与起诉书的格式基本相同,内容主要包括:

(1)首部。主要是作出不起诉决定的人民检察院的名称及不起诉决定书的名称、编号。

(2)被不起诉人的基本情况。包括姓名、性别、出生年月日、出生地和户籍地、民族、文化程度、职业、工作单位及职务、住址、身份证号码,是否受过刑事处分,采取强制措施的情况以及羁押处所等;如果是单位犯罪,应当写明犯罪单位的名称和组织机构代码、所在地址、联系方式,法定代表人和诉讼代表人的姓名、职务、联系方式。

(3)案由和案件来源。

(4)案件事实。包括否定或者指控被不起诉人构成犯罪的事实以及作为不起诉决定根据的事实。

(5)不起诉的法律根据和理由。写明作出不起诉决定适用的法律条款。

(6)查封、扣押、冻结的涉案款物的处理情况。

(7)有关告知事项。

不起诉的决定由人民检察院公开宣布,公开宣布不起诉决定的活动应当记录在案。不起诉决定书自公开宣布之日起生效。不起诉决定书应当送达下列机关、单位和人员:

(1)被不起诉人及其辩护人以及被不起诉人的所在单位。送达时告知被不起诉人如果对不起诉决定不服,可以自收到不起诉决定书后7日以内向人民检察院申诉。被不起诉人在押的,应当立即释放;被采取其他强制措施的,应当通知执行机关解除。

(2)对于公安机关移送起诉的案件,人民检察院决定不起诉的,应当将不起诉决定书送达公安机关。

(3)对于有被害人的案件,决定不起诉的,人民检察院应当将不起诉决定书送达被害人或者其近亲属及其诉讼代理人,同时告知被害人或者其近亲属及其诉讼代理人,如果对不起诉决定不服,可以自收到不起诉决定书后7日以内向上一级人民检察院申诉,也可以不经申诉直接向人民法院起诉。

(二)被不起诉人和涉案财物的处理

人民检察院决定不起诉的案件,可以根据案件的不同情况对被不起诉人予以训诫或者责令具结悔过、赔礼道歉、赔偿损失。对被不起诉人需要给予行政处罚、行政处分的,人民检察院应当提出检察意见,连同不起诉决定书一并移送有关主管机关处理,并要求有关主管机关及时通报处理情况。人民检察院决定不起诉的案件,应当同时对侦查中查封、扣押、冻结的财物解除查封、扣押、冻结,对犯罪嫌疑人违法所得及其他涉案财产区分不同情况作出相应处理:

(1)因犯罪嫌疑人死亡而作出不起诉决定,依照刑法规定应当追缴其违法所得及其他涉案财产的,按《刑事诉讼法》第五编第三章的规定办理。

(2)因其他原因作出不起诉决定,对于查封、扣押、冻结的犯罪嫌疑人违法所得及其他涉案财产需要没收的,应当提出检察建议,移送有关主管机关处理。

(3)对于冻结的犯罪嫌疑人存款、汇款、债券、股票、基金份额等财产需要返还被害人的,可以通知金融机构返还被害人;对于查封、扣押的犯罪嫌疑人的违法所得及其他涉案财产需要返还被害人的,直接决定返还被害人。

(三)对不起诉决定的申诉、复议和复核

按照《刑事诉讼法》的有关规定,移送起诉的公安机关认为不起诉决定有错误的,其有权要求人民检察院进行复议、复核;被害人对人民检察院作出的不起诉决定不服,其有权向上一级人民检察院申诉或直接向人民法院提起自诉;被不起诉人对酌定不起诉不服,其有权向原作出不起诉决定的人民检察院申诉。

《刑事诉讼法》第175条规定:"对于公安机关移送起诉的案件,人民检察院决定不起诉的,应当将不起诉决定书送达公安机关。公安机关认为不起诉的决定有错误的时候,可以要求复议,如果意见不被接受,可以向上一级人民检察院提请复核。"公安机关认为不起诉决定有错误,要求复议的,人民检察院公诉部门应当另行指定检察人员进行审查并提出审查意见,经公诉部门负责人审核,报请检察长或者检察委员会决定。人民检察院应当在收到要求复议意见书后的30日以内作出复议决定,通知公安机关。上一级人民检察院收到公安机关对不起诉决定提请复核的意见书后,应当交由公诉部门办理。公诉部门指定检察人员进行审查并提出审查意见,经公诉部门负责人审核,报请检察长或者检察委员会决定。上一级人民检察院应当在收到提请复核意见书后的30日以内作出决定,制作复核决定书送交提请复核的公安机关和下级人民检察院。经复核改变下级人民检察院不起诉决定的,应当撤销或者变更下级人民检察院作出的不起诉决定,交由下级人民检察院执行。

《刑事诉讼法》第176条规定:"对于有被害人的案件,决定不起诉的,人民检察院应当将不起诉决定书送达被害人。被害人如果不服,可以自收到决定书后七日以内向上一级人民检察院申诉,请求提起公诉。人民检察院应当将复查决定告知被害人。对人民检察院维持不起诉决定的,被害人可以向人民法院起诉。被害人也可以不经申诉,直接向人民法院起诉。人民法院受理案件后,人民检察院应当将有关案件材料移送人民法院。"被害人不服不起诉决定的,应当在收到不起诉决定书后7日以内向作出不起诉决定的人民检察院的上一级人民检察院提出申诉,由其刑事申诉检察部门立案复查;被害人向作出不起诉决定的人民检察院提出申诉的,作出决定的人民检察院应当将申诉材料连同案卷一并报送上一级人民检察院。刑事申诉检察部门复查后应当提出复查意见,报请检察长作出复查决定制作复查决定书。复查决定书应当送达被害人、被不起诉人和作出不起诉决定的人民检察院。

上级人民检察院经复查作出起诉决定的,应当撤销下级人民检察院的不起诉决定,交由下级人民检察院提起公诉,并将复查决定抄送移送审查起诉的公安机关。人民检察院收到人民法院受理被害人对被不起诉人起诉的通知后,人民检察院应当终止复查,将作出不起诉决定所依据的有关案件材料移送人民法院。

《刑事诉讼法》第177条规定:"对于人民检察院依照本法第一百七十三条第二款规定作出的不起诉决定,被不起诉人如果不服,可以自收到决定书后七日以内向人民检察院申诉。人民检察院应当作出复查决定,通知被不起诉的人,同时抄送公安机关。"被不起诉人对不起诉决定不服,在收到不起诉决定书后7日以内提出申诉的,应当由作出决定的人民检察院刑事申诉检察部门立案复查。被不起诉人在收到不起诉决定书7日后提出申诉的,由刑事申诉检察部门审查后决定是否立案复查。人民检察院刑事申诉检察部门复查后应当提出复查意见,认为应当维持不起诉决定的,报请检察长作出复查决定;认为应当变更不起诉决定的,报请检察长或者检察委员会决定;认为应当撤销不起诉决定提起公诉的,报请检察长或者检察委员会决定。复查决定书中应当写明复查认定的事实,说明作出决定的理由。复查决定书应当送达被不起诉人、被害人,撤销不起诉决定或者变更不起诉的事实或者法律根据的,应当同时将复查决定书抄送移送审查起诉的公安机关和本院有关部门。人民检察院作出撤销不起诉决定提起公诉的复查决定后,应当将案件交由公诉部门提起公诉。人民检察院复查被害人、被不起诉人不服不起诉决定的申诉,应当在立案 3 个月以内作出复查决定,案情复杂的,不得超过 6 个月。

人民检察院发现不起诉决定确有错误,符合起诉条件的,应当撤销不起诉决定,提起公诉。最高人民检察院对地方各级人民检察院的起诉、不起诉决定,上级人民检察院对下级人民检察院的起诉、不起诉决定,发现确有错误的,应当予以撤销或者指令下级人民检察院纠正。

第五节 刑事自诉

一、自诉的概念及自诉案件的范围

刑事诉讼中的自诉是公诉的对称,其是指被害人或者其法定代理人、近亲属等为追究被告人的刑事责任,就特定范围内的刑事案件直接向有管辖权的人民法院提起的刑事诉讼。被害人等直接向人民法院起诉,要求追究被告人刑事责任,人民法院能够直接受理的刑事案件称作自诉案件。按照我国《刑事诉讼法》第 204 条的规定,自诉案件包括以下三类:

(1)告诉才处理的案件。告诉才处理的案件是指刑法规定的某些犯罪案件,必须由被害人或其法定代理人提出告诉的,人民法院才予以审理的案件。此类案件具体包括:①侮辱、诽谤案;②暴力干涉婚姻自由案;③虐待案;④侵占案。

(2)被害人有证据证明的轻微刑事案件。该类案件具体包括:①故意伤害案;②非法侵入住宅案;③侵犯通信自由案;④重婚案;⑤遗弃案;⑥生产、销售伪劣商品案;⑦侵犯知识产权案;⑧《刑法》分则第四章、第五章规定的,对被告人可能判处三年有期徒刑以下刑罚的案件。此类案件,如果被害人没有提起自诉,也可以由公安机关侦查后,由检察机关进行公诉。

(3)被害人有证据证明对被告人侵犯自己人身、财产权利的行为应当依法追究刑事责任,而公安机关或者人民检察院不予追究被告人刑事责任的案件。此处的"公安机关或者人民检察院不予追究被告人刑事责任"是指公安机关、人民检察院已经作出不予追究的书面决定,如不予立案决定、撤销案件决定、不起诉决定等。该类案件也称作"公诉转自诉"案件,也即其原本属于公诉案件,由于公诉程序已经提前终止,自诉人通过行使法律赋予他的自诉权将其转化为自诉案件。

二、提起自诉的条件

自诉人提起自诉必须符合下列条件,否则将不被人民法院受理:

(1)案件属于《刑事诉讼法》第 204 条规定的自诉案件。

(2)案件属于受诉人民法院管辖。

(3)自诉人享有自诉权。按照《刑事诉讼法》及最高人民法院《关于适用〈中华人民共和国刑事诉讼法〉的解释》的规定,自诉原则上由被害人提起,如果被害人死亡、丧失行为能力或者因受强制、威吓等无法告诉,或者是限制行为能力人以及因年老、患病、盲、聋、哑等不能亲自告诉,其法定代理人、近亲属可以告诉或者代为告诉。被害人的法定代理人、近亲属告诉或者代为告诉,应当提供与被害人关系的证明和被害人不能亲自告诉的原因的证明。

(4)有明确的被告人、具体的诉讼请求和证明被告人犯罪事实的证据。

自诉人对公诉转自诉案件提起自诉,还应当提交公安机关或者人民检察院作出的不予追究刑事责任的书面决定。

三、提起自诉的程序

自诉人提起自诉应当提交刑事自诉状;同时提起附带民事诉讼的,应当提交刑事附带民事自诉状。自诉状应当包括以下内容:

(1)自诉人(代为告诉人)、被告人的姓名、性别、年龄、民族、出生地、文化程度、职业、工作单位、住址、联系方式;

(2)被告人实施犯罪的时间、地点、手段、情节和危害后果等;

(3)具体的诉讼请求;

(4)致送的人民法院和具状时间;

(5)证据的名称、来源等;

(6)证人的姓名、住址、联系方式等。

如果被告人是二人以上的,自诉人在告诉时需按被告人的人数提供自诉状副本。

四、自诉案件的审查与受理

对自诉案件,人民法院应当在15日内审查完毕。经审查,符合受理条件的,应当决定立案,并书面通知自诉人或者代为告诉人。具有下列情形之一的,应当说服自诉人撤回起诉;自诉人不撤回起诉的,裁定不予受理:

(1)不属于自诉案件受理范围的;

(2)缺乏罪证的;

(3)犯罪已过追诉时效期限的;

(4)被告人死亡的;

(5)被告人下落不明的;

(6)除因证据不足而撤诉的以外,自诉人撤诉后,就同一事实又告诉的;

(7)经人民法院调解结案后,自诉人反悔,就同一事实再行告诉的。

自诉人明知有其他共同侵害人,但只对部分侵害人提起自诉的,人民法院应当受理,并告知其放弃告诉的法律后果;自诉人放弃告诉,判决宣告后又对其他共同侵害人就同一事实提起自诉的,人民法院不予受理。

共同被害人中只有部分人告诉的,人民法院应当通知其他被害人参加诉讼,并告知其不参加诉讼的法律后果。被通知人接到通知后表示不参加诉讼或者不出庭的,视为放弃告诉。第一审宣判后,被通知人就同一事实又提起自诉的,人民法院不予受理。但是,当事人另行提起民事诉讼的,则不受限制。

对已经立案,经审查缺乏罪证的自诉案件,自诉人提不出补充证据的,人民法院应当说服其撤回起诉或者裁定驳回起诉;自诉人撤回起诉或者被驳回起诉后,又提出了新的足以证明被告人有罪的证据,再次提起自诉的,人民法院应当受理。

自诉人对不予受理或者驳回起诉的裁定不服的,可以提起上诉。第二审人民法院查明第一审人民法院作出的不予受理裁定有错误的,应当在撤销原裁定的同时,指令第一审人民法院立案受理;查明第一审人民法院驳回起诉裁定有错误的,应当在撤销原裁定的同时,指令第一审人民法院进行审理。

【本章练习】

一、单项选择题

1.检察院对孙某敲诈勒索案审查起诉后认为,作为此案关键证据的孙某口供系刑讯所获,依法应予排除。在排除该口供后,其他证据显然不足以支持起诉,因而作出不起诉决定。关于该案处理,下列哪一选项是错误的?(　　)

A.检察院的不起诉属于存疑不起诉
B.检察院未经退回补充侦查即作出不起诉决定违反《刑事诉讼法》的规定
C.检察院排除刑讯获得的口供,体现了法律监督机关的属性
D.检察院不起诉后,又发现新的证据,符合起诉条件时,可提起公诉

2.高某涉嫌抢劫犯罪,公安机关经二次补充侦查后将案件移送检察机关,检察机关审查发现高某可能还实施了另一起盗窃犯罪。检察机关关于此案的处理,下列哪一选项是正确的?(　　)

A.再次退回公安机关补充侦查,并要求在一个月内补充侦查完毕
B.要求公安机关收集并提供新发现的盗窃犯罪的证据材料
C.对新发现的盗窃犯罪自行侦查,并要求公安机关提供协助
D.将新发现的盗窃犯罪移送公安机关另行立案侦查,对已经查清的抢劫犯罪提起公诉

3.只要有足够的证据证明犯罪嫌疑人构成犯罪,检察机关必须提起公诉。关于这一制度的法理基础,下列哪一选项是正确的?(　　)

A.起诉便宜主义　　B.起诉法定主义　　C.公诉垄断主义　　D.私人追诉主义

4.被害人对检察院作出的不起诉决定不服而在7日内提出申诉时,下列哪一说法是正确的?(　　)

A.由作出决定的检察院受理被害人的申诉
B.由与作出决定的检察院相对应的法院受理被害人的申诉
C.被害人提出申诉同时又向法院起诉的,法院应裁定驳回
D.被害人提出申诉后又撤回的,仍可向法院起诉

5.检察院在审查起诉时,下列哪一处理方式是正确的?(　　)

A.审查公安机关移送起诉的投毒案,发现犯罪嫌疑人根本没有作案时间,遂书面说明理由将案卷退回公安机关并建议公安机关重新侦查
B.审查吴某、郑某共同抢劫案的过程中,吴某在押但郑某潜逃,遂全案中止审查起诉
C.甲县公安机关将蔡某抢劫案移送甲县检察院审查起诉,甲县检察院审查认为蔡某可

能判处死刑,遂将案件退回

D. 甲县检察院受理移送起诉的谭某诈骗案,认为应当由谭某居住地的乙县检察院起诉,遂将案卷材料移送乙县检察院审查起诉,但未通知甲县公安机关

6. 关于检察院审查起诉,下列哪一选项是正确的?（　　）

A. 认为需要对公安机关的勘验、检查进行复验、复查的,可以自行复验、复查

B. 认为侦查人员以非法方法收集证据的,应当自行调查取证

C. 对已经退回公安机关二次补充侦查的案件,在审查起诉中又发现新的犯罪事实的,应当将已侦查的案件和新发现的犯罪一并移送公安机关立案侦查

D. 共同犯罪中部分犯罪嫌疑人潜逃的,应当中止对全案的审查,待潜逃犯罪嫌疑人归案后重新开始审查起诉

7. 某看守所干警甲,因涉嫌虐待被监管人员乙被立案侦查。在审查起诉期间,A地基层检察院认为甲情节显著轻微,不构成犯罪,遂作不起诉处理。关于该决定下列哪一选项是正确的?（　　）

A. 公安机关有权申请复议、复核

B. 甲有权向原决定检察院申诉

C. 乙有权向上一级检察院申诉

D. 申诉后,上级检察院维持不起诉决定的,乙可以向该地的中级法院提起自诉

8. 关于在审查起诉阶段,犯罪嫌疑人死亡,但对犯罪嫌疑人的存款、汇款应当依法没收的,下列哪一选项是正确的?（　　）

A. 由检察院作出不起诉的决定,并没收犯罪嫌疑人的存款上缴国库,或返还被害人

B. 由检察院作出撤销案件的决定,并没收犯罪嫌疑人的存款上缴国库,或返还被害人

C. 由检察院作出不起诉的决定,并申请法院裁定通知冻结犯罪嫌疑人存款、汇款的金融机构上缴国库,或返还被害人

D. 由检察院作出撤销案件的决定,并申请法院裁定通知冻结犯罪嫌疑人存款、汇款的金融机构上缴国库,或返还被害人

9. 下列哪一案件,在作出不起诉决定时由检察长决定?（　　）

A. 犯罪嫌疑人甲涉嫌故意伤害罪,经鉴定,被害人受到的伤害为轻微伤

B. 犯罪嫌疑人乙涉嫌故意伤害罪,经鉴定,被害人受到的伤害为轻伤,但情节轻微,且被害人不希望追究乙刑事责任

C. 犯罪嫌疑人涉嫌非法侵入住宅罪,经查明,丙是因为被野猪追赶被迫闯入被害人住宅,属于紧急避险

D. 犯罪嫌疑人丁涉嫌偷税罪,案件经过一次退回补充侦查,仍事实不清,证据不足

二、简答题

1. 审查起诉的内容和意义是什么?
2. 如何保障辩护律师对审查起诉的程序参与?
3. 什么是酌定不起诉?其重要是什么?
4. 不服不起诉决定的被害人,如何实现程序救济?
5. 法院对自诉案件的起诉审查是否合理?为什么?

6.对因证据不足而决定不起诉的犯罪嫌疑人,可以在重新收集证据后决定起诉,是否违反"一事不再理"原则?为什么?

三、案例分析题

陈某,女,1995年4月3日出生于贵州省江口县,汉族,初中文化,无业。2013年11月1日17时许,陈某通过手机与余某联系毒品交易,在贵阳市云岩区一酒店房内贩卖毒品给余某时被贵阳市公安局云岩分局民警抓获,并当场收缴冰毒疑似物0.7克。经贵阳市公安局毒品检验中心鉴定,所收缴毒品中检测出甲基苯丙胺。2013年11月2日,陈某因涉嫌犯贩卖毒品罪被贵阳市公安局云岩分局刑事拘留,同年12月5日被逮捕。案件经云岩公安分局侦查终结时,移送云岩区人民检察院审查起诉。随案移送的证据材料主要包括陈某的供述及户籍证明、证人余某证言、抓获经过说明、毒品扣押清单及称量记录、辨认笔录、毒品鉴定意见书、交易收据,案件侦查报告等。

问题:检察机关审查本案时应当查明哪些内容?如何审查本案?

第十六章 第一审程序

【学习目标】

- **知识目标:**
  理解并掌握公开审判、两审终审、合议、人民陪审制度的主要内容。
  理解对公诉案件审查程序的性质,了解审查的内容及审查后处理的方式。
  掌握开庭审判前准备工作的具体内容。
  熟悉法庭审判的流程及每个环节的具体内容。
  掌握自诉案件审判的特点。
  理解并掌握简易程序的适用及其审判特点。
  了解对撤诉、延期审理、中止审理、终止审理等特殊情况的处理。
- **能力目标:**
  能够熟练驾驭刑事案件第一审模拟审判。
  能够制作规范的判决书、裁定书、决定书。
  能够解决刑事案件第一审审判过程中常见的法律问题。

【案例引导1】

2013年1月1日,任某、孙某获知某居民一家正在外地旅游,便窜入其家行窃。两人共窃得金项链3条、金戒指1枚、金手链1条、手机3部外加现金若干。后本案案发,赃物被缴获,两人对犯罪事实也供认不讳。检察机关依法向人民法院提起公诉。人民法院对案件进行审查后发现,两被告曾于2012年8月3日在另一居民家里实施过盗窃,窃得手表等物及作废的信用卡一张,之后任某利用该信用卡进行了诈骗,而起诉书中没有载入上述事实。合议庭认为事关重大,于是提请院长提交审判委员会讨论。审判委员会经讨论决定,将案件退回检察机关补充侦查,补上遗漏的犯罪事实和相应的指控。但检察机关坚持原先起诉书中的内容。于是在法庭审理中,合议庭对任某利用作废信用卡进行诈骗的事实进行了详细地讯问,并进行了庭外调查,收集了确凿、充分的证据。最后在判决书中认定任某犯信用卡诈骗罪、处有期徒刑四年,犯盗窃罪、处有期徒刑三年,决定执行六年;孙某犯盗窃罪,判处有期徒刑四年。

问题:(1)本案中合议庭认为被告人的犯罪事实有遗漏,将全案退回补充侦查是否正确?

(2)在正式开庭之前,合议庭就本案的相关问题提请院长提交审判委员会讨论是否正确?

【案例引导2】

甲、乙、丙三人共同抢劫杀人,手段残忍,情节严重,引起社会各界的关注。人民检察院将此案起诉至某人民法院后,为消除本案的恶劣影响,平息民愤,该人民法院向三被告人送达起诉书副本后的第二日即开庭审理此案。在案件的审理过程中,三被告人被告知,由于他们的罪行极其严重,因此,在法庭上不允许辩解,也没有资格与公诉人辩论和向证人、鉴定人等发问,没有权利提出自己的要求等。在法庭上由书记员宣读了起诉书后,公诉人开始讯问被告人,证人出庭作证,审判长向被告人出示物证,最后由公诉人作总结性发言,然后,审判长立即宣布了对三被告的判决。

问题:对于本案的审理,有哪些不符合《刑事诉讼法》规定的内容?

第一节 审判基本制度

一、公开审判制度

(一)公开审判的内涵

我国《宪法》第125条规定,人民法院审理案件,除法律规定的特别情况外,一律公开进行。《刑事诉讼法》第 11 条规定，人民法院审判案件，除本法另有规定的以外，一律公开进行。

一般认为，公开审判是指人民法院审理案件和宣告判决都应公开进行，既允许公民到法庭旁听，又允许新闻记者采访报道。根据立法的规定和相关诉讼原理，公开审判有以下几个方面的含义：

一是对当事人公开，即人民法院审判案件必须在当事人的参加下进行，一切用作定案根据的材料必须和当事人见面并听取他们的意见。

二是对社会公开，即审判活动应当允许公众旁听，允许新闻记者采访报道，但精神病人、醉酒的人、未经人民法院批准的未成年人以及其他不宜旁听的人不得旁听案件审理。

三是除法庭评议外，审理过程公开，具体包括对案件事实的调查、举证质证、控辩双方的辩论、被告人的最后陈述都应在法庭公开进行。

四是审判结果公开，即裁判文书及据以作出裁判的事实和理由均应公开宣布。

(二)公开审判的例外

公开审判只是一般性的要求，但也有例外的情况。按照《刑事诉讼法》第 183 条和第 274 条的规定，下列案件应当实行不公开审理：

(1)涉及国家秘密的案件。此类案件不公开审理是为了防止泄露国家秘密，危害国家安全或者其他国家利益。

(2)有关个人隐私的案件。此类案件不公开审理是为了防止当事人的隐私因公开审理被公开，从而对其产生不良的影响和后果。

(3)审判时被告人不满 18 周岁的案件。此类案件不公开审理是为了防止公开审理可能对未成年人的精神造成创伤，影响其健康成长。不过，人民法院在不公开审理该类案件时，经未成年被告人及其法定代理人同意，未成年被告人所在学校和未成年人保护组织可以派代表到场。

另外，涉及商业秘密的案件，当事人申请不公开审理的，可以不公开审理。因此，涉及商业秘密的案件，不公开审理以当事人提出申请为前提，并且当事人的申请需经人民法院审查确认后，案件才可能不公开审理。

对上述案件，"不公开"的只是法庭审理活动，其宣布判决的活动仍须公开进行。

(三)落实公开审判制度的要求

对于公开审判的案件，人民法院应当在开庭 3 日之前先期公布案由、被告人姓名、开庭的时间和地点，便于群众能够到庭旁听，定期宣判的案件，宣判日期也应先期公告；对于依法不公开审理的案件，在开庭时，应当当庭说明不公开审理的理由；无论是否公开审理，宣告判决一律公开进行；无论是否公开审理，审判活动都应当向当事人及其他诉讼参与人公开，允许其了解案情，到庭陈述、作证、辩护以及行使其他的诉讼权利；改革审判委员会制度、下级法院向上级法院请示报告制度等，防止审判"公开"走过场，保障庭审的实质化；建立旁听证发放、安全检查及法庭安全保卫等具体工作制度，在保证审判顺利进行的条件下为旁听群众或者采访记者提供方便；与时俱进，利用现代高科技媒介，创新告知公众案件信息、公布判决书、公开庭审实况等的方式、方法。

(四)确立和落实公开审判制度的意义

公开审判是民主政治的必然要求,也是保障诉讼民主、公正的重要措施,具有重要意义。

(1)有利于人民群众对审判活动的监督,增加审判工作的透明度,增强审判人员的责任心。实行公开审判制度,对案件当庭进行举证、质证和认证,这样,案件事实是否清楚、证据是否充分、审判活动是否合法,都展示在社会公众面前,都要接受人民群众和社会舆论的监督。这必将促使司法工作人员提高业务水平,增强工作责任心,注意廉洁自律,严格依法办案。

(2)有利于推动各项诉讼原则、制度的贯彻执行,保证审判质量。显然,只有在公开的法庭上,在当事人及其他诉讼参与人的直接参加和人民群众的监督下,公民在适用法律上一律平等、以事实为根据、以法律为准绳、辩护、举证质证等诉讼原则、制度才能得到最直接、最充分和最有效的贯彻执行,从而保证审判活动的顺利进行,使案件得到公正处理。

(3)有利于对人民群众进行法制宣传教育及对犯罪分子进行教育改造。通过公开审判,群众可以从具体的审判案例中受到现实生动的法制教育,从而增强法制观念,提高同犯罪作斗争的自觉性。同时,法庭上控辩双方的举证、质证和辩论可以使犯罪分子认清自己犯罪给社会造成的危害,从而认罪伏法,自觉接受刑罚处罚和教育改造。

二、两审终审制度

(一)审级制度

审级制度是指法律所规定的有关审判机关在组织结构上分为多少等级,以及诉讼案件经过几级审判机关审理后,其裁判才发生法律效力的制度。审级制度包含两方面的含义:一是一个国家的法院在组织结构上分为多少等级;二是一个案件经过几级法院审理后其诉讼程序才告终结。就第一个问题而言,现代各国在法院的组织体系上均设立了多级法院。对于第二个问题,因历史原因、具体国情及所依附的诉讼结构及诉讼原理的不同,各国的做法也不尽相同,设立二级、三级、四级终审制的均有,比较常见的有三审终审制和两审终审制。在三审终审制国家,如法国、日本、德国等,第一审、第二审通常是事实审,第三审为法律审;在两审终审制国家,如俄罗斯等,当事人不服第一审法院的裁判,只有一次上诉的权利,第二审法院既对事实问题进行审理,也对法律问题进行审理。在我国,除专门人民法院外,人民法院分为四级,即最高人民法院、高级人民法院、中级人民法院和基层人民法院。我国《刑事诉讼法》第 10 条规定:"人民法院审判案件,实行两审终审制。"

审级制度是现代刑事诉讼中一项基本制度,其设立的意义和根本目的在于保证裁判的准确性和审理的公正性和权威性:案件经过不同级别的审判机关审理,既有利于查明案件事实,也可以纠正下级审判机关可能发生的错误,避免其滥用审判权给国家权威造成损害,还能够满足当事人的合理要求,缓解其不满情绪,有利于正确裁判的顺利执行。

(二)两审终审制

在我国刑事诉讼中,两审终审制是指一个刑事案件经过两级人民法院审判,诉讼即告终结的制度。其主要内容是:对地方各级人民法院和专门人民法院作出的第一审判决、裁定,被告人不服或者人民检察院认为确有错误,在法定期限内可以向上一级人民法院提出上诉或者抗诉。上一级人民法院就上诉或者抗诉案件所作出的裁判是终审裁判,被告人不能再上诉,人民检察院也不得再按上诉程序提出抗诉。

两审终审制并不意味着一切刑事案件只要经过两级人民法院审判,其裁判都发生法律效力。根据《刑事诉讼法》第三编第四章的规定,除最高人民法院判处的死刑案件外,其他判处死刑立即执行的案件必须经过最高人民法院、判处死刑缓期二年执行的案件必须经过高级人民法院核准后,裁判才发生法律效力;地方各级人民法院作出的依照《刑法》规定,需要适用特殊核准程序的裁判,即使经第二审程序维持,也应经最高人民法院核准后,才能发生法律效力。这两类案件同样实行的是两审终审而非三审终审,因为最高人民法院、高级人民法院对这些案件的核准不属于一个审级,有上诉权或抗诉权的个人和机关不能对这些案件的第二审裁判提起上诉或抗诉。

同样,两审终审制也并不表明,一切案件只有经过两级人民法院审判后,裁判才发生法律效力。最高人民法院作为我国最高级别的法院,其按照第一审程序审理案件实行一审终审,即最高人民法院按照第一审程序作出的裁判一经宣告立即生效,不存在按照上诉程序提出上诉、抗诉问题。地方各级人民法院或者专门人民法院作出的第一审判决、裁定,除死刑判决和适用特殊核准程序的裁判外,超过法定的上诉、抗诉期限,没有上诉、抗诉的,同样发生法律效力。

审级的确定取决于一国的政治、经济、文化及法律传统等多种因素。仅从保证案件正确裁判的角度看,审级越多意味着错误裁判得到纠正的机会越多,在这一意义下,多审级制度下的审判效果更优。然而,多审级制度带来的诉讼拖延、诉讼成本上升等问题也十分突出。我国的两审终审制是在总结历史经验,结合我国国情的基础上确立的,具体理由如下:

第一,实行两审终审制,可以节约司法资源,便利当事人进行诉讼,减少讼累。我国地域辽阔,人口众多,很多地方交通还不十分发达、便利,司法机关所拥有的司法资源相当有限,如果像一些国家一样实行三审终审制甚至四审终审制,既会使司法资源不足的问题更加突出,又不便于诉讼参与人参加诉讼活动,浪费其人力、物力、时间,还可能导致案件久拖不决,难以及时惩罚犯罪分子、保护当事人的合法权益和维护社会秩序的稳定。

第二,实行两审终审制,可以使高级人民法院和最高人民法院摆脱审理上诉案件的工作负担,集中精力搞好审判业务指导和监督工作。

第三,其他的原则、制度、程序能够确保实行两审终审制足以保证审理的准确性。我国刑事诉讼中有较完备的级别管辖制度、审查起诉制度,第二审审理实行全面审查原则,对死刑案件还设有死刑复核程序等,这些原则、制度、程序能够确保实行两审终审制足以保证审理的准确性。

第四,我国的审判监督程序可以弥补审级少的不足。对确有错误的第二审裁判,有关检察院或法院可以通过启动审判监督程序予以纠正。

总之,以两审终审制为基础、以审判监督程序为补充的我国审级制度,为刑事案件的正确、及时处理提供了基本保障。

三、合议制度

(一)合议制的内涵

合议制是指由三名以上审判人员组成合议庭对案件进行审判的制度。合议制是相对于独任制而言的。独任制是指由一名审判员独立地对案件进行审理并作出裁判的制度。审判案件实行合议制,由合议庭成员集体进行,共同负责,既可以发挥集体智慧、集思广益,防止个人主观片面,又可以从组织上防止审判人员徇私偏袒,对客观公正地审判案件有重要作用。

按照我国《人民法院组织法》和《刑事诉讼法》的规定,人民法院审理刑事案件以实行合议制为原则,以实行独任制为例外,只有基层人民法院适用简易程序审理被告人可能判处三年有期徒刑以下刑罚的案件,才可以采用独任制。因此,合议制是我国刑事审判的基本组织形式。

(二)合议庭的组成

合议庭的组成因审判程序和法院级别的不同而不同。根据《刑事诉讼法》的规定,组成合议庭应遵守如下要求:

(1)合议庭的人数必须是单数。这是确保在评议表决时能够形成多数人意见,并进而按照少数服从多数的原则作出裁判。

(2)基层人民法院和中级人民法院审判第一审案件,应当由审判员三人或者由审判员和人民陪审员共三人组成合议庭进行;高级人民法院、最高人民法院审判第一审案件,应当由审判员三至七人或者由审判员和人民陪审员共三至七人组成合议庭进行;人民法院审理上诉和抗诉案件,由审判员三至五人组成合议庭进行;最高人民法院复核死刑案件,高级人民法院复核死刑缓期执行案件,应当由审判员三人组成合议庭进行。

(3)人民法院按照一审程序审理案件,合议庭既可以全部由审判员组成,也可以由审判员和人民陪审员共同组成;人民法院按照二审程序审理案件以及最高人民法院、高级人民法院按照死刑复核程序复核死刑案件,合议庭只能全部由审判员组成。这是由第一审程序与第二审程序、死刑复核程序审理的重点不同所决定的:第一审程序审理的重点是事实问题,对有些案件,作为普通社会公众的人民陪审员比专职的审判员在查明和认定案件事实上更有优势,因此,立法允许人民陪审员参与第一审审判;第二审程序和死刑复核程序审理的重点是法律适用问题,在这方面人民陪审员与审判员相比就没有优势,故立法不允许人民陪审员参与第二审程序和死刑复核程序的审判。

(4)原审人民法院对第二审人民法院发回重审的案件进行重新审判,原审人民法院按照审判监督程序对案件进行重新审判,应当另行组成合议庭进行,即原审合议庭的组成人员不得参加重新组成的合议庭进行审判。这是因为原审合议庭的组成人员对案件进行过审判,已产生了预断,如果让其参加重新组成的合议庭对该案件再进行审理,将不利于案件的公正处理。

(三)合议庭的活动规则

合议庭的审判活动由审判长主持。审判长由人民法院的院长或者庭长指定其中的一名审判员担任;院长或庭长参加审判的,由院长或庭长担任审判长;人民陪审员不得担任合议庭的审判长。合议庭接受案件后,应当根据有关规定确定案件承办法官,或者由审判长指定案件承办法官。

合议庭的审判活动实行民主集中制。合议庭成员应当自始至终参与审判活动,要真正实现合办案合评议。实践中那种名为合议、实为独任、一人办案、三人署名的做法违反了合议制的立法精神。按照最高人民法院2002年8月12日发布的《关于人民法院合议庭工作的若干规定》以及2010年1月11日发布的《关于进一步加强合议庭职责的若干规定》的规定,合议庭成员享有同等的权利,全体成员平等参与案件的审理、评议、裁判,共同对案件认定事实和适用法律负责。开庭审理时,合议庭全体成员应当共同参加,不得缺席、中途退庭或者从事与该庭审无关的活动。合议庭全体成员均应当参加案件评议。合议庭评议案件时,先由承办法官对证据采信、事实认定、法律适用、裁判结果以及诉讼程序等问题发表意见,审判长最后发表意见;审判长作为承办法官的,由审判长最后发表意见。对案件的裁判结果进行评议时,由审判长最后发表意见。合议庭成员进行评议的时候,应当认真负责,充分陈述意见,独立行使表决权,不得拒绝陈述意见或者仅作同意与否的简单表态。同意他人意见的,也应当提出事实根据和法律依据,进行分析论证。合议庭进行评议的时候,如果意见分歧,应当按多数人的意见作出决定,但是少数人的意见应当写入笔录。合议庭评议案件应当在庭审结束后5个工作日内进行,合议庭一般应当在作出评议结论或者审判委员会作出决定后的5个工作日内制作出裁判文书。

(四)合议庭与审判委员会、院长、庭长的关系

在刑事审判活动中,应当正确处理合议庭与审判委员会的关系。审判委员会是人民法院内部对审判工作实行集体领导的组织,其与合议庭的关系是指导与被指导、监督与被监督的关系,这种关系的一个主要体现是审判委员会讨论、决定重大、复杂、疑难的案件。我国《刑事诉讼法》第180条规定,对于疑难、复杂、重大的案件,合议庭认为难以作出决定的,由合议庭提请院长决定提交审判委员会讨论决定。审判委员会的决定,合议庭应当执行。最高人民法院《关于适用〈中华人民共和国刑事诉讼法〉的解释》第178条将重大、复杂、疑难的案件限定为拟判处死刑的案件、人民检察院抗诉的案件、合议庭成员意见有重大分歧的案件、新类型案件、社会影响重大的案件等。正确处理好合议庭与审判委员会的关系:一方面,应当加强合议庭的职责,使合议庭真正承担起人民法院的审判职能。纠正过去那种审判委员会超越权限,包办代替,先定后审,"审""判"分离的现象,确立合议庭正常情况下独立行使审判权的原则。另一方面,改革审判委员会制度,强调审判委员会对合议庭审判活动监督规范化、程序化,并逐步弱化讨论、决定重大、复杂、疑难案件的职能。

在刑事审判活动中,还应正确处理合议庭与院长、庭长的关系。根据最高人民法院《关于人民法院合议庭工作的若干规定》,院长、庭长可以对合议庭的评议意见和制作的裁判文书进行审核,但是不得改变合议庭的评议结论。院长、庭长在审核合议庭的评议意见和裁判文书过程中,对评议结论有异议的,可以建议合议庭复议,同时应当对要求复议的问题及理由提出书面意见。合议庭复议后,庭长仍有异议的,可以将案件提请院长审核,院长可以提交审判委员会讨论决定。

四、人民陪审制度

(一)人民陪审制度的概念、性质

人民陪审制度是指我国人民法院吸收法官以外的社会公众参与案件审判的制度。被吸

收参与案件审判的社会公众称作人民陪审员。

吸收社会公众参与刑事案件审判是各法治国家通行的一项审判制度。在英美法系,该制度称为"陪审制",其特点是:由随机挑选的一定数量的普通社会公众组成陪审团,陪审团根据法庭出示的证据对被告是否有罪这一事实问题作出裁决,在此过程中职业法官对证据的可采性问题作出认定,向陪审团解释有关法律;如果陪审团认定被告人有罪,法官应独立地决定被告人应被判处的刑罚。大陆法系采用的是"参审制",其特点是普通社会公众和职业法官共同组成合议庭对案件进行审判,二者享有同等权力,共同决定案件的事实和法律问题。就其性质而言,我国的人民陪审制度属于"参审制"。

(二)人民陪审制度的意义

正确贯彻人民陪审制度具有重要意义:首先,有利于体现宪法的人民当家做主的民主精神,增强人民群众的主人翁感,调动他们参加国家管理的积极性;其次,可以密切人民法院与人民群众之间的联系,使人民法院通过人民陪审员倾听群众的意见,并通过人民陪审员做群众的思想工作,向他们宣传社会主义法制,使审判工作获得广大人民群众的理解、信赖和支持;最后,有的人民陪审员具有某种专长或有利于正确审判案件的其他优势,吸收其参加审判,还可以协助人民法院准确、及时地查明案情,正确处理案件。

第二节 第一审程序概述

一、第一审程序的概念和分类

第一审程序是指人民法院对人民检察院提起公诉、自诉人提起自诉的案件进行初次审判时所遵循的程序。刑事案件经人民检察院向人民法院提起公诉或者自诉案件中的自诉人向人民法院提起自诉后,案件便进入审判阶段。依法具有审判管辖权的各级人民法院对刑事案件的审判首先应按照第一审程序进行。

第一审刑事案件分为公诉案件和自诉案件。公诉案件是指由人民检察院向人民法院提起诉讼的案件,自诉案件是指由被害人或者其法定代理人、近亲属向人民法院起诉,由人民法院直接受理的案件。与此相适应,第一审程序可分为公诉案件的第一审程序和自诉案件的第一审程序。公诉案件的第一审程序与自诉案件的第一审程序存在诸多不同之处:自诉案件的控辩双方可以和解,人民法院可以进行调解,自诉人可以撤诉,被告人有权提起反诉;公诉案件原则上只能以判决方式结案,不允许控辩双方就案件实体问题进行协商,从而通过和解或调解结案,并且,除了发现不存在犯罪事实、犯罪事实并非被告人所为或者不应当追究被告人刑事责任等情形的,提起公诉的人民检察院不能随意要求撤回起诉。

另外,还可以根据程序繁简将第一审程序分为普通程序和简易程序:普通程序是指人民法院审理第一审案件通常所适用的程序;简易程序是指基层人民法院审理那些案情简单、证据确实充分、被告人认罪的案件所适用的程序。简易程序是对第一审普通程序的简化,其主要目的在于提高诉讼效率,便于司法机关集中力量办理重大、疑难、复杂案件。

人民法院采用第一审程序审理的案件包括人民法院初次审理的案件和上级人民法院裁

定撤销原判、发回重审的案件。

二、第一审程序的任务

第一审程序的任务是保障人民法院在当事人和其他诉讼参与人的参加下,通过开庭形式对第一审案件进行审理,查明案件事实,根据有关刑事法律规定对刑事被告人的刑事责任的有无及其大小作出正确裁判或根据有关情况以裁定、决定的方式从诉讼程序上对案件作出正确处理,惩罚犯罪分子,使无罪的人不受刑事惩罚,保障当事人的合法权益,并通过全部审判活动,宣传社会主义法制,教育公民遵纪守法。

三、第一审程序的意义

第一审程序是我国刑事诉讼的基本程序,在整个刑事诉讼程序中处于极其重要的地位:首先,第一审程序是人民法院整个审判程序的第一个环节,是人民法院审判刑事案件的必经程序;其次,第一审程序中人民法院作出的裁判是第二审程序、死刑复核程序或者审判监督程序的基础;最后,第一审程序的许多规定是其他审判程序参照执行的标准。

第三节 公诉案件的第一审程序

公诉案件的第一审程序,是指人民法院对人民检察院提起公诉的案件进行初次审判时所必须遵循的程序。其内容主要包括庭前审查、庭前准备、法庭审判等诉讼环节。

一、对公诉案件的审查

(一)对公诉案件审查的概念、任务和法律性质

对公诉案件的审查也称作庭前审查,是指人民法院对人民检察院提起公诉的案件进行审查,并决定是否将刑事被告人交付审判的诉讼活动或程序。

对公诉案件的审查是人民法院行使国家审判权的开始程序,其任务在于解决案件是否符合开庭审判的条件,是否将被告人正式交付法庭审判。就其法律性质而言,这种审查属于程序性措施,绝不能将审查与正式审判混为一谈。

(二)我国对公诉案件审查程序的改革

对于公诉案件的庭前审查程序,当前世界各国的司法实践不尽一致,但总的发展趋势是弱化这一程序。在保留庭前审查程序的国家,其做法是使庭前审查组织与审判庭相分离,并对庭前审查采取了弱化实体审查,强化程序性审查的处理。有些国家则完全废止了庭前审查程序,如第二次世界大战后的日本,立法废除了对公诉案件的审查程序,采取了"起诉状一本主义"的做法。这些改革的目的均在于避免先入为主,保障公正审判。

我国1979年《刑事诉讼法》规定的对公诉案件的审查属于实体性审查。1996年修改《刑事诉讼法》时,为了顺应世界发展的趋势,使对公诉案件的审查程序回归其本质,对其作了重大改革,将传统的"实质性审查"改变为"程序性审查"。具体的改革要点有四个方面:①将控

方在起诉时随案移送的材料限制为证据目录、证人名单和主要证据的复印件或照片,侦查案卷不再随案移送;②决定开庭的条件不再是"犯罪事实清楚,证据确实充分",而是只要具备法定的程序要件,就应开庭;③禁止法官在开庭前调查取证;④审查后的处理,规定只要符合开庭条件的,应当决定开庭审判,废除了可以退回补充侦查,可以要求人民检察院撤回起诉的规定。

虽然2012年修改的《刑事诉讼法》将人民检察院提起公诉移送材料的内容由"定限移送"改为"全案移送",即《刑事诉讼法》第172条规定:"人民检察院认为犯罪嫌疑人的犯罪事实已经查清,证据确实、充分,依法应当追究刑事责任的,应当作出起诉决定,按照审判管辖的规定,向人民法院提起公诉,并将案卷材料、证据移送人民法院。"但是决定开庭的条件还是没有改变,即《刑事诉讼法》第181条依旧规定:"人民法院对提起公诉的案件进行审查后,对于起诉书中有明确的指控犯罪事实的,应当决定开庭审判。"因此,《刑事诉讼法》修改之后,人民法院对案件的庭前审查在性质上仍然是程序性审查。

(三)审查的内容和方法

根据最高人民法院《关于适用〈中华人民共和国刑事诉讼法〉的解释》第180条的规定,对提起公诉的案件,人民法院应当在收到起诉书和案卷、证据后,指定审判人员审查以下内容:①是否属于本院管辖;②起诉书是否写明被告人的身份,是否受过或者正在接受刑事处罚,被采取强制措施的种类、羁押地点,犯罪的时间、地点、手段、后果以及其他可能影响定罪量刑的情节;③是否移送证明指控犯罪事实的证据材料,包括采取技术侦查措施的批准决定和所收集的证据材料;④是否查封、扣押、冻结被告人的违法所得或者其他涉案财物,并附证明相关财物依法应当追缴的证据材料;⑤是否列明被害人的姓名、住址、联系方式;是否附有证人、鉴定人名单;是否申请法庭通知证人、鉴定人、有专门知识的人出庭,并列明有关人员的姓名、性别、年龄、职业、住址、联系方式;是否附有需要保护的证人、鉴定人、被害人名单;⑥当事人已委托辩护人、诉讼代理人,或者已接受法律援助的,是否列明辩护人、诉讼代理人的姓名、住址、联系方式;⑦是否提起附带民事诉讼;提起附带民事诉讼的,是否列明附带民事诉讼当事人的姓名、住址、联系方式,是否附有相关证据材料;⑧侦查、审查起诉程序的各种法律手续和诉讼文书是否齐全;⑨有无《刑事诉讼法》第15条第2项至第6项规定的不追究刑事责任的情形。

审查的方法以书面审查为主,即通过认真地审阅起诉书,判断是否具备了开庭审判的程序性条件。在此期间,人民法院不应提审被告人和询问证人、被害人和鉴定人,也不能使用勘验、检查、扣押、鉴定等方法调查核实证据,以避免对案件进行实体审查,损害法庭审判的中心地位。

(四)审查后的处理

人民法院对提起公诉的案件审查后,应当根据不同情况分别作出处理:

(1)决定开庭审判。对于起诉书中有明确的指控犯罪事实并附有相关证据材料,且符合审判规定的,人民法院应当决定开庭审判。人民检察院移送的案件材料不全,需要补充材料的,人民法院应当通知人民检察院在3日之内补送,但人民法院不得以移送的材料不足为由而不开庭审判。此外,对于根据《刑事诉讼法》第195条第3项规定宣告被告人无罪,人民检察院依据新的事实、证据重新起诉的案件,以及被告人真实身份不明,但符合《刑事诉讼法》第158条第2款的案件,只要符合《刑事诉讼法》第181条的规定,人民法院均应当决定开庭审判。

(2)决定退回人民检察院。对于不属于本院管辖、被告人不在案或者属于告诉才处理的案件,应当决定退回人民检察院,对告诉才处理的案件同时还应告知被害人有权提起自诉。对于人民法院裁定准予撤诉的案件,人民检察院没有新的事实、证据重新起诉的,也应当决定退回人民检察院。

(3)裁定终止审理或者退回人民检察院。对于符合《刑事诉讼法》第15条第2项至第6项规定情形的,人民法院应当裁定终止审理或者决定将案件退回人民检察院。

人民法院对公诉案件的审查期限为7日。

二、开庭审判前的准备

为了更好地完成审判任务,保证法庭审判的顺利进行,人民法院决定对案件审判后,在开庭审判前,需要进行下列各项准备工作:

(1)确定合议庭的组成人员或者独任庭的审判员。对于依法采用合议制审理的案件,由院长或者庭长指定审判长并确定合议庭组成人员;对于依法采用独任制审理的案件,由庭长指定审判员一人独任审理。担任法庭记录工作的书记员,也应同时确定。合议庭的组成人员或独任庭的审判员确定后,应立即着手审判前的各项准备工作,如查阅移送的有关材料,熟悉案情,拟定庭审提纲等。庭审提纲一般包括如下内容:合议庭成员在庭审中的分工;起诉书指控的犯罪事实的重点和认定案件性质的要点;讯问被告人时需了解的案情要点;出庭的证人、鉴定人、有专门知识的人、侦查人员的名单;控辩双方申请当庭出示的证据目录;庭审中可能出现的问题及应对措施。

(2)开庭10日前将人民检察院的起诉书副本送达被告人、辩护人。被告人没有委托辩护人的,人民法院自受理案件之日起3日内,应当告知其有权委托辩护人;被告人因经济困难或者其他原因没有委托辩护人的,应当告知其可以申请法律援助;被告人属于应当提供法律援助情形的,应当告知其人民法院将依法通知法律援助机构指派律师为其提供辩护。

(3)通知当事人、法定代理人、辩护人、诉讼代理人在开庭5日前提供证人、鉴定人名单,以及拟当庭出示的证据。申请证人、鉴定人、有专门知识的人出庭的,应当列明有关人员的姓名、性别、年龄、职业、住址、联系方式。

(4)开庭3日前将开庭的时间、地点通知人民检察院。《刑事诉讼法》第184条规定:"人民法院审判公诉案件,人民检察院应当派员出席法庭支持公诉。"因此,将开庭的时间、地点在开庭3日以前通知人民检察院,有利于公诉人做好出庭准备工作。公诉人在庭审前一般应做好如下准备工作:进一步熟悉案情,掌握证据情况;深入研究与本案有关的法律政策问题;充实审判中可能涉及的专业知识;拟定讯问被告人、询问证人、鉴定人、有专门知识的人和宣读、出示、播放证据的计划并制定质证方案;对可能出现证据合法性争议的,拟定证明证据合法性的提纲并准备相关材料;拟定公诉意见,准备辩论提纲;需要对出庭证人等的保护向人民法院提出建议或者配合做好工作的,做好相关准备。

(5)开庭3日前将传唤当事人的传票和通知辩护人、诉讼代理人、法定代理人、证人、鉴定人等出庭的通知书送达,以便这些诉讼参与人有时间做好各自的出庭准备工作。通知也可以采取电话、短信、传真、电子邮件等能够确认对方收悉的方式。

(6)公开审理的案件,在开庭 3 日前公布案由、被告人姓名、开庭时间和地点。

(7)可以召开庭前会议。《刑事诉讼法》第 182 条第 2 款规定:"在开庭以前,审判人员可以召集公诉人、当事人和辩护人、诉讼代理人,对回避、出庭证人名单、非法证据排除等与审判相关的问题,了解情况,听取意见。"此即庭前会议的立法规定。这一程序,德国称之为中间程序,法国称之为预审程序,美国称之为庭前会议,我国台湾地区称之为庭前整理程序。通过庭前会议归纳双方争议的焦点,解决有关程序问题,可以有效保证集中审理,提高诉讼效率。

根据最高人民法院《关于适用〈中华人民共和国刑事诉讼法〉的解释》第 183、184 条规定,案件具有下列情形之一的,审判人员可以召开庭前会议:①当事人及其辩护人、诉讼代理人申请排除非法证据的;②证据材料较多、案情重大复杂的;③社会影响重大的;④需要召开庭前会议的其他情形。召开庭前会议,审判人员可以就下列问题向控辩双方了解情况,听取意见:①是否对案件管辖有异议;②是否申请有关人员回避;③是否申请调取在侦查、审查起诉期间公安机关、人民检察院收集但未随案移送的证明被告人无罪或者罪轻的证据材料;④是否提供新的证据;⑤是否对出庭证人、鉴定人、有专门知识的人的名单有异议;⑥是否申请排除非法证据;⑦是否申请不公开审理;⑧与审判相关的其他问题。

在庭前会议上,审判人员可以询问控辩双方对证据材料有无异议,对有异议的证据,应当在庭审时重点调查;无异议的,庭审时举证、质证可以简化。被害人或者其法定代理人、近亲属提起附带民事诉讼的,可以调解。庭前会议情况应当制作笔录。

三、法庭审判

法庭审判是指人民法院的审判人员在公诉人、当事人及其他诉讼参与人的参加下,通过控辩双方的举证、质证、辩论,核实证据,查清事实,并就定罪、量刑等实体问题作出裁判的诉讼活动。依据《刑事诉讼法》的规定,法庭审判大体可分为开庭、法庭调查、法庭辩论、被告人最后陈述、评议和宣判五个阶段。

(一)开庭

开庭是正式进行法庭审判前的准备阶段。开庭前,人民法院书记员应依次做好下列工作:①查明公诉人、当事人、证人及其他诉讼参与人是否到庭;②宣读法庭规则;③请审判长、审判员(人民陪审员)入庭;④审判人员就座后,向审判长报告开庭前的准备工作已经就绪。

按照《刑事诉讼法》第 185 条的规定,开庭的具体程序和内容包括:

(1)审判长宣布开庭,传被告人到庭后,查明被告人的基本情况。应当查明的被告人的基本情况包括:①姓名、出生日期、民族、出生地、文化程度、职业、住址,或者被告单位的名称、住所地、诉讼代表人的姓名、职务;②是否受过法律处分及处分的种类、时间;③是否被采取强制措施及强制措施的种类、时间;④收到起诉书副本的日期;⑤有附带民事诉讼的,附带民事诉讼被告人收到附带民事起诉状的日期。被告人较多的,可以在开庭前查明上述情况,但开庭时审判长应当作出说明。

(2)审判长宣布案件的来源、起诉的案由、附带民事诉讼当事人的姓名及是否公开审理。

如:广州市×××区人民法院刑事审判庭今天依法公开(不公开)审理广州市×××区人民检察院提起公诉的被告人周××盗窃一案。对不公开审理的案件,审判长应当当庭宣布不公开审理的理由。

(3)审判长宣布合议庭组成人员、书记员、公诉人名单及辩护人、鉴定人、翻译人员等诉讼参与人的名单。

(4)审判长告知当事人及其法定代理人、辩护人、诉讼代理人在法庭审理过程中依法享有下列诉讼权利:①可以申请合议庭组成人员、书记员、公诉人、鉴定人和翻译人员回避;②可以提出证据,申请通知新的证人到庭、调取新的证据,申请重新鉴定或者勘验、检查;③被告人可以自行辩护;④被告人可以在法庭辩论终结后作最后陈述。

(5)审判长分别询问当事人及其法定代理人、辩护人、诉讼代理人是否申请回避、申请何人回避和申请回避的理由。当事人及其法定代理人、辩护人、诉讼代理人申请回避的,依照《刑事诉讼法》的有关规定处理。同意或者驳回回避申请的决定及复议决定,由审判长宣布,并说明理由。必要时,也可以由院长到庭宣布。

(二)法庭调查

法庭调查是在审判人员主持下,控辩双方及其他诉讼参与人的参加下,当庭对案件事实和证据进行审查、核实的诉讼活动。其任务是查明案件事实、核实证据。由于《刑事诉讼法》规定,所有证据都必须在法庭上调查核实后才能作为定案的根据,因此,法庭调查是法庭审判的核心环节。法庭调查的成效直接关系到案件处理的质量。法庭调查的范围是人民检察院起诉书所指控的被告人的犯罪事实和证明被告人有罪、无罪、罪重、罪轻及量刑轻重的各种证据。

根据《刑事诉讼法》第186～193条的规定,法庭调查的具体步骤和程序如下:

1. 公诉人宣读起诉书

审判长宣布法庭调查开始后,首先由公诉人宣读起诉书;有附带民事诉讼的,再由附带民事诉讼的原告人或者其诉讼代理人宣读附带民事诉状。起诉书是人民法院审判的依据,法院的审判活动不能超出起诉书指控的范围,否则即违背了刑事诉讼控审分离原则。所以,公诉人宣读起诉书能明确界定法庭审判的范围,指名法庭调查的方向。

2. 被告人、被害人对起诉书的指控进行陈述

公诉人在法庭上宣读起诉书后,在审判长的主持下,被告人、被害人可以就起诉书指控的犯罪事实分别进行陈述。被告人作认罪供述的,他会详细向法庭陈述犯罪事实;被告人对起诉书指控的犯罪事实有异议的,可以进行辩解,并简要提出理由。被害人的陈述对起诉书指控的犯罪事实往往起到印证作用。这个由双方当事人陈述的环节,既有利于合议庭及早熟悉案情概要,从而有力地组织庭审,又能及早暴露控辩双方争议的焦点,为随后的讯问、询问被告人以及核实其他证据的活动提供指引。

3. 讯问被告人、询问被害人和附带民事诉讼当事人

在审判长主持下,公诉人可以就起诉书指控的犯罪事实讯问被告人;经审判长准许,被害人及其法定代理人、诉讼代理人可以就公诉人讯问的犯罪事实补充发问;附带民事诉讼原告人及其法定代理人、诉讼代理人可以就附带民事部分的事实向被告人发问;被告人的法定

代理人、辩护人,附带民事诉讼被告人及其法定代理人、诉讼代理人可以在控诉一方就某一问题讯问完毕后向被告人发问。讯问同案审理的被告人,应当分别进行,必要时可以传唤同案被告人等到庭对质。此外,经审判长准许,控辩双方可以向被害人、附带民事诉讼原告人发问。审判人员在控辩双方讯问、发问后,可以讯问被告人、询问被害人、附带民事诉讼当事人。

4.询问证人、鉴定人

证人、鉴定人到庭后,审判人员应当首先核实证人、鉴定人的身份、与当事人以及本案的关系,告知证人、鉴定人应当如实提供证言、鉴定意见和有意作伪证或者隐匿罪证或者有意作虚假鉴定要负的法律责任。证人作证或者说明鉴定意见之前应当在如实作证或者如实提供鉴定意见的保证书上签字。

询问证人、鉴定人是按交叉询问规则的某些要求进行。交叉询问是当事人主义诉讼询问证人的程序。交叉询问规则将案件证人分为控方证人与辩方证人,询问时首先由提供证人一方做主询问,再由对方作反询问,如果控辩双方对该证人的证言争议颇大,双方可进行第二次甚至多次主询问、反询问。国外许多人士认为交叉询问是考查证言可信性和真实性的最可靠、最有效的方法,是对抗式诉讼的关键。在我国,向证人、鉴定人发问,应当先由提请通知的一方进行;该方发问完毕后,经审判长准许,对方也可以发问。审判人员认为有必要,也可以补充询问证人、鉴定人。

为避免证人、鉴定人之间相互影响,向证人和鉴定人发问应当分别进行。证人、鉴定人经控辩双方发问及审判人员询问后,审判长应当告知其退庭。同时,为防止庭审对证人和鉴定人作证的影响,证人、鉴定人不得旁听本案的庭审。

为了保证庭审活动的有序性,询问证人应当遵循以下规则:①发问的内容应当与本案事实有关;②不得以诱导方式发问;③不得威胁证人;不得损害证人的人格尊严。对被告人、被害人、附带民事诉讼当事人、鉴定人、有专门知识的人的讯问、发问也应遵循以上规则。此处所讲的"诱导"的方式,是指强烈地暗示证人等按提问者的意思作出回答的询问方式。如在一起伤害案件的庭审中,辩护律师询问证人:"你当时没有看见被告人王某去动那把刀,这是不是事实?"诱导性询问可能误导证人等,造成证言等不真实。

控辩双方对被告人、被害人、附带民事诉讼当事人、证人、鉴定人等的讯问、发问方式不当或者内容与本案无关的,对方可以提出异议,申请审判长制止,审判长应当判明情况予以支持或者驳回;对方未提出异议的,审判长也可以根据情况予以制止。

5.出示物证、书证、视听资料,宣读鉴定意见和有关笔录

公诉人、辩护人应当向法庭出示物证,让当事人辨认;对未到庭的证人的证言笔录、鉴定人的鉴定意见、勘验笔录和其他作为证据的文书,应当当庭宣读;对于视听资料,应当当庭播放。当庭出示的物证、书证、视听资料等证据,应当先由出示证据的一方就所出示的证据名称、来源和拟证明的事实作必要的说明,然后由另一方进行辨认并发表意见,控辩双方可以互相质问、辩论。公诉人申请出示开庭前未移送人民法院的证据,辩护方提出异议的,审判长应当要求公诉人说明理由;理由成立并确有出示必要的,应当准许。辩护方提出需要对新的证据作辩护准备的,法庭可以宣布休庭,并确定准备辩护的时间。辩护方申请出示开庭前未提交的证据,参照适用上述规定。

当庭出示的证据,尚未移送人民法院的,应当在质证后移交法庭。

6. 调取新的证据

《刑事诉讼法》第192条规定:"法庭审理过程中,当事人和辩护人、诉讼代理人有权申请通知新的证人到庭,调取新的物证,申请重新鉴定或者勘验。公诉人、当事人和辩护人、诉讼代理人可以申请法庭通知有专门知识的人出庭,就鉴定人作出的鉴定意见提出意见。法庭对于上述申请,应当作出是否同意的决定。第二款规定的有专门知识的人出庭,适用鉴定人的有关规定。"法庭审理过程中,当事人及其辩护人、诉讼代理人申请通知新的证人到庭,调取新的证据,申请重新鉴定或者勘验的,应当提供证人的姓名、证据的存放地点,说明拟证明的案件事实,要求重新鉴定或者勘验的理由。公诉人、当事人及其辩护人、诉讼代理人申请法庭通知有专门知识的人出庭,就鉴定意见提出意见的,也应当向法庭说明理由。审判人员根据具体情况,认为可能影响案件事实认定的,应当同意该申请,并宣布延期审理;不同意的,应当告知理由并继续审理。

7. 法庭调查核实证据

在法庭审理过程中,人民法院可以向人民检察院调取需要调查核实的证据材料,或者根据被告人、辩护人的申请,向人民检察院调取在侦查、审查起诉期间收集的有关被告人无罪或者罪轻的证据材料,人民法院作出决定后,应当通知人民检察院在收到调取证据材料决定书后3日内移交。合议庭在案件审理过程中,发现被告人可能有自首、坦白、立功等法定量刑情节,而人民检察院移送的案卷中没有相关证据材料的,应当通知人民检察院移送。审判期间,被告人提出新的立功线索的,人民法院可以建议人民检察院补充侦查。

在法庭审理过程中,法庭对证据有疑问的,可以告知公诉人、当事人及法定理人、辩护人、诉讼代理人补充证据或作出说明;必要时,可以宣布休庭,对证据进行调查核实。人民法院调查核实证据,可以进行勘验、检查、查封、扣押、鉴定和查询、冻结。对公诉人、当事人及其法定代理人、辩护人、诉讼代理人补充的和法庭庭外调查核实取得的证据,应当经过当庭质证才能作为定案的根据。但是,经庭外征求意见,控辩双方没有异议的除外。

起诉书指控的被告人的犯罪事实为两起以上的,法庭调查一般应当分别进行。附带民事诉讼部分的调查,一般在刑事诉讼部分调查结束后进行,具体程序依《民事诉讼法》的有关规定进行。

(三)法庭辩论

法庭上的辩论包括在法庭调查阶段的辩论(也称作分散辩论)和在法庭调查后专门的辩论阶段进行的辩论(也称作集中辩论)。此处所讲的法庭辩论是指后者。

法庭辩论是在法庭调查、核实事实、证据的基础上,在审判长的主持下,由控辩双方围绕事实是否清楚,被告人的行为是否构成犯罪,构成什么犯罪及量刑轻重等问题进行争论、辩驳的诉讼活动。法庭审判对于审判人员全面听取控辩双方的意见,客观地认定案件事实,恰当地定罪,正确适用法律,作出公正裁判具有重要意义。同时也有利于发挥教育群众的作用和群众对审判的监督作用。法庭辩论是法庭审判中的一个重要阶段。

在审判长的主持下,法庭辩论按照下列顺序进行:①公诉人发言;②被害人及其诉讼代理人发言;③被告人自行辩护;④辩护人辩护;⑤控辩双方进行辩论。前四项活动称为一回合,控辩双方辩论可进行多个回合,反复辩论,直至双方意见阐述完毕,不再发言。附带民事诉讼部分的辩论应当在刑事诉讼部分的辩论结束后进行,先由附带民事诉讼原告人及其诉讼代理人发言,然后由附带民事诉讼被告人及其诉讼代理人发言,也可多轮,反复辩论。

在司法实践中,公诉人的第一次发言通常称为发表公诉词,辩护人的第一次发言称作发表辩护词。公诉词是公诉人代表人民检察院,为揭露犯罪,在总结法庭调查的事实、证据的基础上,集中阐述人民检察院对追究被告人刑事责任的意见。其重点是阐明被告人犯罪的根据和理由,指出犯罪的危害后果,说明犯罪的根源,提出有建设性的预防措施和意见,以达到支持公诉、宣传法制、教育群众的目的。辩护词是辩护人以法庭调查情况为基础,综合全案,从保护被告人合法权益方面出发提出综合性辩护意见。其重点是指出指控的不实之处,说明被告人无罪、罪轻、从轻、减轻、免除处罚的根据和理由,并在最后请求法庭采纳己方辩护意见。

在法庭辩论中,控辩双方应当以事实为依据,以法律为准绳,围绕双方争议的焦点进行论证与反驳。审判长要善于抓住双方辩论的焦点,把辩论引向深入:对被告人认罪的案件,法庭辩论时,可以引导控辩双方主要围绕量刑和其他有争议的问题进行;对被告人不认罪或者辩护人作无罪辩护的案件,法庭辩论时,可以引导控辩双方先辩论定罪问题,后辩论量刑问题。法庭辩论过程中,审判长应当充分听取控辩双方的意见,对控辩双方与案件无关、重复或者指责对方的发言应当提醒、制止。法庭辩论过程中,合议庭发现与定罪、量刑有关的新的事实,有必要调查的,审判长可以宣布暂停辩论,恢复法庭调查,在对新的事实调查后,继续法庭辩论。合议庭认为经过反复辩论,案情已经查明、罪责已经分清或者控辩双方的意见已经充分发表,审判长应及时宣布辩论终结。

附带民事诉讼部分可以在法庭辩论结束后当庭调解,调解不能达成协议的,应同刑事部分一并判决。

(四)被告人最后陈述

被告人最后陈述既是法庭审判的一个独立阶段,也是被告人享有的一项重要诉讼权利。我国《刑事诉讼法》第193条第3款规定:"审判长在宣布辩论终结后,被告人有最后陈述的权利。"

给予被告人最后陈述的机会,有利于合议庭集中听取辩护意见,作出正确的裁判。被告人在最后陈述中深挖犯罪原因、表达悔罪的愿望、认识犯罪的危害,可以起到扩大审判的社会效果、宣传法制的作用。因此,审判人员应当认真听取被告人的陈述,对陈述的内容和时间不应加以限制。但是,如果被告人在最后陈述中多次重复自己的意见的,审判长可以制止;陈述内容蔑视法庭、公诉人,损害他人及社会公共利益,或者与本案无关的,应当制止;在公开审理的案件中,被告人最后陈述的内容涉及国家秘密、个人隐私或者商业秘密的,应当制止。

被告人在最后陈述中提出新的事实、证据,合议庭认为可能影响正确裁判的,应当恢复法庭调查;被告人提出新的辩解理由,合议庭认为可能影响正确裁判的,应当恢复法庭辩论。

(五)评议和宣判

被告人最后陈述完毕后,审判长应当宣布休庭,合议庭进行评议,法庭审判进入评议和宣判阶段。

1. 评议

评议是合议庭组成人员在已进行的法庭审理活动基础上,对案件事实、证据和法律适用进行讨论、分析、判断并依法作出裁判的诉讼活动。合议庭评议案件,应当根据已经查明的事实、证据和有关法律规定,在充分考虑控辩双方意见的基础上,确定被告人是否有罪、构成何罪,有无从重、从轻、减轻或者免除处罚情节,应否处以刑罚、判处何种刑罚,附带民事诉讼如何解决,查封、扣押、冻结的财物及其孳息如何处理等,并依法作出判决、裁定。

合议庭评议由审判长主持,一律秘密进行,除合议庭成员及书记员之外,其他人员不能参加。书记员担任评议记录,无权对案件实体问题的处理发表任何意见和参与最终表决。合议庭成员享有平等的表决权力,如果意见出现分歧,应当按照少数服从多数的原则作出处理,但少数人的意见应当记入笔录。评议笔录形成后,由合议庭成员签名。一般情况下,合议庭经过开庭审理并且评议后,应当作出判决,但对于重大、复杂、疑难的案件,合议庭成员意见分歧较大,难以对案件作出决定的,由合议庭提请院长决定提交审判委员会讨论决定,审判委员会的决定,合议庭应当执行。

根据《刑事诉讼法》第195条及最高人民法院《关于适用〈中华人民共和国刑事诉讼法〉的解释》第241条的规定,人民法院对第一审公诉案件,应当按照下列情形分别作出判决、裁定:

(1)起诉指控的事实清楚,证据确实、充分,依据法律认定指控被告人的罪名成立的,应当作出有罪判决。

(2)起诉指控的事实清楚,证据确实、充分,指控的罪名与审理认定的罪名不一致的,应当按照审理认定的罪名作出有罪判决。即人民检察院以甲罪起诉,人民法院以乙罪判决,判决改变了起诉的罪名。对具有该情形的案件,人民法院应当在判决前听取控辩双方的意见,保障被告人、辩护人充分行使辩护权。必要时,可以重新开庭,组织控辩双方围绕被告人的行为构成何罪进行辩论。

(3)案件事实清楚,证据确实、充分,依据法律认定被告人无罪的,应当判决宣告被告人无罪。

(4)证据不足,不能认定被告人有罪的,应当以证据不足、指控的犯罪不能成立,判决宣告被告人无罪。这是"疑罪从无"原则在审判阶段的体现。按照国外"一事不再理"原则的要求,案件一经法院宣判,就发生"既判力",不能因同一罪行对被告再次起诉。我国从打击犯罪的角度出发,《刑事诉讼法》没有规定"一事不再理"原则。按照有关规定,对这种疑罪从无的判决,人民检察院依据新的事实、证据重新起诉的,人民法院应依法受理,经过法庭审理,在依法作出判决时,原无罪判决不予撤销,但应当在判决书中写明被告人曾被人民检察院提起公诉,因证据不足,指控的犯罪不能成立,被人民法院依法判决宣告无罪的情况。

(5)案件部分事实清楚,证据确实、充分的,应当作出有罪或者无罪的判决;对事实不清、证据不足部分,不予认定。

(6)被告人因不满16周岁或者是精神病人,依法不予刑事处罚的,应当判决宣告被告人不负刑事责任。

(7)犯罪已过追诉时效期限且不是必须追诉,或者经特赦令免除刑罚的,应当裁定终止审理。

(8)被告人死亡的,应当裁定终止审理;根据已查明的案件事实和认定的证据,能够确认无罪的,应当判决宣告被告人无罪。对于贪污贿赂犯罪、恐怖活动犯罪等重大犯罪案件,被告人死亡,依照刑法规定应当追缴其违法所得及其他涉案财产的,人民检察院可以向人民法院提出没收违法所得的申请,由人民法院按照违法所得没收的特别程序进行审理。至于其刑事责任部分,则可以终止审理。

审判期间,人民法院发现新的事实,可能影响定罪的,可以建议人民检察院补充或者变更起诉;人民检察院不同意或者在7日内未回复意见的,人民法院应当就起诉指控的犯罪事实,依照上述规定作出裁判。

2.宣判

宣判是指将判决的内容向当事人和社会公开宣告。宣判有当庭宣判和定期宣判两种。

当庭宣判是指合议庭休庭评议后立即恢复开庭,由审判长口头宣告判决主文或主要内容的诉讼活动。当庭宣判可以激励控辩双方庭审的对抗水平,更好地发挥庭审的法制教育效果,节省人力、物力和时间,因此应尽可能地采用这种宣判形式。当庭宣判的,人民法院应当在5日之内将判决书送达当事人、法定代理人、诉讼代理人、提起公诉的人民检察院、被告人的辩护人和近亲属。

定期宣判是指合议庭在法庭审理后,另行确定日期宣告判决书的诉讼活动。采用定期宣判形式的,合议庭应当在宣判前,先期公告宣判的时间和地点,传唤当事人并通知公诉人、法定代理人、诉讼代理人和辩护人;判决宣告后应当立即将判决书送达当事人、诉讼代理人、提起公诉的人民检察院、辩护人和被告人的近亲属。判决生效后还应当将判决书送达被告人的所在单位或者原户籍所在地的公安派出所;被告人是单位的,应当将判决书送达被告人注册登记的工商行政管理机关。

案件不论是否公开审理,宣告判决一律公开进行。宣告判决时,法庭内全体人员都应当起立。公诉人、辩护人、被害人或者附带民事诉讼原告人未到庭的,不影响宣判的进行。宣读判决书后,审判长应口头告知有关当事人及其法定代理人上诉的权利、上诉期限和上诉法院。

四、法庭审判笔录

法庭审判笔录是由人民法院书记员制作的记载全部法庭审判活动的诉讼文书。其不仅是合议庭讨论、评议和对案件作出处理决定的重要依据,也是第二审人民法院和再审人民法院审查一审庭审活动是否合法的重要依据。审判笔录必须明确、详细、字迹清楚,如实反映审判活动的全貌。

法庭审判笔录形成后,应当交审判长审阅,由审判长和书记员签名。法庭笔录应当在庭审后交由当事人、法定代理人、辩护人、诉讼代理人阅读或者向其宣读,法庭笔录中的出庭证人、鉴定人、有专门知识的人的证言、意见部分应当在庭审后分别交由证人、鉴定人、有专门知识的人阅读或者向其宣读。上述人员认为记录有遗漏或者差错的,可以请求补充或者改正;确认无误后,应当签名;拒绝签名的,应当记录在案;要求改变庭审中陈述的,不予准许。

最高人民法院于2010年8月16日发布的《关于庭审活动录音录像的若干规定》要求,

人民法院开庭审理第一审普通程序和第二审程序刑事、民事和行政案件,应当对庭审活动全程同步录音或者录像;简易程序及其他程序案件,应当根据需要对庭审活动录音或者录像。对于巡回审判等不在审判法庭进行的庭审活动,不具备录音录像条件的,可以不录音录像。

庭审录音录像应当由书记员或者其他工作人员自案件开庭时开始录制,并告知诉讼参与人,至闭庭时结束。除休庭和不宜录音录像的调解活动外,录音录像不得间断。书记员应当将庭审录音录像的起始、结束时间及有无间断等情况记入法庭笔录。当事人和其他诉讼参与人对法庭笔录有异议并申请补正的,书记员应当播放录音录像进行核对、补正。如果不予补正,应当将申请记录在案。庭审录音录像的保存期限与案件卷宗的保存期限相同。

五、法庭秩序

法庭审判是人民法院代表国家行使审判权的严肃法律行为,任何诉讼参与人、旁听人员或者采访的记者都必须维护法庭尊严,不得有妨碍法庭秩序的行为。法庭秩序是指在人民法院开庭审判案件时,所有的诉讼参与人和旁听人员都必须遵守的秩序和纪律。其内容主要包括:服从法庭指挥,遵守法庭礼仪;不得鼓掌、喧哗、哄闹、随意走动;不得对庭审活动进行录音、录像、摄影,或者通过发送邮件、博客、微博客等方式传播庭审情况,但经人民法院许可的新闻记者除外;旁听人员不得发言、提问;不得实施其他扰乱法庭秩序的行为。

根据《刑事诉讼法》第194条及最高人民法院《关于适用〈中华人民共和国刑事诉讼法〉的解释》的有关规定,在法庭审理过程中,如果诉讼参与人或者旁听人员扰乱法庭秩序,合议庭应当按照下列情形分别处理:

(1)对于违反法庭秩序情节较轻的,应当警告制止并进行训诫;

(2)对于不听警告制止的,可以指令法警强行带出法庭;

(3)对于违反法庭秩序情节严重的,报经院长批准后,可以对行为人处1000元以下的罚款或者15日以下的拘留;

(4)对于未经许可录音、录像、摄影或者通过邮件、博客、微博客等方式传播庭审情况的,可以暂扣存储介质或者相关设备。

(5)对聚众哄闹、冲击法庭或者侮辱、诽谤、威胁、殴打司法工作人员或者诉讼参与人,严重扰乱法庭秩序,构成犯罪的,应当依法追究刑事责任。

诉讼参与人、旁听人员对罚款、拘留的决定不服的,可以直接向上一级人民法院申请复议,也可以通过决定罚款、拘留的人民法院向上一级人民法院申请复议。通过决定罚款、拘留的人民法院申请复议的,该人民法院应当自收到复议申请之日起3日内,将复议申请、罚款或者拘留决定书和有关事实、证据材料一并报上一级人民法院复议。复议期间,不停止决定的执行。

担任辩护人、诉讼代理人的律师严重扰乱法庭秩序,被强行带出法庭或者被处以罚款、拘留的,人民法院应当通报司法行政机关,并可以建议依法给予相应处罚。辩护人严重扰乱法庭秩序,被强行带出法庭或者被处以罚款、拘留,被告人自行辩护的,庭审继续进行;被告人要求另行委托辩护人,或者被告人属于应当提供法律援助情形的,应当宣布休庭。

六、公诉案件第一审程序的期限

我国《刑事诉讼法》第 202 条规定,人民法院审理公诉案件,应当在受理后 2 个月以内宣判,至迟不得超过 3 个月;对于可能判处死刑的案件或者附带民事诉讼的案件,以及有本法第 156 条规定情形之一的,经上一级人民法院批准,可以延长 3 个月;因特殊情况还需要延长的,报请最高人民法院批准。人民法院改变管辖的案件,从改变后的人民法院收到案件之日起计算审理期限。人民检察院补充侦查的案件,补充侦查完毕移送人民法院后,人民法院重新计算审理期限。

七、单位犯罪案件审理的特别规定

单位犯罪是指公司、企业、事业单位、机关、团体为本单位谋取非法利益,经集体研究决定或者主要负责人员决定,实施的《刑法》分则中规定为单位犯罪的行为。一般情况下,对于单位犯罪,应当对单位判处罚金,并对其直接负责的主管人员和其他直接责任人员判处刑罚,也就是实行所谓的"双罚制";但在《刑法》另行规定的情况下,则可以单独处罚单位直接负责的主管人员和其他直接责任人员。

我国《刑事诉讼法》没有规定单位犯罪嫌疑人、被告人参与刑事诉讼的方式,最高人民法院《关于适用〈中华人民共和国刑事诉讼法〉的解释》在第十一章中,对单位犯罪案件的审理作了一些特别的规定。

(一)代表犯罪单位出庭的人员

审判过程中,诉讼权利的行使,诉讼义务的承担,都离不开被告人的参与,单位犯罪案件也不例外。由于单位是由自然人集合而成、依照一定程序和规章形成的组织,本身既无生命,也没有具体的物质形态,不具有自然人的属性,它不能直接出庭接受审判,也无法直接实施各种诉讼行为、参加诉讼活动、行使诉讼权利,因此单位必须通过代表自己的自然人的具体诉讼行为来行使有关诉讼权利,以维护自身的合法权益。

最高人民法院《关于适用〈中华人民共和国刑事诉讼法〉的解释》将代表犯罪单位参加诉讼的自然人称作诉讼代表人。同时规定:被告单位的诉讼代表人,应当是法定代表人或者主要负责人;法定代表人或者主要负责人被指控为单位犯罪直接负责的主管人员或者因客观原因无法出庭的,应当由被告单位委托其他负责人或者职工作为诉讼代表人。但是,有关人员被指控为单位犯罪的其他直接责任人员或者知道案件情况、负有作证义务的除外。被告单位的诉讼代表人享有刑事诉讼法规定的有关被告人的诉讼权利。开庭时,诉讼代表人席位置于审判台前左侧,与辩护人席并列。

(二)被告单位的诉讼代表人不出庭的处理

人民法院开庭审理单位犯罪案件,应当通知被告单位的诉讼代表人出庭;没有诉讼代表人参与诉讼的,应当要求人民检察院确定。被告单位的诉讼代表人不出庭的,应当按照下列情形分别处理:

(1)诉讼代表人系被告单位的法定代表人或者主要负责人,无正当理由拒不出庭的,可以拘传其到庭;因客观原因无法出庭,或者下落不明的,应当要求人民检察院另行确定诉讼代表人。

(2)诉讼代表人系被告单位的其他人员的,应当要求人民检察院另行确定诉讼代表人出庭。

(三)几种特殊情形的处理

针对审判实践中存在的被告单位合并、分立、撤销、注销、宣告破产以及人民检察院对单位犯罪案件只作自然人犯罪起诉等特殊情形,最高人民法院《关于适用〈中华人民共和国刑事诉讼法〉的解释》作出了如下处理规定:

(1)审判期间,被告单位被撤销、注销、吊销营业执照或者宣告破产的,对单位犯罪直接负责的主管人员和其他直接责任人员应当继续审理。

(2)审判期间,被告单位合并、分立的,应当将原单位列为被告单位,并注明合并、分立情况。对被告单位所判处的罚金以其在新单位的财产及收益为限。

(3)对应当认定为单位犯罪的案件,人民检察院只作为自然人犯罪起诉的,人民法院应当建议人民检察院对犯罪单位补充起诉。人民检察院仍以自然人犯罪起诉的,人民法院应当依法审理,按照单位犯罪中的直接负责的主管人员或者其他直接责任人员追究刑事责任,并援引《刑法》分则关于追究单位犯罪中直接负责的主管人员和其他直接责任人员刑事责任的条款。

另外,如果被告单位的违法所得及其孳息,尚未被依法追缴或者查封、扣押、冻结的,人民法院应当决定追缴或者查封、扣押、冻结。为保证判决的执行,人民法院可以先行查封、扣押、冻结被告单位的财产,或者由被告单位提出担保。

八、在法定刑以下判处刑罚案件的核准程序

(一)在法定刑判处刑罚的条件

我国《刑法》第63条第2款规定:"犯罪分子虽然不具有本法规定的减轻处罚情节,但是根据案件的特殊情况,经最高人民法院核准,也可以在法定刑以下判处刑罚。"此即在法定刑以下判处刑罚制度,或称特殊减轻处罚制度。该制度的设立,既考虑了法律的原则性和严肃性,又考虑了具体个案的复杂性和特殊性,对于缓解情与法的关系、协调一般公正与个别公正的关系、更好地实现判处刑罚公正的目标具有重要意义。

根据《刑法》第63条第2款的规定,在法定刑以下判处刑罚需要同时满足三个条件:

(1)被告不具有法定减轻处罚的情节。这是在法定刑以下判处刑罚的前提条件。

(2)根据案件的特殊情况,需要对被告人在法定刑以下判处刑罚。这是在法定刑以下判处刑罚的实体条件。所谓"特殊情况"是指案件涉及外交、国防、宗教、民族、统战和经济建设方面的问题,为维护国家利益而需要对被告人判处低于法定最低刑的刑罚。

(3)需要报经最高人民法院核准。这是在法定刑以下判处刑罚的程序条件。

(二)在法定刑以下判处刑罚案件的复核与核准程序

1.报请复核与核准

(1)对于第一审判决,被告人不上诉,人民检察院不提出抗诉的,在上诉、抗诉期满后3日内报请上一级人民法院复核。上一级人民法院同意原判的,应当书面层报最高人民法院

核准;不同意的,应当裁定发回重新审判,或者改变管辖按照第一审程序重新审理。原判是基层人民法院作出的,高级人民法院可以指定中级人民法院按照第一审程序重新审理。

(2)对于第一审判决在法定期限内被告人提出上诉或者人民检察院提出抗诉的案件,上一级人民法院应当按照第二审程序进行审理。第二审人民法院审理裁定驳回上诉或抗诉,维持原判,或者虽然改判但改判后仍在法定刑以下判处刑罚的,第二审人民法院应当依照法定程序逐级报请最高人民法院核准;对于改判后的刑罚在法定刑之内的,不再层报最高人民法院核准,该判决为终审判决,不得上诉或抗诉。

2. 报送的材料

报请最高人民法院核准在法定刑以下判处刑罚的案件,应当报送判决书、报请核准的报告各五份,以及全部案卷、证据。

3. 最高人民法院复核后的处理

最高人民法院复核在法定刑以下判处刑罚的案件,经过审查,认为原裁判正确的,予以核准,并作出核准裁定书;认为原裁判不正确的,不予核准,应当制作不核准裁定书,并撤销原裁判,将案件发回原审人民法院重新审判或者指定其他下级人民法院重新审判。

最高人民法院和上级人民法院复核在法定刑以下判处刑罚案件的审理期限,参照适用《刑事诉讼法》第232条的规定。

第四节 自诉案件的第一审程序

自诉案件第一审程序,是指刑事诉讼法规定的人民法院对自诉人起诉的案件进行第一次审判的程序。自诉案件的第一审程序总体上与公诉案件的第一审程序基本相同,但由于自诉案件主要侵害的是公民个人合法权益,因而其第一审程序也有一些特别的地方。我国《刑事诉讼法》第204条至第207条对自诉案件的处理作了专节规定。

一、自诉案件的受理和审查

自诉人将自诉案件起诉至法院后,人民法院应当认真审查,在收到自诉状的第二日起15日之内作出是否立案的决定,并书面通知自诉人或者代为告诉人。人民法院审查受理自诉案件的条件和自诉人提起自诉的条件相同,二者的区别在于,前者是从人民法院的角度予以界定,后者是从自诉人的角度界定。鉴于在本书第十五章第五节已就提起自诉的条件作了阐述,对人民法院受理自诉案件的条件,此处不再赘述。

具体而言,人民法院经过审查,认为自诉案件符合受理条件的,应当决定立案受理。对于具有下列情形之一的案件,应当说服自诉人撤回起诉;自诉人不撤回起诉的,裁定不予受理:

(1)不属于《刑事诉讼法》规定的自诉案件的;
(2)缺乏罪证的;
(3)犯罪已过追诉时效期限的;
(4)被告人死亡的;
(5)被告人下落不明的;

(6)除因证据不足而撤诉的以外,自诉人撤诉后,就同一事实又告诉的;

(7)经人民法院调解结案后,自诉人反悔,就同一事实再行告诉的。

人民法院审查受理自诉案件要注意尊重自诉人(被害人)的处分权,对下列两种情况作出特别处理:

(1)自诉人明知有其他共同侵害人,但只对部分侵害人提起自诉的,人民法院应当受理,并告知其放弃告诉的法律后果;自诉人放弃告诉,判决宣告后又对其他共同侵害人就同一事实提起自诉的,人民法院不予受理。

(2)共同被害人中只有部分人告诉的,人民法院应当通知其他被害人参加诉讼,并告知其不参加诉讼的法律后果。被通知人接到通知后表示不参加诉讼或者不出庭的,视为放弃告诉。第一审宣判后,被通知人就同一事实又提起自诉的,人民法院不予受理。但是,当事人另行提起民事诉讼的,不受此限制。

自诉案件立案受理后,人民法院应当对自诉案件进一步审查,以决定是否将被告人交付法庭审判。受理案件前的审查和受理案件后的审查是两个不同的诉讼程序:受理案件前的审查主要是解决犯罪事实是否存在、自诉状是否欠缺以及是否应当追究被告人刑事责任问题,其是一种程序性审查;受理案件后的审查是一种实质性审查,其目的是进一步审查自诉人指控的犯罪事实是否清楚、证据是否确实、充分以及法律上有无依据,并依据事实和法律作出是否将被告人交付法庭进行审判的决定。依据《刑事诉讼法》第205条规定,人民法院对自诉案件进行审查后,应当分别作出如下处理:

(1)犯罪事实清楚,有足够证据的案件,应当开庭审判。

(2)缺乏罪证的自诉案件,如果自诉人提不出补充证据,应当说服自诉人撤回自诉,或者裁定驳回。

自诉人对不予受理或者驳回起诉的裁定不服的,可以提起上诉。第二审人民法院查明第一审人民法院作出的不予受理裁定有错误的,应当在撤销原裁定的同时,指令第一审人民法院立案受理;查明第一审人民法院驳回起诉裁定有错误的,应当在撤销原裁定的同时,指令第一审人民法院进行审理。

二、自诉案件审理的特点

人民法院对于决定交付审判的自诉案件,应当开庭审判。除适用简易程序审理的外,审判程序参照公诉案件第一审普通程序进行。由于自诉案件主要涉及自诉人、被告人双方的个人利益,对国家利益关系不大,《刑事诉讼法》对自诉案件的审判程序作出如下许多灵活性规定,以及时化解矛盾,促进社会稳定:

(1)对于告诉才处理的案件、被害人有证据证明的轻微刑事案件,人民法院可以在查清事实、分清是非的基础上进行调解。调解是人民法院行使审判权的一种方式,其有利于及时、妥善地解决纠纷,化解矛盾,有利于减少社会对抗,维护社会安定,促进社会和谐。调解应当在自愿、合法、不损害国家、集体和其他公民利益的前提下进行。调解达成协议的,人民法院应当制作刑事调解书,由审判人员和书记员签名,并加盖人民法院印章。调解书经双方当事人签收后,即具有法律效力。调解没有达成协议,或者调解书签收前当事人反悔的,应当及时作出判决。

值得注意的是,《刑事诉讼法》第 204 条第 3 项规定的公诉转自诉案件不适用调解。这是因为,此类案件本质上属于公诉案件的范围,有的性质还比较严重,如果允许调解,则会损害国家利益。

(2)宣告判决前,自诉人可以同被告人自行和解或者撤回自诉。与对方和解和撤回起诉是自诉人在自诉程序中行使处分权的重要表现形式。人民法院经审查,认为和解、撤回自诉确属自愿的,应当裁定准许;认为系被强迫、威吓等,并非出于自愿的,不予准许。裁定准许撤诉或者当事人自行和解的自诉案件,被告人被采取强制措施的,人民法院应当立即解除。自诉人经两次传唤,无正当理由拒不到庭,或者未经法庭准许中途退庭的,人民法院应当裁定按撤诉处理。部分自诉人撤诉或者被裁定按撤诉处理的,不影响案件的继续审理。

(3)告诉才处理和被害人有证据证明的轻微刑事案件的被告人或者其法定代理人在诉讼过程中,可以对自诉人提起反诉。反诉是指自诉案件的被告人作为被害人控告自诉人犯有与本案有关联的犯罪行为,要求人民法院依法追究其刑事责任。反诉必须符合下列条件:

①反诉的对象必须是本案自诉人。

②反诉的内容必须是与本案有关的行为。如甲诉乙轻伤害,乙反诉甲诽谤,并辩称是因为甲先对自己有诽谤行为,自己才伤害甲。

③反诉的案件必须属于告诉才处理的案件或者被害人有证据证明的轻微刑事案件的范围。

反诉成立后,本案即存在两个诉,一个是原自诉人对原被告人提起的,称作本诉;另一个是原被告人对原自诉人提起的,称作反诉。反诉案件适用自诉案件的规定,应当与本诉案件一并审理。反诉以本诉的存在为前提,但反诉本身不是对本诉的答辩,而是一个独立的诉。因而,如果原自诉人撤诉的,不影响反诉的继续审理。

对自诉案件的第一审审判,还应特别注意如下几点:

①被告人实施两个以上犯罪行为,分别属于公诉案件和自诉案件,人民法院可以一并审理。

②人民法院受理自诉案件后,对于当事人因客观原因不能提供有关证据线索或材料而申请人民法院调取证据,人民法院认为必要时,可以依法调取;对于人民检察院作出不起诉决定被害人不服向人民法院提起自诉的案件,人民法院受理案件后,人民检察院应当将有关案件材料移送人民法院。

③被告人在自诉案件审判期间下落不明的,人民法院应当裁定中止审理。被告人到案后,应当恢复审理,必要时应当对被告人依法采取强制措施。

④人民法院审理自诉案件的期限,被告人被羁押的,适用《刑事诉讼法》第 202 条第 1 款、第 2 款的规定;未被羁押的,应当在受理后 6 个月以内宣判。

第五节 简易程序

一、简易程序的概念及意义

简易程序是与普通程序相比较而言的,是指基层人民法院审理事实清楚、证据充分、被告人认罪且同意适用的案件所采用的一种相对简便、快捷的审判程序。

第二次世界大战以后,面临刑事案件不断增长而司法资源相对不足的矛盾,各个国家(地区)日益重视刑事诉讼效率的提高,不断寻求更为简便的解决案件的程序。目前,英国、美国、法国、德国、日本、意大利以及我国香港、台湾地区等主要国家和地区都在其刑事诉讼相关法律中设有简易程序。1988年,意大利还针对案件的不同情况,设置了简易审判、辩诉交易、快速审判、立即审判、处罚令程序等五种简易程序,使简易程序呈现出形式多样化的特点。实践表明,简易程序在刑事司法实务中发挥着非常重要的作用:据统计,英国按简易程序审理的案件占全部刑事案件的97%;在日本达到94%;在美国,按简易程序审理的案件占全部刑事案件的90%以上。

1979年,我国颁布了《刑事诉讼法》。鉴于当时全国的刑事案件数量不多,不具有设置简易程序的必然需求,因而刑事简易程序在1979年《刑事诉讼法》中并没有被设立。20世纪80年代初的第一次"严打"活动是简易程序出现的契机:1983年,为了配合"严打"活动,全国人大常委会通过了《关于迅速审判严重危害社会治安的犯罪分子的程序的决定》,其规定了与1979年《刑事诉讼法》规定的普通程序有重大区别的"速决程序"。虽然立法上并没有明确,但很多学者认为,这就是我国的刑事简易程序。

随着社会的发展,刑事案件不断增加,人民法院所面临的审判压力也日益增大,1979年《刑事诉讼法》已无法满足司法实践的需求,因此,1996年《刑事诉讼法》在第一审程序中以专节的形式增设了简易程序,全国人大常委会废除了之前的"速决程序"。最高人民法院、最高人民检察院、司法部于2003年制定了《关于适用普通程序审理"被告人认罪案件"的若干意见(试行)》,确立了"普通程序简易审程序"。其与简易程序一起作为第一审普通程序的补充,在保证审判质量的同时,大大提高了诉讼效率,缓解了人民法院的审判压力。2012年《刑事诉讼法》对简易程序也作了重大修改,其将简易程序与"普通程序简易审程序"予以合并,并扩大了简易程序适用的案件范围,理顺了简易程序的诉讼构造,赋予了被告人对适用简易程序的选择权。

刑事简易程序的设立和发展是世界各国的共同追求,对于我国司法实践而言,更是具有重要的意义:

首先,适用简易程序审理案件,有利于人民法院提高审判效率,进而缓解人民法院所面临的日益繁重的审判任务。

其次,适用简易程序审理案件,可以使当事人早日摆脱讼累,有利于保护其合法权益。

最后,简易程序的设立使得刑事审判程序更加科学、合理。刑事案件千差万别、繁简轻重程度不同决定了其处理程序分流的必要性,即较简单的案件适用简易程序,较复杂的案件适用普通程序。

二、简易程序的适用

在适用程序上,简易程序设置在《刑事诉讼法》第一审程序中,因而简易程序只适用于第一审程序,第二审程序、死刑复核程序和审判监督程序均不适用。

在适用法院上,简易程序只适用于基层人民法院,中级以上人民法院即使审理第一审案件,也不能适用简易程序。

在适用的案件范围上,我国《刑事诉讼法》第208条规定,同时符合下列条件的案件可以适用简易程序审理:①属于基层人民法院管辖的;②案件事实清楚、证据充分的;③被告人承认自己所犯罪行,对指控的犯罪事实没有异议的;④被告人对适用简易程序没有异议的。

与1996年《刑事诉讼法》相比,2012年《刑事诉讼法》在简易程序的适用上有两个特点:

一是扩大了简易程序适用的案件范围。1996年《刑事诉讼法》规定简易程序只适用于告诉才处理的案件,被害人有证据证明的轻微刑事案件以及事实清楚、证据确实充分且被告可能判处三年有期徒刑以下刑罚的公诉案件;2012年《刑事诉讼法》将基层人民法院管辖的案件均纳入简易程序可能适用的案件范围,这大大扩充了简易程序适用的案件范围。

二是赋予了被告人对适用简易程序的选择权。按照1996年《刑事诉讼法》规定,对法定自诉案件适用简易程序是由人民法院单方确定,对公诉案件适用简易程序基本是由人民检察院、人民法院双方"合意"确定,被告人对是否适用简易程序没有选择的权利;2012年《刑事诉讼法》明确将"被告人对适用简易程序没有异议"作为适用简易程序的条件。《刑事诉讼法》第211条规定,适用简易程序审理案件,审判人员应当询问被告人对指控的犯罪事实的意见,告知被告人适用简易程序审理的法律规定,确认被告人是否同意适用简易程序审理。

为规范简易程序的适用,《刑事诉讼法》第209条及最高人民法院《关于适用〈中华人民共和国刑事诉讼法〉的解释》第290条明确规定下列案件不能适用简易程序进行审理:

(1)被告人是盲、聋、哑人,或者是尚未完全丧失辨认或者控制自己行为能力的精神病人的;

(2)有重大社会影响的;

(3)共同犯罪案件中部分被告人不认罪或者对适用简易程序有异议的;

(4)辩护人作无罪辩护的;

(5)被告人认罪但经审查认为可能不构成犯罪的;

(6)不宜适用简易程序审理的其他情形。

三、简易程序审判的特点

与第一审普通程序相比,简易程序的审判具有如下特点:

1.可能判处较短刑期的,可以独任审理

适用简易程序审理案件,对可能判处三年有期徒刑以下刑罚的,可以组成合议庭进行审判,也可以由审判员一人独任审判;对于可能判处的有期徒刑超过三年的,则应当组成合议庭进行审判。适用简易程序独任审判过程中,发现对被告人可能判处的有期徒刑超过三年的,应当转由合议庭审理。

2.人民检察院应当派员出席法庭

《刑事诉讼法》第210条第2款规定:"适用简易程序审理公诉案件,人民检察院应当派员出席法庭。"这是2012年《刑事诉讼法》增加的重要规定,其意在保障人民法院的中立地位,维护科学、正常的诉讼构造,避免出现法官与被告人进行辩论的尴尬现象,同时也是为了加强人民检察院对人民法院审判活动的监督。

3.送达起诉书的期限及送达开庭通知的方式不受严格限制

适用简易程序审理的案件,人民法院送达起诉书副本至开庭审判的时间,不受《刑事诉讼法》第182条第1款规定人民法院应当将人民检察院的起诉书副本至迟在开庭10日以前送达被告人和辩护人的限制。在开庭审判前，人民法院在通知有关诉讼参与人开庭的时间、地点时，可以用简便方式进行，但应当记录在案。

4.庭审的程序环节可以灵活应用或者简化

按照简易程序审理案件，其庭审程序大为简化。《刑事诉讼法》第213条规定："适用简易程序审理案件，不受本章第一节关于送达期限、讯问被告人、询问证人、鉴定人、出示证据、法庭辩论程序规定的限制。但在判决宣告前应当听取被告人的最后陈述意见。"据此，人民法院适用简易程序审理案件时，可以根据案件的具体情况，对第一审普通程序许多环节予以简化或省略，以提高庭审效率，迅速结案。具体而言，适用简易程序审理案件，可以对庭审作如下简化：

(1)公诉人可以摘要宣读起诉书；

(2)公诉人、辩护人、审判人员对被告人的讯问、发问可以简化或者省略；

(3)对控辩双方无异议的证据，可以仅就证据的名称及所证明的事项作出说明；

(4)对控辩双方有异议，或者法庭认为有必要调查核实的证据，应当出示，并进行质证；控辩双方对与定罪量刑有关的事实、证据没有异议的，

(5)法庭审理可以直接围绕罪名确定和量刑问题进行。但是，庭审应当保障被告方充分的辩论权及被告人最后陈述的权利。

5.原则上应当庭宣判

最高人民法院《关于适用〈中华人民共和国刑事诉讼法〉的解释》第297条规定，适用简易程序审理案件，一般应当当庭宣判。由于简易程序设置的根本目的在于提高诉讼效率，因此原则应当当庭宣判。

6.审理期限相对较短

适用简易程序审理案件，人民法院应当在受理后20日以内审结；对可能判处的有期徒刑超过三年的，可以延长至一个半月。这比公诉案件第一审普通程序的审判期限要短，符合诉讼效率的要求。

四、简易程序转化为普通程序

《刑事诉讼法》第215条规定："人民法院在审理过程中，发现不宜适用简易程序的，应当按照本章第一节或者第二节的规定重新审理。"最高人民法院《关于适用〈中华人民共和国刑事诉讼法〉的解释》第298条规定，适用简易程序审理案件，在法庭审理过程中，有下列情形之一的，应当转为普通程序审理：

(1)被告人的行为可能不构成犯罪的；

(2)被告人可能不负刑事责任的；

(3)被告人当庭对起诉指控的犯罪事实予以否认的；

(4)案件事实不清、证据不足的；

(5)不应当或者不宜适用简易程序的其他情形。

简易程序转化为普通程序之后，原起诉状仍然有效，即公诉人或者自诉人不必另行起诉，只需人民法院将适用第一审普通程序的决定通知公诉人或自诉人即可。但人民法院应

当另行指定开庭日期,传唤当事人及其他诉讼参与人。转为普通程序审理的案件,审理期限应当从决定转为普通程序之日起计算。

第六节 审判过程中特殊情况的处理

一、撤诉

刑事诉讼中的撤诉是指在人民法院受理案件之后至宣告判决之前,提起公诉的人民检察院或者提起自诉的自诉人将其提起的诉讼予以撤回的诉讼行为或制度。

根据不同的标准,可以对撤诉作不同的划分:按照诉讼类型不同,撤诉可分为撤回公诉和撤回自诉;按照诉讼程序不同,撤诉可分为撤回起诉和撤回上诉、抗诉等;按照表现形式不同,撤诉可分为申请撤诉和按撤诉处理。

申请撤诉是撤诉的主要表现形式,是指在审判过程中,申请人(提起诉讼的人民检察院或自诉人)以书面或口头形式向人民法院申请将其提起的诉讼予以撤回。一般认为,申请撤诉必须具备以下条件:

(1)申请人必须是提起公诉的人民检察院或者提起自诉的自诉人及其法定代理人、经特别授权的诉讼代理人。

(2)申请撤诉必须是申请人自愿。

(3)申请撤诉必须合法。在时间上,应当在人民法院受理案件之后宣告判决之前;申请撤诉不得有规避法律的行为,不得违反法律,不得有损国家、集体和他人的利益。

(4)撤诉申请必须经人法院审查,人民法院同意撤诉的,应当作出准予撤诉的裁定。

需要注意的是,《刑事诉讼法》和有关司法解释对自诉案件中自诉人申请撤诉的情形未作任何限制,而《人民检察院刑事诉讼规则》(试行)第459条第1款将人民检察院申请撤诉的情形限定为以下几种:

(1)不存在犯罪事实的;

(2)犯罪事实并非被告人所为的;

(3)情节显著轻微、危害不大,不认为是犯罪的;

(4)证据不足或证据发生变化,不符合起诉条件的;

(5)被告人因未达到刑事责任年龄,不负刑事责任的;

(6)法律、司法解释发生变化导致不应当追究被告人刑事责任的;

(7)其他不应当追究被告人刑事责任的。

按撤诉处理是指人民检察院或者自诉人并没有提出撤诉申请,但其在诉讼中的一定行为已经表明其不愿意继续进行诉讼,因而人民法院决定注销案件,不予审理。按照最高人民法院《关于适用〈中华人民共和国刑事诉讼法〉的解释》的规定,在公诉案件的审判期间,公诉人发现案件需要补充侦查,建议延期审理的,合议庭应当同意。但是,补充侦查期限届满后,经法庭通知,人民检察院未将案件移送人民法院,且未说明原因的,人民法院可以决定按人民检察院撤诉处理。在自诉案件的审理过程中,自诉人经两次传唤,无正当理由拒不到庭,或者未经法庭准许中途退庭的,人民法院应当裁定按撤诉处理。

就第一审程序而言,撤诉具有两方面的法律后果:

第一,无论是申请撤诉被人民法院裁定准予撤诉还是按撤诉处理,其直接的法律后果都是导致审判程序终结。对于撤回起诉的公诉案件,人民检察院应当在撤回起诉后30日以内作出不起诉决定。需要重新侦查的,应当在作出不起诉决定后将案卷材料退回公安机关,建议公安机关重新侦查并书面说明理由。

第二,对于经人民法院裁定准予撤诉的公诉案件,没有新的事实或证据,人民检察院不得再行起诉。"新的事实"是指原起诉书中未指控的犯罪事实,"新的证据"是指撤回起诉后收集、调取的足以证明原指控犯罪事实的证据。对于自诉案件,除因证据不足而撤诉的以外,自诉人撤诉后,不得就同一事实再行告诉;执意告诉的,人民法院应当裁定不予受理。

二、延期审理

延期审理是指人民法院在法庭审判过程中,遇有不能继续审判的情况而决定延展法庭审理日期,待影响审判的情况消失后再行恢复开庭审判的一种诉讼行为或制度。其对于查清案件事实、保证办案质量、促进诉讼公正具有一定的意义,但也可能造成诉讼拖延。延期审理不同于法庭休庭,法庭休庭只是审判庭的短暂休息,或退庭评议,或研究解决审判中突然发生的某些具体问题,并不延展审判日期。

我国《刑事诉讼法》第198条规定延期审理有以下三种情形:①需要通知新的证人到庭,调取新的物证,重新鉴定或者勘验的;②检察人员发现提起公诉的案件需要补充侦查,提出建议的;③由于申请回避而不能进行审判的。其中,因案件需要补充侦查,公诉人在案件审判过程中建议延期审理的次数不得超过两次,人民法院因此决定的延期审理每次不得超过一个月。

另外,在审判实践中,遇有下列情形之一的,也可以延期审理:①被告人因患病而神志不清或者体力不能承受审判的;②人民检察院变更了起诉范围,指控被告人有新的罪行,被告人、辩护人为准备辩护,申请延期审理的;③合议庭成员、书记员、公诉人、辩护人在审理过程中由于身体原因,审理无法继续进行的;④辩护人依照有关规定当庭拒绝继续为被告人进行辩护或者被告人当庭拒绝辩护人为其辩护,而被告人要求另行委托辩护人或者要求人民法院另行通知法律援助机构为其指定辩护律师,合议庭同意的等。

人民法院决定延期审理的,延期审理的开庭日期,可以在当庭确定,也可以在休庭以后另外确定。当庭确定的,应当当庭公开宣布下次开庭的时间、地点;当庭不能确定而另行确定的,应当在确定下次开庭的时间、地点后及时通知控辩双方和其他诉讼参与人。延期审理后再行开庭审判仍须按照法定程序进行。对于以前通过开庭查清的案情和核实的证据,可不必重复核实。

三、中止审理

中止审理是指人民法院受理案件以后作出裁判之前,因发生特殊事由致使案件审判在较长时间内无法继续进行而暂时停止审理活动,待该项原因消除后再恢复审判的制度。

中止审理的意义在于:第一,可以促使人民法院、人民检察院采取措施努力消除引起中止审理的原因,尽快恢复审判的进行,及时打击犯罪,保护无辜;第二,可以保证人民法院、人民检察院集中力量办理其他的刑事案件,提高诉讼效率;第三,可以保证当事人特别是被告人到案参加诉讼,从而保障其诉讼权利的行使,提高办案质量。

我国《刑事诉讼法》第200条第1款规定,在审判过程中,有下列情形之一,致使案件在较长时间内无法继续审理的,可以中止审理:

(1)被告人患有严重疾病,无法出庭的;
(2)被告人脱逃的;
(3)自诉人患有严重疾病,无法出庭,未委托诉讼代理人出庭的;
(4)由于不能抗拒的原因。

出现上述情形,人民法院决定中止审理的,应当作出中止审理的裁定,并将裁定的内容通知同级人民检察院或者自诉案件的对方当事人。有多名被告人的案件,部分被告人具有中止审理情形的,人民法院可以对全案中止审理;根据案件情况,也可以对该部分被告人中止审理,对其他被告人继续审理。

中止审理的原因消失后,应当恢复审理。中止审理的期间不计入审理期限。

中止审理与延期审理具有如下区别:第一,两者的事由不同。第二,两者停止的活动不同。延期审理停止的只是法庭审理活动,其他相关诉讼活动仍在进行;中止审理是人民法院对本案的一切诉讼都停止。第三,两者处理影响诉讼顺利进行事项的时间要否计入审判期限不同。在延期审理中,除了因人民检察院补充侦查引起的延期审理需要重新计算审判期限外,其他情形下延期审理时"延期"的时间应当计入审判期限;而中止审理的期间不计入审判期限。

四、终止审理

终止审理是指在人民法院审理案件的过程中,因出现某种法定情形,致使审判活动没有必要或者不应当继续进行,从而结束审判的制度。

我国《刑事诉讼法》第15条规定,有下列情形之一的,不追究刑事责任,已经追究的,应当撤销案件,或者不起诉,或者终止审理,或者宣告无罪:①情节显著轻微、危害不大,不认为是犯罪的;②犯罪已过追诉时效期限的;③经特赦令免除刑罚的;④依照《刑法》告诉才处理的犯罪,没有告诉或者撤回告诉的;⑤犯罪嫌疑人、被告人死亡的;⑥其他法律规定免予追究刑事责任的。此外,犯罪嫌疑人、被告人的行为缺乏犯罪构成要件不构成犯罪和案件经查证没有犯罪事实的,也不应当追究刑事责任。

在审判阶段,不追究刑事责任主要表现为终止审理。因此,人民法院在审理案件的过程中,发现有《刑事诉讼法》第15条第1项规定的情形以及被告人的行为缺乏犯罪构成要件不构成犯罪和案件经查证没有犯罪事实的,应当作出宣告无罪的判决;发现有《刑事诉讼法》第15条第2~6项规定的情形之一的,应当作出终止审理的裁定。

人民法院作出终止审理的裁定,应当制作正式的裁定书,并及时送达人民检察院和当事人。共同犯罪案件中只有部分被告人被终止审理的,对其他被告人的审判应当依法继续进行。对于终止审理的案件,如果被告人在押的,应当立即释放,并发给释放证明。

第七节 判决、裁定和决定

判决、裁定和决定是公安机关、人民检察院、人民法院在刑事诉讼过程中依据事实和法律对案件的实体问题和程序问题作出的三种对诉讼参与人以及其他机构和个人具有约束力的处理决定。

一、判决

(一)判决的概念和特点

判决是人民法院对案件的实体问题所作的处理决定。它是人民法院代表国家行使审判权,将国家法律、政策适用于具体案件的结果。刑事判决对于发挥刑法的评价、指引、教育功能,实现刑事诉讼法的任务,具有重要的价值和意义。

判决具有以下三个特点:

(1)强制性。判决的强制性是指判决一经发生法律效力,就要按照它的内容强制执行,即人民法院作出的发生法律效力的判决,都应当无条件得到执行。对于抗拒执行人民法院生效判决的行为,情节严重构成犯罪的,要依法追究刑事责任。判决的强制性是由法律的强制性决定的。

(2)稳定性。判决的稳定性是指判决一经作出并宣告,即产生"既判力",非经法定程序不得随意变更或撤销。

(3)排他性。判决的排他性是指同一案件不得同时存在两个生效判决。

(二)判决的种类

刑事判决可分为有罪判决和无罪判决两种。其中,有罪判决是人民法院在案件事实清楚、证据确实充分、依法认定被告人有罪时所作出的判决。有罪判决还可以再分为定罪处刑判决和定罪免刑判决。定罪处刑判决是指人民法院作出的在认定被告人的行为构成犯罪的基础上,给予适当刑罚处罚的判决。定罪免刑判决是人民法院作出的确认被告人的行为构成犯罪,同时基于被告人具有法定免除处罚情节而宣布对其免除刑事处罚的判决。

无罪判决是人民法院作出的确认被告人的行为不构成犯罪或者因证据不足,不能认定被告人有罪的判决。无罪判决有两种:一种是案件事实清楚,证据确实充分,依法认定被告人无罪的无罪判决;另一种是因证据不足,不能认定被告人有罪时所作出的证据不足,指控的犯罪不能成立的无罪判决。后者是疑罪从无原则在审判阶段的具体体现。

(三)判决的形式和判决书内容

判决书是人民法院依法作出的判决的书面形式,是一种重要的诉讼文书。判决书是人民法院行使国家审判权的体现,是司法公正的最终载体。它关系到国家法律、法规的正确实施,关系到当事人诉讼权利和合法权益的保护,也关系到人民法院依法办案、秉公执法的公正形象。

判决书的制作是一项严肃、慎重的活动,必须严格按照规定的格式和要求进行。判决书制作总的要求是:格式规范,结构严谨,内容完备,叙事清楚,说理充分,引用法律条文正确,文字简练、通俗,标点符号使用正确。根据我国《刑事诉讼法》第51条规定,审判人员制作判决书,必须忠于事实真相。故意隐瞒事实真相的,应当追究责任。

根据《法院刑事诉讼文书样式》(样本)的规定,刑事判决书的内容包括首部、事实、理由、结果、尾部共五部分。

(1)首部。首部包括人民法院名称、判决书类别、案号;公诉机关和公诉人、当事人、辩护人、诉讼代理人的基本情况;案由和案件来源;开庭审理、审判组织的情况。

(2)事实部分。该部分包括四个方面的内容:人民检察院指控被告人犯罪的事实和证据;被告人的供述、辩护和辩护人的辩护意见;经法庭审理查明的犯罪事实;经庭审举证、质证认定犯罪事实的证据。叙述事实时,应当写明案件发生的时间、地点、被告人作案的动机、目的、手段、实施犯罪行为的过程、危害结果和被告人案发后的表现等内容,并以是否具备犯罪构成要件为重点,兼述影响定罪量刑的各种情节。叙述证据时,只能对经法庭举证、质证的证据进行分析、认证。证据要尽可能写得明确、具体,充分体现法官认证和采信证据的过程,不能用"以上事实,证据充分,被告人也供认不讳,足以认定"等抽象、笼统的说法或者用简单罗列证据的方法来代替对证据的具体分析、认证,但应注意保守国家秘密,保护报案人、控告人、举报人、被害人、证人的安全和名誉。

(3)理由部分。该部分的内容主要包括:根据查证属实的事实、证据和法律规定,论证公诉机关指控的犯罪是否成立,被告人的行为是否构成犯罪,构成什么罪,应否追究刑事责任;论证被害人是否由于被告人的犯罪行为而遭受经济损失,被告人对被害人的经济损失应否负赔偿责任,应否从轻、减轻、免除处罚或者从重处罚;对控辩双方关于适用法律方面的意见表明是否采纳,并说明理由;写明判决的法律依据。

(4)结果部分。对有罪判决,应写明判处的罪名、刑种、刑期或免除刑罚;数罪并罚的应写明各罪判处的刑罚和决定执行的刑罚;被告人已被羁押或被指定居所监视居住的,应写明刑期折抵情况和实际执行刑期的起止时间;缓刑的应写明缓刑考验期;附带民事诉讼案件,应写明附带民事诉讼的处理情况;有赃款赃物的,应写明处理情况。无罪判决要写明认定被告人无罪以及所根据的事实和法律依据;对证据不足,不能认定被告人有罪的,应写明证据不足、指控的犯罪不能成立,并宣告无罪。

(5)尾部。该部分包括告知被告人享有上诉权利、上诉期限、上诉法院、上诉方式和途径;合议庭组成人员或独任审判员和书记员姓名;判决书制作、宣判日期;加盖人民法院印章。

二、裁定

(一)裁定的概念和分类

裁定是人民法院在案件审理过程中和判决执行过程中,就案件的程序问题和部分实体问题所作出的决定。

裁定可根据不同标准进行分类:根据裁定解决的问题划分,裁定可分为程序性裁定和实体性裁定;根据诉讼阶段划分,裁定可分为一审裁定、二审裁定、再审裁定和核准死刑裁定等;根据适用方式划分,裁定可分为口头裁定和书面裁定。

(二)裁定与判决的区别

裁定和判决虽然都是人民法院处理刑事案件所采用的形式,但二者存在诸多不同之处,主要体现如下:

(1)判决只适用于解决刑事案件的实体问题,而裁定既可适用于解决实体问题又可适用于解决程序问题。

(2)判决只适用于审判程序终结时,包括第一审、第二审和审判监督程序,而裁定则适用于整个审判程序和执行程序。

(3)一桩刑事案件,只能有一个确定判决,但可能先后有若干个发生法律效力的裁定。

(4)判决只能采用书面形式,裁定既可以采用书面形式也可以采用口头形式。

(5)不服一审判决的上诉、抗诉期限为10日,不服一审裁定的上诉、抗诉的期限为5日。

(三)裁定适用的范围和裁定书的制作

根据我国《刑事诉讼法》的规定,人民法院适用裁定解决程序问题主要有:是否恢复诉讼期限、不予受理或驳回自诉或附带民事诉讼、准许或不准许撤诉、中止审理和终止审理、维持原判、撤销原判并发回重审、核准死刑、停止执行死刑或暂停执行死刑等。人民法院适用裁定解决实体问题主要包括减刑、假释、撤销缓刑、减免罚金以及对犯罪嫌疑人、被告人逃匿、死亡案件违法所得的没收等。

裁定书是与判决书同等重要的法律文书,其制作要求、格式与判决书基本一致,但在内容上较判决书简单一些。因为裁定往往解决的问题比较单一,要么是一个专门的程序性问题,要么是一个较为简单的实体性问题。使用口头形式作出裁定的,必须记入审判笔录,其效力与书面裁定效力相当。

三、决定

(一)决定的概念和分类

决定是公安机关、人民检察院、人民法院在诉讼过程中,依法就有关程序问题所作的一种处理决定。其对于保证诉讼顺利进行、案件得到及时处理发挥着重要的作用。决定一经作出,立即发生法律效力,不能上诉或者抗诉。为保护当事人的合法权益,纠正可能出现的错误,对某些决定,如不起诉决定、驳回回避申请的决定,法律允许当事人或有关机关申请复议、复核。

以其表现形式不同,决定可分为口头决定和书面决定。书面决定应制作决定书,写明处理结论及理由;口头决定应记入笔录,其与书面决定具有同等效力。

(二)决定的适用范围

决定在立案、侦查、起诉、审判及执行过程中应用非常广泛。如,立案或不立案的决定,是否回避的决定,采取各种强制措施或变更强制措施的决定,实施各种侦查行为的决定,延长侦查羁押期限的决定,撤销案件的决定,起诉或不起诉决定,开庭审判的决定,庭审中解决当事人和辩护人、诉讼代理人申请通知新的证人到庭、调取新的证据、申请重新鉴定或勘验的决定,延期审理的决定,抗诉的决定,启动审判监督程序的决定,对未成年犯罪嫌疑人的附条件不起诉决定,对依法不负刑事责任的精神病人进行强制医疗的决定等。

【本章练习】

一、单项选择题

1.刑事审判具有亲历性特征。下列哪一选项不符合亲历性要求？（　　）

A.证人因路途遥远无法出庭,采用远程作证方式在庭审过程中作证

B.首次开庭并对出庭证人的证言质证后,合议庭某成员因病无法参与审理,由另一人民陪审员担任合议庭成员继续审理并作出判决

C.某案件独任审判员在公诉人和辩护人共同参与下对部分证据进行庭外调查核实

D.第二审法院对决定不开庭审理的案件,通过讯问被告人,听取被害人、辩护人和诉讼代理人的意见进行审理

2.关于自诉案件的程序,下列哪一选项是正确的？（　　）

A.不论被告人是否羁押,自诉案件与普通公诉案件的审理期限都相同

B.不论在第一审程序还是第二审程序中,在宣告判决前,当事人都可和解

C.不论当事人在第一审还是第二审审理中提出反诉的,法院都应当受理

D.在第二审程序中调解结案的,应当裁定撤销第一审裁判

3.关于我国的人民陪审员制度与一些国家的陪审团制度存在的差异,下列哪一选项是正确的？（　　）

A.人民陪审员制度的目的在于协助法院完成审判任务,陪审团制度的目的在于制约法官

B.人民陪审员与法官行使相同职权,陪审团与法官存在职权分工

C.人民陪审员在成年公民中随机选任,陪审团从有选民资格的人员中聘任

D.是否适用人民陪审员制度取决于当事人的意愿,陪审团适用于所有案件

4.开庭审判过程中,一名陪审员离开法庭处理个人事务,辩护律师提出异议并要求休庭,审判长予以拒绝,40分钟后陪审员返回法庭继续参与审理。陪审员长时间离开法庭的行为违背了下列哪一审判原则？（　　）

A.职权主义原则　　　B.证据裁判规则　　　C.直接言词原则　　　D.集中审理原则

5.检察院以抢夺罪向法院提起公诉,法院经审理后查明被告人构成抢劫罪。关于法院的做法,下列哪一选项是正确的？（　　）

A.应当建议检察院改变起诉罪名,不能直接以抢劫罪定罪

B.可以直接以抢劫罪定罪,不必建议检察院改变起诉罪名

C.只能判决无罪,检察院应以抢劫罪另行起诉

D.应当驳回起诉,检察院应以抢劫罪另行起诉

6.下列哪一情形不得适用简易程序？（　　）

A.未成年人案件　　　　　　　　B.共同犯罪案件

C.有重大社会影响的案件　　　　D.被告人没有辩护人的案件

7.法院在审理案件过程中发现被告人可能有立功情节,而起诉书和移送的案卷材料中没有此种材料,下列哪一处理是正确的？（　　）

A. 将全部案卷材料退回提起公诉的检察院

B. 建议提起公诉的检察院补充侦查

C. 建议公安机关补充侦查

D. 宣布休庭,进行庭外调查

8. 某市法院审理本市一起醉酒驾车刑事案件。下列哪一说法是正确的?(   )

A. 审判长可以提请庭长组织相关审判人员共同讨论

B. 法院院长可以主动组织相关审判人员共同讨论并作出决定

C. 庭长按照规定组织相关审判人员共同讨论形成的意见对合议庭有约束力

D. 法院院长可以指令庭长组织相关审判人员共同讨论

9.《刑事诉讼法》规定,未成年人犯罪的案件一律或一般不公开审理。关于该规定中未成年人"年龄"的理解,下列哪一选项是正确的?(   )

A. 张某被采取强制措施时17岁,不应当公开审理

B. 李某在审理时15岁,不应当公开审理

C. 钱某犯罪时16岁,不应当公开审理

D. 赵某被立案时18岁,不应当公开审理

10. 法院审理一起抢夺案时,发现被告人朱某可能有自首情节,但起诉书和移送材料中没有相关证据材料。关于法院应当如何处理,下列哪一选项是正确的?(   )

A. 运用庭外调查权调查核实　　　B. 建议检察院补充侦查

C. 裁定驳回起诉　　　　　　　　D. 根据已有证据定罪量刑

11. 下列哪一段时间应计入一审审理期限?(   )

A. 需要延长审理期限的案件,办理报请高级法院批准手续的时间

B. 当事人申请重新鉴定,经法院同意延期审理的时间

C. 检察院补充侦查完毕后重新移送法院的案件,法院收到案件之日以前补充侦查的时间

D. 法院改变管辖的案件,自改变管辖决定作出至改变后的法院收到案件的时间

12. 关于刑事判决和裁定的区别,下列哪一选项是正确的?(   )

A. 判决解决案件的实体问题,裁定解决案件的程序问题

B. 一案中只能有一个判决,裁定可以有若干个

C. 判决只能以书面的形式表现,裁定只以口头作出

D. 不服判决与不服裁定的上诉、抗诉期限不同

二、多项选择题

1. 关于庭前会议,下列哪些选项是正确的?(   )

A. 被告人有参加庭前会议的权利

B. 被害人提起附带民事诉讼的,审判人员可在庭前会议中进行调解

C. 辩护人申请排除非法证据的,可在庭前会议中就是否排除作出决定

D. 控辩双方可在庭前会议中就出庭作证的证人名单进行讨论

2. 方某涉嫌在公众场合侮辱高某和任某,高某向法院提起自诉。关于本案的审理,下列哪些选项是正确的?(   )

A. 如果任某担心影响不好不愿起诉，任某的父亲可代为起诉

B. 法院通知任某参加诉讼并告知其不参加的法律后果，任某仍未到庭，视为放弃告诉，该案宣判后，任某不得再行自诉

C. 方某的弟弟系该案关键目击证人，经法院通知其无正当理由不出庭作证的，法院可强制其到庭

D. 本案应当适用简易程序审理

3. 关于简易程序，下列哪些选项是正确的？（　　）

A. 甲涉嫌持枪抢劫，法院决定适用简易程序，并由两名审判员和一名人民陪审员组成合议庭进行审理

B. 乙涉嫌盗窃，未满16周岁，法院只有在征得乙的法定代理人和辩护人同意后，才能适用简易程序

C. 丙涉嫌诈骗并对罪行供认不讳，但辩护人为其做无罪辩护，法院决定适用简易程序

D. 丁涉嫌故意伤害，经审理认为可能不构成犯罪，遂转为普通程序审理

4. 法院审理郑某涉嫌滥用职权犯罪案件，在宣告判决前，检察院发现郑某和张某接受秦某巨款，涉嫌贿赂犯罪。对于新发现犯罪嫌疑人和遗漏罪行的处理，下列哪些做法是正确的？（　　）

A. 法院可以主动将张某、秦某追加为被告人一并审理

B. 检察院可以补充起诉郑某、张某和秦某的贿赂犯罪

C. 检察院可以将张某、秦某追加为被告人，要求一并审理

D. 检察院应当撤回起诉，将三名犯罪嫌疑人以两个罪名重新起诉

5. 被告人刘某在案件审理期间死亡，法院作出终止审理的裁定。其亲属坚称刘某清白，要求法院作出无罪判决。对于本案的处理，下列哪些选项是正确的？（　　）

A. 应当裁定终止审理

B. 根据已查明的案件事实和认定的证据，能够确认无罪的，应当判决宣告刘某无罪

C. 根据刘某亲属的要求，应当撤销终止审理的裁定，改判无罪

D. 根据刘某亲属的要求，应当以审判监督程序重新审理该案

6. 法院审理一起团伙犯罪案时，因涉及多个罪名和多名被告人、被害人，审判中为保障庭审秩序，提高效率，在法庭调查前告知控辩双方注意事项。下列哪些做法是错误的？（　　）

A. 公诉人和被告人仅就刑事部分进行辩论，被害人和被告人仅就附带民事部分进行辩论

B. 控辩双方仅在法庭辩论环节就证据的合法性、相关性问题进行辩论

C. 控辩双方可就证据问题、事实问题、程序问题及法律适用问题进行辩论

D. 为保证控方和每名辩护人都有发言时间，控方和辩护人发表辩论意见的时间不得超过30分钟

7. 关于对法庭审理中违反法庭秩序的人员可采取的措施，下列哪些选项是正确的？（　　）

A. 警告制止　　　　　　　　　　B. 强行带出法庭

C. 只能在1000元以下处以罚款　　　D. 只能在10日以下处以拘留

8. 诉讼文书一般由首部、正文(事实与理由部分)、尾部组成,下列哪些选项属于刑事判决书中的理由部分?（　　）

　　A. 辩护人的辩护意见
　　B. 经法庭审理查明的事实和据以定案的证据
　　C. 依法确定首要分子、主犯、从犯的罪名
　　D. 对控辩双方适用法律方面的意见是否采纳的理由分析

9. 关于适用简易程序审理案件变更为适用普通程序,下列哪些说法是正确的?（　　）

　　A. 法院可以决定直接变更为普通程序审,不需要将案件退回检察院
　　B. 对于自诉案件变更为普通程序的,按照自诉案件程序审理
　　C. 自诉案件由简易程序转化为普通程序时原起诉仍然有效,自诉人不必另行起诉
　　D. 在适用普通程序后发现可适用简易程序时,可以再次变更为简易程序

10. 关于自诉案件的和解和调解,下列哪些说法是正确的?（　　）

　　A. 和解和调解适用于自诉案件
　　B. 和解和调解都适用于告诉才处理的案件和被害人有证据证明的轻微案件
　　C. 和解和调解应当制作调解书、和解协议,由审判人员署名并加盖法院印章
　　D. 对于当事人已签收调解书或法院裁定准许自诉人撤诉的案件,被告人被羁押的,应当予以解除

11. 法院对检察院提起公诉的案件进行庭前审查,下列哪些做法是正确的?（　　）

　　A. 发现被告人张某在起诉前已从看守所脱逃的,退回检察院
　　B. 法院裁定准予撤诉的抢劫案,检察院因被害人范某不断上访重新起诉的,不予受理
　　C. 起诉时提供的一名外地证人石某没有列明住址和联系方式的,通知检察院补送
　　D. 某被告人被抓获后始终一言不发,也没有任何有关姓名、年龄、住址、单位等方面的信息或线索,不予受理

12. 根据最高人民法院《关于进一步加强合议庭职责的若干规定》,关于合议庭,下列哪些说法是正确的?（　　）

　　A. 合议庭是法院的基本审判组织,由审判员和人民陪审员随机组成
　　B. 合议庭成员因对案件事实和证据认识上的偏差而导致案件被改判或者发回重审的不承担责任
　　C. 合议庭成员因法律修订或者政策调整而导致案件被改判或者发回重审不承担责任
　　D. 开庭审理时,合议庭成员从事与该审无关的活动,当事人提出异议合议庭不纠正的,当事人可以要求延期审理,并将有关情况记入庭审笔录

13. 下列哪些选项体现了集中审理原则的要求?（　　）

　　A. 案件一旦开始审理即不得更换法官
　　B. 法庭审理应不中断地进行
　　C. 更换法官或者庭审中断时间较长的,应当重新进行审理
　　D. 法庭审理应当公开进行

三、简答题

1. 刑事审判的中心任务是什么？
2. 刑事庭审包括哪些程序环节？
3. 在简易程序中如何保障被告人的诉讼权利？
4. 法官的庭外调查权应否保留？为什么？
5. 庭前会议的主要作用是什么？
6. 我国是否有必要设立刑事缺席审判制度？为什么？
7. 在刑事审判中，量刑程序与定罪程序是否有必要分离？为什么？

四、案例思考题

1. 被告人徐某平时着迷于武功，并常进行所谓的功夫锻炼。2012年11月23日，被告人徐某在与同学的打闹中，飞起一脚踢中同学吴某的腹部。吴某腹痛不止，随即被送往医院抢救，后经过法医鉴定，构成重伤。检察机关在对此案审查起诉时，认为犯罪嫌疑人徐某系过失致人重伤，且其对指控的犯罪事实及适用简易程序没有异议，于是在依法提起公诉时，建议人民法院在审理此案时适用简易程序。人民法院受理后，认为符合简易程序的条件，并依法适用简易程序进行了开庭审理。但考虑到这起案件为广大的在校师生所关注，为慎重起见，由审判员三人组成了合议庭进行案件的审理工作。

在庭审中，被告人徐某当场翻供，对于检察机关指控的犯罪事实予以否认，其辩护人也认为被告人徐某无罪。合议庭认为辩护人的无罪辩护不成立；同时，认为被告人徐某尚年幼，对于指控犯罪事实的否认是无知的表现，并为了不浪费时间，没有准许被告人徐某在判决宣告前进行最后陈述。在判决书中，合议庭依法认定被告人徐某犯过失重伤罪，判处有期徒刑二年。

问题：

(1)对于本公诉案件，检察机关建议适用简易程序是否合乎法律的规定？
(2)本案简易程序中的审判组织是合议庭，对此该作如何评价？
(3)合议庭在庭审中是否有违法之处？

2. 2012年7月初王某大学毕业，应聘来到某外资企业任总经理助理职务。由于王具有硕士学历，作风干练，聪明伶俐，又精通两门外语，加上年轻漂亮尚为单身，在男同事中大受欢迎，尤其受到总经理的器重。王某工作不到两个月时间，即因工作需要陪同总经理去美国、欧洲考察各一次。这引起了同事邵某的不满，邵某认为如果没有王某，这些机会本应属于自己的，故对王某产生妒忌心理，在工作上常与王某发生摩擦与争吵，甚至不时背着王某，在众人面前对于王某的生活作风进行诽谤。2012年11月下旬，邵某因琐事又与王某发生争执，王某觉得忍无可忍，随即向企业总经理作了汇报。总经理将邵某叫去进行了严厉的批评，并表示如果其继续这种无理取闹的言行，将会被公司开除。下班后，邵某觉得一肚子委屈，于是将王某拦在办公室大楼门口台阶上，并大骂王某是"婊子"、"狐狸精"等，引来围观群众近百人，王某开始一直沉默不语，后实在不堪忍受侮辱即抓住邵某的衣服后领后猛推，致使邵某摔倒在台阶上受伤。经法医鉴定为轻伤。邵某因伤花去医疗费用1000元用于治疗。而王某也因此事在精神上也受到打击，觉得自己受到了侮辱，没脸见公司的同事。2013年1月5日，邵某以故意伤害罪向A市某区人民法院提起诉讼。

问题:

(1)人民法院在受理本案之后,是否可以先行调解?

(2)本案自诉人邵某和被告人王某能否在法庭以外自愿达成和解协议?和解后邵某向人民法院申请撤诉,法院应当如何处理?

(3)本案被告人王某是否能以侮辱罪对自诉人邵某提起反诉?法院应当如何处理?如果此后邵某撤诉了呢?

第十七章 第二审程序

【学习目标】

■ 知识目标:
了解第二审程序与第一审程序的区别。
了解上诉权的主体范围。
掌握抗诉的条件和程序。
理解二审的审理范围。
理解和掌握二审审理后的裁判结果。
■ 能力目标:
熟练运用二审程序的具体运作。
准确理解和应用上诉不加刑原则。

【案例引导】

被告人李某于1998年8月间伙同另外两人实施抢劫行为两次,案发后,同案的两人很快就被公安机关缉捕归案并被判刑,但李某外逃,直至最高人民法院、最高人民检察院、公安部、司法部联合下发《关于敦促在逃犯罪人员投案自首的通告》后,才于2011年9月17日主动到县公安局投案。经审判,县人民法院于2012年1月13日一审判处被告人李某有期徒刑六年,并处罚金人民币2000元。被告人李某以原判量刑过重为由提起上诉。二审法院依法组成合议庭,经过阅卷并讯问上诉人,以不开庭审理方式,于2012年3月19日改判李某犯抢劫罪,判处有期徒刑五年,并处罚金人民币2000元。

问题:二审法院以不开庭审理方式审理该案应如何保障被告人的辩护权?

第一节 第二审程序概述

一、第二审程序的概念

第二审程序,是指第一审人民法院的上一级人民法院对不服第一审尚未生效的判决或裁定而提起上诉或抗诉的案件,依法进行再次审判的诉讼程序。

第二审程序是基于审级制度而设立的。设立审级制度的目的在于:

一是为控辩双方对错误的裁判提供救济的机会。审级制度的存在,意味着可以通过上诉机制对一审错误的裁判展开再次审判,从而获得公正的裁判结果。

二是实现上级法院对下级法院的审判监督。二审法院通过审理上诉或抗诉案件,可以审查和监督下级法院的审判工作,维持正确的裁判,发现并纠正错误的裁判。

三是减少因不同法院的认识不一致而产生的法律适用不一致,进而尽可能地保证法律实施的统一。

四是实现程序安定。审级制度要求,控辩双方对案件不能无限期地争议下去。通过二审审理后,案件将产生程序上的终局效力,使得案件得以最终解决。

在审级制度设立方面,由于法律传统、政治体制和诉讼理论等原因,各国的上诉制度有所不同。有的实行两审终审,有的实行三审终审。我国实行的是四级两审终审制。经过地方各级人民法院或专门人民法院审理的刑事案件,只能上诉或抗诉一次即为终审。因此,我国的第二审程序也可以称为终审程序。

二、第二程序的特点

相对于第一审程序而言,第二审程序具有以下几个特点:

1. 第二审程序是对经历过一审的案件进行再次审理

第二审程序的引起,是因为当事人(主要指被告人、自诉人)或公诉机关不服一审裁判的结果而上诉或抗诉,要求重新审判。第一审程序的审判结果,是第二审程序进一步审查的前提和基础。在第一审程序中,人民法院是针对控诉方的诉讼主张而进行审理,而第二审程序则是围绕着一审裁判所认定的事实是否正确、适用法律是否正确、量刑是否适当以及程序是否合法等内容而展开。可以说,没有一审,第二审程序也就没有审判的基础。

2. 第二审程序不是审理刑事案件的必经程序

第二审程序由合法的上诉或抗诉而引起。一个案件是否进入二审,取决于当事人是否上诉或者公诉机关是否抗诉。第二程序的设立只是为案件的再次审理提供了程序机会,但是,按照"不告不理"的司法原则,一审程序终结后,即使裁判存有错误,如果依法享有上诉权的当事人及其法定代理人没有在法定期限内提出上诉,一审法院的同级人民检察院也没有在法定期限内提出抗诉,案件也不会自动进入二审程序。另外,按照"未经人民法院依法判决,对任何人都不得确定有罪"的原则要求,若要对一个人在法律上进行定罪,就必须历经审判程序。至少必须经过第一程序的审理,才能确定被告人有罪。因此,如果公诉机关或自诉人要指控被告人有罪,就必须通过第一程序来审查、认定。而第二程序则不是法律上认定被告人有罪的必经程序。一审审理后,倘若当事人放弃上诉或公诉机关放弃抗诉,一审判决或裁定则会如期发生法律效力。

3. 第二审程序只能由中级以上的人民法院适用

我国人民法院的组织体系是四个层级的架构。根据《刑事诉讼法》的规定,除海事法院外,各级人民法院都有权按照第一审程序审判属于自己管辖的刑事案件,基层法院管辖除中级、高级和最高人民法院管辖以外的刑事案件。因此,理论上,第一审程序在各级人民法院都有适用的可能性。由于上诉或抗诉案件审理,只能由原审人民法院的上一级人民法院审理,这使得第二审程序的适用只能是中级以上的人民法院。

第二节 第二审程序的提起

一、上诉、抗诉的主体

我国《刑事诉讼法》第216条第1款规定,被告人、自诉人和他们的法定代理人,不服地方各级人民法院第一审的判决、裁定,有权用书状或者口头向上一级人民法院上诉;被告人的辩护人和近亲属,经被告人同意,可以提出上诉。第217条规定,地方各级人民检察院认为本级人民法院第一审的判决、裁定确有错误的时候,应当向上一级人民法院提出抗诉。可见,我国刑事诉讼第二审程序的引起,包括当事人的上诉和一审人民法院同级的人民检察院。

1. 上诉的主体

所谓上诉,是指自诉人、被告人及其法定代理人,以及经被告人同意的辩护人和近亲属,附带民事诉讼的当事人及其法定代理人不服第一审未生效的判决、裁定,在法定期限内,按照法定程序和方式,要求上一级人民法院对案件进行重新审判的诉讼行为。有效上诉是引发第二审程序的重要方式。根据我国《刑事诉讼法》第216条第1款的规定,上诉人的范围包括:

(1)自诉人及其法定代理人。自诉是轻微刑事案件的被害人直接向人民法院起诉犯罪人的一种诉讼行为。自诉人是刑事诉讼中的当事人,与案件事实和案件处理结果有直接利害关系。如果不服一审法院的判决、裁定,自诉人有权提出上诉。如果自诉人是无诉讼行为能力人,上诉则由其法定代理人代理。由于无诉讼行为能力的自诉人不能独立表达意志,因此,其法定代理人可以独立于无诉讼行为能力的自诉人意志外,为了该自诉人的利益而直接决定上诉,但应当以自诉人的名义提出。

(2)被告人及其法定代理人。被告人是被追究刑事责任的对象,是案件处理结果的直接承担者,与案件事实和案件处理结果有直接利害关系,因而对案件的处理结果十分关心。如果其不服一审人民法院的判决、裁定,被告人当然有权上诉。对被告人的上诉权,不得以任何借口加以剥夺。如果被告人是无诉讼行为能力人,除其本人可以直接上诉外,其法定代理人也可以为了被告人的利益而提起上诉。当无诉讼行为能力的被告人与其法定代理人关于是否上诉的问题上意见不一致时,应当以法定代理人的上诉意思为准,因为法定代理人作为监护人有义务保护无诉讼行为能力被告人的合法权益。

(3)经被告人同意的辩护人和近亲属。应当指出,被告人的辩护人和近亲属并不享有独立的上诉权。他们的上诉必须事先征得被告人的同意。实质上,被告人的辩护人和近亲属是在代理被告人行使上诉权。因此,他们的上诉应当获得被告人事先的明确授权。就此而言,被告人的辩护人和近亲属并非真正意义上的上诉权主体。由于被告人的辩护人参加过一审诉讼活动,熟悉案情,与案件没有直接利害关系,能够对案件作出比较客观、全面的分析;被告人的近亲属对被告人各方面的情况比较了解,对案情较为清楚,并且顾虑较少。因此,在被告人没有提起上诉的情况下,如果辩护人和近亲属认为应当提出上诉的,可以在征得被告人同意后提出上诉。之所以要以征得被告人同意为前提,是因为判决、裁定所针对的对象是被告人,被告人本人对自己是否犯罪和案件具体情况最为了解,案件处理结果与他有切身利害关系,是否上诉应由其自己决定。被告人的辩护人和近亲属不是案件的当事人,他们提出上诉只是为了维护被告人的权益。这也可以防止在被告人已经认罪服判的情况下,辩护人或近亲属违背被告人的意愿而提起上诉,进行无理缠讼。

(4)附带民事诉讼的当事人及其法定代理人。附带民事诉讼的当事人包括原告人和被告人。其中,附带民事诉讼原告人包括自诉案件中的自诉人、公诉案件中的被害人、已死亡被害人的法定继承人或其他近亲属;附带民事诉讼被告人则包括被起诉的刑事被告人、被不起诉的其他共同犯罪行为人以及应当对被告人的犯罪行为承担民事责任的其他单位或个人。《刑事诉讼法》第216条第2款规定,附带民事诉讼的当事人和他们的法定代理人,可以对地方各级人民法院第一审的判决、裁定中的附带民事诉讼部分,提出上诉。据此,前述的附带民事诉讼当事人,不论是否服从一审判决的刑事部分,都可以就判决中的民事部分提起上诉。其中,公诉案件中的被害人只能对地方各级人民法院一审判决、裁定中的附带民事诉讼部分提出上诉,对判决中的刑事部分,则无权上诉。如果附带民事诉讼当事人是无诉讼行为能力人,其上诉行为则由其法定代理人代理。如果对刑事部分没有人提出上诉,人民检察院也没有提出抗诉,附带民事诉讼当事人及其法定代理人对一审判决中民事部分的上诉,则不影响刑事部分的生效。

《刑事诉讼法》第99条第2款规定,如果是国家财产、集体财产遭受损失的,人民检察院在提起公诉的时候,可以提起附带民事诉讼。如果人民检察院在公诉时也提起了附带民事诉讼,当其对民事判决部分不服时,可以向上一级人民法院提起抗诉。由于人民检察院不属于民事诉讼当事人,故只能以法律监督机关的名义进行抗诉。

2.抗诉的主体

《刑事诉讼法》第217条规定,地方各级人民检察院认为本级人民法院第一审的判决、裁定确有错误的时候,应当向上一级人民法院提出抗诉。抗诉是人民检察院发现或者认为人民法院的判决、裁定确有错误时,提请上一级人民法院依法再次审理并予以纠正的诉讼行为。抗诉通常分为对一审未生效判决、裁定的抗诉和对生效判决、裁定的抗诉两种。前者引起的是第二审程序,因而也叫二审程序或上诉审程序的抗诉;后者引起的是再审程序,故称为审判监督程序的抗诉。《刑事诉讼法》第217条所指的是对一审未生效判决、裁定的抗诉。

有权对一审未生效判决、裁定提起抗诉的机关,是一审人民法院的同级人民检察院。如果发现或者认为本级人民法院第一审的判决、裁定确有错误,提起公诉的人民检察院应当进行抗诉。此时,抗诉既是人民检察院的权力,也是其应当履行的法定职责。我国《宪法》规定,人民检察院是国家专门的法律监督机关。在刑事诉讼中,人民检察院有权对刑事诉讼活动进行法律监督。抗诉权是人民检察院法律监督职权的重要组成部分。对一审未生效的裁判提起抗诉,是地方各级人民检察院对同级人民法院的审判活动是否合法实行监督的重要表现形式。因此,只要一审未生效的判决、裁定确有错误,同级人民检察院就应当依法提出抗诉,要求上一级人民法院对案件进行重新审判、纠正错误,确保法律的正确、统一实施。

《刑事诉讼法》第 218 条规定,被害人及其法定代理人不服地方各级人民法院第一审的判决的,自收到判决书后 5 日以内,有权请求人民检察院提出抗诉。人民检察院自收到被害人及其法定代理人的请求后 5 日以内,应当作出是否抗诉的决定并且答复请求人。在我国,公诉案件只能由人民检察院进行起诉。在总体立场上,代表国家利益的人民检察院与被害人的方向是一致的。人民检察院在提起公诉时通常也会尽可能地顾及被害人的利益诉求,但由于对案件认识的差异以及诉讼地位的不同,公诉人与被害人在某些案件中存在意见分歧的情况也不可能完全避免。虽然被害人不享有直接上诉权,但为了尊重其意见,当公诉机关不准备抗诉,而被害人又不服一审判决时,被害人及其法定代理人可以在法定期限内请求人民检察院提起抗诉。被害人及其法定代理人提出抗诉请求,并不能直接引起二审程序,是否进行抗诉,应当由人民检察院决定。《人民检察院刑事诉讼规则(试行)》第 588 条规定,被害人及其法定代理人不服地方各级人民法院第一审的判决,在收到判决书后 5 日以内请求人民检察院提出抗诉的,人民检察院应当立即进行审查,在收到被害人及其法定代理人的请求后 5 日以内作出是否抗诉的决定,并且答复请求人。

立法赋予被害人及其法定代理人以抗诉请求权,既有利于调动被害人及其法定代理人的诉讼参与积极性,也可以监督人民检察院依法行使职权,从而促进案件的公正处理。如果被害人及其法定代理人的抗诉请求权具有充分的理由,享有二审抗诉权的人民检察院应当注意切实保障被害人的利益,及时地依法作出抗诉决定。

二、上诉、抗诉的理由

从理性角度而言,不论上诉还是抗诉,都要提出一定的理由,以便第二审人民法院对案件进行有针对性的审查,依法作出正确的终审裁判。但是,对于上诉的理由,我国《刑事诉讼法》并没有规定任何限制性条件。享有上诉权的人,只要对一审未生效的判决、裁定表示"不服",就可以依照法定程序提出上诉。至于是对一审判决、裁定的认定事实、适用法律、量刑处罚还是审判程序等事项"不服"以及有无相应的事实和理由支持,均在所不限。立法之所以给予当事人如此宽松的上诉条件,其目的在于保障当事人特别是刑事被告人的上诉权。它也符合我国现阶段的不少当事人因法律知识水平偏低而难以充分、正确地提出上诉理由的社会现实。

与当事人上诉的情形不同,地方各级人民检察院对一审未生效的判决、裁定提出抗诉的,应当具备法定的抗诉理由。《刑事诉讼法》第 217 条的规定:"地方各级人民检察院认为本级人民法院第一审的判决、裁定确有错误的时候,应当向上一级人民法院提出抗诉。"此处的"判决、裁定确有错误"只是一个概括性的规定。《人民检察院刑事诉讼规则(试行)》第 584

条将抗诉的法定理由作了明确规定,即人民检察院认为同级人民法院第一审判决、裁定有下列情形之一的,应当提出抗诉:①认定事实不清、证据不足的;②有确实、充分证据证明有罪而判无罪,或者无罪判有罪的;③重罪轻判,轻罪重判,适用刑罚明显不当的;④认定罪名不正确,一罪判数罪、数罪判一罪,影响量刑或者造成严重社会影响的;⑤免除刑事处罚或者适用缓刑、禁止令、限制减刑错误的;⑥人民法院在审理过程中严重违反法律规定的诉讼程序的。此外,最高人民检察院于2001年3月2日发布的《关于刑事抗诉工作的若干意见》则对人民检察院的抗诉理由进一步的细化。其中规定应当抗诉的范围包括以下四种。

(1)人民法院刑事判决或裁定在认定事实、采信证据方面确有下列错误的,人民检察院应当提出抗诉和支持抗诉。

①刑事判决或裁定认定事实有错误,导致定性或者量刑明显不当的。主要包括:刑事判决或裁定认定的事实与证据不一致;认定的事实与裁判结论有重大矛盾;有新的证据证明刑事判决或裁定认定事实确有错误。

②刑事判决或裁定采信证据有错误,导致定性或者量刑明显不当的。其主要包括:刑事判决或裁定据以认定案件事实的证据不确实;据以定案的证据不足以认定案件事实,或者所证明的案件事实与裁判结论之间缺乏必然联系;据以定案的证据之间存在矛盾;经审查犯罪事实清楚、证据确实充分,人民法院以证据不足为由判决无罪错误的。

(2)人民法院刑事判决或裁定在适用法律方面确有下列错误的,人民检察院应当提出抗诉和支持抗诉。

①定性错误,即对案件进行实体评判时发生错误,导致有罪判无罪,无罪判有罪,或者混淆此罪与彼罪、一罪与数罪的界限,造成适用法律错误,罪刑不相适应的。

②量刑错误,即重罪轻判或者轻罪重判,量刑明显不当的。其主要包括:未认定有法定量刑情节而超出法定刑幅度量刑;认定法定量刑情节错误,导致未在法定刑幅度内量刑或者量刑明显不当;适用主刑刑种错误;应当判处死刑立即执行而未处,或者不应当判处死刑立即执行而判处;应当并处附加刑而没有并处,或者不应当并处附加刑而并处;不具备法定的缓刑或免予刑事处分条件,而错误适用缓刑或判处免予刑事处分。

③对人民检察院提出的附带民事诉讼部分所作判决、裁定明显不当的。

(3)人民法院在审判过程中严重违反法定诉讼程序,有下列情形之一,影响公正判决或裁定的,人民检察院应当提出抗诉和支持抗诉:

①违反有关回避规定的;

②审判组织的组成严重不合法的;

③除另有规定的以外,证人证言未经庭审质证直接作为定案根据,或者人民法院根据律师申请收集、调取的证据材料和合议庭休庭后自行调查取得的证据材料没有经过庭审辨认、质证直接采纳为定案根据的;

④剥夺或者限制当事人法定诉讼权利的;

⑤具备应当中止审理的情形而作出有罪判决的;

⑥当庭宣判的案件,合议庭不经过评议直接宣判的;

⑦其他严重违反法律规定的诉讼程序,影响公正判决或裁定的。

(4)审判人员在案件审理期间,有贪污受贿、徇私舞弊、枉法裁判行为,影响公正判决或裁定,造成上述第(1)、(2)、(3)项规定的情形的,人民检察院应当提出抗诉和支持抗诉。

人民检察院在收到人民法院第一审判决书或者裁定书后,应当及时审查,承办人员应当填写刑事判决、裁定审查表,提出处理意见,报公诉部门负责人审核。对于需要提出抗诉的案件,公诉部门应当报请检察长决定;案情重大、疑难、复杂的案件,由检察长提交检察委员会讨论决定。

三、上诉、抗诉的期限

《刑事诉讼法》第219条规定,不服判决的上诉和抗诉的期限为10日,不服裁定的上诉和抗诉的期限为5日,从接到判决书、裁定书的第二日起算。该规定是上诉人和人民检察院在提起上诉、抗诉时必须严格遵守的时间限制。在规定的法定期限内,如果上诉人和人民检察院没有提起上诉或抗诉,第一审判决、裁定即如期发生法律效力。根据最高人民法院《关于适用〈中华人民共和国刑事诉讼法〉的解释》第299条第2款的规定,被告人、自诉人、附带民事诉讼的当事人和他们的法定代理人是否提出上诉,应以他们在上诉期满前最后一次的意思表示为准。

《刑事诉讼法》第104条规定:"当事人由于不能抗拒的原因或者有其他正当理由而耽误期限的,在障碍消除后五日以内,可以申请继续进行应当在期满以前完成的诉讼活动。前款申请是否准许,由人民法院裁定。"根据此规定,上诉人因不可抗拒的原因或其他正当理由而耽误了上诉期限的,可以在障碍消除后5日以内申请延长上诉期限,是否准许,则应当由对上诉案件具有管辖权的第二人民法院决定。从司法实践情况来看,我国法律所确定的上诉、抗诉的时间比较合适,它一方面能保证有权上诉、抗诉的人和机关有必要的考虑和准备时间,另一方面又有利于及时纠正错误的判决、裁定,迅速执行正确的判决、裁定,避免诉讼的过分迟延。

四、上诉、抗诉的方式和途径

根据《刑事诉讼法》第216条的规定,当事人的上诉可以采用书状和口头两种形式提出。无论以哪种形式提出,人民法院均应受理。被告人、自诉人、附带民事诉讼原告人和被告人因书写上诉状确有困难而口头提出上诉的,第一审人民法院应当根据其所陈述的理由和请求制作笔录,由上诉人阅读或者向其宣读后,上诉人应当签名或者盖章。口头上诉的,人民法院应当制作笔录。当事人书面上诉的,则应当提交刑事上诉状。上诉状内容应当包括:第一审判决书、裁定书的文号和上诉人收到的时间;第一审法院的名称;上诉的请求和理由;提出上诉的时间;上诉人签名或者盖章。如果是被告人的辩护人、近亲属经被告人同意提出上诉的,还应当写明提出上诉的人与被告人的关系,并应当以被告人作为上诉人。提交上诉状时,应当按照被上诉对象的人数提出相应的副本。

根据《刑事诉讼法》第221条的规定,地方各级人民检察院对同级人民法院第一审判决或裁定的抗诉,应以抗诉书的形式书面提出,而不能采用口头形式进行抗诉。抗诉书的内容应当包括:第一审判决书、裁定书的文号和抗诉机关收到的时间;第一审法院的名称;原审被告人的个人情况;抗诉的请求和理由;受理抗诉的二审人民法院;抗诉机关的名称并加盖公章;提出抗诉的时间。

在具体的途径方面，关于上诉与抗诉的规定有所不同。根据《刑事诉讼法》第220条的规定，上诉可以通过原审人民法院提出，也可以直接向上一级人民法院提出。被告人、自诉人、附带民事诉讼的原告人和被告人通过第一审人民法院提出上诉的，第一审人民法院应当审查。上诉符合法律规定的，第一审人民法院应当在3日以内将上诉状连同案卷、证据移送上一级人民法院，同时将上诉状副本送交同级人民检察院和对方当事人。被告人、自诉人、附带民事诉讼的原告人和被告人直接向第二审人民法院提出上诉的，第二审人民法院应当在收到上诉状后3日内将上诉状交第一审人民法院。第一审人民法院应当审查上诉是否符合法律规定。符合法律规定的，应当在接到上诉状后3日内将上诉状连同案卷、证据移送上一级人民法院，并将上诉状副本送交同级人民检察院和对方当事人。

人民检察院提出抗诉的，只能通过原审人民法院提出，而不能直接向第二审人民法院提出抗诉。《刑事诉讼法》第221条规定："地方各级人民检察院对同级人民法院第一审判决、裁定的抗诉，应当通过原审人民法院提出抗诉书，并且将抗诉书抄送上一级人民检察院。原审人民法院应当将抗诉书连同案卷、证据移送上一级人民法院，并且将抗诉书副本送交当事人。"《人民检察院刑事诉讼规则（试行）》第587条要求，提出抗诉的人民检察院向上一级人民检察院抄送抗诉书副本时，应当连同案件材料一起报送上一级人民检察院。

上一级人民检察院对下级人民检察院按照第二审程序提出抗诉的案件，认为抗诉正确的，应当支持抗诉；认为抗诉不当的，应当向同级人民法院撤回抗诉，并且通知下级人民检察院。下级人民检察院如果认为上一级人民检察院撤回抗诉不当的，可以提请复议。上一级人民检察院应当复议，并将复议结果通知下级人民检察院。

上一级人民检察院在上诉、抗诉期限内，发现下级人民检察院应当提出抗诉而没有提出抗诉的案件，可以指令下级人民检察院依法提出抗诉。第二审人民法院发回原审人民法院重新按照第一审程序审判的案件，如果人民检察院认为重新审判的判决、裁定确有错误的，可以按照第二审程序提出抗诉。

五、上诉、抗诉的撤回

上诉是当事人及其法定代理人依法享有的诉讼权利。在一般情况下，如果出于自愿，上诉人可以要求撤回其上诉。最高人民法院《关于适用〈中华人民共和国刑事诉讼法〉的解释》第304条规定，被告人、自诉人、附带民事诉讼的原告人和被告人及其法定代理人在上诉期限内要求撤回上诉的，应当准许。该解释第305条进一步规定，上诉人在上诉期满后要求撤回上诉的，第二审人民法院应当审查。经审查，认为原判认定事实和适用法律正确，量刑适当的，应当裁定准许撤回上诉；认为原判事实不清、证据不足或者将无罪判为有罪、轻罪重判等的，应当不予准许，继续按照上诉案件审理。被判处死刑立即执行的被告人提出上诉，在第二审开庭后宣告裁判前申请撤回上诉的，应当不予准许，继续按照上诉案件审理。

至于上诉人在上诉期满前撤回上诉后能否在上诉有效期限内再次上诉的问题，法律没有相应的规定。但根据"应以他们在上诉期满前最后一次的意思表示为准"的司法解释规定，我们认为，上诉人在上诉期限内还可以再次提出上诉。

人民检察院提出抗诉后，不论抗诉期限是否届满，均可以撤回抗诉。除了提出抗的人民检察院可以直接撤回抗诉外，上级人民检察院如果认为抗诉不当的，可以向同级人民法院撤回抗诉,并且通知下级人民检察院。考虑到抗诉工作的严肃性,人民检察院撤回抗诉后,一般不宜再次提出抗诉。

人民检察院在抗诉期限内撤回抗诉的,第一审人民法院不再向上一级人民法院移送案件;如果是在抗诉期满后第二审人民法院宣告裁判前撤回抗诉的,第二审人民法院可以裁定准许,并通知第一审人民法院和当事人。

在上诉、抗诉期满前撤回上诉、抗诉的,第一审判决、裁定在上诉、抗诉期满之日起生效。在上诉、抗诉期满后要求撤回上诉、抗诉,第二审人民法院裁定准许的,第一审判决、裁定应当自第二审裁定书送达上诉人或者抗诉机关之日起生效。

第三节 第二审程序的审判

一、二审程序的审理方式

第二审人民法院审理上诉、抗诉案件以开庭审理为原则,书面审理为补充。

1. 开庭审理

开庭审理是指第二审人民法院在合议庭的主持下,由出庭支持抗诉的公诉人、当事人和其他诉讼参与人参加,通过法庭调查、法庭辩论、合议庭评议、宣判的方式对案件进行审理和裁判的审理方式。开庭审理意味着控辩双方将进一步举证、质证和展开辩论,合议庭在充分听取双方意见的基础上,重新对定罪、量刑等问题作出判断。

根据《刑事诉讼法》第223条规定,第二审人民法院对于下列案件,应当组成合议庭,开庭审理:①被告人、自诉人及其法定代理人对第一审认定的事实、证据提出异议,可能影响定罪量刑的上诉案件;②被告人被判处死刑的上诉案件;③人民检察院抗诉的案件;④其他应当开庭审理的案件。除此以外,根据最高人民法院《关于适用〈中华人民共和国刑事诉讼法〉的解释》第317条规定,被判处死刑立即执行的被告人没有上诉,同案的其他被告人上诉的案件,第二审人民法院应当开庭审理;被告人被判处死刑缓期执行的上诉案件,有条件的,也应当开庭审理。

人民法院依法开庭审理第二审公诉案件,应当在开庭10日以前通知人民检察院查阅案卷。二审人民法院法院开庭时,与二审人民法院同级的人民检察院应当派员出庭支持公诉。抗诉案件,人民检察院接到开庭通知后不派员出庭,且未说明原因的,人民法院可以裁定按人民检察院撤回抗诉处理,并通知第一审人民法院和当事人。

2. 书面审理

书面审理是二审人民法院在审查上诉案卷材料的基础上,结合庭外听取的意见,径行对上诉、抗诉案件作出裁判的审理方式。我国刑事二审的书面审理并不是完全的书面审查,而是阅卷审查与听取相关人员的意见相结合。《刑事诉讼法》第223条第2款规定:"第二审人民法院决定不开庭审理的,应当讯问被告人,听取其他当事人、辩护人、诉讼代理人的意见。"可以看出,书面审理时,讯问被告人,听取其他当事人、辩护人、诉讼代理人的意见是必经程序。有人认为,这种审理方式属于"庭外调查审"。我们认为,此指的不开庭是以书面审查为主,庭外讯问和听取意见只是必要的补充,其目的在于进一步核实有关的案件事实问题和了解当事人及其他诉讼参与人的意见。它与庭外展开全面的事实调查方式明显不同,因而仍属于书面审理方式。另外,根据直接审理原则的要求,讯问和听取意见应当由合议庭成员直接进行,而不能委托原审法院的审判人员代为进行。

在司法实践中,除被告人被判处死刑的上诉案件以及人民检察院提出抗诉的案件外,如果具有下列情形,第二审人民法院可以不开庭审理:①认为原判事实不清、证据不足,需要发回重新审判的;②原审人民法院在审理案件时严重违反法定程序,需要撤销原判决,发回重审的;③原判决、裁定认定事实清楚,证据确实、充分,但适用法律错误或量刑不当,需要改判的;④上诉人提出的上诉请求明显不成立的。

二、二审开庭的审理地点

《刑事诉讼法》第223条第3款规定:"第二审人民法院开庭审理上诉、抗诉案件,可以到案件发生地或者原审人民法院所在地进行。"根据此规定,第二审人民法院的开庭审理上诉、抗诉案件的地点有三种情形:

一是在二审法院本院进行审理。在本院审理是指在二审人民法院的审判庭内开庭审判。应该说,在二审人民法院本院开庭进行审理,是审理上诉、抗诉案件的一般原则。另外,实行书面审理的,也是在本院的办公场所进行阅卷审查。但是,讯问被告人和听取其他当事人、辩护人、诉讼代理人的意见,则不限于本院的办案场所。

二是在案件发生地进行审理。为了扩大法制宣传教育的效果,二审人民法院还可以根据需要,在案件发生地进行开庭审理。采用这种审理方式时,应当确保庭审的安全,以防不测。

三是在原审人民法院所在地进行审理。这种方式是由二审人民法院的审判人员依法组成合议庭,到原审人民法院进行开庭审理。实践中,考虑到押解被告人的安全因素和其他当事人、诉讼参与人参加诉讼的便利性,二审人民法院到原审人民法院所在地进行开庭审理的情况比较普遍。

三、二审程序的审理范围

《刑事诉讼法》第222条规定:"第二审人民法院应当就第一审判决认定的事实和适用法律进行全面审查,不受上述或者抗诉范围的限制。共同犯罪的案件只有部分被告人上诉的,应当对全案进行审查,一并处理。"根据这一规定,我国第二审程序实行的是全面审查原则。

所谓全面审查原则,就是二审人民法院在审判案件时,要对一审判决、裁定所认定的事实、适用的法律和诉讼程序进行全面审查,并不局限于上诉、抗诉请求的事项范围。其具体内容包括:

首先,既要审查一审判决、裁定认定的事实是否清楚,证据是否确实充分,也要审查一审判决、裁定适用法律有无错误,量刑是否适当,而不能单就某一方面进行孤立的审查。

其次,既要审查一审判决、裁定中已被提出上诉或者抗诉的部分,也要审查其中没有被提出上诉或者抗诉的部分。特别是共同犯罪案件中,如果只有部分被告人上诉的,既要对已经提出上诉的那部分被告人的上诉理由进行审查,又要对没有提出上述的那部分被告人的判决内容进行审查,一并处理。其中,在共同犯罪案件中,上诉的被告人死亡,其他被告人未上诉的,第二审人民法院仍应对全案进行审查。经审查,死亡的被告人不构成犯罪的,应当宣告无罪;构成犯罪的,应当终止审理。对其他同案被告人仍应作出判决、裁定。

再次,既要从实体上审查一审判决、裁定结果的正确性,也要从程序上审查一审法院审判活动的程序是否合法。不能只审查实体问题是否获得正确处理,而对审判程序是否合法不管不问。

最后,刑事附带民事诉讼案件,只有附带民事诉讼当事人及其法定代理人上诉的,第二审人民法院应当对全案进行审查。经审查,第一审判决的刑事部分并无不当的,第二审人民法院只需就附带民事部分作出处理;第一审判决的附带民事部分事实清楚,适用法律正确的,应当以刑事附带民事裁定维持原判,驳回上诉。

最高人民法院《关于适用〈中华人民共和国刑事诉讼法〉的解释》第315条规定,二审人民法院对于上诉、抗诉案件,应当着重审查以下内容:①第一审判决认定的事实是否清楚,证据是否确实、充分;②第一审判决适用法律是否正确,量刑是否适当;③在侦查、审查起诉、第一审程序中,有无违反法定诉讼程序的情形;④上诉、抗诉是否提出新的事实、证据;⑤被告人的供述和辩解情况;⑥辩护人的辩护意见及采纳情况;⑦附带民事部分的判决、裁定是否合法、适当;⑧第一审人民法院合议庭、审判委员会讨论的意见。审查后,应当写出审查报告。

全面审查原则要求第二审人民法院在审理上诉或者抗诉案件时,不能被动地应付上诉或者抗诉,孤立地就事论事,而应该充分发挥能动性、积极性,对整个案件的事实、证据、定罪量刑和一审程序等问题进行综合审理、全面考虑,使上诉或者抗诉中已经指出或者没有指出的一审判决中的错误都能得到纠正,确保终审裁判作出时,案件获得彻底的、正确的处理。因此,二审法院贯彻全面审查原则,对于执行实事求是、有错必纠的方针,保证二审程序监督、纠错、救济任务的顺利完成具有重要意义。

四、二审开庭的审判程序

(一)审理前的准备

第二审人民法院收到第一审人民法院报送的案卷后,应当做好以下开庭前的准备工作:

(1)对案件进行程序性审查,了解上诉、抗诉的手续是否完备。审查内容包括:①移送上诉、抗诉案件函;②上诉状或者抗诉书;③第一审判决书或者裁定书八份(每增加一名被告人增加一份)及其电子文本;④全部案卷材料和证据,包括案件审结报告和其他应当移送的材料。前述所列材料齐备,第二审人民法院应当收案;材料不齐备的,应当通知第一审人民法院及时补送。

(2)告知当事人有权委托辩护人或者依法为被告人指定辩护人。对于未委托辩护人的被告人,二审人民法院应当告知其可以委托辩护人;对于被告人没有委托辩护人且符合指定辩护人的情形的,应当指定承担法律援助义务的律师为其提供辩护。

(3)告知当事人合议庭组成人员名单及其依法享有的诉讼权利。二审人民法院应当以书面形式向当事人告知合议庭组成人员名单,并告知当事人有权对审判人员申请回避。同时,还应当告知当事人在二审理时,可以享有的其他诉讼权利。

(4)通知同级人民检察院派员出庭支持抗诉。人民法院审理人民检察院提出抗诉的案件,应当通知同级人民检察院派员出庭。对接到开庭通知后人民检察院不派员出庭的抗诉案件,人民法院应当裁定按人民检察院撤回抗诉处理,并通知第一审人民法院和当事人。

(5)将二审开庭的时间、地点在开庭3日以前通知同级人民检察院。

(6)将传唤当事人和通知辩护人、法定代理人、证人、鉴定人和勘验、检查笔录制作人、翻译人员的传票和通知书,至迟在开庭3日以前送达。

(7)公开审判的案件,在开庭3日以前以公告形式先期公布案由、被告人姓名、开庭时间和地点。

(二)开庭审理的具体程序

《刑事诉讼法》第231条规定:"第二审人民法院审判上诉或者抗诉案件的程序,除本章已有规定的以外,参照第一审程序的规定进行。"所谓参照,就是不原本照搬一审程序的具体程序环节进行二审。考虑到二审的性质和任务有所不同,可以作适当的变通。根据最高人民法院《关于适用〈中华人民共和国刑事诉讼法〉的解释》第322条规定,第二审人民法院开庭审理上诉或者抗诉案件,除参照第一审程序的规定外,还应当依照下列规定进行:

(1)法庭调查阶段,审判人员宣读第一审判决书、裁定书后,上诉案件由上诉人或者辩护人先宣读上诉状或者陈述上诉理由,抗诉案件由检察员先宣读抗诉书;既有上诉又有抗诉的案件,先由检察员宣读抗诉书,再由上诉人或者辩护人宣读上诉状或者陈述上诉理由。

(2)法庭辩论阶段,上诉案件,先由上诉人、辩护人发言,后由检察员、诉讼代理人发言;抗诉案件,先由检察员、诉讼代理人发言,后由被告人、辩护人发言;既有上诉又有抗诉的案件,先由检察员、诉讼代理人发言,后由上诉人、辩护人发言。

开庭审理上诉、抗诉案件,可以重点围绕对第一审判决、裁定有争议的问题或者有疑问的部分进行。根据案件情况,可以按照下列方式审理:①宣读第一审判决书,可以只宣读案由、主要事实、证据名称和判决主文等;②法庭调查应当重点围绕对第一审判决提出异议的事实、证据以及提交的新的证据等进行;对没有异议的事实、证据和情节,可以直接确认;③对同案审理案件中未上诉的被告人,未被申请出庭或者人民法院认为没有必要到庭的,可以不再传唤到庭;④被告人犯有数罪的案件,对其中事实清楚且无异议的犯罪,可以不在庭审时审理。同案审理的案件,未提出上诉、人民检察院也未对其判决提出抗诉的被告人要求出庭的,应当准许。出庭的被告人可以参加法庭调查和辩论。

对于二审的自诉案件,必要时,人民法院可以进行调解,当事人也可以自行和解。但是,被害人有证据证明对被告人侵犯自己人身、财产权利的行为应当依法追究刑事责任,而公安机关或者人民检察院不予追究被告人刑事责任的案件而提起自诉,二审人民法院不得调解,双方当事人也不得自行和解。

在第二审程序中,自诉案件的当事人提出反诉的,第二审人民法院应当告知其另行起诉。在第二审案件附带民事部分审理中,第一审民事原告人增加独立的诉讼请求或者第一审民事被告人提出反诉的,第二审人民法院可以根据当事人自愿的原则就新增加的诉讼请求或者反诉进行调解,调解不成的,告知当事人另行起诉。

(三)二审宣判

二审审结后,第二审人民法院可以自行宣告判决、裁定,也可以委托第一审人民法院代为宣判,并向当事人送达第二审判决书、裁定书。第一审人民法院应当在代为宣判后5日内将宣判笔录送交第二审人民法院,并在送达完毕后及时将送达回证送交第二审人民法院。

委托宣判的,第二审人民法院应当直接向同级人民检察院送达第二审判决书、裁定书。

五、二审审理后的裁判结果

根据《刑事诉讼法》第225条规定,第二审人民法院对不服第一审判决的上诉、抗诉案件,经过审理后,应当按照下列情形分别处理:

(1)原判决认定事实和适用法律正确、量刑适当的,应当裁定驳回上诉或者抗诉,维持原判。

(2)原判决认定事实没有错误,但适用法律有错误,或者量刑不当的,应当改判。在改判时,对于被告人或者他的法定代理人、辩护人、近亲属上诉的案件,不得加重被告人的刑罚。但是,人民检察院提出抗诉或者自诉人提出上诉的,则不受"不得加重被告人的刑罚"规定的限制。

(3)原判决事实不清楚或者证据不足的,可以在查清事实后改判;也可以裁定撤销原判,发回原审人民法院重新审判。其中,原审人民法院对于因原判决事实不清楚或者证据不足而发回重新审判的案件作出判决后,被告人提出上诉或者人民检察院提出抗诉的,第二审人民法院应当依法作出判决或者裁定,不得再发回原审人民法院重新审判。原审人民法院对于发回重新审判的案件,应当另行组成合议庭,依照第一审程序进行审判。对于发回原审人民法院重新审判的案件,除有新的犯罪事实,人民检察院补充起诉的以外,原审人民法院不得加重被告人的刑罚。对于重新审判后的判决,仍属于一审判决,被告人或者他的法定代理人、辩护人、近亲属不服的,可以再次提起上诉,同级人民检察院也可以再次抗诉。

(4)发现第一审人民法院的审理有下列违反法律规定的诉讼程序的情形之一的,应当裁定撤销原判,发回原审人民法院重新审判:①违反本法有关公开审判的规定的;②违反回避制度的;③剥夺或者限制了当事人的法定诉讼权利,可能影响公正审判的;④审判组织的组成不合法的;⑤其他违反法律规定的诉讼程序,可能影响公正审判的。原审人民法院对于发回重新审判的案件,应当另行组成合议庭,依照第一审程序进行审判。对于重新审判后的判决,仍属于一审判决,被告人或者他的法定代理人、辩护人、近亲属不服的,可以再次提起上诉,同级人民检察院也可以再次抗诉。

(5)对于自诉案件的处理。除依法不能调解的自诉案件外,以调解方式结案的,二审人民法院应当制作调解书。调解书送达后,第一审判决、裁定视为撤销;当事人自行达成和解协议的,由二审人民法院裁定准许撤回自诉,并撤销第一审判决或者裁定。第二审人民法院对于调解结案或者当事人自行和解的自诉案件,被告人被采取强制措施的,应当立即予以解除。

此外,第二审人民法院审理刑事附带民事上诉、抗诉案件,如果发现刑事和附带民事部分均有错误需依法改判的,应当一并改判。第二审人民法院审理对刑事部分提出上诉、抗诉,附带民事诉讼部分已经发生法律效力的案件,如果发现第一审判决或者裁定中的民事部分确有错误,应当对民事部分按照审判监督程序予以纠正。第二审人民法院审理对附带民事诉讼部分提出上诉、抗诉,刑事部分已经发生法律效力的案件,如果发现第一审判决或者裁定中的刑事部分确有错误,应当对刑事部分按照审判监督程序进行再审,并将附带民事诉讼部分与刑事部分一并审理。

第二审人民法院在审理案件后作出的判决、裁定属于终审判决、裁定,一经宣布,立即发生法律效力。

六、对在法定刑以下判处刑罚的案件提出上诉或抗诉,二审审理后的处理

我国《刑法》第63条规定:"犯罪分子具有本法规定的减轻处罚情节的,应当在法定刑以下判处刑罚。犯罪分子虽然不具有本法规定的减轻处罚情节,但是根据案件的特殊情况,经最高人民法院核准,也可以在法定刑以下判处刑罚。"根据此规定,对于一审人民法院在法定刑以下判处刑罚的案件,被告人提出上诉或人民检察院提出抗诉的,第二审人民法院经过审理后作出的判决或裁定,还必须报经最高人民法院核准。具体的处理方式如下:

(1)被告人提出上诉或者人民检察院提出抗诉的案件,应当按照第二审程序审理。上诉或者抗诉无理的,应当裁定驳回上诉或者抗诉,维持原判,并按照规定的程序逐级报请最高人民法院核准。上诉或者抗诉有理的,应当依法改判。改判后仍判决在法定刑以下处以刑罚的,按照规定的程序逐级报请最高人民法院核准。

报请最高人民法院核准在法定刑以下判处刑罚的案件,应当报送判决书,报请核准的报告各五份,以及全部案卷、证据。

对在法定刑以下判处刑罚的案件,最高人民法院予以核准的,应当作出核准裁定书;不予核准的,应当作出不核准裁定书,并撤销原判决、裁定,发回原审人民法院重新审判或者指定其他下级人民法院重新审判。

(2)被告人未上诉、人民检察院未抗诉的,在上诉、抗诉期满后3日内报请上一级人民法院复核。上一级人民法院同意原判的,应当书面层报最高人民法院核准;不同意的,应当裁定发回重新审判,或者改变管辖按照第一审程序重新审理。原判是基层人民法院作出的,高级人民法院可以指定中级人民法院按照第一审程序重新审理。

七、二审的审理期限

根据《刑事诉讼法》第232条的规定,第二审人民法院受理上诉、抗诉案件,应当在2个月以内审结。如果是交通十分不便的边远地区发生的重大复杂案件,重大的犯罪集团案件,流窜作案的重大复杂案件,犯罪涉及面广、取证困难的重大复杂案件,经省、自治区、直辖市高级人民法院批准或者决定,可以再延长2个月。最高人民法院受理上诉、抗诉案件的审理期限,由最高人民法院决定。

第二审人民法院发回原审人民法院重新审判的案件,原审人民法院从收到发回的案件之日起,重新计算审理期限。对于发回重新审判的案件,当事人再次上诉或人民检察院再次抗诉的,二审人民法院的审理期限应当重新计算。

八、对查封、扣押、冻结在案财物及其孳息的处理

第二审人民法院在作出终审判决、裁定的同时,应当对查封、扣押、冻结在案的财物及其孳息作出相应的处理决定。根据《刑事诉讼法》和最高人民法院《关于适用〈中华人民共和国

刑事诉讼法〉的解释》的有关规定,对查封、扣押、冻结在案的财物及其孳息的处理方式包括以下几种。

(1)返还给被害人或者其继承人。对被害人的合法财产,权属明确的,应当依法及时返还,但须经拍照、鉴定、估价,并在案卷中注明返还的理由,将原物照片、清单和被害人的领取手续附卷备查;权属不明的,应当在人民法院判决、裁定生效后,按比例返还被害人,但已获退赔的部分应予扣除。判决返还被害人的涉案财物,应当通知被害人认领;无人认领的,应当公告通知;公告满3个月无人认领的,应当上缴国库;上缴国库后有人认领,经查证属实的,应当申请退库予以返还;原物已经拍卖、变卖的,应当返还价款。

(2)返还给案外的所有人。对于查封、扣押、冻结的与本案无关的财物,已列入清单的,第二审人民法院应当在作出的判决生效、裁定后,通知查封、扣押、冻结机关依法处理。应当返还所有人或持有人的,应当及时办理。

(3)返还给被告人。查封、扣押、冻结的财物属于被告人合法所有的,应当在赔偿被害人损失、执行财产刑后及时返还被告人;财物未随案移送的,应当通知查封、扣押、冻结机关将赔偿被害人损失、执行财产刑的部分移送人民法院。

(4)依法追缴、没收,上缴国库。对于依法查封、扣押、冻结的赃款、赃物及其孳息,除依法返还被害人、案外人的以外,应当予以追缴、没收,上缴国库。应当没收的赃款、赃物及其孳息的具体处理方式可以分为以下几种情形:

①对于人民法院扣押、冻结的赃款、赃物及其孳息,人民法院作出的判决生效、裁定后,由原审人民法院依照生效的法律文书进行处理。

②对冻结的存款、汇款、债券、股票、基金份额等财产判决没收的,第一审人民法院应当在判决生效后,将判决书、裁定书送达相关金融机构和财政部门,通知相关金融机构依法上缴国库并在接到执行通知书后15日内,将上缴国库的凭证、执行回单送回。

③对于不宜随案移送作为实物证据的违禁品、枪支弹药、易燃易爆物品、剧毒物品以及其他危险品,第二审人民法院作出生效判决、裁定后,应通知原保管机关按照国家规定移送有关主管部门进行处理。

④对于扣押的珍贵文物、珍贵动物及其制品、珍稀植物及其制品且未随案移送的,第二审人民法院作出生效判决、裁定后,应当通知原保管机关按照国家有关规定移送主管部门进行处理。

⑤对于毒品、淫秽物品等违禁物品,第二审人民法院作出生效判决、裁定后,应当通知原保管机关及时移交有关部门进行处理。

在第二审人民法院作出生效判决、裁定并对查封、扣押、冻结的财物及其孳息作出处理决定前,公安机关、人民检察院、人民法院及有关保管机关,应当妥善保管。其中,查封不动产、车辆、船舶、航空器等财物,应当扣押其权利证书,经拍照或者录像后原地封存,或者交持有人、被告人的近亲属保管,登记并写明财物的名称、型号、权属、地址等详细情况,并通知有关财物的登记、管理部门办理查封登记手续;扣押物品,应当登记并写明物品名称、型号、规格、数量、重量、质量、成色、纯度、颜色、新旧程度、缺损特征和来源等。扣押货币、有价证券,应当登记并写明货币、有价证券的名称、数额、面额等,货币应当存入银行专门账户,并登记银行存款凭证的名称、内容。扣押文物、金银、珠宝、名贵字画等贵重物品以及违禁品,应当拍照,需要鉴定的,应当及时鉴定。对扣押的物品应当根据有关规定及时估价;冻结存款、汇款、债券、股票、基金份额等财产,应当登记并写明编号、种类、面值、张数、金额等。

对于查封、扣押、冻结的财物及其孳息,任何单位和个人不得挪用或者自行处理。否则,应当依照有关规定追究主要责任人员和其他直接责任人员的纪律责任;构成犯罪的,依法追究刑事责任。

第四节 上诉不加刑原则

《刑事诉讼法》第226条规定,第二审人民法院审理被告人或者他的法定代理人、辩护人、近亲属上诉的案件,不得加重被告人的刑罚。此条款即为上诉不加刑原则的法律依据。

一、上诉不加刑原则的概念及其意义

(一)上诉不加刑原则的概念

上诉不加刑是指第二审人民法院审判被告人一方提出上诉的案件时,不得以任何理由改判重于原判决所判刑罚的审判原则。根据《刑事诉讼法》第226条的规定,只有当被告人或者其法定代理人、辩护人、近亲属单方提出上诉的,第二审人民法院才不得以任何理由或任何形式加重被告人的刑罚。如果人民检察院提出抗诉或者自诉人提出上诉的案件,或者被告人一方提出上诉的同时,人民检察院也提出了抗诉或者自诉人也提出了上诉,第二审人民法院的审判则不受上诉不加刑原则的限制。

准确理解我国上诉不加刑原则的含义,应当注意以下几点:

(1)上诉是被告人依法享有的一项诉讼权利。不论其上诉理由是否充分、正确,第二审人民法院均不能以被告人不服判决或者认罪态度不好为由而加重被告人的刑罚。

(2)对于仅有被告人一方上诉的案件,即使第二审人民法院认为原判决量刑过轻,也不得以任何理由加重被告人的刑罚。

(3)对于人民检察院提出抗诉或者自诉人提出上诉的案件,第二审人民法院经过审理之后,认为原审判决量刑过轻的,可以改判加重被告人的刑罚。

(4)对于发回重审的案件,除有新的犯罪事实,人民检察院补充起诉的以外,原审人民法院或者其他同级的人民法院重新审判后也不得加重被告人的刑罚。

(二)上诉不加刑原则的意义

上诉不加刑原则的意义,主要体现在以下几个方面:

(1)上诉不加刑原则有利于保障被告人的上诉权,保证两审终审制的贯彻执行。在刑事诉讼中,要正确地贯彻上诉制度和两审终审制,必须保障被告人充分行使上诉权。被告人或者他的法定代理人、辩护人、近亲属提出上诉的目的就是请求上一级人民法院改变原判决、裁定,以期获得更有利的裁判结果。如果上诉后不但未能减轻处罚,反而加重了被告人的刑罚,就可能使被告人及其法定代理人、辩护人、近亲属对上诉产生思想顾虑,即使认为第一审判决不正确,也不敢轻易提起上诉,客观上导致限制被告人行使上诉权的结果,使上诉制度流于形式。因此,确立上诉不加刑的原则,就可以排除被告人一方不必要的顾虑,从而保证上诉制度的实行和两审终审的有效贯彻。

(2)上诉不加刑原则有利于促使第一审人民法院提高办案质量。根据上诉不加刑原则,如果一审法院量刑偏轻的案件,即使上诉到了二审,也不能任意改判加刑,这无形中就对第一审人民法院的办案质量提出了更严格的要求,促使一审法院的审判人员充分认识到自己肩负的重任,使自己在审判一审案件时应当加强责任心,全面查明案件事实,准确定罪量刑,做到不枉不纵,以期经得起实践的检验和上一级人民法院的监督。

(3)上诉不加刑原则有利于促使检察机关履行法律监督职能。根据《刑事诉讼法》的规定,人民检察院提出抗诉的案件,不受上诉不加刑原则的限制。第二审人民法院在审理抗诉案件时,如果认为原判量刑过轻的,可以改判加重被告人的刑罚。如此一来,可以促使第一审人民法院的同级人民检察院及时审查一审裁判的结果。当发现一审裁判确有错误时,应当依法提起抗诉,督促第二审人民法院改正原判的错误,重新作出正确的裁判。因此,上诉不加刑可以加强检察机关的责任感,促使其发挥审判监督职能,及时对错误的一审裁判行使抗诉权。

二、上诉不加刑原则的具体内容

根据《刑事诉讼法》第226条、最高人民法院《关于适用〈中华人民共和国刑事诉讼法〉的解释》第325条的规定以及最高人民法院《关于刑事第二审判决改变第一审判决认定的罪名后能否加重附加刑的批复》的规定,上诉不加刑原则的具体内容包括以下几个方面:

(1)共同犯罪案件,只有部分被告人提出上诉的,既不能加重提出上诉的被告人的刑罚,也不能加重其他同案被告人的刑罚。

(2)原判事实清楚,证据确实、充分,只是认定的罪名不当的,可以改变罪名,但不得加重刑罚。

(3)原判对被告人实行数罪并罚的,不得加重决定执行的刑罚,也不得加重数罪中某罪的刑罚。

(4)原判对被告人宣告缓刑的,不得撤销缓刑或者延长缓刑考验期。

(5)原判没有宣告禁止令的,不得增加宣告;原判宣告禁止令的,不得增加内容、延长期限。

(6)原判对被告人判处死刑缓期执行没有限制减刑的,不得限制减刑。

(7)原判事实清楚,证据确实、充分,但判处的刑罚畸轻、应当适用附加刑而没有适用的,不得直接加重刑罚、适用附加刑,也不得以事实不清、证据不足为由发回第一审人民法院重新审判。必须依法改判的,应当在第二审判决、裁定生效后,依照审判监督程序重新审判。

(8)第一审人民法院没有判处附加刑的,第二审人民法院判决改变罪名后,不得判处附加刑。

(9)第一审人民法院原判附加刑较轻的,第二审人民法院不得改判较重的附加刑,也不得以事实不清或者证据不足发回第一审人民法院重新审理。必须依法改判的,应当在第二审判决、裁定生效后,按照审判监督程序重新审判。

(10)人民检察院提出抗诉或者自诉人提出上诉的案件,不论被告人一方是否已经提起上诉,均不受上诉不加刑原则的限制。在共同犯罪案件中,人民检察院只对部分被告人的判决提出抗诉的,第二审人民法院对其他第一审被告人不得加重刑罚。

三、适用上诉不加刑原则时应当注意的问题

在具体适用上诉不加刑原则时,应当注意以下几个问题:

(1)上诉不加刑是第二审程序的重要审判原则。但它只适用于只有被告人和他的法定代理人、辩护人、近亲属提出上诉的案件。而人民检察院提出抗诉或者自诉人提出上诉的,或在被告人一方提出上诉的同时,人民检察院和自诉人也提出抗诉、上诉的案件,则不受此原则的限制。

(2)第二审人民法院发回原审人民法院重新审判的案件,除有新的犯罪事实,人民检察院补充起诉的以外,原审人民法院也不得加重被告人的刑罚。

(3)第二审人民法院受理被告人一方的上诉后,如果认为原审判决量刑偏轻,不能动员一审的人民检察院抗诉或者自诉人提起上诉,然后根据抗诉请求或自诉人的上诉请求进行改判加重刑罚。

(4)虽然第二审人民法院在审理被告人一方的上诉案件时不能直接改判加重刑罚,但可以在判决生效后按照审判监督程序进行再审改判。再审时则不受再审不加刑的限制。

【本章练习】

一、单项选择题

1.甲、乙、丙三人共同实施故意杀人,一审法院判处甲死刑立即执行、乙无期徒刑、丙有期徒刑10年。丙以量刑过重为由上诉,甲和乙未上诉,检察院未抗诉。关于本案的第二审程序,下列哪一选项是正确的?( )

A.可不开庭审理

B.认为没有必要的,甲可不再到庭

C.由于乙没有上诉,其不得另行委托辩护人为其辩护

D.审理后认为原判事实不清且对丙的量刑过轻,发回一审法院重审,一审法院重审后可加重丙的刑罚

2.关于法定代理人对法院一审判决、裁定的上诉权,下列哪一说法是错误的?( )

A.自诉人高某的法定代理人有独立上诉权

B.被告人李某的法定代理人有独立上诉权

C.被害人方某的法定代理人有独立上诉权

D.附带民事诉讼当事人吴某的法定代理人对附带民事部分有独立上诉权

3.关于发回重审,下列哪一说法是不正确的?( )

A.发回重审原则上不能超过二次

B.在发回重审裁定书中应详细阐明发回重审的理由及法律根据

C.一审剥夺或者限制了当事人的法定诉讼权利,可能影响公正审判的,应当发回重审

D.发回重审应当撤销原判

4.某法院判决赵某犯诈骗罪处有期徒刑四年,犯盗窃罪处有期徒刑九年,合并执行有期徒刑十一年。赵某提出上诉。中级法院经审理认为,判处刑罚不当,犯诈骗罪应处有期徒刑五年,犯盗窃罪应处有期徒刑八年。根据上诉不加刑原则,下列哪一做法是正确的?(　　)

A.以事实不清、证据不足为由发回原审法院重新审理

B.直接改判两罪刑罚,分别为五年和八年,合并执行十二年

C.直接改判两罪刑罚,分别为五年和八年,合并执行仍为十一年

D.维持一审判决

5.下列哪一选项违反上诉不加刑原则?(　　)

A.一审法院认定马某犯伤害罪判处有期徒刑三年,马某上诉,检察院没有抗诉,二审法院认为一审判决认定事实不清,发回原审法院重新审判

B.一审法院认定赵某犯抢夺罪判处有期徒刑五年,赵某上诉,检察院没有抗诉,二审法院在没有改变刑期的情况下将罪名改判为抢劫罪

C.一审法院以盗窃罪判处金某有期徒刑二年、王某有期徒刑一年,金某、王某以没有实施犯罪为由提起上诉,检察院认为对金某量刑畸轻提出抗诉,二审法院经审理认为一审对金某、王某量刑均偏轻,但仅对金某改判为五年

D.一审法院认定石某犯杀人罪判处死刑立即执行,犯抢劫罪判处无期徒刑,数罪并罚决定执行死刑立即执行。石某上诉后,二审法院认为石某在抢劫现场杀人只构成抢劫罪一个罪,遂撤销一审对杀人罪的认定,以抢劫罪判处死刑立即执行

6.甲、乙涉嫌共同抢夺。经审理,一审法院判处甲有期徒刑三年、乙有期徒刑二年。检察院以对甲量刑过轻为由提起抗诉。甲、乙均没有上诉。关于本案二审程序,下列哪一选项是正确的?(　　)

A.二审法院仅就甲的量刑问题进行审查　　B.二审法院可以不开庭审理

C.乙应当参加法庭调查　　D.如果改判,二审法院可以加重乙的刑罚

7.叶某因挪用资金罪被判处有期徒刑一年缓期二年执行,判决宣告时叶某表示不上诉。其被解除羁押后经向他人咨询,认为自己不构成犯罪,于是又想提出上诉。下列哪一项是正确的?(　　)

A.叶某已明确表示不上诉,因此不能再提起上诉

B.需经法院同意,叶某才能上诉

C.在上诉期满前,叶某有权提出上诉

D.叶某可在上诉期满前提出上诉,但因一审判决未生效,需对他重新收押

8.某人民法院对被告人曹某等共同抢劫一案作出一审判决。曹某对犯罪事实供认不讳,仅以量刑过重为由提出上诉,其他被告人未提出上诉,人民检察院也未抗诉。二审法院经审理认为曹某构成犯罪,但曹某在二审作出裁判前因病死亡。二审法院应当如何处理该案件?(　　)

A.裁定全案终止审理,原判决自行生效

B.裁定对上诉终止审理,维持一审判决

C.裁定撤销一审判决,发回原审法院重审

D.宣布对曹某终止审理,对其他被告人仍应作出判决或裁定

二、多项选择题

1. 被告人李某,因故意杀人罪、间谍罪被中级人民法院一审判处死刑缓期二年执行。在上诉期间内,人民检察院认为人民法院的量刑不当,依法提起抗诉。二审法院不开庭审理后,认为一审法院认定事实没有错误,量刑过轻,依法撤销原判,改判为死刑立即执行,并核准执行死刑立即执行。该案哪些做法是违法的?(   )

    A. 二审法院改判被告人死刑立即执行
    B. 二审法院核准执行死刑
    C. 二审法院没有发回重审
    D. 二审法院不开庭审理本案

2. 关于检察院办理死刑上诉、抗诉案件的开庭前审查程序,下列哪些说法是正确的?(   )

    A. 应当讯问被告人,听取被告人的上诉理由或者辩解
    B. 应当听取辩护人的意见
    C. 应当询问证人
    D. 可以听取被害人的意见

3. 朱某自诉陈某犯诽谤罪,法院审理后,陈某反诉朱某侮辱罪。法院审查认为,符合反诉条件,合并审理此案,判处陈某有期徒刑一年,判处朱某有期徒刑一年。两人不服,均以对对方量刑过轻、己方量刑过重为由提出上诉。关于二审法院的判决,下列哪些选项是正确的?(   )

    A. 如认为对两人量刑均过轻,可同时加重朱某和陈某的刑罚
    B. 如认为对某一人的量刑过轻,可加重该人的刑罚
    C. 即使认为对两人量刑均过轻,也不得同时加重朱某和陈某的刑罚
    D. 如认为一审量刑过轻,只能通过审判监督程序纠正

4. 下列哪些二审案件依法应当开庭审理?(   )

    A. 甲犯贪污罪被一审判处有期徒刑五年,检察院认为量刑畸轻而抗诉的
    B. 乙犯伤害罪被一审判处无期徒刑,乙上诉的
    C. 丙犯抢劫罪被一审判处死刑缓期二年执行,丙对事实、证据无异议,以量刑过重为由上诉的
    D. 丁犯杀人罪被一审判处死刑立即执行,丁上诉的

5. 甲杀人案,犯罪手段残忍,影响恶劣,第一审法院为防止被害人家属和旁听群众在法庭上过于激愤影响顺利审判,决定作为特例不公开审理。经审理,第一审法院判处甲死刑立即执行,甲上诉。对于本案,第二审法院下列哪些做法是正确的?(   )

    A. 组成合议庭　　　　　　　　B. 把案件作为第一审案件审理
    C. 审理后改判　　　　　　　　D. 撤销原判,发回重审

6. 第二审法院在审查一审裁判时,发现下列哪些情形,应当裁定撤销原判,发回原审法院重新审判?(   )

    A. 第一审程序为提高效率,没有让被告人作最后陈述,被告人也无异议
    B. 参与第一审程序的陪审员是本案的目击证人

C. 对涉及国家秘密的案件进行了公开审理

D. 没有告知被告人可以申请回避

7. 检察院办理死刑上诉、抗诉案件,应当在开庭前对案卷材料进行全面审查,并进行相关工作。依照有关规定,下列哪些工作是应当进行的?(　　)

　　A. 应当讯问被告人,听取被告人的上诉理由或者辩解

　　B. 根据案件情况,必要时应当听取辩护人的意见

　　C. 对鉴定结论有疑问的,可以重新鉴定或者补充鉴定

　　D. 有被害人的,必须听取被害人的意见

8. 第二审法院遇有下列哪些情形应当依法裁定撤销原判、发回重审?(　　)

　　A. 应当公开审理而没有公开审理的

　　B. 被告人未在庭审笔录上签名的

　　C. 人民陪审员独任审判案件的

　　D. 庭审中没有听取被告人最后陈述,可能影响公正审判的

9. 甲与乙婚后六年,乙又与另一男子相爱,并通过熟人办理了结婚登记手续。甲得知后将乙起诉至法院,乙被法院以重婚罪判处有期徒刑一年。对本案第一审判决,哪些人享有独立上诉权?(　　)

　　A. 甲　　　　　　B. 乙　　　　　　C. 甲、乙的父母　　D. 乙的辩护人

10. 张某、王某合伙实施盗窃,张某被判处有期徒刑十年,王某被判处有期徒刑三年。张某、王某未上诉,人民检察院认为对王某的量刑过轻,仅就王某的量刑问题提出抗诉。在二审程序中,张某享有哪些权利?(　　)

　　A. 参加法庭调查　　　　　　B. 参加法庭辩论

　　C. 委托辩护人辩护　　　　　D. 二审法院不得加重其刑罚

三、简答题

1. 被告人上诉可以不具任何理由,有何积极意义?

2. 被告人与其法定代理人的上诉意思不一致时,应以哪个为准?为什么?

3. 原判决事实不清楚或者证据不足,第二审人民法院裁定撤销原判,发回重审的,只限一次的规定,有何积极意义?

4. 如何理解第二审程序的全面审查原则?

5. 上诉不加刑原则的具体内容及其意义。

四、案例思考题

张某与王某因口角发生扭打,张某将王某打成重伤。检察院以故意伤害罪向法院提起公诉,被害人王某同时向法院提起附带民事诉讼。

问题:

(1)如果一审宣判后,张某对刑事部分不服提出上诉,王某对民事部分不服提出上诉,第二审法院在审理中发现本案的刑事部分和附带民事部分认定事实都没有错误,但适用法律有错误,应当如何处理?

(2)如果一审宣判后,检察院对本案刑事部分提起了抗诉,本案的附带民事部分没有上诉。第二审法院在审理中发现本案民事部分有错误,二审法院对民事部分应如何处理?

(3)如果一审宣判后,本案的刑事部分既没有上诉也没有抗诉,王某对本案附带民事部分提起了上诉,在刑事部分已经发生法律效力的情况下,二审法院在审理中发现本案的刑事部分有错误,二审法院应如何处理?

(4)如果一审宣判后,王某对附带民事部分判决上诉中增加了独立的诉讼请求,张某在二审中也对民事部分提出了反诉,二审法院应当如何处理?

(5)如果在一审程序中,法院审查王某提起的附带民事诉讼请求后,认为不符合提起附带民事诉讼的条件,法院应当如何处理?

(6)如果法院受理了附带民事诉讼,根据我国《刑事诉讼法》及司法解释相关规定,对一审过程中附带民事诉讼的调解,法院应当如何处理?

第十八章 死刑复核程序

【学习目标】

■ 知识目标：
了解死刑复核程序的概念、意义和特点。
了解我国死刑复核权的情况。
了解死刑复核程序的法律监督。

■ 能力目标：
理解并掌握死刑立即执行案件复核程序的具体运作方式。
理解并掌握死刑立即执行案件的复核结果。
理解并掌握死缓案件的复核程序内容。

【案例引导1】

2011年9月17日下午6时许，被告人杨方振持刀抢劫被害人魏某并导致被害人因颈总动脉断裂大出血死亡。河北省沧州市中级人民法院一审判决认定被告人杨方振犯抢劫罪，判处死刑立即执行。在一审被判死刑后，杨方振提起上诉。河北省高级人民法院二审认为，杨方振采取暴力手段劫取他人财物，并致人死亡，虽然其认罪态度较好，也能赔偿被害人经济损失，并得到被害方谅解，但不足以从轻处罚。该院遂于2013年1月裁定驳回上诉，维持原判，并依法报请最高人民法院核准死刑。2013年6月17日，最高人民法院在河北省黄骅市人民法院参照二审程序开庭审理，就被告人杨方振因涉嫌抢劫罪被二审判处死刑一案进行复核。经复核，最高人民法院撤销了河北省高级人民法院的刑事裁定，不核准杨方振死刑，并依法改判为死刑缓期二年执行。

问题：最高人民法院复核死刑案件时有哪些主要程序要求？

【案例引导2】

2006年12月，宣某听到有人议论副局长陈某将要接替他当局长，认为是陈某抢占其职位，遂心怀不满，并产生杀害陈某的念头。2007年1月3日上午9时许，宣某在办公室将副局长陈某杀死。案件经一、二审，宣某均被判死刑。2010年，最高人民法院对该案死刑复核后认为，宣某有自首情节，将该案发回重审。省高级人民法院再审审理后认为，鉴于宣某作案后能在亲属的规劝、陪同下投案自首，依法可以从轻处罚，不必立即执行，故改判宣某为死刑缓期两年执行。

问题：省高级人民法院改判后应否对本案另行进行复核？为什么？

第一节 死刑复核程序概述

一、死刑复核程序的概念和意义

（一）死刑复核程序的概念

死刑复核程序，是指对被告人被判处死刑的判决和裁定，在其生效后进行复查、核准的一种特殊司法程序。死刑作为剥夺犯罪分子生命的刑罚方法，是最严厉的一种刑罚，故又称为"极刑"。当今世界，各国对死刑的态度不一。有的已经废除死刑，有的则保留部分死刑。我国目前的基本死刑政策是"坚持保留死刑，严格控制和慎重适用死刑"。它具体体现在：一方面刑法对死刑的适用范围作了严格控制，既减少了死刑适用的案件范围，还设立了死刑缓期二年执行的制度，以充分体现"少杀、慎杀"的刑事政策；另一方面则从程序法上对死刑进行司法控制，即通过死刑复核程序，对判处被告人死刑的案件在认定事实和适用法律上是否正确进行全面审查，核准正确的死刑判决和裁定，改正、变更错误的或不适当的死刑判决和裁定，以严格适用的方式来贯彻慎杀的方针。

死刑复核程序作为我国刑事诉讼的一项特殊司法程序，与其他诉讼程序相比较，其特殊性主要表现在以下几个方面：

(1)死刑复核程序仅适用于被告人被判处死刑的案件,包括判处死刑立即执行和判处死刑缓期二年执行的案件。被告人没有被判处死刑的案件,则不必经过这种特别程序。

(2)死刑复核程序是死刑裁判交付执行前的必经程序。对一般刑事案件而言,凡是已超过法定期限没有上诉、抗诉的一审判决和裁定,或者提起上诉、抗诉以后由第二审人民法院作出的终审判决和裁定,即为发生法律效力的判决和裁定,必须在规定期限内交付执行。但是,判处死刑的判决和裁定,不论是已超过法定期限没有上诉、抗诉,还是由第二审人民法院作出的终审判决和裁定,即使是已经发生法律效力,也不能立即交付执行,而是要经过复核程序裁定核准后才能交付执行。

(3)死刑复核程序是一种自动进入的特殊程序。第一审程序和第二审程序遵循的是不告不理原则,只有人民检察院提起公诉或者自诉人提起自诉,才会引起第一审程序的发生;也只有人民检察院提起抗诉或者被告人、自诉人提起上诉,上一级人民法院才会启动第二审程序。但是,死刑复核程序的启动,则既不是由人民检察院提起公诉或者自诉人提起自诉,也不由人民检察院提起抗诉或者被告人、自诉人提起上诉引起,而是在超过法定期限没有上诉、抗诉,或者是由第二审人民法院作出并宣告终审判决和裁定后,由作出生效裁判的人民法院主动、逐级向上报请至高级人民法院或最高人民法院进行复核。

(4)死刑复核程序只能由最高或高级人民法院进行。依照我国《刑事诉讼法》的规定,死刑立即执行的核准权只能由最高人民法院行使;死刑缓期二年执行的核准权,除由最高人民法院判决的以外,应当由高级人民法院行使。如此一来,由中级人民法院一审判决的死刑案件,由高级人民法院二审或者复核后,报请最高人民法院核准。由中级人民法院一审判决的死刑缓期二年执行的案件,由高级人民法院二审并同时复核,或者在生效后报请高级人民法院复核。

(二)死刑复核程序的意义

我国《刑事诉讼法》对死刑案件设立死刑复核程序,充分体现了严格限制死刑,坚持少杀、慎杀的刑事政策。死刑复核程序对于正确适用死刑,保证死刑案件的办案质量,控制死刑案件的数量,提供了必不可少的程序保障。

1. 死刑复核程序有利于保证死刑适用的准确性

死刑是刑罚体系中最严厉的刑罚方法,是剥夺犯罪分子生命的刑罚,如果运用得当,就能够有力地打击极其严重的危害国家安全、危害公共安全、侵犯公民人身权利的犯罪行为,伸张正义,平息民愤,保卫国家安全,维护社会安定,保护公民的合法权益;但若适用不当并实际执行,则会造成不可挽回的严重后果,造成极为不良的社会影响。死刑复核程序的目的,就在于复查、审核程序来防止错判错杀。因为在死刑复核程序中,依法享有死刑核准权的人民法院应当对死刑裁判的认定事实、适用法律和审判程序进行全面审查,以核准正确的死刑裁判,纠正不适当或者错误的死刑裁判。可见,死刑复核程序是一道防止错杀的重要防线。

2. 死刑复核程序有利于严格控制死刑的适用

坚持少杀,可杀可不杀的一律不杀,是我国一贯的刑事政策。通过死刑复核程序,将死刑核准权交由最高人民法院和高级人民法院行使,不仅可以严格控制死刑的适用范围,将死刑只适用于极少数社会危害特别严重、情节特别恶劣、非判死刑不可的犯罪分子,同时也使那些可杀可不杀的犯罪分子能够通过劳动改造获得重新做人的机会。特别是对那些罪该判处死刑但又不必立即执行的犯罪分子,适用我国刑法所独创的死缓制度,进而缩小死刑立即执行的适用范围,实现少杀、慎杀的刑事政策。

3.规范死刑复核程序运行,统一死刑适用标准

目前,我国的死刑立即执行裁判的核准权,统一由最高人民法院行使,中级人民法院判处死刑缓期二年执行的案件,则由高级人民法院核准。核准权特别是死刑立即执行核准权的集中行使,可以最大限度地保证死刑适用标准的统一,避免出现因刑罚不均衡现象而影响死刑裁判的公正性。与此同时,核准权的集中行使也可以规范死刑复核的程序运行。另外,通过死刑复核程序,最高人民法院、高级人民法院可以及时发现死刑案件中可能出现的偏差和错误,及时纠正错误的死刑裁判,总结审判工作经验和教训,指导和促使下级人民法院提高审判死刑案件的质量,确保刑事司法的社会公信力。

第二节 判处死刑立即执行案件的复核程序

一、死刑复核权的发展变化

死刑核准权是指对死刑判决、裁定由哪一级人民法院进行复查与核准的权限。死刑核准权是死刑复核程序的核心要素,其归属直接影响到死刑复核程序的结构,并关系到死刑复核程序设置目的能否实现。自从新中国成立以来,我国法律关于死刑立即执行案件的核准权经历了一个复杂的发展变化过程。

(一)第一轮的上收集中和授权下放

在新中国成立初期,关于死刑立即执行案件的核准权是分级行使的。1950年召开的第一届全国政法会议作出规定,一般死刑案件由省级以上人民法院核准执行,重大案件送请上级人民法院核准执行。政务院和最高人民法院于1950年7月23日联合发布的《关于镇压反革命活动的指示》对新中国成立初期判处死刑的批准权限具体规定为:县(市)人民法庭(分庭)判处死刑的,由省人民政府或者省人民政府特令指定的行政公署批准;大行政区直辖市人民法庭(分庭)判处死刑的,由大行政区人民政府(军政委员会)批准;中央直辖市判处死刑的,由最高人民法院院长批准。1954年9月21日颁布的《人民法院组织法》第11条规定,地方各级人民法院第一审案件的判决和裁定,如果在上诉期间当事人不上诉、人民检察院不抗议,就是发生法律效力的判决和裁定。中级人民法院、高级人民法院和最高人民法院审判的第二审案件的判决和裁定,最高人民法院审判的第一审案件的判决和裁定,都是终审的判决和裁定,也就是发生法律效力的判决和裁定。中级人民法院和高级人民法院对于死刑案件的终审判决和裁定,如果当事人不服,可以申请上一级人民法院复核;基层人民法院对于死刑案件的判决和中级人民法院对于死刑案件的判决和裁定,如果当事人不上诉,不申请复核,应当报请高级人民法院核准后执行。由此可见,当时的死刑案件核准权由高级人民法院

和最高人民法院行使。1957年,第一届全国人大第四次会议作出决议:"今后一切死刑案件,都由最高人民法院判决或者核准。"这是我国死刑案件核准权的第一次上收集中行使。然而,这个决议内容不久就被改变。1958年5月29日,最高人民法院发出通知,将死刑缓期两年执行的案件核准权交由各高级人民法院行使。1966年"文化大革命"开始后,死刑立即执行的案件核准权被下放至各省、自治区、直辖市革命委员会行使。这可谓是死刑立即执行案件核准权的第一轮授权下放。

(二)第二轮的上收集中和授权下放

1979年7月1日,第五届全国人大第二次会议通过的《人民法院法院组织法》第13条、《刑法》第43条第2款以及《刑事诉讼法》第144条、第145条均规定,死刑除由最高人民法院判决的外,由最高人民法院核准。这是关于死刑立即执行案件的核准权的第二轮上收集中。

不过,实行改革开放后,由于严重经济犯罪和严重危害社会治安的犯罪上升、社会治安形势持续恶化,死刑的适用开始呈扩大化趋势。由于死刑政策的变化,导致死刑案件数量的大幅上升,最高人民法院难以承受全部的死刑复核工作。因此,关于死刑立即执行案件的核准权又随着"严打"斗争的深入而陆续授权下放。具体表现为:

(1)1980年2月12日,第五届全国人大常委会第十三次会议批准:在1980年内,对现行的杀人、强奸、抢劫、放火等犯有严重罪行应当判处死刑的案件,最高人民法院可以授权省、自治区、直辖市高级人民法院核准。根据这一决定,最高人民法院于1980年3月18日下发了《关于对几类现行犯授权高级人民法院核准死刑的若干具体规定的通知》,授权省、自治区、直辖市高级人民法院核准部分死刑案件。

(2)1981年6月10日,第五届全国人大常委会第十九次会议通过了《关于死刑案件核准问题的决定》,其中规定:"一、在一九八一年至一九八三年内,对犯有杀人、抢劫、强奸、爆炸、放火、投毒、决水和破坏交通、电力等设备的罪行,由省、自治区、直辖市高级人民法院终审判决死刑的,或者中级人民法院一审判决死刑,被告人不上诉,经高级人民法院核准的,以及高级人民法院一审判决死刑,被告人不上诉的,都不必报最高人民法院核准。二、对反革命犯和贪污犯等判处死刑,仍然按照'刑事诉讼法'关于'死刑复核程序'的规定,由最高人民法院核准。"

(3)1983年9月2日,第六届全国人大常委会第二次会议通过的《关于修改〈中华人民共和国人民法院组织法〉的决定》对死刑复核权作了修改,规定"死刑案件除由最高人民法院判决的以外,应当报请最高人民法院核准。杀人、强奸、抢劫、爆炸以及其他严重危害公共安全和社会治安判处死刑案件的核准权,最高人民法院在必要的时候,得授权省、自治区、直辖市的高级人民法院行使"。据此,最高人民法院于1983年9月7日发布了《关于授权高级人民法院核准部分死刑案件的通知》,授予各省、自治区、直辖市高级人民法院及解放军军事法院行使上述案件的死刑复核权。具体授权下放的内容为:"在当前严厉打击刑事犯罪活动期间,为了及时严惩严重危害公共安全和社会治安的罪大恶极的刑事犯罪分子,除由本院判决的死刑案件外,各地对反革命案件和贪污等严重经济犯罪案件(包括受贿案件、走私案件、投机倒把案件、贩毒案件、盗运珍贵文物出口案件)判处死刑的,仍应由高级人民法院复核同意后,报本院核准;对杀人、强奸、抢劫、爆炸以及其他严重危害公共安全和社会治安判处死刑的案件的核准权,本院依法授权由各省、自治区、直辖市高级人民法院和解放军军事法院行使。"

(4)1991年6月6日,最高人民法院下发《关于授权云南省高级人民法院核准部分毒品犯罪死刑案件的通知》,授予云南省高级人民法院对部分毒品犯罪死刑案件行使死刑核准权:"自本通知下达之日起,云南省的毒品犯罪死刑案件的核准权(本院判决的和涉外的毒品犯罪死刑案件除外),依法授权由云南省高级人民法院行使。"

(5)1993年8月18日,最高人民法院下发《关于授权广东省高级人民法院核准部分毒品犯罪死刑案件的通知》,明确规定:"自本通知下达之日起,广东省的毒品犯罪死刑案件(不含你院一审判决的和涉外的毒品犯罪死刑案件)的核准权,依法授权由广东省高级人民法院行使。"

(6)1996年3月19日,最高人民法院下发《关于授权广西壮族自治区、四川省、甘肃省高级人民法院核准部分毒品犯罪死刑案件的通知》规定:"自本通知下达之日起,广西壮族自治区、四川省、甘肃省的毒品犯罪死刑案件的核准权(本院判决的和涉外的毒品犯罪死刑案件除外),依法分别授权由广西壮族自治区、四川省、甘肃省高级人民法院行使。"

(7)1997年6月23日,最高人民法院下发《关于授权贵州省高级人民法院核准部分毒品犯罪死刑案件的通知》规定:"自本通知下达之日起,贵州省的毒品犯罪死刑案件(本院判决的和涉外的毒品犯罪死刑案件除外)的核准权,授予贵州省高级人民法院行使。但涉港澳台死刑案件在一审宣判前仍需报最高法院内核。"

(三)第三轮的上收集中和授权下放

最高人民法院授权各高级人民法院行使部分死刑核准权,虽然有力地打击了各类严重危害社会治安的刑事犯罪行为,但这一轮的授权下放也带来一定的负面影响。由于死刑立即执行案件的核准权过于分散,致使各高级人民法院对死刑的适用标准不尽统一,二审程序与死刑复核程序合二为一,影响了死刑复核程序的功能发挥,甚至难以防止冤假错案的发生。1996年3月17日,第八届全国人大第四次会议通过《关于修改〈中华人民共和国刑事诉讼法〉的决定》。1997年3月14日,第八届全国人大第五次会议通过了《关于修改〈中华人民共和国刑法〉的决定》。这两部法律均明确:死刑除依法由最高人民法院判决的以外,都应当报请最高人民法院核准。死刑缓期执行的,可以由高级人民法院判决或者核准。至此,关于死刑立即执行案件的核准权,在立法上作了第三次上收集中。但值得一提的是,《人民法院组织法》中关于死刑立即执行案件的核准权的下放授权规定并没有予以相应的修改。

基于打击严重刑事犯罪的需要,1997年9月26日,最高人民法院又发出《关于授权高级人民法院和解放军军事法院核准部分死刑案件的通知》,其中规定:"自一九九七年十月一日修订后的刑法正式实施之日起,除本院判处的死刑案件外,各地对刑法分则第一章规定的危害国家安全罪,第三章规定的破坏社会主义市场经济秩序罪,第八章规定的贪污贿赂罪判处死刑的案件,高级人民法院、解放军军事法院二审或复核同意后,仍应报本院核准。对刑法分则第二章、第四章、第五章、第六章(毒品犯罪除外)、第七章、第十章规定的犯罪,判处死刑的案件(本院判决的和涉外的除外)的核准权,本院依据《中华人民共和国人民法院组织法》第十三条的规定,仍授权由各省、自治区、直辖市高级人民法院和解放军军事法院行使。但涉港澳台死刑案件在一审宣判前仍须报本院内核。对于毒品犯罪死刑案件,除已获得授权的高级人民法院可以行使部分死刑案件核准权外,其他高级人民法院和解放军事法院在二审或复核同意后,仍应报本院核准。"

根据司法解释和最高人民法院有关批复的规定,必须由最高人民法院核准的死刑案件包括以下九类:①危害国家安全罪判处死刑的案件;②破坏社会主义市场经济秩序罪判处死刑的案件;③贪污受贿犯罪判处死刑的案件;④除云南、广东、广西、甘肃、四川、贵州外,其他省、直辖市、自治区高级人民法院判处死刑的毒品案件;⑤涉港澳台的死刑案件(在一审宣判前仍须报最高人民法院内核);⑥涉外的死刑案件;⑦二审直接改判死刑的案件;⑧审判监督程序中直接改判死刑的案件;⑨死缓考验期内故意犯罪应当执行的死刑的案件。

(四)死刑案件核准权的再次上收集中

由于长期将部分死刑立即执行案件的核准权下放授权给各高级人民法院行使,导致实践中不少二审程序与死刑复核程序合二为一,致使死刑复核程序的功能实质上被虚化,并受到诸多诟病。为确保死刑复核程序的防错、纠错的程序功能,2006年10月31日,第十届全国人大常委会第二十四次会议通过《关于修改〈中华人民共和国人民法院组织法〉的决定》。其中明确:"第十三条修改为:死刑除依法由最高人民法院判决的以外,应当报请最高人民法院核准。"该决定自2007年1月1日起施行。根据这一决定,最高人民法院于2006年12月28日作出《关于统一行使死刑案件核准权有关问题的决定》。其中规定:①自2007年1月1日起,最高人民法院根据全国人民代表大会常委会有关决定和《人民法院组织法》原第13条的规定发布的关于授权高级人民法院和解放军军事法院核准部分死刑案件的通知,一律予以废止。②自2007年1月1日起,死刑除依法由最高人民法院判决的以外,各高级人民法院和解放军军事法院依法判处和裁定的,应当报请最高人民法院核准。③2006年12月31日以前,各高级人民法院和解放军军事法院已经核准的死刑立即执行的判决、裁定,依法仍由各高级人民法院、解放军军事法院院长签发执行死刑的命令。至此,死刑立即执行案件的核准权在下放授权20多年后,再次被上收集中行使,死刑复核"二元化"时代宣告终结。2012年3月14日,第十一届全国人大第五次会议通过了《关于修改〈中华人民共和国刑事诉讼法〉的决定》,其中"死刑由最高人民法院核准"的规定,未作任何变化。

二、判处死刑立即执行案件的报请复核

根据2012年新修订的《刑事诉讼法》第136条和最高人民法院《关于适用〈中华人民共和国刑事诉讼法〉的解释》第344条的规定,关于死刑立即执行案件的报请复核程序,根据作出生效判决的法院不同,分别按以下情形进行:

(1)中级人民法院判处死刑的第一审案件,被告人未上诉、人民检察院未抗诉的,在上诉、抗诉期满后10日内报请高级人民法院复核。高级人民法院同意判处死刑的,应当在作出裁定后10日内报请最高人民法院核准;不同意的,应当依照第二审程序提审或者发回重新审判。其中,如果高级人民法院决定提审的,应当按照第二程序进行审理,所作的判决是终审判决。提审后改判为死刑缓期两年执行的,即为终审判决,高级人民法院无须对该案重新进行复核。提审后仍然判处死刑立即执行的,应当报请最高人民法院核准。对于发回重新审判的案件,原审人民法院应当按照第一审程序进行审理,作出的判决是初审判决,被告人不服的,可以上诉。检察机关不服的,也可以抗诉。对于仍然判处死刑的案件,如果被告

人不上诉、人民检察院不抗诉的,原审法院应当依法逐级报请复核。

(2)中级人民法院判处死刑的第一审案件,被告人提出上诉或者人民检察院提出抗诉,高级人民法院终审裁定维持死刑判决的,应当在作出裁定后10日内报请最高人民法院核准。高级人民法院不同意判处死刑的,可以直接改判或者发回重新审判。如果改判为死刑缓期二年执行的,即为终审判决,高级人民法院无须对该案重新进行复核。如果发回由中级人民法院重新审判后仍判处死刑立即执行的,分别按上诉、抗诉或不上诉、不抗诉的情形进入二审或逐级报请最高人民法院复核。

(3)中级人民法院没有判处被告人死刑立即执行,被告人没有上诉,但人民检察院提出抗诉,高级人民法院改判为死刑立即执行的,高级人民法院应当在作出判决后10日内报请最高人民法院核准。

(4)高级人民法院判处死刑的第一审案件,被告人不上诉、人民检察院不抗诉的,应当在上诉、抗诉期满后10日内报请最高人民法院核准。

(5)被判处死刑缓期二年执行的罪犯,在死刑缓期执行期间,如果故意犯罪,查证属实,应当执行死刑的,由高级人民法院报请最高人民法院核准。

三、判处死刑立即执行案件报请复核的要求

为了保证报送死刑复核案件的质量,根据最高人民法院《关于适用〈中华人民共和国刑事诉讼法〉的解释》第346条规定,报请死刑复核的案件应当符合下列要求:

(1)应当一案一报。即有关人民法院每判决一宗死刑案件,应当在判决、裁定生效后报请复核,不得以批量汇总的形式集中报请。

(2)应当报送全案的诉讼材料。报送的材料包括报请复核的报告,第一、二审裁判文书,死刑案件综合报告各五份以及全部案卷、证据。其中,死刑案件综合报告,第一、二审裁判文书和审理报告应当附送电子文本。同案审理的案件应当报送全案案卷、证据。曾经发回重新审判的案件,原第一、二审案卷应当一并报送。

《关于适用〈中华人民共和国刑事诉讼法〉的解释》第347条规定:报请复核的报告,应当写明案由、简要案情、审理过程和判决结果。死刑案件综合报告应当包括以下内容:

①被告人、被害人的基本情况。被告人有前科或者曾受过行政处罚的,应当写明。

②案件的由来和审理经过。案件曾经发回重新审判的,应当写明发回重新审判的原因、时间、案号等。

③案件侦破情况。通过技术侦查措施抓获被告人、侦破案件,以及与自首、立功认定有关的情况,应当写明。

④第一审审理情况。包括控辩双方意见、第一审认定的犯罪事实、合议庭和审判委员会意见。

⑤第二审审理或者高级人民法院复核情况。包括上诉理由、检察机关意见、第二审审理或者高级人民法院复核认定的事实、证据采信情况及理由、控辩双方意见及采纳情况。

⑥需要说明的问题。包括共同犯罪案件中另案处理的同案犯的定罪量刑情况、案件有无重大社会影响,以及当事人的反应等情况。

⑦处理意见。写明合议庭和审判委员会的意见。

四、判处死刑立即执行案件的复核程序

根据《刑事诉讼法》第238条至240条、最高人民法院《关于适用〈中华人民共和国刑事诉讼法〉的解释》以及最高人民法院《关于复核死刑案件若干问题的规定》的规定,最高人民法院复核死刑案件时应当遵守以下程序规定:

(一)复核组织

最高人民法院复核死刑案件,应当由审判员3人组成合议庭进行。

(二)复核程序

最高人民法院在复核死刑案件时,不以开庭的方式进行案件审查,而是采用书面审核的方式对报送材料进行审查和评议。不过,这种书面审查并非完全的书面主义。只是书面审查为主,同时还要辅之以必要的调查和讯问。具体包括:

(1)讯问被告人。《刑事诉讼法》第240条规定,最高人民法院复核死刑案件,应当讯问被告人。此规定是指案件经过了一审、二审后进入到最高人民法院进行死刑复核时应当讯问被告人的程序要求。根据《关于适用〈中华人民共和国刑事诉讼法〉的解释》第344条第2款的规定,中级人民法院判处死刑的第一审案件,被告人未上诉、人民检察院未抗诉的,报请高级人民法院复核时,也应当讯问被告人。据此,只要是死刑案件的复核程序,讯问被告人即是必经程序。在以往的司法实践中,最高人民法院在复核时,讯问被告人通常是委托所在地的高级人民法院代为进行。代为讯问实质上是间接听取意见,限制了被告人直接向复核合议庭表达意见的机会。新司法解释颁布以后,最高人民法院复核死刑案件,一般是通过视频连线的方式讯问被告人。

(2)听取被告人的辩护律师的意见。根据《刑事诉讼法》第240条第1款的规定,如果辩护律师提出要求的,应当听取辩护律师的意见。《关于适用〈中华人民共和国刑事诉讼法〉的解释》第356条规定:"死刑复核期间,辩护律师要求当面反映意见的,最高人民法院有关合议庭应当在办公场所听取其意见,并制作笔录;辩护律师提出书面意见的,应当附卷。"最高人民法院、最高人民检察院、公安部和司法部于2007年3月9日联合发布的《关于进一步严格依法办案确保办理死刑案件质量的意见》第40条也规定:"死刑案件复核期间,被告人委托的辩护人提出听取意见要求的,应当听取辩护人的意见,并制作笔录附卷。辩护人提出书面意见的,应当附卷。"如果被告人在复核阶段没有委托辩护律师的,最高人民法院应当为其指派承担法律援助义务的辩护律师为其辩护。根据最高人民法院《关于办理死刑复核案件听取辩护律师意见的办法》之规定,辩护律师应当在接受委托或者指派之日起一个半月内提交辩护意见。辩护律师要求当面反映意见的,案件承办法官应当及时安排。一般由案件承办法官与书记员当面听取辩护律师意见,也可以由合议庭其他成员或者全体成员与书记员当面听取。当面听取辩护律师意见,应当在最高人民法院或者地方人民法院办公场所进行。当面听取辩护律师意见时,应当制作笔录,由辩护律师签名后附卷。辩护律师提交相关材料的,应当接收并开列收取清单一式二份,一份交给辩护律师,另一份附卷。当面听取辩护律师意见时,具备条件的人民法院应当指派工作人员全程录音、录像。复核终结后,受委托进行宣判的人民法院应当在宣判后5个工作日内将最高人民法院裁判文书送达辩护律师。

(3)调查、核实案卷材料。《关于进一步严格依法办案确保办理死刑案件质量的意见》第41条规定,复核死刑案件,合议庭成员应当阅卷,并提出书面意见存查。对证据有疑问的,应当对证据进行调查核实,必要时到案发现场调查。

(4)听取最高人民检察院的意见。《刑事诉讼法》第8条规定:"人民检察院依法对刑事诉讼实行法律监督。"死刑复核程序同样属于人民检察院的监督范围。《刑事诉讼法》第240条第2款规定,在复核死刑案件过程中,最高人民检察院可以向最高人民法院提出意见。如果最高人民检察院拟对死刑复核的案件提出意见的,应当采用书面形式提出,最高人民法院则应当将最高人民检察院的书面意见进行附卷。《关于适用〈中华人民共和国刑事诉讼法〉的解释》第357条规定:"死刑复核期间,最高人民检察院提出意见的,最高人民法院应当审查,并将采纳情况及理由反馈最高人民检察院。"此外,《关于进一步严格依法办案确保办理死刑案件质量的意见》第34规定,最高人民法院复核死刑案件,对于疑难、复杂的案件,合议庭认为难以作出决定的,应当提请院长决定提交审判委员会讨论决定。审判委员会讨论案件,同级人民检察院检察长、受检察长委托的副检察长均可列席会议。

(5)向最高人民检察院通报死刑复核的结果。最高人民法院复核死刑案件,应当作出核准或者不核准死刑的裁定。《刑事诉讼法》第240条第2款规定,最高人民法院应当将死刑复核结果通报最高人民检察院。因此,不论是否核准死刑,最高人民法院均应当将复核的裁定抄送给最高人民检察院。

(三)复核内容

最高人民法院在复核死刑案件时,应当对案件事实、证据、适用法律、诉讼程序等方面进行全面审查,并着重查明以下内容:①被告人的年龄,被告人有无刑事责任能力、是否系怀孕的妇女;②原判认定的事实是否清楚,证据是否确实、充分;③犯罪情节、后果及危害程度;④原判适用法律是否正确,是否必须判处死刑,是否必须立即执行;⑤有无法定、酌定从重、从轻或者减轻处罚情节;⑥诉讼程序是否合法;⑦应当审查的其他情况。

最高人民法院对报请复核的死刑案件进行全面审查以后,合议庭应当进行评议并写出复核审理报告。复核审理报告的内容包括:①案件的由来和审理经过;②被告人和被害人简况;③案件的侦破情况;④原审判决要点和控辩双方意见;⑤对事实和证据复核的分析与认定;⑥合议庭评议意见、审判委员会讨论决定意见;⑦需要说明的问题。

(四)复核结果

根据最高人民法院《关于适用〈中华人民共和国刑事诉讼法〉的解释》第350条、第351条和第352条的规定,死刑案件经过最高人民法院复核以后,根据不同情况,分别作出以下处理:

(1)原判认定事实和适用法律正确、量刑适当、诉讼程序合法的,应当裁定核准。

(2)原判认定的某一具体事实或者引用的法律条款等存在瑕疵,但判处被告人死刑并无不当的,可以在纠正后作出核准的判决、裁定。

(3)原判事实不清、证据不足的,应当裁定不予核准,并撤销原判,发回重新审判。其中,对一人有两罪以上被判处死刑的数罪并罚案件,最高人民法院复核后,认为其中部分犯罪的死刑判决、裁定事实不清、证据不足的,应当对全案裁定不予核准,并撤销原判,发回重新审判;对有两名以上被告人被判处死刑的案件,最高人民法院复核后,认为其中部分被告人的死刑判决、裁定事实不清、证据不足的,应当对全案裁定不予核准,并撤销原判,发回重新审判。

(4)复核期间出现新的影响定罪量刑的事实、证据的,应当裁定不予核准,并撤销原判,发回重新审判。

(5)原判认定事实正确,但依法不应当判处死刑的,应当裁定不予核准,并撤销原判,发回重新审判。其中,对一人有两罪以上被判处死刑的数罪并罚案件,最高人民法院复核后,认为其中部分犯罪的死刑判决、裁定认定事实正确,但依法不应当判处死刑的,可以改判,并对其他应当判处死刑的犯罪作出核准死刑的判决;认为其中部分被告人的死刑判决、裁定认定事实正确,但依法不应当判处死刑的,可以改判,并对其他应当判处死刑的被告人作出核准死刑的判决。

(6)原审违反法定诉讼程序,可能影响公正审判的,应当裁定不予核准,并撤销原判,发回重新审判。

最高人民法院复核案件后裁定发回重新审判的,根据案件具体情形可以发回第二审人民法院重新审判,也可以发回第一审人民法院重新审判。其中,第一审人民法院重新审判的,应当开庭审理。第二审人民法院重新审判的,可以直接改判;必须通过开庭查清事实、核实证据或者纠正原审程序违法的,应当开庭审理。

高级人民法院依照复核程序审理后报请最高人民法院核准死刑,最高人民法院裁定不予核准,发回高级人民法院重新审判的,高级人民法院可以依照第二审程序提审或者发回重新审判。

最高人民法院裁定不予核准死刑,发回重新审判的案件,原审人民法院应当另行组成合议庭审理。但是,属于下列两种情形被发回重审的,原审人民法院审理该案的合议庭成员可以再次参与重审:①在复核期间出现新的影响定罪量刑的事实、证据,最高人民法院裁定不予核准,并撤销原判,发回重新审判的;②原判认定事实正确,但依法不应当判处死刑的,最高人民法院裁定不予核准,并撤销原判,发回重新审判的。

(五)复核期限

截至目前,我国法律没有就死刑复核规定期限。虽然死刑案件本身具有特殊性和复杂性,但并不意味着该程序的运作可以任意拖延。《关于进一步严格依法办案确保办理死刑案件质量的意见》第43规定:"人民法院在保证办案质量的前提下,要进一步提高办理死刑复核案件的效率,公正、及时地审理死刑复核案件。"

第三节 判处死缓案件的复核程序

一、判处死缓案件的核准权

死刑缓期二年执行,简称死缓,是死刑的一种特殊执行方式,同样是一种非常严厉的刑罚方法。虽然它不是立即剥夺被告人的生命,但是,如果被告人在缓期执行期间存在故意犯罪的,查证属实后就应当执行死刑。因此,对死刑缓期二年执行的适用,也应当严肃、谨慎地对待。

《刑事诉讼法》第237条规定:"中级人民法院判处死刑缓期二年执行的案件,由高级人民法院核准。"另外,由高级人民法院或最高人民法院二审改判、最高人民法院直接判决的死刑缓期二年执行的案件,则不再另行复核。

判处死刑缓期二年执行案件的核准权由高级人民法院行使,既可以节约有限的司法资源、提高诉讼效率,减轻最高人民法院的案件复核负担,又便于各高级人民法院对死刑缓期二年执行案件进行监督、把关,以确保案件审判质量。

二、判处死缓案件的报请复核

根据《刑事诉讼法》及最高人民法院《关于适用〈中华人民共和国刑事诉讼法〉的解释》第354条的有关规定,高级人民法院复核死刑缓期二年执行的案件,应当按照下列程序分别办理:

(1)中级人民法院判处死刑缓期二年执行的第一审案件,被告人不上诉、人民检察院不抗诉的,在上诉、抗诉期满后,应当报请高级人民法院核准。

(2)中级人民法院判处死刑缓期二年执行的第一审案件,被告人上诉或者人民检察院抗诉的,高级人民法院应当依照第二审程序审理。审理后,改判为有期徒刑以下刑罚的,即为终审判决;认为中级人民法院判处被告人死刑缓期二年执行正确的,裁定维持。该裁定同时为核准死刑缓期二年执行的裁定,不再另行组成合议庭进行复核。

中级人民法院在报送死刑复核案件时,其报请复核的要求与报送死刑立即执行案件的要求相同,同样实行一案一报和全案报送。同时,还应当报送复核的报告,死刑缓期二年执行案件综合报告以及各种诉讼文书,全部诉讼案卷和证据。共同犯罪的案件,对其中一名或几名被告人判处死刑缓期二年执行的,也应当报送全案的诉讼案卷和证据。中级人民法院作出死刑缓期二年执行的判决后,被告人不上诉、人民检察院也不抗诉的,复核程序的进行不影响对其他被告人已经发生法律效力的判决、裁定的执行。

三、判处死缓案件的复核程序

高级人民法院复核死刑缓期二年执行的案件与最高人民法院复核死刑立即执行的案件在复核组织、复核方式、复核内容等方面的程序要求基本相同。复核组织同样是应当由审判员3人组成合议庭进行。合议庭在应当认真审查报送的诉讼案卷和证据的同时,应当讯问被告人。对证据有疑问的,应当对证据进行调查核实,必要时可以到案发现场调查。死刑案件复核期间,被告人委托的辩护人提出听取意见要求的,应当听取辩护人的意见,并制作笔录附卷。辩护人提出书面意见的,应当附卷。复核的范围是对原审裁判的事实认定、法律适用和诉讼程序进行全面审查。其中,应当重点审查的内容包括:①被告人的年龄,被告人有无刑事责任能力、是否系怀孕的妇女;②原判认定的事实是否清楚,证据是否确实、充分;③犯罪情节、后果及危害程度;④原判适用法律是否正确,是否必须判处死刑,是否必须立即执行;⑤有无法定、酌定从重、从轻或者减轻处罚情节;⑥诉讼程序是否合法;⑦应当审查的其他情况。

四、判处死缓案件的复核结果

死刑缓期二年执行的案件经过高级人民法院复核以后,按照不同情形,分别作出以下处理:

(1)原判认定事实和适用法律正确、量刑适当、诉讼程序合法的,应当裁定核准。

(2)原判认定的某一具体事实或者引用的法律条款等存在瑕疵,但判处被告人死刑缓期执行并无不当的,可以在纠正后作出核准的判决、裁定。

(3)原判认定事实正确,但适用法律有错误,或者量刑过重的,应当改判。

(4)原判事实不清、证据不足的,可以裁定不予核准,并撤销原判,发回重新审判,或者依法改判。

(5)复核期间出现新的影响定罪量刑的事实、证据的,可以裁定不予核准,并撤销原判,发回重新审判,或者依照《关于适用〈中华人民共和国刑事诉讼法〉的解释》第220条的规定审理后依法改判。其中,该解释第220条所规定的内容是:"法庭对证据有疑问的,可以告知公诉人、当事人及其法定代理人、辩护人、诉讼代理人补充证据或者作出说明;必要时,可以宣布休庭,对证据进行调查核实。对公诉人、当事人及其法定代理人、辩护人、诉讼代理人补充的和法院庭外调查核实取得的证据,应当经过当庭质证才能作为定案的根据。但是,经庭外征求意见,控辩双方没有异议的除外。有关情况,应当记录在案。"也即是,对于控辩双方补充的证据或法庭庭外调查核实取得的证据,高级人民法院既可以直接开庭质证后进行改判,也可以经庭外征求意见,确认控辩双方没有异议后,直接予以改判。

(6)原审违反法定诉讼程序,可能影响公正审判的,应当裁定不予核准,并撤销原判,发回重新审判。

高级人民法院复核死刑缓期二年执行的案件后,应当作出核准或不予核准的决定,并且不得加重被告人的刑罚。高级人民法院复核后裁定撤销原判,发回原审人民法院重新审判的案件,原审人民法院按照第一审程序另行组成合议庭重新进行审理,所作的判决、裁定,被告人可以提出上诉,人民检察院可以提出抗诉。

【本章练习】

一、单项选择题

1.被告人甲犯数罪被判死刑,甲向辩护人咨询死刑复核程序的有关情况,辩护人对此作出的下列哪一答复符合法律及司法解释的规定?(　　)

　A.应当调查甲的人际关系

　B.应当为甲指定辩护人

　C.应当审查甲犯罪的情节、后果及危害程度

　D.应当开庭审理并通知检察院派员出庭

2.关于死刑复核程序,下列哪一选项是正确的?(　　)

　A.最高人民法院复核死刑案件,可以不讯问被告人

　B.最高人民法院复核死刑案件,应当听取辩护律师的意见

C. 在复核死刑案件过程中,最高人民检察院应当向最高人民法院提出意见

D. 最高人民法院应当将死刑复核结果通报最高人民检察院

3. 甲和乙共同实施拐卖妇女、儿童罪,均被判处死刑立即执行。最高人民法院复核后认为全案判决认定事实正确,甲系主犯应当判处死刑立即执行,但对乙可不立即执行。关于最高人民法院对此案的处理,下列哪一选项是正确的?(   )

A. 将乙改判为死缓,并裁定核准甲死刑

B. 对乙作出改判,并判决核准甲死刑

C. 对全案裁定不予核准,撤销原判,发回重审

D. 裁定核准甲死刑,撤销对乙的判决,发回重审

4. 李某因犯故意杀人罪被某市中级人民法院一审判处死刑,缓期二年执行。判决后,李某没有上诉,检察机关也没有抗诉。省高级人民法院在复核该案时认为,一审判决认定事实清楚,适用法律正确,但量刑不当,因为李某杀人后先奸尸又碎尸,情节恶劣,应当判处死刑立即执行。省高级人民法院应当如何处理该案?(   )

A. 裁定撤销原判,直接改判李某死刑立即执行

B. 裁定撤销原判,发回市中级人民法院重新审判

C. 裁定撤销原判,由省高级人民法院进行第一审,依法判处李某死刑立即执行

D. 裁定维持一审判决

5. 刘某因贪污罪被某市中级人民法院一审判处死刑,缓期二年执行。判决后刘某未上诉,人民检察院也未抗诉,市中级人民法院遂在抗诉、上诉期满后第二天报请省高级人民法院核准。省高级人民法院不得作出下列哪项处理?(   )

A. 认为原判事实不清,证据不足,发回重审

B. 认为原判刑罚太重,不同意判处死缓,直接改判为有期徒刑 15 年

C. 认为原判刑罚太轻,应判处死刑立即执行,直接改判并报最高人民法院核准

D. 同意判处死缓,作出予以核准的裁定

6. 孙某因犯故意杀人罪被某中级人民法院第一审判处死刑,缓期二年执行,检察院提起抗诉。第二审法院审理后改判孙某死刑立即执行。对此案的处理,下列说法哪一个是正确的?(   )

A. 第二审法院应另行组成合议庭进行死刑复核

B. 应当报请最高人民法院核准

C. 因杀人罪判处死刑的核准权已经授权高级人民法院行使,不必报请最高人民法院核准

D. 该死刑判决是高级人民法院作出的终审判决,应当生效,执行死刑

二、多项选择题

1. 在一起共同犯罪案件中,被告人王某被判处死刑,被告人夏某被判处有期徒刑 13 年。最高人民法院复核此案时,下列哪些做法是正确的?(   )

A. 既审查被告人王某的判决部分,也审查被告人夏某的判决部分

B. 只对判处死刑的判决部分进行核准

C. 对有关夏某的判决部分应先停止执行,待对死刑判决复核后再开始执行

D. 对全案的审查,不影响对已生效的夏某判决的执行

2. 被告人李阳,因故意杀人罪、间谍罪被中级人民法院一审判处死刑,缓期二年执行。在上诉期间内,人民检察院认为人民法院的量刑不当,依法提起抗诉。二审法院不开庭审理后,认为一审法院认定事实没有错误,量刑过轻,依法撤销原判,改判为死刑立即执行,并核准执行死刑立即执行。该案哪些做法是违法的?(　　)

A. 二审法院改判被告人死刑立即执行　　B. 二审法院核准执行死刑

C. 二审法院没有发回重审　　D. 二审法院不开庭审理本案

三、简答题

1. 死刑复核程序的概念与意义。

2. 死刑复核程序有何特点?

3. 核准死刑有哪些程序要求?

4. 在死刑复核程序中如何保障被告人的辩护权?

5. 最高人民检察院如何监督死刑复核程序?

第十九章 审判监督程序

【学习目标】

■ 知识目标：
了解审判监督程序的概念、特点和意义。
掌握提起审判监督程序的材料来源及其审查的处理方式。
了解申诉及其处理程序。
掌握审判监督程序的启动主体和启动程序。

■ 能力目标：
掌握提起审判监督程序的条件。
掌握刑事案件再审程序的内容及再审后的处理结果。

【案例引导】

  辽宁省铁岭市人民检察院于 2001 年 8 月向铁岭市中级人民法院提起公诉,指控被告人刘某犯组织、领导黑社会性质组织罪,故意伤害罪,抢劫罪,敲诈勒索罪,私藏枪支、弹药罪,妨害公务罪,非法经营罪,偷税罪,行贿罪。铁岭市中级人民法院于 2002 年 4 月作出一审判决:认定被告人刘某犯故意伤害罪,判处死刑,剥夺政治权利终身;犯组织、领导黑社会性质组织罪,判处有期徒刑十年;犯故意毁坏财物罪,判处有期徒刑五年;犯非法经营罪,判处有期徒刑五年,并处罚金人民币 1500 万元;犯行贿罪,判处有期徒刑五年;犯非法持有枪支罪,判处有期徒刑三年;犯妨害公务罪,判处有期徒刑三年。决定执行死刑,剥夺政治权利终身,并处罚金人民币 1500 万元。

一审判决宣告后,刘某不服,提出上诉;辽宁省高级人民法院于2003年8月作出终审判决,撤销原一审判决中对刘某故意伤害罪的量刑部分,认定刘某犯故意伤害罪,判处死刑,缓期二年执行,剥夺政治权利终身;犯组织、领导黑社会性质组织罪,判处有期徒刑十年;犯故意毁坏财物罪,判处有期徒刑五年;犯非法经营罪,判处有期徒刑五年,并处罚金人民币1500万元;犯行贿罪,判处有期徒刑五年;犯非法持有枪支罪,判处有期徒刑三年;犯妨害公务罪,判处有期徒刑三年。决定执行死刑,缓期二年执行,剥夺政治权利终身,并处罚金人民币1500万元。

判决发生法律效力后,最高人民法院于2003年10月作出再审决定,以原二审判决对刘某的判决不当为由,依照审判监督程序提审此案。最高人民法院依法组成合议庭,对本案进行公开开庭审理,作出再审判决,撤销辽宁省高级人民法院终审判决中对被告人刘某故意伤害罪的量刑及决定执行的刑罚部分,认定被告人刘某犯故意伤害罪,判处死刑,剥夺政治权利终身。维持原二审对刘某以组织、领导黑社会性质组织罪,判处有期徒刑十年;故意毁坏财物罪,判处有期徒刑五年;非法经营罪,判处有期徒刑五年,并处罚金人民币1500万元;行贿罪,判处有期徒刑五年;非法持有枪支罪,判处有期徒刑三年的判决部分妨害公务罪,判处有期徒刑三年。对刘某上列被判处的刑罚并罚,决定执行死刑,剥夺政治权利终身,并处罚金人民币1500万元。

问题:(1)本案的审判监督程序如何启动?
(2)提起审判监督程序后应当如何对本案进行重新审判?

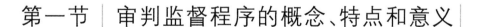

第一节 审判监督程序的概念、特点和意义

一、审判监督程序的概念

审判监督程序是指人民法院对已经发生法律效力的判决和裁定,发现在认定事实或者适用法律上确有错误,依法决定进行重新审判以及对案件进行重新审理的程序。

判决一旦做出并且生效,应当保持稳定,不容许随意改变。这是判决确定力的要求。判决确定力分为形式上的确定力和实质上的确定力。其中,形式上的确定力是指非依法定救济程序,受裁判者及裁判者应当受到判决约束,不得随意撤销或者更正。实质上的确定力是指案件一经确定,检察机关不得再次对同一案件提出起诉,法院也不得进行再次审判,即判决的既判力。判决的既判力在大陆法系国家表现为"一事不再理"原则,在英美法系中体现为"禁止双重危险"原则,并且得到了联合国《公民权利和政治权利国际公约》的确认,该公约第14条规定,任何人已依一国的法律及刑事程序被最后定罪或者宣告无罪者,不得就同一罪名再予审判或者惩罚。此原则旨在维护判决的权威性和严肃性,防止使已经通过生效判决稳定了的社会关系重新陷入不稳定状态,避免当事人陷入无止境的追诉中。但是,判决的稳定性不能绝对化,对于某些错误的裁判,不能仅仅为了判决的稳定性而维持,因此必须在判决的稳定性和正确性之间进行平衡。因此,许多国家设置了对错误裁判的补救程序。我国《刑事诉讼法》设立审判监督程序的目的也在此,通过人民法院、人民检察院对业已生效的判决、裁定决定重新审判,并进行重新审理以纠正确有错误的裁判。

二、审判监督程序的特点

审判监督程序是一种特殊的审判程序。它是为了纠正错误裁判而设立的专门补救程序。虽然二审程序也有纠错功能,但与二审程序相比,审判监督程序具有以下特点:

(1)审判监督程序不是案件的必经程序。审判监督程序是一种特殊的程序,针对的是确有错误的生效裁判,只有当有充分的理由认为某一生效裁判在认定事实、适用法律上确有错误时才能启动审判监督程序。

(2)审判监督程序的审理对象是已经发生法律效力且认为确有错误的判决、裁定。它包括正在执行或者已经执行完毕的生效判决、裁定。而二审程序的审理对象,只能是一审法院作出的未生效的判决或者裁定。

(3)审判监督程序只能由特定的司法机关或者人员启动。审判监督程序只能由作出生效裁判的法院经过院长提交审判委员讨论决定启动或者最高人民法院以及上级人民法院依照法定程序提起,或者由最高人民检察院或者上级人民检察院通过抗诉的方式提起,而二审程序则是因为当事人的上诉或者原审法院同级的人民检察院抗诉而启动。

(4)审判监督程序启动的前提是发现已经生效的判决或裁定在认定事实上或适用法律上确有错误。二审程序则没有这样的条件限制,只要有权上诉或者抗诉的主体在法定期间内对一审裁判不服,就可提出上诉或者抗诉,且必然引起第二审程序。

(5)审判监督程序的提起没有作明确的期间限制。基于"实事求是"和"有错必纠"的理念,只要发现原生效裁判确有错误,符合法律规定的条件,人民法院或者人民检察院就有权启动审判监督程序以纠正错误裁判,而不受期限的限制。因此,从理论上讲,只要发现已经生效的判决或裁定在认定事实上或适用法律上确有错误,不论在何时,都可以提起审判监督程序。但在二审程序中,不服判决或裁定的上诉或抗诉必须在法定的期限之内提出,超过法定期限,一审判决或裁定即发生法律效力,不能引起二审程序。

(6)审判监督程序的提起不受审级的限制。申诉人对人民法院已经生效的判决或裁定可以向任何上级人民法院提出申诉。原审人民法院对于本院处理的案件,如果发现原判在认定事实上或者在适用法律上确有错误,可以经审判委员会讨论决定再审;最高人民法院、上级人民法院可以指令下级人民法院再审或直接提审。而二审程序中的审理机关则仅限于一审法院的上一级法院。

(7)适用审判监督程序的法院比较灵活。审判监督程序提起后,案件可以由原来的一审或者二审法院对案件进行重新审理,也可以由上级法院进行提审,或者由上级法院指辖区内的其他与终审法院同级的法院对案件进行重新审理。而二审必须由一审的上一级人民法院进行。

(8)审判监督程序不受再审不加刑原则的严格限制。依照审判监督程序对案件重新审理时,除人民检察院提出抗诉的外,一般不得加重被告人的刑罚。而二审程序必须严格遵守上诉不加刑原则,即只有被告人一方上诉的情况下,不得加重被告人的刑罚。

三、审判监督程序的意义

审判监督程序作为一种旨在纠正原生效裁判错误的救济程序,具有以下几个方面意义。

(1)有利于保障当事人的合法权利。刑事诉讼的判决和裁定是对被告人生命、自由、政治和财产权利的处分,同时也是对被害人、自诉人的控告、起诉、上诉等权利的处分,如果出现错误,将会对当事人的合法权利造成损害,因此审判监督程序通过对错误裁判的纠正,保护当事人的合法权利。

(2)保证国家刑罚权得以正确实现。错误的生效判决,包括认定事实的错误,也包括适用法律的错误,都会造成国家刑罚权的错误行使,通过审判监督程序纠正错误的刑事裁判是保证国家刑罚权正确行使的最后程序保障。

(3)有利于实现上级司法机关对下级法院审判工作的监督。根据我国《宪法》规定,上下级法院之间为监督关系,同时人民检察院是国家法律监督机关,有权对人民法院的审判活动进行监督。对错误的生效裁判进行监督,要求法院纠正错误裁判是上述两项监督的重要内容。通过审判监督程序要求下级法院对案件进行重新审理,纠正错误的裁判是上级法院、检察院对下级法院审判工作监督的重要方式。

第二节 提起审判监督程序的材料来源及其审查处理

一、提起审判监督程序的材料来源

提起审判监督程序的材料来源是指有权启动审判监督程序的人民法院或者人民检察院发现已经生效的判决、裁定确有错误的信息渠道和途径。根据我国《刑事诉讼法》和相关司法解释的规定,提起审判监督程序的材料来源主要有以下情形:

(一)当事人及其法定代理人、近亲属以及有关案外人的申诉

申诉,是公民维护权益的一种方式。它有两种形式:一种是诉讼当事人或其他有关公民对已发生法律效力的判决或裁定不服时,依法向法院或者检察机关提出重新处理的要求;另一种是指国家机关工作人员或政党、社团成员对所受处分不服时,向原机关、组织或上级机关、组织提出自己的意见。《刑事诉讼法》第241条规定,当事人及其法定代理人、近亲属,对已经发生法律效力的判决、裁定,可以向人民法院或者人民检察院提出申诉,但是不能停止判决、裁定的执行。当事人及其法定代理人、近亲属与生效裁判存在直接或者间接的利害关系,对改变生效法律文书中的错误有较强的愿望,并且基于他们自己了解的案件事实,对裁判是否公正有着明确的判断,在认为生效法律文书可能确有错误的情况下,有权向人民检察院或者人民法院提出申诉,其申诉往往成为发现裁判错误的重要途径。

(二)公安、司法机关通过办案或者复查案件自行发现错误的裁判

公安、司法机关在办案过程中,经常发生"办一案破一片"或"办此案发现彼案"的情况,它既是发现犯罪案件、抓获犯罪嫌疑人的重要途径,同时也是纠正错案的重要渠道。此外,公安、司法机关为了保证办案质量,在定期或不定期主动自查、互查或依上级批示进行总结检查、复查过程中,也有可能发现生效裁判存在错误的情况,进而通过审判监督程序对案件进行重新审理。因此,公安、司法机关通过办案、复查案件发现的错案,也是提起审判监督程序的重要材料来源。

(三)各级人民代表大会提出的纠正错误裁判的议案

人大代表与人民群众有密切联系。各级人大代表为了履行代表职责,在调查、走访过程中发现生效裁判存在错误的情形时可以通过议案的形式向司法机关反映生效裁判可能存在错误的情况,这些议案也是提起审判监督程序的重要材料来源,人民法院应当认真审查,做出是否提起审判监督程序的决定,并将审查结果及时向权力机关报告。

(四)人民群众的来信、来访

人民群众来信来访虽然不同于法律规定的当事人等提出的申诉,但是,它不是泛指人民群众对诉讼和非诉讼问题的一般反映,也不同于群众向党政机关反映情况和提出要求,而是他们出于司法应当公正的正义感,对已生效的裁判认为有错误而提出的材料和意见。这些材料和意见,同样是审判监督程序的重要材料来源,也是人民群众监督司法工作的重要方式。

(五)机关、团体、企事业单位和新闻媒体、网络等对生效裁判反映的意见

机关、团体、企事业单位在履行职责过程中有可能发现法院的生效裁判存在错误的情形,而通过各种各样的方式向人民法院反映错误的情况,新闻媒体、网络等对案件的报道以及反映的民众对生效裁判的意见等同样是人民法院发现裁判存在错误的重要来源。

值得注意的是,以上途径仅仅是人民法院、人民检察院发现生效裁判可能存在错误的材料来源而已,并不一定会必然启动审判监督程序,但人民法院、人民检察院应当对这些材料进行认真审查后独立做出是否启动审判监督程序的决定。是否提起审判监督程序,取决于是否具有法定的理由。

二、申诉

(一)申诉的概念

审判监督程序中的申诉,是指当事人及其法定代理人、近亲属认为人民法院已经发生法律效力的判决、裁定有错误,要求人民法院或者人民检察院进行审查处理的一种请求。《刑事诉讼法》第241条规定:"当事人及其法定代理人、近亲属,对已经发生法律效力的判决、裁定,可以向人民法院或者人民检察院提出申诉,但是不能停止判决、裁定的执行。"由于当事人及其法定代理人、近亲属与案件的结局有直接的利害关系,为维护其合法权益,法律赋予了他们对已经发生法律效力的判决、裁定提出申诉的权利。最高人民法院《关于适用〈中华人民共和国刑事诉讼法〉的解释》第371条规定,案外人认为已经发生法律效力的判决、裁定

侵害其合法权益，提出申诉的，人民法院应当审查处理。

申诉的效力与引起二审程序的上诉效力不同。上诉时针对一审法院尚未发生法律效力的判决、裁定而提出的，只要上诉权人不服一审判决而在上诉期内提出上诉，必然启动二审程序。而申诉的对象是已经发生法律效力的判决书、裁定书，必须要符合法定情形，经法院审查认为原生效裁判可能确有错误才能启动审判监督程序，所以，申诉只是司法机关启动审判监督程序的材料来源而已，并不当然启动审判监督程序。

（二）申诉的主体

根据《刑事诉讼法》的规定，有权提出申诉的主体包括当事人及其法定代理人、近亲属。其中，当事人包括被告人、被害人、附带民事诉讼法原告人、被告人。当事人本人死亡的，其不服生效判决、裁定的配偶、父母、子女、祖父母、兄弟姐妹等近亲属则有权申诉。另外，有证据证明生效判决、裁定对其实体权益造成损害的案外人，也有权提出申诉。

申诉可以委托律师代为进行。

（三）申诉的提出

当事人及其法定代理人、近亲属向人民法院或者人民检察院提出申诉时，应当提交以下材料：

①申诉状（书）。应当写明当事人的基本情况、联系方式以及申诉的事实与理由。

②原一、二审判决书、裁定书等法律文书。经过人民法院复查或者再审的，应当附有驳回通知书、再审决定书、再审判决书、裁定书。

③其他相关材料。以有新的证据证明原判决、裁定认定的事实确有错误为由申诉的，应当同时附有相关证据材料；申请人民法院调查取证的，应当附有相关线索或者材料。

申诉不符合前款规定的，人民法院或人民检察院应当告知申诉人补充材料；申诉人对必要材料拒绝补充且无正当理由的，不予审查。

（四）申诉的管辖与受理

1.向人民法院提出申诉

当事人及其法定代理人、近亲属向人民法院提出申诉的，既可以向作出生效判决、裁定的人民法院提出，也可以向其上级人民法院提出。

2.向人民检察院提出申诉

根据《人民检察院刑事诉讼规则（试行）》第583条规定，当事人及其法定代理人、近亲属认为人民法院已经发生法律效力的刑事判决、裁定确有错误，向人民检察院申诉的，一般由作出生效判决、裁定的人民法院的同级人民检察院刑事申诉检察部门依法办理。

当事人及其法定代理人、近亲属直接向上级人民检察院申诉的，上级人民检察院可以交由作出生效判决、裁定的人民法院的同级人民检察院受理；案情重大、疑难、复杂的，上级人民检察院可以直接受理。

当事人及其法定代理人、近亲属对人民法院已经发生法律效力的判决、裁定提出申诉，经人民检察院复查决定不予抗诉后继续提出申诉的，上一级人民检察院应当受理。

(五)申诉的审查与处理

1.人民法院对申诉的审查与处理

最高人民法院《关于适用〈中华人民共和国刑事诉讼法〉的解释》第371条规定:"当事人及其法定代理人、近亲属对已经发生法律效力的判决、裁定提出申诉的,人民法院应当审查处理。"申诉一般由终审人民法院审查处理。但是,第二审人民法院裁定准许撤回上诉的案件,申诉人对第一审判决提出申诉的,可以由第一审人民法院审查处理。

上一级人民法院对未经终审人民法院审查处理的申诉,可以告知申诉人向终审人民法院提出申诉,或者直接交终审人民法院审查处理,并告知申诉人;案件疑难、复杂、重大的,也可以直接审查处理。

对于死刑案件的申诉,可以由原核准的人民法院直接审查处理,也可以交由原审人民法院审查后提出意见,层报原核准的人民法院审查处理。

人民法院对于当事人的申诉应当在3个月内做出处理决定,至迟不超过6个月。

根据最高人民法院《关于适用〈中华人民共和国刑事诉讼法〉的解释》第375条规定,经审查,具有下列情形之一的,应当根据《刑事诉讼法》第242条的规定,决定重新审判:①有新的证据证明原判决、裁定认定的事实确有错误,可能影响定罪量刑的;②据以定罪量刑的证据不确实、不充分、依法应当排除的;③证明案件事实的主要证据之间存在矛盾;④主要事实依据被依法变更或者撤销的;⑤认定罪名错误的;⑥量刑明显不当的;⑦违反法律关于溯及力规定的;⑧违反法律规定的诉讼程序,可能影响公正裁判的;⑨审判人员在审理该案件时有贪污受贿、徇私舞弊、枉法裁判行为的。

申诉不具有上述情形的,应当说服申诉人撤回申诉;对仍然坚持申诉的,应当书面通知驳回。申诉人对驳回申诉不服的,可以向上一级人民法院申诉。上一级人民法院经审查认为申诉不符合《刑事诉讼法》第242条和最高人民法院《关于适用〈中华人民共和国刑事诉讼法〉的解释》第375条第2款规定的,应当说服申诉人撤回申诉;对仍然坚持申诉的,应当驳回或者通知不予重新审判。

2.人民检察院对申诉的审查与处理

当事人及其法定代理人、近亲属认为人民法院已经发生法律效力的刑事判决、裁定确有错误,向人民检察院申诉的,有管辖权的人民检察院应当进行审查并相应的处理。

对不服人民法院已经发生法律效力的刑事判决、裁定的申诉,经两级人民检察院办理且省级人民检察院已经复查的,如果没有新的事实和理由,人民检察院不再立案复查,但原审被告人可能被宣告无罪或者判决、裁定有其他重大错误可能的除外。

人民检察院刑事申诉检察部门对不服人民法院已经发生法律效力的刑事判决、裁定的申诉案件复查终结后,应当制作刑事申诉复查通知书,并在10日以内通知申诉人。

经复查向上一级人民检察院提请抗诉的,应当在上一级人民检察院作出是否抗诉的决定后制作刑事申诉复查通知书。

根据《人民检察院刑事诉讼规则(试行)》第591条规定,人民检察院认为人民法院已经发生法律效力的判决、裁定确有错误,具有下列情形之一的,应当按照审判监督程序向人民法院提出抗诉:①有新的证据证明原判决、裁定认定的事实确有错误,可能影响定罪量刑的;

②据以定罪量刑的证据不确实、不充分的;③据以定罪量刑的证据依法应当予以排除的;④据以定罪量刑的主要证据之间存在矛盾的;⑤原判决、裁定的主要事实依据被依法变更或者撤销的;⑥认定罪名错误且明显影响量刑的;⑦违反法律关于追诉时效期限的规定的;⑧量刑明显不当的;⑨违反法律规定的诉讼程序,可能影响公正审判的;⑩审判人员在审理案件的时候有贪污受贿,徇私舞弊,枉法裁判行为的。

人民检察院对生效判决、裁定依法提出抗诉的,人民法院应当对案件予以再审。

第三节 审判监督程序的提起

一、提起审判监督程序的主体

根据《刑事诉讼法》第243条规定,有权启动再审的主体包括:

(一)各级人民法院院长和审判委员会

各级人民法院院长对本院已经发生法律效力的判决和裁定,如果发现在认定事实上或者在适用法律上确有错误,必须提交审判委员会处理。由此可见,各级法院院长及审判委员会提起再审的对象是本院所做的生效判决书、裁定书,包括本院一审后因为当事人没有上诉,检察院没有抗诉而生效的一审判决书,本院制作的终审判决书以及核准的裁定书。

(二)最高人民法院和上级人民法院

最高人民法院对各级人民法院以及上级人民法院对下级人民法院已经发生法律效力的判决和裁定,上级人民法院对下级人民法院已经发生法律效力的判决和裁定,如果发现确有错误,有权提审或者指令下级法院再审。因此,基于最高人民法院作为我国最高审判机关,上级人民法院基于对下级法院的监督权力,有权提起审判监督程序对案件进行重新审判。

最高人民法院对各级法院发生法律效力的判决、裁定,上级法院对下级法院发生法律效力的判决、裁定启动审判监督程序进行重新审判的方式包括提审和指令再审。其中,提审是指最高人民法院以及上级法院在认为原判决、裁定认定事实正确但是适用法律错误,或者案件疑难、复杂、重大,或者有不宜有原审人民法院审理情形的,将案件提至本院而重新审理。指令再审是指最高人民法院或者上级法院将案件指令由原审法院或者其他下级法院重新审理。指令再审一般应当指令原审法院以外的下级法院重新审理;但由原审法院重新审理更有利于查明案件事实、纠正裁判错误的,也可以指令原审法院重新审理。

(三)最高人民检察院以及上级人民检察院

最高人民检察院对各级人民法院,上级人民检察院对下级人民检察院已经发生法律效力的判决和裁定,如果发现确有错误,有权按照审判监督程序向同级人民法院提出抗诉。人民检察院提出抗诉的案件,接受抗诉的法院应当组成合议庭重新审理,对于原判决事实不清或者证据不足的案件可以指令下级人民法院再审。具体情形包括:

(1)有权依照审判监督程序提起抗诉的地方各级人民法院的上级检察院,其在发现下级法院的生效裁判确有错误的情况下有权向(自己的)同级法院提出抗诉。

(2)地方各级检察院在发现同级法院生效裁判确有错误时,不能直接按照审判监督程序提出抗诉,提请上级人民检察院向同级人民法院提出抗诉,或者向同级人民法院提出再审的检察建议。

(3)最高人民检察院有权对最高人民法院及地方各级人民法院的生效裁判按照审判监督程序提出抗诉。

二、提起审判监督程序的条件

提起审判监督程序的条件也称为提起审判监督程序的理由,是指在符合这些情形时,有权启动审判监督程序的人民法院或者人民检察院应当通过提审、指令再审或者抗诉的方式启动审判监督程序,对案件进行重新审理。启动审判监督程序的条件概括起来就是"在认定事实或者适用法律上确有错误"。主要包括:

1. 认定事实错误

认定案件事实应当以证据为依据。所以,认定事实错误主要是从证据方面表现出来的如下形式:

①发现新证据证明原判决、裁定认定的事实确有错误,可能影响定罪量刑的;

②据以定罪量刑的证据不确实、不充分的;

③据以定罪量刑的证据属于应当排除的非法证据的;

④据以定罪量刑的主要证据之间存在矛盾的;

⑤原判决、裁定的主要事实依据被依法变更或者撤销的。

其中,具有下列情形之一,可能改变原判决、裁定据以定罪量刑的事实的证据,应当认定为《刑事诉讼法》第242条第1项规定的"新的证据":

①原判决、裁定生效后新发现的证据;

②原判决、裁定生效前已经发现,但未予收集的证据;

③原判决、裁定生效前已经收集,但未经质证的证据;

④原判决、裁定所依据的鉴定意见、勘验、检查等笔录或者其他证据被改变或者否定的。

2. 适用法律错误

适用法律错误主要包括:

①适用实体法律错误。如:定罪错误,将有罪认定为无罪、将无罪认定为有罪,或者将此罪认定为彼罪;量刑错误,轻罪重判或者重罪轻判,对量刑情节的适用存在错误等。

②适用程序法律错误。如:合议庭组成形式不合法,违反公开审判、回避等制度,庭审程序违反法律规定,剥夺或者限制当事人的法定权利可能影响公正审判的。

当然,审判人员在审理案件的时候有贪污受贿、徇私舞弊、枉法裁判行为的,也将导致原判决、裁定的错误,所以在追究审判人员贪污受贿、徇私舞弊、枉法裁判行为责任的同时,也应当对该案件启动审判监督程序进行重新审理。

三、人民检察院对生效判决、裁定提出抗诉的程序

人民检察院决定对生效判决、裁定提出抗诉的,应当制作抗诉书。抗诉书内容通常包括:抗诉的人民检察院;抗诉书编号;原审被告人个人情况;生效裁判文书及其编号;请求改

判的具体请求;对生效裁判的审查意见和抗诉理由;提起抗诉的法律依据;致送的人民法院;抗诉日期;证据目录和证人名单等。

对人民检察院依照审判监督程序提出抗诉的案件,人民法院应当在收到抗诉书后1个月内立案。但是,有下列情形之一的,应当区别情况予以处理:

①对不属于本院管辖的,应当将案件退回人民检察院;

②按照抗诉书提供的住址无法向被抗诉的原审被告人送达抗诉书的,应当通知人民检察院在3日内重新提供原审被告人的住址;逾期未提供的,将案件退回人民检察院;

③以有新的证据为由提出抗诉,但未附相关证据材料或者有关证据不是指向原起诉事实的,应当通知人民检察院在3日内补送相关材料;逾期未补送的,将案件退回人民检察院。

决定退回的抗诉案件,人民检察院经补充相关材料后再次抗诉,经审查符合受理条件的,人民法院应当受理。

第四节 按照审判监督程序对案件进行重新审判

一、重新审判的诉讼程序

原生效判决、裁定因为存在法定情形而可能确有错误,所以,人民法院、人民检察院对其启动审判监督程序,但启动再审程序后仍然需要人民法院对案件进行重新审判,方能确定是否确有错误,并作出正确的处理。对决定依照审判监督程序重新审判的案件,除人民检察院抗诉的以外,人民法院应当制作再审决定书。

根据《刑事诉讼法》第245条规定,人民法院按照审判监督程序重新审判的案件,由原审人民法院审理的,应当另行组成合议庭。如果原来是第一审案件,应当依照一审程序进行审判,所作判决、裁定可以上诉、抗诉;如果原来是第二审案件或者是上级法院提审的案件,应当依照第二审程序进行审判,所作判决、裁定,是终审判决、裁定。人民法院开庭审理的再审案件,同级人民检察院应当派员出席法庭。按照这一规定:

(1)重新审判案件的法院可能是原审法院(即作出生效裁判的法院,如果原生效判决、裁定是一审程序作出的,即由一审法院重新审判,原生效判决、裁定是二审程序作出的,即由二审法院重新审判),也可能是任何上级法院,因启动审判监督程序的主体不同而有所不同。

(2)重新审判应当组成合议庭进行审理。原来参加过案件审理的合议庭人员不得参加重新组成的合议庭。重新审判原则上应当开庭审理,但原审被告人、自诉人已经死亡或者丧失行为能力的再审案件,可以不开庭审理。如果人民法院开庭审理的再审案件,同级人民检察院应当派员出席法庭。

另外,人民法院审理人民检察院抗诉的再审案件,人民检察院在开庭审理前撤回抗诉的,应当裁定准许;人民检察院接到出庭通知后不派员出庭,且未说明原因的,可以裁定按撤回抗诉处理,并通知诉讼参与人。

人民法院审理申诉人申诉的再审案件,申诉人在再审期间撤回申诉的,应当裁定准许;申诉人经依法通知无正当理由拒不到庭,或者未经法庭许可中途退庭的,应当裁定按撤回申诉处理,但申诉人不是原审当事人的除外。

二、再审时强制措施的适用

在对案件进行重新审判时,因为尚未作出新的判决、裁定以撤销原判决、裁定,所以原判决、裁定仍然是有效的,故再审期间不能停止原生效判决、裁定的执行,但被告人可能经再审改判无罪,或者可能经过再审减轻原判刑罚而致刑期届满的,可以决定中止原判决、裁定的执行,但为了保障再审的顺利进行,在必要时,可以对被告人采取取保候审、监视居住措施。

人民法院决定再审的案件,需要对被告人采取强制措施的,由人民法院依法作出决定;人民检察院提出抗诉的再审案件,需要对被告人采取强制措施的,由人民检察院依法决定。

三、重新审理的审查范围

(1)原则上针对申诉请求范围进行审查。依照审判监督程序重新审判的案件,人民法院应当重点针对申诉、抗诉和决定再审的理由进行审理。必要时,应对原判决、裁定认定的事实、证据和适用法律进行全面审查。

(2)原则上再审不加刑。根据最高人民法院《关于适用〈中华人民共和国刑事诉讼法〉的解释》规定,除人民检察院抗诉的意外,再审一般不得加重原审被告人的刑罚。再审决定书或者抗诉书只针对部分原审被告人的,不得加重其他同案原审被告人的刑罚。

四、重新审理后的判决、裁定

再审案件经过重新审理后,应当按照下列情形分别处理:

(1)原判决、裁定认定事实和适用法律正确、量刑适当的,应当裁定驳回申诉或者抗诉,维持原判决、裁定;

(2)原判决、裁定定罪准确、量刑适当,但在认定事实、适用法律等方面有瑕疵的,应当裁定纠正并维持原判决、裁定;

(3)原判决、裁定认定事实没有错误,但适用法律错误或者量刑不当的,应当撤销原判决、裁定,依法改判;

(4)依照二审程序审理的案件,原判决、裁定认定事实不清、证据不足的,可以在查清事实后改判,也可以裁定撤销原判,发回原审法院重新审判。

(5)原判决、裁定事实不清或者证据不足,经审理事实已经查清的,应当根据已经查清的事实依法改判;事实仍然无法查清,证据不足,不能认定被告人有罪的,应当撤销原判决、裁定,判决宣告被告人无罪。

(6)对再审改判宣告无罪并依法享有申请国家赔偿权利的当事人,人民法院宣判时,应当告知其在判决发生法律效力后可以依法申请国家赔偿。

五、再审的审理期限

人民法院按照审判监督程序重新审理的案件,应当在作出提审、再审决定之日起3个月以内审结,需要延长期限的,不得超过6个月。接受抗诉的人民法院按照审判监督程序审判抗诉的案件,审理期限适用这一规定;对需要指令下级法院再审的,应当自接受抗诉之日起1

个月以内作出决定,下级法院审理案件的期限仍然适用这一规定。

【本章练习】

一、单项选择题

1.关于审判监督程序,下列哪一选项是正确的?(　　)

A.对于原判决事实不清楚或者证据不足的,应当指令下级法院再审

B.上级法院指令下级法院再审的,应当指令原审法院以外的下级法院审理;由原审法院审理更为适宜的,也可以指令原审法院审理

C.不论是否属于由检察院提起抗诉的再审案件,逮捕由检察院决定

D.法院按照审判监督程序审判的案件,应当决定中止原判决、裁定的执行

2.邢某因涉嫌强奸罪被判处有期徒刑。刑罚执行期间,邢某父母找到证人金某,证明案发时邢某正与金某在外开会,邢某父母提出申诉。法院对该案启动再审。关于原判决的执行,下列哪一说法是正确的?(　　)

A.继续执行原判决　　　　　　B.由再审法院裁定中止执行原判决

C.由再审法院决定中止执行原判决　　D.报省级法院决定中止原判决

3.甲因犯抢劫罪被市检察院提起公诉,经一审法院审理,判处死刑缓期二年执行。甲上诉,省高级法院核准死缓判决。根据审判监督程序规定,下列哪一做法是错误的?(　　)

A.最高法院自行对该案重新审理,依法改判

B.最高法院指令省高级法院再审

C.最高检察院对该案向最高法院提出抗诉

D.省检察院对该案向省高院提出抗诉

4.关于我国刑事诉讼中按照第二审程序提起抗诉和按照审判监督程序提起抗诉,下列哪一选项是正确的?(　　)

A.二者的抗诉对象均是提起抗诉的检察机关认为确有错误的判决、裁定

B.二者均可以由同级检察院提起

C.二者均可以由地方各级检察院提起

D.二者均由抗诉的检察院向同级法院提起

5.A市中级法院以故意伤害罪判处被告人甲死刑缓期二年执行,被告人没有上诉,检察机关没有抗诉。该案经B省高级法院核准。判决生效后,被害人乙不服,提起申诉。如果判决确有错误,下列哪一司法机关有权提起审判监督程序?(　　)

A.A市检察院　　B.A市中级法院　　C.B省检察院　　D.B省高级法院

6.法院就被告人钱某盗窃案作出一审判决,判决生效后检察院发现钱某并不姓钱,于是在确认其真实身份后向法院提出其冒用他人身份,但该案认定事实和适用法律正确。关于法院对此案的处理,下列哪一选项是正确的?(　　)

A.可以建议检察院提出抗诉,通过审判监督程序加以改判

B.可以自行启动审判监督程序加以改判

C.可以撤销原判并建议检察机关重新起诉

D. 可以用裁定对判决书加以更正

二、简答题

1. 设立审判监督程序的意义是什么？
2. 启动审判监督程序的条件是什么？
3. 启动审判监督程序有哪些途径？

三、案例思考题

1991年春节刚过，河南省周口地区（现周口市）鹿邑县杨湖口乡接连发生十几起抢劫案。1992年3月，有人举报杨湖口乡閆胥庄村民胥某身穿的一件绿色毛背心是被害人家里的被抢物品。同年4月13日县公安局逮捕胥某，不久他招供曾伙同梁某以及其他同伙共同实施抢劫。

胥某被捕后，案件移交到县公安局。预审员李传贵详细审阅认定胥某犯有入室抢劫罪的材料时，疑窦重重。但胥某涉嫌抢劫罪一案还是移送到了该县检察院。鹿邑县检察院、河南省检察院周口分院（现周口市检察院）曾经7次退回补充侦查。四年多后，鹿邑县检察院对胥某提起了公诉。1997年3月7日，鹿邑县法院一审以抢劫罪和盗窃罪，判处胥某有期徒刑十六年。1993年7月，李传贵被举报故意抽调胥某的材料、藏匿犯罪证据。同年11月，李传贵被以涉嫌徇私舞弊罪提起公诉。鹿邑县法院在审理后认为，检察院对李传贵的指控没有事实根据，宣判无罪，鹿邑县检察院随即提起抗诉。1995年8月28日，周口中院终审裁定维持原判。

1997年11月10日，李传贵一案依照审判监督程序被移交到河南省检察院，河南省检察院在认真审查了李传贵案件的全部卷宗后，又把涉及胥某案件的卷宗一起调来，最后认定李传贵不构成犯罪，而且认定胥某没有上诉的抢劫案也存在重大问题。

河南省人民检察院的检察官蒋汉生经过多年的调查取证后认为胥某一案中的指控绝大多数存在时间错误、对象错误、事实错误、供证互相矛盾、无作案凶器、无犯罪同伙、物证不能相互印证等情况。

2001年5月，周口市检察院认为本案生效判决确有错误而向周口市中级人民法院提出抗诉。同年11月7日，周口市中级法院指令鹿邑县法院重新审理此案。2002年4月，鹿邑县法院做出再审判决，维持原判决；胥某上诉，2003年3月周口市中级人民法院做出二审裁定，驳回上诉，维持原判。

2003年5月，河南省检察院再次向省高级法院提出无罪抗诉。2004年6月，河南省高级法院对此案公开审理。2004年12月，河南省高级法院下达了终审裁定书，撤销一、二审法院对胥某的有罪判决，发回鹿邑县人民法院重新审理。2005年3月13日，河南省检察院作出决定，指令鹿邑县检察院撤回对胥某的起诉，并作不起诉处理。

问题：如何评价本案的审判监督程序？

第二十章 刑事执行程序

【学习目标】

■ 知识目标：
了解刑事执行的概念和法律依据。
了解我国的刑事裁判执行机关种类及其执行范围。
了解各种刑事判决、裁定和决定的执行程序。
了解死刑和死缓执行变更的条件及其程序。
了解监外执行的适用对象及其适用条件。
了解减刑的条件和程序。
了解假释的条件和程序。
了解检察机关对刑事执行的监督方式。

■ 能力目标：
掌握社会矫正的执行对象和执行方法。
掌握对新罪、漏罪和申诉的处理程序。

【案例引导1】

张某因故意杀人罪被某中级人民法院一审判处死刑立即执行，上诉至某省高级人民法院，被裁定维持死刑判决，后经最高人民法院核准立即执行死刑。在执行死刑时，张某突然提出自己要检举李某故意杀人的事实。

问题：执行法院该如何处理这一突发情况？

【案例引导2】

张某因故意伤害罪被法院判处有期徒刑八年。执行三年时,张某因贿赂监狱领导而被批准暂予监外执行。在监外执行一年后,张某外逃,在逃跑一年后又被公安机关抓获。

问题:张某还应被收监执行几年?

第一节 刑事执行概述

一、执行的概念和意义

(一)执行的概念

刑事诉讼中的执行,是指法定执行机关将人民法院生效的刑事判决、裁定或者决定付诸实施,以实现刑罚目的的司法行为。执行是刑事诉讼的最后阶段,也是国家刑罚权得以实现,体现法律强制力的重要程序。《刑事诉讼法》任务的完成,最终必须靠刑事执行来实现。如果审判是确认犯罪人刑事责任的前提,那么,执行则是落实刑事责任的保障。

根据我国《刑事诉讼法》的规定,执行程序包括以下几个方面的内容:一是将已经发生法律效力的判决、裁定或者决定所确定的内容付诸实施的程序;二是依法处理执行过程中刑罚变更等问题的程序,如暂予监外执行、减刑、假释等;三是有关执行活动的法律监督程序。

(二)执行的意义

在我国,执行是刑事诉讼的重要组成部分,也是刑事诉讼的最后阶段。公安、司法机关对刑事案件的立案、侦查、起诉和审判,就是为了实现国家的刑罚权,通过刑罚的实施来惩罚和改造犯罪分子,以保护公民的合法权益和社会公共利益。同时,也只有通过执行活动才能最终体现法律的权威性与强制性。因此,执行具有十分重要的意义。

(1)执行体现了法律的强制性和司法工作的权威性。人民法院作出的刑事判决、裁定和决定是代表国家对案件适用法律的结果,体现着有法必依、执法必严、违法必究的要求。执行以国家强制力为后盾,对一切国家机关、社会组织和社会成员都有拘束力,特别是对犯罪人,无论其是否同意判决、裁定和决定的内容,都要付诸实施。由于刑罚内容多数涉及人身自由、权利或者财产的剥夺,而死刑更是涉及生命权的剥夺,因此,生效裁判的执行体现了国家法律的不可抗拒性。

(2)执行是实现刑罚特殊预防的目的的手段。国家通过执行刑罚,使罪犯受到应有的惩罚,使罪犯认识到要为其本人的犯罪行为付出相应的代价,体会到刑罚执行产生的痛苦,使其不敢不遵守国家法律,不敢肆意妄为,并在执行中被改造成为弃恶从善、自食其力、不再危害社会并且能够重返社会的新人,从而达到刑罚特殊预防的目的。另一方面,通过执行,可以使被判处无罪和免除刑事处罚的在押被告人得到释放,保障公民的人权,完成刑事追诉的任务。

(3)执行可以实现刑罚一般预防的目的。通过正确地执行判决和裁定,可以教育公民遵守法律,并使他们进一步认识到,任何犯罪行为,都逃脱不了法律的制裁,以增强公民的守法观念,提高同违法犯罪行为作斗争的自觉性。同时,对那些违法尚未构成犯罪,或者对于那些有犯罪企图的社会不稳定分子,也可以使其认识到,只要进行犯罪活动,就会被揭露和受到法律的惩罚。这是一种警戒,可以起到预防和减少犯罪的作用,可以有效地推动社会治安综合治理方针的贯彻落实,实现社会秩序的长治久安。

二、执行机关

执行机关,又称执行主体,是指依法将人民法院已经发生法律效力的判决、裁定或者决定付诸实施的国家专门机关。由于刑事执行是一种体现国家意志的法律活动,具有明显的强制性特征,因而只能由法定的国家权力部门来实施。根据《刑事诉讼法》的规定,不同类型的生效裁判,其执行机关也有所不同。具体的执行机关包括:

(1)人民法院。人民法院负责死刑立即执行、罚金和没收财产判决、裁定、无罪或者免除刑罚判决、裁定以及没收违法所得裁定的执行。

(2)监狱。监狱隶属于司法行政机关,是我国刑罚执行的专门机关。对于被判处死刑缓期二年执行、无期徒刑、有期徒刑的罪犯,由公安机关送交监狱执行刑罚。未成年犯管教所则负责未成年犯被判处刑罚的执行。

(3)公安机关。公安机关负责执行交付执行时余刑不足3个月的有期徒刑、拘役以及附加刑剥夺政治权利的执行。

(4)社区矫正机构。对被判处管制、宣告缓刑、假释或者暂予监外执行的罪犯,依法实行社区矫正,由社区矫正机构负责执行。

(5)强制医疗机构。人民法院对实施暴力行为,危害公共安全或者严重危害公民人身安全,经法定程序鉴定依法不负刑事责任的精神病人,有继续危害社会可能的,可以决定予以强制医疗。人民法院所作的强制医疗决定由指定的强制医疗机构负责执行。

三、执行依据

执行依据,又称执行客体,是指由人民法院所作的已经发生法律效力的法律文书,包括判决、裁定和决定。

根据案件适用程序的不同,刑事执行的依据包括以下两大类:

(1)人民法院适用普通程序审理案件后所作的生效刑事判决、裁定。

生效的刑事判决、裁定即执行的客体,是指人民法院作出已经发生法律效力的判决和裁定。《刑事诉讼法》第248条第1款规定,判决和裁定在发生法律效力后执行。根据《刑事诉讼法》第248条第2款规定,发生法律效力的判决和裁定包括:①已过法定期限没有上诉、抗诉的判决和裁定;②终审的判决和裁定;③高级人民法院核准的死刑缓期二年执行的判决;④最高人民法院核准的死刑立即执行的判决。

(2)人民法院适用特别程序审理案件后所作的生效裁定、决定。

人民法院适用特别程序审理案件后所作的生效裁定、决定,具体包括:①没收违法所得的裁定;②强制医疗的决定。

第二节 各种判决、裁定和决定的执行程序

一、死刑立即执行判决的执行

死刑是一种剥夺犯罪分子生命的刑罚,它是刑罚中最严厉的刑种,具有无可挽回性。因此,无论是判处还是执行死刑,都必须十分慎重,严格防止发生错杀,造成无法弥补的错误。为了保证正确地适用死刑,《刑事诉讼法》对判处死刑立即执行的判决的执行程序作了严格的规定。

(一)死刑的执行机关

最高人民法院《关于适用〈中华人民共和国刑事诉讼法〉的解释》第417条规定:"最高人民法院的执行死刑命令,由高级人民法院交付第一审人民法院执行。第一审人民法院接到执行死刑命令后,应当在七日内执行。在死刑缓期执行期间故意犯罪,最高人民法院核准执行死刑的,由罪犯服刑地的中级人民法院执行。"根据此规定,死刑的执行主体有两种情形:

(1)判处死刑立即执行的,由第一审人民法院执行。由于死刑案件由中级人民法院管辖,因此,判处死刑立即执行的,由该案一审的中级人民法院执行。

(2)由死缓改判执行死刑的,由罪犯服刑地的中级人民法院执行。

(二)死刑的执行程序

根据《刑事诉讼法》和最高人民法院《关于适用〈中华人民共和国刑事诉讼法〉的解释》的相关规定,死刑的执行程序包括以下内容:

1.签发执行死刑的命令

《刑事诉讼法》第250条第1款规定:"最高人民法院判处和核准的死刑立即执行的判决,应当由最高人民法院院长签发执行死刑的命令。"

2.执行死刑前的准备工作

《刑事诉讼法》第251条第1款规定,下级人民法院接到最高人民法院执行死刑的命令后,应当在7日以内交付执行。执行法院在交付执行死刑前,应当做好以下准备工作:

(1)确定执行死刑的日期与地点。执行死刑的中级人民法院接到执行死刑的命令后,应首先确定执行死刑的方法、具体日期及执行死刑的地点。

(2)死刑罪犯同近亲属会见。最高人民法院《关于适用〈中华人民共和国刑事诉讼法〉的解释》第423条规定:"第一审人民法院在执行死刑前,应当告知罪犯有权会见其近亲属。罪犯申请会见并提供具体联系方式的,人民法院应当通知其近亲属。罪犯近亲属申请会见的,

人民法院应当准许,并及时安排会见。"允许罪犯在被执行死刑前会见其近亲属,是一种人道主义的体现。

(3)通知人民检察院派员临场监督。《刑事诉讼法》第 252 条第 1 款规定:"人民法院在交付执行死刑前,应当通知同级人民检察院派员临场监督。"最高人民法院《关于适用〈中华人民共和国刑事诉讼法〉的解释》第 424 条规定:"第一审人民法院在执行死刑三日前,应当通知同级人民检察院派员临场监督。"

(4)讯问罪犯。指挥执行的审判人员,在执行前,应当罪犯讯问有无遗言、信札,并制作笔录。

(5)验明正身。在执行死刑前,指挥执行的审判人员对罪犯应当验明正身,以核实罪犯的姓名、性别、年龄、职业、拘留、逮捕时间等,进一步核实是否确系应当执行的罪犯,防止错误执行。

3.执行死刑

在人民法院,执行死刑的职责一般由司法警察承担。必要时,也可以委托给武警人员代为执行。根据《刑事诉讼法》和《关于适用〈中华人民共和国刑事诉讼法〉的解释》的相关规定,人民法院在执行死刑时,应当注意以下几个问题:

(1)应当采用枪决或者注射等方法来执行死刑。《刑事诉讼法》第 252 条规定,死刑采用枪决或者注射等方法执行。死刑可以在刑场或者指定的羁押场所内执行。采用注射方法执行死刑的,应当在指定的刑场或者羁押场所内执行。采用枪决、注射以外的其他方法执行死刑的,应当事先层报最高人民法院批准。

(2)同级人民检察院应当派员临场监督。

(3)执行死刑应当公布,禁止游街示众或者其他有辱罪犯人格的行为。

(4)执行死刑后,应当由法医验明罪犯确实死亡,在场书记员制作笔录。

4.死刑执行后的处理

人民法院在执行死刑后,还应当做好以下工作:

(1)负责执行的人民法院应当在执行死刑后 15 日内将执行情况,包括罪犯被执行死刑前后的照片,上报最高人民法院。

(2)对罪犯的遗书、遗言笔录,应当及时审查;涉及财产继承、债务清偿、家事嘱托等内容的,将遗书、遗言笔录交给家属,同时复制附卷备查;涉及案件线索等问题的,抄送有关机关。

(3)通知罪犯家属在限期内领取罪犯骨灰;没有火化条件或者因民族、宗教等原因不宜火化的,通知领取尸体;过期不领取的,由人民法院通知有关单位处理,并要求有关单位出具处理情况的说明;对罪犯骨灰或者尸体的处理情况,应当记录在案。

(4)对外国籍罪犯执行死刑后,通知外国驻华使、领馆的程序和时限,根据有关规定办理。

(三)执行死刑的暂停

《刑事诉讼法》第 251 条第 1 款规定,下级人民法院接到最高人民法院执行死刑的命令后,应当在 7 日以内交付执行。但是发现有下列情形之一的,应当停止执行,并且立即报告最高人民法院,由最高人民法院作出裁定:①在执行前发现判决可能有错误的;②在执行前罪犯揭发重大犯罪事实或者有其他重大立功表现,可能需要改判的;③罪犯正在怀孕。

最高人民法院《关于适用〈中华人民共和国刑事诉讼法〉的解释》第418条规定,第一审人民法院在接到执行死刑命令后、执行前,发现有下列情形之一的,应当暂停执行,并立即将请求停止执行死刑的报告和相关材料层报最高人民法院:①罪犯可能有其他犯罪的;②共同犯罪的其他犯罪嫌疑人到案,可能影响罪犯量刑的;③共同犯罪的其他罪犯被暂停或者停止执行死刑,可能影响罪犯量刑的;④罪犯揭发重大犯罪事实或者有其他重大立功表现,可能需要改判的;⑤罪犯怀孕的;⑥判决、裁定可能有影响定罪量刑的其他错误的。最高人民法院经审查,认为可能影响罪犯定罪量刑的,应当裁定停止执行死刑;认为不影响的,应当决定继续执行死刑。如果停止执行的原因消失,需要恢复执行的,必须报请最高人民法院院长再签发执行死刑的命令才能执行。

本章引例中,执行法院因张某的行为应作出停止执行的决定,并且立即报告最高人民法院,由最高人民法院调查张某检举李某故意杀人的行为是否属实,是否属于重大立功表现,从而作出维持原判决或发回重审的裁定。人民检察院作为执行死刑的监督机构,应当向执行的法院提出停止执行的意见。

最高人民法院在执行死刑命令签发后、执行前,发现具有应当停止执行情形的,应当立即裁定停止执行死刑,并将有关材料移交下级人民法院。下级人民法院接到最高人民法院停止执行死刑的裁定后,应当会同有关部门调查核实停止执行死刑的事由,并及时将调查结果和意见层报最高人民法院审核。对下级人民法院报送的停止执行死刑的调查结果和意见,由最高人民法院原作出核准死刑判决、裁定的合议庭负责审查,必要时,另行组成合议庭进行审查。

最高人民法院对停止执行死刑的案件,应当按照下列情形分别处理:

(1)确认罪犯怀孕的,应当改判;

(2)确认罪犯有其他犯罪,依法应当追诉的,应当裁定不予核准死刑,撤销原判,发回重新审判;

(3)确认原判决、裁定有错误或者罪犯有重大立功表现,需要改判的,应当裁定不予核准死刑,撤销原判,发回重新审判;

(4)确认原判决、裁定没有错误,罪犯没有重大立功表现,或者重大立功表现不影响原判决、裁定执行的,应当裁定继续执行死刑,并由院长重新签发执行死刑的命令。

二、死刑缓期二年执行、无期徒刑、有期徒刑和拘役判决的执行

(一)执行机关

根据《刑事诉讼法》第253条的规定,罪犯被判处死刑缓期二年执行、无期徒刑、有期徒刑的,执行机关是监狱。对于被判处有期徒刑的罪犯,在被交付执行刑罚前,剩余刑期在3个月以下的,由公安机关看守所代为执行。被判处拘役的罪犯,执行机关是公安机关看守所或者拘役所。

对未成年犯应当在未成年监狱或者少年犯管教所执行刑罚。未成年犯年满18周岁,剩余刑期不超过二年的,仍可以留在未成年监狱或者少年犯管教所执行刑罚。

（二）交付执行

根据《刑事诉讼法》第253条以及有关司法解释等有关规定，对于被判处死刑缓期二年执行、无期徒刑、有期徒刑的罪犯，应当由交付执行的人民法院在判决生效后10日以内将判决书、裁定书、人民检察院的起诉书副本、自诉状复印件、人民法院的执行通知书、结案登记表及时送达看守所，由公安机关将罪犯交付监狱执行。前述"交付执行的人民法院"，是指该案的第一审人民法院。

公安机关接到人民法院的判决书、裁定书、执行通知书后，应当在1个月以内将罪犯送交监狱执行。罪犯需要羁押执行刑罚，而判决确定前罪犯没有被羁押的，人民法院应当根据生效的判决书或者裁定书将罪犯羁押，并送交公安机关。

对于判处拘役的罪犯，在判决、裁定生效后，由交付执行的人民法院应当在判决生效后10日以内将判决书、裁定书、人民检察院的起诉书副本、自诉状复印件、执行通知书、结案登记表及时送达公安机关。公安机关应当将罪犯送交拘役所执行。在没有拘役所的地区，由看守所代为执行。

对于未成年犯，应依法送交未成年监狱或者少年犯管教所执行刑罚。交付执行的程序，如前述。

根据《监狱法》的相关规定，交付监狱执行时，罪犯收监后，监狱应当对其进行身体检查。经检查，对于具有暂予监外执行情形的，监狱可以提出书面意见，报省级以上监狱管理机关批准。同时，还应当对罪犯的人身和所携带的物品进行严格检查。非生活必需品，由监狱代为保管或者征得罪犯同意退回其家属，违禁品予以没收。女犯罪犯由女性人民警察检查。

罪犯收监后，监狱应当通知罪犯家属。通知书应当自收监之日起5日内发出。

（三）执行程序

(1)执行方法。对于被判处死刑缓期二年执行、无期徒刑、有期徒刑、拘役的罪犯，予以监禁。具有劳动能力的，实行劳动改造。根据改造罪犯的需要，监狱组织罪犯从事生产劳动，对罪犯进行思想教育、文化教育、技术教育。

(2)执行期限。被判处有期徒刑、拘役罪犯的刑期，从判决执行之日起计算。判决前被拘留和逮捕的，羁押一日折抵刑期一日。判决前，被指定居所监视居住的，监视居住二日折抵刑期一日。

(3)罪犯处遇。在执行期间，被判处拘役的罪犯每月可以回家一天至两天；参加劳动的，可以酌量发给报酬。在监狱实行劳动改造的罪犯，不计劳动报酬，但可以根据其劳动表现酌情给予适当的奖励。

(4)刑满释放。被判处有期徒刑、拘役的罪犯，执行期满，应当由执行机关发给释放证明书。

(5)执行情况变化。对于罪犯在服刑期间死亡、调动、脱逃满两个月未捕回或捕回后有变动的，执行机关应当书面报告交付执行的人民法院以及对该监所实行监督的人民检察院。

三、有期徒刑缓刑、拘役缓刑和管制的执行

（一）执行机关

《刑事诉讼法》第258条的规定，对被判处管制、宣告缓刑、假释或者暂予监外执行的罪犯,依法实行社区矫正,由社区矫正机构负责执行。因此,有期徒刑缓刑、拘役缓刑和管制的执行机关是社区矫正机构。最高人民法院、最高人民检察院、公安部和司法部联合发布的《社区矫正实施办法》第 2 条规定:"司法行政机关负责指导管理、组织实施社区矫正工作。"其第 3 条进一步规定:"县级司法行政机关社区矫正机构对社区矫正人员进行监督管理和教育帮助。司法所承担社区矫正日常工作。"

(二)交付执行

《关于适用〈中华人民共和国刑事诉讼法〉的解释》第 436 条规定:"对被判处管制、宣告缓刑的罪犯,人民法院应当核实其居住地。宣判时,应当书面告知罪犯到居住地县级司法行政机关报到的期限和不按期报到的后果。判决、裁定生效后十日内,应当将判决书、裁定书、执行通知书等法律文书送达罪犯居住地的县级司法行政机关,同时抄送罪犯居住地的县级人民检察院。"另外,根据《社区矫正实施办法》的规定,前述的法律文书还应当同时抄送罪犯居住地的县级公安机关。县级司法行政机关收到法律文书后,应当在 3 个工作日内送达回执。

社区矫正人员应当自人民法院判决、裁定生效之日或者离开监所之日起 10 日内到居住地县级司法行政机关报到。县级司法行政机关应当及时为其办理登记接收手续,并告知其 3 日内到指定的司法所接受社区矫正。发现社区矫正人员未按规定时间报到的,县级司法行政机关应当及时组织查找,并通报决定机关。

(三)社区矫正的实施

司法所接收社区矫正人员后,应当及时向社区矫正人员宣告判决书、裁定书、决定书、执行通知书等有关法律文书的主要内容;社区矫正期限;社区矫正人员应当遵守的规定、被禁止的事项以及违反规定的法律后果;社区矫正人员依法享有的权利和被限制行使的权利;矫正小组人员组成及职责等有关事项。宣告由司法所工作人员主持,矫正小组成员及其他相关人员到场,按照规定程序进行。具体矫正工作应当按以下要求进行:

(1)将社区矫正人员编入矫正小组。根据《社区矫正实施办法》第 8 条规定,司法所应当为社区矫正人员确定专门的矫正小组。矫正小组由司法所工作人员担任组长,社会工作者、志愿者、有关部门、村(居)民委员会、社区矫正人员所在单位、就读学校、家庭成员或者监护人、保证人等,可以成为矫正小组成员。

(2)制定矫正方案。司法所应当为社区矫正人员制定矫正方案,在对社区矫正人员被判处的刑罚种类、犯罪情况、悔罪表现、个性特征和生活环境等情况进行综合评估的基础上,制定有针对性的监管、教育和帮助措施。根据矫正方案的实施效果,适时予以调整。

(3)参加教育学习和社区服务。社区矫正人员应当参加公共道德、法律常识、时事政策等教育学习活动,增强法制观念、道德素质和悔罪自新意识。社区矫正人员每月参加教育学习时间不少于 8 小时。同时,有劳动能力的社区矫正人员应当参加社区服务,修复社会关系,培养社会责任感、集体观念和纪律意识。社区矫正人员每月参加社区服务时间不少于 8 小时。

(4)接受心理辅导。根据社区矫正人员的心理状态、行为特点等具体情况,司法所应当采取有针对性的措施进行个别教育和心理辅导,矫正其违法犯罪心理,提高其适应社会能力。

(5)监督考核。司法所应当及时记录社区矫正人员接受监督管理、参加教育学习和社区服务等情况,定期对其接受矫正的表现进行考核,并根据考核结果,对社区矫正人员实施分类管理。社区矫正期满前,社区矫正人员应当作出个人总结,司法所应当根据其在接受社区矫正期间的表现、考核结果、社区意见等情况作出书面鉴定,并对其安置帮教提出建议。

(四)社区矫正的解除

社区矫正的解除是指社区矫正期限届满,各种矫正措施正常实施完毕,被矫正人员开始回归社会(但暂予监外执行的社区矫正人员刑期未满、应予收监的除外)。

《社区矫正实施办法》第30条规定:"社区矫正人员矫正期满,司法所应当组织解除社区矫正宣告。宣告由司法所工作人员主持,按照规定程序公开进行。司法所应当针对社区矫正人员不同情况,通知有关部门、村(居)民委员会、群众代表、社区矫正人员所在单位、社区矫正人员的家庭成员或者监护人、保证人参加宣告。宣告事项应当包括:宣读对社区矫正人员的鉴定意见;宣布社区矫正期限届满,依法解除社区矫正;对判处管制的,宣布执行期满,解除管制;对宣告缓刑的,宣布缓刑考验期满,原判刑罚不再执行;对裁定假释的,宣布考验期满,原判刑罚执行完毕。县级司法行政机关应当向社区矫正人员发放解除社区矫正证明书,并书面通知决定机关,同时抄送县级人民检察院和公安机关。"由此看出,对于被判处有期徒刑缓刑、拘役缓刑的罪犯,社区矫正解除后,原判刑罚就不再执行。对于被判处管制的罪犯,社区矫正的解除就意味着执行期满。

(五)社区矫正的终止

社区矫正的终止是指在实施社区矫正期间,由于出现特定事由,导致矫正工作因无法继续而提前结束。《社区矫正实施办法》第31条规定:"社区矫正人员死亡、被决定收监执行或者被判处监禁刑罚的,社区矫正终止。社区矫正人员在社区矫正期间死亡的,县级司法行政机关应当及时书面通知批准、决定机关,并通报县级人民检察院。"从这一规定来看,社区矫正终止的原因包括以下三种:

(1)罪犯在社区矫正期间死亡。社区矫正人员在社区矫正期间死亡的,县级司法行政机关应当及时书面通知批准、决定机关,并通报县级人民检察院。

(2)罪犯在社区矫正期间被决定收监执行。在社区矫正期间,罪犯严重违反矫正纪律的,社区矫正机构可以向原判人民法院提出撤销缓刑或假释的建议而将罪犯收监执行。

《社区矫正实施办法》第25条规定,缓刑、假释的社区矫正人员有下列情形之一的,由居住地同级司法行政机关向原裁判人民法院提出撤销缓刑、假释建议书并附相关证明材料,人民法院应当自收到之日起1个月内依法作出裁定:①违反人民法院禁止令,情节严重的;②未按规定时间报到或者接受社区矫正期间脱离监管,超过1个月的;③因违反监督管理规定受到治安管理处罚,仍不改正的;④受到司法行政机关3次警告仍不改正的;⑤其他违反有关法律、行政法规和监督管理规定,情节严重的。

司法行政机关撤销缓刑、假释的建议书和人民法院的裁定书同时抄送社区矫正人员居住地同级人民检察院和公安机关。对于被判处有期徒刑缓刑、拘役缓刑的罪犯而言,社区矫正的撤销必然导致缓刑的撤销。

(3)罪犯在社区矫正期间被判处监禁刑罚。我国《刑法》第77条规定:"被宣告缓刑的犯罪分子,在缓刑考验期限内犯新罪或者发现判决宣告以前还有其他罪没有判决的,应当撤销缓刑,对新犯的罪或者新发现的罪作出判决,把前罪和后罪所判处的刑罚,依照本法第六十九条的规定,决定执行的刑罚。"

四、剥夺政治权利判决的执行

(一)执行机关

剥夺政治权利判决的执行机关,是公安机关。实践中,剥夺政治权利由罪犯居住地县级公安机关指定辖区派出所执行。根据《社区矫正实施办法》第32条的规定:"对于被判处剥夺政治权利在社会上服刑的罪犯,司法行政机关配合公安机关,监督其遵守刑法第五十四条的规定,并及时掌握有关信息。"

(二)执行程序

我国《刑法》第58条规定,附加剥夺政治权利的刑期,从徒刑、拘役执行完毕之日或者从假释之日起计算;剥夺政治权利的效力当然施用于主刑执行期间。因此,当罪犯的主刑执行完毕之后,公安机关应当按照人民法院的判决,向罪犯及其原所在单位或者居住地群众宣布其犯罪事实、剥夺政治权利的期限,以及罪犯在执行期间应当遵守的规定。执行机关应当对其严格管理监督,基层组织或者罪犯的原所在单位协助进行监督。《刑事诉讼法》第259条规定,剥夺政治权利的罪犯执行期满,公安机关应当书面通知本人及其所在单位、居住地基层组织。

(三)剥夺政治权利罪犯应当遵守的规定

《公安机关办理刑事案件程序规定》第301条规定,被剥夺政治权利的罪犯在执行期间应当遵守下列规定:

(1)遵守国家法律、行政法规和公安部制定的有关规定,服从监督管理;
(2)不得享有选举权和被选举权;
(3)不得组织或者参加集会、游行、示威、结社活动;
(4)不得出版、制作、发行书籍、音像制品;
(5)不得接受采访,发表演说;
(6)不得在境内外发表有损国家荣誉、利益或者其他具有社会危害性的言论;
(7)不得担任国家机关职务;
(8)不得担任国有公司、企业、事业单位和人民团体的领导职务。

被剥夺政治权利的罪犯违反前述规定,尚未构成新的犯罪的,公安机关依法可以给予治安管理处罚。

根据《社区矫正实施办法》第32条规定,被剥夺政治权利的罪犯可以自愿参加司法行政机关组织的心理辅导、职业培训和就业指导活动。但是,对于被剥夺政治权利的罪犯,社区矫正机构不得强制其参加社会公益劳动。

五、罚金、没收财产判决和没收违法所得裁定的执行

(一)执行机关

罚金、没收财产刑可以附加适用,也可以独立适用。没收违法所得裁定,则是适用特别程序审理后的结果。根据《刑事诉讼法》第260、261条的规定,罚金、没收财产和没收违法所得的刑罚执行机关均为人民法院。此指的"人民法院"是指该案的第一审人民法院。人民法院执行没收财产、罚金和没收违法所得的判决、裁定和决定,在必要时,可以会同公安机关执行。

(二)执行程序

(1)关于罚金的执行。罚金在判决规定的期限内一次或者分期缴纳。期满无故不缴纳的,人民法院应当强制缴纳。经强制缴纳仍不能全部缴纳的,人民法院在任何时候,包括在判处的主刑执行完毕后,发现被执行人有可以执行的财产的,应当追缴。

如果由于遭遇不能抗拒的灾祸缴纳罚金确实有困难的,犯罪分子可以向人民法院申请减少或者免除。人民法院查证属实后,可以裁定对原判决确定的罚金数额予以减少或者免除。

行政机关对被告人就同一事实已经处以罚款的,人民法院判处罚金时应当予以折抵。

(2)关于没收财产的执行。没收财产是没收犯罪分子个人所有财产的一部或者全部。没收全部财产的,应当对犯罪分子个人及其扶养的家属保留必需的生活费用。没收财产以前犯罪分子所负的正当债务,需要以没收的财产偿还的,经债权人请求,应当偿还。

被执行人或者被执行财产在外地的,可以委托当地人民法院执行。受托法院在执行财产刑后,应当及时将执行的财产上缴国库。

(3)没收违法所得的执行。没收违法所得裁定的执行,与没收财产的判决、裁定的执行程序相同。

六、无罪和免除刑罚判决的执行

(一)执行机关

无罪和免除刑罚的判决、裁定,由人民法院的执行。

(二)无罪和免除刑罚判决、裁定的执行程序

1.第一审人民法院判决无罪或免除刑罚判决的执行

《刑事诉讼法》第249条的规定,第一审人民法院判决被告人无罪、免除刑事处罚的,如果被告人在押,在宣判后应当立即释放。第一审判决宣判后,并不立即发生法律效力,但无罪和免除刑罚判决一经宣判,就应该释放在押被告人。这主要是由于羁押被告人的理由已不复存在。

根据《刑事诉讼法》的规定,对被告人采取羁押这种强制措施,目的在于被告人逃避审判或者继续危害社会。人民法院判处被告人无罪或者免除刑事处罚,是以被告人的行为不构成犯罪或虽构成犯罪,但依《刑法》的规定免除刑事处罚为前提。在这种前提下,对被告人继

续羁押已丧失法律根据和条件,若继续羁押就会侵犯被告人的人身自由。因此,诉讼当事人是否上诉或抗诉,都不影响人民法院立即释放被告人。如果被告人、被害人及其法定代理人不服判决上诉,或人民检察院抗诉,第二审人民法院对被告人改判刑罚,则再按二审判决执行。被告人原来被采取羁押措施的,二审期间可以变更为取保候审。法律如此规定,是为了使被告人能够及时恢复人身自由和名誉,避免造成不良后果。另外,在执行无罪判决后,人民法院应当做好被告人的善后工作,及时恢复无罪公民的名誉,切实保障公民的合法权益。

2. 第二审人民法院判决无罪和免除刑罚判决的执行

第二审人民法院作出无罪或免除刑罚的判决、裁定,是终审判决、裁定,一经宣告即发生法律效力。因此,虽然《刑事诉讼法》没有明文规定对第二审人民法院判决、裁定在押的被告人无罪或者免除刑事处罚的,在宣判后应当立即释放的规定,但由于第二审判决、裁定是终审判决、裁定,故无需特别规定,第二审人民法院对被告人判决、裁定无罪和免除刑罚的,也应当按《刑事诉讼法》第249条之规定执行。

七、强制医疗决定的执行

强制医疗决定,是指人民法院对实施暴力行为,危害公共安全或者严重危害公民人身安全,经法定程序鉴定依法不负刑事责任的精神病人,审理后所作的将该暴力行为人交付予以强制医疗的一种刑事司法决定。作为一种司法指令,强制医疗决定是人民法院按照特别程序审理后作出的权威决定。《刑事诉讼法》第287条规定:"人民法院经审理,对于被申请人或者被告人符合强制医疗条件的,应当在一个月以内作出强制医疗的决定。"第288条规定:"强制医疗机构应当定期对被强制医疗的人进行诊断评估。对于已不具有人身危险性,不需要继续强制医疗的,应当及时提出解除意见,报决定强制医疗的人民法院批准。"据此理解,强制医疗决定的执行包括以下几方面的内容:

(1)强制医疗决定的执行机构是特别指定的医疗机构。这种医疗机构不但应当具有治疗精神病的医疗能力,同时还应获得指定医疗精神病的法律资格。至于如何指定,现行法律没有明确。我们认为,既然是强制医疗,应该与家属自愿送医治疗的社会精神病患者有所不同。即使不具备设置独立精神病医疗机构的物质条件,至少不能与一般的社会精神病患者混合在一起进行治疗。

(2)被强制医疗的对象人身自由在医疗期间予以剥夺。对于强制医疗决定,被强制医疗的人必须接受,不得拒绝或逃避。为防止其继续危害公共安全或其他公民的人身财产安全,在医疗期间,被强制医疗的人失去人身自由,直至解除强制医疗。作为医疗机构,应当做好安全防范措施。

(3)强制医疗决定的执行期限具有不确定性。在作出决定时,对于被强制医疗的人需要治疗多久,人民法院无法事先预测或限定。因此,强制医疗的期限,应当医疗机构根据被强制医疗的人的具体病情和康复进程而定。当其不具有人身危险性,不需要继续强制医疗的,应当报经原决定的人民法院批准解除。

(4)在医疗期间,强制医疗机构应当定期对被强制医疗的人进行诊断评估。我们认为,可以每三个月对诊断被强制医疗的人评估一次。诊断评估意见,至少应由三到五名的专家评议后,出具集体评估意见书。医疗机构应当及时向决定的人民法院和同级人民检察报送评估意见书。同时，向原侦查案件的公安机关抄送副本。

需要说明的是，被强制医疗人的近亲家属应否承担相应的医疗费用、可否申请探视、解除强制医疗后病情复发者能否再次强制医疗等问题，有待于相关部门以规范性文件的方式进一步细化。

八、未成年罪犯刑罚执行的特别规定

根据《监狱法》和司法部《未成年犯管教所管理规定》的有关规定，未成年罪犯刑罚的执行应当遵守以下规定：

1. 执行机关

我国《监狱法》第39条规定："监狱对成年男犯、女犯和未成年犯实行分开关押和管理，对未成年犯和女犯的改造，应当照顾其生理、心理特点。"第74条规定："对未成年犯应当在未成年犯管教所执行刑罚。"未成年犯管教所是监狱的一种类型，是国家的刑罚执行机关。由人民法院依法判处有期徒刑、无期徒刑且未满18周岁的罪犯应当在未成年犯管教所执行刑罚、接受教育改造。《监狱法》第76条规定："未成年犯年满十八周岁时，剩余刑期不超过二年的，仍可以留在未成年犯管教所执行剩余刑期。"

2. 执行方式

对未成年犯的改造，应当根据其生理、心理、行为特点，以教育为主，坚持因人施教、以理服人、形式多样的教育改造方式；实行依法、科学、文明、直接管理。未成年犯的劳动，应当以学习、掌握技能为主。未成年犯管教所应当建立心理矫治机构，对未成年犯进行生理、心理健康教育，进行心理测试、心理咨询和心理矫治。

对未成年男犯、女犯，应当分别编队关押和管理。未成年犯管教所按照未成年犯的刑期、犯罪类型，实行分别关押和管理。对未成年犯原则上不使用戒具。

对未成年犯的教育采取集体教育与个别教育相结合，课堂教育与辅助教育相结合，所内教育与社会教育相结合的方法。对未成年犯进行思想、文化、技术教育的课堂化教学时间，每周不少于20课时，每年不少于1000课时，文化、技术教育时间不低于总课时数的70%。

第三节 执行的变更与其他处理

一、死刑执行的变更

（一）死刑变更的情形

死刑变更是指在执行死刑前出现法定事由而裁定停止执行，并依法进行审理后予以改判的刑罚执行变更制度。《刑事诉讼法》第251条规定，下级人民法院在接到执行死刑的命令后，应当在7日以内交付执行，但发现有下列情形之一的，应当停止执行，并立即报告核准死刑的人民法院，由核准死刑的人民法院作出裁定：①在执行前发现裁判可能有错误的；②在执行前罪犯揭发重大犯罪事实或者有其他重大立功表现，可能需要改判的；③罪犯正在

怀孕。

根据最高人民法院《关于适用〈中华人民共和国刑事诉讼法〉的解释》第418条第1款规定,第一审人民法院在接到执行死刑命令后、执行前,发现有下列情形之一的,应当暂停执行,并立即将请求停止执行死刑的报告和相关材料层报最高人民法院:①罪犯可能有其他犯罪的;②共同犯罪的其他犯罪嫌疑人到案,可能影响罪犯量刑的;③共同犯罪的其他罪犯被暂停或者停止执行死刑,可能影响罪犯量刑的;④罪犯揭发重大犯罪事实或者有其他重大立功表现,可能需要改判的;⑤罪犯怀孕的;⑥判决、裁定可能有影响定罪量刑的其他错误的。可以看出,最高人民法院《关于适用中华人民共和国刑事诉讼法的解释》对《刑事诉讼法》规定的死刑变更的情形进行了细化,更有利于保障人权,防止错杀。

(二)死刑变更的程序

《刑事诉讼法》和最高人民法院《关于适用〈中华人民共和国刑事诉讼法〉的解释》对死刑变更的程序作了相应的规定:

(1)最高人民法院在执行死刑命令签发后、执行前,发现有最高人民法院《关于适用〈中华人民共和国刑事诉讼法〉的解释》第418条第1款规定情形的,应当立即裁定停止执行死刑,并将有关材料移交下级人民法院。下级人民法院接到最高人民法院停止执行死刑的裁定后,应当会同有关部门调查核实停止执行死刑的事由,并及时将调查结果和意见层报最高人民法院审核。对下级人民法院报送的停止执行死刑的调查结果和意见,由最高人民法院原作出核准死刑判决、裁定的合议庭负责审查,必要时,另行组成合议庭进行审查。

(2)最高人民法院对停止执行死刑的案件,应当按照下列情形分别处理:

①确认罪犯怀孕的,应当改判;

②确认罪犯有其他犯罪,依法应当追诉的,应当裁定不予核准死刑,撤销原判,发回重新审判;

③确认原判决、裁定有错误或者罪犯有重大立功表现,需要改判的,应当裁定不予核准死刑,撤销原判,发回重新审判;

④确认原判决、裁定没有错误,罪犯没有重大立功表现,或者重大立功表现不影响原判决、裁定执行的,应当裁定继续执行死刑,并由最高人民法院院长重新签发执行死刑的命令。

二、死刑缓期二年执行的变更

死刑缓期二年执行的变更是指被判处死刑缓期二年执行的罪犯,在缓期二年届满后减为无期徒刑或者25年以下有期徒刑,或者在缓期二年期间因故意重犯新罪,而变更为死刑立即执行的刑罚执行变更制度。

(一)变更的情形

根据《刑法》第50条和《刑事诉讼法》第250条的规定,被判处死刑缓期二年执行的罪犯,根据其在死刑缓期执行期间的表现,死缓判决可作如下变更:

(1)死缓减为无期徒刑。如果死缓罪犯在缓刑执行期间,没有故意犯罪,二年期满以后,减为无期徒刑。

(2)死缓减为有期徒刑。死缓罪犯在缓期执行期间,如果确有重大立功表现,二年期满以后,减为 25 年以下有期徒刑。

(3)死缓改为执行死刑。被判处死刑缓期二年执行的罪犯,在死刑缓期执行期间,如果故意犯罪,查证属实,应当执行死刑。

(二)变更的程序

对被判处死刑缓期执行的罪犯的减刑,由罪犯服刑地的高级人民法院根据同级监狱管理机关审核同意的减刑建议书裁定。根据法律规定,如果罪犯在死刑缓期执行期间没有故意犯罪,2年期满后,由执行监狱提出减刑书面建议,报经监狱所在省(自治区、直辖市)的监狱管理部门审核后,提交监狱所在地的高级人民法院裁定。受理的高级人民法院应当在收到执行机关的减刑建议书之日起 1 个月内进行审理并作出裁定。案情复杂或有特殊情况的,可以延长 1 个月。减刑裁定书应当送达给罪犯本人,交付给执行机关,并将副本送达给原审人民法院和对执行机关实行监督的人民检察院。根据《刑法》第51条的规定,死刑缓期二年执行减为有期徒刑的刑期,从死刑缓期执行期满之日起计算。

如果是将死缓变更为死刑立即执行的,不能直接裁定执行死刑,而是应当将新罪进行审判确定后,才能变更为死刑立即执行。具体变更程序是:

在死刑缓期执行期间,如果罪犯实施故意犯罪的,由罪犯服刑的监狱进行侦查,侦查终结后,移送监狱所在地的人民检察院审查起诉,并向服刑地的中级人民法院提起公诉。罪犯服刑地的中级人民法院依法审判,所作的判决可以抗诉、上诉。故意犯罪的判决、裁定发生法律效力后,由高级人民法院,依照死刑复核程序报请最高人民法院核准犯罪分子死刑立即执行。

最高人民法院核准后,应当由最高人民法院院长重新签发执行死刑的命令,交由罪犯服刑地的中级人民法院依照法定程序和方式执行死刑。

三、暂予监外执行

(一)暂予监外执行的概念

暂予监外执行是指对被判处无期徒刑、有期徒刑或者拘役的罪犯,具有法律规定的某种特殊情况,不适宜在监狱或者拘役所等监禁场所执行刑罚,暂时采取不予关押的一种变通执行方法。

暂予监外执行只是刑罚执行地点的改变,并不意味着执行的中止,而是执行方式的变更。除法律规定的情形外,暂予监外执行的时间应当计入执行刑期。对罪犯暂予监外执行,主要是基于人道主义的需要。

(二)暂予监外执行的适用对象

《刑事诉讼法》第 254 条规定,对被判处有期徒刑或者拘役的罪犯,有下列情形之一的,可以暂予监外执行:

(1)有严重疾病需要保外就医的;
(2)怀孕或者正在哺乳自己婴儿的妇女;
(3)生活不能自理,适用暂予监外执行不致危害社会的。

对被判处无期徒刑的罪犯,有前款第 2 项规定情形的,可以暂予监外执行。

根据上述规定,适用暂予监外执行的对象,是被判处无期徒刑、有期徒刑或者拘役的罪犯。不过,暂予监外执行的被判处无期徒刑的罪犯只能是怀孕或者正在哺乳自己婴儿的妇女。

(三)暂予监外执行的适用条件

根据《刑事诉讼法》第254条规定,对被判处有期徒刑或者拘役的罪犯,具备下列情形之一的,可以暂予监外执行:①罪犯有严重疾病需保外就医;②罪犯怀孕或者正在哺乳自己的婴儿;③罪犯生活不能自理,适用暂予监外执行不致危害社会。

对被判处无期徒刑的罪犯,只有罪犯怀孕或者正在哺乳自己的婴儿的,才可以暂予监外执行。对于患有严重疾病的罪犯,必须经由省级人民政府指定的医院开具证明文件,然后依照法律规定的程序进行审批。其中,对适用保外就医可能有社会危险性的罪犯,或者自伤自残的罪犯,不得保外就医。

(四)暂予监外执行的程序

1. 人民法院决定的暂予监外执行

《刑事诉讼法》第254条规定,在交付执行前,暂予监外执行由交付执行的人民法院决定。人民法院决定暂予监外执行的,应当制作暂予监外执行决定书,载明罪犯基本情况、判决确定的罪名和刑罚、决定暂予监外执行的原因、依据等内容,并抄送人民检察院和罪犯居住地的公安机关。

2. 监管场所提请的暂予监外执行

根据《刑事诉讼法》第254条规定,在交付执行后,暂予监外执行由监狱、未成年犯管教所或者看守所提出书面意见,报省级以上监狱管理机关或者设区的市一级以上公安机关批准。批准暂予监外执行的机关应当将批准的决定抄送同级人民检察院。

3. 暂予监外执行的执行

《刑事诉讼法》第258条规定,对暂予监外执行的罪犯,依法实行社区矫正,由社区矫正机构负责执行。《社区矫正实施办法》第3条规定,县级司法行政机关社区矫正机构对社区矫正人员进行监督管理和教育帮助。司法所承担社区矫正日常工作。

《刑事诉讼法》第257条规定,对暂予监外执行的罪犯,有下列情形之一的,应当及时收监:①发现不符合暂予监外执行条件的;②严重违反有关暂予监外执行监督管理规定的;③暂予监外执行的情形消失后,罪犯刑期未满的。

《社区矫正实施办法》第26条规定,暂予监外执行的社区矫正人员有下列情形之一的,由居住地县级司法行政机关向批准、决定机关提出收监执行的建议书并附相关证明材料,批准、决定机关应当自收到之日起15日内依法作出决定:①发现不符合暂予监外执行条件的;②未经司法行政机关批准擅自离开居住的市、县(旗),经警告拒不改正,或者拒不报告行踪,脱离监管的;③因违反监督管理规定受到治安管理处罚,仍不改正的;④受到司法行政机关两次警告,仍不改正的;⑤保外就医期间不按规定提交病情复查情况,经警告拒不改正的;⑥暂予监外执行的情形消失后,刑期未满的;⑦保证人丧失保证条件或者因不履行义务被取消保证人资格,又不能在规定期限内提出新的保证人的;⑧其他违反有关法律、行政法规和监督管理规定,情节严重的。司法行政机关的收监执行建议书和决定机关的决定书,应当同时抄送社区矫正人员居住地同级人民检察院和公安机关。

对于人民法院决定暂予监外执行的罪犯应当予以收监的,由人民法院作出决定,将有关的法律文书送达公安机关、监狱或者其他执行机关。

不符合暂予监外执行条件的罪犯通过贿赂等非法手段被暂予监外执行的,在监外执行的期间不计入执行刑期。罪犯在暂予监外执行期间脱逃的,脱逃的期间不计入执行刑期。

被暂予监外执行的罪犯在社区矫正期间死亡的,县级司法行政机关应当及时书面通知批准、决定机关,并通报县级人民检察院。

本章引例中,张某应当被收监执行五年的刑罚。《刑事诉讼法》第257条第3款的规定,不符合暂予监外执行条件的罪犯通过贿赂等非法手段被暂予监外执行的,在监外执行的期间不计入执行刑期。罪犯在暂予监外执行期间脱逃的,脱逃的期间不计入执行刑期。据此规定,张某因不符合暂予监外执行的条件,故在其逃跑期间被公安机关抓获后,应当收监执行余下的五年刑罚。

四、减刑

(一)减刑的概念与性质

在理论上,减刑是指对原判刑期适当减轻的一种刑罚执行活动。我国刑事诉讼意义上的减刑是指被判处管制、拘役、有期徒刑或者无期徒刑的罪犯,在执行期间确有悔改或者立功表现,由人民法院依法适当减轻其原判刑罚的制度。它是刑事执行的一种变更形式。在我国,减刑的范围不仅包括管制、拘役、有期徒刑、无期徒刑以及由死缓减至的无期徒刑等实刑,而且包括拘役和三年以下有期徒刑的缓刑以及附加刑剥夺政治权利的减刑。在法律性质上,减刑是对罪犯服刑改造的一种肯定和奖励。它的正确适用可以正面鼓励罪犯积极悔改,从而实现刑罚的目的。

(二)减刑的对象

根据我国《刑法》和有关司法解释的规定,减刑的对象包括被判处管制、拘役、有期徒刑或无期徒刑的罪犯;由死刑缓期二年执行减为无期徒刑的罪犯;被判处拘役的罪犯和被判处三年以下有期徒刑缓期执行的罪犯。需要说明的是,依照法律的特别规定进行的,由死刑缓期二年执行减至无期限徒刑,属于死刑缓期执行制度的组成部分,故不在本章减刑制度的探讨范围。

(三)减刑的类型和条件

我国《刑法》第78条规定,被判处管制、拘役、有期徒刑、无期徒刑的犯罪分子,在执行期间,如果认真遵守监规,接受教育改造,确有悔改表现的,或者有立功表现的,可以减刑;有重大立功表现的,应当减刑。从中可以看出,我国减刑情形有可以减刑和应当减刑两种。两种减刑的条件分别是:

(1)可以减刑。如果罪犯在执行期间能认真遵守监规,接受教育改造,确有悔改表现的,或者有立功表现的,可以减刑。根据最高人民法院《关于办理减刑、假释案件具体应用法律若干问题的规定》第2条规定,"确有悔改表现"是指同时具备以下四个方面情形:①认罪悔罪;②认真遵守法律法规及监规,接受教育改造;③积极参加思想、文化、职业技术教育;④积极参加劳动,努力完成劳动任务。罪犯积极执行财产刑和履行附带民事赔偿义务的,可视为有认罪悔罪表现,在减刑时可以从宽掌握;确有执行、履行能力而不执行、不履行的,在减刑时应当从严掌握。另外,申诉是罪犯依法享有的法定权利,对罪犯在刑罚执行期间提出申诉的,要依法保护其申诉权利,对罪犯申诉不应不加分析地认为是不认罪悔罪。

《关于办理减刑、假释案件具体应用法律若干问题的规定》第3条还明确,具有下列情形之一的,应当认定为有"立功表现":①阻止他人实施犯罪活动的;②检举、揭发监狱内外犯罪活动,或者提供重要的破案线索,经查证属实的;③协助司法机关抓捕其他犯罪嫌疑人(包括同案犯)的;④在生产、科研中进行技术革新,成绩突出的;⑤在抢险救灾或者排除重大事故中表现突出的;⑥对国家和社会有其他贡献的。

(2)应当减刑。罪犯在执行期间具有重大立功表现的,应当减刑。最高人民法院《关于办理减刑、假释案件具体应用法律若干问题的规定》第4条规定,具有下列情形之一的,应当认定为有"重大立功表现":①阻止他人实施重大犯罪活动的;②检举监狱内外重大犯罪活动,经查证属实的;③协助司法机关抓捕其他重大犯罪嫌疑人(包括同案犯)的;④有发明创造或者重大技术革新的;⑤在日常生产、生活中舍己救人的;⑥在抗御自然灾害或者排除重大事故中,有特别突出表现的;⑦对国家和社会有其他重大贡献的。

(四)减刑的程序

最高人民法院《关于适用〈中华人民共和国刑事诉讼法〉的解释》第449条至456条以及《关于办理减刑、假释案件具体应用法律若干问题的规定》和《关于减刑、假释案件审理程序的规定》对各种刑罚的减刑程序作出的明确要求。

1. 受理减刑的法院及审理期限

(1)对被判处无期徒刑的罪犯的减刑,由罪犯服刑地的高级人民法院在收到同级监狱管理机关审核同意的减刑建议书后1个月内作出裁定,案情复杂或者情况特殊的,可以延长1个月。

(2)对被判处有期徒刑和被减为有期徒刑的罪犯的减刑,由罪犯服刑地的中级人民法院在收到执行机关提出的减刑、假释建议书后1个月内作出裁定,案情复杂或者情况特殊的,可以延长1个月。

(3)对被判处拘役、管制的罪犯的减刑,由罪犯服刑地中级人民法院在收到同级执行机关审核同意的减刑建议书后1个月内作出裁定。

对暂予监外执行罪犯的减刑,应当根据情况,分别适用上述三项的有关规定。

2. 材料的审查

对执行机关提请的材料,人民法院应当进行审查。经审查,材料齐备的,应当立案;材料不齐的,应当通知执行机关在3日内补送,逾期未补送的,不予立案。

根据最高人民法院《关于减刑、假释案件审理程序的规定》的相关规定,执行机关移送的材料应当包括下列内容:①减刑建议书;②终审法院裁判文书、执行通知书、历次减刑裁定书的复印件;③罪犯确有悔改或者立功、重大立功表现的具体事实的书面证明材料;④罪犯评审鉴定表、奖惩审批表等;⑤其他根据案件审理需要应予移送的材料。

人民检察院对报请减刑案件提出检察意见的,执行机关应当一并移送受理减刑案件的人民法院。

3. 材料公示

根据最高人民法院《关于减刑、假释案件审理程序的规定》的相关规定,人民法院决定受理减刑案件的,应当在立案后5日内将执行机关报请的有关材料向社会进行公示。公示应当写明公示期限和提出意见的方式。公示期限为5日。公示的内容应当包括罪犯的个人情况、原判认定的罪名和刑期、罪犯历次减刑情况、执行机关的建议及依据。

4. 减刑的审判组织及审理方式

人民法院审理减刑案件,应当由审判员或者由审判员和人民陪审员组成合议庭进行审理。审理方式包括书面审理和开庭审理两种方式。其中,有下列情形之一的,应当开庭审理:①因罪犯有重大立功表现报请减刑的;②报请减刑的起始时间、间隔时间或者减刑幅度不符合司法解释一般规定的;③公示期间收到不同意见的;④人民检察院有异议的;⑤被报请减刑罪犯系职务犯罪罪犯,组织(领导、参加、包庇、纵容)黑社会性质组织犯罪罪犯,破坏金融管理秩序和金融诈骗犯罪罪犯及其他在社会上有重大影响或社会关注度高的;⑥人民法院认为其他应当开庭审理的。

人民法院开庭审理减刑案件,应当通知人民检察院、执行机关及被报请减刑的罪犯参加庭审,并在开庭3日前将开庭的时间、地点通知人民检察院、执行机关、被报请减刑罪犯和有必要参加庭审的其他人员,并于开庭3日前进行公告。如有需要,可以通知证明罪犯确有悔改表现或者立功、重大立功表现的证人,公示期间提出不同意见的人,以及鉴定人、翻译人员等其他人员参加庭审。

开庭审理应当在罪犯刑罚执行场所或者人民法院确定的场所进行。有条件的人民法院可以采取视频开庭的方式进行。在社区执行刑罚的罪犯因重大立功被报请减刑的,可以在罪犯服刑地或者居住地开庭审理。

人民法院书面审理减刑案件的,可以就被报请减刑罪犯是否符合减刑条件进行调查核实或听取有关方面意见,并且可以提讯被报请减刑罪犯。

人民法院审理减刑案件时,除应当审查罪犯在执行期间的一贯表现外,还应当综合考虑犯罪的具体情节、原判刑罚情况、财产刑执行情况、附带民事裁判履行情况、罪犯退赃退赔等情况。

执行机关以罪犯有立功表现或重大立功表现为由提出减刑的,应当审查立功或重大立功表现是否属实。涉及发明创造、技术革新或者其他贡献的,应当审查该成果是否系罪犯在执行期间独立完成,并经有关主管机关确认。

5. 审理结果

根据最高人民法院《关于减刑、假释案件审理程序的规定》的相关规定,人民法院审理减刑案件,应当按照下列情形分别处理:

①被报请减刑罪犯符合法律规定的减刑条件的,作出予以减刑的裁定;

②被报请减刑的罪犯符合法律规定的减刑条件,但执行机关报请的减刑幅度不适当的,对减刑幅度作出相应调整后作出予以减刑的裁定;

③被报请减刑罪犯不符合法律规定的减刑条件的,作出不予减刑的裁定。

其中,人民法院的减刑裁定书应当写明罪犯原判和历次减刑情况,确有悔改表现或者立功、重大立功表现的事实和理由,以及减刑的法律依据,并注明减刑后刑期的起止时间。裁定调整减刑幅度或者不予减刑的,则应当在裁定书中说明理由。

人民法院作出减刑裁定后,应当在7日内送达报请减刑的执行机关、同级人民检察院以及罪犯本人。同时,《减刑裁定书》应当通过互联网依法向社会公布。

在人民法院作出减刑裁定前,执行机关书面申请撤回减刑建议的,是否准许,由人民法院决定。

6.减刑的幅度及其限制

为保障刑罚的严肃性,防止减刑的任意和不规范,《刑法修正案(八)》以及最高人民法院《关于死刑缓期执行限制减刑案件审理程序若干问题的规定》规定,对被判处死刑缓期执行的累犯以及因故意杀人、强奸、抢劫、绑架、放火、爆炸、投放危险物质或者有组织的暴力性犯罪被判处死刑缓期执行的犯罪分子,人民法院根据犯罪情节、人身危险性等情况,可以在作出裁判的同时决定对其限制减刑。此外,最高人民法院《关于办理减刑、假释案件具体应用法律若干问题的规定》对减刑的幅度的时间间隔作了相应的要求。据此,减刑的幅度及其限制具体情形分别如下:

(1)关于死缓减至无期徒刑的减刑。《刑法》第15条第3项规定:"人民法院依照本法第五十条第二款规定限制减刑的死刑缓期执行的犯罪分子,缓期执行期满后依法减为无期徒刑的,不能少于二十五年,缓期执行期满后依法减为二十五年有期徒刑的,不能少于二十年。"

《关于办理减刑、假释案件具体应用法律若干问题的规定》第9条规定:"死刑缓期执行罪犯减为无期徒刑后,确有悔改表现,或者有立功表现的,服刑二年以后可以减为二十五年有期徒刑;有重大立功表现的,服刑二年以后可以减为二十三年有期徒刑。死刑缓期执行罪犯经过一次或几次减刑后,其实际执行的刑期不能少于十五年,死刑缓期执行期间不包括在内。但是,死刑缓期执行罪犯在缓期执行期间抗拒改造,尚未构成犯罪的,此后减刑时可以适当从严。"该规定第9条还明确:"被限制减刑的死刑缓期执行罪犯,缓期执行期满后依法被减为无期徒刑的,或者因有重大立功表现被减为二十五年有期徒刑的,应当比照未被限制减刑的死刑缓期执行罪犯在减刑的起始时间、间隔时间和减刑幅度上从严掌握。"

(2)关于无期徒刑的减刑。《刑法》第15条第2项规定:"判处无期徒刑的,不能少于十三年。"《关于办理减刑、假释案件具体应用法律若干问题的规定》第8、9条规定:"无期徒刑罪犯在刑罚执行期间,确有悔改表现,或者有立功表现的,服刑二年以后,可以减刑。减刑幅度为:确有悔改表现,或者有立功表现的,一般可以减为二十年以上二十二年以下有期徒刑;有重大立功表现的,可以减为十五年以上二十年以下有期徒刑。无期徒刑罪犯经过一次或几次减刑后,其实际执行的刑期不能少于十三年,起始时间应当自无期徒刑判决确定之日起计算。"

(3)关于有期徒刑的减刑。根据《刑法》第15条的规定,判处有期徒刑的,减刑以后实际执行的刑期不能少于原判刑期的二分之一。《关于办理减刑、假释案件具体应用法律若干问题的规定》第5、6对有期徒刑的减刑幅度作了如下规定:

①有期徒刑罪犯在刑罚执行期间,符合减刑条件的,减刑幅度为:确有悔改表现,或者立功表现的,一次减刑一般不超过一年有期徒刑;确有悔改表现并有立功表现,或者有重大

立功表现的,一次减刑一般不超过二年有期徒刑。有期徒刑罪犯减刑时,对附加剥夺政治权利的期限可以酌减。酌减后剥夺政治权利的期限,不能少于一年。

②有期徒刑罪犯的减刑起始时间和间隔时间为:被判处五年以上有期徒刑的罪犯,一般在执行一年六个月以上方可减刑,两次减刑之间一般应当间隔一年以上。被判处不满五年有期徒刑的罪犯,可以比照上述规定,适当缩短起始和间隔时间。

③被判处十年以上有期徒刑、无期徒刑的罪犯在刑罚执行期间又犯罪,被判处有期徒刑以下刑罚的,自新罪判决确定之日起二年内一般不予减刑;新罪被判处无期徒刑的,自新罪判决确定之日起三年内一般不予减刑。有期徒刑的减刑起始时间自判决执行之日起计算。确有重大立功表现的,可以不受上述减刑起始和间隔时间的限制。

(4)关于管制、拘役的减刑。判处管制、拘役的罪犯,以及判决生效后剩余刑期不满一年有期徒刑的罪犯,符合减刑条件的,可以酌情减刑,其实际执行的刑期不能少于原判刑期的二分之一。

(5)关于缓刑的减刑。判处拘役或者三年以下有期徒刑并宣告缓刑的罪犯,一般不适用减刑。如果罪犯在缓刑考验期限内有重大立功表现的,可以参照《刑法》第78条的规定,予以减刑,同时应依法缩减其缓刑考验期限。拘役的缓刑考验期限不能少于二个月,有期徒刑的缓刑考验期限不能少于一年。

(6)关于减刑的特殊情形。减刑时不满18周岁的未成年罪犯能认罪悔罪,遵守法律法规及监规,积极参加学习、劳动的,应视为确有悔改表现,减刑的幅度可以比照成年罪犯依法适当放宽,起始时间、间隔时间可以相应缩短。

基本丧失劳动能力、生活难以自理的老年、身体残疾、患严重疾病的罪犯,能够认真遵守法律法规及监规,接受教育改造,应视为确有悔改表现,减刑的幅度可以适当放宽,起始时间、间隔时间可以相应缩短。

7.缓刑的撤销

根据最高人民法院《关于适用〈中华人民共和国刑事诉讼法〉的解释》第457、458条的规定,罪犯在缓刑考验期限内犯新罪或者被发现在判决宣告前还有其他罪没有判决,应当撤销缓刑的,由审判新罪的人民法院撤销原判决、裁定宣告的缓刑,并书面通知原审人民法院和执行机关。

罪犯在缓刑考验期限内,有下列情形之一,原作出缓刑判决、裁定的人民法院应当在收到执行机关的撤销缓刑建议书后一个月内,作出撤销缓刑的裁定:①违反禁止令,情节严重的;②无正当理由不按规定时间报到或者接受社区矫正期间脱离监管,超过一个月的;③因违反监督管理规定受到治安管理处罚,仍不改正的;④受到执行机关三次警告仍不改正的;⑤违反有关法律、行政法规和监督管理规定,情节严重的其他情形。

人民法院撤销缓刑的裁定,一经作出,立即生效。人民法院应当将撤销缓刑裁定书送交罪犯居住地的县级司法行政机关,由其根据有关规定将罪犯交付执行。撤销缓刑裁定书应当同时抄送罪犯居住地的同级人民检察院和公安机关。

五、假释

(一)假释的概念

假释是指对于被判处有期徒刑、无期徒刑的犯罪分子经过一定期限的服刑改造,确有悔改表现,释放后不致再危害社会的,附条件地将其提前释放的一种制度。假释的结果是改变了刑罚的实际执行时间,属于执行的变更情形。假释在我国刑法中是一项重要的刑罚执行变更制度,正确地适用假释,把那些经过一定服刑期间确有悔改表现、没有必要继续关押改造的罪犯放到社会上进行改造,可以有效地鼓励犯罪分子服从教育和改造,使之早日复归社会、有利于化消极因素为积极因素。

(二)假释的对象

假释的对象是被判处有期徒刑、无期徒刑的犯罪分子。但是,根据《刑法》第 16 条规定,累犯以及因杀人、爆炸、抢劫、强奸、绑架、投放危险物质或有组织的暴力性犯罪被判处 10 年以上有期徒刑、无期徒刑的罪犯,不得假释。此外,因前述情形和犯罪被判处死刑缓期执行的罪犯,被减为无期徒刑、有期徒刑后,也不得假释。这些规定的含义是:

(1)只要是累犯,不管对罪犯所判处的是什么刑种与刑期,都不得假释。

(2)对实施了杀人、爆炸、抢劫、强奸、绑架等暴力性犯罪,并且被判处 10 年以上有期徒刑、无期徒刑的犯罪人,不得假释。"暴力性犯罪"除了上述列举的几种犯罪外,还包括其他对人身行使有形力的犯罪,如伤害、武装叛乱、武装暴乱、劫持航空器等罪。

(3)对于被判处 10 年以上有期徒刑、无期徒刑的暴力性犯罪人,即使减刑后其刑期低于 10 年有期徒刑,也不得假释。

(4)被判处死刑缓期执行的罪犯,即使被减为无期徒刑、有期徒刑的,一般情况也不得假释。但具有《刑法》第 81 条第 1 款规定的"特殊情况",经最高人民法院核准假释的除外。

(三)假释的条件

我国《刑法》第 81 条规定:"被判处有期徒刑的犯罪分子,执行原判刑期二分之一以上,被判处无期徒刑的犯罪分子,实际执行十三年以上,如果认真遵守监规,接受教育改造,确有悔改表现,没有再犯罪的危险的,可以假释。如果有特殊情况,经最高人民法院核准,可以不受上述执行刑期的限制。"可见,一般情况下的假释应当具备以下两个基本条件:

第一,已实际执行一定的刑期,即被判处有期徒刑的犯罪分子,实际执行原判刑期 1/2 以上,被判处无期徒刑的犯罪分子,实际执行 13 年以上;

第二,认真遵守监规,接受教育改造,确有悔改表现,释放后没有重新犯罪的危险。以上两个条件须同时具备。

根据最高人民法院《关于办理减刑、假释案件具体应用法律若干问题的规定》的规定,《刑法》第 81 条第 1 款规定的"特殊情况",是指与国家、社会利益有重要关系的情况。对死刑缓期执行罪犯减为无期徒刑或者有期徒刑后,如有"特殊情况"的,经最高人民法院核准,也可以假释。另外,办理假释案件,判断"没有再犯罪的危险",除符合《刑法》第 81 条规定的情形外,还应根据犯罪的具体情节、原判刑罚情况,在刑罚执行中的一贯表现,罪犯的年龄、身体状况、性格特征,假释后生活来源以及监管条件等因素综合考虑。《刑法》第 81 条第 3

款规定:"对犯罪分子决定假释时,还应当考虑其假释后对所居住社区的影响。"因此,执行机关对罪犯提请假释的,还应当附有社区矫正机构关于罪犯假释后对所居住社区影响的调查评估报告。

(四)假释的程序

根据《刑法》第82条的规定,假释依照减刑程序进行。根据最高人民法院《关于适用〈中华人民共和国刑事诉讼法〉的解释》、《关于办理减刑、假释案件具体应用法律若干问题的规定》和《关于减刑、假释案件审理程序的规定》的有关规定,假释案件的管辖法院、受理程序、材料公示、审理方式、审理期限、审理结果和错误裁定的纠正,均与减刑程序相同。

(五)假释的限制

最高人民法院《关于办理减刑、假释案件具体应用法律若干问题的规定》第22条规定,罪犯减刑后又假释的间隔时间,一般为一年;对一次减去二年有期徒刑后,决定假释的,间隔时间不能少于二年。罪犯减刑后余刑不足二年,决定假释的,可以适当缩短间隔时间。

(六)假释的撤销

假释的撤销分为两种情形:一是因罪犯重新犯罪或漏罪未判而撤销;二是因罪犯在假释考验期间具有严重违反监管纪律的行为而撤销。

(1)因罪犯重新犯罪或漏罪未判而撤销。根据最高人民法院《关于适用〈中华人民共和国刑事诉讼法〉的解释》第457条的规定,罪犯在假释考验期限内犯新罪或者被发现在判决宣告前还有其他罪没有判决,应当撤销假释的,由审判新罪的人民法院撤销原裁定宣告的假释,并书面通知原审人民法院和执行机关。

(2)因罪犯在假释考验期间具有严重违反监管纪律的行为而撤销。根据最高人民法院《关于适用〈中华人民共和国刑事诉讼法〉的解释》第457条的规定,罪犯在缓刑、假释考验期限内,有下列情形之一的,原作出假释裁定的人民法院应当在收到执行机关的撤销假释建议书后一个月内,作出撤销假释的裁定:①违反禁止令,情节严重的;②无正当理由不按规定时间报到或者接受社区矫正期间脱离监管,超过一个月的;③因违反监督管理规定受到治安管理处罚,仍不改正的;④受到执行机关三次警告仍不改正的;⑤违反有关法律、行政法规和监督管理规定,情节严重的其他情形。

人民法院撤销假释的裁定,一经作出,立即生效。人民法院应当将撤销假释裁定书送交罪犯居住地的县级司法行政机关,由其根据有关规定将罪犯交付执行。撤销假释裁定书应当同时抄送罪犯居住地的同级人民检察院和公安机关。

六、对新罪、漏罪和申诉的处理

(一)对新罪、漏罪的处理

所谓新罪,是指罪犯在服刑期间再次犯罪;所谓漏罪,是指罪犯在服刑期间,发现其在判决宣告前所犯的尚未进行审理并判决的罪行。在刑罚执行期间,发现有新罪或漏罪的,都应依法追究。《刑事诉讼法》第292条规定,对罪犯在监狱内犯罪的侦查由监狱进行侦查,监狱办理刑事案件,适用本法的有关规定。即罪犯在服刑期间又犯罪的,应当由监狱进行侦查,侦查终结后,由监狱写出起诉意见书,连同案件材料、证据一并移送人民检察院处理。如果罪犯在监狱之外服刑的,应由公安机关进行侦查,并在侦查终结后,写出起诉意见书,连同案件材料、证据一并移送人民检察院处理。对于罪犯的漏罪和新罪,应当分别按照《刑事诉讼法》关于管辖的规定和《刑法》关于数罪并罚的规定追究刑事责任,并决定需要继续执行的刑期。

(二)对申诉的处理

《刑事诉讼法》第264条规定:监狱和其他执行机关在刑罚执行中,如果认为判决有错误或者罪犯提出申诉,应当转请人民检察院或者原判人民法院处理。

执行机关如果认为判决有错误,应当提出具体意见,并附有关材料,转送原起诉的人民检察院或者原判人民法院处理。监狱和其他执行机关对于罪犯提出的申诉应当及时转递,不得扣压。

人民法院或者人民检察院收到执行机关意见和材料或罪犯的申诉后,应当认真进行审查。如认为原判决或裁定在认定事实或者适用法律上确有错误,应按审判监督程序予以处理。如认为原裁判正确,应及时答复执行机关或申诉人。

《监狱法》规定,人民检察院或者人民法院应当自收到监狱提请处理意见书之日起6个月内将处理结果通知监狱。

第四节 刑事执行的法律监督

《刑事诉讼法》第8条规定:"人民检察院依法对刑事诉讼实行法律监督。"对刑事执行活动进行监督,是人民检察院刑事诉讼监督的职能之一。所谓刑事执行监督,是指人民检察院对执行机关执行人民法院生效裁判的活动情况进行的法律监督。刑事执行监督的目的,在于确保刑事执行活动规范进行,以维护司法裁判的权威和罪犯的合法权益。

刑事执行监督的内容包括二方面:一是对执行刑罚是否合法进行监督;二是对执行刑罚中的变更程序是否合法进行监督。刑事执行监督的范围包括:

一、对执行死刑的监督

《刑事诉讼法》第252条第1款规定,人民法院在交付执行死刑前,应当通知同级人民检察院派员临场监督。根据最高人民法院有关司法解释的规定,人民法院将罪犯交付执行死刑,应当在交付执行3日前通知同级人民检察院派员临场监督。人民检察院收到同级人民法院执行死刑临场监督通知后,应当查明同级人民法院是否收到最高人民法院或者高级人民法院核准死刑的判决或者裁定和执行死刑的命令。

被判处死刑的罪犯在被执行死刑时,人民检察院应当派员临场监督。执行死刑临场监督,由检察人员担任,并配备书记员担任记录。

临场监督执行死刑的检察人员应当依法监督执行死刑的场所、方法和执行死刑的活动是否合法。在执行死刑前,发现有下列情形之一的,应当建议人民法院停止执行:①被执行人并非应执行死刑的罪犯;②罪犯犯罪时不满18周岁;③判决可能有错误;④在执行前罪犯检举揭发重大犯罪事实或者有其他重大立功表现,可能需要改判;⑤罪犯正在怀孕。

在执行死刑过程中,人民检察院临场监督人员根据需要可以进行拍照、摄像;执行死刑后,人民检察院临场监督人员应当检查罪犯是否确已死亡,并填写死刑临场监督笔录,签名后入卷归档。

人民检察院发现人民法院在执行死刑活动中有侵犯被执行死刑罪犯的人身权、财产权或者其近亲属、继承人合法权利等违法情形的,应当依法向人民法院提出纠正意见。

二、对暂予监外执行的监督

《刑事诉讼法》第 256 条规定,决定或者批准暂予监外执行的机关应当将暂予监外执行决定抄送人民检察院。其中,人民检察院发现罪犯不符合暂予监外执行法定条件或者提请暂予监外执行违反法定程序的,应当在 10 日以内向决定或者批准机关提出书面检察意见,同时也可以向监狱、看守所提出书面纠正意见;人民检察院认为暂予监外执行不当的,应当自接到通知之日起 1 个月以内将书面意见送交决定或批准暂予监外执行的机关,批准暂予监外执行的机关接到人民检察院的书面意见后,应当立即对该决定进行重新核查。

人民检察院接到批准或者决定对罪犯暂予监外执行的通知书,应当进行审查。人民检察院对监狱、看守所、拘役所暂予监外执行的执法活动实行监督,发现有违法情况的,应当提出纠正意见。《刑事诉讼法》第 257 条第 3 款规定:"不符合暂予监外执行条件的罪犯通过贿赂等非法手段被暂予监外执行的,在监外执行的期间不计入执行刑期。罪犯在暂予监外执行期间脱逃的,脱逃的期间不计入执行刑期。"

对于暂予监外执行的罪犯,人民检察院发现罪犯不符合暂予监外执行条件、严重违反有关暂予监外执行的监督管理规定或者暂予监外执行的情形消失而罪犯刑期未满的,应当通知执行机关收监执行,或者建议决定或者批准暂予监外执行的机关作出收监执行决定。

《人民检察院刑事诉讼规则(试行)》第 643 条规定,人民检察院发现监狱、看守所、公安机关暂予监外执行的执法活动有下列情形之一的,应当依法提出纠正意见:①将不符合法定条件的罪犯提请暂予监外执行的;②提请暂予监外执行的程序违反法律规定或者没有完备的合法手续,或者对于需要保外就医的罪犯没有省级人民政府指定医院的诊断证明和开具的证明文件的;③监狱、看守所提出暂予监外执行书面意见,没有同时将书面意见副本抄送人民检察院的;④罪犯被决定或者批准暂予监外执行后,未依法交付罪犯居住地社区矫正机构实行社区矫正的;⑤对符合暂予监外执行条件的罪犯没有依法提请暂予监外执行的;⑥发现罪犯不符合暂予监外执行条件,或者在暂予监外执行期间严重违反暂予监外执行监督管理规定,或者暂予监外执行的条件消失且刑期未满,应当收监执行而未及时收监执行或者未提出收监执行建议的;⑦人民法院决定将暂予监外执行的罪犯收监执行,并将有关法律文书送达公安机关、监狱、看守所后,监狱、看守所未及时收监执行的;⑧对不符合暂予监外执行条件的罪犯通过贿赂等非法手段被暂予监外执行以及在暂予监外执行期间脱逃的罪犯,监狱、看守所未建议人民法院将其监外执行期间、脱逃期间不计入执行刑期或者对罪犯执行刑期计算的建议违法、不当的;⑨暂予监外执行的罪犯刑期届满,未及时办理释放手续的;⑩其他违法情形。

三、对减刑、假释的监督

《人民检察院刑事诉讼规则（试行）》第 649 条规定，人民检察院收到执行机关抄送的减刑、假释建议书副本后，应当逐案进行审查，发现减刑、假释建议不当或者提请减刑、假释违反法定程序的，应当在 10 日以内向审理减刑、假释案件的人民法院提出书面检察意见，同时也可以向执行机关提出书面纠正意见。

《人民检察院刑事诉讼规则（试行）》第 650 条规定，人民检察院发现监狱等执行机关提请人民法院裁定减刑、假释的活动有下列情形之一的，应当依法提出纠正意见：①将不符合减刑、假释法定条件的罪犯，提请人民法院裁定减刑、假释的；②对依法应当减刑、假释的罪犯，不提请人民法院裁定减刑、假释的；③提请对罪犯减刑、假释违反法定程序，或者没有完备的合法手续的；④提请对罪犯减刑的减刑幅度、起始时间、间隔时间或者减刑后又假释的间隔时间不符合有关规定的；⑤被提请减刑、假释的罪犯被减刑后实际执行的刑期或者假释考验期不符合有关法律规定的；⑥其他违法情形。

《刑事诉讼法》第 263 条规定，人民检察院认为人民法院减刑、假释的裁定不当，应当在收到裁定书副本后 20 日以内，向人民法院提出书面纠正意见。人民法院应当在收到纠正意见后 1 个月以内重新组成合议庭进行审理，作出最终裁定。人民法院开庭审理减刑、假释案件，人民检察院应当指派检察人员出席法庭，发表意见。

对人民法院减刑、假释裁定的纠正意见，由作出减刑、假释裁定的人民法院的同级人民检察院书面提出。下级人民检察院发现人民法院减刑、假释裁定不当的，应当向作出减刑、假释裁定的人民法院的同级人民检察院报告。人民检察院对人民法院减刑、假释的裁定提出纠正意见后，应当监督人民法院是否在收到纠正意见后 1 个月以内重新组成合议庭进行审理，并监督重新作出的裁定是否符合法律规定。对最终裁定不符合法律规定的，应当向同级人民法院提出纠正意见。

四、对刑罚执行活动的监督

《刑事诉讼法》第 265 条规定，人民检察院对执行机关执行刑罚的活动是否合法实行监督。如果发现有违法的情况，应当通知执行机关纠正。对刑事判决、裁定执行活动的监督由人民检察院监所检察部门负责。通常情况下，人民检察院在监狱、看守所和未成年管教所都派驻了检察室。派驻检察室对监所机构的刑罚执行活动进行日常监督。

人民检察院在对监所机关执行刑罚活动进行监督的过程中，如果发现有违法的情况，应当通知执行机关纠正。对于情节较轻的违法行为，检察人员可以以口头方式向违法人员或者执行机关负责人提出纠正。对于比较严重的违法行为，应报请检察长批准后，向执行机关发出纠正违法通知书。对于造成严重后果、构成犯罪的，应当依法追究责任人的刑事责任。

另外，人民检察院发现人民法院、公安机关、看守所的交付执行活动有违法情形的，也应当依法提出纠正意见。

五、对社区矫正活动的监督

《社区矫正实施办法》第 37 条规定："人民检察院发现社区矫正执法活动违反法律和本

办法规定的,可以区别情况提出口头纠正意见、制发纠正违法通知书或者检察建议书。交付执行机关和执行机关应当及时纠正、整改,并将有关情况告知人民检察院。"第38条规定:"在实施社区矫正过程中,司法工作人员有玩忽职守、徇私舞弊、滥用职权等违法违纪行为的,依法给予相应处分;构成犯罪的,依法追究刑事责任。"

《人民检察院刑事诉讼规则(试行)》第659条规定,人民检察院依法对社区矫正执法活动进行监督,发现有下列情形之一的,应当依法向社区矫正机构提出纠正意见:①没有依法接收交付执行的社区矫正人员的;②违反法律规定批准社区矫正人员离开所居住的市、县,或者违反人民法院禁止令的内容批准社区矫正人员进入特定区域或者场所的;③没有依法监督管理而导致社区矫正人员脱管的;④社区矫正人员违反监督管理规定或者人民法院的禁止令,依法应予治安管理处罚,没有及时提请公安机关依法给予处罚的;⑤缓刑、假释罪犯在考验期内违反法律、行政法规或者有关缓刑、假释的监督管理规定,或者违反人民法院的禁止令,依法应当撤销缓刑、假释,没有及时向人民法院提出撤销缓刑、假释建议的;⑥对具有《刑事诉讼法》第257条第1款规定情形之一的暂予监外执行的罪犯,没有及时向决定或者批准暂予监外执行的机关提出收监执行建议的;⑦对符合法定减刑条件的社区矫正人员,没有依法及时向人民法院提出减刑建议的;⑧对社区矫正人员有殴打、体罚、虐待、侮辱人格、强迫其参加超时间或者超体力社区服务等侵犯其合法权利行为的;⑨其他违法情形。

人民检察院发现人民法院对依法应当撤销缓刑、假释的罪犯没有及时依法作出撤销缓刑、假释裁定,对不符合暂予监外执行条件的罪犯通过贿赂等非法手段被暂予监外执行以及在暂予监外执行期间脱逃的罪犯的执行刑期计算错误,或者有权决定、批准暂予监外执行的机关对依法应当收监执行的罪犯没有及时依法作出收监执行决定的,应当依法提出纠正意见。

六、对强制医疗执行的监督

对强制医疗执行活动是否合法实行法律监督,也是人民检察院的职责之一。根据《人民检察院刑事诉讼规则(试行)》第662、663条和664条的规定,人民检察院对强制医疗执行活动实行监督的内容包括:

(1)发现交付执行机关未及时交付执行等违法情形的,应当依法提出纠正意见。

(2)人民检察院发现强制医疗机构有下列情形之一的,应当依法提出纠正意见:①对被决定强制医疗的人应当收治而拒绝收治的;②收治的法律文书及其他手续不完备的;③没有依照法律、行政法规等规定对被决定强制医疗的人实施必要的医疗的;④殴打、体罚、虐待或者变相体罚、虐待被强制医疗的人,违反规定对被强制医疗的人使用械具、约束措施,以及其他侵犯被强制医疗的人合法权利的;⑤没有依照规定定期对被强制医疗的人进行诊断评估的;⑥对于被强制医疗的人不需要继续强制医疗的,没有及时提出解除意见报请决定强制医疗的人民法院批准的;⑦对被强制医疗的人及其近亲属、法定代理人提出的解除强制医疗的申请没有及时进行审查处理,或者没有及时转送决定强制医疗的人民法院的;⑧人民法院作出解除强制医疗决定后,不立即办理解除手续的;⑨其他违法情形。

人民检察院在强制医疗执行监督中发现被强制医疗的人不符合强制医疗条件或者需要依法追究刑事责任,人民法院作出的强制医疗决定可能错误的,应当在5日以内报经检察长批准,将有关材料转交作出强制医疗决定的人民法院的同级人民检察院。收到材料的人民检察院公诉部门应当在20日以内进行审查,并将审查情况和处理意见反馈负责强制医疗执行监督的人民检察院。

【本章练习】

一、单项选择题

1.执行机关是指将人民法院已发生法律效力的判决、裁定付诸实施的机关。下列有关执行机关执行范围的表述,哪一项是正确的?(　　)

A.人民法院负责无罪、免除处罚、罚金、没收财产及死刑立即执行判决的执行

B.公安机关负责送交执行时余刑不足二年的有期徒刑和拘役、管制、缓刑、剥夺政治权利、监外执行等的执行

C.监狱负责被判处死刑缓期二年执行、无期徒刑和送交执行时余刑二年以上的有期徒刑的执行

D.未成年犯监狱负责未成年犯被判处刑罚和劳动教养处罚的执行

2.孙某因犯故意杀人罪被某中级人民法院第一审判处死刑缓期二年执行,检察院提起抗诉。第二审法院审理后改判孙某死刑立即执行。对此案的处理,下列说法哪一个是正确的?(　　)

A.第二审法院应另行组成合议庭进行死刑复核

B.应当报请最高人民法院核准

C.因杀人罪判处死刑的核准权已经授权高级人民法院行使,不必报请最高人民法院核准

D.该死刑判决是高级人民法院作出的终审判决,应当生效,执行死刑

3.根据我国《刑事诉讼法》的规定,第一审人民法院作出的无罪判决应在何种情况下执行?(　　)

A.判决生效后执行　　　　　　　B.判决宣告后立即释放在押的被告人

C.上诉、抗诉期限届满以后　　　D.二审审理结束,判决作出以后

4.在刑事执行程序中,下列哪些情形可以暂予监外执行?(　　)

A.被判处无期徒刑的张某,怀有身孕

B.被判处有期徒刑10年的罪犯王某,在狱中自杀未遂,生活不能自理

C.被判处拘役的罪犯李某,患有严重疾病需要保外就医

D.被判处5年有期徒刑的赵某,怀有身孕

5.根据我国《刑事诉讼法》的有关规定,下述哪些判决应当由公安机关执行?(　　)

A.管制　　　B.有期徒刑的缓刑　　C.拘役　　　　D.剥夺政治权利

6.钱某涉嫌纵火罪被提起公诉,在法庭审理过程中被诊断患严重疾病,法院判处其有期徒刑8年,同时决定予以监外执行。下列哪一选项是错误的?(　　)

A.决定监外执行时应当将暂予监外执行决定抄送检察院

B.钱某监外执行期间,应当对其实行社区矫正

C.如钱某拒不报告行踪、脱离监管,应当予以收监

D.如法院作出收监决定,钱某不服,可向上一级法院申请复议

7.下列哪一选项是2012年《刑事诉讼法》修正案新增加的规定内容?(　　)

A.怀孕或者正在哺乳自己婴儿的妇女可以暂予监外执行

B.监狱、看守所提出暂予监外执行的书面意见的,应当将书面意见的副本抄送检察院

C.决定或者批准暂予监外执行的机关应当将暂予监外执行决定抄送检察院

D.检察院认为暂予监外执行不当的,应当在法定期间内将书面意见送交决定或者批准暂予监外执行的机关

8.关于停止执行死刑的程序,下列哪一选项是正确的?(　　)

A.下级法院接到最高法院执行死刑的命令后,执行前发现具有法定停止执行情形的,应当暂停执行并直接将请求停止执行报告及相关材料报最高法院

B.最高法院审查下级法院报送的停止执行死刑报告后,应当作出下级法院停止或继续执行死刑的裁定

C.下级法院停止执行后,可以自行调查核实,也可以与有关部门一同对相关情况进行调查核实

D.下级法院停止执行并会同有关部门调查或自行调查后,应当迅速将调查结果直接报最高法院

二、简答题

1.我国刑罚的执行机关包括哪些?

2.死刑立即执行判决如何执行?

3.死刑缓期二年执行、无期徒刑、有期徒刑和拘役判决如何执行?

4.社区矫正如何执行?

5.检察机关如何对减刑、假释进行法律监督?

三、案例思考题

罪犯陈雪冰,女,某公司退休职工,1954年12月13日出生,因犯集资诈骗罪于2011年3月被判处无期徒刑,剥夺政治权利终身,并处没收个人全部财产,继续追缴违法所得875.59万元。判决生效后交付执行。执行机关安徽省未成年犯管教所以陈雪冰在服刑期间确有悔改表现为由,报请对其减刑。安徽省高级人民法院于2014年11月19日立案后,将减刑建议书等材料通过互联网向社会公示,并于12月4日公开开庭审理了本案。

安徽高院经审理查明,罪犯陈雪冰服刑期间,受到表扬3次,记功2次。另查明,原审认定陈雪冰以非法占有为目的,使用诈骗方法非法向他人集资,数额特别巨大,且陈雪冰案发后拒不供述赃款去向,至今未退出违法所得。据此,安徽高院认为其"确有悔改表现"不成立,故依法裁定对其不予减刑。

问题:对被判处无期徒刑罪犯减刑的条件有哪些?

第二十一章 未成年人刑事案件诉讼程序

【学习目标】

■ 知识目标：

了解未成年人刑事案件诉讼程序的意义和适用范围。

了解未成年人刑事案件诉讼程序特有原则的内涵。

了解附条件不起诉的概念和适用条件。

了解未成年人犯罪记录封存制度的概念和内容。

■ 能力目标：

掌握审理未成年人刑事案件的特别程序要求。

【案例引导】

2012年3月24日晚,犯罪嫌疑人刘某和张某将受害人谢某带至成都市成华区某超市旁,采用暴力殴打的方式将谢某所骑的一辆电动自行车抢走后逃离现场。随后,刘某、张某将电动自行车变卖三百余元,并把赃款挥霍殆尽。

2012年12月,公安机关侦查终结后移送成华区人民检察院起诉,检察院受理该案后,鉴于刘某和张某在作案时未满18周岁,犯罪情节轻微,且认悔罪态度好,积极对被害人的经济损失进行赔偿,取得了受害人谅解。在充分征询公安机关、辩护人、被害人及犯罪嫌疑人刘某和张某的法定代理人的意见后,2013年1月18日,成华区人民检察院依法对刘某、张某作出附条件不起诉决定,并设置了6个月的考验期。

考察期间,刘某、张某主动接受帮教,积极参加社区组织的公益活动。2013年7月,刘某、张某的考验期满,成华区人民检察院认为在考验期内,两名犯罪嫌疑人没有实施新的犯罪,没有发现需要追诉的漏罪,没有违反治安管理规定和有关附条件不起诉的监督管理规定,遂对犯罪嫌疑人刘某和张某做出不起诉决定。

问题:(1)何为附条件不起诉,附条件不起诉的适用条件及后果?

(2)何为犯罪记录封存?

第一节 未成年人刑事案件诉讼程序概述

一、未成年人刑事案件的概念和特点

未成年人刑事案件,是指犯罪嫌疑人、被告人实施被指控的犯罪时已满14周岁不满18周岁的案件。

未成年人实施犯罪行为,同样给社会造成危害,但是相对于成年人犯罪而言,由于其生理、心理尚未完全成熟,故有自身特点:一是其犯罪多是受到家庭、社会环境中不良因素的影响;二是可塑性较强,易于接受教育和感化,重新回归社会。因此,实施犯罪行为的未成年人既是社会的危害者,又是不良社会环境的受害者,同时鉴于其可塑性较强,对于未成年人刑事案件的诉讼程序,应该侧重于保护未成年人的合法权益,侧重于教育,感化和挽救,坚持教育为主,惩罚为辅的原则,引导他们重新回归社会。

《刑事诉讼法》第266条至第276条共11个条文专门对办理未成年人犯罪案件的一系列特殊方针、原则、制度做出了明确规定。这些规定整合了以往散见于《未成年人保护法》、《预防未成年人犯罪法》、最高人民法院《关于审理未成年人刑事案件具体应用法律若干问题的解释》和《人民检察院办理未成年人刑事案件的规定》等法律文件中的规定。

二、未成年人刑事案件诉讼程序的意义

未成年人犯罪虽然与成年人犯罪一样都造成了社会危害,都应当追究刑事责任,但由于未成年人犯罪案件有着与成年人犯罪案件不同的特点,因此,在刑事诉讼活动中适用与成年人不同的特别程序有着特别的意义。

1. 有助于教育、挽救实施犯罪行为的未成年人

未成年人因为在生理上、心理上都处于正在成长、发育时期,与成年人相比,未成年人犯罪的主观恶性不大,且在很大程度上是由于受到家庭、社会的不良因素影响,同时未成年人也具有较强的可塑性,所以在《刑事诉讼法》中规定未成年人刑事案件诉讼程序,对未成年人犯罪案件采取有别于成年人刑事案件的诉讼程序,有利于全面保护未成年人合法权益,教

育、改造未成年人,引导他们重新回归社会,尽量减少刑事诉讼程序给未成年人后续的人生道路造成的负面影响。

2. 有助于解决未成年人刑事案件增多的社会问题

未成年人犯罪案件日益增多,已经成为整个国际社会突出的社会问题。解决这个问题需要依靠多方面的努力,通过特殊的司法程序来处理未成年人案件是其中一个重要方面。立法应当充分考虑到未成年人的生理和心理特点,设立更适合于未成年人特点的专门诉讼程序。一方面通过刑罚的特殊预防效果减少犯罪,另一方面结合未成年人可塑性强的特点,充分发挥刑事诉讼的教育功能,尽可能地教育、挽救、感化未成年人,从而有助于在整体上使未成年人违法犯罪的日益增多的社会问题得到矫正和预防。

3. 符合未成年人刑事立法的国际发展趋势

第二次世界大战之后,青少年犯罪急剧上升,与环境污染、吸毒贩毒并称为当今世界的"三大公害"。青少年犯罪已经不仅仅是一国或几国的问题,而是成为一个国际性的严重社会问题。目前,世界上许多国家和地区都制定了专门的少年法规,建立了少年法院。虽然各个国家的情况各有差别,具体的司法制度和诉讼程序也不尽相同,但有关未成年人犯罪的司法制度的基本精神都大体相似,都是专门针对未成年人的特点,立足于对未成年人的教育、挽救和保护,以利于他们能够及时回归社会、健康成长。这也是人类法律制度随着人类文明的进步而相应发展的体现。

4. 有利于我国刑事诉讼程序的发展和完善

我国1979年颁布了《刑事诉讼法》并经过1996年的修正之后,我国刑事诉讼制度和诉讼程序得以不断发展。但是,有关未成年人刑事诉讼的规定只是散见于《刑事诉讼法》、《未成年人保护法》的个别条文,以及公安、司法机关的规定以及司法解释,没有系统、统一的立法。因此,2012年新修订的《刑事诉讼法》规定未成年人刑事案件诉讼程序,不仅有助于处理未成年人刑事案件,而且必将促进我国刑事诉讼程序的进一步发展和完善。

第二节 未成年人刑事案件诉讼程序的特有原则

一、教育为主,惩罚为辅原则

我国《刑事诉讼法》第266条、《未成年人保护法》第54条以及《预防未成年人犯罪法》第44条均明确了对犯罪的未成年人实行教育、感化、挽救的方针,坚持教育为主,惩罚为辅的原则。该原则是办理未成年人刑事案件最重要的原则和最核心的指导思想,其他关于未成年刑事案件诉讼程序的原则和制度都是围绕这一原则而展开,甚至可以理解为这一原则的具体化。这一原则要求司法工作人员在侦查、起诉、审判等每一个阶段,都要考虑到未成年人的身心特点,切实保护未成年犯罪嫌疑人、被告人的合法权益,尊重其人格尊严,尽量采取有利于其身心成长的方式进行诉讼,并且不失时机地对其进行教育、感化,通过诉讼活动,教育其认识到自己行为的危害性,在惩罚的同时,体现出法律的宽容,感化其重新回归社会,并且为其重新回归社会创造条件。

二、分案处理原则

分案处理原则是指办理既有成年犯又有未成年犯的案件时,应当将成年犯和未成年犯分案处理的司法原则。《刑事诉讼法》第269条第2款规定,对被拘留、逮捕和执行刑罚的未成年人与成年人应当分别关押、分别管理、分别教育。此处规定的分别羁押和分别执行刑罚,主要是为了防止未成年人受到来自成年人的伤害和不良影响,为其教育和改造提供良好条件,并根据其生理和心理特点在生活和学习方面予以照顾。

三、不公开审理原则

审判公开是刑事诉讼的基本原则,目的在于防止司法专断。然而,对未成年犯罪案件实行不公开审理是为了减少对未成年人的不利影响,贯彻"教育为主,惩罚为辅"的基本理念,最大限度减少对其日后回归社会产生障碍。但是,如果对未成年人犯罪的案件绝对不公开审理,则导致除未成年被告人法定代理人之外的其他近亲属以及有利于教育、挽救未成年被告人的学校和未成年保护组织无法派员参与庭审,从而影响法庭教育效果。因此,在保护未成年被告人合法权益的前提下,为了教育挽救的效果,《刑事诉讼法》坚持对未成年人犯罪案件不公开审理的原则下,规定经未成年被告人及法定代理人同意后可以允许有利于教育挽救未成年被告人的学校和未成年人保护组织派代表到场。《刑事诉讼法》第274条规定,审判的时候被告人不满18周岁的案件,不公开审理;但是,经未成年被告人及其法定代理人同意,未成年被告人所在学校和未成年人保护组织可以派代表到场。在理解《刑事诉讼法》第274条规定时,应当注意以下两个方面:

(1)"经未成年被告人及其法定代理人同意,未成年被告人所在学校和未成年人保护组织可以派代表到场",是在坚持对未成年人犯罪案件不公开审理的前提下尽可能实现教育、挽救的效果的规定。为了全面保护未成年被告人合法权益,对到场的代表的范围、人数等应当有所限制,具体由法庭决定;经法庭准许,到场的代表可以参与对未成年被告人的法庭教育工作。

(2)不公开审理限于审判时不满18周岁,如果被告人犯罪时不满18周岁,审判时已满18周岁的案件,仍然应当公开审理;同时,不公开审理的案件,应当公开宣判;但是对于需要封存犯罪记录的案件,在公开审理和公开宣判时,法庭不得组织人员旁听。有旁听人员的,法庭应当告知其不得传播案件信息,以保证犯罪记录封存制度得到彻底落实。

四、保障未成年犯罪嫌疑人、被告人诉讼权利原则

该原则包括两个方面内容,一方面未成年犯罪嫌疑人、被告人作为犯罪嫌疑人、被告人享有作为一般犯罪嫌疑人、被告人应有的一切诉讼权利;另一方面,考虑到未成年人心理、智力发展不成熟,在行使这些权利时可能遇到一些障碍,司法机关应当予以特别保护。未成年犯罪嫌疑人、被告人的特别诉讼权利,主要包括以下两个方面:

(1)获得指派辩护的权利。《刑事诉讼法》第267条规定:"未成年犯罪嫌疑人、被告人没有委托辩护人的,人民法院、人民检察院、公安机关应当通知法律援助机构指派律师为其提供辩护。"此处的"没有委托辩护人"是未成年犯罪嫌疑人、被告人获得法律援助的唯一条件,

即只要未成年犯罪嫌疑人、被告人没有委托辩护人,公、检、法机关就应当通知法律援助机构指派律师为其提供辩护。

通过指派辩护提供法律援助是保护弱势群体合法权益的一项重要举措,未成年犯罪嫌疑人、被告人心理和生理尚不成熟,加之学识和阅历的缺乏,不能通过自行辩护很好地维护自己的诉讼权利和其他合法权益,故在其没有委托辩护人的情况下,应当为其提供法律援助。同时,《刑事诉讼法》第33条规定了在侦查阶段律师的辩护人法律地位,因此,在侦查、审查起诉和审判阶段,如果未成年犯罪嫌疑人、被告人及其法定代理没有委托辩护人的,公、检、法机关应当通知法律援助机构指派律师为其提供辩护。

(2)法定代理人或者其他合适成年人到场的权利。《刑事诉讼法》第270条规定:"对于未成年人刑事案件,在讯问和审判的时候,应当通知未成年犯罪嫌疑人、被告人的法定代理人到场。无法通知、法定代理人不能到场或者法定代理人是共犯的,也可以通知未成年犯罪嫌疑人、被告人的其他成年亲属,所在学校、单位、居住地基层组织或者未成年人保护组织的代表到场,并将有关情况记录在案。到场的法定代理人可以代为行使犯罪嫌疑人、被告人的诉讼权利。到场的法定代理人或者其他人员认为办案人员在讯问、审判中侵犯未成年人合法权益的,可以提出意见。讯问笔录、法庭笔录应当交给到场的法定代理人或者其他人员阅读或者向他宣读。讯问女性未成年犯罪嫌疑人,应当有女工作人员在场。审判未成年人刑事案件,未成年被告人最后陈述后,其法定代理人可以进行补充陈述。"

由此可见,到场的合适成年人不是诉讼参与人,但其享有法律规定的对于对司法机关工作人员侵犯未成年人权益的行为提出意见、阅读笔录等权利,以及在开庭前和休庭时,可以安排未成年犯罪嫌疑人、被告人与法定代理人或者以上合适成年人见面,以帮助对未成年犯罪嫌疑人、被告人进行教育。法律规定未成年的法定代理人或者其他合适成年人到场,一方面是为了消除未成年犯罪嫌疑人、被告人在面对讯问、审判时的紧张、恐惧情绪,保障讯问、审判工作的顺利进行;另一方面则是为了加强法定代理人或者其他合适成年人对未成年犯罪嫌疑人、被告人的保护,充分保障未成年人犯罪嫌疑人、被告人行使诉讼权利,防止其合法权益受到侵害。

五、及时原则

及时原则是指未成年刑事案件在诉讼进行的每个阶段,在保障当事人诉讼权利的前提下,司法机关应当及时对案件作出处理,不拖拉、不延误。我国《未成年人保护法》第51条规定:"未成年人的合法权益受到侵害,依法向人民法院提起诉讼的,人民法院应当依法及时审理,并适应未成年人生理、心理特点和健康成长的需要,保障未成年人的合法权益。"诉讼及时本来是任何诉讼都应当遵循的原则,但鉴于未成年人刑事案件的特殊性,强调未成年人诉讼程序的及时性显得尤为必要。诉讼及时原则要求刑事诉讼的进行不能过快或太慢。诉讼进行得过快,控辩双方就难以充分地收集材料和证据,难以充分地提出主张和举证,案件事实的查明和法律的正确适用就会受到影响;诉讼进行得太慢,容易造成诉讼延误,不仅可能造成证据灭失、毁损等,更会使当事人的权利受到损害,同时也会造成司法资源的浪费。而且,由于未成年人犯罪案件大部分是属于初犯、偶犯或者冲动型犯罪,未成年人生理、心理上都还不尽成熟,诉讼时间过长、特别是羁押时间过长将会给其未来带来长期的负面影响。

确立及时原则的意义在于,一方面,未决犯和已决犯的心理状态有极大差别,未决犯由于前途未卜,往往处于一种焦虑的心理状态,对于未成年犯罪嫌疑人、被告人更是如此;而已决犯已经知道判决结果,心理相对稳定,快速审理未成年人案件可以尽快消除其焦虑心理,从而尽快恢复未成年犯罪嫌疑人、被告人生活的安定性,减少诉讼过程本身对未成年犯罪嫌疑人、被告人所产生的不必要的伤害;另一方面,及时原则也有助于在未成年人心中将诉讼程序和判决结果与犯罪行为相联系,从而取得更好的教育和预防效果。因为随着时间的推移,未成年犯罪嫌疑人、被告人理智和心理上就越来越难以将诉讼程序和判决结果与犯罪行为联系起来。

六、和缓原则

和缓原则是指办理未成年刑事案件应当结合未成年犯罪嫌疑人、被告人的身心特点,采用相对和缓的诉讼方式,尽量不采用激烈、严厉的诉讼方式。比如,尽量不用或者少用强制措施,在传唤、讯问以及审判的时候,应当尽可能通知其法定代理人到场,必要的时候,可以邀请其所在学校的老师参加或者未成年人保护机构的代表等。在讯问时,应注意以教育式、启发式进行耐心细致地开导,语气尽量温和。在审判时,应当采用少年法庭的形式,注意给法庭创设温情、和缓的气氛。在实践中,有些地方法院采用"圆桌法庭"的形式审理未成年人刑事案件,收到了较好的效果。

我国《刑事诉讼法》第269条规定,对未成年犯罪嫌疑人、被告人应当严格限制适用逮捕措施。《人民检察院刑事诉讼规则(试行)》第487条规定:"人民检察院办理未成年犯罪嫌疑人审查逮捕案件,应当根据未成年犯罪嫌疑人涉嫌犯罪的事实、主观恶性、有无监护与社会帮教条件等,综合衡量其社会危险性,严格限制适用逮捕措施。"第491条还规定:"讯问未成年犯罪嫌疑人一般不得使用械具。对于确有人身危险性,必须使用械具的,在现实危险消除后,应当立即停止使用。"《公安机关办理刑事案件程序规定》第313条规定:"讯问未成年犯罪嫌疑人应当采取适合未成年人的方式,耐心细致地听取其供述或者辩解,认真审核、查证与案件有关的证据和线索,并针对其思想顾虑、恐惧心理、抵触情绪进行疏导和教育。讯问女性未成年犯罪嫌疑人,应当有女工作人员在场。"和缓原则要求公安、司法机关对未成年人采用相对和缓的诉讼方式,尽量减少刑事强制措施的适用,体现了对未成年人的特殊保护,有利于减少关押带来的弊端,有利于未成年人能顺利回归社会。同时,通过营造宽松、和谐的庭审氛围,消除未成年犯罪嫌疑人、被告人的恐惧和抵触心理,可以促使其顺利接受法院裁判和教育改造。这些做法完全符合"教育为主,惩罚为辅"方针。

七、专人办理原则

专人办理原则是指公安机关、人民检察院、人民法院办理未成年人犯罪案件和涉及未成年人权益保护案件时,应当照顾未成年人身心发展特点,尊重他们的人格尊严,保障他们的合法权益,并根据需要设立专门机构或者指定专人办理。《刑事诉讼法》第266条第2款规定,人民法院、人民检察院和公安机关办理未成年刑事案件,应当保障未成年人行使其诉讼权利,保障未成人得到法律帮助,并由熟悉未成年人身心特点的审判人员、检察人员、侦查人员承办。

最高人民法院《关于适用〈中华人民共和国刑事诉讼法〉的解释》第461条规定："审理未成年人刑事案件，应当由熟悉未成年人身心特点、善于做未成年人思想教育工作的审判人员进行，并应当保持有关审判人员工作的相对稳定性。未成年人刑事案件的人民陪审员，一般由熟悉未成年人身心特点，热心教育、感化、挽救失足未成年人工作，并经过必要培训的共青团、妇联、工会、学校、未成年人保护组织等单位的工作人员或者有关单位的退休人员担任。"第462条规定："中级人民法院和基层人民法院可以设立独立建制的未成年人案件审判庭。尚不具备条件的，应当在刑事审判庭内设立未成年人刑事案件合议庭，或者由专人负责审理未成年人刑事案件。高级人民法院应当在刑事审判庭内设立未成年人刑事案件合议庭。具备条件的，可以设立独立建制的未成年人案件审判庭。"另外，最高人民检察院和公安部的有关规范性文件，也有相应的要求。《人民检察院刑事诉讼规则（试行）》第484条规定："人民检察院应当指定熟悉未成年人身心特点的检察人员办理未成年人刑事案件。"《公安机关办理刑事案件程序规定》第308条规定："公安机关应当设置专门机构或者配备专职人员办理未成年人刑事案件。未成年人刑事案件应当由熟悉未成年人身心特点，善于做未成年人思想教育工作，具有一定办案经验的人员办理。"

第三节 未成年人刑事案件诉讼程序的特别制度

一、社会调查制度

（一）社会调查的概念

社会调查是指公安机关、人民检察院、人民法院办理未成年人刑事案件时，对未成年犯罪嫌疑人、被告人的成长经历、犯罪原因、监护教育等情况进行调查。社会调查的目的，是对未成年犯罪嫌疑人、被告人合理适用强制措施、准确适用刑罚、有效开展教育矫正工作。对未成年犯罪嫌疑人、被告人适用强制措施、量刑和实施教育、矫正，应当参考社会调查报告的内容。社会调查制度是未成年人刑事案件的特殊程序。

《刑事诉讼法》第268条规定："公安机关、人民检察院、人民法院办理未成年人刑事案件，根据情况可以对未成年犯罪嫌疑人、被告人的成长经历、犯罪原因、监护教育等情况进行调查。"这样规定主要是基于以下两个方面考虑：一方面，未成年人由于心理发育不成熟，缺乏足够辨别是非和自我控制的能力，实施犯罪行为有其主观方面的原因，但是社会、学校、家庭也有不可推卸的责任。未成年犯罪嫌疑人、被告人的生活经历、家庭环境、受教育情况、社会交往等方面的情况，不仅是直接或者间接促使其实施犯罪的原因和条件，而且在很大程度上影响对未成年犯罪嫌疑人、被告人的主观恶性、社会危害性的判断，所以，对相关情况进行调查，可以为公安、司法机关正确处理未成年人犯罪嫌疑人、被告人的刑事责任提供依据。另一方面，对未成年犯罪嫌疑人、被告人的成长经历、犯罪原因、监护教育等情况进行社会调查，有助于了解未成年人生活背景，分析其犯罪原因，可以有针对性地进行教育矫治，从而实现惩罚与教育相结合的理念。

(二)社会调查的内容与调查方法

社会调查的内容一般包括：犯罪嫌疑人的性格特点、家庭情况、社会交往、成长经历、是否具备有效监护条件或者社会帮教条件；犯罪嫌疑人涉嫌犯罪前后的表现；犯罪嫌疑人在案件办理期间的表现；有关单位、人员对犯罪嫌疑人涉嫌犯罪的处理意见。关于社会调查的内容，最终应当形成书面调查报告。

社会调查通常在侦查或者审查起诉阶段进行。《公安机关办理刑事案件程序规定》第311条第1款规定："公安机关办理未成年人刑事案件，根据情况可以对未成年犯罪嫌疑人的成长经历、犯罪原因、监护教育等情况进行调查并制作调查报告。"此规定没有明确社会调查是否由侦查人员还是其他人员进行。但是，《人民检察院刑事诉讼规则(试行)》第486条规定："人民检察院根据情况可以对未成年犯罪嫌疑人的成长经历、犯罪原因、监护教育等情况进行调查，并制作社会调查报告，作为办案和教育的参考。人民检察院开展社会调查，可以委托有关组织和机构进行。人民检察院应当对公安机关移送的社会调查报告进行审查，必要时可以进行补充调查。"另外，辩护人也可以进行社会调查。

(三)社会调查报告的作用

社会调查报告主要用作审查起诉以及法庭教育和量刑的参考。《公安机关办理刑事案件程序规定》第311条规定："公安机关办理未成年人刑事案件，根据情况可以对未成年犯罪嫌疑人的成长经历、犯罪原因、监护教育等情况进行调查并制作调查报告。作出调查报告的，在提请批准逮捕、移送审查起诉时，应当结合案情综合考虑，并将调查报告与案卷材料一并移送人民检察院。"《人民检察院刑事诉讼规则(试行)》第486条第4款规定："人民检察院制作的社会调查报告应当随案移送人民法院。"最高人民法院《关于适用〈中华人民共和国刑事诉讼法〉的解释》第484条规定："对未成年被告人情况的调查报告，以及辩护人提交的有关未成年被告人情况的书面材料，法庭应当审查并听取控辩双方意见。上述报告和材料可以作为法庭教育和量刑的参考。"

二、附条件不起诉制度

(一)附条件不起诉的概念

附条件不起诉是指在检察机关审查起诉时，对符合一定条件的犯罪嫌疑人设定一个考验期，并规定一定的义务，如果犯罪嫌疑人遵守该规定，考验期满则由检察机关做出不起诉决定，从而终结刑事诉讼程序的制度。顾名思义，附条件不起诉是满足一定条件的不起诉。如果在考验期内犯罪嫌疑人再犯新罪或者发现其在附条件不起诉前还有应当追述的漏罪或者严重违反考验期规定，则由检察机关依法向人民法院提起公诉的制度。

对未成年犯罪嫌疑人实行附条件不起诉制度体现了宽严相济的刑事政策，以避免给未成年犯罪嫌疑人被贴上"犯罪"的标签，并且有利于其在非监禁环境中改过自新，减少其回归社会的阻碍，体现"教育为主，惩罚为辅"的未成年人刑事政策。

(二)附条件不起诉的适用条件

《刑事诉讼法》第271条规定，对于未成年人涉嫌《刑法》分则第四章、第五章、第六章规定的犯罪，可能判处一年有期徒刑以下刑罚，符合起诉条件，但有悔罪表现的，人民检察院可

以作出附条件不起诉的决定。可见,适用附条件不起诉制度应当满足如下条件:

(1)罪名应当是涉嫌《刑法》分则第四章(侵犯公民人身权利、民主权利罪)、第五章(侵犯财产罪)、第六章(妨害社会管理秩序罪)规定的犯罪。如果未成年人涉嫌其他犯罪,则不得适用附条件不起诉制度。

(2)可能判处一年有期徒刑以下刑罚。根据我国《刑法》规定,可能判处一年有期徒刑以下刑罚,可以包括一年以下有期徒刑和拘役及其缓刑、管制、单独罚金或者没收财产。

(3)符合起诉条件。附条件不起诉本身存在起诉的可能,故应当以符合起诉条件为前提。《刑事诉讼法》第172条规定,人民检察院认为犯罪嫌疑人的犯罪事实已经查清,证据确实、充分,依法应当追究刑事责任的,应当作出起诉决定,按照审判管辖的规定,向人民法院依法提起公诉,并将案卷材料、证据移送人民法院。由此可见,起诉条件包括:犯罪事实已经查清,证据确实、充分,依法应当追究刑事责任。未成年人案件只有在符合起诉条件,即案件本身可以提起公诉才可以适用附条件不起诉。

(4)有悔罪表现。在实践中应当注意,只要犯罪嫌疑人承认犯罪并如实交代犯罪事实,有悔悟之心即可认定为有悔罪表现,如果犯罪嫌疑人承认犯罪事实,但是对罪名、案件性质,以及是否具有从轻、减轻、免除处罚等情节等进行辩解,是行使辩护权的体现,不应影响对其是否有悔罪表现的认定。

(三)附条件不起诉的考察

《人民检察院刑事诉讼规则(试行)》第495条规定:"人民检察院作出附条件不起诉决定的,应当确定考验期。考验期为六个月以上一年以下,从人民检察院作出附条件不起诉的决定之日起计算。"在考验期内,由人民检察院对附条件不起诉的未成年犯罪嫌疑人进行监督考察,未成年犯罪嫌疑人的监护人应当加强管教,配合检察机关进行监督考察。在考验期内,被附条件不起诉的未成年犯罪嫌疑人应当遵守下列规定:①遵守法律法规,服从监督;②按照考察机关的规定报告自己的活动;③离开居住的市、县或者迁居,应当报经考察机关批准;④按照考察机关的要求接受矫治和教育。

(四)附条件不起诉的法律后果

考验期满后,人民检察院根据情况,对被附条件不起诉的未成年犯罪嫌疑人分别作出以下决定:

(1)决定提起公诉。被附条件不起诉的未成年犯罪嫌疑人在考验期内有下列情形之一的,人民检察院应当撤销附条件不起诉决定,提起公诉:①实施新的犯罪或者发现决定附条件不起诉以前还有其他犯罪需要追诉的;②违反治安管理规定或者考察机关有关附条件不起诉的监督管理规定,情节严重的。

(2)决定不起诉。被附条件不起诉的未成年犯罪嫌疑人,在考验期内没有上述情形,考验期满的,人民检察院应当作出不起诉的决定。

人民检察院作出附条件不起诉的决定后,应当制作附条件不起诉决定书,并在3日内送达公安机关、被害人或者其近亲属及其诉讼代理人、未成年犯罪嫌疑人及其法定代理人、辩护人。

(五)对附条件不起诉的限制和救济

《刑事诉讼法》规定检察机关在作出不起诉决定前应当听取公安机关、被害人的意见,并且赋予相关权利主体不服不起诉决定救济的权利。具体表现如下:

(1)公安机关的复议、复核。对于公安机关移送起诉的案件,人民检察院决定不起诉的,应当将不起诉决定书送达公安机关。公安机关认为不起诉决定有错误的,可以要求作出不起诉决定的检察机关复议。如果意见不被接受,可以向上一级人民检察院提请复核。

(2)对于有被害人的案件,决定不起诉的,人民检察院应当将不起诉决定书送达被害人。被害人如果不服,可以自收到决定书后7日内向上一级检察院提出申诉,请求提起公诉。被害人对人民检察院维持不起诉决定的,可以向人民法院提起自诉。人民法院受理案件后,人民检察院应当将有关案件材料移送人民法院。

(3)未成年犯罪嫌疑人及其法定代理人的异议。未成年犯罪嫌疑人及其法定代理人对人民检察院决定附条件不起诉有异议的,人民检察院应当作出起诉的决定。此时,未成年犯罪嫌疑人及其法定代理人的异议主要是指未成年犯罪嫌疑人及其法定代理人认为该未成年犯罪嫌疑人不构成犯罪的,希望检察院提起公诉,由人民法院作出无罪判决。

三、犯罪记录封存制度

未成年人犯罪记录封存制度,是指司法机关在对符合条件的涉罪未成年人作出刑事处罚或者附条件决定不起诉后,决定将其犯罪记录内部封存而不纳入相关个人档案,且非经批准不得对外披露的工作制度。未成年人犯罪记录封存制度体现了我国对犯罪未成年人的特别处遇,是对犯罪未成年人实行教育、改造、挽救方针和落实宽严相济刑事政策的立法体现。未成年人犯罪记录封存制度的构建,有利于促使那些不慎失足的未成年人在重新就学、择业过程中,能够真正享有与其他公民同等的权利和待遇,彰显了司法文明和人文关怀。

《刑事诉讼法》第275条规定:"犯罪的时候不满十八周岁,被判处五年有期徒刑以下刑罚的,应当对相关犯罪记录予以封存。犯罪记录被封存的,不得向任何单位和个人提供,但司法机关为办案需要或者有关单位根据国家规定进行查询的除外。依法进行查询的单位,应当对被封存的犯罪记录的情况予以保密。"根据《人民检察院刑事诉讼规则(试行)》第507条规定,人民检察院对未成年犯罪嫌疑人作出不起诉决定后,应当对相关记录予以封存。

对犯罪记录封存制度的理解,应当注意以下几点:

(1)对犯罪记录进行封存并不意味着消灭犯罪记录,只是在法律规定的范围内,通过技术性操作严格限制未成年人犯罪记录被查阅。犯罪记录被封存后,司法机关在办案过程中,为了更清楚查明案件事实,更全面掌握行为人的人身危险性等,可以对封存的犯罪记录进行查询。

(2)犯罪记录封存依职权主动启动,而非依申请启动。负有犯罪记录封存职责的相应办案机关,必须依法封存,无需未成年人申请封存。

第四节 未成年人刑事案件特有的诉讼程序

一、未成年人刑事案件的侦查程序

(一)全面调查案件事实

根据《刑事诉讼法》第268条规定,公安机关、人民检察院、人民法院办理未成年人刑事案件,根据情况可以对未成年犯罪嫌疑人、被告人的成长经历、犯罪原因、监护教育等情况进行调查。《公安机关办理刑事案件程序规定》第311条规定,公安机关办理未成年人刑事案件,根据情况可以对未成年犯罪嫌疑人的成长经历、犯罪原因、监护教育等情况进行调查并制作调查报告。作出调查报告的,在提请批准逮捕、移送审查起诉时,应当结合案情综合考虑,并将调查报告与案卷材料一并移送人民检察院。

(二)慎重适用强制措施

《刑事诉讼法》第269条规定"对未成年犯罪嫌疑人、被告人应当严格限制适用逮捕措施。人民检察院审查批准逮捕和人民法院决定逮捕,应当讯问未成年犯罪嫌疑人、被告人,听取辩护律师的意见。"刑事强制措施的实施,必然涉及未成年犯罪嫌疑人的人身自由,对其身心的影响较大,因而要谨慎使用。《公安机关办理刑事案件程序规定》第316条规定:"对未成年犯罪嫌疑人应当严格限制和尽量减少使用逮捕措施。未成年犯罪嫌疑人被拘留、逮捕后服从管理、依法变更强制措施不致发生社会危险性,能够保证诉讼正常进行的,公安机关应当依法及时变更强制措施;人民检察院批准逮捕的案件,公安机关应当将变更强制措施情况及时通知人民检察院。"《人民检察院刑事诉讼规则(试行)》第487条规定:"人民检察院办理未成年犯罪嫌疑人审查逮捕案件,应当根据未成年犯罪嫌疑人涉嫌犯罪的事实、主观恶性、有无监护与社会帮教条件等,综合衡量其社会危险性,严格限制适用逮捕措施。"第488条还进一步规定,对于罪行较轻,具备有效监护条件或者社会帮教措施,没有社会危险性或者社会危险性较小,不逮捕不致妨害诉讼正常进行的未成年犯罪嫌疑人,应当不批准逮捕。对于罪行比较严重,但主观恶性不大,有悔罪表现,具备有效监护条件或者社会帮教措施,具有下列情形之一,不逮捕不致妨害诉讼正常进行的未成年犯罪嫌疑人,可以不批准逮捕:①初次犯罪、过失犯罪的;②犯罪预备、中止、未遂;③有自首或者立功表现的;④犯罪后如实交代罪行,真诚悔罪,积极退赃,尽力减少和赔偿损失,被害人谅解的;⑤不属于共同犯罪的主犯或者集团犯罪中的首要分子的;⑥属于已满14周岁不满16周岁的未成年人或者系在校学生的;⑦其他可以不批准逮捕的情形。

根据以上规定,人民检察院在办理未成年犯罪嫌疑人的审查逮捕案件时,应当根据未成年犯罪嫌疑人涉嫌犯罪事实、主观恶性、有无监护与社会帮教条件等,综合衡量其社会危险性,严格限制使用逮捕措施。对于罪行较轻,具备有效监护条件或者社会帮教措施,没有社会危险性条件或者社会社会危险性较小,不逮捕不致妨害诉讼正常进行的未成年犯罪嫌疑人,应当不批准逮捕;罪行比较严重,但主观恶性不大,有悔罪表现,具备有效监护条件或者社会帮教措施,具备法定条件,不逮捕不致妨害诉讼正常进行的未成年犯罪嫌疑人,可以不批准逮捕。公安机关对于未成年犯罪嫌疑人被拘留、逮捕后服从管理、依法变更强制措施不致发生社会危险性,能够保证诉讼正常进行的,公安机关应当依法及时变更强制措施;人民检察院批准逮捕的案件,公安机关应当将变更强制措施的情况及时通知人民检察院。

(三)采取适当的传唤、讯问方法

公、检、法机关在讯问未成年犯罪嫌疑人时,应当采取适合未成年人的方式,耐心、细致地听取其供述与辩解,认真审核、查证与案件有关的证据和线索,并针对其思想顾虑、恐惧心理、抵触情绪进行疏导和教育。讯问女性未成年犯罪嫌疑人,应当有女工作人员在场。

(四)依法保障获得辩护律师帮助权利

《刑事诉讼法》第267条规定:"未成年犯罪嫌疑人、被告人没有委托辩护人的,人民法院、人民检察院、公安机关应当通知法律援助机构指派律师为其提供辩护。"同时,由于《刑事诉讼法》第33条规定了在侦查阶段律师的辩护人法律地位,所以,在侦查阶段发现未成年犯罪嫌疑人没有委托辩护人的,公安机关应当通知法律援助机构指派律师为其提供辩护。

二、未成年人刑事案件的起诉程序

(一)告知辩护权或指派辩护律师

人民检察院受理案件后,应当向未成年犯罪嫌疑人及其法定代理人了解其委托辩护人的情况,并告知其有权委托辩护人。未成年犯罪嫌疑人没有委托辩护人的,人民检察院应当书面通知法律援助机构指派律师为其辩护。

(二)讯问未成年犯罪嫌疑人

在审查逮捕、审查起诉中,人民检察院应当讯问未成年犯罪嫌疑人,听取辩护人的意见,并制作笔录附卷。

讯问未成年犯罪嫌疑人,应当根据该未成年人的特点和案件情况,制定详细的讯问提纲,采取适宜该未成年人的方式进行,讯问用语应当准确易懂。

讯问未成年犯罪嫌疑人,应当告知其依法享有的诉讼权利,告知其如实供述案件事实的法律规定和意义,核实其是否有自首、立功、检举揭发等表现,听取其有罪供述或者无罪、罪轻辩解。

讯问未成年犯罪嫌疑人,应当通知其法定代理人到场,告知法定代理人依法享有的诉讼权利和应当履行的义务。无法通知、法定代理人不能到场或者法定代理人是共犯的,也可以通知未成年犯罪嫌疑人的其他成年亲属,所在学校、单位或者居住地的村民委员会、居民委员会、未成年人保护组织的代表到场,并将有关情况记录在案。到场的法定代理人可以代为行使未成年犯罪嫌疑人的诉讼权利,行使权利时不得侵犯未成年犯罪嫌疑人的合法权益。

到场的法定代理人或者其他人员认为办案人员在讯问中侵犯未成年犯罪嫌疑人合法权益的,可以提出意见。讯问笔录应当交由到场的法定代理人或者其他人员阅读或向其宣读,并由其在笔录上签字、盖章或者捺指印确认。

讯问女性未成年犯罪嫌疑人,应当有女性检察人员参加。

讯问未成年犯罪嫌疑人一般不得使用械具。对于确有人身危险性,必须使用械具的,在现实危险消除后,应当立即停止使用。

(三)安排法定代理人或近亲属会见、通信

人民检察院移送审查起诉的案件具备以下条件之一,且其法定代理人、近亲属等与本案无牵连的,经公安机关同意,检察人员可以安排在押的未成年犯罪嫌疑人与其法定代理人、近亲属等进行会见、通话:

(1)案件事实已基本查清,主要证据确实、充分,安排会见、通话不会影响诉讼活动正常进行;

(2)未成年犯罪嫌疑人有认罪、悔罪表现,或者虽尚未认罪、悔罪,但通过会见、通话有可能促使其转化,或者通过会见、通话有利于社会、家庭稳定;

(3)未成年犯罪嫌疑人的法定代理人、近亲属对其犯罪原因、社会危害性以及后果有一定的认识,并能配合司法机关进行教育。

在押的未成年犯罪嫌疑人同其法定代理人、近亲属等进行会见、通话时,检察人员应当告知其会见、通话不得有串供或者其他妨碍诉讼的内容。会见、通话时,检察人员可以在场。会见、通话结束后,检察人员应当将有关内容及时整理并记录在案。

(四)分案起诉制度

分案起诉制度,是指检察机关在审查起诉阶段,将未成年人与成年人共同犯罪案件分离,以独立案件提起公诉、法院分案受理的特殊诉讼制度。在司法实践中,分案起诉具有以下几点重要意义:

一是有利于实现对未成年人的"教育、感化、挽救"。对共同犯罪案件中的未成年人和成年人进行分案起诉,能有效防止成年被告人对未成年人的伤害和法庭感染,促使未成年人悔过自新。

二是有利于保护成年被告人的诉讼权利不受侵害。实践中,对未成年人与成年人共同犯罪案件通常不公开审理,这客观上侵害了在同一程序中受审的成年被告人应当享有的公开审判的权利。实行分案起诉可以有效解决这一问题。

三是有利于平衡判决的社会效果。对未成年人和成年人进行分案起诉、分案审理,使共同犯罪的成年人不至于因为同案未成年人因教育、感化、挽救原则被大幅度减轻处罚而对自己的前途悲观失望,放弃改过自新,或者是客观上导致成年被告人虽罪重却被轻判的罪刑失衡。

三、未成年人刑事案件的审判程序

(一)开庭前的准备工作

人民法院向未成年被告人送达起诉书副本时,应当向其讲明被指控的罪行和有关法律规定,并告知其审判程序和诉讼权利、义务。审判时,不满18周岁的未成年被告人没有委托辩护人的,人民法院应当通知法律援助机构指派律师为其提供辩护。

对未成年人刑事案件,人民法院决定适用简易程序审理的,应当征求未成年被告人及其法定代理人、辩护人的意见。上述人员提出异议的,不适用简易程序。

对人民检察院移送的关于未成年被告人性格特点、家庭情况、社会交往、成长经历、犯罪原因、犯罪前后的表现、监护教育等情况的调查报告,以及辩护人提交的反映未成年被告人上述情况的书面材料,法庭应当接受。

必要时,人民法院可以委托未成年被告人居住地的县级司法行政机关、共青团组织以及其他社会团体组织对未成年被告人的上述情况进行调查,或者自行调查。

对未成年人刑事案件,人民法院根据情况,可以对未成年被告人进行心理疏导;经未成年被告人及其法定代理人同意,也可以对未成年被告人进行心理测评。

开庭前和休庭时,法庭根据情况,可以安排未成年被告人与其法定代理人或者《刑事诉讼法》第270条第1款规定的其他成年亲属、代表会见。

(二)审理程序的特别要求

1. 法庭设置

根据最高人民法院《关于适用〈中华人民共和国刑事诉讼法〉的解释》的规定,人民法院应当在辩护台靠近旁听区一侧为未成年被告人或者到场的合适成年人设置席位;审理可能被判处五年有期徒刑以下刑罚或者过失犯罪的未成年人刑事案件,可以采取适合未成年人特定的方式设置法庭席位。

2. 审判组织

审理未成年人刑事案件,应当由熟悉未成年人身心特点、善于做未成年人思想教育工作的审判人员进行,并应当保持有关审判人员工作的相对稳定性。未成年人刑事案件的人民陪审员,一般由熟悉未成年人身心特点,热心教育、感化、挽救失足未成年人工作,并经过必要培训的共青团、妇联、工会、学校、未成年人保护组织等单位的工作人员或者有关单位的退休人员担任。

中级人民法院和基层人民法院可以设立独立建制的未成年人案件审判庭,尚不具备条件的,应当在刑事审判庭内设立未成年人刑事案件合议庭,或者由专人负责审理未成年人刑事案件。高级法院应当在刑事审判庭内设立未成年人刑事案件合议庭,具备条件的,可以设立独立建制的未成年人案件审判庭。其中,未成年人案件审判庭和未成年人刑事案件合议庭统称少年法庭。

另外,最高人民法院《关于适用〈中华人民共和国刑事诉讼法〉的解释》第465条规定,对于未成年人刑事案件,必要时,上级法院可以根据《刑事诉讼法》第26条的规定,指定下级法院将案件移送其他法院审理。

3. 不公开审理

开庭审理时被告人不满18周岁的案件,一律不公开审理。经未成年被告人及其法定代理人同意,未成年被告人所在学校和未成年人保护组织可以派代表到场。到场代表的人数和范围,由法庭决定。到场代表经法庭同意,可以参与对未成年被告人的法庭教育工作。对依法公开审理,但可能需要封存犯罪记录的案件,不得组织人员旁听。

4. 戒具的使用

在法庭上不得对未成年被告人使用戒具,但被告人人身危险性大,可能妨碍庭审活动的除外。必须使用戒具的,在现实危险消除后,应当立即停止使用。

5. 庭审语言

法庭审理过程中,审判人员应当根据未成年被告人的智力发育程度和心理状态,使用适合未成年人的语言表达方式。发现有对未成年被告人诱供、训斥、讽刺或者威胁等情形的，审判长应当制止。

6.通知法定代理人到场

人民法院审理未成年人刑事案件，在讯问和开庭时，应当通知未成年被告人的法定代理人到场。法定代理人无法通知、不能到场或者是共犯的，也可以通知未成年被告人的其他成年亲属，所在学校、单位、居住地的基层组织或者未成年人保护组织的代表到场，并将有关情况记录在案。到场的其他人员，除依法行使《刑事诉讼法》第270条第2款规定的权利外，经法庭同意，可以参与对未成年被告人的法庭教育等工作。

7.社会调查报告的使用

对未成年被告人情况的调查报告，以及辩护人提交的有关未成年被告人情况的书面材料，法庭应当审查并听取控辩双方意见。上述报告和材料可以作为法庭教育和量刑的参考。

8.法庭教育和心理疏导

在法庭上对未成年被告人进行教育是我国未成年人审判工作极具中国特色的一项工作制度。最高人民法院《关于适用〈中华人民共和国刑事诉讼法〉的解释》第485条规定，法庭辩论结束后，法庭可以根据案件情况，对未成年被告人进行教育；判决未成年被告人有罪的，宣判后，应当对未成年被告人进行教育。

（三）未成年人刑事案件的裁判

由于未成年被告人身心发育还不成熟，人民法院作出裁判时，在考虑案件事实和具体情节的前提下，应当有别于对成年被告人的裁判要求。

(1)考虑从轻处罚情节。对未成年罪犯适用刑罚，应当充分考虑是否有利于未成年罪犯的教育和矫正。

(2)尽量适用非监禁刑罚。对符合管制、缓刑、单处罚金或者免予刑事处罚适用条件的未成年罪犯，应当依法适用管制、缓刑、单处罚金或者免予刑事处罚。

四、未成年人刑事案件的执行程序

（一）未成年罪犯的执行方式

将未成年罪犯送监执行刑罚或者送交社区矫正时，人民法院应当将有关未成年罪犯的调查报告及其在案件审理中的表现材料，连同有关法律文书，一并送达执行机关。同时，根据分案处理原则，对被执行刑罚的未成年人与成年人应当分别关押，分别管理，分别教育。根据《未成年犯管教所管理规定》的要求，对于需要监禁执行刑罚的未成年罪犯，交由未成年犯管教所执行。

（二）帮教考察

最高人民法院《关于适用〈中华人民共和国刑事诉讼法〉的解释》规定了审判后的回访帮教制度。主要包括：

(1)人民法院可以与未成年罪犯管教所等服刑场所建立联系，了解未成年罪犯的改造情况，协助做好帮教、改造工作，并可以对正在服刑的未成年罪犯进行回访考察。

(2)人民法院认为必要时，可以督促被收监服刑的未成年罪犯的父母或者其他监护人及时探视。

(3) 对被判处管制、宣告缓刑、裁定假释、决定暂予监外执行的未成年罪犯,人民法院可以协助社区矫正机构制定帮教措施。

(4) 人民法院可以适时走访被判处管制、宣告缓刑、免除刑事处罚、裁定假释、决定暂予监外执行等的未成年罪犯及其家庭,了解未成年罪犯的管理和教育情况,引导未成年罪犯的家庭承担管教责任,为未成年罪犯改过自新创造良好环境。

(三) 就学、就业安置

被判处管制、宣告缓刑、免除刑事处罚、裁定假释、决定暂予监外执行等的未成年罪犯,具备就学、就业条件的,人民法院可以就其安置问题向有关部门提出司法建议,并附送必要的材料。

【本章练习】

一、单项选择题

1. 关于附条件不起诉,下列哪一说法是错误的?( )
  A. 只适用于未成年人案件
  B. 应当征得公安机关、被害人的同意
  C. 未成年犯罪嫌疑人及其法定代理人对附条件不起诉有异议的应当起诉
  D. 有悔罪表现时,才可以附条件不起诉

2. 赵某因涉嫌抢劫犯罪被抓获,作案时未满18周岁,案件起诉到法院时已年满18周岁。下列哪一说法是正确的?( )
  A. 本案由少年法庭审理
  B. 对赵某不公开审理
  C. 对赵某进行审判,可以通知其法定代理人到场
  D. 对赵某进行审判,应当通知其监护人到场

3. 《刑事诉讼法》规定,未成年人犯罪的案件一律或一般不公开审理。关于该规定中未成年人"年龄"的理解,下列哪一选项是正确的?( )
  A. 张某被采取强制措施时年满17周岁,不应当公开审理
  B. 李某在审理时年满15周岁,不应当公开审理
  C. 钱某犯罪时年满16周岁,不应当公开审理
  D. 赵某被立案时年满18周岁,不应当公开审理

4. 关于审理未成年人刑事案件,下列哪一选项是正确的?( )
  A. 不能适用简易程序
  B. 在法庭上,必要时才对未成年被告人使用戒具
  C. 休庭时,可以允许法定代理人或者其他成年近亲属、教师会见未成年被告人
  D. 对未成年人案件,宣告判决应当公开进行

二、多项选择题

1. 检察机关对未成年人童某涉嫌犯罪的案件进行审查后决定附条件不起诉。在考验期

间,下列哪些情况下可以对童某撤销不起诉的决定,提起公诉?(　　)

A.根据新的证据确认童某更改过年龄,在实施涉嫌犯罪行为时已满18周岁的

B.发现决定附条件不起诉以前还有其他犯罪需要追诉的

C.违反考察机关有关附条件不起诉的监管规定,情节严重的

D.违反治安管理规定,情节严重的

2.《刑事诉讼法》规定,审判的时候被告人不满18周岁的案件,不公开审理。但是,经未成年被告人及其法定代理人同意,未成年被告人所在学校和未成年人保护组织可以派代表到场。关于该规定的理解,下列哪些说法是错误的?(　　)

A.该规定意味着经未成年被告人及其法定代理人同意,可以公开审理

B.未成年被告人所在学校和未成年人保护组织派代表到场是公开审理的特殊形式

C.未成年被告人所在学校和未成年人保护组织经同意派代表到场是为了维护未成年被告人合法权益和对其进行教育

D.未成年被告人所在学校和未成年人保护组织经同意派代表到场与审判的时候被告人不满18周岁的案件不公开审理并不矛盾

3.关于犯罪记录封存的适用条件,下列哪些选项是正确的?(　　)

A.犯罪的时候不满18周岁　　　　B.被判处五年有期徒刑以下刑罚

C.初次犯罪　　　　　　　　　　D.没有受过其他处罚

三、简答题

1.与一般刑事诉讼相比较,未成年人刑事诉讼程序有哪些特有原则?

2.附条件不起诉的适用条件是什么?

3.简述犯罪记录封存制度的意义。

4.社会调查报告是否属于刑事诉讼中的证据?为什么?

四、案例思考题

周皓(化名)1994年出生。2011年元旦,经熟人介绍到南京市雨花台区给常某打工。常某得知自己的同乡王某比较有钱,希望绑架王某勒索钱财。

2011年1月8日,常某对周皓说:"有人欠我15万,你帮我把他绑起来,给他点教训。"于是,周皓约好友章某(不满16周岁)、范某来到常某家中。常某以做生意为名将被害人王某骗到家中,指使范某、周皓、章某三人对王某进行捆绑和殴打。后周皓与章某离开。9日凌晨,常某和范某因害怕王某家人报警,合力勒死了王某。天亮后,常某叫来周皓,逼迫其参与埋尸。周皓被逼无奈,与常某、范某一起处理了尸体。

案发后,公安机关迅速将常某、范某、周皓、章某抓捕归案。章某由于未满16周岁,依法不被追究刑事责任,南京市人民检察院以常某等三人涉嫌绑架罪向南京市中级人民法院提起公诉。

审理过程中,法官多次走访周皓所在的社区和学校,对周皓的表现进行了解。南京市中级人民法院经过审理,判决周皓犯非法拘禁罪和帮助毁灭证据罪,判处有期徒刑二年缓刑三年。同时对周皓的犯罪记录进行封存。

问题:犯罪记录封存后的法律效力如何体现?

第二十二章 当事人和解的公诉案件诉讼程序

【学习目标】

■ 知识目标：
了解当事人和解的公诉案件的意义。
了解当事人和解的公诉案件的适用范围。
了解当事人和解的公诉案件的基本条件。
了解当事人和解的公诉案件的法律效力。

■ 能力目标：
掌握公诉案件当事人在不同诉讼阶段达成和解后对案件的处理。

【案例引导1】

2013年2月22日中午,犯罪嫌疑人徐某驾驶一辆小轿车沿安徽省无为县凤土路行驶,不慎撞倒行人苏某,造成苏某受伤,经抢救无效于当日死亡。犯罪嫌疑人徐某对此次交通事故负主要责任。

无为县公安局侦查终结后以交通肇事罪移送无为县人民检察院审查起诉。该院办案人员在对本案进行审查时发现,徐某认罪、悔罪,并多次表示愿意对被害人的亲属进行赔偿,故认为徐某符合刑事和解的适用条件,即按照刑事和解特别程序的相关规定,组织双方自愿达成和解协议。被害人近亲属对徐某因过失行为表示予以谅解,并提出了对徐某予以从轻处罚的申请。无为县人民检察院根据双方所达成的和解协议以及徐某的认罪态度和社会危害性,决定徐某变更为取保候审,并将在提起公诉的过程中,向法院提出对其从宽处罚的量刑建议。

问题:本案是否适用当事人和解的公诉案件诉讼程序?当事人和解后,有什么法律后果?

【案例引导2】

2012年10月1日晚,陈某与老乡在一起吃饭时,陈某拿酒来到邻桌向另一名老乡方某敬酒,双方因为敬酒的礼数问题发生争执,竟然打了起来。陈某一气之下跑到饭店厨房拿了一把菜刀跑出来,将方某砍成轻伤。区检察院于2013年2月8日受理此案,考虑到当事人双方都是老乡,相互之间并无深仇大恨,双方是因为敬酒发生的争执,陈某的行为社会危害性相对较小,且陈某归案后认罪态度较好,也表示愿意赔偿,本案具备刑事和解的条件。检察机关本着化解矛盾,促进社会和谐的理念,对双方当事人进行了法制教育,在双方完全自愿的前提下,促成陈某向对方承认错误、赔礼道歉、赔偿损失、深表悔过,取得了被害人的谅解,双方达成了刑事和解协议。

问题:双方当事人达成和解协议后,区检察院可以如何处理本案?

第一节 当事人和解的公诉案件诉讼程序概述

一、当事人和解的公诉案件诉讼程序的概念

当事人和解的公诉案件诉讼程序,是指在公诉案件刑事诉讼程序进行过程中,犯罪嫌疑人、被告人真诚悔罪,并通过向被害人赔偿损失、赔礼道歉等方式获得被害人谅解后,被害人自愿与犯罪嫌疑人、被告人和解的,国家专门机关可以对犯罪嫌疑人、被告人给予从宽处罚的一种处理案件的特别程序。可以看出,所谓刑事和解,实质上是当事人对民事部分达成和解,并表达对刑事部分如何处理的意见,由办案机关根据具体情况对案件作出处理。与自诉案件的和解不同,在公诉案件的和解中,当事人直接处分的是民事权益,虽然可能间接影响

刑事部分的处理,但并不是由当事人处分刑罚权。

在1996年的《刑事诉讼法》中并没有明确规定公诉案件中当事人可以和解。但是,近年来,司法机关积极探索在公诉案件(主要是轻微刑事案件)中促进当事人和解,使犯罪嫌疑人真诚悔罪,积极通过赔礼道歉、赔偿损失等方式取得受害人谅解,从而获得从宽处罚,在实践中取得了较好的社会效果。所以,在2012年修订《刑事诉讼法》时,设立了当事人和解的公诉案件诉讼程序。

二、当事人和解的公诉案件的意义

刑事和解制度作为公诉案件柔性处理的一种重要途径,是化解社会矛盾、创建和谐社会的创新之举,具有重要的法治意义。

1.有助于贯彻宽严相济的刑事政策

宽严相济是我国的基本刑事政策,要求视不同的犯罪和被告人的危害性、人身危险性等情形区别对待,做到严中有宽,宽以济严;宽中有严,严以济宽。设立当事人和解的公诉案件程序有利于促进犯罪嫌疑人、被告人真诚悔罪,积极赔偿受害人,获得受害人的谅解,从而争取从轻处理的结果,为贯彻宽严相济的刑事政策提供了重要的路径。

2.有利于促进社会和谐、稳定

当事人和解的公诉案件诉讼程序充分尊重当事人的主体地位,让当事人在达成和解协议的过程中充分表达自己的意志和诉求,不仅有利于及时、充分补偿受害人所受到的物质和精神上的伤害,而且鼓励犯罪嫌疑人、被告人积极认罪悔罪,获得从宽处理,从而有利于其回归社会,进而修复因犯罪而破坏的社会关系,促进社会的和谐稳定,契合恢复性司法的国际潮流。

3.有助于提高诉讼效率,有效解决纠纷

在当事人和解的公诉案件诉讼程序中,通过双方当事人协商达成和解协议,使得办案机关能够尽快处理一些轻微的刑事案件,节约大量司法资源,提高诉讼效率。同时,由于达成和解是双方当事人资源协商的结果,有助于当事人息讼服判,实现案结事了,防止上访、缠讼等现象的发生。

第二节 当事人和解的公诉案件的适用范围和基本条件

一、当事人和解的公诉案件的适用范围

当事人可以和解的公诉案件范围是有限的。《刑事诉讼法》第277条从犯罪的社会危害性和行为人的人身危险性两个层面对当事人和解程序的适用范围进行限定,具体案件范围如下:

(1)因民间纠纷引起,涉嫌《刑法》分则第四章(侵犯公民人身、民主权利罪)、第五章(侵犯财产罪)规定的犯罪,可能判处三年有期徒刑以下刑罚的案件。该类犯罪的主要特点在于罪刑较轻(可能判处三年有期徒刑以下刑罚),有明确的被害人,只侵害到个体合法权益而不

涉及国家、社会合法权益，通过当事人和解而对被告人从宽处罚，有助于维护受害人合法权益，化解社会矛盾，贯彻"宽严相济"的刑事政策，同时也不至于对国家刑罚权的行使产生不良影响。根据《公安机关办理刑事案件程序规定》第323条规定，有下列情形之一的，不属于因民间纠纷引起的犯罪案件：①雇凶伤害他人的；②涉及黑社会性质组织犯罪的；③涉及寻衅滋事的；④涉及聚众斗殴的；⑤多次故意伤害他人身体的；⑥其他不宜和解的。

(2)对于渎职犯罪以外的可能判处七年有期徒刑以下刑罚的过失犯罪案件。过失犯罪相对于故意犯罪而言社会危害性和人身危险性均较小，当事人之间的矛盾相对不大，通过和解而对被告人从宽处罚有利于对被告人的教育、改造，并且容易得到社会的认可。如在实践中，常见的交通肇事罪、轻伤害案等，通过和解对被告人从宽处罚，能够确保被害人及时得到赔偿，节约司法资源，实现法律效果和社会效果的统一。但是，渎职犯罪虽是过失犯罪，也可能判处七年有期徒刑以下刑罚，但由于该类犯罪客体特殊，涉及国家权力的行使，而国家权力具有不可处分性，所以无论罪刑轻重，均不适用和解程序。

需要注意的是，犯罪嫌疑人、被告人在五年内曾经故意犯罪的，不得适用和解程序。根据我国《刑法》规定，被判处有期徒刑以上刑罚的犯罪分子，刑罚执行完毕或者赦免以后，在五年内再犯应当判处有期徒刑以上刑罚之罪的犯罪分子，属于累犯。对于累犯而言，说明其主观恶性较深，人身危险性较大，从实现刑罚的特殊预防功能角度讲，不宜适用和解程序。对于可能判处七年有期徒刑以上刑罚的过失犯罪来说，虽然构不成累犯，但适用和解也会造成一定的社会负面影响。

二、当事人和解的公诉案件的基本条件

《刑事诉讼法》第277条第1款规定，犯罪嫌疑人、被告人真诚悔罪，通过向被害人赔礼道歉、赔偿损失等方式获得被害人的谅解，被害人自愿和解的，双方当事人可以和解。我们认为，当事人和解至少应当具备以下几个条件：

(1)双方自愿和解。任何一方不能受到强制或者胁迫。

(2)犯罪嫌疑人、被告人能真诚悔罪，向被害人赔礼道歉，并积极赔偿被害人的损失。

(3)被害人及其法定代理人或者近亲属明确表示对犯罪嫌疑人予以谅解。

(4)协议的内容不损害国家、集体和社会公共利益或者他人的合法权益，并且符合社会公德。

(5)案件事实清楚，证据确实、充分。

当事人和解的公诉案件的诉讼结果是作出有罪判决，在量刑上予以从宽处罚。既然构成犯罪，就必须满足案件事实清楚，证据确实、充分这一条件，因为刑事诉讼追求的是案件的客观真实，必须忠于事实真相，不能因为犯罪嫌疑人、被告人认罪、悔罪就降低事实和证据方面的要求，否则，当事人和解程序将会催生错案。

第三节 当事人和解的公诉案件的法律程序与法律效力

《刑事诉讼法》第278条规定："双方当事人和解的，公安机关、人民检察院、人民法院应

当听取当事人和其他有关人员的意见,对和解的自愿性、合法性进行审查,并主持制作和解协议书。"第279条规定:"对于达成和解协议的案件,公安机关可以向人民检察院提出从宽处理的建议。人民检察院可以向人民法院提出从宽处罚的建议;对于犯罪情节轻微,不需要判处刑罚的,可以作出不起诉的决定。人民法院可以依法对被告人从宽处罚。"

一、当事人和解的事项

双方当事人可以就赔偿损失、赔礼道歉等民事责任事项进行和解,并且可以就被害人及其法定代理人或者近亲属是否要求或者同意公安机关、人民检察院、人民法院对犯罪嫌疑人依法从宽处理进行协商,但不得对案件的事实认定、证据采信、法律适用和定罪量刑等依法属于公安机关、人民检察院、人民法院职权范围的事宜进行协商。

二、当事人和解的公诉案件的法律程序

(一)侦查阶段的和解

《刑事诉讼法》第160条规定:"公安机关侦查终结的案件,应当做到犯罪事实清楚,证据确实、充分,并且写出起诉意见书,连同案卷材料、证据一并移送同级人民检察院审查决定;同时将案件移送情况告知犯罪嫌疑人及其辩护律师。"当事人在侦查阶段达成和解协议的,公安机关应当审查案件事实是否清楚,被害人是否自愿和解,是否符合规定的条件。公安机关审查时,应当听取双方当事人的意见,并记录在案;必要时,可以听取双方当事人亲属、当地居民委员会或者村民委员会人员以及其他了解案件情况的相关人员的意见。

达成和解的,公安机关应当主持制作和解协议书,并由双方当事人及其他参加人员签名。当事人中有未成年人的,未成年当事人的法定代理人或者其他成年亲属应当在场。和解协议书应当包括以下内容:

(1)案件的基本事实和主要证据;
(2)犯罪嫌疑人承认自己所犯罪行,对指控的犯罪事实没有异议,真诚悔罪;
(3)犯罪嫌疑人通过向被害人赔礼道歉、赔偿损失等方式获得被害人谅解;涉及赔偿损失的,应当写明赔偿的数额、方式等;提起附带民事诉讼的,由附带民事诉讼原告人撤回附带民事诉讼;
(4)被害人自愿和解,请求或者同意对犯罪嫌疑人依法从宽处罚。

和解协议应当及时履行。

对达成和解协议的案件,经县级以上公安机关负责人批准,公安机关在移送人民检察院审查起诉时,可以提出从宽处理的建议,但不得直接决定撤销案件。

(二)审查起诉阶段的和解

由于人民检察院办理的自侦案件不属于当事人和解的公诉案件范围,所以,人民检察院只能在审查起诉阶段才面临当事人和解的公诉案件的处理问题。

对于在审查起诉阶段当事人达成和解协议的,人民检察院应当对和解的自愿性、合法性进行审查。重点审查的内容主要包括:①双方当事人是否自愿和解;②犯罪嫌疑人是否真诚悔罪,是否向被害人赔礼道歉,经济赔偿数额与其所造成的损害和赔偿能力是否相适应;③

被害人及其法定代理人或者近亲属是否明确表示对犯罪嫌疑人予以谅解；④是否符合法律规定；⑤是否损害国家、集体和社会公共利益或者他人的合法权益；⑥是否符合社会公德。审查时，应当听取双方当事人和其他有关人员对和解的意见，告知刑事案件可能从宽处理的法律后果和双方的权利义务，并制作笔录附卷。

经审查认为符合规定的，人民检察院应当主持制作和解协议书。和解协议书的主要内容包括：①双方当事人的基本情况；②案件的主要事实；③犯罪嫌疑人真诚悔罪，承认自己所犯罪行，对指控的犯罪没有异议，向被害人赔偿损失、赔礼道歉等；赔偿损失的，应当写明赔偿的数额、履行的方式、期限等；④被害人及其法定代理人或者近亲属对犯罪嫌疑人予以谅解，并要求或者同意公安机关、人民检察院、人民法院对犯罪嫌疑人依法从宽处理。和解协议书应当由双方当事人签字，可以写明和解协议书系在人民检察院主持下制作。检察人员不在当事人和解协议书上签字，也不加盖人民检察院印章。和解协议书一式三份，双方当事人各持一份，另一份交人民检察院附卷备查。

和解协议书约定的赔偿损失内容，应当在双方签署协议后立即履行，至迟在人民检察院作出从宽处理决定前履行。确实难以一次性履行的，在被害人同意并提供有效担保的情况下，也可以分期履行。

人民检察院对于公安机关提请批准逮捕的案件，双方当事人达成和解协议的，可以作为有无社会危险性或者社会危险性大小的因素予以考虑，经审查认为不需要逮捕的，可以作出不批准逮捕的决定；在审查起诉阶段可以依法变更强制措施。

对于在侦查阶段达成和解协议，公安机关向人民检察院提出从宽处理建议的，人民检察院在审查起诉时应当充分考虑公安机关的建议。具体情形包括：

（1）人民检察院对于公安机关移送审查起诉的案件，当事人达成和解协议的，可以作为是否需要判处刑罚或者免除刑罚的因素予以考虑，符合《刑事诉讼法》173条第2款规定的，可以作出不起诉决定。

（2）对于依法应当提起公诉的，人民检察院可以向人民法院提出从宽处理的量刑建议。

需要指出的是，犯罪嫌疑人或者其亲友等以暴力、威胁、欺骗或者其他非法方法强迫、引诱被害人和解，或者在协议履行完毕之后威胁、报复被害人的，应当认定和解协议无效。已经作出不批准逮捕或者不起诉决定的，人民检察院根据案件情况可以撤销原决定，对犯罪嫌疑人批准逮捕或者提起公诉。

（三）审判阶段的和解

对公安机关、人民检察院主持制作的和解协议书，当事人提出异议的，人民法院应当审查。经审查，和解自愿、合法的，予以确认，无需重新制作和解协议书；和解不具有自愿性、合法性的，应当认定无效。和解协议被认定无效后，双方当事人重新达成和解的，人民法院应当主持制作新的和解协议书。

对达成和解协议的案件，人民法院应当对被告人从轻处罚；符合非监禁刑适用条件的，应当适用非监禁刑；判处法定最低刑仍然过重的，可以减轻处罚；综合全案认为犯罪情节轻微不需要判处刑罚的，可以免除刑事处罚。共同犯罪案件，部分被告人与被害人达成和解协议的，可以依法对该部分被告人从宽处罚，但应当注意全案的量刑平衡。

三、当事人和解的公诉案件的法律效力

当事人和解的公诉案件的法律效力主要体现在以下几个方面：

(1)对于达成和解协议的案件,公安机关可以向人民检察院提出从宽处理的建议。

(2)人民检察院对于公安机关提请批准逮捕的案件,双方当事人达成和解协议的,可以作为有无社会危险性或者社会危险性大小的因素予以考虑,经审查认为不需要逮捕的,可以作出不批准逮捕的决定;在审查起诉阶段可以依法变更强制措施。

(3)人民检察院对于公安机关移送审查起诉的案件,双方当事人达成和解协议的,可以作为是否需要判处刑罚或者免除刑罚的因素予以考虑,符合法律规定的不起诉条件的,可以决定不起诉。当事人在不起诉决定作出之前反悔的,可以另行达成和解。不能另行达成和解的,人民检察院应当依法作出起诉或者不起诉决定。

(4)对于依法应当提起公诉的,人民检察院可以向人民法院提出从宽处罚的量刑建议。

【本章练习】

一、单项选择题

1.对于适用当事人和解的公诉案件诉讼程序而达成和解协议的案件,下列哪一做法是错误的?(　　)

A.公安机关可以撤销案件

B.检察院可以向法院提出从宽处罚的建议

C.对于犯罪情节轻微,不需要判处刑罚的,检察院可以不起诉

D.法院可以依法对被告人从宽处罚

2.下列公诉案件可以适用和解程序有(　　)。

A.刑讯逼供案　　　B.纵火案　　　C.投放危险物质案　　　D.强奸案

二、多项选择题

1.李某因琐事将邻居王某打成轻伤。案发后,李家积极赔偿,赔礼道歉,得到王家谅解。如检察院根据双方和解对李某作出不起诉决定,需要同时具备下列哪些条件?(　　)

A.双方和解具有自愿性、合法性

B.李某实施伤害的犯罪情节轻微,不需要判处刑罚

C.李某五年以内未曾故意犯罪

D.公安机关向检察院提出从宽处理的建议

2.关于可以适用当事人和解的公诉案件诉讼程序的案件范围,下列哪些选项是正确的?(　　)

A.交通肇事罪　　　　　　B.暴力干涉婚姻自由罪

C.过失致人死亡罪　　　　D.刑讯逼供罪

三、简答题

1.论述当事人和解的公诉案件的适用范围以及基本条件。

2.有人认为,当事人和解的公诉案件诉讼程序可能沦为"花钱买刑",不符合公平正义的

要求,你怎么看?

四、案例思考题

2012年7月6日,被告人雷某驾驶自家轿车行驶到一个路口时,与对面行驶过来的一辆二轮摩托车相撞,致摩托车后座乘车人死亡,雷某负事故的全部责任。事故发生后,雷某积极抢救伤者,主动打电话报警,到案后如实供述了自己的罪行。在案件审理期间,承办法官主持双方当事人在自愿、合法的基础上进行协商,双方达成和解协议,雷某赔偿被害人近亲属共计人民币51万余元,被害人近亲属对雷某表示谅解并请求对其免予刑事处罚。

法院在审理此案时,考虑到雷某具有自首情节,案发后积极赔偿被害人近亲属损失,且双方达成和解协议,被害人表示谅解,依法决定对雷某免予刑事处罚。

问题:法院的做法是否正确?请说明理由。

第二十三章 犯罪嫌疑人、被告人逃匿、死亡案件违法所得刑事没收程序

【学习目标】

■ 知识目标：
了解违法所得刑事没收程序的意义。
了解违法所得刑事没收程序的案件适用范围。
了解违法所得刑事没收程序的财产范围。
了解违法所得刑事没收程序的管辖规定。
了解犯罪嫌疑人、被告人的近亲属和其他利害关系人不服没收裁定的救济途径。

■ 能力目标：
正确制作没收违法所得申请书。
掌握违法所得没收案件的审判程序。

【案例引导1】

张某原来担任某国企计划处处长。1995年，该企业筹备设立北京办事处，由张某办理相关事宜。1995年4—8月，张某分三次以本单位的名义，将50万货款用于自己购买住房和汽车。随后，该企业多次要求张某将房子和汽车交给单位财务，并办理手续，张某久拖不办。该企业破产后，清算人也多次要求张某或上缴房产或退还50万元资金，张某置之不理。2012年1月8日，张某逃往新加坡。2013年8月，区人民检察院以张某涉嫌贪污罪立案侦查，并依法查封和冻结了张某非法所得

的房产和部分存款。由于张某一直未被缉捕归案,故检察机关欲启动没收外逃犯罪嫌疑人违法所得特别程序。

问题:没收张某违法所得特别程序的条件和申请程序如何?

【案例引导2】

2006年到2010年间,犯罪嫌疑人李某利用担任某县财政局经济建设股股长的职务便利,伙同他人先后多次骗取县财政局的基建专项资金共计人民币9400万元。李某将其中的2953万多元转至澳大利亚,其余款项被其用于赌博、个人消费等。2011年1月29日李某逃往境外。2011年2月11日案发,同年2月13日县人民检察院对李某涉嫌贪污罪立案侦查,2月23日国际刑警组织对李某发布了红色通报,但李某一直未归案。2014年8月,检察机关拟启动对李某违法所得没收的特别程序。

问题:人民法院审理该案时,应如何保障李某的合法权益?

第一节 犯罪嫌疑人、被告人逃匿、死亡案件违法所得刑事没收程序概述

一、犯罪嫌疑人、被告人逃匿、死亡案件违法所得刑事没收程序的概念和特点

(一)犯罪嫌疑人、被告人逃匿、死亡案件违法所得刑事没收程序的概念

犯罪嫌疑人、被告人逃匿、死亡案件违法所得刑事没收程序是指犯罪嫌疑人、被告人实施贪污贿赂犯罪、恐怖活动犯罪等重大犯罪后死亡或者逃匿、被通缉一年后不能到案,经人民检察院申请,人民法院通过审判确认并决定无偿收缴其违法所得或有关涉案财物的一种特别诉讼程序。它是针对涉嫌犯罪并受到刑事指控,但却没经过审判定罪的人之财物所进行的一种刑事司法没收程序,故也可以称作"未经定罪的刑事没收程序"。《刑事诉讼法》第280条规定:"对于贪污贿赂犯罪、恐怖活动犯罪等重大犯罪案件,犯罪嫌疑人、被告人逃匿,在通缉一年后不能到案,或者犯罪嫌疑人、被告人死亡,依照刑法规定应当追缴其违法所得及其他涉案财产的,人民检察院可以向人民法院提出没收违法所得的申请。"理解违法所得

刑事没收程序时,应当注意以下几个方面:

(1)侦查机关不具有对刑事犯罪案件中违法所得进行处理的权力。公安机关或者人民检察院侦查部门在案件的侦查过程中,如果发现犯罪嫌疑人逃匿或者死亡,无论是对于已经采取侦查措施被查封、扣押、冻结的财产,还是尚未采取侦查措施的违法所得,都无权作出实质性的处理决定,而是应当根据案件情况,制作没收违法所得意见书,移送检察院审查起诉部门处理。侦查机关对于已经采取查封、扣押、冻结等侦查措施的财物,应当继续维持原状,等待人民法院最后作出处理裁决。

(2)人民检察院是违法所得刑事没收程序的唯一启动主体。违法所得刑事没收与刑事诉讼中其他违法所得没收不同的是,它是在犯罪主体已经不存在的条件下所采用的。适用的前提是刑事犯罪案件部分已经中止或者终止,追究犯罪嫌疑人、被告人的刑事诉讼已经无法正常进行。所以,在这种情况下,应当没收的财物既不能随案件主体移送至法院审判环节,也不能放弃对其违法所得的处理,必须采用特别的申请方式。

(3)人民法院是违法所得刑事没收程序的决定机关。对违法所得的刑事没收,只能由人民法院作出裁定。根据"不告不理"的司法原则,唯有在人民检察院提出正式申请之后,人民法院才能立案进行审理并依法作出没收裁定。

(二)犯罪嫌疑人、被告人逃匿、死亡案件违法所得刑事没收程序的特点

与普通刑事诉讼程序相比,违法所得刑事没收程序具有以下几个特点:

(1)违法所得刑事没收程序是针对犯罪嫌疑人、被告人的违法所得及其他涉案财产所进行的一种诉讼程序,它既不涉及犯罪人人身的刑事责任承担,也不针对其合法享有的个人财产。在普通刑事诉讼程序中,有时也会涉及财产没收的问题,但它通常是与对犯罪嫌疑人、被告人的生命刑、自由刑等刑事责任的承担一并进行,而且没收财产只作为附加刑加以适用。在没收财产的范围方面,有时还包括被告人个人的合法财产。

(2)违法所得刑事没收程序的启动以犯罪嫌疑人、被告人死亡或者逃匿且被通缉一年以上仍不能到案为前提条件。违法所得刑事没收程序的展开主要是因为犯罪人死亡或者逃匿时间较长,又不能进行缺席审判的情况下适用,其目的在于及时处置其非法所得和有关涉案财产。在普通刑事诉讼程序中,人民法院没收犯罪嫌疑人、被告人的违法所得或涉案财产,一般应在被告人出席开庭审判后才能作出裁判。

(3)犯罪嫌疑人、被告人逃匿、死亡案件违法所得刑事没收程序适用于贪污贿赂犯罪、恐怖活动犯罪等重大犯罪案件。违法所得刑事没收程序不具有普适性,其案件范围非常有限,只能适用于贪污贿赂犯罪、恐怖活动犯罪等重大犯罪案件。在普通刑事诉讼程序中,审判后附加没收被告人财产的,其案件范围非常宽泛。只要《刑法》的刑事责任中规定有没收刑罚的,人民法院就可以根据案件的具体情节对被告人的违法所得、涉案财物,甚至是个人的合法财产,作出没收裁判。

(4)违法所得刑事没收程序实行"不告不理"原则,必须依人民检察院申请开始。违法所得刑事没收程序只有在人民检察院依法提出申请后,人民法院才有可能依法进行审查。在普通刑事诉讼程序中,没收被告人的财物,通常无需人民检察院的专门申请,人民法院在判决被告人承担刑事责任的同时,可以直接司法确认没收其个人财产的范围。

(5)违法所得刑事没收程序具有程序适用的不确定性。《刑事诉讼法》第283条规定:

"在审理过程中,在逃的犯罪嫌疑人、被告人自动投案或者被抓获的,人民法院应当终止审理。"可见,如果犯罪嫌疑人、被告人逃匿后又重新出现,可以成为人民法院中止审理此类案件的法定理由。

二、犯罪嫌疑人、被告人逃匿、死亡案件违法所得刑事没收程序的意义

违法所得刑事没收程序是于2012年修改《刑事诉讼法》时设立的一种刑事诉讼特别程序,其目的在于无法追究或不能及时追究犯罪人刑事责任时,能从财产上依法剥夺其非法收益,以免其在逃避承担刑事责任的同时却从财产上获得不当利益。这种程序的设置,反映了我国打击重大犯罪的社会形势需要,具有积极的法治意义。主要体现在:

1. 犯罪嫌疑人、被告人逃匿、死亡案件违法所得刑事没收程序顺应了反腐、反恐的国际刑事司法潮流

《联合国反腐败公约》第54条第1款第3项规定,各缔约国均应当根据其本国法律,考虑采取必要的措施,以便在因为犯罪人死亡、潜逃或者缺席而无法对其起诉的情形或者其他有关情形下,能够不经过刑事定罪而没收这类财产。该条款内容明确:各缔约国可以将没收腐败违法所得的程序与对腐败行为的定罪程序相分离。此外,联合国《制止向恐怖主义提供资助的国际公约》第8条也规定:①每一缔约国应根据其本国法律原则采取适当措施,以便识别、侦查、冻结或扣押用于实施或调拨以实施第2条所述罪行(恐怖活动犯罪)的任何资金以及犯罪所得收益,以期加以没收;②每一缔约国应根据其本国法律原则采取适当措施,以没收用于实施或调拨以实施第2条所述罪行的资金,以及犯罪所得收益。可以说,依法没收腐败和恐怖犯罪分子的违法所得,已成为国际趋势。

我国设置专门的违法所得刑事没收程序来应对贪污受贿犯罪和恐怖活动犯罪等重大犯罪行为,既是履行国际公约义务的要求,也符合国际刑事司法的潮流。

2. 犯罪嫌疑人、被告人逃匿、死亡案件违法所得刑事没收程序为依法处置犯罪人的违法所得设定了正当法律程序

如果按照普通刑事诉讼程序,当犯罪嫌疑人、被告人在逃或者死亡等情形下,即便能够证明某些财物属于违法所得、供犯罪所用财物或违禁品,由于刑事诉讼处于中止或者终止状态,也无法通过刑事审判的方式宣告对其涉案财物进行没收。近些年来,职务犯罪、经济犯罪案件的犯罪嫌疑人案发前后携款潜逃境外的现象愈演愈烈,在对犯罪嫌疑人难以定罪的情况下,一方面,对于犯罪嫌疑人在国内的财产,无法通过法律途径予以追缴;另一方面,对于犯罪嫌疑人转移至境外的资产,无法提供我国司法机关的没收裁决以请求财产所在国协助执行。在未查明犯罪嫌疑人的情况下,如果由公安机关或检察机关在侦查或起诉阶段进行没收,既缺乏程序正当性,也会因为没有经过法庭审判而得不到外国司法协助的承认和执行。

3. 犯罪嫌疑人、被告人逃匿、死亡案件违法所得刑事没收程序可以从经济上有效制裁犯罪分子

我国目前并没有刑事缺席审判制度,如果犯罪嫌疑人、被告人在较长的时间内不能到案,诉讼就只能中止;如果是在诉讼过程中死亡,诉讼就只能终止。不论是诉讼中止还是诉讼终止,其结果都是无法让犯罪人承担主体的刑事责任。实践中,有的犯罪嫌疑人通过犯罪获得非法收益后畏罪自杀、藏匿或者携巨额赃款逃往境外,这使得在客观上无法追究其刑事

责任。如果能对其违法所得进行没收，至少可以从经济上制裁犯罪分子，甚至可以有效铲除逃匿犯罪人再犯罪的经济条件。

第二节 犯罪嫌疑人、被告人逃匿、死亡案件违法所得刑事没收程序的适用范围

一、犯罪嫌疑人、被告人逃匿、死亡案件违法所得刑事没收程序的案件范围

我国的违法所得刑事没收程序适用范围较为有限。《刑事诉讼法》第280条规定："对于贪污贿赂犯罪、恐怖活动犯罪等重大犯罪案件，犯罪嫌疑人、被告人逃匿，在通缉一年后不能到案，或者犯罪嫌疑人、被告人死亡，依照刑法规定应当追缴其违法所得及其他涉案财产的，人民检察院可以向人民法院提出没收违法所得的申请。"从案件类型来看，该程序主要适用于贪污贿赂犯罪、恐怖活动犯罪等重大犯罪案件。最高人民法院《关于适用〈中华人民共和国刑事诉讼法〉的解释》第508条规定，具有下列情形之一的，应当认定为《刑事诉讼法》第280条第1款规定的"重大犯罪案件"：①犯罪嫌疑人、被告人可能被判处无期徒刑以上刑罚的；②案件在本省、自治区、直辖市或者全国范围内有较大影响的；③其他重大犯罪案件。

二、犯罪嫌疑人、被告人逃匿、死亡案件违法所得刑事没收程序的财产范围

违法所得刑事没收程序适用的财产范围，是指依照《刑法》规定应当追缴违法所得及其他涉案财产。根据《人民检察院刑事诉讼规则（试行）》第523条第3款的规定，犯罪嫌疑人实施犯罪行为所取得的财物及其孳息以及犯罪嫌疑人非法持有的违禁品、供犯罪所用的本人财物，应当认定为"违法所得及其他涉案财产"。最高人民法院《关于适用〈中华人民共和国刑事诉讼法〉的解释》第509条也规定，实施犯罪行为所取得的财物及其孳息，以及被告人非法持有的违禁品、供犯罪所用的本人财物，应当认定为《刑事诉讼法》第280条第1款规定的"违法所得及其他涉案财产"。

由此可见，应当没收的财产范围具体包括：
(1)犯罪嫌疑人、被告人实施犯罪行为所取得的财物及其孳息；
(2)犯罪嫌疑人、被告人非法持有的违禁品；
(3)供犯罪所用的犯罪嫌疑人、被告人本人的财物。

犯罪嫌疑人、被告人个人所有的其他合法财产则不在该程序的适用范围。同样，由犯罪嫌疑人、被告人非法占有，但应当发还给被害人或其他案外人的财产，也不在刑事没收之列。

第三节 犯罪嫌疑人、被告人逃匿、死亡案件违法所得刑事没收程序

一、犯罪嫌疑人、被告人逃匿、死亡案件违法所得刑事没收案件的侦查与侦查终结

（一）犯罪嫌疑人、被告人逃匿、死亡案件违法所得刑事没收案件的侦查

违法所得刑事没收的案件，属于公诉案件的范围，应当先行立案侦查。按照立案管辖的

规定,贪污贿赂犯罪案件,由人民检察院立案侦查,恐怖活动犯罪案件则由公安机关立案侦查。不过,此类案件的侦查与其他类型案件的侦查并没有重大的区别,只是在诉讼过程中出现了法定情形而已,即犯罪嫌疑人逃匿,在通缉一年后不能到案,或者犯罪嫌疑人在诉讼过程中死亡,有证据证明其存在违法所得及其他涉案财产应当予以没收的,侦查机关可以继续进行调查。在调查案情时,侦查机关可以依法对有关财产实施查封、扣押、查询、冻结等财产性强制措施。

(二)犯罪嫌疑人、被告人逃匿、死亡案件违法所得刑事没收案件的侦查终结

侦查终结后,公安机关应当制作没收违法所得意见书,连同证据材料等一并向同级的人民检察院移送审查处理。属于人民检察院自侦部门侦查终结的案件,则在制作没收违法所得意见书后移送至公诉部门进行审查。一般来说,公安机关或人民检察院侦查部门制作的没收违法所得意见书至少应当包括以下内容:①犯罪嫌疑人的基本情况;②犯罪事实和相关的证据材料;③犯罪嫌疑人逃匿、被通缉或者死亡的情况;④犯罪嫌疑人的违法所得及其他涉案财产的种类、数量、所在地;⑤对有关财物采取查封、扣押、冻结的情况等。

二、犯罪嫌疑人、被告人逃匿、死亡案件违法所得刑事没收案件的审查与申请

(一)犯罪嫌疑人、被告人逃匿、死亡案件违法所得刑事没收案件的审查

当人民检察院收到公安机关的没收违法所得意见书和有关证据材料后,或者公诉部门收到自侦部门的没收违法所得意见书和有关证据材料后,应当依法进行审查。人民检察院审查公安机关移送的没收违法所得意见书,应当查明:①是否属于本院管辖;②是否符合《刑事诉讼法》第280条第1款规定的条件;③犯罪嫌疑人身份状况,包括姓名、性别、国籍、出生年月日、职业和单位等;④犯罪嫌疑人涉嫌犯罪的情况;⑤犯罪嫌疑人逃匿、被通缉或者死亡的情况;⑥违法所得及其他涉案财产的种类、数量、所在地,以及查封、扣押、冻结的情况;⑦与犯罪事实、违法所得相关的证据材料是否随案移送,不宜移送的证据的清单、复制件、照片或者其他证明文件是否随案移送;⑧证据是否确实、充分;⑨相关利害关系人的情况。

人民检察院应当在接到公安机关移送的没收违法所得意见书后30日以内作出是否提出没收违法所得申请的决定。30日以内不能作出决定的,经检察长批准,可以延长15日。对于公安机关移送的没收违法所得案件,经审查认为不符合《刑事诉讼法》第280条第1款规定条件的,应当作出不提出没收违法所得申请的决定,并向公安机关书面说明理由;认为需要补充证据的,应当书面要求公安机关补充证据,必要时也可以自行调查。公安机关补充证据的时间不计入人民检察院办案期限。

公安机关将没收违法所得意见书移送人民检察院后,在逃的犯罪嫌疑人自动投案或者被抓获的,公安机关应当及时通知同级人民检察院。在审查公安机关移送的没收违法所得意见书的过程中,在逃的犯罪嫌疑人、被告人自动投案或者被抓获的,人民检察院应当终止审查,并将案卷退回公安机关处理。

(二)犯罪嫌疑人、被告人逃匿、死亡案件违法所得刑事没收案件的申请

人民检察院对于违法所得刑事没收案件的申请,可以分为三种情况:

(1)审查后提出违法所得刑事没收申请。对于公安机关或者人民检察院侦查部门移送

的案件,人民检察院公诉部门经审查后认为符合申请没收程序条件的,应当向人民法院提出没收违法所得申请。

(2)直接提出没收违法所得申请。在人民检察院审查起诉过程中,犯罪嫌疑人死亡,或者贪污贿赂犯罪、恐怖活动犯罪等重大犯罪案件的犯罪嫌疑人逃匿,在通缉一年后不能到案,依照《刑法》规定应当追缴其违法所得及其他涉案财产的,人民检察院可以直接提出没收违法所得的申请。

(3)另行提出没收违法所得申请。人民法院在审理案件过程中,被告人死亡而裁定终止审理,或者被告人脱逃而裁定中止审理的,人民检察院可以依法另行向人民法院提出没收违法所得的申请。

人民检察院决定提出没收违法所得申请时,应当由与有管辖权的中级人民法院同级的人民检察院提出,并且制作没收违法所得申请书,按照被申请人的人数提供相应的申请书副本。根据《人民检察院刑事诉讼规则(试行)》第526条规定,没收违法所得申请书的主要内容包括:①犯罪嫌疑人、被告人的基本情况,包括姓名、性别、出生年月日、出生地、户籍地、身份证号码、民族、文化程度、职业、工作单位及职务、住址等;②案由及案件来源;③犯罪嫌疑人、被告人的犯罪事实;④犯罪嫌疑人、被告人逃匿、被通缉或者死亡的情况;⑤犯罪嫌疑人、被告人的违法所得及其他涉案财产的种类、数量、所在地及查封、扣押、冻结的情况;⑥犯罪嫌疑人、被告人近亲属和其他利害关系人的姓名、住址、联系方式及其要求等情况;⑦提出没收违法所得申请的理由和法律依据。

三、犯罪嫌疑人、被告人逃匿、死亡案件违法所得刑事没收案件的审理与裁判

(一)管辖

根据《刑事诉讼法》第281条规定,人民检察院申请没收违法所得的案件,由犯罪地或者犯罪嫌疑人、被告人居住地的中级人民法院管辖。此居住地是指犯罪嫌疑人、被告人出逃或者死亡之前的居住地。

(二)受理与庭前审查

收到人民检察院移送的没收违法所得申请及有关案卷材料后,人民法院应当进行程序审查,并且在7日内审查完毕。审查的内容包括:①是否属于本院管辖;②申请书是否写明犯罪嫌疑人、被告人涉嫌有关犯罪的情况,并附相关证据材料;③是否附有通缉令或者死亡证明;④是否列明违法所得及其他涉案财产的种类、数量、所在地,并附相关证据材料;⑤是否附有查封、扣押、冻结违法所得及其他涉案财产的清单和相关法律手续;⑥是否写明犯罪嫌疑人、被告人的近亲属和其他利害关系人的姓名、住址、联系方式及其要求等情况;⑦是否写明申请没收的理由和法律依据。应当说明的是,人民法院对受理申请的审查不是实体审查,只是从程序上审查人民检察院的申请是否符合受理并进行正式审理的各项条件。

人民法院对没收违法所得申请审查后,按照下列情形分别处理:①不属于本院管辖的,应当退回人民检察院;②材料不全的,应当通知人民检察院在3日内补送;③属于违法所得没收程序受案范围和本院管辖,且材料齐全的,应当受理。

人民检察院尚未查封、扣押、冻结申请没收的财产或者查封、扣押、冻结期限即将届满,

涉案财产有被隐匿、转移或者毁损、灭失危险的,人民法院可以查封、扣押、冻结申请没收的财产。

(三)公告

人民法院决定受理没收违法所得的申请后,应当在15日内发出公告,公告期为6个月。公告应当写明以下内容:①案由;②犯罪嫌疑人、被告人通缉在逃或者死亡等基本情况;③申请没收财产的种类、数量、所在地;④犯罪嫌疑人、被告人的近亲属和其他利害关系人申请参加诉讼的期限、方式;⑤应当公告的其他情况。

公告应当在全国公开发行的报纸或者人民法院的官方网站刊登,并在人民法院公告栏张贴、发布;必要时,可以在犯罪地、犯罪嫌疑人、被告人居住地、申请没收的不动产所在地张贴、发布。人民法院已经掌握犯罪嫌疑人、被告人的近亲属和其他利害关系人的联系方式的,应当采取电话、传真、邮件等方式直接告知其公告内容,并记录在案。

(四)有关人员申请参加诉讼

在公告期间,犯罪嫌疑人、被告人的近亲属或者对申请没收的财产主张所有权的其他利害关系人有权申请参加诉讼,也可以委托诉讼代理人参加诉讼。犯罪嫌疑人、被告人的近亲属和其他利害关系人在公告期满后申请参加诉讼,能够合理说明原因,并提供证明申请没收的财产系其所有的证据材料的,人民法院应当准许。

申请参加诉讼的犯罪嫌疑人、被告人的近亲属应当提供其与犯罪嫌疑人、被告人关系的证明材料,其他利害关系人则应当提供申请没收的财产系其所有的证据材料。

(五)审理

公告期满后,人民法院应当组成合议庭对申请没收违法所得的案件进行审理。利害关系人申请参加诉讼的,人民法院应当开庭审理。没有利害关系人申请参加诉讼的,可以不开庭审理。人民法院对没收违法所得的申请开庭审理的,人民检察院应当派员出席法庭。

人民法院开庭审理申请没收违法所得的案件,应当按照下列程序进行:

(1)审判长宣布法庭调查开始后,先由检察员宣读申请书,后由利害关系人、诉讼代理人发表意见;

(2)法庭应当依次就犯罪嫌疑人、被告人是否实施了贪污贿赂犯罪、恐怖活动犯罪等重大犯罪并已经通缉一年不能到案,或者是否已经死亡,以及申请没收的财产是否依法应当追缴进行调查;调查时,先由检察员出示有关证据,后由利害关系人发表意见、出示有关证据,并进行质证;

(3)法庭辩论阶段,先由检察员发言,后由利害关系人及其诉讼代理人发言,并进行辩论。

利害关系人接到通知后无正当理由拒不到庭,或者未经法庭许可中途退庭的,可以转为不开庭审理,但还有其他利害关系人参加诉讼的除外。

人民法院对没收违法所得的申请进行审理时,人民检察院应当就违法所得的事实承担举证责任。

(六)裁定

人民法院审理申请没收违法所得的案件后,分别按照下列情形处理:

(1)案件事实清楚,证据确实、充分,申请没收的财产确属违法所得及其他涉案财产的,除依法返还被害人的以外,应当裁定没收;

(2)不符合《刑事诉讼法》所规定的申请条件的,应当裁定驳回申请。

人民法院的裁定书,应当告知犯罪嫌疑人、被告人的近亲属和其他利害关系人、人民检察院可以上诉、抗诉的权利,上诉、抗诉的期限和上诉、抗诉的途径。

(七)上诉、抗诉及二审裁定

与其他刑事案件一样,申请没收违法所得的案件实行两审终审制。对一审人民法院作出的没收违法所得或者驳回申请的裁定,犯罪嫌疑人、被告人的近亲属和其他利害关系人可以在收到裁定书的5日内向上一级人民法院提出上诉。

人民检察院认为同级人民法院按照违法所得没收程序所作的第一审裁定确有错误的,应当在5日以内向上一级人民法院提出抗诉。最高人民检察院、省级人民检察院认为下级人民法院按照违法所得没收程序所作的已经发生法律效力的裁定确有错误的,应当按照审判监督程序向同级人民法院提出抗诉。

对不服第一审没收违法所得或者驳回申请裁定的上诉、抗诉案件,第二审人民法院经审理后,分别按照下列情形作出裁定:①原裁定正确的,应当驳回上诉或者抗诉,裁定维持原裁定;②原裁定确有错误的,可以在查清事实后改变原裁定;也可以撤销原裁定,发回重新审判;③原审违反法定诉讼程序,可能影响公正审判的,应当撤销原裁定,发回重新审判。

发回重审的案件,原审人民法院应当按照第一审程序另行组成合议庭进行审理。对重新审理后所作的裁定,仍然是一审裁定,犯罪嫌疑人、被告人的近亲属和其他利害关系人或者人民检察院可以再次依法提出上诉或者抗诉。

四、审理过程中特殊情况的处理

在审理申请没收违法所得的案件过程中,在逃的犯罪嫌疑人、被告人自动投案或者被抓获的,人民法院应当裁定终止审理。裁定终止审理的,人民法院应将案件材料退还给提出申请的人民检察院。人民检察院可以侦查终结或者重新审查起诉后按照普通程序提起公诉。

如果在审查起诉阶段在逃的犯罪嫌疑人、被告人自动投案或者被抓获的,人民检察院可以视情况决定退回公安机关或人民检察院自侦部门处理,或者审查起诉后按照普通程序重新向原受理申请的人民法院提起公诉。

五、违法所得刑事没收裁定的救济

人民法院所作的没收违法所得的裁定发生法律效力后,自动投案或者被抓获的犯罪嫌疑人、被告人有权向作出生效裁定的人民法院提出异议。

对于犯罪嫌疑人、被告人就没收违法所得的裁定而提出的异议,人民法院经审理后,分别按照下列情形处理:①原裁定正确的,予以维持,不再对涉案财产作出判决;②原裁定确有错误的,应当撤销原裁定,并在新的判决中对有关涉案财产一并作出处理。

发现生效的没收裁定确有错误的,人民法院应当依照审判监督程序予以纠正。已经没收的财产,应当及时返还;财产已经上缴国库的,由原没收机关从财政机关申请退库,予以返还;原物已经出卖、拍卖的,应当退还价款;造成犯罪嫌疑人、被告人以及利害关系人财产损失的,则应当依法实行国家赔偿。

【本章练习】

一、单项选择题

1.关于犯罪嫌疑人、被告人逃匿、死亡案件违法所得的没收程序,下列哪一说法是正确的?（　　）

A.贪污贿赂犯罪案件的犯罪嫌疑人潜逃,通缉一年后不能到案的,依照《刑法》规定应当追缴其违法所得及其他涉案财产的,公安机关可以向法院提出没收违法所得的申请

B.在A选项所列情形下,检察院可以向法院提出没收违法所得的申请

C.没收违法所得及其他涉案财产的申请,由犯罪地的基层法院组成合议庭进行审理

D.没收违法所得案件审理中,在逃犯罪嫌疑人被抓获的,法院应当中止审理

2.下列哪一选项不属于犯罪嫌疑人、被告人逃匿、死亡案件违法所得没收程序中的"违法所得及其他涉案财产"?（　　）

A.刘某恐怖活动犯罪案件中从其住处搜出的管制刀具

B.赵某贪污案赃款存入银行所得的利息

C.王某恐怖活动犯罪案件中制造爆炸装置使用的所在单位的仪器和设备

D.周某贿赂案受贿所得的古玩

3.A市原副市长马某,涉嫌收受贿赂2000余万元。为保证公正审判,上级法院指令与本案无关的B市中级法院一审。B市中级法院受理此案后,马某突发心脏病不治身亡。关于此案处理,下列哪一选项是错误的?（　　）

A.应当由法院作出终止审理的裁定,再由检察院提出没收违法所得的申请

B.应当由B市中级法院的同一审判组织对是否没收违法所得继续进行审理

C.如裁定没收违法所得,而马某妻子不服的,可在5日内提出上诉

D.如裁定没收违法所得,而其他利害关系人不服的,有权上诉

二、简答题

1.违法所得刑事没收程序与普通刑事案件中没收被告人财产有何区别?

2.违法所得刑事没收程序的适用条件有哪些?

3.适用违法所得刑事没收程序时,如何保障利害关系人的权利?

三、案例思考题

2008—2012年,姚某在担任鞍山市精神康复医院院长期间,伙同副院长刘某（另案处理）利用职务之便,非法收受他人财物,为他人谋取利益,共计收受99.5万元,姚某个人收受42.5万元;其间,还伙同刘某利用职务之便,贪污公款15万元,姚某个人实得10万元。2012年6月13日,姚某因涉嫌犯受贿罪被逮捕。2012年9月12日,辽宁省鞍山市人民检察院侦查部门将案件移送该院公诉二处审查起诉,同年10月6日姚某死亡。随后,辽宁省鞍山市人民检察院以没收犯罪嫌疑人姚某违法所得申请向鞍山市中级人民法院提起公诉。

问题:鞍山市中级人民法院在审理该案前应当履行哪些程序?应否开庭审理?

第二十四章 依法不负刑事责任的精神病人强制医疗程序

【学习目标】

- 知识目标：
  了解强制医疗程序的概念和意义。
  了解强制医疗案件的申请程序。
  了解强制医疗案件的审理程序。
  了解不服强制医疗决定的复议程序。
  了解强制医疗法律监督的程序内容。
- 能力目标：
  掌握强制医疗程序的审理结果。
  掌握解除强制医疗决定的条件和程序。

【案例引导1】

杜某，男，蓝田县人。2013年5月6日上午7时30分许，杜某持砍刀尾随到水泉村小学送鸡蛋的李某进入水泉村小学，在教学楼前杜某用砍刀在李某的头部、颈部、等处砍了数刀，致李某轻伤。经西安安康法医精神病司法鉴定所鉴定案发时杜某患有精神分裂症。蓝田县人民检察院受理该案后，对于鉴定机构的鉴定意见和对杜某采取临时保护性约束措施的必要性以及申请，办案人重点对杜某强制医疗的合法性进行了认真审查和核实。经审查认为，杜某持刀故意伤害他人的行为已经达到犯罪程度,但经法定程序鉴定其实施危害行为时患有精神分裂症,无刑事责任能力,系依法不负刑事责任的精神病人,其目前病情未得到有效治疗,有继续危害社会的可能,符合强制医疗条件,遂于2013年9月26日依法将该案移送蓝田县人民法院申请强制医疗。

问题:依法不负刑事责任的精神病人强制医疗程序的适用条件是什么?

【案例引导2】

2012年6月9日,程某与其父发生纠纷,将其父勒死,然后逃离了现场。当月12日,程某被公安机关抓获。检察机关在审查起诉过程中发现,程某在以往日常生活中,与邻里交往较少,且情绪易波动,与家人时有争执,精神异常表现明显,而且在2004年、2010年和2011年曾三次因精神分裂症住院治疗。2012年12月,四川华西法医学鉴定中心出具鉴定意见,认定程某患有精神分裂症,对其故意杀人行为评定为无刑事责任能力,并建议监护治疗。据此,检察机关在作出不起诉决定的同时,认为程某符合强制医疗条件,并直接启动强制医疗程序。在收集相关证据的基础上,向法院提出强制医疗申请。

问题:法院应当如何审理此案?

第一节 依法不负刑事责任的精神病人强制医疗程序概述

一、强制医疗程序的概念和意义

(一)强制医疗程序的概念

依法不负刑事责任的精神病人的强制医疗程序(以下简称"强制医疗程序")是指公安、司法机关对依法造成社会危害但依法不负刑事责任的精神病人采取强制治疗措施的特别程序。

完全丧失辨认或者控制能力的精神病人对其实施的危害社会的行为不负刑事责任,但是为了维护社会秩序,防止其继续危害公共安全或者公民人身安全,同时从充分保障精神病患者的健康角度考虑,对其进行强制医疗是有必要的。因此,强制医疗程序并不解决犯罪嫌疑人、被告人的刑事责任问题,也不是为了对行为人进行惩罚和教育,而是一种特殊的社会防卫措施,属于保安处分措施。

(二)强制医疗程序的意义

对依法不负刑事责任的精神病人实行强制医疗,具有下积极意义:

(1)保护公共安全和公民人身安全免受精神病人的暴力侵害,并对精神病人进行妥善处置。近年来,一些精神病患者实施暴力行为危害公共安全、公民人身安全,给被害人及社会安全造成严重伤害。对精神病患者缺乏及时的救治和有效的监管可能会给精神病患者的家庭和社会带来巨大的威胁和现实危险。因此,《刑事诉讼法》中规定对精神病人的强制医疗程序,将实施暴力行为、危害公共安全或者严重危害公民人身安全并有继续危害社会可能的精神病人予以强制医疗,可以对精神病人进行妥善的治疗和安置,同时其作为一种社会防卫手段,可以有效地减少或避免精神病人继续对公共安全和公民人身安全实施危害。

(2)落实《刑法》法律的相关规定。我国《刑法》第18条对强制医疗程序有所规定:"精神病人在不能辨认和控制自己行为的时候造成危害结果,经法定程序鉴定确认的,不负刑事责任,但是应当责令他的家属或者监护人严加看管和医疗,在必要的时候,由政府强制医疗。"但是该规定过于简单,并且没有规定强制医疗的条件和程序,缺乏可操作性。《刑事诉讼法》作为程序法,应当保障《刑法》的规定得以落实,因此,在《刑事诉讼法》中规定不负刑事责任的精神病人的强制医疗程序,可以保障《刑法》的相关规定得以落实。

(3)保障公民权利不受非法侵害。《人民警察法》第14条规定,公安机关的人民警察对严重危害公共安全或者他人人身安全的精神病人,可以采取保护性约束措施,需要送往指定的单位、场所加以监护的,应当报请县级以上人民政府公安机关批准,并及时通知其监护人。同时还规定,"送往指定的单位、场所加以监护"由公安机关决定和执行。另外,《刑事诉讼法》规定对依法不负刑事责任的精神病人的强制医疗程序,以明确强制医疗的条件,规范强制医疗程序,保障利害关系人陈述、申辩的权利以及救济途径,对于保障公民的人身自由不受非法侵害有至关重要的意义。

第二节 强制医疗程序的具体运行

一、强制医疗程序的适用对象

《刑事诉讼法》第284条规定:"实施暴力行为,危害公共安全或者严重危害公民人身安全,经法定程序鉴定依法不负刑事责任的精神病人,有继续危害社会可能的,可以予以强制医疗。"据此可以看出,强制医疗程序的适用对象,必须是经法定程序鉴定依法不负刑事责任的精神病人。具体而言,应当满足以下条件:

(1)实施了暴力行为,危害公共安全或者严重危害公民人身安全。根据《刑事诉讼法》的规定,只有对实施了暴力,并危害到公共安全或者严重危害公民人身安全的精神病人才能强制医疗,此处与《刑法》第18条规定的精神是一致的。另一方面,强制医疗是限制公民人身自由较为严厉的保安处分措施,应当严格限制其范围,只有精神病人对公共安全或者他人人身安全存在现实威胁的情况下,才有必要对其强制医疗。因此,《刑事诉讼法》将实施了暴力行为,并危害到公共安全或者严重危害公民人身安全作为强制医疗的前提条件之一。

至于造成什么危害结果以上,才符合强制医疗条件,司法解释明确为"社会危害性已经达到犯罪程度"。此即是说如果是完全刑事责任能力人实施了此类行为,则应当追究刑事责任。该司法解释的目的在于强调必须达到犯罪程度才可以强制医疗,避免对虽然实施了暴力行为,但没有造成伤害后果,尚未达到构成犯罪的程度的人也适用强制医疗,从而不当扩大强制医疗的适用范围。

(2)经法定程序鉴定依法不负刑事责任。具有刑事责任能力的人实施了危害行为就应当依法追究其刑事责任,只有经过法定程序鉴定属于依法不负刑事责任的精神病人,才可以适用强制医疗程序。

(3)有继续危害社会的可能。强制医疗程序的目的不是对实施暴力行为的精神病人进行惩罚和制裁,而是对其采取保护性措施,并给予必要的治疗,同时避免其继续危害社会,属于一种保安处分措施。所以,《刑事诉讼法》将"有继续危害社会可能的"作为适用强制医疗的条件之一。如果精神病人虽然实施了暴力行为,但不再具有继续危害社会的可能的,也没有进行强制医疗的必要。

二、强制医疗程序的启动

强制医疗程序虽然不同于普通程序,不解决被告人的刑事责任问题,而是解决实施暴力行为的精神病人的强制看管和医疗问题,但是仍然关乎公民的基本人身自由,因此,将强制医疗程序的启动和决定参照刑事诉讼程序进行设置,由中立的人民法院依法决定,并通过公检法机关的配合、制约、监督关系,实现在保护公民人身自由不受非法侵害的同时,维护社会秩序。

《刑事诉讼法》第285条规定:"根据本章规定对精神病人强制医疗,由人民法院决定。"其他任何机关都无权决定对精神病人强制医疗。关于强制医疗程序的启动,有如下几种方式:

(1)公安机关发现精神病人符合强制医疗条件的,应当写出强制医疗意见书,移送人民检察院。人民检察院应当在30日内审查,并作出是否提出强制医疗申请的决定。经审查,认为符合强制医疗条件的,应当向人民法院提出强制医疗的申请;认为不符合强制医疗条件的,应当作出不提出强制医疗申请的决定,并向公安机关书面说明理由;认为应当补充证据的,应当书面要求公安机关补充证据,必要时也可以自行调查。

(2)人民检察院在审查起诉过程中,犯罪嫌疑人经鉴定属于依法不负刑事责任的精神病人的,人民检察院应当作出不起诉决定。认为符合强制医疗程序的,应当向人民法院提出强制医疗的申请。

(3)人民法院在审理阶段发现被告人符合强制医疗条件的,可以作出强制医疗的决定。根据司法解释规定,第一审人民法院在审理案件过程中发现被告人可能符合强制医疗条件的,应当依照法定程序对被告人进行精神病鉴定。经鉴定,被告人属于依法不负刑事责任的精神病人的,应当适用强制医疗程序,对案件进行审理。

对实施暴力行为的精神病人,在法院决定强制医疗前,公安机关可以采取临时的约束性保护措施。

三、强制医疗程序的审理

(一) 管辖

人民检察院申请对依法不负刑事责任的精神病人强制医疗的案件,由被申请人实施暴力行为所在地基层人民法院管辖;由被申请人居住地法院审判更为适宜的,可以由被申请人居住地基层人民法院管辖。

根据《刑事诉讼法》第285条规定,人民法院在审理案件过程中发现被告人符合强制医疗条件,可以作出强制医疗决定。对于中级以上人民法院在审理案件过程中,发现符合强制医疗条件的,可以直接按照强制医疗程序处理。如果是二审法院在审理过程中发现被告人符合强制医疗条件的,可以按照强制医疗程序处理,也可以撤销原判发回重审。

(二) 审理组织和审理方式

人民法院受理强制医疗的申请后,应当组成合议庭,开庭审理。但是被申请人、被告人的法定代理人请求不开庭审理,并经过人民法院审查同意的除外。人民法院对强制医疗程序开庭审理的,人民检察院应当派员出庭。

(三) 法定代理人到场

人民法院审理强制医疗案件,应当通知被申请人或者被告人的法定代理人到场。因为被申请人或者被告人很可能是精神病人,不具有诉讼行为能力,不能有效行使诉讼权利,维护自身合法权益,故需要通知法定代理人到场,维护被申请人或者被告人的合法权益。

(四) 法律援助

被申请人或者被告人没有委托诉讼代理人的,人民法院应当通知法律援助机构指派律师为其提供法律帮助。强制医疗程序涉及法律和医学的专业知识,当事人往往需要专业人士帮助,同时由于被申请人或者被告人无行为能力或者行为能力受限,出于对这一特殊主体合法权益的保护,刑事诉讼法要求被申请人或者被告人没有委托诉讼代理人的,法院应当通知法律援助机构指派律师为其提供法律帮助。

(五) 审理程序

开庭审理检察院申请强制医疗的案件,按照下列程序进行:

(1)审判长宣布法庭调查开始后,先由检察员宣读申请书,后由被申请人的法定代理人、诉讼代理人发表意见。

(2)法庭依次就被申请人是否实施了危害公共安全或者严重危害公民人身安全的暴力行为、是否属于依法不负刑事责任的精神病人、是否有继续危害社会的可能进行调查。调查时,先由检察员出示有关证据,后由被申请人的法定代理人、诉讼代理人发表意见,出示有关证据,并进行质证。

(3)法庭辩论阶段,先由检察员发言,后由被申请人的法定代理人发言,并进行辩论。检察院宣读申请书后,被申请人的法定代理人、诉讼代理人无异议的,法庭调查可以简化。

(4)审理人民检察院申请强制医疗的案件,应当会见被申请人。

(5)被申请人要求出庭,人民检察院经审查其身体和精神状态,认为可以出庭的,应当准许。出庭的被申请人,在法庭调查、法庭辩论阶段,可以发表意见。

(6)除受理检察院的强制医疗申请外,人民法院在审理过程中发现被告人可能符合强制医疗条件的,应当依照法定程序进行法医精神病鉴定。经鉴定,被告人属于依法不负刑事责任的精神病人的,应当适用强制医疗程序,对案件进行审理。

开庭审理此类案件,由合议庭组成人员宣读对被告人的法医精神病鉴定意见,说明被告人可能符合强制医疗条件,后依次由公诉人和被告人的法定代理人、诉讼代理人发表意见。经审判长许可,公诉人和被告人的法定代理人、诉讼代理人可以进行辩论。

四、强制医疗程序的审理结果

人民法院经审理,对于被申请人或者被告人符合强制医疗条件的,应当在1个月内作出强制医疗的决定。根据最高人民法院的司法解释,对于申请强制医疗的案件,人民法院审理后,应当按照下列情形分别处理:

(1)符合强制医疗条件的,应当作出对被申请人强制医疗的决定。

(2)被申请人属于依法不负刑事责任的精神病人,但不符合强制医疗条件的,应当作出驳回强制医疗申请的决定;被申请人已经造成危害结果的,应当同时责令其家属或监护人严加看管和医疗。

(3)被申请人具有完全或者部分刑事责任能力,应当依法追究刑事责任的,应当作出驳回强制医疗申请的决定,并退回人民检察院依法处理。即人民检察院按照刑事诉讼法的规定,依法向人民法院提起公诉,追究被告人刑事责任。

对于人民法院在审判过程中发现被告人可能符合强制医疗条件的,应当依照法定程序进行鉴定。属于依法不负刑事责任的精神病人的,应当适用强制医疗程序进行审理,并按照下列情形分别处理:

(1)被告人符合强制医疗条件,应当判决宣告被告人不符刑事责任,同时作出对被告人强制医疗决定。

(2)被告人属于依法不负刑事责任的精神病人,但不符合强制医疗条件的,应当判决宣告被告人无罪或者不负刑事责任;被告人已经造成危害结果的,应当同时责令其家属或者监护人严加看管。

(3)被告人具有完全或者部分刑事责任能力,应当依法追究刑事责任的,应当依照普通程序继续审理。

五、强制医疗的执行和复议

人民法院决定强制医疗的,应当在作出决定后5日内,向公安机关送达强制医疗决定书和强制医疗执行通知书,由公安机关将被决定强制医疗的人送交强制医疗。

被决定强制医疗的人、被害人及其法定代理人、近亲属对强制医疗决定不服,可以自收到决定书之日起5日内向上一级人民法院申请复议,复议期间不停止执行强制医疗的决定。

综上可以看出,只有被决定强制医疗的人、被害人及其法定代理人、近亲属有权申请复议,而人民检察院无权申请复议,只能在认为人民法院作出强制医疗决定或者驳回强制医疗申请的决定不当时,依法行使监督权,向人民法院提出书面纠正意见。

对不服强制医疗决定的复议申请,上一级人民法院应当组成合议庭审理,在1个月内作出复议决定。根据情况的不同,复议决定处理的结果如下:

(1)被决定强制医疗的人符合强制医疗条件的,应当驳回复议申请,维持原决定。

(2)被决定强制医疗的人不符合强制医疗条件的,应当撤销原决定。

(3)原审违反法定程序,可能影响公正审判的,应当撤销原决定,发回原审人民法院重新审判。

第三节 强制医疗的解除和法律监督

一、定期复查制度

强制医疗措施的目的是为了维护社会秩序和公共安全,如果被决定强制医疗的人的精神已经恢复正常或者不具有社会危害性,就失去了强制医疗的前提和必要性。为了保障公民的人身自由不受非法侵犯,强制医疗机构应当定期对被强制医疗的人进行诊断评估;对于已经没有人身危险性,不需要继续强制医疗的,应当解除强制医疗措施,以恢复其人身自由。

二、解除强制医疗措施意见或申请的提出

(1)强制医疗机构提出解除意见。强制医疗机构应当定期对被强制医疗的人进行诊断评估。对于已经不具有人身危险性,不需要继续强制医疗的,应当及时提出解除意见,报决定强制医疗的人民法院批准。

(2)被强制医疗的人及其近亲属有权向决定强制医疗的人民法院提出解除强制医疗的申请。经过强制医疗,如果被强制医疗的人已经不具有人身危险性,不需要继续强制医疗的,但强制医疗机构又没有主动提出解除意见时,被强制医疗的本人及其近亲属有权向决定强制医疗的人民法院提出解除强制医疗的申请。

三、解除强制医疗措施意见、申请的审理和决定

强制医疗机构提出解除强制医疗意见的,或者被强制医疗的人及其近亲属申请解除强制医疗的,应当向作出强制医疗决定的人民法院提出。人民法院受理后,应当组成合议庭进行审查,并在1个月内按照下列情形分别处理:

(1)被强制医疗的人已不具有人身危险性,不需要继续强制医疗的,应当作出解除强制医疗的决定,并可以责令被强制医疗的人的家属严加看管和医疗。

(2)被强制医疗的人仍具有人身危险性,需要继续强制医疗的,应当作出继续强制医疗的决定。

为了保护公民人身自由,同时避免反复、没有充分理由的申请,最高人民法院的司法解释规定,被强制医疗的人及其近亲属提出的解除强制医疗申请被人民法院驳回,6个月后再次提出申请,人民法院应当受理。换言之,被强制医疗的人及其近亲属提出的强制医疗申请

被人民法院驳回后,6个月内,不得再次提出申请,否则人民法院不予受理。但是,强制医疗机构认为对被强制医疗的人不需要继续强制医疗的,可以随时提出,并且应当及时提出。

四、对强制医疗的法律监督

《刑事诉讼法》第289条规定,人民检察院对强制医疗的决定和执行进行法律监督。具体的监督方式有以下几种:

(1)对公安机关启动程序的监督。人民检察院发现公安机关应当启动强制医疗程序而不启动的,可以要求公安机关在7日内书面说明不启动的理由。经审查,认为公安机关不启动理由不能成立的,应当通知公安机关启动程序。

(2)对公安机关的行为进行监督。人民检察院发现公安机关对涉案精神病人进行鉴定的程序违反法律规定或者采取临时的保护性约束措施不当的,应当提出纠正意见。对公安机关应当采取临时的保护性约束措施而未采取的,人民检察院应当建议公安机关采取临时的保护性约束措施。人民检察院发现公安机关对涉案精神病人采取临时的保护性约束措施时有体罚虐待等违法情形的,应当提出纠正意见。

(3)对审判过程和结果进行监督。人民检察院发现人民法院或者审判人员审理强制医疗案件违反法律规定的诉讼程序,应当向人民法院提出纠正意见。人民检察院认为人民法院作出的强制医疗决定或者驳回强制医疗申请的决定不当,应当在收到决定书副本后20日内向人民法院提出书面纠正意见。

(4)对强制医疗决定的执行进行监督。人民检察院对强制医疗的交付执行活动进行监督,发现交付执行机关未及时交付执行等违法情形的,应当依法提出纠正意见。发现强制医疗机构在执行过程中存在违法情形的,应当依法提出纠正意见。

(5)对解除强制医疗的监督。人民检察院对于人民法院批准解除强制医疗的决定实行监督,发现人民检法院解除强制医疗的决定不当的,应当依法向人民法院提出纠正意见。

【本章练习】

一、单项选择题

1.公安机关在案件侦查中,发现打砸多辆机动车的犯罪嫌疑人何某神情呆滞,精神恍惚。经鉴定,何某属于依法不负刑事责任的精神病人。关于公安机关对此案的处理,下列哪一选项是正确的?(   )

A.写出强制医疗意见书,移送人民检察院向人民法院提出强制医疗申请

B.撤销案件,将何某交付其亲属并要求其积极治疗

C.移送强制医疗机构对何某进行诊断评估

D.何某的亲属没有能力承担监护责任的,可以采取临时的保护性约束措施

2.法院受理叶某涉嫌故意杀害郭某案后,发现其可能符合强制医疗条件。经鉴定,叶某属于依法不负刑事责任的精神病人,法院审理后判决宣告叶某不负刑事责任,同时作出对叶某强制医疗的决定。关于此案的救济程序,下列哪一选项是错误的?(   )

A.对叶某强制医疗的决定,人民检察院可以提出纠正意见

B.叶某的法定代理人可以向上一级人民法院申请复议
C.叶某对强制医疗决定可以向上一级人民法院提出上诉
D.郭某的近亲属可以向上一级人民法院申请复议

二、简答题

1.简述强制医疗措施的适用条件。
2.简述强制医疗程序的启动方式。
3.简述强制医疗程序的审理程序以及救济方式。

三、案例思考题

2012年12月29日22时许,陈某在三亚市某台球游戏厅玩时,觉得被害人黄某不顺眼,便在游戏厅旁的商行购买一把水果刀并返回游戏厅。22时40分许,陈某手持一根台球杆猛击黄某的肩部,黄某被打后转身,陈某随即拿出水果刀猛刺黄某的胸部、腹部,造成黄某当场死亡。陈某持刀逃离现场。经海南省安宁医院精神疾病司法鉴定中心鉴定,陈某在本次作案时患有精神分裂症,对本次作案无刑事责任能力。其后,市城郊法院根据检察机关的申请,决定对陈某予以强制医疗。被害人黄某的近亲属不服向市中级法院申请了复议。

问题:在三亚市中院审理本案过程中,陈某应否出庭?为什么?

第二十五章 涉外刑事诉讼程序与司法协助制度

【学习目标】

■ 知识目标：

了解涉外刑事诉讼程序的概念和特点。

了解涉外刑事案件的范围。

了解涉外刑事诉讼程序的特别原则内容。

了解涉外刑事诉讼程序的送达方式。

了解刑事司法协助的概念。

了解刑事司法协助的依据和内容。

■ 能力目标：

掌握涉外刑事案件的管辖规定。

掌握强制措施在涉外刑事案件中的适用要求。

掌握刑事司法协助的实施程序。

【案例引导1】

2012年9月26日,28岁的以色列籍女子玛格丽特在广州市天河区太古汇的"LV"品牌商铺内,采用调包的方式将该商铺二楼眼镜架上的一副眼镜盗走。经鉴定,此眼镜价值人民币4750元。10月18日,玛格丽特再次回到该店时被店员认出并报警抓获。经公安机关侦查终结后,2013年3月15日,检察机关以被告人玛格丽特涉嫌盗窃罪向广州市越秀区人民法院提起公诉。

问题:在审判过程中,如果被告人玛格丽特没有委托辩护人,应否为其指派辩护人?如果她自己委托辩护人,哪些人可以担任其辩护人?

【案例引导2】

张某原为河北省某证券公司工作人员。2000年1月至2005年1月间,张某利用职务之便,共盗取客户证券账户资金140余万元。2005年10月,张某潜逃至意大利。此后,河北省石家庄市检察机关以涉嫌职务侵占罪对张某批准逮捕。公安部通过国际刑警组织发布红色通报,并部署我驻意警务联络官积极利用双边执法合作渠道展开缉捕工作。2014年10月,意大利警方将张某抓获并通报中国公安机关,中方随即提出引渡请求。2015年1月16日,意方正式批准将张某引渡回中国。

问题:公安机关要求外国司法机关引渡犯罪嫌疑人的依据和程序是什么?

第一节 涉外刑事诉讼程序概述

一、涉外刑事诉讼程序的概念与特征

(一)涉外刑事诉讼程序的概念

涉外刑事诉讼程序是指公安、司法机关办理具有涉外因素的刑事案件时所适用的特别诉讼程序。所谓"涉外因素"主要包括以下几个方面:一是当事人即犯罪嫌疑人、被告人或被害人中有外国人(含无国籍人、外国组织);二是犯罪行为或犯罪结果发生在外国或者涉及外国国家、组织、公民利益;三是有关诉讼行为需要在外国进行或者需要外国司法机关、国际组织协助;四是适用法律方面涉及有关国际条约或者双边协定。

涉外刑事诉讼包括涉外案件的刑事诉讼,但又不仅指涉外案件的刑事诉讼。最高人民法院《关于适用〈中华人民共和国刑事诉讼法〉的解释》第392条规定,涉外刑事案件是指:

(1)在中华人民共和国领域内,外国人犯罪的或者我国公民侵犯外国人合法权利的刑事案件;

(2)符合《刑法》第7条、第10条规定情形的我国公民在中华人民共和国领域外犯罪的

案件;

(3)符合《刑法》第8条、第10条规定情形的外国人对中华人民共和国国家或者公民犯罪的案件;

(4)符合《刑法》第9条规定情形的中华人民共和国在所承担国际条约义务范围内行使管辖权的案件。

涉外刑事诉讼是指刑事诉讼活动涉及外国公民、外国组织、无国籍人或者某些诉讼活动需要在国外进行这两种情况。在司法实践中,有些案件虽然不是涉外案件,但由于案发时或案发后的一些特殊情况,使得这些案件的诉讼活动涉及外国人或者需要外国的司法机关协助进行。例如,目击案件发生的证人是外国人或者虽是中国人,但诉讼时已身处国外;案件发生后,犯罪嫌疑人、被告人潜逃至国外;犯罪嫌疑人、被告人在国内实施犯罪,但其涉案且需要追缴的赃款赃物在国外等。

(二)涉外刑事诉讼程序的特点

与普通刑事诉讼程序相比,涉外刑事诉讼程序具有以下特点:

(1)刑事诉讼的进行涉及外国的相关因素。其中的外国相关因素,可以包括作为刑事诉讼当事人的犯罪嫌疑人、被告人是外国公民、组织或者无国籍人;犯罪事实或者犯罪行为发生在国外;案件涉及外国利益;诉讼行为需要外国司法机关协助等情况。

(2)刑事诉讼的进行应当参考我国参加或者缔结的国际条约。普通刑事诉讼只需严格按照我国有关刑事诉讼的法律规范进行即可,但在涉外刑事诉讼程序中,公安、司法机关除了遵守国内法律法规和有关司法解释外,还应参考我国已经参加或者缔结的国际条约的相关规定。其中的国际条约既包括双边条约,也包括多边条约。当国际条约的相关规定与国内法律法规不一致时,应当优先适用国际条约,但我国声明保留的条款除外。

(3)涉外刑事诉讼的进行既要坚定地维护国家主权,又要顾及国家之间的外交关系。依照我国刑事诉讼法律规范和国际条约,我国公安、司法机关享有管辖权的刑事案件,按我国的刑事诉讼法律规范进行,这是司法主权的具体体现。但在处理涉外因素时,必然会涉及他国的司法主权问题。基于我国确立的和平共处五项原则的国际关系准则,在进行涉外刑事诉讼时尊重他国主权也是基本要求之一。在国家主权要求的根本前提下,公正合理地处理刑事案件和维护正常的外交关系是辩证统一的关系,因此,对享有外交特权和司法豁免权的外国人犯罪应当追究刑事责任的,通过外交途径解决。

(4)涉外刑事诉讼程序总体上受到刑事诉讼法律规范基本原则和基本制度的制约,但却具有相对的独立性。相对于普通刑事诉讼程序而言,涉外刑事诉讼程序是刑事诉讼程序的特别规定,二者是一般与特殊的关系。立法总则中关于刑事诉讼的基本原则和基本制度的规定,对所有刑事诉讼案件都具有普遍指导性和广泛适用性,当涉外刑事诉讼有特别规定的,则按照特别程序的规定进行。涉外刑事诉讼程序中未作另行规定的,就应当遵守刑事诉讼法律规范的一般规定。

(三)设定涉外刑事诉讼程序的意义

《刑事诉讼法》第16条规定:"对于外国人犯罪应当追究刑事责任的,适用本法的规定。对于享有外交特权和豁免权的外国人犯罪应当追究刑事责任的,通过外交途径解决。"除此之外,我国刑事诉讼立法并没有关于涉外刑事诉讼程序的专章规定,只是最高人民法院和最高人民检察院的司法解释以及《公安机关办理刑事案件程序规定》对涉外刑事诉讼的程序作了具体要求。我们认为,设定涉外刑事诉讼的特别程序规定,具有以下积极意义:

第一,有利于维护国家司法主权。司法主权是国家主权的重要组成部分,涉及国家的尊严。通过立法对涉外刑事诉讼作出专门规定,可以使案件管辖范围明确、具体,防止外国司法机关的"长臂管辖"的司法侵权,从而及时保护我国的国家利益和公民、法人、其他组织的合法权益。

第二,有利于公正处理涉外刑事案件。由于涉外刑事案件的复杂性及其对国家之间外交关系的影响,因而涉外刑事诉讼程序的要求必然要多于国内普通的刑事诉讼程序。如果立法设定了相应的特别程序规定,公安、司法机关办案时则更加有法可依,并通过法定程序来严格保障涉外案件当事人的诉讼权利,从而保证涉外刑事案件的公正性和权威性。

第三,有利于共同打击跨国犯罪行为。随着国际交往范围的进一步拓宽,跨国犯罪的现象也越来越猖獗,这给惩治犯罪带来了前所未有的难度,如果没有国与国之间的司法协助,而仅仅依靠一国的司法力量,有时难以达到打击目标,设立专门的涉外刑事诉讼特别程序,规范司法协助的范围和程序,可以在尊重司法主权的前提下有效地提高打击跨国犯罪行为的合作成效。

二、涉外刑事诉讼程序适用的案件范围

由于涉外刑事诉讼是诉讼活动涉及外国人或者某些诉讼活动需要在国外进行的刑事诉讼,所以,只有以下几种案件才可能适用涉外刑事诉讼程序:

(1)中国公民在中华人民共和国领域内对外国公民、无国籍人或者外国组织犯罪的案件。在这种案件中,外国公民、无国籍人或者外国组织是被害人,诉讼活动涉及外国人,故应适用涉外刑事诉讼程序。

(2)外国公民、无国籍人或者外国组织在中华人民共和国领域内对中国国家、组织或者公民实施犯罪的案件。这种案件的犯罪嫌疑人、被告人是外国公民或组织,诉讼活动涉及外国人,也应适用涉外刑事诉讼程序。

(3)外国公民、无国籍人或者外国组织在中华人民共和国领域内侵犯外国公民、无国籍人或者外国法人的合法权益、触犯中国刑法,构成犯罪的案件。这种案件,犯罪行为没有危害中国国家、组织或者公民的利益,但犯罪地点在中国境内,中国司法机关具有管辖权。这种案件的被害人、犯罪嫌疑人、被告人都是外国人,其侵害行为也可能是多种多样的,但只有那些根据中国刑法规定构成犯罪的行为,才适用涉外刑事诉讼程序予以追究。

(4)中华人民共和国缔结或者参加的国际条约所规定的,中国司法机关享有管辖权的国际犯罪行为。改革开放以来,中国缔结和参加了不少国际条约。例如,加入了《关于制止非法劫持航空器的公约》(《海牙公约》)和《关于制止危害民用航空安全的非法行为的公约》(《蒙特利尔公约》);签署了《联合国海洋公约》;批准加入了《联合国禁止非法贩运麻醉药品和精神药物公约》等,这些公约规定了一些国际犯罪行为。根据这些公约和中国国内法的有关规定,凡中国享有管辖权的国际犯罪案件,均适用涉外刑事诉讼程序。

(5)外国公民、无国籍人或者外国组织在中华人民共和国领域外对中国国家或公民实施

按照中国《刑法》规定最低刑为三年以上有期徒刑的犯罪案件,但按照犯罪地法律不受处罚的除外。这类案件的犯罪嫌疑人、被告人是外国人,犯罪地也不在中国境内,但因为犯罪行为是针对中国国家或中国公民实施的,按照保护管辖原则,我国有权依照涉外刑事诉讼程序追究其刑事责任。

(6)某些刑事诉讼活动需要在国外进行的非涉外刑事案件。包括中国《刑法》第7条、第8条规定的中国公民在中国领域之外犯罪的案件;中国公民在中国领域内犯罪,犯罪后潜逃出境的案件;犯罪嫌疑人、被告人、被害人均为中国公民,但证人是外国人且诉讼时已出境的案件。在上述案件的诉讼过程中,某些诉讼活动如查缉犯罪嫌疑人、被告人或者收集证据等活动需要在国外进行,而中国的司法机关又不能直接到国外去行使职权,故需要按照国际条约或者互惠原则等规定,请求外国司法机关予以协助。

(7)外国司法机关管辖的,根据国际条约或者互惠原则,外国司法机关请求中国司法机关为其提供刑事司法协助的案件。承办这类案件的主体是外国司法机关,中国的司法机关只是在为其查缉罪犯或调查取证方面给予协助。提供协助的方式、步骤也要按照涉外刑事诉讼程序进行。

第二节 涉外刑事诉讼程序的特别原则

基于案件涉外因素的特殊性,涉外刑事诉讼程序的进行,除了遵守我国《刑事诉讼法》总则中规定的基本原则外,还应当遵守以下特有原则:

一、国家主权原则

国家主权原则,是指公安、司法机关办理涉外刑事案件适用中国法律的原则。《刑事诉讼法》第16条规定:"对于外国人犯罪应当追究刑事责任的,适用本法的规定。对于享有外交特权和豁免权的外国人犯罪应当追究刑事责任的,通过外交途径解决。"

国家主权是一个国家处理对内对外事务的最高权力,司法权是国家主权的重要组成部分。国家主权的独立,当然包括司法权的独立。我国是一个主权独立的国家,因此,我国公安、司法机关办理涉外刑事案件时,除法律有特别规定的以外,一律适用我国法律的规定;我国公安、司法机关独立行使侦查权、检察权和审判权,不受任何外国势力的干涉和影响,也不接受任何不平等的歧视或限制,更不允许在我国境内存在治外法权或领事裁判权。如《人民检察院刑事诉讼规则(试行)》第677条规定:"人民检察院应当在相互尊重国家主权和平等互利的基础上,与有关国家的主管机关相互提供司法协助。"第682条还规定,外国有关机关请求的事项有损中华人民共和国的主权、安全或者社会公共利益以及违反中国法律的,应当不予协助。最高人民法院《关于适用〈中华人民共和国刑事诉讼法〉的解释》第408条规定:"根据中华人民共和国缔结或者参加的国际条约,或者按照互惠原则,人民法院和外国法院可以相互请求刑事司法协助。外国法院请求的事项有损中华人民共和国的主权、安全、社会公共利益的,人民法院不予协助。"《公安机关办理刑事案件程序规定》第345条规定:"办理外国人犯罪案件,应当严格依照我国法律、法规、规章,维护国家主权和利益,并在对等互惠原则的基础上,履行我国所承担的国际条约义务。"

涉外刑事诉讼中的国家主权原则,主要表现在以下几个方面:

第一,对于外国人犯罪应当追究刑事责任的,适用我国法律的规定。对于享有外交特权和豁免权的外国人犯罪应当追究刑事责任的,通过外交途径解决。

第二,依法应当由中国司法机关管辖的涉外刑事案件,一律由中国司法机关受理,外国司法机关无权管辖。即使外国司法机关对案件已经作出生效判决的,也不影响我国司法机关依法行使管辖权。

第三,外国法院的刑事裁判,只有经过我国人民法院按照我国法律、我国缔结或参加的有关国际条约予以承认的,在我国境内才能发生法律效力。

第四,在委托办理或者进行国际刑事司法协助时应当坚持对等原则。

二、信守国际条约原则

信守国际条约原则,是指公安、司法机关办理涉外刑事案件,凡是我国缔结或者参加的国际条约有规定的,除声明保留的条款外,都应当严格遵守。信守国际条约,是我国在涉外刑事诉讼中所应承担的国际义务。

国际条约是主权国家之间订立的多边或双边协议。按照订立的方式不同,有缔结和参加两种;以条约的名称为划分标准,可以分为条约、公约、宪章、盟约、协定和宣言等;以订立者的数量为依据,通常分为双边条约和多边条约。在国际法上,有所谓"条约必须遵守"的原则,它是指条约生效以后,各方必须按照条约规定的条款,履行自己的义务,不得违反。我国对于自己缔结或者参加的国际条约,历来是认真信守的。我国《刑事诉讼法》虽然没有明确规定这项原则,但公安、司法机关在涉外刑事诉讼中一贯坚持这一原则。

信守国际条约原则的内容包括:第一,对我国参加的多边或双边的国际条约和协定应当信守,声明保留的条款除外;第二,在我国参加或缔结的国际条约的规定同国内法的规定发生冲突的情况下,应当优先适用有关国际条约的规定。

三、诉讼权利义务同等和对等原则

虽然我国《刑事诉讼法》没有明文规定这一原则,但是根据有关规定可以推导出这一原则。所谓诉讼权利义务同等原则,是指外国人在我国参加刑事诉讼,与我国公民、法人或其他组织一样,享有我国法律规定的诉讼权利并承担诉讼义务。对等原则是指外国司法机关对我国公民、法人或其他组织的刑事诉讼权利加以限制的,我国的公安、司法机关对该国公民、组织的刑事诉讼权利也采取相应的限制措施,使该国公民、组织在我国的刑事诉讼权利与我国公民、法人或其他组织在该国的刑事诉讼权利相对等。其中,同等原则即为赋予外国人"国民待遇";对等原则即为相互对对方的公民或组织的诉讼权利予以一定限制。

我国是社会主义国家,在国际关系中一贯坚持独立自主的外交方针,坚持在和平共处五项原则基础上发展与其他国家的友好关系。这表现在涉外刑事诉讼中,就是外国籍当事人和其他诉讼参与人依照我国法律享有与我国公民同等的诉讼权利,承担与我国公民同样的诉讼义务,既不享有任何特权,也不存在任何歧视或不平等待遇;公安、司法机关在具体办理涉外刑事案件时,既不能卑躬屈膝,崇洋媚外,给予外国人特权或特殊待遇,也不能盲目排外,任意侵犯或限制外国籍当事人和其他诉讼参与人依法享有的诉讼权利,或使其承担额外的诉讼义务。如《公安机关办理刑事案件程序规定》第346条规定:"外国籍犯罪嫌疑人在刑事诉讼中,享有我国法律规定的诉讼权利,并承担相应的义务。"不过,外国司法首先对我国公民、法人或其他组织的诉讼权利进行限制的,我国公安、司法机关在办理当事人是该国公民或组织的刑事案件时,则采取对应限制。

四、使用中国通用的语言文字进行诉讼的原则

使用中国通用的语言文字进行诉讼原则,是指公安、司法机关在办理涉外刑事案件过程中,应当使用中国通用的语言文字进行诉讼活动,对于外国籍诉讼参与人,应当为他们提供翻译。使用本国通用的语言文字进行涉外刑事诉讼,这是国家司法主权独立和尊严的象征,也是各国涉外刑事诉讼立法普遍采用的一项原则。因此,公安、司法机关在涉外刑事诉讼中必须遵守这一原则。

最高人民法院《关于适用〈中华人民共和国刑事诉讼法〉的解释》第401条规定:"人民法院审判涉外刑事案件,使用中华人民共和国通用的语言、文字,应当为外国籍当事人提供翻译。人民法院的诉讼文书为中文本。外国籍当事人不通晓中文的,应当附有外文译本,译本不加盖人民法院印章,以中文本为准。外国籍当事人通晓中国语言、文字,拒绝他人翻译,或者不需要诉讼文书外文译本的,应当由其本人出具书面声明。"《公安机关办理刑事案件程序规定》第350条规定:"公安机关办理外国人犯罪案件使用中华人民共和国通用的语言文字。犯罪嫌疑人不通晓中国语言文字的,公安机关应当为他翻译。"《人民检察院刑事诉讼规则(试行)》第692条规定:"外国有关机关请求人民检察院提供司法协助的请求书及所附文件,应当附有中文译本或者国际条约规定的其他文字文本。"根据以上法律文件规定的内容及司法实践经验,使用中国通用语言文字进行诉讼原则包括以下内容:

(1)公安、司法机关在进行涉外刑事诉讼时,使用中国通用的语言进行调查讯问和法庭审判;

(2)公安、司法机关在涉外刑事诉讼中制作的诉讼文书为中文本;

(3)司法机关在涉外刑事诉讼中,应当为外国籍犯罪嫌疑人、被告人提供翻译。如果外国籍犯罪嫌疑人、被告人通晓中国语言文字,拒绝为其提供翻译的,应当由本人出具书面声明,或者将他的口头声明记录在卷;

(4)为便于诉讼的顺利进行,司法机关在送达外国籍犯罪嫌疑人、被告人及其他当事人的中文本诉讼文书时,应当附有犯罪嫌疑人、被告人通晓的外文译本。但外文译本不加盖司法机关印章,送达的文书内容以中文本为准。

公安、司法机关在贯彻执行使用中国通用的语言文字进行诉讼原则时,应当注意以下几个问题:一是不能以使用中国通用的语言文字进行诉讼为理由,强迫外国籍诉讼参与人尤其是通晓中国通用的语言文字的外国籍当事人使用中国通用的语言文字来回答公安、司法人员的讯问、询问、书写诉讼文书和发表辩护意见等,而应当允许他们使用其所在国通用的或者他们通晓的语言文字。二是不能在使用中国通用的语言文字方面无原则地迁就外国籍当事人,如外国籍当事人以不懂中国通用的语言文字为由拒收诉讼文书或者拒绝签名,送达人在有见证人在场的情况下,把诉讼文书留在他的住处或者羁押场所,并记录在卷,即视为已

经送达;三是翻译费用通常由外国籍当事人承担。如果外国籍当事人无力承担翻译费用,也不能因此而拒绝其要求提供翻译的请求。联合国《公民权利和政治权利公约》规定,如他不懂或不会说法庭上所用的语言,能免费获得译员的帮助。在外国籍当事人无力支付翻译费用的情况下为其免费提供译员翻译,既有利于查明案件真实情况,保护外国籍当事人的合法权益,保障诉讼活动的顺利进行,也有利于在国际上维护我国司法公正的形象。

五、委托或指派中国律师参加诉讼原则

指定或委托中国律师参加诉讼原则,是指公安、司法机关依法为没有委托辩护人的外国籍犯罪嫌疑人、被告人指定辩护人,或者外国籍当事人委托辩护人或诉讼代理人只能指派或委托中国律师,外国律师不得以律师身份在中国参加刑事诉讼活动。

律师制度是国家司法制度的重要组成部分,通常一国的司法制度只能在其主权范围内适用,因此,各国一般都不允许外国律师在本国执行律师职务和出庭参加诉讼活动。但也有少数例外,如英国允许外国律师就其本国的有关法律知识、欧共体及国际法知识在英国提供咨询;意大利则允许具有8年以上执业经历且在本国获准在最高法院或高等法院出庭的外国律师在意大利的最高法院或高等法院参加诉讼活动。

根据最高人民法院《关于适用〈中华人民共和国刑事诉讼法〉的解释》第402条规定,外国籍被告人委托律师辩护,或者外国籍附带民事诉讼原告人、自诉人委托律师代理诉讼的,应当委托具有中华人民共和国律师资格并依法取得执业证书的律师。不过,外国籍当事人委托其监护人、近亲属担任辩护人、诉讼代理人的,被委托人应当提供与当事人关系的有效证明。经审查,符合刑事诉讼法、有关司法解释规定的,人民法院应当准许。

第三节 涉外刑事诉讼程序的特别规定

为顾及涉外刑事诉讼程序的特殊性,最高人民法院《关于适用〈中华人民共和国刑事诉讼法〉的解释》、《人民检察院刑事诉讼规则(试行)》以及《公安机关办理刑事案件程序规定》等规范性法律文件对涉外刑事案件的特别程序规定作了相应的要求。具体表现为:

一、涉外刑事诉讼的管辖

(一)立案侦查管辖

外国人犯罪案件,由犯罪地的县级以上公安机关立案侦查。

外国人犯中华人民共和国缔结或者参加的国际条约规定的罪行后进入我国领域内的,由该外国人被抓获地的设区的市一级以上公安机关立案侦查。

外国人在中华人民共和国领域外的中国船舶或者航空器内犯罪的,由犯罪发生后该船舶或者航空器最初停泊或者降落地、目的地的中国港口的县级以上交通或民航公安机关或者该外国人居住地的县级以上公安机关立案侦查;未设交通或者民航公安机关的,由地方公安机关管辖。

外国人在国际列车上犯罪的,由犯罪发生后列车最初停靠的中国车站所在地、目的地的

县级以上铁路公安机关或者该外国人居住地的县级以上公安机关立案侦查。

外国人在中华人民共和国领域外对中华人民共和国国家或者公民犯罪,应当受刑罚处罚的,由该外国人入境地或者入境后居住地的县级以上公安机关立案侦查;该外国人未入境的,由被害人居住地的县级以上公安机关立案侦查;没有被害人或者是对中华人民共和国国家犯罪的,由公安部指定管辖。

发生重大或者可能引起外交交涉的外国人犯罪案件的,有关省级公安机关应当及时将案件办理情况报告公安部,同时通报同级人民政府外事办公室。必要时,由公安部商请外交部将案件情况通知我国驻外使馆、领事馆。

(二)审判管辖

除了危害国家安全、恐怖活动案件或者可能判处无期徒刑、死刑的案件外,第一审涉外刑事案件,一般由基层人民法院管辖。必要时,中级人民法院可以指定辖区内若干基层人民法院集中管辖第一审涉外刑事案件,也可以依照《刑事诉讼法》第23条的规定,审理基层人民法院管辖的第一审涉外刑事案件。

(三)审查起诉及提起公诉的管辖

根据同级对应的原则,对涉外刑事案件的审查起诉和提起公诉,通常由管辖该涉外刑事案件人民法院所在地的同级人民检察院进行。接受公安机关或者国家安全机关侦查终结后移送审查起诉的案件后,与管辖该涉外刑事案件人民法院级别不对应的检察机关,应当移送至级别对应的检察机关审查起诉和提起公诉。

二、涉外刑事诉讼强制措施的适用

在涉外刑事案件中,强制措施的种类与普通刑事案件相同,但在具体实施时,应当遵守报请有权机关先行审批、同时向政府外事部门通报、通知外国驻华使馆、领事馆等特别程序要求。

(一)批准逮捕的报请审批与备案

根据《人民检察院刑事诉讼规则(试行)》第312条规定,人民检察院在办理涉外刑事案件的批捕手续时,应当按照下列程序进行:

(1)外国人、无国籍人涉嫌危害国家安全犯罪的案件或者涉及国与国之间政治、外交关系的案件以及在适用法律上确有疑难的案件,认为需要逮捕犯罪嫌疑人的,按照《刑事诉讼法》第19条、第20条的规定,分别由基层人民检察院或者分、州、市人民检察院审查并提出意见,层报最高人民检察院审查。最高人民检察院经审查认为需要逮捕的,经征求外交部的意见后,作出批准逮捕的批复,经审查认为不需要逮捕的,作出不批准逮捕的批复。基层人民检察院或者分、州、市人民检察院根据最高人民检察院的批复,依法作出批准或者不批准逮捕的决定。层报过程中,上级人民检察院经审查认为不需要逮捕的,应当作出不批准逮捕的批复,报送的人民检察院根据批复依法作出不批准逮捕的决定。

(2)基层人民检察院或者分、州、市人民检察院经审查认为不需要逮捕的,可以直接依法作出不批准逮捕的决定。

(3)外国人、无国籍人涉嫌上述第(1)项规定以外的其他犯罪案件,决定批准逮捕的人民检察院应当在作出批准逮捕决定后48小时以内报上一级人民检察院备案,同时向同级人民政府外事部门通报。上一级人民检察院对备案材料经审查发现错误的,应当依法及时纠正。

(二)执行强制措施的通报和通知

对外国籍犯罪嫌疑人依法作出取保候审、监视居住决定或者执行拘留、逮捕后,应当在48小时以内层报省级公安机关,同时通报同级人民政府外事办公室。

重大涉外案件应当在48小时以内层报公安部,同时通报同级人民政府外事办公室。

对外国籍犯罪嫌疑人依法作出取保候审、监视居住决定或者执行拘留、逮捕后,由省级公安机关根据有关规定,将其姓名、性别、入境时间、护照或者证件号码、案件发生的时间、地点,涉嫌犯罪的主要事实,已采取的强制措施及其法律依据等,通知该外国人所属国家的驻华使馆、领事馆,同时报告公安部。经省级公安机关批准,领事通报任务较重的副省级城市公安局可以直接行使领事通报职能。未在华设立使馆、领事馆的国家,可以通知其代管国家的驻华使馆、领事馆;无代管国家或者代管国家不明的,可以不予通知。

(三)为引渡而采取的强制措施

根据我国《引渡法》第5条规定,公安、司法机关办理引渡案件,可以根据情况,对被请求引渡人采取引渡拘留、引渡逮捕或者引渡监视居住的强制措施。

对于外国正式提出引渡请求前,因紧急情况申请对将被请求引渡的人采取羁押措施的,公安机关可以根据外国的申请采取引渡拘留措施。

公安机关根据《引渡法》第30条的规定对被请求人采取引渡拘留措施,对于向公安部提出申请的,公安部应当将执行情况及时通知对方,对于通过外交途径提出申请的,公安部将执行情况通知外交部,外交部应当及时通知请求国。通过上述途径通知时,对于被请求人已被引渡拘留的,应当同时告知提出正式引渡请求的期限。

公安机关采取引渡拘留措施后30日内外交部没有收到外国正式引渡请求的,应当撤销引渡拘留,经该外国请求,上述期限可以延长15日。

高级人民法院收到引渡请求书及其所附文件和材料后,对于不采取引渡逮捕措施可能影响引渡正常进行的,应当及时作出引渡逮捕的决定。对被请求引渡人不采取引渡逮捕措施的,应当及时作出引渡监视居住的决定。

对于应当引渡逮捕的被请求引渡人,如果患有严重疾病,或者是正在怀孕、哺乳自己婴儿的妇女,可以采取引渡监视居住措施。国务院作出准予引渡决定后,应当及时通知最高人民法院。如果被请求引渡人尚未被引渡逮捕的,人民法院应当立即决定引渡逮捕。

引渡拘留、引渡逮捕、引渡监视居住由公安机关执行。采取引渡强制措施的机关应当在采取引渡强制措施后24小时内对被采取引渡强制措施的人进行讯问。外国撤销、放弃引渡请求的,应当立即解除对被请求引渡人采取的引渡强制措施。

(四)限制出境

在审判过程中,对涉外刑事案件的被告人,人民法院可以决定限制出境;对开庭审理案件时必须到庭的证人,可以要求暂缓出境。作出限制出境的决定,应当通报同级公安机关或者国家安全机关;限制外国人出境的,应当同时通报同级人民政府外事主管部门和当事人国籍国驻华使、领馆。

人民法院决定限制外国人和中国公民出境的,应当书面通知被限制出境的人在案件审理终结前不得离境,并可以采取扣留护照或者其他出入境证件的办法限制其出境;扣留证件的,应当履行必要手续,并发给本人扣留证件的证明。

对需要在边防检查站阻止外国人和中国公民出境的,受理案件的人民法院应当层报高级人民法院,由高级人民法院填写口岸阻止人员出境通知书,向同级公安机关办理交控手续。控制口岸不在本省、自治区、直辖市的,应当通过有关省、自治区、直辖市公安机关办理交控手续。紧急情况下,确有必要的,也可以先向边防检查站交控,再补办交控手续。

三、与在押外国籍犯罪嫌疑人、被告人的会见

公安机关侦查终结前,外国驻华外交、领事官员要求探视被监视居住、拘留、逮捕或者正在看守所服刑的本国公民的,应当及时安排有关探视事宜。犯罪嫌疑人拒绝其国籍国驻华外交、领事官员探视的,公安机关可以不予安排,但应当由其本人提出书面声明。

在公安机关侦查羁押期间,经公安机关批准,外国籍犯罪嫌疑人可以与其近亲属、监护人会见、与外界通信。

在涉外刑事案件审判期间,外国籍被告人在押,其国籍国驻华使、领馆官员要求探视的,可以向受理案件的人民法院所在地的高级人民法院提出。人民法院应当根据我国与被告人国籍国签订的双边领事条约规定的时限予以安排;没有条约规定的,应当尽快安排。必要时,可以请人民政府外事主管部门协助。

在涉外刑事案件审判期间,外国籍被告人在押,其监护人、近亲属申请会见的,可以向受理案件的人民法院所在地的高级人民法院提出,并依照最高人民法院《关于适用〈中华人民共和国刑事诉讼法〉的解释》第403条的规定提供与被告人关系的证明。人民法院经审查认为不妨碍案件审判的,可以批准。

被告人拒绝接受探视、会见的,可以不予安排,但应当由其本人出具书面声明。

四、委托辩护人或者诉讼代理人

外国籍犯罪嫌疑人、被告人委托律师辩护,或者外国籍附带民事诉讼原告人、自诉人委托律师代理诉讼的,应当委托具有中华人民共和国律师资格并依法取得执业证书的律师。外国籍犯罪嫌疑人、被告人在押的,其监护人、近亲属或者其国籍国驻华使、领馆可以代为委托辩护人。其监护人、近亲属代为委托的,应当提供与被告人关系的有效证明。

外国籍当事人委托其监护人、近亲属担任辩护人、诉讼代理人的,被委托人应当提供与当事人关系的有效证明。经审查,符合刑事诉讼法、有关司法解释规定的,人民法院应当准许。

外国籍被告人没有委托辩护人的,人民法院可以通知法律援助机构为其指派律师提供辩护。被告人拒绝辩护人辩护的,应当由其出具书面声明,或者将其口头声明记录在案。

外国籍当事人从中华人民共和国领域外寄交或者托交给中国律师或者中国公民的委托书,以及外国籍当事人的监护人、近亲属提供的与当事人关系的证明,必须经所在国公证机关证明,所在国中央外交主管机关或者其授权机关认证,并经我国驻该国使、领馆认证,但我

国与该国之间有互免认证协定的除外。

五、涉外刑事诉讼的期间与送达

(一)期间

在涉外刑事诉讼程序中,侦查、审查起诉阶段对外国籍犯罪嫌疑人的羁押期间并没有特别的规定,但是,在审判阶段,如果符合法定情形的,人民法院可以批准或者决定有关期间。最高人民法院《关于适用〈中华人民共和国刑事诉讼法〉的解释》第406条规定,涉外刑事案件,符合《刑事诉讼法》第202条第1款、第232条规定的,经有关人民法院批准或者决定,可以延长审理期限。

(二)送达

根据最高人民法院《关于适用〈中华人民共和国刑事诉讼法〉的解释》第412、413条规定,人民法院向在中华人民共和国领域外居住的当事人送达刑事诉讼文书,可以采用下列方式:

(1)根据受送达人所在国与中华人民共和国缔结或者共同参加的国际条约规定的方式送达;

(2)通过外交途径送达;

(3)对中国籍当事人,可以委托我国驻受送达人所在国的使、领馆代为送达;

(4)当事人是自诉案件的自诉人或者附带民事诉讼原告人的,可以向有权代其接受送达的诉讼代理人送达;

(5)当事人是外国单位的,可以向其在中华人民共和国领域内设立的代表机构或者有权接受送达的分支机构、业务代办人送达;

(6)受送达人所在国法律允许的,可以邮寄送达;自邮寄之日起满3个月,送达回证未退回,但根据各种情况足以认定已经送达的,视为送达;

(7)受送达人所在国法律允许的,可以采用传真、电子邮件等能够确认受送达人收悉的方式送达。

人民法院通过外交途径向在中华人民共和国领域外居住的受送达人送达刑事诉讼文书的,所送达的文书应当经高级人民法院审查后报最高人民法院审核。最高人民法院认为可以发出的,由最高人民法院交外交部主管部门转递。

六、涉外刑事案件的审理与宣判

涉外刑事案件审判期间,人民法院应当将下列事项及时通报同级人民政府外事主管部门,并通知有关国家驻华使、领馆:

(1)人民法院决定对外国籍被告人采取强制措施的情况,包括外国籍当事人的姓名(包括译名)、性别、入境时间、护照或者证件号码、采取的强制措施及法律依据、羁押地点等;

(2)开庭的时间、地点、是否公开审理等事项;

(3)宣判的时间、地点。

人民法院审理涉外刑事案件,应当公开进行,但依法不应公开审理的除外。公开审理的涉外刑事案件,外国籍当事人国籍国驻华使、领馆官员要求旁听的,可以向受理案件的人民法院所在地的高级人民法院提出申请,人民法院应当安排。

外国籍被告人在案件审理中死亡的,应当及时通报同级人民政府外事主管部门,并通知有关国家驻华使、领馆。

涉外刑事案件宣判后,应当及时将处理结果通报同级人民政府外事主管部门。

七、涉外刑事案件裁判的执行

(一)对驱逐出境刑罚的执行

驱逐出境是指强迫犯罪的外国人离开中国境内的刑罚方法。我国《刑法》第35条规定,对于犯罪的外国人,可以独立适用或者附加适用驱逐出境。

对判处独立适用驱逐出境刑罚的外国人,省级公安机关在收到人民法院的刑事判决书、执行通知书的副本后,应当指定该外国人所在地的设区的市一级公安机关执行。

被判处徒刑的外国人,主刑执行期满后应当执行驱逐出境附加刑的,省级公安机关在收到执行监狱的上级主管部门转交的刑事判决书、执行通知书副本或者复印件后,应当指定该外国人所在地的设区的市一级公安机关执行。

被强制出境的外国人应当办妥离境的机票、车票、船票,费用由本人负担。本人负担不了的,由其本国使、领馆负责解决。

(二)对外国籍罪犯死刑的执行

对外国籍被告人执行死刑的,死刑裁决下达后执行前,应当通知其国籍国驻华使、领馆。死刑执行前,其国籍国驻华使、领馆的官员或者其近亲属,可以依法申请探视、会见。

(三)对外国籍罪犯其他刑罚的执行

被判处有期徒刑、无期徒刑或者死缓的外国籍罪犯,通常在各省、自治区、直辖市的某个监狱相对集中地执行刑罚。执行期间,经有关部门批准,外国籍罪犯可以与所属国驻华使、领馆外交、领事官员、近亲属或者监护人会见、通信。

第四节 刑事司法协助制度

一、刑事司法协助的概念

刑事司法协助是指一国的法院或者其他司法机关,根据另一国的法院或者其他司法机关的请求,代为或者协助实行与刑事诉讼有关的司法行为。刑事司法协助有广义和狭义的概念之分。狭义上的刑事司法协助是指与审判有关的刑事司法协助,它包括送达刑事司法文书、询问证人和鉴定人、搜查、扣押、有关物品的移交以及提供有关法律资料等。广义的刑事司法协助除了狭义上的刑事司法协助外,还包括协查、通缉、引渡等方式。我国的刑事司法协助属于广义的概念,它不仅包括审判领域的协助,而且包括对案件的侦查、审查起诉甚至生效判决执行方面的协助。

不同国家间的法院或者其他司法机关开展刑事司法协助,具有以下积极意义:

第一,有利于有效地打击犯罪。人类社会的进步,交通和通信事业突飞猛进的发展,为人类社会的交往带来了便利,也为一些不法之徒进行跨国犯罪或犯罪后潜逃国外开了方便之门。按照国际法准则,每一个国家不论大小,都拥有主权,一个国家的司法机关不能进入他国逮捕犯罪嫌疑人或者进行搜查、扣押等刑事诉讼行为,为了不使潜逃国外的犯罪嫌疑人逃避法律的制裁,国家间开展刑事司法协助就有了必要。因此,刑事司法协助是有效打击有涉外因素犯罪的重要手段。

第二,有利于尊重他国的司法主权。刑事司法协助的实质是两个有司法主权的国家的司法机关在打击刑事犯罪方面互相配合。刑事司法协助活动的依据是双方共同参加的国际公约、双方签订的司法协助条约或者根据互惠原则,开展刑事司法协助,需要两个主权国家的司法机关在互相尊重他国司法主权的前提下进行。如果不尊重他国的司法主权,刑事司法协助就不能进行。

二、刑事司法协助的根据

《刑事诉讼法》第17条规定:"根据中华人民共和国缔结或者参加的国际条约,或者按照互惠原则,我国司法机关和外国司法机关可以相互请求刑事司法协助。"《人民检察院刑事诉讼规则(试行)》第676条规定:"人民检察院进行司法协助,有我国参加或者缔结的国际条约规定的,适用该条约规定,但是我国声明保留的条款除外;无相应条约规定的,按照互惠原则通过外交途径办理。"《公安机关办理刑事案件程序规定》第13条规定:"根据中华人民共和国缔结或者参加的国际条约和公安部签订的双边、多边合作协议,或者按照互惠原则,我国公安机关可以和外国警察机关开展刑事司法协助和警务合作。"由此看出,我国公安、司法机关向外国司法机关提供或者请求刑事司法协助的根据包括国际条约和互惠原则两种。

1. 国际条约

国际条约是指国际法主体之间以国际法为准则而为确立其相互权利和义务而缔结的书面协议。它包括公约、协定、换文、联合宣言、宪章等。其中,由两个国家签订的条约称为"双边条约",如我国分别与波兰、俄罗斯、埃及、加拿大、巴西、西班牙、日本、澳大利亚、意大利和新西兰等国之间签订的刑事司法协助条约,与法国、葡萄牙签订的刑事司法协助协定,与泰国、俄罗斯、韩国等国签订的引渡条约,与乌克兰、西班牙和葡萄牙签订的移管被判刑人条约等。三个或三个以上国家签订的条约称为"多边条约",如《联合国反腐败公约》、《禁止酷刑和其他残忍、不人道或有辱人格的待遇或处罚公约》、《联合国打击跨国有组织犯罪公约》和《防止及惩治灭绝种族罪公约》等。国际条约中关于刑事司法协助的规定,是我国司法机关和外国司法机关可以相互请求刑事司法协助的主要依据。而且,条约的适用性优先于国内法,我国缔结和参加的国际条约与中国刑事法律有不同规定的,优先适用国际条约的规定,但我国声明保留的条款除外。

2. 互惠原则

互惠原则是指两个国际法主体之间虽然不存在刑事司法协助的条约关系,但由于建立有外交关系,为了彼此的便利,按照互利互惠的国际惯例而形成事实上的刑事司法协助关系。事实上的刑事司法协助关系一旦成立,两国的司法机关便可以相互请求代为一定的刑事诉讼行为。刑事诉讼行为的范围,一般按照对等原则确定。

三、刑事司法协助的原则

《人民检察院刑事诉讼规则(试行)》第677条规定:"人民检察院应当在相互尊重国家主权和平等互利的基础上,与有关国家的主管机关相互提供司法协助。"因此,我国司法机关与外国司法机关相互请求或者提供刑事司法协助时应当遵守相互尊重国家主权原则和平等互利原则。

1. 相互尊重国家主权原则

相互尊重国家主权原则是指尊重对方的主权完整,互不干涉内政,尊重对方的国际人格,对对方的国家利益和法律规定不得有任何形式的侵犯。两国的司法机关相互请求或者提供刑事司法协助时,既要遵守对方的法律规定,也不能有损于对方的国家安全和社会公共利益。如果外国有关机关请求的事项有损中华人民共和国的主权、安全或者社会公共利益以及违反中国法律的,我国的公安、司法机关应当不予协助。

2. 平等互利原则

平等互利原则是指两国司法机关之间相互请求或者提供刑事司法协助时,应当在国际人格平等的基础上注意实质平等,彼此享有同等待遇,互相合作,以有利于对方刑事司法活动的顺利进行。平等互利原则是主权平等原则的必然延伸,也是实现对等合作的重要基础。任何以强凌弱或者不以平等互利原则为前提的司法协助请求,都是我国主权尊严和法律原则不能容忍的。

四、刑事司法协助的内容和实施机关

1. 刑事司法协助的内容

刑事司法协助的内容是指两国司法机关之间可以相互请求或者提供刑事司法协助的诉讼行为方式或者种类。根据我国有关司法解释的相关规定,刑事司法协助的内容主要包括:犯罪情报信息的交流与合作;调查取证;送达刑事诉讼文书;移交物证、书证、视听资料或者电子数据等证据材料;扣押、移交赃款、赃物;引渡、缉捕和递解犯罪嫌疑人、被告人或者罪犯以及国际条约、协议规定的其他刑事司法协助和警务合作事宜。

2. 刑事司法协助的实施机关

在我国,可以根据国际条约或者互惠原则相互请求或者提供刑事司法协助的机关包括人民法院、人民检察院、公安机关和司法行政部门。但在具体实施时,则应当由相应的中央主管机关,即最高人民法院、最高人民检察院、公安部或者司法部负责接收或者按照国际条约规定的程序向外国司法机关提出请求。通过外交途径请求刑事司法协助的,则需要通过外交部予以接收、转递或者以外交照会形式向外国一方提出请求。

五、刑事司法协助的程序

刑事司法协助的程序,可以分为对外国司法机关请求司法协助的程序和接收并承办外国司法机关司法协助请求的程序两种情形。

(一)请求外国司法机关提供司法协助的程序

1.刑事司法协助请求的提出

我国有关司法机关需要请求外国司法机关提供刑事司法协助的,由刑事案件办理机关根据需要请求协助的内容制作请求书,层级上报至相应的省级机关审查,再经中央主管机关审核同意后,通过有关国际条约、协议规定的联系途径、外交途径或者国际刑事警察组织渠道,向外国提出刑事司法协助请求。需要通过外交途径办理刑事司法协助案件的,则由各自业务主管部门的归口单位将请求书连同有关附件送外交部。外交部应在收到请求书之日后10个工作日以内向被请求国发出外交照会,转递请求书及其附件。

2.刑事司法协助执行结果的接收和转交

外国司法机关办理司法协助请求事项后,办理结果或者不能办理的情况由相应的中央主管机关予以接收,再逐级转交至刑事案件的办理机关。通过外交途径对外请求的,司法协助的办理结果由外交部接收后转交至各自业务主管部门的归口单位予以逐级转交至刑事案件的办理机关。

(二)外国司法机关请求司法协助的程序

1.刑事司法协助请求书的接收与审查

外国司法机关请求办理司法协助事项的,应当向我国相应的中央主管机关提出。外国司法机关请求我国提供司法协助的请求书及其所附文件,应当附有中文译本或者国际条约规定的其他文字文本。主管机关接收刑事司法协助请求书后,应当依据我国法律和国际条约、协议的规定进行审查。审查的范围包括:请求事项是否属于司法协助请求范围;是否有损中国国家主权、安全和社会公共利益;是否违反中国法律规定和法律基本原则。对于不符合条约或者协议规定,或者违反中国法律规定的请求事项,说明理由后通过接收请求的途径退回外国请求方。

2.刑事司法协助请求事项的办理

经审查,对于符合规定的外国司法协助请求,接收的中央主管机关交由有关司法机关办理,或者移交其他有关中央主管机关。在实践中,在公安机关系统,司法协助请求事项通常交由省级公安机关办理;在检察机关系统,地方各级人民检察院是执行司法协助的主管机关,依照职责分工办理司法协助事务。在人民法院系统,司法协助交由有管辖权的人民法院办理。

3.刑事司法协助请求的答复

外国司法机关请求的司法协助事项办理或者执行完毕后,应当按照条约规定的格式和语言文字将执行结果及有关材料上报至相应的中央主管机关进行审查,经审查,办理或者执行结果符合请求要求和有关规定的,由中央主管机关转递请求协助的外国一方。不能按期完成或者因客观原因无法执行的,办理机关应当说明情况和理由,层报相应的中央主管机关,以便转告外国请求方。

4.刑事司法协助的费用负担

我国有关司法机关提供刑事司法协助,根据有关条约规定或者对等互惠原则需要向外国请求方收取费用的,应当将费用和账单连同执行司法协助的结果一并报送相应的中央主管机关转递外国请求方。同理,我国有关司法机关请求外国提供司法协助,根据有关条约规定或者对等互惠原则应当向对方支付费用的,相应的中央主管机关收到被请求方开具的收费账单后,转交由提出司法协助请求的有关司法机关支付。

【本章练习】

一、单项选择题

1. 根据我国涉外刑事案件审理程序规定,下列哪一选项是正确的?(　　)

A. 国籍不明又无法查清的,以中国国籍对待,不适用涉外刑事案件审理程序

B. 法院审判涉外刑事案件,不公开审理

C. 对居住在国外的中国籍当事人,可以委托我国使、领馆代为送达

D. 外国法院通过外交途径请求我国法院向外国驻华使、领馆商务参赞送达法律文书的,应由我国有关高级法院送达

2. A国商人汤姆劫持B国民用航空器,欲前往C国,但C国拒绝其降落,后无奈迫降中国。对汤姆的刑事责任问题的处理,下列哪一选项是正确的?(　　)

A. 依据保护管辖原则,适用中国法律追究其刑事责任

B. 通过外交途径解决

C. 依照普遍管辖权原则,适用中国法律追究其刑事责任

D. 依据属地管辖原则,适用中国法律追究其刑事责任

3. 张某,甲市人,中国乙市远洋运输公司"黎明号"货轮船员。"黎明号"航行在公海时,张某因与另一船员李某发生口角将其打成重伤。货轮返回中国首泊丙市港口时,张某趁机潜逃,后在丁市被抓获。该案应当由下列哪一法院行使管辖权?(　　)

A. 甲市法院　　　　B. 乙市法院　　　　C. 丙市法院　　　　D. 丁市法院

4. 我国A省B市中级人民法院在审理美国人华盛顿故意杀人一案时,发现案件的重要目击证人美国人凯西已经回国,该中级人民法院欲请求美国当地的法院向凯西送达出庭通知书。假设中国和美国之间已经签署了刑事司法协定,则请求美国法院向凯西送达出庭通知书应当经过下列哪种程序?(　　)

A. 由B市中级人民法院报送A省高级人民法院审查同意后按协定规定的方式请求

B. 由B市中级人民法院报送最高人民法院审查同意后按协定规定的方式请求

C. 由B市中级人民法院报送外交部审查同意后按协定规定的方式请求

D. 由A省高级人民法院报送最高人民法院审查同意后按协定规定的方式请求

5. 下列哪一项不属于狭义的刑事司法协助?(　　)

A. 询问证人　　　　B. 引渡　　　　C. 搜查　　　　D. 扣押

6. 外国人或者无国籍人在中国进行刑事诉讼,需要委托辩护人或者代理人时,下列哪种说法是正确的?(　　)

A. 应当委托中国律师担任

B. 可以委托中国律师担任

C. 可以委托外国律师担任

D.既可以委托中国律师担任,也可以委托外国律师担任

7.在侦查过程中,如果汉斯声称自己是外交人员,享有豁免权,并出示相关证明,那么应当如何处理?(　　)

A.依照通常程序处理　　　　　B.依照涉外刑事案件处理

C.与汉斯协商解决　　　　　　D.通过外交途径解决

8.科威特商人阿卜杜拉,在我国某市违反交通规则,造成交通事故,致2人死亡,1人受重伤,并且在出事后开车逃离现场。那么,对于此案应当如何处理?(　　)

A.应当宣布其为不受欢迎的人,要求科威特将其召回进行处理

B.命令其在规定时间内离境

C.将其驱逐出境

D.依照我国《刑事诉讼法》规定的诉讼程序侦查、起诉和审判,追究其刑事责任

二、多项选择题

1.下列属于涉外刑事诉讼程序适用的法律依据的有(　　)。

A.《外交特权与豁免条例》

B.《人民检察院刑事诉讼规则(试行)》

C.《公安机关办理刑事案件程序规定》

D.《关于对中华人民共和国缔结或者参加的国际条约所规定的罪行行使管辖权的决定》

2.下列哪些案件适用涉外刑事诉讼程序?(　　)

A.在公海航行的我国货轮被索马里海盗抢劫的案件

B.我国国内一起贩毒案件的关键目击证人在诉讼时身在国外

C.陈某经营的煤矿发生重大安全事故后携款潜逃国外的案件

D.我驻某国大使馆内中方工作人员甲、乙因看世界杯而发生斗殴的故意伤害案件

3.在涉外刑事诉讼中,关于国籍的确认,下列哪些做法是正确的?(　　)

A.犯罪嫌疑人甲,入境时持有有效证件,以该有效证件确认甲的国籍

B.犯罪嫌疑人乙,国籍不明,以公安机关会同外事部门查明的情况确认乙的国籍

C.犯罪嫌疑人丙,国籍不明,经公安机关会同外事部门调查确实无法查明,以丙自报的国籍确认其国籍

D.犯罪嫌疑人丁,国籍不明,经公安机关会同外事部门调查确实无法查明,按照无国籍人对待

4.关于检察院进行刑事司法协助的范围,下列哪些选项是正确的?(　　)

A.受别国委托暂时扣押逃往我国的别国犯罪嫌疑人

B.送达刑事诉讼文书

C.通报刑事诉讼结果

D.移交物证、书证和视听资料

三、简答题

1.涉外刑事诉讼程序适用的案件范围有哪些?

2.外国籍犯罪嫌疑人、被告人委托辩护人时,有哪些程序要求?

3.我国公安、司法机关与外国司法机关之间相互请求刑事司法协助的根据是什么?

4. 刑事司法协助的内容是什么?

四、案例思考题

2014年7月,犯罪嫌疑人黄某被两名越南男子从越南家里骗出来后带到家住我国云南省西畴县的许某家。后黄某被许某等人以3.6万元卖给西畴县董马乡某村的雷某做老婆,黄某一直寻找机会想偷偷逃脱雷某的监管,返回越南的家。2014年8月15日晚上,趁雷某熟睡之机,黄某拿起一根铁棒朝雷某的头部打击之后逃跑,致雷某当场死亡,后黄某被我国公安机关抓获。案发后,西畴县检察院迅速派人提前介入该案,并对案件定性及侦查取证及时提出引导性意见和建议,案件提请逮捕后,承办人员认真审查案件事实和证据,并在提审时为其聘请翻译人员同程翻译,确保程序公正。黄某到案后虽能如实供述案情,但故意杀人案是重大案件,不符合取保候审、监视居住的条件,西畴县检察院对黄某作出了批准逮捕的决定。

问题:检察院在批准逮捕犯罪嫌疑人黄某时应当遵守哪些特别程序要求?

第二十六章 刑事司法赔偿制度

【学习目标】

■ 知识目标：
了解刑事赔偿的概念。
掌握刑事赔偿的条件和范围。
熟悉刑事赔偿的程序。

■ 能力目标：
能够正确理解并使用刑事司法赔偿制度。

【案例引导1】

陈某是湖南省南县一中教师，2007年7月10日，被南县公安局以涉嫌犯故意杀人罪刑事拘留，同年7月21日被执行逮捕，2008年6月2日益阳市中级人民法院对益阳市人民检察院指控被告人陈某犯故意杀人罪作出刑事判决，认定陈某犯故意杀人罪判处无期徒刑，剥夺政治权利终身。陈某不服，提出上诉。湖南省高级人民法院于2008年9月26日作出刑事裁定，驳回上诉，维持原判。陈某不服，向湖南省高级人民法院提出申诉。湖南省高级人民法院于2010年4月14日作出刑事裁定，撤销本院之前的刑事裁定和益阳市中级人民法院的刑事判决，发回益阳市中级人民法院重新审判。2010年10月20日，益阳市中级人民法院作出刑事判决，以故意杀人罪判处陈某无期徒刑，剥夺政治权利终身。陈某不服，提出上诉。湖南省高级人民法院于2011年8月30日作出刑事裁定，撤销益阳市中级人民法院的刑事判决，发回该院重新审判。2012年4月10日，益阳市中级人民法院决定对陈某取保候审，即日被释放。2013年9月13日，益阳市中级人民法院认定陈某犯故意杀人罪的证据不足,公诉机关指控陈某犯故意杀人罪不成立。

问题:陈某是否有权获得国家赔偿,如何获得国家赔偿?

【案例引导2】

某地公安分局民警王某中午下班后在回家路上,因为琐事与李某发生争吵,王某表明自己的警察身份后,李某并不服气,王某将李某打成轻微伤。

问题:本案中谁应对李某的伤情承担赔偿责任?

【案例引导3】

2012年12月25日,陈某(1998年12月26日出生)独自无证驾驶小轿车,在某县城道路上超速行驶时,与同向骑摩托车的程某碰撞,造成程某当场死亡。案发后,陈某被公安机关涉嫌交通肇事罪逮捕,后在审查起诉阶段查明陈某未满16周岁,无需承担刑事责任,被释放。

问题:程某是否可以申请获得刑事司法赔偿?

第一节 刑事司法赔偿制度概述

一、刑事司法赔偿制度的概念

刑事司法赔偿,是指行使侦查、检察、审判职权的机关以及看守所、监狱管理机关及其工作人员在行使职权时侵犯公民、法人和其他组织的合法权益造成损害的,受害人可以要求国家对其进行赔偿的制度。它是国家赔偿制度的重要组成部分,又可称为"冤狱赔偿"。刑事司法赔偿制度,可以从以下几个方面进行理解:

首先,刑事司法赔偿在性质上是一种国家赔偿责任。虽然刑事赔偿义务机关是行使侦查、检查、审判和监狱管理职权的司法机关,但是司法机关是代表国家承担赔偿责任,并且所赔偿款项要从各级政府的财政中支取。所以,刑事司法赔偿是一种国家赔偿责任。

其次,刑事司法赔偿的原因是司法机关在刑事诉讼活动中侵犯了公民、法人和其他组织的合法权益并造成损失,包括人身方面的损失,也包括财产方面的损失;包括直接损失,也包括间接损失。

再次,刑事司法赔偿不同于国家行政赔偿。国家行使行政权过程中给公民造成的损害赔偿是行政赔偿;国家司法机关在行使侦查、起诉、审判和监狱管理职权过程中给公民造成的损害赔偿是刑事司法赔偿。

最后,刑事司法赔偿是对国家刑事司法行为的救济,既不是对国家行使其他权力行为的补正,也不是对国家司法机关工作人员个人行为的赔偿,即国家仅仅对刑事司法机关行使国家刑事司法权时造成的损害进行赔偿。

刑事司法赔偿制度的建立在我国刑事司法制度中具有重要意义:

第一,刑事司法赔偿制度的确立,有利于保障司法公正,使无辜蒙冤者因刑事侵权所遭受的损害得到赔偿,弥补或者减少因错案带来的损失。

第二,刑事司法赔偿制度的确立有利于防止滥用司法权,加强司法工作人员的责任感,促进公安、司法工作人员依法办案。

第三,刑事司法赔偿制度的确立有利于维护社会稳定和司法秩序。

二、我国刑事司法赔偿制度的发展

刑事司法赔偿是国家赔偿制度的重要组成部分,是现代文明国家走向法治化、民主化的重要标志之一。

我国历来重视刑事错案的赔偿问题,在历次纠正错案的过程中都通过补发工资、安排工作、子女就业等方式对受害者给予赔偿。但是这些基本都是政策层面的措施,并没有形成法律规范,赔偿标准、方式、程序等都不规范。所以,我国从20世纪80年代开始探索建立刑事司法赔偿的法律制度,1982年《宪法》正式为国家赔偿制度提供了立法依据。1982年《宪法》第41条第3款明确规定:"由于国家机关和国家工作人员侵犯公民权利而受到损失的人,有依照法律规定取得赔偿的权利。"

1994年5月12日第八届全国人民代表大会常务委员会第七次会议通过了《国家赔偿法》,这部法律标志着我国的国家赔偿制度正式建立,刑事司法赔偿制度进入法制轨道。其内容涉及刑事司法赔偿的条件和范围、赔偿请求人和赔偿义务机关、赔偿的程序、赔偿的方式和计算标准等问题。2010年4月29日第十一届全国人民代表大会常务委员会第十四次会议对《国家赔偿法》进行了第一次修正,2012年10月26日第十一届全国人民代表大会常务委员会第二十九次会议对其进行了第二次修正。我国刑事司法赔偿制度得到了进一步的发展和完善。

第二节 刑事司法赔偿的条件和范围

一、刑事司法赔偿的条件

根据《国家赔偿法》第2条规定:"国家机关和国家机关工作人员行使职权,有本法规定的侵犯公民、法人和其他组织合法权益的情形,造成损害的,受害人有依照本法取得国家赔偿的权利。"根据此规定以及《国家赔偿法》第17、18条规定的刑事司法赔偿的范围,构成刑事司法赔偿责任需要满足以下三个基本条件:

(1)刑事司法赔偿只能由刑事司法行为所引起,即行使侦查、检察、审判、监狱管理职权的机关及其工作人员的职权行为。国家只对代表国家行使刑事司法权的机关及工作人员的行为引起的后果承担责任,对与行使职权无关的个人行为以及司法机关的其他非刑事司法行为所引起的后果不承担赔偿责任。

(2)刑事司法赔偿只能由违法行使职权的行为才能引起。职权行为的违法与否是决定国家是否承担赔偿责任的重要前提,对合法履行侦查、监察、审判、监督管理职能的行为不能要求赔偿。违法行使职权既包括违反实体法的行为,例如无罪判有罪,也包括违反程序法的行为,例如查封、扣押、冻结、追缴与本案无关的合法财产。既包括积极的作为,如违法使用警械、刑讯逼供等,也包括消极的不作为,如超期羁押不释放等。

(3)刑事司法赔偿必须有损害事实,并且违法行使职权的行为与损害事实的发生之间具有因果关系。刑事司法赔偿以受到损害为前提,如果违法的刑事司法行为没有造成损害后果,就无需赔偿。违法的刑事司法行为造成的损害事实可能是多方面的,既包括人身权的损害赔偿,也包括财产权的损害赔偿。

二、刑事司法赔偿的范围

根据《国家赔偿法》的规定,我国刑事司法赔偿的范围主要包括了侵犯人身权和侵犯财产权两个方面。

(一)侵犯人身权的赔偿范围

根据《国家赔偿法》第17条规定,行使侦查、检察、审判职权的机关以及看守所、监狱管理机关及其工作人员在行使职权时有下列侵犯人身权情形之一的,受害人有取得赔偿的权利:

(1)违反《刑事诉讼法》的规定对公民采取拘留措施的,或者依照《刑事诉讼法》规定的条件和程序对公民采取拘留措施,但是拘留时间超过《刑事诉讼法》规定的时限,其后决定撤销案件、不起诉或者判决宣告无罪终止追究刑事责任的;

(2)对公民采取逮捕措施后,决定撤销案件、不起诉或者判决宣告无罪终止追究刑事责任的;

(3)依照审判监督程序再审改判无罪,原判刑罚已经执行的;

(4)刑讯逼供或者以殴打、虐待等行为或者唆使、放纵他人以殴打、虐待等行为造成公民

身体伤害或者死亡的;

(5)违法使用武器、警械造成公民身体伤害或者死亡的。

(二)侵犯财产权的赔偿范围

根据《国家赔偿法》第 18 条规定,行使侦查、检察、审判职权的机关以及看守所、监狱管理机关及其工作人员在行使职权时有下列侵犯财产权情形之一的,受害人有取得赔偿的权利:

(1)违法对财产采取查封、扣押、冻结、追缴等措施的;

(2)依照审判监督程序再审改判无罪,原判罚金、没收财产已经执行的。

(三)不适用刑事司法赔偿的情形

刑事司法赔偿必须符合一定的条件,在有些情况下,虽然公民的人身或财产也有一定程度的损害,但是这种损害并不在国家赔偿的范围之内。根据我国《国家赔偿法》第 19 条规定,属于下列情形之一的,国家不承担赔偿责任:

(1)因公民自己故意作虚伪供述,或者伪造其他有罪证据被羁押或者被判处刑罚的;

(2)依照《刑法》第 17 条、第 18 条规定不负刑事责任的人被羁押的;

(3)依照《刑事诉讼法》第 15 条、第 173 条第 2 款、第 273 条第 2 款、第 279 条规定不追究刑事责任的人被羁押的;

(4)行使侦查、检察、审判职权的机关以及看守所、监狱管理机关的工作人员与行使职权无关的个人行为;

(5)因公民自伤、自残等故意行为致使损害发生的;

(6)法律规定的其他情形。

第三节 刑事司法赔偿的程序

一、赔偿请求人和赔偿义务机关

(一)赔偿请求人

赔偿请求人,是指有权向国家提出刑事赔偿申请的人。通常而言,赔偿请求人是受到实际损害的人,但当实际损害人死亡或者受害的法人、其他组织终止时,承受其权利的人或者组织有权提出赔偿。根据《国家赔偿法》第 6 条的规定,受害的公民、法人和其他组织有权要求赔偿;受害的公民死亡,其继承人和其他有扶养关系的亲属有权要求赔偿;受害的法人或者其他组织终止的,其权利承受人有权要求赔偿。据此,刑事司法赔偿的请求人为受害的公民、法人和其他组织。当受害的公民死亡的,其继承人和其他有扶养关系的亲属有权要求赔偿。受害的法人或者其他组织终止的,其权利承受人有权要求赔偿。

(二)赔偿义务机关

《国家赔偿法》第 21 条规定:"行使侦查、检察、审判职权的机关以及看守所、监狱管理机关及其工作人员在行使职权时侵犯公民、法人和其他组织的合法权益造成损害的,该机关为赔偿义务机关。对公民采取拘留措施，依照本法的规定应当给予国家赔偿的，作出拘留决定的机关为赔偿义务机关。对公民采取逮捕措施后决定撤销案件、不起诉或者判决宣告无罪的，作出逮捕决定的机关为赔偿义务机关。再审改判无罪的，作出原生效判决的人民法院为赔偿义务机关。二审改判无罪，以及二审发回重审后作无罪处理的，作出一审有罪判决的人民法院为赔偿义务机关。"据此，刑事赔偿义务机关根据以下情况进行确定：

（1）行使侦查、检察、审判职权的机关以及看守所、监狱管理机关及其工作人员在行使职权时侵犯公民、法人和其他组织的合法权益造成损害的，该机关为赔偿义务机关。

（2）对没有犯罪事实或者没有事实证明有犯罪重大嫌疑人错误拘留的，作出拘留决定的机关为赔偿义务机关。

（3）对没有犯罪事实的公民错误逮捕的，作出逮捕决定的机关为赔偿义务机关。

（4）再审改判无罪的，作出原生效判决的人民法院为赔偿义务机关。

（5）二审改判无罪，以及二审发回重审后作无罪处理的，作出一审有罪判决的人民法院为赔偿义务机关。

二、刑事司法赔偿程序

刑事司法赔偿程序是指赔偿请求人在人身权或者财产权受到侵犯造成损失之后，提起赔偿和审查解决赔偿问题的步骤和方法。

（一）刑事司法赔偿的提出和处理

《国家赔偿法》第22条规定："赔偿义务机关有本法第十七条、第十八条规定情形之一的，应当给予赔偿。赔偿请求人要求赔偿，应当先向赔偿义务机关提出。赔偿请求人提出赔偿请求，适用本法第十一条、第十二条的规定。"根据此规定，我国刑事司法赔偿程序的启动有两种方式：一是赔偿义务机关主动进行赔偿；二是由赔偿请求人提出赔偿请求。

赔偿义务机关收到赔偿请求人的申请之后，应当进行审查，根据不同的情况作出不同的决定，即《国家赔偿法》第23条规定："赔偿义务机关应当自收到申请之日起两个月内，作出是否赔偿的决定。赔偿义务机关作出赔偿决定，应当充分听取赔偿请求人的意见，并可以与赔偿请求人就赔偿方式、赔偿项目和赔偿数额依照本法第四章的规定进行协商。赔偿义务机关决定赔偿的，应当制作赔偿决定书，并自作出决定之日起十日内送达赔偿请求人。赔偿义务机关决定不予赔偿的，应当自作出决定之日起十日内书面通知赔偿请求人，并说明不予赔偿的理由。"

（二）刑事司法赔偿决定的复议程序

如果赔偿请求人对于赔偿义务机关作出的是否赔偿决定以及赔偿方式、项目、数额有异议的，可以申请复议。《国家赔偿法》第24条规定："赔偿义务机关在规定期限内未作出是否赔偿的决定，赔偿请求人可以自期限届满之日起三十日内向赔偿义务机关的上一级机关申请复议。赔偿请求人对赔偿的方式、项目、数额有异议的，或者赔偿义务机关作出不予赔偿决定的，赔偿请求人可以自赔偿义务机关作出赔偿或者不予赔偿决定之日起三十日内，向赔偿义务机关的上一级机关申请复议。赔偿义务机关是人民法院的，赔偿请求人可以依照本条规定向其上一级人民法院赔偿委员会申请作出赔偿决定。"

如果赔偿请求人对于复议机关的决定不服的,可以向同级人民法院赔偿委员会提出赔偿请求,《国家赔偿法》第 25 条规定:"复议机关应当自收到申请之日起两个月内作出决定。赔偿请求人不服复议决定的,可以在收到复议决定之日起三十日内向复议机关所在地的同级人民法院赔偿委员会申请作出赔偿决定;复议机关逾期不作决定的,赔偿请求人可以自期限届满之日起三十日内向复议机关所在地的同级人民法院赔偿委员会申请作出赔偿决定。"

(三)刑事司法赔偿委员会的决定程序

人民法院赔偿委员会是我国特色的赔偿制度,在国家赔偿制度中具有重要意义。《国家赔偿法》第 29 条规定:"中级以上的人民法院设立赔偿委员会,由人民法院三名以上审判员组成,组成人员的人数应当为单数。赔偿委员会作赔偿决定,实行少数服从多数的原则。赔偿委员会作出的赔偿决定,是发生法律效力的决定,必须执行。"

《国家赔偿法》第 28 条规定:"人民法院赔偿委员会应当自收到赔偿申请之日起三个月内作出决定;属于疑难、复杂、重大案件的,经本院院长批准,可以延长三个月。"赔偿请求人或者赔偿义务机关对赔偿委员会作出的决定,认为确有错误的,可以向上一级人民法院赔偿委员会提出申诉。《国家赔偿法》第 30 条规定:"赔偿请求人或者赔偿义务机关对赔偿委员会作出的决定,认为确有错误的,可以向上一级人民法院赔偿委员会提出申诉。赔偿委员会作出的赔偿决定生效后,如发现赔偿决定违反本法规定的,经本院院长决定或者上级人民法院指令,赔偿委员会应当在两个月内重新审查并依法作出决定,上一级人民法院赔偿委员会也可以直接审查并作出决定。最高人民检察院对各级人民法院赔偿委员会作出的决定,上级人民检察院对下级人民法院赔偿委员会作出的决定,发现违反本法规定的,应当向同级人民法院赔偿委员会提出意见,同级人民法院赔偿委员会应当在两个月内重新审查并依法作出决定。"

(四)刑事司法赔偿中的追偿制度

为了规范司法公正人员执法,增强法治意识,刑事司法赔偿制度还设置了追偿制度,即赔偿义务机关在赔偿了赔偿请求人的损失后,要求具有法定情形之一的工作人员承担部分或者全部赔偿责任的制度。《国家赔偿法》第 31 条规定,赔偿义务机关赔偿后,应当向有下列情形之一的工作人员追偿部分或者全部赔偿费用:①有本法第 17 条第 4 项、第 5 项规定情形的;②在处理案件中有贪污受贿,徇私舞弊,枉法裁判行为的。

三、刑事司法赔偿方式和计算标准

(一)赔偿方式

根据《国家赔偿法》第 32 条规定,国家赔偿以支付赔偿金为主要方式,能够返还财产或者恢复原状的,予以返还财产或者恢复原状。所以,国家赔偿的方式主要有:

(1)支付赔偿金。支付赔偿金是指赔偿义务机关向赔偿请求人支付一定数额的货币。这是国家赔偿制度中最主要和最常见的赔偿方式,主要适用于对人身造成损害的赔偿;对应当返还的财产,因损毁无法恢复原状或者已经灭失的以及侵犯财产权造成其他损失的情况。

(2)返还财产。返还财产是指赔偿义务机关将财产归还给对该财产享有所有权的受害人的赔偿方式。返还财产主要适用于受到罚金、没收财产的;查封、扣押、冻结财产等情况。

(3)恢复原状。恢复原状是指赔偿义务机关对应当返还的财产造成损毁,能够进行修复的,通过修复使之恢复到受损害前的形状和性能。恢复原状主要适用于财产被损毁且有修复可能的情况。

(二)赔偿计算标准

赔偿的计算标准是刑事司法赔偿制度中的核心问题,《国家赔偿法》根据不同的损失情况制定了不同的赔偿标准。

1.侵犯公民人身自由的赔偿计算标准

《国家赔偿法》第33条规定:"侵犯公民人身自由的,每日赔偿金按照国家上年度职工日平均工资计算。"此指的"国家上年度职工日平均工资",是指国家统计局正式发布的、侵权行为实际发生时上一年度的城镇非私营单位在岗职工日平均工资额。

2.侵犯公民生命健康权的赔偿计算标准

根据《国家赔偿法》第34条规定,侵犯公民生命健康权的,赔偿金按照下列规定计算:

(1)造成身体伤害的,应当支付医疗费、护理费,以及赔偿因误工减少的收入。减少的收入每日的赔偿金按照国家上年度职工日平均工资计算,最高额为国家上年度职工年平均工资的5倍。

(2)造成部分或者全部丧失劳动能力的,应当支付医疗费、护理费、残疾生活辅助具费、康复费等因残疾而增加的必要支出和继续治疗所必需的费用,以及残疾赔偿金。残疾赔偿金根据丧失劳动能力的程度,按照国家规定的伤残等级确定,最高不超过国家上年度职工年平均工资的20倍。造成全部丧失劳动能力的,对其扶养的无劳动能力的人,还应当支付生活费。

(3)造成死亡的,应当支付死亡赔偿金、丧葬费,总额为国家上年度职工年平均工资的20倍。对死者生前扶养的无劳动能力的人,还应当支付生活费。被扶养的人是未成年人的,生活费给付至18周岁止;其他无劳动能力的人,生活费给付至死亡时止。

《国家赔偿法》第35条规定:"有本法第三条或者第十七条规定情形之一,致人精神损害的,应当在侵权行为影响的范围内,为受害人消除影响,恢复名誉,赔礼道歉;造成严重后果的,应当支付相应的精神损害抚慰金。"

3.侵犯公民、法人和其他组织的财产权的赔偿计算标准

根据《国家赔偿法》第36条规定,侵犯公民、法人和其他组织的财产权造成损害的,按照下列规定处理:

(1)处罚款、罚金、追缴、没收财产或者违法征收、征用财产的,返还财产;

(2)查封、扣押、冻结财产的,解除对财产的查封、扣押、冻结,造成财产损坏或者灭失的,依照本条第3项、第4项的规定赔偿;

(3)应当返还的财产损坏的,能够恢复原状的恢复原状,不能恢复原状的,按照损害程度给付相应的赔偿金;

(4)应当返还的财产灭失的,给付相应的赔偿金;

(5)财产已经拍卖或者变卖的,给付拍卖或者变卖所得的价款。变卖的价款明显低于财产价值的,应当支付相应的赔偿金;

(6)吊销许可证和执照、责令停产停业的,赔偿停产停业期间必要的经常性费用开支;

(7)返还执行的罚款或者罚金、追缴或者没收的金钱,解除冻结的存款或者汇款的,应当支付银行同期存款利息;

(8)对财产权造成其他损害的,按照直接损失给予赔偿。

四、刑事司法赔偿费用的来源和支付

刑事司法赔偿的费用关乎赔偿决定能否实现,《国家赔偿法》专门作出了明确规定,即《国家赔偿法》第37条规定:"赔偿费用列入各级财政预算。赔偿请求人凭生效的判决书、复议决定书、赔偿决定书或者调解书,向赔偿义务机关申请支付赔偿金。赔偿义务机关应当自收到支付赔偿金申请之日起七日内,依照预算管理权限向有关的财政部门提出支付申请。财政部门应当自收到支付申请之日起十五日内支付赔偿金。"

五、刑事司法赔偿的请求时效

刑事司法赔偿请求时效是指赔偿请求人向刑事赔偿义务机关请求国家赔偿的法定期间。在法律规定的期间内,刑事赔偿请求人行使赔偿请求权,就能得到《国家赔偿法》的保护,如果超过法律规定的期间则丧失依法定程序获得赔偿的权利。规定刑事司法赔偿请求权的请求时效有利于督促权利人及时行使赔偿请求权,使赔偿义务机关和人民法院及时处理国家赔偿请求,维护司法制度的公正性。

(一)刑事司法赔偿请求时效的开始

为了保障刑事司法赔偿能够及时有效地展开,维护司法公正、恢复司法秩序。《国家赔偿法》对国家赔偿的时效也专门做了明确规定。《国家赔偿法》第39条第1款规定:"赔偿请求人请求国家赔偿的时效为两年,自其知道或者应当知道国家机关及其工作人员行使职权时的行为侵犯其人身权、财产权之日起计算,但被羁押等限制人身自由期间不计算在内。在申请行政复议或者提起行政诉讼时一并提出赔偿请求的,适用行政复议法、行政诉讼法有关时效的规定。"

(二)刑事司法赔偿请求时效的中止

在刑事司法赔偿时效计算过程中,如果出现法定的事由阻止权利人行使权利的,法律规定暂停时效的进行,待阻碍时效进行的原因消除后,时效期间继续进行。《国家赔偿法》第39条第2款规定:"赔偿请求人在赔偿请求时效的最后六个月内,因不可抗力或者其他障碍不能行使请求权的,时效中止。从中止时效的原因消除之日起,赔偿请求时效期间继续计算。"

【本章练习】

一、单项选择题

1. 2001年5月李某被某县公安局刑事拘留,后某县检察院以证据不足退回该局补充侦查,2002年11月李某被取保候审。2004年,县公安局撤销案件。次年3月,李某提出国家赔偿申请。县公安局于2005年12月作出给予李某赔偿的决定书。李某以赔偿数额过低为

由,于2006年先后向市公安局和市法院赔偿委员会提出复议和申请,二者均作出维持决定。对李某被限制人身自由的赔偿金,应按照下列哪个年度的国家职工日平均工资计算?(   )

A.2002年度   B.2003年度   C.2004年度   D.2005年度

2.根据《国家赔偿法》的规定,我国国家赔偿的费用由谁负担?(   )

A.国家设立专项基金   B.各级政府财政列支
C.赔偿义务机关支付   D.通过保险渠道支付赔偿费

3.关于国家赔偿法规定的两年请求权的时效,下列说法不正确的是(   )。

A.不适用时效中断

B.不适用中止

C.羁押期间不计入内

D.两年的时效是从违法被确认时开始计算

4.下列哪种行为,根据《国家赔偿法》的规定,国家应当承担赔偿责任?(   )

A.依照审判监督程序再审改判无罪,原判刑罚已经执行的
B.依照《刑法》第14条、第15条规定不负刑事责任的人被羁押的
C.依照《刑事诉讼法》第11条规定不追究刑事责任的人被羁押的
D.因公民自伤、自残等故意行为致使损害发生的

二、多项选择题

1.2006年12月5日,王某因涉嫌盗窃被某县公安局刑事拘留,同月11日被县检察院批准逮捕。2008年3月4日王某被一审法院判处有期徒刑二年,王某不服提出上诉。2008年6月5日,二审法院维持原判,判决交付执行。2009年3月2日,法院经再审以王某犯罪时不满16周岁为由撤销生效判决,改判其无罪并当庭释放。王某申请国家赔偿,下列哪些选项是错误的?(   )

A.国家应当对王某从2008年6月5日到2009年3月2日被羁押的损失承担赔偿责任
B.国家应当对王某从2006年12月11日到2008年3月4日被羁押的损失承担赔偿责任
C.国家应当对王某从2006年12月5日到2008年3月4日被羁押的损失承担赔偿责任
D.国家应当对王某从2008年3月4日到2009年3月2日被羁押的损失承担赔偿责任

2.刑事赔偿义务机关对于下列哪些情形可以不承担赔偿义务?(   )

A.依照《刑事诉讼法》规定不追究刑事责任的人被羁押的
B.行使国家侦查、检查、审判、监狱管理职权的机关的工作人员与行使职权无关的个人行为
C.人民法院判处管制、有期徒刑、剥夺政治权利等刑罚的人在依法改判无罪判决生效前未被羁押的
D.因公民自伤、自残等故意行为致使损害发生的

3.根据《国家赔偿法》的规定,检察机关负有赔偿义务的,给予赔偿,有下列情况之一的,应及时作出决定,主动向受害人进行赔偿(   )。

A. 对已经拘留、逮捕的人作出撤销决定,复查纠正决定,或者人民法院判决无罪已经发生法律效力的

B. 对检察机关工作人员刑讯逼供,或者以殴打等暴力行为或者唆使他人以殴打等暴力行为以及违法使用武器、警械造成公民身体伤害、死亡,已作出处理决定的

C. 对违法查封、扣押、冻结、追缴财产予以纠正的

D. 撤销拘留、逮捕决定,不起诉决定,复查纠正决定,或者人民法院判决无罪已经作出但尚未发生法律效力的

三、简答题

1. 刑事司法赔偿的范围包括哪些?

2. 我国《国家赔偿法》所规定的刑事司法赔偿制度还存在哪些不足,应当如何发展和完善?

各章习题部分参考答案

【第一章】

一、单项选择题

1. C   2. B   3. D

二、简答题

略

三、案例思考题

以本案的情况来看,刑事诉讼具有以下特点:①它是解决涉嫌犯罪的行为人刑事责任问题的系列活动,目的在于实现国家的刑罚权;②刑事诉讼包括立案、侦查、起诉、审判和执行等几个法定阶段,且不同的诉讼阶段有不同诉讼任务;③公安、检察、法院等国家专门机关和犯罪嫌疑人、被告人、被害人等当事人和其他诉讼参与人,均会参与刑事诉讼活动,主体身份不同,各自的诉讼权利和诉讼义务也不尽相同;④刑事诉讼活动应当严格依照法定的程序进行;⑤刑事诉讼活动的后果,不仅涉及有关当事人人身自由或者财产的剥夺,甚至是剥夺生命权。

【第二章】

一、简答题

略

【第三章】

一、单项选择题

1. A   2. C   3. D   4. B   5. C

二、多项选择题

1. ABC   2. ABD

三、简答题

略

【第四章】

一、单项选择题

1. B 2. A 3. C 4. B 5. C

二、多项选择题

1. AD 2. ABC 3. ABC 4. ABC

三、简答题

略

【第五章】

一、单项选择题

1. D 2. A 3. D 4. A 5. B

二、多项选择题

1. ABC 2. CD

三、简答题

略

【第六章】

一、单项选择题

1. D 2. D 3. D 4. A 5. A 6. C

二、多项选择题

1. ABC 2. ABCD 3. BCD

三、简答题

略

【第七章】

一、单项选择题

1. D 2. D 3. B 4. D 5. C 6. D

二、简答题

略

【第八章】

一、单项选择题

1. A 2. B 3. D

二、多项选择题

1. ABCD 2. ABCD 3. AD

三、简答题
略
四、案例思考题
我国《刑事诉讼法》第 32 条规定,犯罪嫌疑人、被告人除自己行使辩护权以外,还可以委托一至二人作为辩护人。下列的人可以被委托为辩护人:①律师;②人民团体或者犯罪嫌疑人、被告人所在单位推荐的人;③犯罪嫌疑人、被告人的监护人、亲友。正在被执行刑罚或者依法被剥夺、限制人身自由的人,不得担任辩护人。另外,根据最高人民法院《关于适用〈中华人民共和国刑事诉讼法〉的解释》第 35 条的规定,下列人员不得担任辩护人:①正在被执行刑罚或者处于缓刑、假释考验期间的人;②依法被剥夺、限制人身自由的人;③无行为能力或者限制行为能力的人;④人民法院、人民检察院、公安机关、国家安全机关、监狱的现职人员;⑤人民陪审员;⑥与本案审理结果有利害关系的人;⑦外国人或者无国籍人。第④项至第⑦项规定的人员,如果是被告人的监护人、近亲属,由被告人委托担任辩护人的,可以准许。因此,李某的儿子才 16 周岁,不具有完全民事行为能力,因而不能担任辩护人;而李某的爷爷,虽然是美国籍,但由于是其近亲属,故可以委托担任辩护人。

【第九章】
一、单项选择题
1. A   2. D   3. C   4. A   5. D   6. B   7. B   8. B   9. D   10. D
11. D   12. C   13. D   14. D
二、多项选择题
1. ABD   2. BC   3. AC   4. ABC   5. ACD   6. AB
三、简答题
略
四、案例分析题
1. 证人是指当事人以外的向公安、司法机关陈述自己所知道的案件情况的自然人。《刑事诉讼法》第 60 条规定,凡是知道案件情况的人,都有作证的义务;生理上、精神上有缺陷或者年幼,不能辨别是非、不能正确表达的人,不能作证人。可见,证人必须具备两个条件:一是亲身经历或知悉案件事实;二是能辨别是非并且能够正确表达意志。在本案中,虽然证人赵某只有 10 岁,但是,辨认和识别章某的面貌并没有超出他的智力范围。案发时,章某是否进入过被害人的家这一事实,赵某完全可以作证。
2. 本案应当证明的主要事实包括:①杨某的个人身份,是否具有刑事责任能力;②杨某杀害丽某的时间、手段和经过;③杨某杀害丽某的动机;④杨某向丽某家人勒索赎金的事实;⑤被害人丽某的身份;⑥被害人丽某确实已经死亡、死亡的时间及其原因;⑦杨某将被害人丽某抛尸的事实;⑧侦查人员抓获杨某的过程。

【第十章】
一、单项选择题
1. C   2. B   3. A   4. B   5. B   6. B   7. D   8. D
二、多项选择题

1. BD   2. ABCD

三、简答题

略

四、案例思考题

1. 公安机关应依法提请人民检察院批准逮捕。《刑事诉讼法》第79条规定,对有证据证明有犯罪事实,可能判处徒刑以上刑罚的犯罪嫌疑人、被告人,采取取保候审、监视居住等方法,尚不足以防止发生社会危险性,而有逮捕必要的,应即依法逮捕。因此,对常某应当依法提请人民检察院批准逮捕。

2. 徐某不能将李某扭送到派出所。因为根据《刑事诉讼法》第82条规定,对于有下列情形的人,任何公民都可以立即扭送公安机关、人民检察院或者人民法院处理:①正在实行犯罪或者在犯罪后即时被发觉的;②通缉在案的;③越狱逃跑的;④正在被追捕的。而李某并不符合以上的任何情形。同样,派出所所长的做法也不正确,应由公安机关立案侦查,并对李某采取相应的强制措施。

【第十一章】

一、单项选择题

1. A   2. D

二、多项选择题

1. BCD   2. AB

三、简答题

略

四、案例思考题

不应受理杨警官提起的附带民事诉讼。陈小和因盗窃犯罪被提起公诉,杨警官不是陈小和盗窃犯罪行为的被害人,他不符合刑法规定的被害人条件,故不能依据《刑事诉讼法》等有关法律规定作为刑事附带民事诉讼的被害人提起诉讼;另外,陈小和的水果刀将杨警官划伤的行为不是犯罪行为。因为杨警官的伤仅仅是轻微伤,且陈小和并无伤害他的故意。如果陈小和盗窃后因抗拒抓捕当场使用暴力或以暴力相威胁的,则陈小和的行为由盗窃转化为抢劫犯罪,那么,杨警官作为陈小和转化型抢劫犯罪行为的被害人可以提起刑事附带民事诉讼。但陈小和携带水果刀是为了盗窃所需,而不是抗拒抓捕所需。从该案案情来看,陈小和的行为尚未构成转化型抢劫犯罪,因此杨警官也不是转化型抢劫犯罪的被害人。因此,杨警官提起的附带民事诉讼不能支持,法院应当驳回他的诉讼请求。根据我国《民法通则》和最高人民法院《关于适用〈中华人民共和国刑事诉讼法〉的解释》的有关规定,他在本案中可单独提起民事诉讼或者依法申请国家赔偿。

【第十二章】

一、单项选择题

1. A   2. D   3. C   4. B   5. A

二、多项选择题

1. ABCD　2. BD　3. ABD

三、简答题

略

【第十三章】

一、单项选择题

1. B　2. B　3. B　4. A　5. D　6. C　7. D

二、多项选择题

1. BD　2. ABC　3. CD

三、简答题

略

【第十四章】

一、单项选择题

1. A　2. C　3. B　4. B　5. B　6. D　7. B　8. B　9. D　10. B　11. B

二、多项选择题

1. ABCD　2. CD　3. ABD

三、简答题

略

四、案例思考题

(1) 讯问王某的人员不应只是李某一人,公安机关应当派出至少两名侦查人员对王某进行讯问。

(2) 在讯问过程中,侦查人员不应拒绝犯罪嫌疑人聘请律师的要求,且不应要求犯罪嫌疑人回答与本案无关的问题。

(3) 对于侦查人员在讯问中所讲:"你老老实实交代罪行,问你什么就回答什么,我们可以放你出去。否则,我们可以关你一辈子!"明显是在用威胁和引诱的手段收集证据。

(4) 公安分局局长决定对王某再次采取拘传措施违背了"不得以连续传唤、拘传的形式变相拘禁犯罪嫌疑人"的规定。

【第十五章】

一、单项选择题

1. B　2. D　3. B　4. D　5. A　6. A　7. C　8. C　9. A

二、简答题

略

三、案例分析题

依据我国《刑事诉讼法》第168条和相关司法解释的规定,人民检察院审查移送审查起诉的案件,必须查明:①犯罪嫌疑人身份状况是否清楚。②犯罪事实、情节是否清楚,认定犯罪性质和罪名的意见是否正确;有无法定的从重、从轻、减轻或者免除处罚的情节;共同犯罪案件的犯罪嫌疑人在犯罪活动中的责任认定是否正确。③案卷材料、证据是否随案移送。④证据是否确实、充分。⑤有无遗漏罪行和其他应当追究刑事责任的人。⑥是否有属于不应当追究刑事责任的情形。⑦有无附带民事诉讼,对于国家、集体财产遭受损失的,是否需要由人民检察院提起附带民事诉讼。⑧采取的强制措施是否适当。⑨侦查活动是否合法。⑩与犯罪有关的财物及其孳息是否扣押、冻结并妥善保管,以供核查。

按照我国《刑事诉讼法》及司法解释的有关规定,人民检察院审查起诉必须要审阅案卷材料、讯问犯罪嫌疑人、听取被害人意见、听取辩护人和诉讼代理人的意见。如果经过上述活动发现案件事实不清、证据不足或者遗漏罪行、同案犯罪嫌疑人等情形,不能作出提起公诉或者不起诉决定,还应将案件退回公安机关补充侦查或者自行补充侦查。

【第十六章】

一、单项选择题

1.B　2.B　3.B　4.C　5.B　6.C　7.B　8.A　9.B　10.B　11.A　12.D

二、多项选择题

1.BD　2.BC　3.ABD　4.BC　5.AB　6.ABD　7.ABC　8.CD　9.BC　10.BD　11.ABC　12.BC　13.ABC

三、简答题

略

四、案例分析题

1.(1)符合法律规定。我国《刑事诉讼法》第208条规定,基层人民法院管辖的案件,符合下列条件的,可以适用简易程序审判:①案件事实清楚、证据充分的;②被告人承认自己所犯罪行,对指控的犯罪事实没有异议的;③被告人对适用简易程序没有异议的。人民检察院在提起公诉的时候,可以建议人民法院适用简易程序。在本案中,人民检察院经过审查,认为案件符合适用简易程序的条件,因此,在提起公诉时建议人民法院对本案适用简易程序进行审理完全符合法律规定。

(2)我国《刑事诉讼法》第210条第1款规定,适用简易程序审理案件,对可能判处三年有期徒刑以下刑罚的,可以组成合议庭进行审判,也可以由审判员一人独任审判;对可能判处的有期徒刑超过三年的,应当组成合议庭进行审判。在本案中,虽然被告最终被判处的是二年有期徒刑,但从上述规定可以看出,立法对适用简易程序审理可能判处三年以下有期徒刑刑罚案件的审判组织为独任庭的规定为非强制性的,因此,本案采用合议庭进行审理是不违背法律规定的。

(3)本案的庭审有两处违法的情形:一是在庭审过程中因被告人当场翻供,对检察机关指控的犯罪事实予以否认,辩护人也作无罪辩护,因而本案已不再符合适用简易程序的条件,人民法院应当按照《刑事诉讼法》第215条的规定转化为普通程序进行审理,其继续按照简易程序进行审理是违法的。二是合议庭不允许被告人作最后陈述也违反了《刑事诉讼法》相关规定。

2.(1)不可以。按照我国有关法律、法规的规定,人民法院对案件调解必须是在查明事实、分清是非的基础上进行。如果人民法院没有经过庭审查明案件事实即进行所谓的"先行调解",就会使调解因缺乏事实基础而变成了"和稀泥",这与立法的精神是相违背的。

(2)可以。按照我国《刑事诉讼法》第206条第1款规定,自诉人在判决宣告之前可以同被告人和解或者撤回自诉。如果本案自诉人与被告人达成和解协议后,自诉人向人民法院申请撤诉,人民法院应进行审查,经审查若和解协议是双方在平等自愿基础上达成的且协议的内容合法并不损害国家、集体和其他公民的合法权益,人民法院应当允许撤诉。

(3)可以。我国《刑事诉讼法》第207条规定,自诉案件的被告人在诉讼过程中,可以对自诉人提起反诉。反诉适用自诉的规定。被告人王某提起反诉后,人民法院应当将反诉和本诉一并进行审理,一并作出判决。如果邵某撤回了本诉,法院还应当继续对反诉进行审理,因为反诉不是对本诉的答辩,而是一个独立的诉讼。

【第十七章】

一、单项选择题

1. B 2. C 3. A 4. D 5. D 6. C 7. C 8. D

二、多项选择题

1. BD 2. AD 3. AB 4. ACD 5. AD 6. ABCD 7. ABC 8. ABD 9. AB 10. ABCD

三、简答题

略

四、案例思考题

(1)第二审人民法院应当在二审判决中一并改判。

(2)第二审人民法院应当对民事部分按审判监督程序予以纠正。

(3)第二审人民法院应当对刑事部分按照审判监督程序进行再审,并将附带民事诉讼部分与刑事部分一并审理。

(4)第二审人民法院可以根据当事人自愿的原则就新增加的诉讼请求或者反诉进行调解,调解不成的,告知当事人另行起诉。

(5)人民法院经审查认为不符合提起附带民事诉讼条件规定的,应当裁定驳回起诉。

(6)①调解应当在自愿合法的基础上进行,经调解达成协议的,审判人员应当及时制作调解书,调解书经双方当事人签收后即发生法律效力。②调解达成协议并当庭执行完毕的,可以不制作调解书,但应记入笔录,经双方当事人、审判人员、书记员签名或盖章即发生法律效力。③经调解无法达成协议或者调解书签收前当事人反悔的,附带民事诉讼应当同刑事诉讼一并判决。

【第十八章】

一、单项选择题

1. C　　2. D　　3. B　　4. D　　5. C　　6. B

二、多项选择题

1. ABD　　2. BD

三、简答题

略

【第十九章】

一、单项选择题

1. B　　2. C　　3. D　　4. A　　5. D　　6. D

二、简答题

略

三、案例思考题

在刑事诉讼中,审判监督程序设置目的是通过法定的程序来纠正确有错误的生效裁判。但是,法定的程序是由具体的司法人员来运作的,司法人员的法学理论水平和公正司法理念是实现司法公正目标的主观决定因素。法律程序的存在,只是给司法纠错提供了机会,能否严格依法办事、能否正确理解和坚持刑事证明标准,才是实现审判监督程序目的的关键。本案的审判监督程序从启动到指令决定不起诉,历时近五年,且在省级人民检察院的直接干预下才最终还了被告人胥某一个迟到的"法律清白",它再次佐证了"徒法不足以自行"的至理法律名言。

【第二十章】

一、单项选择题

1. A　　2. B　　3. C　　4. B　　5. D　　6. D　　7. B　　8. B

二、简答题

略

三、案例思考题

无期徒刑罪犯在执行期间,如果确有悔改或者立功表现的,服刑二年以后,可以减刑。对确有悔改或者立功表现的,一般可以减为十八年以上二十年以下有期徒刑;对确有悔改并有立功表现的,可以减为十三年以上十八年以下有期徒刑。《刑法》关于无期徒刑犯的实际执行的刑期不能少于十三年的规定,应当自无期徒刑判决确定之日起计算。其中,确有悔改或者具有立功表现,是对无期徒刑犯减刑的基本条件。

根据最高人民法院《关于办理减刑、假释案件具体应用法律若干问题的规定》,确有悔改表现是指必须具备以下四个方面的情形:①认罪伏法;②认真遵守监规、接受教育改造;③积极参加政治、文化、技术学习;④积极参加劳动,完成生产任务。在本案中,罪犯陈雪冰虽然在服刑期间获得了数次"表扬"和"记功",但是,"至今未退出违法所得",说明其并没有彻底悔改。

【第二十一章】

一、单项选择题

1. B　2. A　3. B　4. D

二、多项选择题

1. BCD　2. CD　3. AB

三、简答题

略

四、案例思考题

犯罪记录一旦封存,即会产生如下法律效果:①未成年罪犯即免除向有关机构、单位报告的义务;②办案机关则不得向任何单位和个人提供;③司法机关为办案需要或有关单位根据法律法规规定进行查询后,也应当对被封存的犯罪记录情况予以保密,不得泄露;④被封存的犯罪记录,相应的犯罪行为不应被用作认定和处罚其他犯罪行为的前科依据。

【第二十二章】

一、单项选择题

1. A　2. A

二、多项选择题

1. ABC　2. ABCD

三、简答题

略

四、案例思考题

最高人民法院《关于适用〈中华人民共和国刑事诉讼法〉的解释》第505条规定,对达成和解协议的案件,人民法院应当对被告人从轻处罚;符合非监禁刑适用条件的,应当适用非监禁刑;判处法定最低刑仍然过重的,可以减轻处罚;综合全案认为犯罪情节轻微不需要判处刑罚的,可以免除刑事处罚。在本案中,雷某具有自首情节,案发后又能积极赔偿被害人近亲属损失,且双方达成和解协议,被害人表示谅解,由于一般的交通肇事罪法定刑通常在三年以下,因此,法院对其作出免予刑事处罚的判决是正确的。

【第二十三章】

一、单项选择题

1. B　2. C　3. B

二、简答题

略

三、案例思考题

(1)裁定终止姚某涉嫌犯受贿案的审理。

(2)发出公告。公告应当写明以下内容:①案由;②犯罪嫌疑人、被告人通缉在逃或者死亡等基本情况;③申请没收财产的种类、数量、所在地;④犯罪嫌疑人、被告人的近亲属和其他利害关系人申请参加诉讼的期限、方式。公告期间为6个月。

(3)有联系方式的,及时通知姚某的近亲属和其他利害关系人有权申请参加诉讼,或者委托诉讼代理人参加诉讼。

(4)公告期满后,法院应当组成合议庭对没收违法所得的申请进行审理。如果姚某的近亲属和利害关系人参加诉讼的,人民法院应当开庭审理。

【第二十四章】

一、单项选择题

1. A   2. C

二、简答题

略

三、案例思考题

最高人民法院《关于适用〈中华人民共和国刑事诉讼法〉的解释》第530条规定,被申请人要求出庭,人民法院经审查其身体和精神状态,认为可以出庭的,应当准许。出庭的被申请人,在法庭调查、辩论阶段,可以发表意见。因此,如果开庭审理时,被告人陈某不具有人身危险性且可以表达意志,可以允许其出庭参加庭审。

【第二十五章】

一、单项选择题

1. C   2. D   3. C   4. D   5. B   6. B   7. D   8. D

二、多项选择题

1. ABCD   2. ABC   3. ABCD   4. BCD

三、简答题

略

四、案例思考题

此案是一般涉外刑事案件,因为它不属于涉嫌危害国家安全犯罪的案件或者涉及国与国之间政治、外交关系的案件以及在适用法律上确有疑难的案件。根据《人民检察院刑事诉讼规则(试行)》第312条规定,决定批准逮捕的人民检察院应当在作出批准逮捕决定后48小时以内报上一级人民检察院备案,同时向同级人民政府外事部门通报。基层人民检察院或者分、州、市人民检察院经审查认为不需要逮捕的,可以直接依法作出不批准逮捕的决定。因此,西畴县检察院在批准逮捕越南籍犯罪嫌疑人黄某时,应当在作出批准逮捕决定后48小时内,向其所在的市人民检察院备案,并同时向县人民政府外事部门通报。

【第二十六章】

一、单项选择题

1. C　　2. B　　3. B　　4. C

二、多项选择题

1. BCD　　2. ABCD　　3. ABC

三、简答题

略

参考文献

References

[1] 樊崇义.刑事诉讼法学[M].3版.北京:法律出版社,2013.
[2] 宋英辉.刑事诉讼法学[M].北京:北京师范大学出版社,2010.
[3] 谭世贵.刑事诉讼法学[M].北京:法律出版社,2009.
[4] 陈光中.刑事诉讼法学[M].5版.北京:北京大学出版社,2013.
[5] 卡斯特·斯特法尼.法国刑事诉讼法精义[M].罗结珍,译.北京:中国政法大学出版社,1999.
[6] 何勤华.英国法律发达史[M].北京:法律出版社,1999.
[7] 汪海燕.刑事诉讼模式的演进[M].北京:中国人民公安大学出版社,2004.
[8] 陈光中,沈国锋.中国古代司法制度[M].北京:群众出版社,1984.
[9] 陈瑞华.刑事诉讼前沿的问题[M].2版.北京:中国人民大学出版社,2006.
[10] 谢佑平,万毅.刑事诉讼法原则——程序正义的基石[M].北京:法律出版社,2002.
[11] 陈瑞华.刑事审判原理论[M].北京:北京大学出版社,2003.
[12] 阿希尔·里德·阿马.宪法与刑事诉讼基本原理[M].房保国,译.北京:中国政法大学出版社,2006.
[13] 周洪波."以事实为根据"——刑事诉讼的定罪基本原则[J].四川大学学报(哲学社会科学版),2008(5).
[14] 陈卫东.刑事诉讼法教学参考书[M].北京:中国人民大学出版社,2004.
[15] 汪建成.刑事诉讼的基本原则有待完善[J].人民检察,2007(12).
[16] 龙宗智.刑事诉讼指定管辖制度之完善[J].法学研究,2012(4).
[17] 李新权.论我国刑事诉讼地区管辖的完善——评析"我国刑事诉讼法地区管辖"条款[J].中国人民公安大学学报(社会科学版),2012(1).
[18] 龙宗智,白宗钊,谭勇.刑事诉讼指定管辖若干问题研究[J].法律适用,2013.
[19] 洪世平,李益明.刑事诉讼职能管辖冲突解决机制构想[J].法治论丛(上海政法学院学报),2008.

[20] 陈卫东.司法正义与律师辩护[M].北京:中国检察出版社,2002.
[21] 张军,姜伟,田文昌.刑事诉讼:控、辩、审三人谈[M].北京:法律出版社,2001.
[22] 樊崇义.刑事诉讼法哲理思维[M].北京:中国人民公安大学,2010.
[23] 宋英辉.刑事诉讼原理[M].2版.北京:法律出版社,2007.
[24] 陈永生.刑事法律援助的中国问题与域外经验[J].比较法研究,2014(1).
[25] 潘申明,刘宏武.论刑事辩护制度的革新——以新《刑事诉讼法》为基点[J].法学杂志,2013(2).
[26] 樊崇义.证据法学[M].5版.北京:法律出版社,2012.
[27] 陈光中.证据法学[M].5版.北京:法律出版社,2011.
[28] 李明.证据法学[M].厦门:厦门大学出版社,2014.
[29] 孙长永.刑事诉讼法学[M].北京:法律出版社,2013.
[30] 易延友.刑事诉讼法精义[M].北京:北京大学出版社,2013.
[31] 许细燕,王祎.侦查策略与措施[M].北京:群众出版社,2013.
[32] 郑晓均.侦查策略与措施[M].北京:法律出版社,2010.
[33] 宋英辉,李忠诚.刑事程序法功能研究[M].北京:中国人民公安大学出版社,2004.
[34] 孙长永.刑事诉讼法学[M].北京:法律出版社,2013.
[35] 易延友.刑事诉讼法精义[M].北京:北京大学出版社,2013.
[36] 许细燕,王祎.侦查策略与措施[M].北京:群众出版社,2013.
[37] 郑晓均.侦查策略与措施[M].北京:法律出版社,2010.
[38] 宋英辉,孙长永,朴宗根,等.外国刑事诉讼法[M].北京:北京大学出版社,2011.
[39] 郝银钟.刑事公诉原理[M].北京:人民法院出版社,2004.
[40] 樊崇义,吴宏耀,种松志.域外检察制度研究[M].北京:中国人民公安大学出版社,2008.
[41] 叶青.刑事诉讼法:案例与图表[M].北京:法律出版社,2005.
[42] 江伟.民事诉讼法[M].北京:中国人民大学出版社,2004.
[43] 陈瑞华.刑事审判原理[M].北京:北京大学出版社,1997.
[44] 王以真.外国刑事诉讼法学(新编本)[M].北京:北京大学出版社,2004.
[45] 陈卫东.刑事诉讼法修改条文理解与适用[M].北京:中国法制出版社,2012.
[46] 叶青.刑事诉讼法:案例与图表[M].北京:法律出版社,2005.
[47] 张伯晋.构建中国特色"庭前会议程序"——就新刑诉法第182条第2款专访陈卫东教授[N].检察日报,2012-04-01.
[48] 马怀德.国家赔偿问题研究[M].北京:法律出版社,2006.
[49] 杨小君.国家赔偿法律问题研究[M].北京:北京大学出版社,2005.
[50] 张红.国家赔偿法学[M].北京:北京师范大学出版社,2011.
[51] 陈光中,赵琳琳.国家刑事司法赔偿制度改革若干问题探讨[J].中国社会科学,2008(2).
[52] 沈岿.刑事司法赔偿责任的例外及争议[J].法律适用,2013(3).

教学支持说明

"全国高等学校应用型法学人才培养系列规划精品教材"系华中科技大学出版社"十二五"规划重点教材。

为了改善教学效果,提高教材的使用效率,满足高校授课教师的教学需求,本套教材备有与纸质教材配套的教学课件(PPT电子教案)。

为保证本教学课件及相关教学资料仅为教材使用者所得,我们将向使用本套教材的高校授课教师和学生免费赠送教学课件或者相关教学资料,烦请授课教师和学生通过电话、邮件或加入法学图书出版新视野QQ群等方式与我们联系,获取"教学课件资源申请表"文档并认真准确填写后发给我们,我们的联系方式说明如下:

地址:湖北省武汉市珞喻路1037号华中科技大学出版社有限责任公司营销中心

邮编:430074

电话:027-81321902

传真:027-81321917

E-mail:yingxiaoke2007@163.com

法学图书出版新视野QQ群号:368646121

教学课件资源申请表

填表时间：_____年___月___日

1. 以下内容请教师按实际情况写，★为必填项。
2. 学生根据个人情况如实填写，相关内容可以酌情调整提交。

★姓名		★性别	□男 □女	出生年月		★职务	
						★职称	□教授 □副教授 □讲师 □助教

★学校		★院/系	
★教研室		★专业	
★办公电话		家庭电话		★移动电话	
★E-mail（请清晰填写）		★QQ号/微信号	
★联系地址		★邮编	

★现在主授课程情况	学生人数	教材所属出版社	教材满意度
课程一			□满意 □一般 □不满意
课程二			□满意 □一般 □不满意
课程三			□满意 □一般 □不满意
其 他			□满意 □一般 □不满意

教 材 出 版 信 息			
方向一		□准备写 □写作中 □已成稿 □已出版待修订 □有讲义
方向二		□准备写 □写作中 □已成稿 □已出版待修订 □有讲义
方向三		□准备写 □写作中 □已成稿 □已出版待修订 □有讲义

请教师认真填写表格下列内容，提供索取课件配套教材的相关信息，我社根据每位教师/学生填表信息的完整性、授课情况与索取课件的相关性，以及教材使用的情况赠送教材的配套课件及相关教学资源。

ISBN（书号）	书名	作者	索取课件简要说明	学生人数（如选作教材）
			□教学 □参考	
			□教学 □参考	

★您对与课件配套的纸质教材的意见和建议，希望提供哪些配套教学资源：